仁寿年鉴

·2023·

RENSHOU YEAR BOOK

仁寿县档案馆 编

方志出版社
Publishing House of Local Records

图书在版编目（CIP）数据

仁寿年鉴. 2023 / 仁寿县档案馆编. —北京 ： 方志出版社, 2023.11
ISBN 978-7-5144-5897-8

Ⅰ. ①仁… Ⅱ. ①仁… Ⅲ. ①仁寿县－2023－年鉴 Ⅳ. ①Z527.14

中国国家版本馆 CIP 数据核字(2023)第 246432 号

责任编辑：高孟君
责任校对：张玉霞
责任印制：梅中英
出 版 者：方志出版社
地　　址：北京市朝阳区潘家园东里 9 号（国家方志馆 4 层）
邮　　编：100021
网　　址：http://www.zgfzcb.cn
发　　行：方志出版社图书营销中心（010-67110500）
印　　刷：四川科德彩色数码科技有限公司
开　　本：889 毫米×1194 毫米　1/16
印　　张：25.75
字　　数：873 千字
版　　次：2023 年 11 月第 1 版
印　　次：2023 年 11 月第 1 次印刷
定　　价：280.00 元

编辑说明

一、《仁寿年鉴（2023）》以马克思列宁主义、毛泽东思想、邓小平理论、“三个代表”重要思想、科学发展观、习近平新时代中国特色社会主义思想为指导，坚持辩证唯物主义和历史唯物主义的立场、观点和方法，贯彻落实党的路线、方针、政策，紧紧围绕全县发展战略和县委、县政府中心工作目标，全面、系统、翔实地记录仁寿县年度经济社会发展现状及取得的成就和经验，为社会各界人士了解仁寿、认知仁寿、建设仁寿、振兴仁寿提供可靠的基本县情资料，为各级各部门决策与研究提供重要的参考依据。

二、《仁寿年鉴》是由中共仁寿县委领导，仁寿县人民政府主办，仁寿县档案馆编纂的年度资料性文献，具有公报性、时代性、地方性与权威性等特点。《仁寿年鉴》于 1986 年首次编纂出版，以出版年号为卷次名称，每年出版一卷，至 2023 年共编纂出版 38 卷。

三、《仁寿年鉴（2023）》采用分类编辑法编纂，主体内文按类目、分目、条目三个层次编排，以不同字体、字号区别不同层次，条目标题均加【 】表示。为方便读者查阅，书中配有三重检索系统，即书前有目录、书中有页眉、书后有索引。

四、《仁寿年鉴（2023）》设有专记、大事记、仁寿概览、中共仁寿县委员会、仁寿县人民代表大会、仁寿县人民政府、政协仁寿县委员会、纪检监察、群众团体、法治、军事、经济管理、农业农村、工信产业、商贸服务业、旅游业、金融业、交通、城乡建设与管理、教育·体育、文化·传媒、卫生健康、社会生活、生态环保、街道和乡镇、人物、附录、索引 28 个类目，193 个分目和 1267 个条目，77 个图表，86 幅随文照片，24 张前置彩页照片，全书共计 873 千字，全彩印刷。

五、《仁寿年鉴（2023）》基本数据以县统计局提供数据为准。县统计局无法提供的数据，以各部门、街道和乡镇、企事业单位的数据为准。全书除按原文登载的重要文献和个别行业外，均使用国家法定计量单位，并把年鉴中的平方千米、亩统一换算为公顷。

六、《仁寿年鉴（2023）》收录资料时限原则为 2022 年 1 月 1 日至 2022 年 12 月 31 日，部分史实适当上溯或下延。所用稿件均由各部门、各街道和乡镇、各企事业单位提供，并经各级主要负责人签发后提供给《仁寿年鉴》编辑部。收入本书时除对各单位提供的文稿按年鉴规范做相关技术处理外，基本事实和数据不予改动。本书图片主要由仁寿县委宣传部和各部门、街道和乡镇、企事业单位提供，并予以标注、署名。全卷使用的机构名称及简称，原则上以编制机构核实名称为准。

《仁寿年鉴（2023）》编纂委员会

《仁寿年鉴（2023）》编辑部

主　编：祝刚贵

副主编：肖　伟

编　辑：肖　伟　吴俊霞

数字仁寿 2022

辖区面积	2716.86 平方千米
年末户籍人口	150.1 万人
全社会固定资产投资总额	522.45 亿元
地区生产总值	519.98 亿元
地方财政总收入	50.27 亿元
规模以上工业企业总产值	461.69 亿元
社会消费品零售总额	220.25 亿元
金融机构各项存款余额	983.09 亿元
城镇居民人均可支配收入	42646 元
农村居民人均可支配收入	20916 元
图书馆	1 个
文化馆（站）	50 个
影剧院（场）	8 个
体育场馆	2 个
医疗卫生机构	849 个
幼儿园	129 所
小学	58 所
九年制学校	48 所
初中	34 所
普通高中	11 所
中职学校	7 所

《仁寿年鉴（2023）》供稿单位和撰稿人名录

供稿单位	撰稿人	供稿单位	撰稿人
县委办公室	曾媛莉	县卫生健康局	代旭
县委组织部	邓新宇	县审计局	邓倩
县纪委、监察委	杜镓伊	县统计局	郭瑾玲
县委老干部局	胥文霞	县经济合作局	魏才怡
县委宣传部	谭杰	县经济和科技信息化局	陈雅慧
县委政法委	刘嫦	县自然资源和规划管理局	田永林
县委统战部	段松	县城乡土地征补安置中心	吕丹
县委编办	潘晓燕	县市场监管局	罗杰
县信访局	蒋佳芮	县退役军人事务管理局	杜琳
县委巡察办	董小林	县总工会	黄卫
县人大常委会	李杰	共青团仁寿县委	李义梅
政协仁寿县委员会	曾钰涵	县妇联	杨秀恋
县人民武装部	王晓飞	县工商联	赵婷
县消防救援大队	唐秀	县科协	崔渺
武警仁寿中队	齐冀	县民政局	邓涵双
县人民法院	周亚洁	县应急管理局	叶博贤
县人民检察院	贺海峰	县委党校	张雪敏
县公安局	曾鑫	县委党史研究室	王止彬
县司法局	王梦璇	县融媒体中心	万明
县政府办公室	王福伦	县档案馆	陈桃玉
县发展改革局	兰杰	县残联	田泳
县商务局	李玲静	县供销合作社	王婷
县教体局	文祥	县农民工服务中心	李兵
县财政局	方寒秋	四川仁寿经济开发区	周兰英
县行政审批局	熊惠宁	黑龙滩风景区	宋福泰
县机关事务服务中心	冯丹	县现代农业产业园区	吴燕飞

供稿单位	撰稿人	供稿单位	撰稿人
县国有资产和金融工作局	王双林	国家税务总局仁寿县税务局	袁港
县公共资源交易中心	袁艺丹	仁寿供电公司	徐闯　黄艳
县人力资源和社会保障局	甘凤玲	县供排水有限责任公司	李婷
县医疗保障局	葛惠群	县气象局	雷鹿
县交通运输局	李诗琴	中国邮政公司仁寿分公司	赵柳
县住房和城乡建设局	刘芫伶	中国移动仁寿分公司	李巧忆
县综合行政执法局	方俊容	中国电信仁寿分公司	岳春霞
县水利局	杨海英	黑龙滩管理处	余涛
县农业农村局	张玉龙	人行仁寿县支行	余慧
县文化广播电视和旅游局	郑斌	人寿保险公司仁寿县支公司	喻会
中国广电仁寿县分公司	廖真勇	人保财险仁寿支公司	向娇
仁寿县烟草专卖局	石林玉	仁寿县恒烨燃气公司	杜威
眉山市仁寿生态环境局	荣玉秀	住房公积金管理中心	李露
关工委	彭嘉瑛	慈航镇	李斌
银保监管组	张惠雯	禄加镇	张孟柳
县红十字会	兰玲	大化镇	胡申虎　刘菲
文林街道	白秀梅	始建镇	陈典典
普林街道	李宝连	文宫镇	阿思亮
怀仁街道	辜建忠	禾加镇	张平
汪洋镇	张敏	方家镇	刘珊
龙正镇	郭永英	珠嘉镇	何洁
富加镇	张玉洁	曹家镇	刘洋
宝飞镇	宋娟	谢安镇	王鲜莉
满井镇	潘国彬	新店镇	周璐
黑龙滩镇	任丽萍	藕塘镇	林巧
钟祥镇	胡莉	板桥镇	张慧
宝马镇	张艳琳	青岗乡	卫云琦
彰加镇	黄蛟银	虞丞乡	周玲

城市建设

2022 年 3 月 24 日，铂尔曼酒店项目（县发展改革局 / 供图）

2022 年 4 月 22 日，天府国际物流城（县发展改革局 / 供图）

2022 年 4 月 22 日，中共仁寿县委党校（张超 / 摄）

2022 年 12 月 29 日，仁寿县中医院新办公楼（县卫健局 / 供图）

工业建设

2022 年 3 月 17 日，山立建筑一期工程（县发展改革局 / 供图）

2022 年 6 月 17 日，德康通内斯高端肉制品加工项目施工现场（县经信局 / 供图）

2022 年 12 月 28 日，华赐半导体项目建设图（县经信局 / 供图）

2022 年 12 月 28 日，协鑫（仁寿）年产 36 万吨磷酸铁锂正极材料项目建设一期工程施工现场（县经信局 / 供图）

交通建设

2022 年 4 月 26 日，天府大道二峨山隧道项目（县发展改革局 / 供图）

2022 年 8 月 2 日，仁寿县文宫段成（都）赤（水）高速与成都三绕互通航拍图（潘建勇 / 摄）

2022 年 12 月 25 日，连汪燕铁路试运营（县交通运输局 / 供图）

2022 年 12 月 30 日，产业路三段（县交通局 / 供图）

文旅融合

2022 年 3 月 1 月，天府茶灵谷景区（县委宣传部 / 供图）

2022 年 5 月 7 日， 冯建吴石鲁艺术馆（张超 / 摄）

2022 年 7 月 4 日，仁寿县黑龙滩水库部分水域和岛屿（潘帅 / 摄）

2022 年 12 月 8 日，仁寿“两山一河”中的玻璃栈道、两山亮化工程（县住建局 / 供图）

乡村振兴

2022 年 4 月 24 日，市级第三批文物保护单位——曹家镇古梨博园（曹家镇 / 供图）

2022 年 6 月 2 日，宝飞高标准农田建设航拍图（宝飞镇 / 供图）

2022 年 9 月 13 日，天府粮仓方家核心片（县农业农村局 / 供图）

2022 年 9 月 21 日，2022 年仁寿县“中国农民丰收节”活动方家镇分会场（潘建勇 / 摄）

创文创卫

2022 年 4 月 18 日，仁寿县开展爱国卫生月宣传活动（县卫健局 / 供图）

2022 年 4 月 18 日，仁寿县教体局联合县融媒体中心开展全民阅读——“书香浸校园　经典伴成长”世界读书日视频直播活动（县委宣传部 / 供图）

2022 年 6 月 1 日，眉山市仁寿生态环境局开展世界环境日——“保护仁寿生态环境，共建清洁美丽世界”宣传活动（县委宣传部 / 供图）

2022 年 11 月 5 日，仁寿县委宣传部开展“深入学习宣传党的二十大精神　全面建设社会主义现代化国家”主题宣传活动（县委宣传部 / 供图）

目　录

专　记
FEATURE

大事记
EVENTS' CHRONICLE IN 2022

仁寿概览
OVERVIEW OF RENSHOU

中共仁寿县委员会

CPC RENSHOU COUNTY COMMITTEE

仁寿县人民代表大会

PEOPLE'S CONGRESS OF RENSHOU COUNTY

仁寿县人民政府
PEOPLE'S GOVERNMENT OF RENSHOU COUNTY

法 治
RULE OF LAW

军 事
MILITARY

经济管理
ECONOMY MANAGEMENT

农业农村

AGRICULTURE AND RURAL AREA DEVELOPMENT

工信产业
INDUSTRY AND INFORMATION TECHNOLOGY

商贸服务业

BUSINESS INDUSTRY

旅游业

Tourist Industry

金融业

FINANCIAL INDUSTRY

交 通
TRANSPORTATION

城乡建设与管理
URBAN AND RURAL CONSTRUCTION AND MANAGEMENT

教育·体育
Education & Sports

文化·传媒

CULTURE & MEDIA

卫生健康
SANITATION AND HEALTH

社会生活
SOCIAL ACTIVITIES

生态环保

ECOLOGICAL ENVIRONMENTAL PROTECTION

街道和乡镇

SUB-DISTRICTS,TOWNS AND VILLAGES

人　物

FIGURES

附　录

APPENDIXES

索　引

INDEXES

专　记

仁寿县成功创建全国县域高质量发展百强县、全国综合实力百强县工作纪实

一、基本情况

自《仁寿县国民经济和社会发展第十三个五年规划纲要》首次提出争创全国百强县、2018 年县委正式作出创建决定以来，创建全国百强县始终作为全县经济社会发展的总体目标、促进经济高质量发展的重要抓手。2022 年 6 月，壹城经济咨询中心（壹城智库）在京发布《中国县域高质量发展报告(2022)》，仁寿县列全国县域高质量发展百强县榜单第 98 位。2022 年 11 月，中国中小城市发展指数研究课题组、国信中小城市指数研究院联合于《光明日报》《经济日报》等主流媒体发布《2022 年中国中小城市高质量发展指数研究成果》，仁寿县列全国综合实力百强县榜单第 93 位，成功创建“双强县”。

二、工作情况

（一）强化工作保障

统一创建思想　2018 年 9 月，仁寿县委作出《关于建设全国经济百强县全面推动高质量发展的决定》，正式提出创建全国百强县的目标，要求“加快由‘量’的增长向‘质’的提升转变”。2020 年 2 月，县委、县政府印发《仁寿县创建全国经济百强县工作方案》，提出创建“双强县”，明确五方面 12 项工作，细化 78 项指标年度目标。2021 年 4 月，成功承办全省重点开发区县域经济高质量发展座谈会，21 个省级部门、18 个市(州)、57 个县(市、区)的负责人以及省内外专家学者、企业代表、媒体代表近 400 人参加，推介仁寿经济社会发展案例，对外影响力显著提升。2021 年 6 月，四川省政府出台《四川省争创全国百强县百强区百强镇支持奖励办法》和《全国百强县百强区百强镇培育工作方案》，仁寿县纳入全省 8 个重点培育县之一。创建全国百强县工作深入人心。

统一创建行动　2020 年 2 月，邀请中国国际工程咨询有限公司编制形成《眉山市仁寿县争创全国经济百强县实施方案研究报告》，立足发展基础及优劣势，明确“固优势、强弱项、缩差距”的创建路径。2021 年 8 月，在省发展改革委指导下印发《眉山市仁寿县争创全国百强县工作实施方案》，锚定“一年奋力冲刺、两年成功创建、三年巩固升位”工作目标，实施项目建设大提速、重点企业大培育、项目招引大突破、园区形象大提升、营商环境大优化五大攻坚行动，明确“在创建中推动高质量发展，在高质量发展中成功创建”的行动方针。

健全创建机制　2020 年 2 月，全县成立以县委、县政府主要负责人为组长的工作领导小组，在全县范围内抽调精干人员组建工作专班。2022 年 2 月，设立正科级事业单位　仁寿县双圈同城发展促进中心，统筹推进成渝地区双城经济圈建设、全国百强县创建。实行领导小组办公室周例会、常务副组长月调度、领导小组季研究工作机制，持续跟踪全国百强县末十位、各重点培育县工作动态，逐步定期分析研判创建形势、增添具体措施；将创

2021 年 4 月 29 日，仁寿县于黑龙滩成功承办全省重点开发区县域经济高质量发展座谈会（县发展改革局 / 供图）

建工作纳入全县“四重”工作考核，制定专项考核办法，以创建成效及指标进位情况落实奖惩，明确创建主体责任。

（二）夯实创建基础

巩固创建优势　坚持投资拉动，2018—2022年，累计竣工项目500余个，完成固定资产投资1531亿元，其中“三类500强”项目12个，固定资产投资总额平均保持两位数增长。坚持对外开放，累计签约80个项目总投资2200余亿元，进出口贸易总额从1亿元增长至45亿元，成功纳入中国（眉山）跨境电子商务综合试验区、国家加工贸易产业园等重大平台。坚定打造公园城市，累计建成城市公园13座、乡镇公园14座，城区人均公园绿地面积翻番至20平方米。23项优势指标稳定增长，位居全国百强县后10名前列。

2022年11月，仁寿县组织人员到江苏省启东市参加2022年中国中小城市发展高峰论坛（县发展改革局 / 供图）

补齐创建短板　坚持绿色发展，累计投入70余亿元建成投用91座集中式、9.8万座分散式污水处理设施，劣Ⅴ类水体彻底消除，跨境流域水质全面达到地表水Ⅲ类以上；强力推进污染防治“十大行动”，全面落实工地、道路等重点领域扬尘治理，大力推广清洁能源使用，空气质量优良天数比例从65%提升至90%以上，生态环境得到根本性改善。引进西部地区首个世界级主题乐园——四川天府乐高乐园，累计落地万达广场、栖西里等商业综合体3个，五星级酒店4个，提档升级消费业态；在北京、成都等地设立11个农民工服务机构，建成创新创业平台31个，累计推动13.8万外出务工人员回乡创业就业，城乡居民收入差距持续缩小。19项短板指标达到或超过预期目标，追上全国百强县末10位平均水平。

缩小创建差距　坚持高质量发展，以壮士断腕的决心全面淘汰煤炭企业、整合耐材企业。4年来累计净增加规模以上工业企业45户，电子信息、食品及农副产品加工、新型建材三大主导产业占比提升至80%以上，单位GDP能耗、亩均用地效益等持续优化；坚持创新驱动，累计与15个高校院所合作建设12个产学研平台，全社会研发投入强度由0.06%提升至1.14%，高新技术产业产值占比由不到20%提升至38%。5项差距指标全面好于预期，与全国百强县末10位平均水平差距大幅缩小。

（三）聚力全速冲刺

对上争取支持　2022年1月，市政府办印发出台《眉山市支持仁寿县创建全国百强县培育政策》，纳入目标绩效管理、定期跟踪调度；市领导带队对上汇报、到仁寿县指导，为仁寿加快发展指路护航，支持仁寿县争创全国百强县成为“眉山要事”。县领导带队对上争取，县级各部门、上挂人员持续跟踪，华赐半导体、栖西里等项目累计争取百强县培育到位资金6367万元，重点项目建设需求有力保障，一批试点改革政策“落户”仁寿。

全力攻坚克难　始终直面新冠疫情防控、国际形势动荡等重大挑战，在各地经济社会发展放缓的“窗口期”，咬定目标不松劲，先后出台《鼓励企业项目春节期间不停工不停产的通知》等系列政策措施，组建项目推进、招商引资、企业服务等“一对一”工作专班送策上门，推动100余个项目建设再提速、30余家企业扩生产，发动社会引荐人等引进深圳华微等10个工业项目总投资50亿元，拼出冲刺“加速度”；发放多批次消费券，出台新能源汽车购置、购房、就业稳岗等多项补贴，组织银行、行业协会、企业等开展系列营销活动，累计兑现减免资金约20亿元稳市场、促消费。

精准对接沟通　始终保持高频次对接评价机构，积极争取眉山天府新区管委会及市级部门支持，第一时间掌握仁寿全域发展情况、百强县评价动态，确保统计好、反映好仁寿发展成果。在第一轮“意外”落榜之际，主动邀请评价机构莅临仁寿县调研，全方位调研仁寿县本部及眉山天府新区仁寿片区，客观展现2018—2022年发展实效，成功入围全国百强县。

坚持制造强县,工业经济迈上新台阶工作纪实

一、基本情况

(一)经济指标稳步提升

2022年,县属规模以上工业总产值实现230.2亿元,增速12.2%,规模以上工业增加值增长5.7%;先进制造业产值实现134.5亿元,增速达28.8%,占工业总产值比例58.4%;完成工业投资66.11亿元,增速17.3%;技改投资27.15亿元,增速62.2%。

(二)主导产业加快集聚

2022年,仁寿县三大主导产业占全县规模以上工业总产值比重达到82.3%。其中,电子信息规模以上企业9户,实现产值127.8亿元,同比增长30.1%。信利光电入围全省制造业“贡嘎培优”企业名单,信利项目产值突破100亿元,成为眉山市第二个百亿企业;新型建材规模以上企业44户,全年实现产值44.9亿元,山立建筑成功入围四川省第六批装配式建筑产业基地名单;食品及农副产品加工规模以上企业21户,实现产值17.9亿元。2022年8月6日,协鑫项目签约落户,仁寿县五大百亿企业初现雏形。

(三)园区平台不断提升

2016—2021年,仁寿经开区先后荣获市、县“工业发展先进集体”“开放发展突破年先进集体”“党建、经济社会发展工作先进单位”“招商引资先进集体”等12项荣誉称号。2022年,全省省级开发区排位上升至75位。2022年8月9日,成功创建全省首批循环化改造试点园区。2022年12月30日,成功获得“全市两新组织党建工作示范单位”称号。

二、工作情况

(一)坚持转型升级,推动综合发展

高度契合成渝双圈、成眉同城、“十四五”及其专项规划和百强县培育等多重机遇,围绕建设新型工业化,选准选好新赛道,培养产业集群,加快推动从“单一工业集中区到综合经济开发区”转型升级。

着力优化产业支撑 立足已有三大主导产业,以五大百亿项目为抓手,聚焦差异化协同发展。A区依托信利、华赐、协鑫三大龙头企业,打造千亿级电子信息产业和新材料新能源集群;B区加快德康肉制品加工项目建设,整合远游天下和孵化园内火锅调料、休闲食品类企业,探索预制菜等新领域;C区着力创建全省装配式建筑基地,争取农村自建房、钢结构住宅试点等发展平台。同时,依托原有耐材类企业生产优势,从绿色低碳和接轨新能源新材料破题,整合资源推进转型升级,形成全省乃至西南新能源新材料主要辅材供应基地。

着力延链补链 2022年4月27日,成立招商研究中心,建立健全信息快反机制,精准收集、分析和研判“产业链、生态圈”,制定招商“作战地图”,建立产业链信息“两库”,实行以商招商、产业链招商,强化延链补链。同时,提高项目质量,对2017年以来签约未开工的47个项目认真梳理甄别,依法解约17个。

着力开拓创新 依托成眉高新技术产业带和天府大道科创走廊建设,推进区域人才协同发展,共建区域人才协同创新平台。依托光电等产业,探索搭建“研发在成都、转化在仁寿,总部在成都、基地在仁寿”等平台,借力四川大学、成都信息工程大学、西南交通大学等高等院校,精准对接、双向融合产业链和创新链,推动“政产学研用”协同创新。

(二)加快园区建设,叠加激活发展

加快项目建设 重大项目专班推。2022年8月1日,建立五大百亿项目推进专班,做到“日复盘、周调度、月通报、季考核”。挂图项目常态推。对园区负责的挂图作战项目“一对一”包保,严格落实“1123”和“六个一”工作推进机制,发现问题,挂单销号。协同项目联合推。健全完善园区内的其他项目协同推进机制,与项目责任单位协同配合,及时向联系项目的县领导报告反馈工作情况。

加快配套建设 系统梳理园区路、水、电、气、通信等基础状况,针对新投产企业和新开工项目,综合研判,提升园区承载力。2022年,新建园区主干道9.2千米,3座10千伏站和1座110千伏变电站,改扩建燃气管网3.5

千米，5G 基站 1 座，新（扩）建污水处理厂 2 座。完成 7 批次 2068 亩土地报征，新增标准化厂房 26 万平方米。妥善处置低效工业用地 9 宗 236 亩，全省年度“亩均论英雄”工业主导型开发区排名由 31 位上升至 28 位。

加快平台建设　2020 年 1 月 21 日，搭建四川信仁光电显示技术研究院之后，规划建设全省装配式建筑材料检测中心等科创平台。完善了美加蓉祥、“一县一业”和华盛兴邦产业园等孵化平台。2022 年 12 月，进一步完善“管委会 + 公司”管理服务平台，开展供应链、物流、融资等服务。

2022 年 9 月 30 日，四川仁寿“一县一业”富民产业集聚项目主体结构全面封顶（仁寿经开区 / 供图）

创建正县级园区　2022 年 4 月，向省委编委申报由副县级升格为正县级机构。2022 年 7 月，省委编委批复中共四川仁寿经济开发区工作委员会、四川仁寿经济开发区管理委员会作为眉山市委、市政府派出机构，机构规格为正处级，党工委与管委会合署办公。

（三）坚持改革创新，全面协调发展

加大企业梯度培育　对信利（仁寿）、华赐半导体、铁马焦化等链主型、“头部”型企业突出稳中求进，对其产业链、供应链和要素保障全程跟踪，全程监测，确保持续稳健，良性增长，提升“稳得住”的能力。对卓航电子等成长型、“腰部”型企业，从试产达产开始派员驻厂指导，确保快速升规入统，快速建立现代经营管理和服务体系，提升“长得快”的能力。对金鹅纺织、远游天下等传统型、“本部”型企业，侧重降低成本、转型技改和纾困解难，提升“活得久”的能力。对大梓伟业、勋腾管业等委外型、总部型企业，加快兑现政策奖补，提供金融支撑，增强仁寿项目在其集团和总部的话语权，多拿订单，多出产值，提升“拿得多”的能力。对乙讯照明、洛鲜烘焙等专精型、网红型企业，积极搭建和提供研发营销平台，探索科技成果转化、直播经济等新经济模式，提升“叫得响”的能力。对山立建筑、凯丰陶瓷等资源型、密集型企业，积极探索新工艺、新标准，争创全省全市行业示范基地和标杆企业，提升“用得少”的能力。对升源建材、华晶鑫盛等优质小微企业，开展包保服务，一对一破除发展瓶颈，提升“上台阶”的速度，全年新培育规上工业企业 15 户。

加强企业服务　推动“防疫泡泡”运行，在“9·30”和“11·18”两轮疫情防控中企业实现生产和防疫两不误。创新“园区三保”“纾困五送”等先进经验被新华社、人民网等主流媒体专题报道，当日浏览量突破 112 万次。2022 年，为华赐半导体、乙讯照明等 10 户企业校招和引进高层次人才 23 人；纾困解难超市开展企业税法、成本控制、线上营销等定制化咨询服务 6 期；大力推进“仁寿造仁寿用”，仅乙讯照明就协调促成内销订单 1.5 亿元以上；开通 B 区、C 区产业工人公交专线 4 条，切实解决产业工人出行困难问题。

2022 年 11 月 28 日，四川协鑫锂电科技年产 36 万吨磷酸铁锂正极材料项目一期建设现场（仁寿经济开发区 / 供图）

（四）创新管理模式，稳定企业生产

自 2022 年 9 月 30 日，仁寿县加强社会面管控以来，县委、县政府坚决贯彻中央和省市决策部署，第一时间吹响疫情防控“集结号”。

在这场抗疫战斗中，全县探索实现企业闭环管理模式，指导并建立2种“防疫泡泡”模式(金鹅纺织完全闭环式、信利两点一线闭环式)，疫情防控联动机制进一步优化和完善。以“一帮一”落实工业企业全覆盖管理，帮助89户工业企业开展“防疫泡泡”闭环生产，协助41户工业企业有序复工复产，生产企业职工核酸检测超2.8万人次，全力协调办理重点物资车辆通行证1500辆/次、产业工人上岗证1500余个，协助闭环管理企业运送生活物资500余次，解决工业企业困难问题110余个，保障工业企业疫情防控不放松，生产保供不停步、供应链条不受阻。

创新“三合” 一是人员集合。2022年9月30日，县经信局、仁寿经开区集合作战、合署办公，建立1个临时疫情防控指挥部，3个专班，122人的疫情防控队伍联动作战。二是资源整合。充分利用数据平台，整合企业、项目信息，建立工业系统疫情防控信息共享机制。三是协同配合。打破单位界限，协同作战、点面结合、明确分工。

创新“三统” 一是包保统一。设立包保组48个，分组负责141个企业(项目)闭环生产管控。二是部署统一。各项工作由临时指挥部统一指挥，统一调配，统一核查。三是信息统一。数据分组收集，每日汇总，统一上报。

创新“三分” 一是地域分片。建立项目企业清单，确保一户不漏。二是企业分类。县经信局、仁寿经开区人员一对一包保企业，精准防控，点对点服务，问题集中汇总分解。三是问题分解。开展“防疫泡泡”管理模式，有序组织企业闭环生产，保障企业生活物资，确保企业无后顾之忧。

创新“三保” 一是组织有保障。由分管县领导担任召集人，成立经济运行和复工复产专班。二是纪律有保障。开展疫情防控工作巡查，深入企业(项目)、卡点开展全覆盖、“地毯式”的监督检查，助力疫情防控各项措施落细落实，筑牢疫情防控安全屏障。三是后勤有保障。临时指挥部精准谋划，为各包保小组分发防疫应急包，为企业上门配送生活物资，为疫情阻击战积极储备防疫物资，确保战“疫”物资物尽其用，为疫情防控工作夯实了基础，鼓舞了干劲，注入了有生力量。

仁寿县疫情防控工作纪实

2020年新冠肺炎疫情发生以来，仁寿县作为全省唯一常住人口破百万的大县，在党中央、国务院，省委、省政府，市委、市政府的领导下，坚决扛起艰巨责任，顶住巨大压力，始终坚持贯彻“外防输入，内防反弹”总策略，做到“人民至上，生命至上”沉稳过渡“乙类乙管”常态化防控阶段。面对新冠肺炎疫情防控严峻形势，仁寿县各级党组织和党员、干部把疫情防控作为当前压倒一切的重要政治任务，坚持政治引领，以坚定的决心、硬核的措施，从严从实落实工作责任，推动疫情防控取得重大决定性胜利。

一、基本情况

2020年1月25日至2022年底，仁寿县先后处置20余起新冠肺炎疫情应急事件，以及成功处置2022年“2·24”谢安疫情、“7·15”锦绣大地疫情、“9·29”市人民医院关联疫情、“10·3”黑龙滩疫情、“11·18”聚集性疫情等本土疫情。2020年1月1日至2022年底，全县累计报告新冠病例319人。“乙类乙管”阶段前，所有新冠病例全部治愈出院。

二、工作情况

（一）组织领导

2020年1月25日，成立仁寿县新冠肺炎疫情联防联控工作指挥部，下设综合工作组、救治防疫组、交通运输组、应急物资保障组、宣传舆论组等7个工作组，并在疫情防控各个阶段因时因势调整分工成立专项工作组，统筹开展新型冠状病毒感染的肺炎疫情应对工作。各工作组分别明确牵头县级领导和部门负责人，统筹协同推进疫情防控相关工作。指挥部办公室设立在县政府一楼，抽调各工作组成员单位工作人员20余名，统一集中办公。从2020年以来，共下发《仁寿县新冠肺炎疫情常态化防控工作指南（试行）》《仁寿县应对秋冬季新冠肺炎疫情应急预案》《仁寿县应对新冠肺炎疫情应急指挥部办公室工作运行方案》等字号文件419件，召开全县疫情防控调度会164次，出具疫情防控相关会议纪要220份。

（二）联防联控

1. 大数据排查

仁寿县疫情期间人员排查核查工作始终做到三个“第一” 第一时间获取排查人员信息，第一时间发布重点区域信息预警，第一时间转战社区排查工作。“三公”联合把大数据推送的红黄码人员、与确认病例有时空伴随关系人员、风险地区来（返）仁人员、重点区域驻留人员作为排查管控的关键重点，及时接收、快速筛选高中风险区来（返）仁人员，红码2小时内、黄码及区域协查人员12小时内完成排查，并建好各类台账，进行精准排查。自疫情暴发以来，仁寿县共收到排查数据212余万条，全部排查管控到位。

2. 交通卡口排查

作为全省第一个设置交通疫情防控检查点的县（区），仁寿县于2021年9月率先设置23个交通要道疫情防控检查点，因时因势调整优化卡口防控措施，在做到疫

2021年11月8日，仁寿南高速卡口开展车辆、人员排查（县交通局/供图）

情防控“外防输入”的同时,最大程度保障人民群众出行顺畅。23 个卡口均设置便民核酸检测点,安装移动核酸采样舱,最快速度进行核酸检测,确保车辆通行畅通;同时,向各类保障车辆发放了电子通行证共 10546 张,为来(返)川货车司机发放《疫情防控和保通保畅服务指南》和一封慰问信,一次性告知防疫保畅政策;开辟货车司机核酸检测绿色通道,愿检尽检,免费检测,“即采、即走、即追”,保障货车司机“走得了”,为畅通物流提供有力保障。截至 2022 年 12 月 7 日,全县 17 个高速路卡口和 6 个县域交通卡口累计投入工作人员 8 万余人次,查验入川车辆 13 万余辆、人员 22 万余人。查验到红码人员 196 人,黄码人员 1586 人,均按规范流程处置。

3. 社区网格排查

建立第五级社区微网格作战单元,根据“地域相邻、人员相熟、规模适度、方便管理”原则和“扁平化”管理要求,坚持全域覆盖、科学布局、动态调整,以住宅小区、楼栋、平房分布等为单位,通过座谈交流、实地调研等方式,仁寿县在原有 693 个“大网格”基础上,划分 6011 个“微网格”,纵向构建疫情防控指挥部、乡镇(街道)、社区、大网格、微网格的“1+25+121+693+6011”工作体系,圈细化小作战单元。自启动开始,较以往排查效率提升近 7 倍,实现市外返乡排查率、群众知晓参与率、居家隔离率“3 个 100%”。静态管理期间启动微网格长 4939 人,并以网格管理为依托,结合“微网格 + 宣传”“志愿者 + 服务”,兼职微网格员和志愿者闻令而动,凝聚力量,织密“疫情防控网”。

4. 核酸检测筛查

全县建成核酸检测实验室 9 个(含方舱实验室 1 个、移动检测车 1 台),取得核酸检测资质人员 451 人,日检测能力达到 10.8 万管,完全能够满足 2 天内完成全县全员核酸检测的要求。2020 年 12 月 28 日,制定《仁寿县全员新冠病毒核酸检测工作方案》并实施,充分做好重点人群、物品、大规模人群新冠病毒核酸检测准备工作。一旦县内发生新冠疫情,立即按照方案及时开展局部或全员核酸检测。2022 年全年共计开展全员(区域)核酸采样 14 轮,总投入信息录入人员 14856 人次,医务人员 29326 人次,累计采样 1563 万余人份。

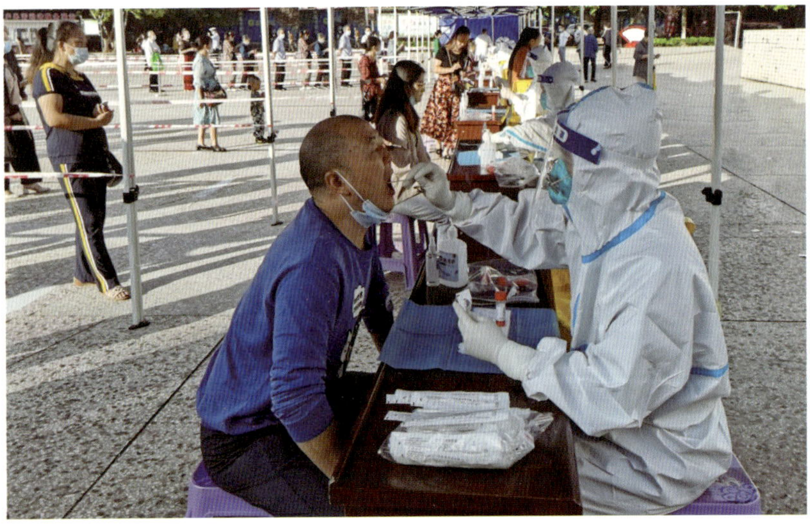

2022 年 8 月 5 日,仁寿县开展全员核酸采样(县卫健局 / 供图)

5. 应急隔离管控

仁寿县严格落实国家、省、市、县疫情应急指挥部有关决策部署要求,严举措、高标准、强规范抓深抓细抓实隔离场所房间储备、人员储备等隔离能力建设和隔离场所规范管理各项工作。全县共储备集中隔离场所 20 个,隔离房间 5666 间。同时,对县内所有酒店、学校和单位宿舍等进行摸底统计,准确掌握紧急情况下可用于集中隔离的房间数量,制定应急扩容预案和临时隔离场所紧急搭建方案,建立全县集中隔离点储备清单,建立梯次启用机制,确保 24 小时内能启用 1/3 的隔离房间、48 小时内能启用 2/3 的隔离房间、72 小时内能启用全部集中隔离房间。疫情发生以来,累计完成接收隔离人员 1.92 万余人次,协调解决隔离点运行中存在的问题 800 余件,先后完成洪雅“7·15”、东坡“9·29”、仁寿“11·18”等多次疫情隔离任务,实现隔离场所“三个不发生”工作目标。

6. 重点场所防控

新冠疫情以来,仁寿县高度重视易感人群及人员密集等重点场所管控。一是校园防控,疫情期间严格实行校门封闭式管理,落实入校“六请”要求,门卫安保人员熟悉红黄码及发热人员处置流程,做好快递收发、货物进出等物品输入环节的防控和消毒。冷链食品和中高风险地区网购物品不准进入校园。疫情期间,每个节假日和寒暑假前都会印发《致家长的一封信》,强调出行要求和注意事项。3 年来,共编辑《致家长的一封信》24 份,印发 384 万余份。全面统计节假日期间师生员工行踪及健康登记,动态掌握出省、市师生情况,建立台账,强化分类管理。新冠病毒疫情发生以来共统计出省人员约 3.3 万人,出市人员约 15.12 万人。二是养老院管控。2020 年初,全县有养老机构 42 所,养老床位 7256 张,入住老人 3123 人,工作人员 391 人。疫情期间,为有效应对疫情高峰对养老机构的冲击,进一步贯彻落实民政部决策部署,建立全县养老机构疫情防控工作专班，严格执行封闭式管理，各养老机构结合实际情况按入住老人30%的比例划定相对的独立区域及房间，设置健康观察区（室），老人每周2次抗原检测，每天对老人进行健康监测，根据监测结果对老人实行分级分类健康服务并与卫生健康部门进行对接协调，确保每个养老机构有一所二级以上综合医院作为定点医院，明确医院的联系人，建立绿色就医通道。三是企业管控，严格实行“防疫泡泡”管理要求，成立企业防疫协调指挥专班。实际运行中处理突发、特殊情况，果断决策。企业闭环运行，职工提前准备驻厂生活物资，住宿床位按车间明确到具体宿舍，就餐时间错峰。运行过程中落实督导检查。重点盯牢守死，企业生产物资、产品运输中涉及中高风险地区的人员，确保执行不走样、打折扣。同时建立奖励制度，对14户企业发放“防疫泡泡”补贴290万元。

7. 各类物资保障

从2020年1月疫情发生以来，仁寿县坚持“把无当有”“宁可备而不用，不可用时无备”，加强疫情防控物资常态储备，为打赢防疫持久战筑牢物资保供保障。面对各类防护物资告急的状况，仁寿县广泛收集物资供应渠道，建立物资采购联络群，整合力量、全员上岗、履职尽责，将防控工作落实在行动中、岗位上，随时反馈物资渠道，根据国家、省、市物资保供方案要求，抓好防疫物资保障，重要医疗物资实行应保尽保、顶格配置。截至2022年底，财政投入医疗防护物资采购约6293万元，主要用于采购防护类、消杀类、救治类和检测类医疗物资。同时建立健全《物资发放小组防控物资采购发放经办流程》《疫情防控物资管理办法》《应急采购管理办法》《仁寿县新冠肺炎疫情防控医疗防控物资常态化保障工作制度（试行）》等制度，规范物资储备、保管、发放工作规程和台账，确保各类物资依规高效保障到位。

8. 宣传舆论引导

疫情防控期间，仁寿县坚持媒介宣传，“向人民报告”聚人心。一是内宣强氛围。充分利用仁寿电视台、仁寿人民广播电台和“大美仁寿”App、仁寿头条微信公众号、“大美仁寿”抖音号、乐活仁寿微博等平台，发布动态、科普稿件和短视频，引导群众做好自我防护。2020年以来累计发布相关信息14000余篇（条）。二是外宣树形象。积极宣传先进典型，营造良好氛围，《人民日报》、新华网、光明网、央广网、《四川日报》、四川电视台等中央、省、市级媒体先后对仁寿县防控工作进行专题报道，2020年以来共刊发新闻稿件800余篇。三是社宣扩声势。利用全县各类LED显示屏滚动播放疫情防控宣传标语上千万次，录制各类防控温馨提示宣传音频50余个，利用村村响、宣传车等有声宣传载体滚动播放做好宣传。

（三）群防群治

1. “五社联动”开展疫情防控

根据省民政厅关于志愿者、社工体系和社会组织助力疫情防控的3个文件，仁寿县立足群众自治和社区治理方面的优势，引导社会力量参与排查防控。疫情防控期间，发动120名社会工作者、60个社会组织、20000余名党员和社区志愿者，27个社工站（室）融入排查防控，承担起志愿者招募、核酸检测协助、社会资源链接、老幼残孤人员关爱服务等工作，前期招募培训的54名社区排查防控社工岗，全部补充到基层排查一线，服务居民，发挥五社联动作用。

2. 开展“双报告”活动

疫情形势严峻时期，仁寿县针对县大面广、人口众多，在静态管理中基层力量不足、个别群众不理解等问题，在党员干部下沉“疫”线志愿服务中，开展“向组织报告、向人民报告”活动，发动干部与人民共担当，引导群众与城市同风雨，汇聚起党群齐心共克时艰的强大合力。第一时间制发《关于在防控“疫”线志愿服务中开展“向组织报告、向人民报告”活动的通知》和倡议书，动员2382名机关企事业单位党员干部和1万余名镇、村干部放弃假期，下沉到3276个城市微网格和村（社区），接受街道、乡镇统一调度，亮身份开展核酸检测、入户排查、街面巡逻、居民劝导、卡点值守等志愿服务，入户排查工作效率提高7倍。在县融媒综合体开设“双报告”活动专栏，以县委名义发布《仁寿党员干部向人民报告》信函，同步利用微视频、图片海报等易接受、传播快、能共鸣的媒介，面向社会、面向群众连载“疫”线所见所闻、好人好事，以党员干部辛苦付出赢得群众支持配合。防控期间，广大市民自发提供饮用水、桌凳等物资，1300余名居民主动加入无偿志愿服务，涌现出64岁志愿者“骆孃孃”等热心群众。

3. 开展万名党员干部送健康行动

2022年12月，国家“新十条”出台后，仁寿县为适应疫情防控向“保健康、防重症”转变的新形势新要求，针对人口基数大、困难群体多的实际，开展万名党员干部送健康行动，用实际行动聚民心、暖人心。全域覆盖大摸排、明重点。围绕一老一小、特殊困难群众，重点突出65岁及以上合并基础疾病老年人等重症高风险群众、高龄独居老人、失能失智人员、孕产妇、重度残疾人、留守困境儿童、3岁及以下婴幼儿7类人群，由镇、村全覆盖摸排掌握，将7.6万余名对象纳入《仁寿县重点人群关爱服务台账》，并作为送健康服务对象动态管理。全员上门

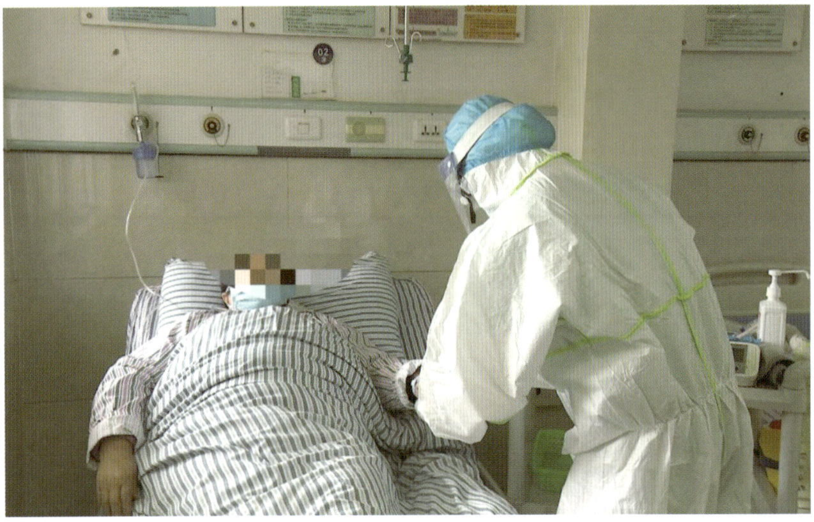

2022 年 9 月 29 日，县人民医院医生救治新冠肺炎病人（县卫健局 / 供图）

大走访、送健康。建立“县级干部包镇街、部门干部包社区、乡村干部包村组”全员包保制，53 名县级干部挂帅带头，66 个县级部门科级领导带队下沉，带动全县机关企事业党员干部、镇街村社干部、网格员、小组长等 1.2 万余人上门走访送健康，发放 7.6 万余张紧急服务联系卡，根据急需程度发放首批 2 万余份“防疫健康暖心包”（一套防疫物品、一张健康提示单、一份推荐治疗方），并对应建立干群包保联系关系。全程跟踪服务、防重症。根据重点人群患基础疾病情况、疫苗接种情况、感染后风险程度划分重点人群（高风险）、次重点人群（中风险）、一般人群（低风险），分别落实包保联系党员干部、村组干部、家庭签约医生“三个一”力量，实行“需求收集—及时服务—分类办理”全程跟踪服务闭环管理，健康签约服务覆盖 7.6 万余人，分级分类提供送医送药 8194 人次、代购代办 2300 人次、心理疏导 6323 人次、宣传引导 19.2 万余人次，解决农产品销售、熬药用药等问题 1165 个。同时，在城区设置 6 个便民健康服务站，配置 18 名医务工作者坐班轮值，提供免费坐诊咨询 13878 人次、免费发放退烧药 14322 包。

（四）医疗救治

仁寿县坚持“人民至上，生命至上”，不断推动全县新冠疫情医疗救治能力提升，全力做好医疗救治各项工作。2020 年 1 月 24 日，全县发现 1 例新冠病毒肺炎疑似病例，为武汉返仁寿人员。1 月 26 日，经四川省新型冠状病毒肺炎病例确认专家组评估确认，为全县首例新型冠状病毒肺炎确诊病例，立即转运至仁寿县人民医院进行救治。经过专家组与医护人员精心护理、规范诊治和科学防控，2 月 4 日，患者症状消除，体征正常，治愈出院，这也是眉山市治愈的首例新型冠状病毒病例。同时，仁寿县人民医院作为全市唯一一家具有感染科的三级甲等医院，被确定为眉山市定点确诊病例救治医院，承担了全市的新冠肺炎定点救治任务，认真按照市、县两级党委政府的统一部署，加强组织领导，落实职责，调集防控救治力量，强化人员培训，规范感染控制，落实防控措施，保障物资供应，疫情防控救治工作有力、有效推进，在疫情之初治愈了眉山市的 8 名新冠肺炎确诊病例。

2021 年 1 月 5 日，仁寿县人民医院确定为眉山市新冠肺炎定点救治后备医院后，建成负压病房 18 间、床位 26 张，设置综合 ICU 和专科 ICU 床位总数 120 张，可转换 ICU 床位 120 张。全县有救护车 55 台，其中负压救护车 3 台。

2022 年 6 月 17 日，眉山市政府确定仁寿县中医医院新院区为亚（准）定点医院；6 月 30 日，经省卫健委专家验收合格。储备救治床位 1000 张，其中监护床位 100 张，设置综合 ICU 床位数 22 张，可转换 ICU 床位 20 张。

截至 2022 年 12 月 7 日“新十条”出台，仁寿县累计成功救治新冠肺炎确诊病例 76 人。“乙类乙管”后，全县救治高峰期间累计出院患者 17525 人。

（五）群体免疫

为加强群体免疫能力，筑牢疫情防控屏障，保障人民生命健康安全，全县全面强化重点机构、重点人群保护，特别是老年人免疫接种。2020 年 10 月 30 日开始，全县

2021 年 8 月 4 日，仁寿县体育场新冠疫苗集中接种点（县卫健局 / 供图）

新冠病毒灭活疫苗紧急使用重点人群的摸底登记工作，全县共计45508名重点人群需接种新冠疫苗。2020年12月开始，分阶段、分人群有序开展疫苗接种工作。截至2022年12月29日，第一剂次接种率112.25%，第二剂次接种率95.10%。12 ~ 17岁第一剂次接种率117.55%，第二剂次接种率100.53%。18 ~ 59岁第一剂次接种数45万余人，符合条件的目标人群全程接种率98.84%，符合条件的目标人群加强免疫接种率92.21%。60 ~ 79岁要求三个95%的接种率，全县第一剂次接种率105.09%，符合条件的目标人群全程接种率94.96%，符合条件的目标人群加强免疫接种率95.01%。80岁及以上要求三个90%的接种率，全县第一剂接种率100.45%，符合条件的目标人群全程接种率89.78%，符合条件的目标人群加强免疫接种率90.36%。

（六）培训演练

1. 实施人员培训

为严格落实“四早”措施，做到关口前移，全面提升传染病防控能力，最小程度减少对人民群众生产生活的影响，仁寿县不断加强防控队伍培训。2020年9月11日，县疫情指挥部办公室印发《关于组建十支疫情防控工作队伍的通知》(仁疫指办〔2020〕64号)，并立即组建仁寿县核酸标本采集等10支队伍，对全县医护、医技人员、村医生等有医学背景的医务工作者开展核酸采样培训，通过线上、线下的方式培训。截至2022年9月15日，累计开展医务人员核酸采样培训5364人，合格5364人，颁发合格证5364人。2022年4月16日至21日、5月24日、9月8日分七批次对隔离场所工作人员开展集中培训，把保洁、消毒、保安等非医务人员作为重点培训对象，通过理论和实操考试等考核方式，确保随时拉得出、用得上、不出事，累计储备隔离点工作人员1184名，发放合格证1184份。其中，储备医务人员242人，清洁消毒、后勤服务、安保力量、污水处理等其他工作人员942名。通过开展人员培训，充实全县疫情防控力量，工作人员熟练掌握核酸采样、系统录入、隔离管控等操作流程，进一步提升了疫情防控工作队伍专业水平和疫情应急处置能力。

2. 开展实战演练

面对疫情风险，仁寿县在疫情平稳期间积极备战，阶段性开展疫情防控实战演练，不断提升防控能力。2021年8月11日，开展全县全员核酸检测演练，在全县27个乡镇(街道)共计298个采样点，统一行动，成功开展实战演练，精心统筹、科学谋划，实现了采样快、转运快、检测快。2021年8月20日，开展仁寿县新冠疫情流行病学联合调查实战演练。严格落实属地、部门、个人“三方责任”，充分融合卫生、公安、工信、大数据、市场监管、交通运输、商务等部门力量，重点突出“精准追踪、判定密接和次密”流调环节，有效提高应对新冠肺炎疫情应急处置能力，确保真正面对疫情时做到精准高效运行流行病学联合调查工作机制，做到及时发现、快速处置、精准管控、有效救助。2021年12月28日，仁寿县参与四川省应对冬春季新冠疫情应急演练。此次应急演练为双盲演练，重点对早期协同排查、流调溯源、核酸检测、转运隔离等突发本土疫情处置中的薄弱环节进行实战检验。2022年1月14日，仁寿县参与眉山市新冠肺炎本土疫情处置应急演练。此次演练全面梳理从黄码人员排查→流调溯源→病例确诊及转运→信息发布→密接、次密转运→风险区圈层管理→大规模核酸检测→环境消杀→信息上报等全链条，依托公安流调溯源系统、天府健康通“一码一卡两系统”、“e治采”流调溯源小程序及各项大数据应用支撑，结合传统流调手段，顺利完成早期协同排查、流调溯源、核酸检测、转运隔离、社区管控、医疗救治、信息发布等各环节应急处置流程。2022年6月17日，开展新冠肺炎本土疫情处置应急演练。此次应急演练，在仁寿县应急调度指挥中心，全程使用应急调度平台实现指令下达及工作汇报，实现整个演练流程实时调度，充分发挥县疫情调度指挥系统在新冠肺炎疫情处置工作中的重要作用。

（七）外出支援

新冠病毒感染实施“乙类乙管”措施后，仁寿县腾出精力，先后派出流调、核酸采样、检测队员27批共794人次支援全国3个省(市)、省内5个其他市(州)、市内2个县(区)，为全国、全省、全市抗疫大局做出贡献。

大事记

1月

1—3日，仁寿县烟草专卖局按照“两节”期间专项整治工作部署，联合交警部门，加大对公路运输检查力度，共查获各类涉烟案件5起，其中5万元案件1起，数量14.61万支，案值15.5万余元。

4日，眉山市委组织部副部长、市委两新工委书记马炜一行在曹家镇开展加强城乡基层治理眉山路径研究工作乡村治理专题调研。

6日，仁寿县党史学习教育暨党性教育阵地建设推进会召开。

同日，中国人民政治协商会议第十一届仁寿县委员会常务委员会第二次会议召开。

同日，仁寿县第十九届人大常委会第二次会议召开。

7日，仁寿县委副书记、县长明宇主持召开县十九届人民政府第九次常务会议。会议传达国家、省、市乡村振兴系统全面化解扶贫项目“两拖欠”问题工作会议精神，研究全县贯彻落实意见。

9日，在北京召开的中国呼吸学科发展大会顺利落幕，县人民医院呼吸与危重症医学科顺利通过PCCM规范化建设，成为PCCM规范化建设三级达标单位。

10日，眉山市审计局党组书记、局长徐琳，机关党委书记邱建，总审计师马军到仁寿调研审计工作。

同日，仁寿县取得四川省文物局《〈关于仁寿县喜鹊寺水库建设工程项目文物调查勘探报告〉的批复》。

12日，仁寿县召开“全国未成年人保护示范县”创建工作会议。

13日，平安四川建设领导小组办公室副主任、市域社会治理组组长杨勇莅临仁寿走访慰问省级见义勇为英雄李水源，并调研仁寿县镇级矛盾纠纷多元化解协调中心和信访代理平台试点工作。

同日，仁寿县巩固脱贫攻坚成果暨乡村振兴、两项改革“后半篇”文章改革工作推进会议召开。

14日，县委副书记、县长明宇主持召开县十九届人民政府第十次常务会。会议传达学习2022年全省全市春运会议精神，研究全县贯彻落实意见。

同日，中国共产党仁寿县第十四届委员会第二次全体会议暨县委读书班、县委经济工作会议召开。

同日，四川省信访局二级巡视员肖岗一行人莅临仁寿考察信访矛盾纠纷代理化解平台项目推进情况。

17日，中国人民政治协商会议第十一届仁寿县委员会第二次会议在县委党校开幕。受政协第十一届仁寿县委员会常务委员会委托，县政协主席何文华向大会作工作报告。

同日，四川省委教育工委委员、省教育厅党组成员、副厅长陈朝先莅临仁寿，走访慰问仁寿县优秀教师。

同日，四川省残联党组成员、副理事长黄卫德莅临仁寿调研县残联工作。

同日，县中医院肺病科被评为市级中医重点专科，脾胃病科被评为市级在建中医重点专科。

同日，汪洋镇便民服务中心入选首批省级“示范便民服务中心”。

18日，仁寿县第十九届人民代表大会第二次会议在县委党校开幕。县委书记王岳主持大会并发表讲话。县委副书记、县长明宇代表县人民政府作《政府工作报告》。受县第十九届人大常委会委托，县人大常委会主任杨建作《县人大常委会工作报告》。县人民法院院长颜毅作《县人民法院工作报告》。县人民检察院检察长樊正祥作《县人民检察院工作报告》。

同日，中国人民政治协商会议第十一届仁寿县委员会第二次会议圆满完成各项议程，在县委党校胜利闭幕。

同日，四川省委网信办政策法规处处长胡新越一行到县融媒体中心、大道社区舟屿商圈调研网络综合治理工作。

19日，仁寿县第十九届人民代表大会第二次会议圆满完成各项议程后胜利闭幕。

同日，仁寿县委书记王岳主持召开全县党(工)委(党组)书记抓基层党建工作述职评议会，并作点评讲话。

同日，眉山市局(公司)党组书记、局长、经理何梦皓一行赴仁寿县局(分公司)调研指导工作。

20日，仁寿县县长明宇先后前往汇源丝绸公司住宅小区、普宁街道，看望慰问老干部白俊秀和困难党员张腾付、廖淑英。

同日，县总工会开展新春送温暖慰问活动。

同日，仁寿县森林防灭火指挥部组织县规划和自然资源局、县公安局、县消防救援大队等28个森防指成员单位和27个乡镇(街道)负责人在龙正镇开展森林防灭火演练。

21日，仁寿县委书记王岳先后走访慰问县政府原县长、县委原顾问李昌富和仁寿一中原校长余子勤。

同日，县工商联协助指导4家会员企业成功通过复核，被认定为四川省“专精特新”中小企业。

同日，仁寿县委书记王岳一行莅临县人民医院慰问优秀人才彭艳(县人民医院副院长、主任医师)和抗疫一线医务人员王怡(感染科护理人员)、卢孝莉(护理部副主任，负责境外集中隔离点)。

22日，文林街道完成响水新苑

821户1613套住房和66间经营性用房选房工作。

同日，普林街道完成响水新苑821户1613套住房和66间经营性用房选房工作。

24日，全县党史学习教育总结会召开，仁寿县委书记王岳参加会议并讲话。

26日，由仁寿县委、县政府主办的2021年“仁寿榜样”表扬晚会在县委党校仁寿厅举行。晚会通报表扬“五大提升行动”“红旗支书”“仁寿榜样”先进个人（企业和团队）。县领导王岳、杨建、何文华、唐余分别为先进个人（企业和团队）代表颁奖。

同日，仁寿县年轻干部铸魂强基班第一期“专题辅导研修课”在县委党校举行。眉山市文联党组成员、副主席胡永恒作辅导讲课。

同日，仁寿县公安局举行警用装备集中发放仪式。

27日，《四川日报》报道怀仁街道《95万！农民工返乡创业潮起》。

28日，眉山市政府副市长李建兴莅临仁寿检查城镇燃气安全、森林防灭火、疫情防控等工作。

同日，仁寿县委书记王岳看望慰问春节期间坚守岗位的一线干部职工。明宇、杨建、何文华、唐余陪同。当天，王岳一行还看望慰问县人民武装部官兵代表、环卫工人代表、县消防救援大队消防员以及县委保密机要局、县公交客运公司、县综合行政执法局春节期间坚守一线的干部职工，检查常态化疫情防控、安全生产、社会稳定等工作落实情况。

29日，2022年仁寿县安委会第一次全体（扩大）会议暨大气污染防治、网络信息安全工作专题会议召开。

同月，龙正镇便民服务中心被四川省政府政务服务和公共资源交易服务中心评为“首批省级示范便民服务中心”。

同月，完成龙正镇龙城一号小区建设项目及遂资眉高速公路洪峰连接线建设项目拆迁安置工作。

2月

1日，仁寿县委书记王岳召开会议调度节日期间疫情防控和安全生产工作。1日晚，王岳还率队前往天仁公园检查安全管理及疫情防控工作，查看“两山一河”项目建设进度，看望慰问了在新春佳节依然坚守岗位的一线干部职工，并向他们致以节日的问候和新春祝福。

4日，仁寿县委副书记、县长明宇主持召开全县疫情防控工作调度会。

8日，县委2022年度重点工作推进会议召开。

同日，《眉山日报》以《志愿服务让爱和温暖传递》为题报道怀仁街道相关工作。

9日，仁寿县委书记王岳前往板桥镇、慈航镇调研乡镇工作。

10日，县委副书记、县长明宇主持召开县第十九届县人民政府第13次常务会议。

同日，眉山市委第三巡察组专项巡察仁寿县粮食购销领域情况反馈会召开。

同日，十四届县委巡察工作领导小组第一次会议暨县委巡察工作第一次书记专题会议召开。

11日，川威仁寿项目推进现场会召开。

同日，眉山市委常委、市军分区政委到仁寿县检查指导2022年春季征兵体检工作。

同日，富加镇举办2022年仁寿县“春风行动”户外专场招聘会。

14日，由县总工会、县文广旅局举办元宵喜乐会送文化进企业活动。

15日，2022年眉山仁寿半程马拉松专项调度会召开。

17日，盐源县委常委、县委宣传部部长杨龙一行到仁寿县融媒体中心考察交流。

同日，四川省退役军人事务厅优抚处处长邹珊一行到县退役军人事务局检查指导优待证申领前期准备工作情况。

18日，仁寿县乡镇（街道）人大工作会议召开。

同日，由县总工会联合县司法局、县人社局、县经开区、铁韬律师事务所成立“企业职工法律援助工作站”，开展农民工工资清零百日行动。

同日，国网眉山供电公司发展部、运检部、调控中心、经研所部门负责人到仁寿开展电网规划建设调研指导。

21日，仁寿县委应对新冠肺炎疫情工作领导小组会议召开。

同日，眉山市委组织部眉州先锋公众号以《基层治理怎么治？仁寿县怀仁街道是这样做的！》为题报道怀仁街道基层治理工作。

22日，眉山市人大常委会执法检查组莅临仁寿开展《四川省粮食安全保障条例》执法检查，市人大常委会副主任肖巍参加检查。

同日，四川省委书记彭清华在仁寿调研春耕生产。全省春耕备耕现场会在仁寿现代农业园区召开。

同日，仁寿县烟草专卖局行政服务大厅正式运行。

24日，全县制造强县攻坚年招商引资“春季攻势”行动专题部署会暨驻外招商干部座谈会召开。

同日，眉山市委常委、市委宣传部部长、市委教育工作领导小组组长何迎晓莅临仁寿调研学校（园）开校复课和疫情防控工作。

同日，仁寿县委应对新冠肺炎疫情工作领导小组会议召开。

同日，仁寿县政府新闻办公室召开疫情防控新闻发布会。

25日，清明节前后开展线上“2022·奋进·网上祭英烈”有奖知识竞答和征文活动，掀起“清明祭英烈”活动高潮。

同日，眉山市委书记胡元坤到满井镇棚村调研农业农村工作。

28日，第十四届县委第二十四次常委会（扩大）会议召开，专题传达学习省委书记彭清华莅临仁寿调研指示精神和市委常委会（扩大）会议精神，研究全县贯彻落实意见。县委书记王岳主持会议并讲话。

同日，中共仁寿县委第十四届政法委员会第二次全体会议召开。

同日，眉山市水文局局长唐晓凤一行到县水利局现场指导越溪河汪洋镇防洪治理工程水文站调整工作。

3月

1日，中国共产党仁寿县第十四届纪律检查委员会第二次全体会议召开。

同日，眉山市水利局总工程师李上策一行到县水利局调研龙正镇水利建设工作。

3日，仁寿县委书记王岳调研全县交通运输工作。

4日，十四届仁寿县委第一轮巡察工作动员部署会召开。

同日，2022年度仁寿县公、检、法首次联席会议在县公安局召开。

4—10日，仁寿县委政法委牵头开展全国“两会”期间安保维稳工作。

7日，在第112个“三八”国际劳动妇女节即将来临之际，县委书记王岳带队开展“三八”国际劳动妇女节走访慰问活动，为全县各行业的优秀妇女代表送去了县委、县政府的深切关怀和诚挚祝福。

同日，县委副书记、县长明宇主持召开全县促进3岁以下婴幼儿照护服务发展工作专题会议。

8日，仁寿县委副书记、县长明宇主持召开县十九届人民政府第十四次常务会议。

9日，大化镇人大代表履职量化考核办法工作经验在省人大工作网刊发推广。

10日，仁寿县委书记、县新时代文明实践中心主任、县文明实践志愿服务总队队长王岳率队开展2022年春季植树文明实践志愿服务活动。

同日，眉山市人大常委会副主任王晓丽率队莅临仁寿调研仁寿县三岁以下婴幼儿托育情况。

11日，仁寿县委书记王岳调研全县生态环境保护领域工作。

同日，仁寿县委副书记、县长明宇到文宫镇和谢安镇调研森林防灭火、基础设施建设、乡村振兴、疫情防控等工作。

14日，四川省退役军人事务厅褒扬纪念处副处长赖兴懿一行到县烈士陵园检查指导烈士纪念设施改扩建工作情况。

15日，2022年县委政法工作会议暨政法队伍教育整顿总结会议召开。

同日，仁寿县委书记王岳率队调研四川仁寿经开区C区发展推动制造强县工作情况。

15日，眉山市人大常委会副主任立胡左格、市人大常委会副秘书长宋洪芳带领眉山市人大农业与农村委员会一行在曹家镇召开全市人大农业农村工作座谈会，实地考察曹加镇农旅文融合发展的情况。

16日，四川省第二考核组组长、省检察院副检察长罗春梅莅临仁寿开展全国未成年人保护示范县创建省级评价考核。

同日，眉山市司法行政党建联席会在仁寿司法局召开。

同日，国网彭山供电公司副总经理李逢兵带领营销、三新相关管理人员到仁寿公司交流营销（农电）工作。

同日，四川省级专家赴仁寿调研乡村振兴和文旅融合发展工作情况。

17日，仁寿县委副书记、县长明宇主持召开十九届县人民政府第十五次常务会。

18日，十四届仁寿县委第二十五次常委会（扩大）会议召开。

同日，眉山市教体局党委书记、局长郭建国带队莅临仁寿调研教体工作。

同日，四川省科技助力乡村振兴促进会会长陈文宽、秘书长唐万洪一行调研曹加镇乡村振兴战略推进情况。

22日，仁寿县委书记王岳率队调研全县宣传思想文化工作。

同日，眉山市委党校副校长周光普一行到县委党校调研办学质量评估初评结果整改情况。

同日，眉山市政协副秘书长胡彬莅临仁寿供电公司，主持召开美加蓉祥电子信息科技产业园（一期）项目用电推进会。

同日，虞丞乡建成乡史馆并对外开放。

23日，仁寿县组织收听、收看眉山市“奋进新征程、建功新时代”大学习大实践大提升活动动员大会。

24日，仁寿县委书记王岳调研县政协工作。

同日，仁寿县组织收听、收看全省危险化学品安全风险集中治理工作电视电话会议。

同日，四川省司法厅行政复议与应诉四处处长申薇薇一行莅临仁寿县人民法院调研繁简分流工作。

同日，眉山市仁寿县烟草局携手电商企业助力开启扶贫农产品直播首秀，为定点帮扶村村民现场销售沃柑近千斤，直播间收获点赞4.2万次。

同日，眉山市人大常委会主任杜紫平、县委人大常委会主任杨建、副县长孟强、卫生健康局局长吴垚调研文宫卫生院移动舫舱核酸检测实验室。

同日，四川省退役军人事务厅管服中心领导莅临叶桥社区检查退役军人服务中心（站）建设情况。

同日，四川省供销社党组副书记、监事会主任张强一行莅临仁寿调研曹家镇水果专业合作社。

25日，全县村级集体经济攻坚三年提升行动部署会暨软弱涣散村（社区）党组织整顿工作推进会召开。

同日，由仁寿县总工会、县经开区、县人社局、县应急管理局、县经信局、县消防大队主办2022年“建功‘十四五’、奋进新征程”劳动技能竞赛暨消防安全技能竞赛。

同日，眉山市水利局副局长梁启明一行到县水利局检查指导水库项目工作。

27日，国家卫生健康委脑防委办公室公布2022年全国综合防治卒中中心排名，仁寿县人民医院位列全国综合防治卒中中心AIS介入再通技术100强，排第8名。

29日，仁寿县年轻干部铸魂强基班第二期“经典书目读书会”在县委党校举行。会上，6名学员分别围绕党史、国史、政治、人文、经济、品德6种书目，就对书目的认识和理解、个人收获、对当下工作和仁寿建设高质量发展示范县的启发等方面做了演讲。县委书记王岳，县委常委、组织部部长何禹衡，县委组织部常务副部长彭德忠分别为演讲中一、二、三等奖获奖学员颁奖。

同日，全县召开研究未成年人保护暨创建全国未成年人保护示范县工作会。

同日，仁寿县思想政治工作研究会成立大会暨第一次会员代表大会召开。

同日，仁寿县历史文化研究会成立。

同日，眉山市诉调对接中心主任刘正国一行调研指导仁寿县人民法院诉源治理工作。

同日，丹棱发生4.3级地震，县应急管理局职工带队到龙正镇检查震后安全工作。

同日，仁寿县第十九届人大常委会第四次会议召开。

同日，四川省生态环境厅一行到普宁街道杜家社区检查指导水产养殖工作。

同日，大化镇参与全省大豆—玉米带状复合种植玉米规范播种培训会接待。

同日，仁寿县委副书记唐余带队到新店镇调研柑橘产业。

30日，四川省退役军人事务厅思想政治与党建工作处处长李华一行到仁寿县退役军人事务局检查指导退役军人橄榄绿志愿服务队工作。

同日，四川省人民检察院党组成员、副检察长朱先琼率队在仁寿调研眉山市违法开发房地产破坏黑龙滩水源地生态环境检察公益诉讼案（“10·15”专案）办理情况。

同日，四川省水利厅农水中心农建处处长梁照江一行到县水利局现场评估复核乡村水务试点工作。

31日，仁寿县烟草局联合县公安局、市场监督管理局、教育局召开主题会议，部署清理整治向未成年人销售电子烟严厉打击涉电子烟违法犯罪专项工作。

同月，县应急管理局会同汪洋镇、禄加镇对关闭煤矿进行巡查时，发现部分关闭煤矿井筒存在漏风和瓦斯溢出现象。经县政府同意后聘请有资质的单位进行设计、施工，同时聘请同创监理公司负责监理。

同月，仁寿县矛盾纠纷多元化解协调中心建成，实现矛盾纠纷“只进一扇门、化解全流程”。

4月

1日，全县第一次扫黑除恶常态化暨重点行业领域整治推进会召开。

同日，中央电视台新闻频道记者一行4人到黑龙滩灌区开展4月4日直播四川春耕生产宣传报道的前期拍摄。

同日，四川天府新区眉山管理委员会经济贸易局在视高供电所组织召开10千伏视五二线、视产线用户错峰避峰用电动员会。

2日，眉山市仁寿县制造业招商引资2022年“春季攻势”集中签约仪式举行。现场集中签约项目6个，合同总金额52亿元。

同日，仁寿县安委会2022年第二次全体（扩大）会议暨生态环境保护工作会议召开。

3日，仁寿县委应对新冠肺炎疫情工作领导小组（扩大）会议召开。

4日，中央广播电视总台CCTV-13《新闻直播间》栏目实时报道园区大豆—玉米带状复合种植基地。

6日，第十四届仁寿县委第二十九次常委会（扩大）会议召开。

同日，仁寿县委印发《中共仁寿县第十四届委员会巡察工作规划（2022—2026年）》，明确巡察对象455个。

6日，仁寿县委书记王岳在普宁街道坝达社区查看农贸市场消杀管控、风险区域来（返）仁人员排查及小区物业的疫情防控工作开展情况。

6—7日，眉山市烟草局（公司）在仁寿召开全市行业数字门店验收工作座谈会议。

11日，人民网（中国共产党新闻网）以《四川仁寿：樱桃成熟季党员助采摘》为题报道怀仁街道相关工作。

12日，眉山市水利局副局长梁启明一行到县水利局检查水库防汛准备工作。

13日，仁寿县委副书记、县长明宇主持召开县第十九届人民政府第十八次常务会议。

同日，眉山市水利局局长邹成双一行到县水利局调研喜鹊寺水库前期工作。

14日，2022年仁寿县食安委第一次全体会议召开。

同日，四川省监委委员黄春江带队调研黑龙滩中央生态环境保护督察通报问题整改情况。

15日，仁寿县委书记王岳率队调研县人大常委会工作。

同日，国网眉山供电公司党委书记、副总经理刘洋出席仁寿公司党委召开安全生产"三个一"专题中心组学习暨"旗帜领航·安全争先"工作启动会。

18日，十四届仁寿县委第三十次常委会（扩大）会议召开。

同日，仁寿县委常委班子到虞允文爱国主义教育基地开展廉政教育活动，调研全乡经济社会发展情况。

19日，仁寿县召开贯彻实施《四川省农村集体经济组织条例》创新发展新型农村集体经济专题讲座暨县委理论学习中心组（扩大）学习会议。

同日，眉山市2022年信访局局长会议在仁寿县召开。

同日，眉山市退役军人事务局党组成员、副局长张敏，党组成员、四级调研员吴中云一行莅临普宁街道检查指导退役军人服务工作。

同日，《人民日报》和人民网（中国共产党新闻网）同时以《提高理论素养　练就看家本领》为题报道怀仁街道相关工作。

20日，仁寿县人民法院组织开展庭审观摩活动，邀请人大代表、政协委员、律师代表及法官代表组成评审团。

22日，仁寿县人大常委会就业促进法执法检查组召开第二次全体会议。

25日，仁寿县秸秆禁烧专题工作推进会召开。

26日，四川省眉山市地方志办调研组到县档案馆爱国主义教育基地调研。

同日，仁寿公司组织开展学习"职业病防治"活动，普及职业病防治知识。

同日，眉山市委组织部副部长曾立在曹家镇梨树社区调研城乡基层治理情况。

27日，眉山市水利局副局长梁启明一行到县水利局检查水库病险整治工作。

同日，眉山市委党校二级调研员张素文一行就市委党校课题"仁寿县曹家镇乡村振兴共同富裕实践案例研究"到曹家镇开展试点调研。

28日，仁寿县召开建设领域安全生产工作会。

同日，全县防汛抗旱、地质灾害防治和河湖长制推进工作电视电话会议召开。

同日，眉山市人大常委会到仁寿县调研全县2021年度法治政府建设工作。

同日，省文联党组副书记、副主席李兵一行到仁寿调研。

同日，县委宣传部、县总工会、县融媒体中心主办"筑梦新征程　奋进向未来"职工演讲比赛。

同日，仁寿县组织河长制牵头联系部门河长助理及27个乡镇（街道）主要负责人召开2022年河湖长制工作推进会。

29日，仁寿县委书记王岳率队检查"五一"节前疫情防控、安全生产、森林防灭火等工作。

同日，仁寿县2022年庆"五一"劳模代表座谈会暨"金牌工匠"颁奖仪式举行。

30日，成德眉资e河长App启用巡河。

同月，仁寿县委政法委启动开展打击整治养老诈骗专项行动。

同月，总投资28亿元的四川华盛兴邦园区运营管理有限公司食品产业园项目与仁寿县人民政府正式签约，落户四川省仁寿县经济开发区B区。

同月，仁寿县气象局开展大春作物出苗后农情调查。

5月

1日，宝马镇2路公交车恢复运行。

3日，仁寿县委副书记、县长明宇主持召开全县五一期间专题会议，统筹调度疫情防控、安全生产、社会稳定等工作。县政府办、县公安局、县卫健局、县交通运输局、县商务局、县应急管理局等部门参加会议。

5日，全县重点工作专题会议召开。

6日，全县安全生产委员会（扩大）会议召开。

同日，仁寿县委副书记、县长明宇率队检查危化生产企业安全生产工作。

7日，全县督促检查工作动员会召开。

10日，仁寿县委书记王岳率队调研全县督促检查工作。

同日，眉山市委常委、市委统战部部长鲁力一行调研仁寿县宗教活动场所安全生产工作。

11日，仁寿县委书记王岳到县商

务局督导调研经济运行、对上争取、大学习大实践大提升活动等工作。

同日，全县农村厕污共治整改现场会召开。

同日，四川省水利厅农水中心三级调研员周家富一行到县水利局检查指导水库防汛和春灌工作。

同日，四川省应急厅安全生产综合协调处一级调研员蒋天才一行到曹家调研督导“四川省安全社区”建设工作。

12日，仁寿县十九届人民政府第二十次常务会议召开。

同日，仁寿县委应对新冠肺炎疫情工作领导小组(扩大)会议召开。

同日，县应急管理局组织减灾委成员单位，在县法治广场开展“5·12”防灾减灾日宣传活动。

同日，眉山市和仁寿县工商联为2021年度百企联百村共走振兴示范村大兴村、示范基地茶灵谷授牌。

13日，仁寿县成功入选四川省县域商业体系建设行动示范县。

15日，虞丞乡建成周家榜党员大院。

16日，仁寿县委书记王岳受邀前往眉山市委党校为年轻干部“兴眉优培计划”培训班学员授课。

同日，四川省自然资源厅厅长、省自然资源总督察孙建军莅临仁寿调研耕地保护和生态环保相关工作。

同日，四川省委编办巡视员李杰亮一行到仁寿县调研。

同日，眉山市春耕生产工作会议在宝飞镇尖石村参观。

同日，四川省自然资源厅厅长孙建军一行到方家镇东岳村调研。

17日，眉山市城乡基层治理攻坚大会召开。会上，仁寿县委书记王岳在仁寿分会场就全县贯彻落实全市城乡基层治理各项部署作了表态发言。

同日，四川省退役军人事务厅政策法规处处长罗百益一行到仁寿县退役军人事务局调研“一网通办”和退役军人光荣返乡“一站式”服务工作。

同日，眉山市人民政府副市长宋良勇一行到仁寿县召开全市粮食生产现场会。

18日，仁寿县委常委、县总工会主席张晓红调研企业工会工作。

同日，国网眉山供电公司总经理、党委副书记赵藟在仁寿县供电公司，与仁寿县委书记王岳一行，交流加深政企合作，共同推动仁寿经济社会高质量发展事宜。

19日，四川省人大常委会委员、农业农村委主任委员任晓春一行莅临仁寿开展《四川省供销合作社条例》立法调研工作，分别考察古佛供销社、省棉麻集团粮食种植基地、三帮会计服务公司、仁寿县绿园农资。

19—20日，国务院安全生产和消防工作考核巡查组第六组莅临仁寿县开展安全督导检查工作。

20日，新华社发表反映仁寿县家政工作的稿件——《母婴培训师白玉苹：传授育婴方法　助力妇女就业》。

同日，仁寿县委书记王岳召开疫情防控工作小组会专题研究仁寿县流调溯源暨调度指挥中心建设。

同日，虞丞乡郑家湾党员大院完成建设。

21—23日，中央电视台在园区大豆—玉米带状复合种植基地拍摄端牢中国饭碗纪录片《金玉满仓》。

23日，仁寿县人民法院与中国(四川)知识产权保护中心签订知识产权协同保护工作机制框架协议，深入推进知识产权协同保护工作。

24日，全县撂荒地整治暨粮食生产、耕地保护工作会议召开。

同日，眉山市人大常委会副主任肖巍率队调研仁寿县制造业发展情况。

25日，仁寿“天府·税邮驿站”正式揭牌运行。

26日，仁寿县第十九届人大常委会第五次会议召开。会议听取和审议县人民政府《关于2021年度法治政府建设工作的报告》《关于全县推进乡村振兴工作情况的报告》。

同日，仁寿县中医院新区医院被征用为眉山市新冠亚定点医院。

27日，眉山市水利局局长邹成双一行到县水利局调研第二污水处理厂和方家镇方曲河生态整治和节水灌溉项目。

同日，仁寿县烟草局作出全市首个电子烟零售许可决定。

28日，仁寿县十九届人民政府第二十一次常务会议召开。

同日，仁寿县政府廉政工作会议召开。

同日，四川省水利厅建管处副处长朱瑞宇一行到县水利局调研第二污水处理厂和方家镇方曲河生态整治和节水灌溉项目。

29日，海南省海口四川眉山商会仁寿分会成立。

同日，国务院第十一督查组组长、人力资源和社会保障部副部长俞家栋一行莅临仁寿督查曹家镇国家“两稳一保”项目。在曹家镇水星村，调研突出“三动”工作法，变“离乡创业”为“梨乡创业”情况、返乡创业基地对周边地区的辐射带动情况。

30日，全市2022年普通高校招生考试工作会在仁寿县召开。

31日，十四届仁寿县委第三十三次常委会(扩大)会议召开。

同日，仁寿供电公司在会议室开展通信系统、网络与信息系统突发事件应急演练。

同日，四川省广电局党组成员、一级巡视员黎万恒一行到中国广电仁寿县分公司安全检查。

同月，眉山市委交叉巡察组到仁寿县自然资源系统开展为期2个月的巡察工作。

6月

1日，仁寿县委书记王岳率队督导调研2022年高考备考工作。

同日，仁寿县2022年消防工作会暨消安委联席会议召开。

2日，仁寿县委政法委组织开展2022年政法干警政治轮训暨“仁寿政法大讲堂”第一期培训班。

同日，按照国网眉山供电公司安排，仁寿供电公司组织第一批5名应急抢险队员携带2台无人机以及相关抢险装备，加入眉山供电公司驰援雅安市宝兴县抢险队伍，前往开展工作。

7日，县农业农村局开展柑橘“甜蜜素”禁用宣传活动。

同日，中国广电仁寿县分公司开展“广电5G”揭牌仪式。

8日，仁寿县召开对上争取专题工作会。会议听取了全县对上争取和中省预算内资金争取等情况汇报。参会领导就相关工作进行发言。县长明宇作了讲话。

9日，四川省农业农村厅厅长徐芝文带队到仁寿县参加全省大豆扩种暨大春田管工作现场会。

10日，仁寿县十九届人民政府第二十二次常务会议召开。

同日，普宁街道组织街道、社区、物业等100名工作人员成立响水新苑交房工作专班，在1天内完成821户2500余名居民1614套房和66间门市交付工作。

同日，全省粮食生产现场会在珠嘉镇花园社区召开。

13日，仁寿县委常委会召开（扩大）会议，专题传达学习习近平总书记到川视察重要指示精神，认真落实省委常委会（扩大）会议、市委常委会（扩大）会议部署要求，研究仁寿县贯彻意见。县委书记王岳主持会议并讲话。

同日，仁寿县十九届人民政府第二十三次常务会议召开。

14日，仁寿县制造业招商引资工作会召开。

同日，眉山市老龄工作调研组到仁寿县调研。

同日，眉山市副市长王淑琳一行调研科技兴农、制造强县等工作。

15日，仁寿县2022年乡镇人大工作会召开。

同日，眉山市中院党组书记、院长易晓东一行到仁寿县人民法院富加法庭调研指导法庭案件审判、诉源治理、基础建设等工作。

同日，射洪市供销社党组书记、主任赵宇一行莅临仁寿交流学习，在三帮会计服务公司就如何推进社有企业改革交流座谈。

同日，仁寿县2022年乡镇人大工作会在大化镇召开现场会。

16日，仁寿县人民法院开展禁毒宣传教育活动，邀请满井镇初级中学40余名师生参与活动。

同日，眉山市委常委、市委政法委书记杨军一行到普宁街道调研指导“守底线、保安全”工作。

同日，中组部共产党员网以《拉动小区“红色引擎”释放基层治理大动能》为题报道怀仁街道相关工作。

17日，仁寿县应对新冠肺炎疫情应急指挥部决定在普宁街道和虞丞乡开展全链条、全要素新冠肺炎疫情应急处置演练。

同日，仁寿县开展2022年新冠肺炎疫情处置演练。县委书记、县委应对新冠肺炎疫情工作领导小组组长王岳参加并做点评讲话，县长、县疫情指挥部指挥长明宇主持。

同日，眉山市仁寿县召开第一批次乡镇片区（文宫眉东新城协同发展片区、富加三产融合发展片区）应急体系专项规划评审会议。

同日，眉山市人大常委会副主任王晓丽带领市人大相关人员，对黑龙滩水库开展巡河及调研工作。

同日，四川省安全社区建设评审员万瑞方一行到曹家镇开展“省安全社区建设”评定工作。

17日，全县疫情防控应急演练在虞丞乡开展。

20日，全县项目推进、经济运行分析、稳增长政策落实情况专题会召开。会上，毛自林就全县项目推进、经济运行分析、稳增长政策落实工作作了安排，县发展改革局、县统计局汇报了相关工作情况。

同日，眉山市审计局党组成员、总审计师马军到仁寿县审计局开展优秀审计项目指导。

同日，眉山市人民政府副市长宋良勇率队检查黑龙滩水库防汛度汛工作。

21日，仁寿县十九届人民政府第二十四次常务会议召开。

同日，眉山市政协副主席、党组副书记熊英带队调研曹加镇“双助”工作。

22日，成宜高速2022年综合应急演练在成宜高速谢安服务A区进行。四川高速公安三支队二十二大队、四川高速公路交通执法四支队四、五大队、仁寿县谢安镇、4个县级部门、成宜公司等相关负责人共100余人参加。

同日，成都铁路运输第一法院党组书记、院长张艳秋一行9人到仁寿县人民法院考察交流法庭建设等工作。

23日，仁寿县委书记、县总河长、县林长王岳率队对全县河长制、林长制、防汛减灾及撂荒地整治相关工作进行暗访督导。

同日，仁寿县召开专题会议研究部署项目推进工作。

同日，四川省委编办副主任钟建发一行莅临仁寿调研。

同日，省委巡视办调研仁寿县巡察整改和成果运用工作座谈会召开，四川省委巡视办四处处长罗国许出席会议并讲话。

24日，成都市委统战部暨成都市侨商会到仁寿考察信利、四川美加蓉祥电子信息产业园。

同日，仁寿县供销社召开村级供销社建设培训会，组织2022年拟建村级社负责人到古佛供销社等地实地学习。

同日，2022年高考结果公布，仁寿学子勇夺眉山"双魁"，实现仁寿连续六年无眉山市文理科"双第一名"的突破。

27日，仁寿县委全面深化改革委员会第七次会议、农村工作领导小组会议、全面依法治县委员会第四次会议召开。

同日，巩固脱贫攻坚成果省级专项督查哨楼村巩固脱贫攻坚成果。

同日，金川县政协党组书记、主席达尔吉一行调研曹家镇六月雪梨品牌打造情况。

28日，仁寿县学习贯彻习近平总书记到川视察重要指示精神和省第十二次党代会精神宣讲报告会在县委党校仁寿厅举行。

同日，全县大气污染防治工作推进会召开。

同日，四川省水利厅水利规划研究院督导组组长魏凡杰一行到县水利局检查水库安全运行管理。

29日，仁寿县20件民生实事专题推进会召开。

同日，由县总工会、县红十字会主办，县邮政业服务中心、县快递行业工会联合会承办的快递员应急救护技能培训班开班。

同日，四川省科技助力乡村振兴促进会到曹家镇开展乡村振兴科技大讲堂。仁寿县27个乡镇(街道)分管乡村振兴副镇长到曹家镇梨乡大讲堂参加《乡村振兴科技大讲堂》专题培训。

30日，仁寿县委老干部局为庆祝"建党101周年"，组织全县74名县级离退休干部开展1次集体学习。

同日，四川省人大常委会副主任杨洪波带队督导黑龙滩中央生态环境保护督察通报问题整改情况。

同月，总投资12亿元的仁寿华赐半导体材料有限公司半导体靶材及高纯无氧铜生产线项目(二期)与仁寿县人民政府正式签约，落户四川仁寿经济开发区A区。

7月

1日，仁寿县委书记王岳走访慰问困难党员，宣讲习近平总书记到川视察重要指示精神和省第十二次党代会精神。

同日，仁寿县委副书记、县长明宇到钟祥镇明星村宣讲习近平总书记到川视察重要指示精神和省第十二次党代会精神。

同日，仁寿县法学会组建42名首席法律咨询专家，聚焦重大公共决策论证、重大风险隐患防控、重大矛盾纠纷调处、重大信访积案化解四个重大，实战化运行首席法律咨询专家制度。

2日，央视《追光》栏目组到仁寿县专题采访英雄阳廷安事迹，作为党的二十大系列节目在央视新闻频道刊播。

4日，生态环境部西南督察局副局长柏伦章带队调研黑龙滩中央生态环境保护督察反馈问题整改情况。

同日，《眉山日报》以《十年积蓄万元党费　9旬老党员谢党恩》为题报道怀仁街道老党员缴党费事件。

5日，仁寿县委第十四届政法委员会第三次全体会议召开。

同日，眉山市人民检察院党组书记、检察长于强在仁寿县人民检察院调研指导工作。

同日，仁寿县人民法院联合资中县法院、雁江区法院召开沱江流域"纽扣法庭"工作机制联席会。

同日，仁寿县市场监督管理局开展全县食品生产企业食品安全培训。

同日，仁寿县烟草专卖局联合东坡区烟草专卖局、县公安局，对"12·1"假烟案进行收网。该案捣毁制假窝点3个，现场抓获涉案人员9人，查获烟机3台、手工封装设备2套，扣获涉案车辆6台，查获成品假烟5万余支以及大量烟用制假辅料。

6日，四川省商务厅市建处副处长(主持工作)朱允慎一行莅临仁寿到曹家镇调研农产品供应链体系建设项目建设情况。

7日，全县重大基础设施建设推进会召开。

同日，仁威资平安边界创建活动启动仪式在仁寿县举行。威远县人大常委会副主任王志远，资中县委常委、政法委书记罗世友以及冷劲涛、潘峰等县领导参加启动仪式。仪式上，仁寿县、威远县、资中县签订《平安边界互助合作协议书》，三地公安局、检察院、法院分别签订了跨区域协作协议书。

同日，仁寿县委副书记、县长明宇主持召开制造业招商引资重大项目推进会。

同日，威远、资中调研组一行到仁寿县人民法院调研诉讼服务中心建设工作。

同日，眉山市审计局党组成员、副局长罗维带队到仁寿县审计局开展投资审计调研。

同日，仁寿电网全网最大负荷和日电力持续攀升，最大负荷达63.01万千瓦，较历史最大负荷增长4.18%；日电量达1225.128万千瓦时，较历史最大日电量增长0.2%。

8日，仁寿县十九届人民政府第二十七次常务会议召开。

同日，仁寿县委副书记唐余率队到仁寿经开区调研。

11日，眉山市委组织部副部长、市委老干部局局长胡勇一行到仁寿县调研。

12日，仁寿县召开电力用户错峰、避峰工作部署会议。

同日，四川大学电子信息学院党委书记郜明松一行莅临仁寿考察电子信息产业工作，深入讨论信仁电子信息产业技术研究建设事宜。

13日，仁寿县委副书记、县长明宇到县气象局调研。

同日，仁寿县总工会开展“送清凉”慰问活动。

同日，仁寿县研究燃气报警装置安装及房屋安全隐患排查治理工作会议召开。

14日，四川省信访局二级巡视员宁学旗一行人到仁寿县实地核查“治重化积”重点案件办理情况。

15日，仁寿县召开全县扫黑除恶斗争领导小组会议。

同日，四川省发展改革委二级巡视员刘波一行到曹家镇开展省级防汛减灾和地质灾害防治工作专项督查。

16日，仁寿县召开防汛救灾工作调度会议。

17日，仁寿县组织收听、收看市应对新冠肺炎疫情工作会。

18日，全县乡村振兴成效显著县创建动员会暨园村一体农业园区建设推进会议召开。

19日，仁寿县委书记王岳率队调研全县疫情防控工作。

21日，仁寿县方舱隔离点建设工作启动。

23日，四川省公安厅党委委员、总工程师余文杰赴仁寿调研督导夏季治安打击整治“百日行动”。十四届仁寿县委第四十次常委会(扩大)会议召开。

26日，全县第三季度安全生产工作会议暨2022年县安委会第三次全会、县应急委第一次全会召开。

同日，35千伏玉龙配电化变电站主变5次充电成功，眉山市首座35千伏配电化变电站在仁寿县正式投入运行。

27日，仁寿县委书记王岳率队前往县人民武装部、县军休所、县消防救援大队、县武警中队、县看守所看望慰问驻仁部队官兵和退役军人代表，为他们送去党和政府的亲切关怀，并致以节日的问候。

29日，仁寿县第十九届人大常委会第六次会议召开。

同日，县退役军人事务局开展“最美退役军人”“最美现役军人家属”评选表彰和“授一面红旗”活动。

同日，仁寿县第十九届人大常委会第六次会议听取和审议《仁寿县监察委员会主任徐国作的关于整治群众反映强烈问题工作情况的报告》。

31日，仁寿县委工作会议召开。会议深入学习贯彻习近平总书记到四川眉山市视察重要指示精神，认真落实省委工作会议、市委工作会议部署要求，总结研判上半年工作，研究部署下半年工作，全力以赴拼经济、搞建设，以实际行动迎接党的二十大胜利召开。

同月，总投资15亿元的深圳市华微智能制造技术研发投资有限公司物联网智能终端产业园项目、物联网品牌项目全国运营中心项目与仁寿县人民政府正式签约，落户四川仁寿经济开发区A区。

同月，四川省委宣传部办公室举办的第十三期县级融媒体中心从业人员专业能力培训班到仁寿县融媒体中心参观学习。

同月，仁寿县气象局到联系村开展“千乡万村气象科普四川行”活动。

8月

1日，仁寿县委副书记、县长明宇主持召开县第十九届人民政府第二次全体会议。

同日，仁寿县十九届人民政府第二十九次常务会议召开。

同日，根据教育部《关于组织实施部属高校县中托管帮扶项目的通知》，电子科大定点帮扶仁寿一中，电子科技大学与仁寿县人民政府签订战略合作协议，仁寿高中将依托高平台，建设优质教育资源库，发展电子信息竞赛课程，打通直达名校渠道。

3日，仁寿县举行2022年山洪地灾综合应急演练。

同日，仁寿县委副书记唐余调研谢安镇鸭池村帆田欣生物科技公司及撂荒地整治工作和新民村电商孵化情况。

5日，仁寿县农村工作中期推进会暨巩固拓展脱贫攻坚成果同乡村振兴有效衔接工作推进会召开。

9日，钟祥现代农业示范片区发展改革联席会议召开。

10日，眉山军分区大校司令员、市征兵领导小组副组长黄昌勇率队到仁寿县检查指导征兵体检工作。

11日，四川省水利厅党组书记、厅长郭亨孝，眉山市副市长宋良勇一行到仁寿县召开眉山市、乐山市、雅安市片区水利(水务)局长座谈会。

12 日,仁寿县召开创建“四好农村路”省级示范县推进会。

17 日,全县防震减灾工作会暨县抗震救灾指挥部全体会议召开。

19 日,仁寿县人大常委会主任杨建到文林街道奎星阁社区督导“双创”工作。

22 日,十四届县委巡察工作领导小组第二次会议暨县委巡察工作第二次书记专题会议召开。

22—23 日,全市烟草专卖、法规条线高质量发展推进会在仁寿县召开。

23 日,仁寿县召开新一轮“两纲”编制工作启动会。

同日,四川省发改委、省自规厅、省应急厅、省水利厅组成的督查组专项督查仁寿县防汛减灾、隐患排查整治、地质灾害防治、山洪灾害防治、水库防汛安全、应急救援救灾准备等工作。

24 日,仁寿县食安委 2022 年第二次会议暨食品安全党政同责考核工作会议召开。

同日,四川省生态环境厅副厅长彭勇带队督导黑龙滩饮用水水源典型案例整改情况。

25 日,仁寿县组织召开预防旱涝急转暨防汛保安全工作调度会议。

同日,四川文化产业投资集团党委副书记、副董事长、总经理戴卫东一行到曹家镇开展省委意识形态工作专项督查工作。

26 日,全市政协委员跨界别服务企业现场推进会在仁寿县召开。

同日,仁寿县十九届人民政府第三十二次常务会议召开,县委副书记、县政府县长明宇主持会议。

27—28 日,仁寿县委政法委牵头完成全球华人华侨促和会安保维稳工作。

29 日,仁寿县委书记王岳率队调研全县 2022 年秋季开学准备工作。

同日,四川省水利厅农水中心三级调研员周家富一行到县水利局对在建水利工程汛期安全监督检查。

30 日,仁寿县召开应对新冠肺炎疫情工作调度会议。

同日,仁寿县召开专题会议,研究项目前期工作。

31 日,仁寿县委常委会召开扩大会议。

同日,仁寿县“两个中心”融合建设确定为全省十大试点县之一。

同月,总投资 50 亿元的协鑫集团有限公司年产 36 万吨磷酸铁锂正极材料项目与仁寿县人民政府正式签约,落户四川仁寿经济开发区 A 区。

同月,四川仁寿经开区被四川省发改委评为“四川省循环化改造试点园区”称号。

同月,仁寿县东方红小学合唱团受邀到中央歌剧院演出。全市首届文艺新作大赛举行,仁寿教体局代表作品《光亮》斩获舞蹈类一等奖。全系统共有 20 余个学校荣获省、市级优秀组织奖,300 余名师生或作品荣获省、市级等级奖,县教体局 3 次荣获市级优秀组织奖。

9月

1 日,眉山市人大常委会副主任王泽文率队调研仁寿县家庭教育工作。

2 日,仁寿县委书记王岳深入汪洋镇、宝飞镇、富加镇等乡镇调研督导疫情防控工作。

同日,仁寿县人民法院组织召开首例实质合并破产重整案第一次债权人会议。

4 日,仁寿县委副书记、县长明宇主持召开县应急指挥部疫情防控工作调度会议。

5 日,眉山市委常委、市委政法委书记杨军一行到富加派出所、钟祥派出所调研指导夏季治安打击整治“百日行动”和平安眉山“百日提升”行动推进情况。

6 日,仁寿县委副书记、县长明宇主持召开县十九届人民政府第三十三次常务会议。

同日,眉山市供销社监事会主任阮永忠带队到仁寿调研 2022 年新建村级社建设情况和满井为农服务中心运营情况。

7 日,仁寿县委副书记、县长明宇主持召开县应急指挥部疫情防控专题会议。

同日,县工商联倡议民营企业和行业商会积极参与泸定县抗震救灾。县工商联副主席企业——四川嘉碧新材科技有限公司捐赠泸定县慈善总会 20 万元、雅安市慈善总会 20 万元抗震救灾款。

同日,眉山市司法局莅临仁寿调研仁寿县 2022 年度依法治县及法治政府建设工作。

8 日,十四届仁寿县委第二轮巡察工作动员部署会召开。

同日,眉山市水利局局长邹成双一行到县水利局调研水利项目工作。

9 日,仁寿县委第三十七次应对新冠肺炎疫情工作领导小组(扩大)会议召开。会议传达学习眉山市会议精神,并结合全县实际对全县疫情防控工作进行安排部署。

同日,仁寿县委副书记、县长明宇主持召开全县经合工作会议。

同日,100 余家仁寿本地企业家组织召开捐资奖学大会,现场对本年度创造优秀成绩集体和个人奖励现金 400 万元。县委、县政府主要领导莅临现场并颁奖。

11 日,仁寿县委书记王岳到部

分学校督导调研疫情防控工作。

12日，仁寿县应对新冠肺炎疫情应急指挥部疫情防控工作调度会议召开。

13日，十四届仁寿县委第四十四次常委会（扩大）会议召开。会议传达学习市委书记胡元坤莅临仁寿调研指示精神，研究全县贯彻落实意见。

同日，央视《丰收画卷》栏目直播方家镇水稻丰收。

同日，县供销社与安杰公司进行业务洽谈，就如何依托联建产业发展示范园带动供销社开建“农资超市”进行会谈。

同日，仁寿县委书记王岳到新店镇调研指导疫情防控工作。

14日，中共眉山市委政法委第二督导组组长、市财政局副局长王志刚一行在县人民检察院调研督导财物统一管理改革工作。

同日，仁寿县开展依法治县暨法治政府建设专项督查工作。

16日，仁寿县委书记王岳深入新店、禾加、禄加、汪洋等乡镇调研督导全县疫情防控工作。

同日，全县安全防范工作视频调度会召开。

同日，眉山市政协副主席立胡左格到华阳村进行调研工作。

17日，曹家镇举办梨王争霸庆丰收农事活动，庆祝中国农民丰收节。

20日，仁寿县委第十四届政法委员会第四次全体会议召开。

同日，眉山市委统一战线工作领导小组办公室第二督查组组长、市委统战部副部长邓川带队到仁寿县调研督查统战和民族宗教工作。

同日，仁寿县政协开展道路交通安全专题民主监督。

同日，仁寿县司法局组织开展2022年全县行政处罚案卷交叉评查工作。

21日，仁寿县人民检察院召开涉案企业合规第三方监督评估机制管理委员会成立大会暨第一次联席会议。

22日，四川省水利厅党组成员、副厅长谭小平率队深入黑龙滩灌区调研蓄水输水、生活用水、生态用水工作。

同日，四川省商务厅副厅长陈友清率督察组到普宁街道高笋社区督查疫情防控工作。

23日，2022年眉山市仁寿县庆祝中国农民丰收节活动在珠嘉镇花园社区正式启动。

24日，四川省水利厅规计处处长田龙俊一行到县水利局调研粤江河防洪治理工程前期工作。

26日，仁寿县委副书记、县长明宇主持召开全县2023年政府投资项目工作会议。

同日，国家统计局眉山市调查总队到龙水河社区指导住户轮换抽样调查工作。

同日，眉山市委常委、市委宣传部部长何迎晓参观虞丞乡郑家湾党建大院。

27日，仁寿县十九届人民政府第三十六次常务会议召开。

同日，仁寿县召开全县社区矫正暨安置帮教安全稳定工作推进会。

28日，仁寿县召开老干部座谈会。

同日，全县国庆及中共二十大期间底线工作专题会议召开。

29日，中国人寿财产保险股份有限公司向县应急管理局交付自然灾害政府保险赔款568.1万元。

同日，四川省信访局网络投诉受理处马兰一行人到仁寿县实地督导党的二十大期间信访工作。

同日，仁寿县基层医疗“华西HAS慢病管理一体化项目”签约。

30日，仁寿县疫情防控指挥部召开调度会。

同日，仁寿县委、县政府组织在县烈士陵园组织社会各界集中开展“9·30”烈士公祭日活动。

同月，仁寿实验中学正式招生运行，聘请原石室中学管理团队管理，4位同学攻坚“Brain Bee全球青少年脑科学活动”全国赛。12名同学晋级国际学术马拉松全国赛。36名同学通过蓝桥青少年信息技术等级考试。

10月

1日，四川天府新区管委会副主任、县委书记王岳主持召开全县疫情防控工作视频调度会议。

同日，四川天府新区管委会副主任、县委书记王岳调研督导社会面疫情防控工作，慰问一线防疫人员。

3日，仁寿县烟草局联合公安部门成功查获无证运输案件2起，现场查获非法运输的卷烟44.02万支，总案值58万余元。

7日，眉山市政府副市长、市公安局党委书记、局长李东武到仁寿文林、普宁派出所督导检查党的二十大安保维稳及派出所工作。

9日，四川天府新区管委会副主任、仁寿县委书记王岳主持召开全县“决战四季度、大干一百天”冲刺推进会。

10日，国网眉山供电公司总经理赵藟率队赴仁寿供电公司督查秋季安全大检查工作。

13日，四川天府新区管委会副主任、仁寿县委书记王岳带队调研县矛盾纠纷多元化解协调中心工作。

同日，仁寿县政协十一届六次常委会会议召开。

13—15日，仁寿县公安局在全县范围开展党的二十大安保维稳决战决胜“大清查”行动。

14 日，仁寿取得四川省人民政府关于《〈仁寿县喜鹊寺水库工程建设征地移民安置规划大纲〉的批复》。

15—24 日，仁寿县委政法委在仁寿县青石中学校（市级“关爱中心”）举办涉邪教人员法制教育学习班。

16 日，四川天府新区管委会副主任、仁寿县委书记王岳在眉山市参加收看中共二十大召开实况转播，明宇、杨建、何文华、唐余、张晓红、徐国、陈双成、毛自林、何禹衡、缪可言等县级领导在县委六楼会议室收看中共二十大召开实况转播。

16—22 日，仁寿县委政法委牵头开展党的二十大安保维稳工作。

17 日，十四届仁寿县委第四十八次常委会（扩大）会议召开。

同日，眉山市审计局党组成员、总审计师马军到仁寿开展严肃财经纪律整治突出问题专项行动督导工作。

19 日，仁寿县第十九届人民政府第三十八次常务会议召开。

同日，全县办公室工作调度会议召开。

同日，仁寿县召开两项改革“后半篇”文章工作推进会。

20 日，金马河河长制工作 2022 年第三季度联席会召开。

21 日，眉山市审计局党组成员、副局长罗维带队到仁寿县审计局开展保交楼工作调研。

24 日，仁寿县政协开展央督生态环境保护督察反馈意见整改情况民主监督活动。

25 日，四川省人民检察院警务部副主任张永春一行在县人民检察院检查指导办案安全工作。

26 日，仁寿县人民政府党组（扩大）会议暨传达学习中共二十大精神大会召开。

同日，眉山市审计局党组书记、局长李旭锋一行到仁寿调研耕地保护政策审计整改工作。

同日，四川省生态环境厅和市、县生态环境局一行到普宁街道调研网格化环境监管工作。

同日，眉山市就业创业促进中心（农民工服务中心）在仁寿县召开全市就业创业 2022 年前三季度工作座谈会，到曹家镇梨树社区现场调研。

27 日，全省镇村便民服务“三化”建设现场推进培训会（眉山片区）在仁寿县召开。

28 日，仁寿县组织收听收看 2021 年国家耕地保护督察反馈问题整改工作电视电话会议。

同日，四川天府新区战略研究局一级调研员黄玖辉一行莅临仁寿调研成眉高新技术产业带建设工作。

31 日，仁寿县委副书记、县长明宇主持召开县十九届人民政府第三十九次常务会议。

同日，仁寿县委副书记、县长明宇主持召开研究 2022 年耕地保护督察整改工作会议。

同月，仁寿县委政法委组织开展治安大巡防工作。

同月，仁寿县委政法委协调做好“5·19”朱某某等人涉黑案审判期间疫情防控和维稳安保工作。

同月，四川省发改委为入驻四川仁寿经开区的仁寿华赐半导体材料有限公司争取百强县培育资金 2000 万元。

同月，大化镇水利社区居民通过县融媒体中心自主研发的“融 e 屏”了解惠农政策的情景照片入选中共二十大“奋进新时代”主题成就展。

11 月

1 日，受仁寿县委书记王岳委托，县委副书记、县长明宇主持召开会议，专题传达贯彻市委赴仁督导决胜收官战工作推进会精神，部署下一步工作。

同日，仁寿县委老干部局联合县老年大学开展“学习宣传中共二十大精神　永远跟党走”主题文艺活动。

2 日，仁寿县司法局参加全市 2022 年政法系统案件评查工作。

同日，绵阳市审计局党组成员、总审计师邓小孟一行到仁寿县审计局调研审计业务质量提升工作情况。

同日，生态环境部西南督察局局长张迅带队调研黑龙滩中央生态环境保护督察反馈问题整改情况。

2—11 日，仁寿县委政法委联合东坡区委政法委、彭山区委政法委开展案件交叉评查工作。

3 日，全省刑侦信息化实战应用比武（追逃）汇报会在仁寿召开。

同日，全县共青团系统学习贯彻中共二十大精神专题读书班暨 2022 年共青团重点工作推进会召开。

同日，县应急管理局制定印发《仁寿县多灾种叠加应急预案（试行）》。

同日，全国促进退役军人就业创业工作站在成都开幕，仁寿本地军创企业携特色产品入驻眉山展区。

同日，仁寿县法学会举办第一期民营企业法律培训班。

同日，第九届华西急诊国际高峰论坛在成都召开。县人民医院急诊科主任吴标带队参加蛇伤诊治技能大赛，团队在全国参赛医院中荣获一等奖。

7 日，仁寿县 2022 年“兴仁优培”计划——年轻干部铸魂强基班第二期暨中青年干部培训班在县委党校开班。

同日，仁寿县委副书记、县长明宇主持召开县疫情防控工作调度会议。

同日，四川省财政厅二级巡视员

杨俭、省应急厅规划财务处处长楚作东一行莅临仁寿，督导仁寿县应急救援提升行动计划工作。

同日，全县纪检监察系统“奋楫扬帆启新程　赶考之路我先行”献礼党的二十大主题演讲比赛举行。

7—9日，仁寿县人民法院公开开庭审理朱晓平等38人涉黑案。眉山市委政法委、市法院、市检察院、市县两级司法局及部分人大代表、政协委员共计70余人旁听庭审。

8日，由县总工会、团县委、县妇联联合主办的“心动秋日　乐享时光2022仁寿县青年职工交友联谊会”开场。

同日，眉山市政府副市长宋良勇、市政协副主席向东带队到仁寿县汪洋镇开展巡河督导工作。

9日，仁寿县召开党外人士情况通报会，传达学习中共二十大精神。

同日，2022年全县政法干警政治轮训暨“仁寿政法大讲堂”第二期培训班开班。

同日，虞丞乡成功通过“四川省安全社区”复评验收工作。

10日，四川省水利厅水科院总工程师毕瑶一行到县水利局对洪峰水库水利安全生产标准化进行评审。

同日，眉山市供销社监事会主任阮永忠一行莅临仁寿调研，实地走访禄加中合村供销社、方家哨楼村供销社。

11日，仁寿县委副书记、县长明宇主持召开十九届县人民政府第四十次常务会议。

同日，仁寿县召开学习贯彻中共二十大精神县委宣讲团动员会暨集体备课会，深入学习贯彻中共二十大精神，落实中央、省委、市委和县委部署要求，传达学习省委书记王晓晖关于宣讲工作的指示要求，全面启动县委宣讲团宣讲工作，推动全县上下持续掀起学习宣传贯彻中共二十大精神的热潮。

同日，眉山市矿山救护队按省生产安全应急救援信息中心要求，参加西南区域矿山应急救援（实训）暨四川省专业救援队伍大拉动，县队在禄加镇建设水库开展水上应急救援（实训）演练。

13日，仁寿县烟草局联合公安部门、市场监管部门查处一起违法销售外观类似卷烟的“茶烟”案件，现场查获“黄雀楼1916”“小熊猫”等6个品种，28.9条“茶烟”制品。

14日，眉山市委常委、市委政法委书记杨军到仁寿县督导“忠诚铸魂、铁纪担当”专项行动和食品安全工作。

15日，四川天府新区管委会副主任、仁寿县委书记王岳到四川仁寿经济开发区督导“决战四季度　大干一百天”决胜收官战工作。

同日，仁寿县教体局探索“横向领航、纵向融通”学段融通办学体系建设，开辟“高、初、小、幼”一体化共育新赛道，提前选拔出拔尖创新型人才，城区首批7个学联体正式挂牌运行。

16日，全县冬季道路交通事故预防工作会议召开。

同日，文宫镇乡镇商会完成注册登记。

17日，仁寿县委常委、县总工会主席张晓红带队到文同实验小学调研。

同日，四川省安全宣传“五进”工作交叉验收工作组到曹家镇东联村开展省级安全宣传“进农村”示范点验收。到长平初级中学督导食品安全工作。

18日，仁寿县政协委员界别联络组和乡镇（街道）政协工作联络委员会工作会议召开。

同日，国网仁寿县供电公司完成16.63万只09版表计换装任务。

同日，仁寿县人民医院被中国医师协会遴选为全国县级品质麻醉试点医院。

20日，始建镇营山社区通过“天府粮仓”项目购买农机，机耕种植小麦，发展集体经济。

21日，四川省后评估组到方家镇武通村和建国村开展巩固脱贫攻坚后评估检查。

20—21日，四川省政协副主席林书成带队参加全省川果产业高质量发展现场推进会。

22日，人民网发表反映仁寿县打造网红夜经济消费集聚区——栖西里的稿件《“夜经济”灯火照亮仁寿新天地》。

24日，方家镇成功建设2022年市级森林乡镇。

同日，曹家镇清泉村、勤劳社区承担全县脱贫攻坚后评估省委、省政府检查工作。

27日，仁寿县委副书记、县长明宇主持召开全县疫情防控工作视频调度会议。

同日，全县基层消防力量建设推进会暨消防工作站和微型消防站集中授牌仪式举行。

29日，学习贯彻中共二十大精神县委宣讲团报告会在县住建局举行，县委副书记唐余作宣讲报告。

30日，仁寿县委农村工作领导小组专题会议暨全省乡村振兴考核考评交叉现场检查迎检工作动员会议召开。

同月，四川省发改委为入驻四川仁寿经开区的四川正泰晟坤铝业有限公司争取百强县培育资金500万元。

同月，入驻四川仁寿经开区的水发民生（四川）农业发展技术中心、四川中科衡工程质量检测技术中心被眉山市经信局认定为眉山市企业技术中心，同时被市科技局认定为眉山市工程技术中心。

同月，入驻四川仁寿经开区的信利光电仁寿有限公司被四川省工商联合会评为四川民营企业100强，排名第64。

同月，科技部认定入驻四川仁寿经开区3家高新技术企业，即四川宏量基筑建材有限公司、四川洪瑞建工集团有限公司、水发民生(四川)农业发展有限公司。

同月，科技部认定入驻四川仁寿经开区7家科技型中小企业，即四川省建冶耐材有限公司、水发民生(四川)农业发展有限公司、四川迈瑞特新型建材科技有限责任公司、四川中科衡工程质量检测有限责任公司、四川一文印务有限公司、四川鸿浩天富实业有限公司、仁寿华赐半导体材料有限公司。

同月，仁寿县被省人民政府评定为“四好农村路”省级示范县。

同月，钟祥、禄加2个专职消防救援站投入执勤备战，全县6个片区的中心镇、副中心镇实现消防救援力量全覆盖。

同月，全省川果产业高质量发展现场推进会在藕塘镇喜安农业发展有限公司柑橘基地和四川晚熟柑橘研究院创新研发基地现场参观。

12月

1日，四川各市(州)领导到县综合行政执法局富加片区分局调研“两项改革”后半篇文章市级综合试点。

2日，四川天府新区管委会副主任、仁寿县委书记王岳主持召开十四届县委第五十二次常委会(扩大)会议。

5日，仁寿县委政法委组织全体干部职工会议，传达学习省委十二届二次全会精神。

6日，四川天府新区管委会副主任、仁寿县委书记王岳赴四川仁寿经济开发区宣讲中共二十大精神。

同日，大化镇物流园区产业大道二期顺利验收通车。

7日，在县委党校召开关工委系统学习宣传贯彻中共二十大精神专题会议。县委常委、组织部部长、县关工委主任何禹衡作了题为《着眼后继有人大计　履行铸魂育人使命》的示范宣讲。

同日，仁寿县委政法委、县法学会组织开展宪法宣誓活动。

同日，国家税务总局广州特派办到仁寿县税务局开展全电发票调研。

同日，满井镇成立消防安全委员会，办公室设在镇消防工作站，具体负责消防安全委员会日常工作。

8日，眉山市审计局党组成员、总审计师马军到仁寿县审计局开展审计质量检查。

同日，眉山市贸促会和仁寿县人民检察院到白沙村开展结对党建活动。

9日，四川天府新区管委会副主任、仁寿县委书记王岳调研督导学校食品安全、疫情防控和迎峰度冬保供工作。

同日，2022年度“眉山好人榜”、志愿服务先进典型、“新时代好少年”发布仪式在仁寿县举行。

10日，四川省生态旅游协会常务副会长陈先林一行到曹家镇开展生态旅游助推乡村振兴与林业高质量发展调研。

12日，四川天府新区管委会副主任、仁寿县委书记王岳主持召开县委第四十五次应对新冠肺炎疫情工作领导小组(扩大)会议。

同日，四川天府新区管委会副主任、仁寿县委书记王岳主持召开全县森林防灭火工作会议。

14日，眉山市水利局副局长杨敏一行到县水利局调研龙正镇冲天村“解放模式”创建工作。

16日，仁寿县学习贯彻中共二十大精神劳模工匠宣讲分团报告会暨劳模工匠座谈会召开。

24日，2022年仁寿县教体局引进有名校管理经验的谌瑞华等精英管理人才3名，引进北大硕士靳水宁等高层次教师190名，引进国际裁判邱芳等国家、省级运动健将6人，入住人才公寓。开展的本年度高层次人才考核，成功招聘到北师大、东北师大、中科大、武汉大学等名校硕士56人。

26日，四川天府新区管委会副主任、仁寿县委书记王岳主持召开十四届县委第五十三次常委会(扩大)会议。

同日，仁寿县汪洋司法所成功创建省级“枫桥式”司法所。

27日，全县新冠疫情防控工作电视电话会议召开。

同日，全县农村地区疫情防控和健康服务工作会议召开。

28日，2022年全县执行工作联席会议召开。

29日，仁寿县委政法委组织对全县政法系统开展为期8天的2022年政治督察、执法监督、纪律作风督查巡查工作。

30日，四川天府新区管委会副主任、仁寿县委书记王岳主持召开十四届县委第五十四次常委会(扩大)会议。

同日，仁寿县红十字会取得2022—2024年度第一批公益性捐赠税前扣除资格。

同日，中共金川县委常委、副县长龚睿带队到曹家镇调研乡村振兴和文旅融合工作。

同月，仁寿县现代农业园区成功创建为省五星级现代农业园区。

同月，眉山市经信局授予入驻四

川仁寿经开区的仁寿创新中小企业孵化园“眉山市小型微型企业创业创新示范基地”称号。

同月，入驻四川仁寿经开区的四川山立建筑有限公司被四川省住建厅认定为四川省装配式建筑产业基地。

同月，四川省经信厅认定入驻四川仁寿经开区3家创新型中小企业，即眉山市凯丰陶瓷有限公司、四川宏量基筑建材有限公司、水发民生（四川）农业发展有限公司。

同月，四川仁寿经开区被眉山市委组织部确立为第三批眉山市两新组织党建工作示范单位。

同月，仁寿县成功入选天府旅游名县候选县。仁寿县天府茶灵谷成功创建国家AAA级旅游景区；曹家镇梨树社区、曲江镇曲江社区成功创建省级乡村旅游重点村。

同月，县委、县政府始终坚持教育优先发展，投入资金20亿元用于教育高质量发展，根据城市发展方向及学龄人口走向，投入5.6亿元，在城区建成投用城北一幼、文缜幼儿园、星光幼儿园、长平小学、长平初中、实验中学6所校园，新增学位7980个。

同月，县中医院肺病科被评为市级中医重点专科，脾胃病科被评为市级在建中医重点专科，内一科开展肺癌化疗技术。

同月，搭建“党总支＋集体经济”模式，利用仁沐新高速（慈航）出口地理优势，建设永裕党群服务驿站。

同月，慈航种猪场通过四川省畜牧院无非洲猪瘟小区省级现场评估检查。

仁寿概览

自然资源

【地理位置】 仁寿县位于四川盆地西南部，介于北纬29°40′~30°16′，东经104°00′~104°30′之间。地处成渝、成乐两大经济走廊带的腹地，东与简阳、资阳、资中连接，南与威远、荣县、井研接壤，西与青神、眉山市东坡区、彭山相连，北与双流区毗邻。县城距省会成都市区74千米，距眉山市区38千米。

【地形地貌】 仁寿县属低山丘陵地形，全县地势从东南向西北逐渐抬升。受燕山运动及新构造运动的影响，二峨山（龙泉山脉仁寿段）自县内东北角走向西南，将县境分成东南、西北两大部分，形成三种地貌类型：①老冲积台地：分布于二峨山西北部，地势平缓多坝，占全县总面积的10.25%；②丘陵：分布于二峨山东南，占全县面积的70.14%，其中县境中部为浅丘和中丘，南部边境为深丘；③二峨山：地貌独特，沟谷切割面较深，多窄谷，占全县面积的19.61%。

【植物资源】 全县分布有维管束植物123科335属423种，其中蕨类植物19科26属36种，种子植物104科309属387种（裸子植物5科7属9种，被子植物99科302属378种）。仁寿县地带性植被为常绿阔叶林。现存的森林类型有次生马尾松林和马尾松油茶混交林，次生柏木林及竹林等。黄荆、马桑等灌木常混生于紫色土壤的柏木林中。马尾松主要分布在龙泉山西部及县境南部荣威山脉等黄壤地区；柏木则分布在龙泉山及其东部紫色土地域，常有桤木伴生形成桤柏混交林；以柑橘、枇杷、梨子为主的经济林分布较广。全县珍稀植物种类较少，水杉、苏铁、银杏、红豆杉等树种零星分布。全县森林面积10万公顷，林木蓄积310万立方米，森林覆盖率39.02%。

【动物资源】 仁寿县动植物地理分布上属东洋界—西南区西南山地亚区—中、低山带，县内野生动物资源较为丰富。全县有野生脊椎动物32目92科302种，其中兽类6目11科30种，鸟类17目55科161种，两栖类2目6科11种，爬行类2目7科16种，鱼类5目13科84种。分布有国家Ⅱ级重点保护野生动物13种（兽类3种、鸟类9种、两栖5类1种），分布有国家一级保护动物中华秋沙鸭、白鹤、海鸥；国家二级保护动物苍鹭、池鹭、牛背鹭、夜鹭、东方白鹤、猫头鹰等10种；还有蛇类、猴类等多种野生动物。

【矿产资源】 大部分矿产资源分布在仁寿南部。原煤主要分布在汪洋、禄加一带，资源储量约2亿吨。膨润土主要分布在大石、兆嘉一带，在东部北斗地区也有矿点分布，资源储量约1万吨。黏土矿主要分布在天峨、汪洋区域，资源储量约10亿吨。砂岩矿主要分布在禾加、涂加、龙正一带，资源储量约1亿吨。灰岩矿主要分布在禾加、汪洋、禄加一带，资源储量约49.8亿吨。页岩矿遍布于全县各乡镇，资源储量丰富。温泉分布在黑龙滩一带，仁寿包括在犍为—威远—安岳8H2S泉地热显示区内。石膏分布在仁寿西部龙泉山脉的西侧。

【水资源】 仁寿县水资源十分贫乏，多年平均水资源总量为12.83亿立方米，人均水资源量841立方米，远低于四川省人均水资源量3200立方米，低于全国人均水资源量2100立方米。全县受地形地貌和降水条件综合影响，降水量年内分配从时间和空间上极不均匀，降水主要集中在汛期的5个月，降水量分布趋势由东南向西北部递增，各行政区年降水量最多的是黑龙滩镇，最少的是汪洋镇。县境内有4个水资源4级区：岷江成都平原区、岷江盆中丘陵区、岷江越溪河河源区、沱江川中丘陵区。全县共有水库96座（不含天管委10座），分布于县内20个乡镇（街道），其中大型水库1座（黑龙滩水库），中型水库2座（洪峰水库、李家沟水库），小（1）型水库16座，小（2）型水库77座。

县内无大河过境，有大小溪河339条，总长1174.1千米，流域面积22.22万公顷，年径流量9.89亿立方米。溪河均沿龙泉山东西分流，汇集成较大的5条溪河，总长282千米。龙水河、通江河、清水河在北斗镇清水寺汇入球溪河注入沱江。鲫江河、越溪河注入岷江。

【旅游资源】 仁寿县旅游资源丰富，截至2022年年底，仁寿县有国家A级旅游景区7个，其中AAAA级旅游景区2个、AAA级旅游景区3个、AA级旅游景区2个，3星级宾馆1家，星级“农家乐”及乡村酒店38家。2022年，全年接待旅游人数达到931万人次，旅游收入86.2亿元，成功入选天府旅游名县候选县。旅游业成为全县新的经济增长点和国民经济重要的支柱产业。

【气候特点】 仁寿县属亚热带季风湿润气候。年平均气温17.2℃，全年无霜期314天左右，平均降雨量896.2毫米，累年平均蒸发量1271.5毫米，历年平均日照1129.4小时，年日照率25%，太阳总辐射88千卡/平方厘米，日照时数和总辐射量为全国低值区，但相对集中。主要灾害性天气为干旱、秋绵雨、冰雹和大风，尤干旱最为严重，起频率高达93%。

【交通状况】 仁寿县交通四通八达。2022年，全县深度融入“双圈”“同城”国家战略，打通“双城”“同城”大通道。紧扣4个“半小时交通圈”总体布局，加强与成都交通规划衔接，加快将区位优势全面转化为发展胜势。打造成都都市圈南向交通桥头堡。

2022年，全县通车公路总里程3372.53千米，其中高速公路245.5千米(成赤高速68.5千米，遂资眉高速53.7千米，仁沐新高速27.1千米，成都经济区环线高速39.5千米，成宜高速56.7千米)，普通国道111.55千米，普通省道210.09千米，县道721.33千米，乡道1315.22千米，通村公路768.84千米。连汪燕铁路横贯仁寿县东南部，在境内全长约30千米。年末实有出租车270辆，公共汽(电)车营运车246辆，开通城乡公交线路21条，群众出行更加方便。

政区人口

【建制沿革】 仁寿县历史悠久，蜀汉时(221—263年)属犍为郡武阳县。南朝梁普通年间置怀仁郡，辖一县怀仁，郡县同治。北朝西魏置陵州。南朝梁承圣二年(553年)，改怀仁为普宁。隋开皇十八年(598年)，改普宁为仁寿，至今已有1400多年。元至元二十年(1283年)，废隆州，贵平、籍县、井研三县划归仁寿县，属成都路。明洪武十四年(1381年)，井研从仁寿分离单置。至此，仁寿境域基本固定。1949年12月16日，仁寿解放。1950年1月1日，成立仁寿县人民政府，属川南行政区内江专区。1952年，撤行政区合省，仁寿仍隶属内江专区。1958年，改属乐山专区。1985年，乐山专区撤区建市，仁寿县属乐山市管辖。1997年8月26日，成立眉山地区，仁寿划归眉山地区管辖。2000年6月10日，国务院批准眉山地区撤地建市，仁寿县隶属眉山市。2005年，乡镇行政区划调整改革，将原有110个乡镇调整为60个乡镇；2019年乡镇行政区划调整改革，将原有60个乡镇调整为4个街道、26个镇、2个乡。

【行政区划】 仁寿县地处岷江、沱江分水脊地，地形以丘陵为主，位于成都市正南方向，境内荣威山脉、二峨山分南北横亘；东接资阳市雁江区、内江市资中县，西邻眉山市东坡区、彭山区、青神县，南接乐山市井研县、自贡市荣县、内江市威远县，北连成都市双流区、简阳市。2022年，仁寿辖区面积2716.86平方公里。辖文林、怀仁、普宁、视高4个街道，汪洋、文宫、富加、贵平、禾加、禄加、藕塘、黑龙滩、龙马、宝飞、北斗、方家、钟祥、龙正、彰加、满井、新店、始建、高家、大化、慈航、谢安、板桥、珠嘉、曹家、宝马26个镇，虞丞、青岗2个乡。

【人口】 2022年，全县户籍人口总户数50.3万户，总人口150.1万人。其中，男性77.1万人，女性73万人，男女性别比为105.6%。户籍人口城镇化率32.5%，较上年增长0.2个百分点。全年出生人口15631人，出生率10.4‰，死亡人口21921人，死亡率14.6‰。全县常住人口111.1万人，常住人口城镇化率43.94%，比2021年提升0.51个百分点。

2022年，全年实现城镇新增就业10948人，城镇失业人员再就业1633人，就业困难人员实现再就业817人，城镇登记失业率为2.7%，控制在4.3%以内。

【民族分布】 仁寿县居民以汉族为主，另有彝族、藏族、回族、土家族、苗族等35个民族。2022年，仁寿县有少数民族人口10764人，人口较多的是彝族、回族、傈僳族、佤族、藏族、白族等。少数民族分布在全县27个乡镇、街道。

历史文化

【人文历史】 仁寿历史源远流长，至今已有3000多年的历史。历史名人辈出。仁寿著名历史人物有被毛泽东主席评说为“伟哉虞公，千古一人”的南宋抗金名相虞允文，五代“花间派”词人孙光宪，近现代有爱国将领潘文华、董长安，有“东方梵高”之称的长安画派代表人物石鲁、画家冯建吴两兄弟，新中国地质事业奠基人之一的院士黄汲清。仁寿也是曾任中央政治局委员、全国政协副主席杨汝岱的家乡和他曾经长期工作过的地方。

截至2022年年底，全县共有各级不可移动文物467处，其中，全国重点文物5处，省级重点文物11处，市、县级文物127处，未定级文物324处。全县共有各级各类可移动文物(馆藏文物)604件(套)(实际数量1931件)，其中，二级文物2件(套)[实际数量2件(套)]，三级文物68件(套)(实际数量82件)，未定等级文物534件(套)(实际数量1847件)。

【“非遗”与民间工艺】 仁寿县人民聪明能干，创造的非物质文化遗产丰富，民间工艺项目面广量多，市场前景广阔。据统计，截至2022年年末，全县共有非物质文化遗产项目39个，其中，省级4个、市级6个、县级29个，包括传统技艺26个、传统体育4个、传统音乐2个、民俗2个、民间文学2个、曲艺2个、传统医药1个。代表性传承人61人，其中，省级2人、市级16人、县级43人。民间主要工艺有仁寿陶艺、仁寿石雕技艺、曹家梨膏制作技艺、张氏芝麻糕制作技艺、汪洋干巴牛肉制作技艺、温师傅花生酥制作技艺、谌氏白酒传统酿造技艺。这7项工艺先后成功申报为市级非物质文化遗产。

【地方特产】 仁寿主要地方特产有黑龙滩全鱼席、仁寿全羊席、九道拐柑橘、仁寿芝麻糕、华仁冬枣、仁寿曹家梨、曹家梨膏、黑龙滩生态鱼、仁寿枇杷、仁寿优质羊、仁寿羊肉汤、干巴牛肉、文宫枇杷、谌氏白酒等。

国民经济和社会发展

【综述】 2022年，面对复杂严峻的外部环境和多种超预期因素的冲击影响，全县上下坚持以习近平新时代中国特色社会主义思想为指导，深入学习贯彻中共二十大精神，精准施策，统筹部署，全力拼经济、搞建设，全县经济运行稳中向好、稳中提质，圆满完成各项工作任务。

2022年，仁寿县地区生产总值现价519.98亿元。其中，第一产业增加值103.66亿元，第二产业增加值195.67亿元，第三产业增加值220.65亿元。三次产业结构由2022年的19.6∶37.4∶43调整为19.9∶37.7∶42.4。第一产业比重提高0.3个百分点，第二产业比重提高0.3个百分点，第三产业比重下降0.6个百分点。人均地区生产总值46825元，比上年增长3%。

全年民营经济增加值299.79亿元，比2022年增长3.1%，比地区GDP增速高0.1个百分点，占全县GDP比……其中，第一产业增加值23.49亿元，比上年增长4.1%，第二产业增加值134.21亿元，比上年增长2%，第三产业增加值142.09亿元，比上年增长4%。民营经济三次产业结构由上年的8∶45.7∶46.9调整为7.8∶44.8∶47.4。以下用县统计公报的图表来反映全县2022年国民经济和社会发展情况。

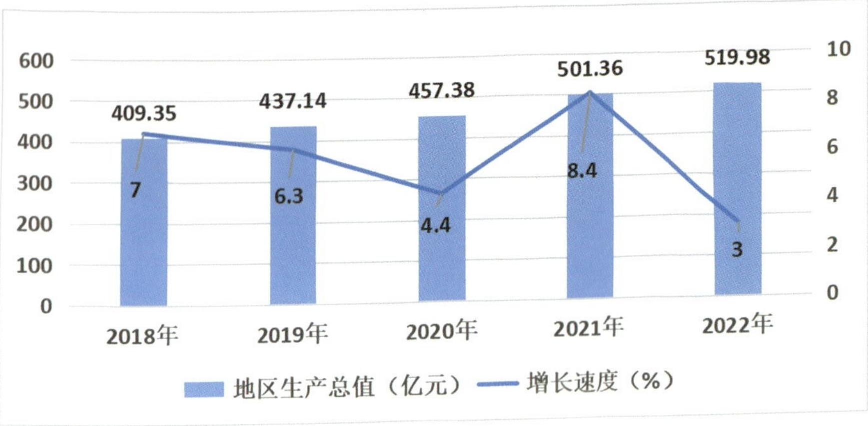

图1 2018—2022年地区生产总值和增长速度

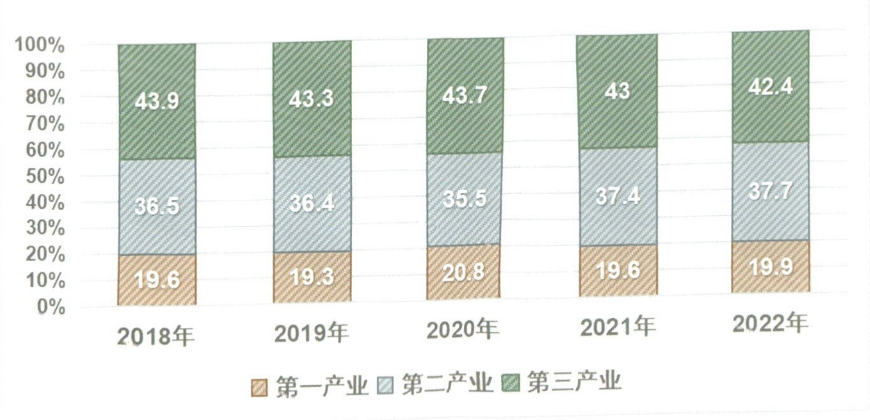

图2 2018—2022年三次产业增加值占GDP的比重

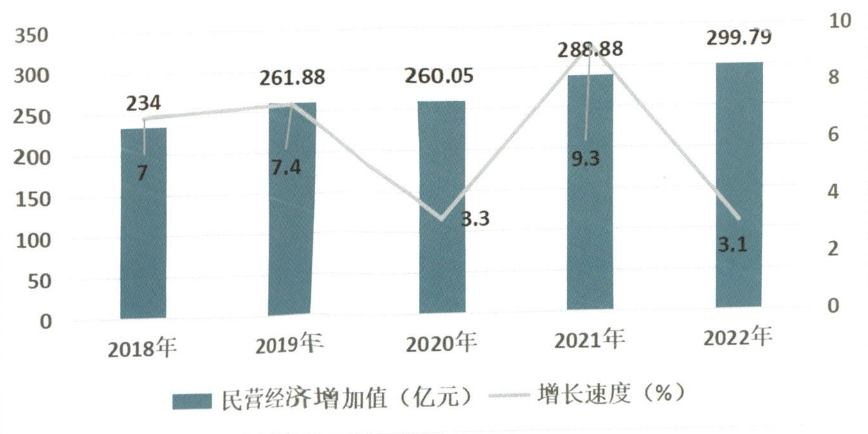

图3 2018—2022年民营经济增加值和增长速度

【农业】 农林牧渔业总产值(现价)179.29亿元，全年实现农业总产值(现价)114.46亿元。主要农副产品产量见表1。

表 1　2021—2022 年主要农副产品情况表

种类	单位	2022 年	2021 年	比上年增减(%)
粮食产量	吨	640470	654156.1	–2.1
棉花产量	吨	0	0	0
油料产量	吨	55351	51150	8.2
蔬菜及食用菌产量	吨	516858	501614	3.0
水果产量	吨	761412	691062	10.2
糖料产量	吨	7400	7700	-3.9

林业生产平稳发展，全年造林面积 59.68 公顷，林业现价产值 3.34 亿元。

畜牧业积极发展规模化养殖。畜牧业现价产值 46.33 亿元，主要产品产量和牲畜存栏情况见表 2。

表 2　2021—2022 年畜牧存栏情况表

种类	单位	2022 年	2021 年	比上年增减(%)
牛存栏数	头	12898	12228	5.5
生猪存栏数	头	672225	680029	-1.1
猪出肥数	头	1057477	1012470	4.4
山羊出栏数	万只	30.7	29.7	3.4
兔出栏数	万只	180.73	179.2	0.9
家禽出栏数	万只	1385.5	1346.8	2.9
猪、牛、羊肉产量	吨	83411	76979	8.4
其中：猪肉	吨	77967	71710	8.7
禽蛋产量	吨	25510	25168	1.4
禽肉产量	吨	21679	20320	6.7

渔业生产继续发展，全年水产养殖面积 6836.75 公顷，水产品产量 55230 吨，比上年增长 2.6%。渔业现价产值 9.75 亿元。农林牧渔服务业产值 5.41 亿元。

【工业和建筑业】 2022 年，全年规模以上工业企业总数 208 家，比上年增加 18 家。规模以上工业企业总产值 461.69 亿元，比上年下降 0.65%，规模以上工业增加值增速比上年下降 0.7%。全年规模以上工业产品营业收入 416.71 亿元，利润总额 16.93 万元，产销率 97.4%，工业主要产品产量见表 3。

表 3　2021—2022 年规模以上工业主要产品产量情况表

名称	单位	2022 年	2021 年	比上年增减(%)
电力电缆	万千米	2.6	2.20	18.18
电动自行车	万辆	50.51	49.68	1.67
服装	万件	18.11	16.65	8.77
液晶显示屏	万片	13504	8844.00	52.69
液晶显示模组	万套	11345	8733.64	29.[illegible]

续表 3

名称	单位	2022 年	2021 年	比上年增减(%)
移动通信手持机(手机)	万台	79.87	0.00	—
硅酸盐水泥熟料	万吨	96.66	117.56	-17.78
铜材	万吨	0.63	0.00	—
沥青和改性沥青防水卷材	万平方米	329.15	348.93	-5.67
卫生陶瓷制品	万平方米	37.97	48.71	-22.05
家具	万件	36.32	69.03	-47.39

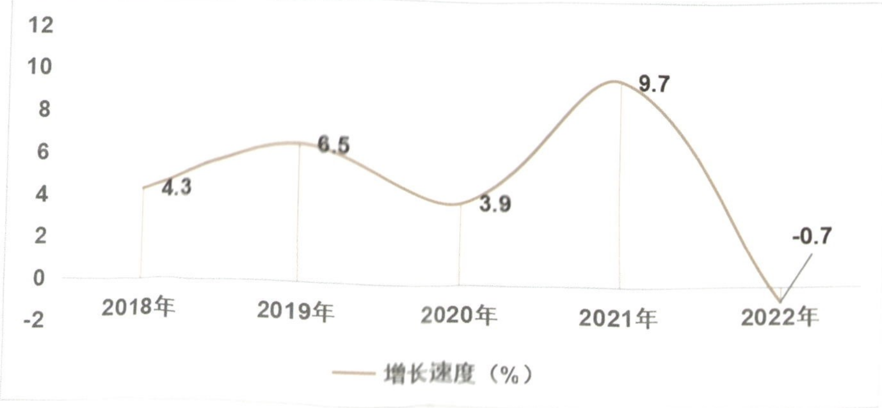

图 4 2018—2022 年规模以上工业增加值增速

建筑业稳步发展。全县资质以上建筑业企业 109 户，建筑企业总产值 183.4 亿元，比上年增长 8.3%。

【固定资产投资】 固定资产投资总额 522.45 亿元，比上年增长 15%。其中，工业固定资产投资 91.38 亿元，比上年增长 22.9%；基础设施投资 102.81 亿元，比上年增长 20.9%；技改投资 41.72 亿元，比上年增长 54.6%。分产业看，第一产业投资 9.78 亿元，比上年增长 29.8%；第二产业投资 92.13 亿元，比上年增长 22.8%；第三产业投资 420.54 亿元，比上年增长 13.2%。

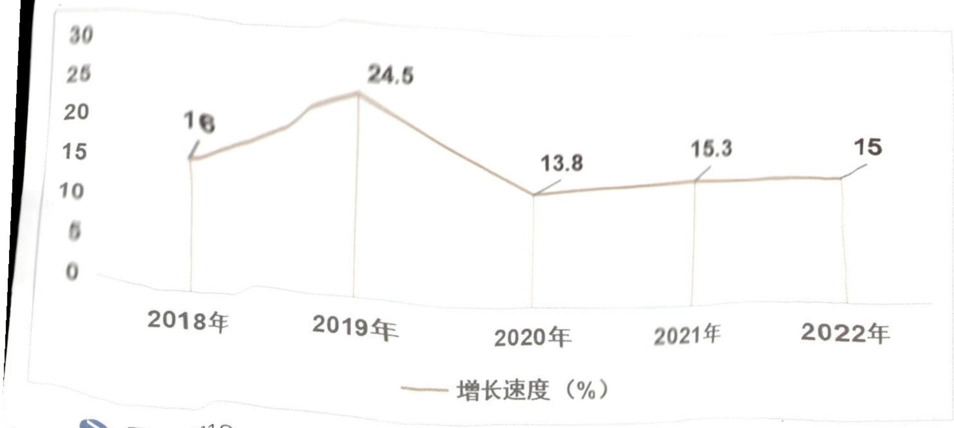

图 5 2018—2022 年全社会固定资产投资增速

【交通与邮电通信】 2022 年，全县通车公路总里程达到 4276 千米，公路货运周转量 256787.2 万吨千米；公路客运周转量 103684.4 万人千米。2022 年固定电话用户 254416 户，移动电话用户 1409211 户，互联网宽带接入用户 551988 户。

【商贸服务业】 电子商务、高端商贸、现代旅游等新型服务业繁荣发展。全社会消费品零售总额 220.25 亿元，比上年增长 1.6%；批发业零售额 46.99 亿元，比上年增长 2.4%；零售业零售额 142.42 亿元，比上年增长 1.3%；住宿业餐费收入 4.7 亿元，比上年增长 0.8%；餐饮业餐费收入 26.13 亿元，比上年增长 2.5%；城镇零售额 116.37 亿元，比上年增长 9.8%；乡村零售额 103.88 亿元，比上年下降 6.2%。

进出口总额 42.1 亿元，比上年下降 6.8%。其中，进口总额 10.66 亿元，比上年下降 37.1%；出口总额 31.44 亿元，比上年增长 11.2%。

【财政与金融保险】 全年地方一般公共预算收入实现 50.27 亿元，比上年增长 10.6%，其中税收性收入 28.84 亿元。地方一般公共预算支出 97.46 亿元，比上年增长 9%。

年末金融机构本外币存款余额人民币 983.09 亿元，比年初增长 9.6%；境内住户存款余额 800.2 亿元，比年初增长 12.7%；金融机构本外币贷款余额 716 亿元，比年初增长 18.7%。

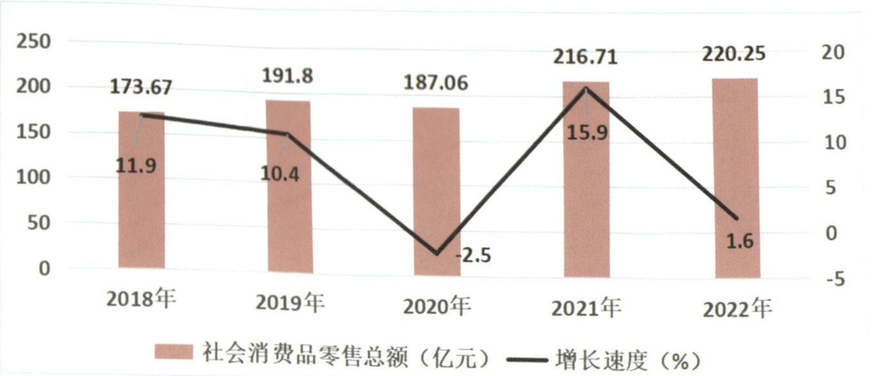

图 6　2017—2022 年社会消费品零售总额和增速

表 4　2022 年金融机构存贷款情况表

指标	单位	金融机构本月余额	比年初增长(%)
金融机构本外币存款	亿元	983.09	9.59
# 金融机构人民币存款	亿元	983.01	9.59
1. 境内住户存款	亿元	800.22	12.74
2. 境内非金融企业存款	亿元	93.35	13.09
3. 境内广义政府存款	亿元	89.44	-14.57
4. 境内非银行业金融机构存放	万元	64	166.67
金融机构本外币贷款	亿元	716.02	18.71
# 金融机构人民币贷款	亿元	716.02	18.71
1. 境内住户贷款	亿元	416.31	12.88
(1)短期贷款	亿元	384.97	44.79
(2)中长期贷款	亿元	377.82	10.4
2. 境内非金融企业及机关团体贷款	亿元	299.71	27.89
(1)短期贷款	亿元	47.33	60.64
(2)中长期贷款	亿元	26.89	25

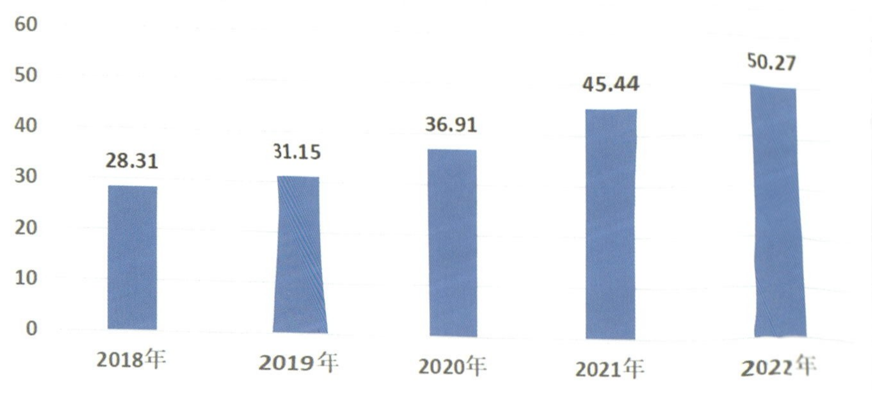

图 7　2018—2022 年地方一般公共预算收入(亿元)

【社会事业】 2022 年，全县有幼儿园 129 所，其中公办幼儿园 22 所，民办普惠性幼儿园 69 所。幼儿入园率 99.9% 以上。全县小学 58 所，九年制学校 48 所，初中 34 所，普通高中 11 所。小学在校生总数 67542 人，小学专任教师数 5067 人；初中在校生数 36916 人，初中专任教师数 3606 人；普通高中在校生数 22683 人，普通高中专任教师 2037 人；中等职业教育学校 7 所，在校生总数 13526 人。

全年有高新技术企业 67 家，省级以上“专精特新”企业数 38 家。2022 年年末，有效发明专利拥有量 126 件，当年新增发明专利授权数 29 件。

2022 年，全县共有图书馆 1 个，文化馆 1 个，文化站 49 个，剧场、影剧院 8 个。

年末全县有医疗卫生机构 849 个，医疗卫生机构床位数 6539 张，医院卫生院技术人员 7073 人。其中，执业医师(助理)3348 人，注册护士 2756 人。其中乡镇卫生院 29 个，执业医师(助理)1068 人，注册护士 899 人。

全县有体育场馆 2 个，单项体育协会 15 个，全民健身体育场地 4448 个。

【社会保障】 2022 年居民人均可支配收入 2.79 万元，比上年增长 5%。城镇居民人均可支配收入 4.26 万元，比上年增长 4.2%。其中，工资性纯收入 2.13 万元，比上年增长 3.7%；经营性收入 8745 元，比上年增长 4%；财产性纯收入 2662 元，比上年增长 4.9%；转移性纯收入 9899 元，比上年增长 5.2%。

农村居民人均可支配收入 2.09 万元，比上年增长 6.3%。其中，工资性纯收入 6112 元；比上年增长 6.7%；经营性收入 5966 元，比上年增长 6.3%；财产性纯收入 483 元，比上年增长 4.4%；转移性纯收入 8355 元，比上年增长 6%。

始终把满足人民对美好生活的向往作为出发点和落脚点，持之以恒改善民生，不断提升群众获得感、幸福感。2022 年，全县城镇居民最低生活保障人数 3933 人，农村民居最低生活保障人数 5.03 万人。城乡居民养老保险参保人数 67.92 万人，城镇职工养老保险参保人数 29.8 万人。

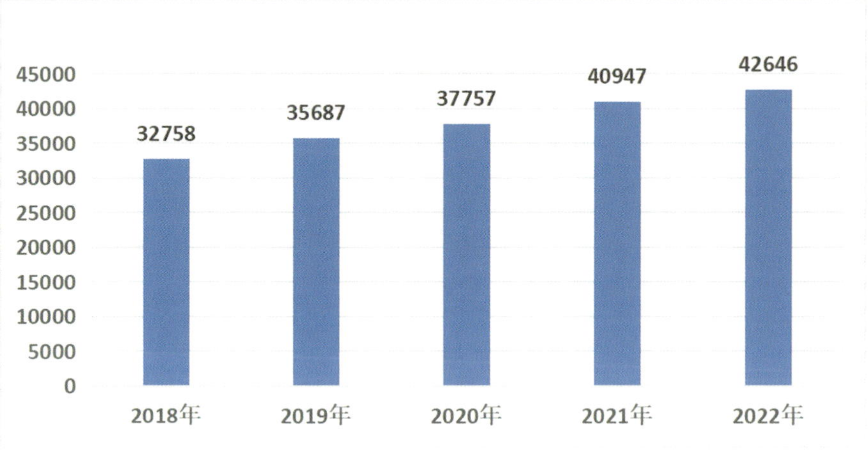

图 8　2018—2022 年城镇居民人均可支配收入（元）

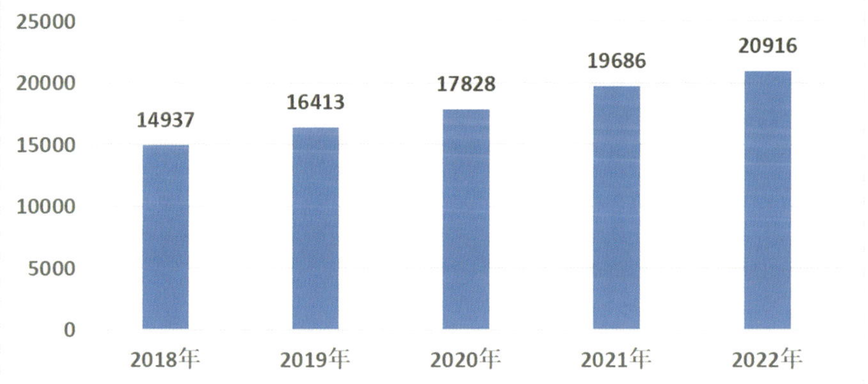

图 9　2018—2022 年农村居民人均可支配收入（元）

2022 年 8 月 24 日，仁寿生态环境局检查眉山市永成瓷业有限公司环境污染治理设施运行情况（县生态环境局 / 供图）

生态文明建设

【概况】 2022 年，仁寿县委、县政府以前所未有的力度狠抓生态文明建设，坚持生态优先、坚持因地制宜、坚持问题导向、坚持改革创新、坚持示范引领、坚持文明引领，将生态文明建设融入仁寿经济、社会、政治、文化建设的各方面和全过程。

【生态文明建设示范县创建】 2022 年，眉山市仁寿生态环境局牵头组织编制《仁寿县省级生态县建设规划》，力争仁寿县 2023 年申报创建四川省省级生态县，到 2025 年成功创建四川省省级生态县。

【生态文明制度建设】 2022 年，编制《仁寿县“十四五”生态环境保护规划》《仁寿县重点流域水生态环境“十四五”保护规划（2021—2025 年）》。

【生态保护补偿机制建设】 制定并印发《仁寿县流域水环境治理奖惩办法》，严格开展流域水环境治理考核共完成 13 次考核，累计奖励乡镇（街道）经费 1121.3 万元，扣缴乡镇（街道）经费 27.9 万元。举办全县生态环境损害赔偿案件办理工作专题培训会，围绕贯彻习近平生态文明思想，开展生态环境损害赔偿相关业务知识、典型案例解析，办理 3 件生态环境损害赔偿案件。

精神文明建设

【概况】 2022 年，仁寿县文明办深入贯彻落实《新时代爱国主义教育实施纲要》《新时代公民思想道德建设实施纲要》（以下简称《两纲》）要求，坚持培育和践行社会主义核心价值观，以文明培育为基础，以文明创建为龙头，以文明实践为突破，统筹推进精神文明建设，各项工作取得实效，“两个中心”融合建设确定为全省十大试点县之一。

【文明实践】 强化联合统筹。仁寿县委王岳带头授旗，完善总队、支队、大队体系，整合更多专业力量进入文明实践队伍。创新探索文明实践点进院落、进网格模式，推进文明实践向群众身边延伸，虞丞乡“党建大院”、文林社区“三式服务”典型经验被中新网等媒体报道。强化融合发展。创新探索“两个中心”融合发展模式，实现组织策划互通、用户对象相加、线下阵地上网、线上阵地下乡、供需精准对接、活动效应相乘六大突破，注册志愿者达26.5万人、队伍2200余支，线上发布活动4700余场。强化组合增效。培育打造“1+6+N”的“向阳花开”系列品牌项目，以“讲、评、帮、乐、庆”组合开展形式活动，“向阳而声”“向阳花影院”“技艺里的陵州”“壹元公益”等项目服务群众突破1万人次。

【文明创建】 突出提升城市形象。创建仁寿特色公益广告组K，新改造老旧小区58个，改扩建道路10.7千米，修复破损路面2.45万平方米，规范管理农贸市场3个，新建城市公园3个，新增城市绿地面积10万平方米，城市整体形象得到有效提升。突出治理常态长效。印发《老旧小区环境秩序管理》《“牛皮癣”专项整治》等14个文明城市长效管理系列工作方案，常态化开设有奖爆料平台和曝光台，录制文明宣传视频36个，曝光不文明行为63起，市民文明素质不断提升。突出筑牢创建细胞。加强对文明村镇、文明单位的指导管理，推动各创建主体大力开展职工文体活动、群众性文化活动等精神文明建设活动。2022年，新申报全国和省级文明村镇4个、市级文明校园9所。

【文明培育】 树牢典型榜样风向标。开展道德模范、身边好人、仁寿榜样等先进典型选树宣传礼遇活动，获评省市眉山好人4名、市级道德模范3人、市级新时代好少年2名、市级文明家庭5户，评选“仁寿榜样”50名、文明家庭11户。连续5年举办“仁寿榜样”表扬大会。打好乡风文明组合拳。持续深入开展乡风文明“十大行动”，制定市民文明行为十大规范，编制印发《新时代文明乡风三牢记八倡议》民生挂历和宣传画，开展各类宣传宣讲活动500余场次，引导农村居民移风易俗，摒弃陈规陋习，弘扬文明新风。增强未成年人思想引导。深化主题教育实践活动，牵头开展“扣好人生第一粒扣子”、经典诵读等教育活动3000余次，28个节目获得市中华经典诵读一等奖。指导管理考评59所乡村学校少年宫，打造乡村“复兴”少年宫示范点10所。利用清明、端午等传统节日，组织开展“我们的节日”主题活动，弘扬优秀传统文化。

中共仁寿县委员会

县委工作综述

【党的建设】抓实理论武装。坚定以习近平新时代中国特色社会主义思想为指导，把迎接和学习宣传贯彻党的二十大作为首要政治任务和工作主题主线，召开县委理论学习中心组专题学习会10次。严格落实“第一议题”学习制度，全年召开41次县委常委会会议，第一时间传达学习习近平总书记最新重要指示批示和党中央、省委、市委重大会议精神。强化作风建设。严格执行重大问题请示报告制度，认真贯彻执行民主集中制，领导干部带头履行“一岗双责”和遵守执行党内法规制度。战斗堡垒全面筑牢。全市唯一“独立办学县级党校”建成投用，分类改革经验全省推广，办学条件跻身全省一流。投入5000万元改造亲民化村级阵地33个，“1+3+2”的精品示范区初具雏形。基层党建标准化规范化建设深入推进，市级(AAAA)先进村党组织占到全市40%。严把党员入口关，高标准发展党员520名。干部队伍建设坚强有力。坚持看学历不唯学历、看年龄不唯年龄，调优班子结构，科级领导班子平均年龄下降至40.95岁，全日制大学本科及以上学历占比提升至38.61%，优选170余名优秀年轻干部到“八个一线”、省市对口部门历练成长。分层分类举办“仁寿大讲堂”“兴仁优培”等培训104期，培训干部3.15万人次。全面从严治党纵深推进。着力整治“七个有之”等问题，查处违反政治纪律问题7件7人，党风廉政意见否决1人。常态开展阳光下访、专项整治漠视群众利益问题，查处群众身边不正之风和腐败问题52件110人。坚守意识形态高地，牢牢把握正确舆论导向，被确定为全省县级融媒体中心和新时代文明实践中心融合发展试点县。在中共二十大期间，县融媒体中心作为全国县级融媒体唯一代表，参与“奋进新时代”主题成就展。基层精细治理有形有效。深入推进城乡基层精细治理，划小划细城市网格圈，“小微网格”激活城市单元治理新局面。建成县级矛盾纠纷多元化解协调中心，健全受理交办、多元解纷、考核问效等联动机制，实现矛盾纠纷只进一扇门、化解全流程。

【经济运行】全县GDP增长3.5%，地方一般公共预算收入实现51亿元，18项主要经济指标排位全市前三。“一核三带四基地”的压舱石作用初显，荣获省级农业丰收奖，央视全国直播仁寿丰收画卷，“四有”种粮模式全国推广。“五大百亿企业”初具雏形，国家级高新技术企业达10个，仁寿经开区成功创建省级经开区、循环经济园区。栖西里、长平水街等消费热点成功解锁，夜间经济、周末经济重新点燃城市烟火气。支持四川协鑫锂电科技有限公司、四川省川威集团有限公司(装配建筑产业园项目)、四川华赐科技有限公司等一批标志性项目高效推进，固定资产投资每月保持两位数增长，经济发展新的增长点加速形成。创新对上争取“六步法”，中省预算内到位资金同比增长4倍，连续4个季度进入全市“红榜”，对上争取稳居全省前三、全市第一，实现历史性突破。

【深化改革】新增省级以上改革试点6项，市级任务70项、县级任务54项全面完成。基层治理机构编制保障、川果产业高质量发展等3个全省性现场会在仁召开，仁寿经验全省复制推广。仁寿城投、鑫龙环境分别获批AA+、AA主体信用评级，成功发行全省首笔县域级别境外高级固息债券。县属国有粮食购销企业第三轮改革全面部署、一体推进。“大美仁寿”客户端被中宣部认定“全国更具示范意义”。开放拓展空间。三年起步期建设初见成效，8个同城化省级重点项目进展顺利，全域公交“一卡通刷”，医联体、校联体深入推进，“进城入圈”持续走深走实。市域铁路S5线、成都外环铁路、天眉乐高速等“大通道”建设稳步推进，“5678”综合交通格局加速形成，《人民日报》刊载报道。全员招商、专业招商成效显著，新签约制造业项目23个，制造业项目新签约金额154.96亿元，同比提升68.3%，招商引资到位资金154亿元，经济合作迈上更高台阶。“放管服”改革持续深化，政务服务运行标准化、供给规范化、企业和群众办事便利化成为全省样板，6个乡镇获评首批省级示范。创新“一件事一次办”集成改革，推行项目审批“管家式”服务，“仁易办”政务服务品牌更加响亮，连续三年被评为全市优化营商环境先进集体。

【乡村振兴】德康项目被农业农村部评为全省唯一的全产业链基地，晚熟柑橘产业纳入全国集群规划。粮油园区高分通过省五星级农业园区现场考评，储备“园村一体”园区22个，省、市、县、乡四级梯度体系初步构建。中粮集团、水发民生等龙头企业成功入驻，全县纳入省级农民合作社质量提升试点。建制村水泥路(油路)通达率达100%，“四好农村路”省级示范县创建首创即成。乡风文明全面提升，乡村群众见贤思齐，获评中国好人7人、省级道德模范4人。

顺利通过省级乡村振兴交叉考评，累计成功创建市级以上先进乡镇10个、先进村58个。扎实推进村级集体经济攻坚三年提升行动，收入薄弱村实现全面消除，10万元以上的村超过四分之一。农村居民人均可支配收入实现20788元，同比增长5.6%。

【民生福祉】 中央环保督察反馈问题整改扎实推进，全域生态环境品质得到显著提升，受到生态环境部西南督察局充分肯定。深入推进污染防治“三大保卫战”，空气质量改善率保持全市第一，球溪河、越溪河国考断面稳定达标III类水质。共建魅力城镇。历史文化巷“百步梯”全面改造提升，形塑了文化自信的“仁寿载体”。“两山一河”项目加快建设，玻璃栈道、天仁广场、两山亮化等景点完美呈现。顺利通过省级文明城市测评，成功入围天府旅游名县候选县，汪洋镇命名第一批“省级百强中心镇”，以人为核心的新型城镇化迈出坚实步伐。共享社会保障。坚持教育优先发展，新建成投用校园6所，优质教育资源覆盖面进一步拓宽。2022年高考，仁寿学子斩获全市文理科“两状元、两榜眼”。健康仁寿扎实推进，“两核七极多点”医疗服务体系全面构建，县人民医院入围全国“千县工程”，县妇幼保健院成功创成三级乙等医院。医保、低保、养老等各项保障持续提标扩面，保障体系更加健全。

【民主法治】 全力支持县人大及其常委会依法履行职责，促进“一府一委两院”工作更加规范有序高效，有力推动民生实事人大代表票决制项目顺利完成。全力支持县政协履行政治协商、民主监督、参政议政、凝聚共识职能，“有事来协商”平台作用充分发挥，“双助”活动经验在全省政协系统交流推广，乡贤共谋发展的合力更足。全力巩固和发展最广泛的爱国统一战线，支持工会、妇联、共青团等群团组织工作，积极推进老干部、民族宗教、关心下一代工作。扎实推进国防后备力量建设，双拥共建的良好局面持续巩固。扎实推进社会主义法治建设，全面推广应用“1+8”示范试点成果。

重要会议

【县委全体会议】 2022年，仁寿县召开县委全体会议3次。2022年1月14日，召开县委十四届第二次全体会议，审议通过《中共仁寿县委关于深入学习贯彻党的十九届六中全会精神巩固党史学习教育成果的决定》《中共仁寿县委关于以“双碳”战略为引领推进制造强县加快高质量发展的决定》。

1月19日，召开县委十四届第二次全体会议，审议通过仁寿县出席党的二十大代表候选人推荐提名建议人选和仁寿县出席省第十二次党代会代表候选人推荐提名建议人选。

10月26日，召开县委十四届第四次全体会议，深入学习贯彻中共二十大精神和习近平总书记到川视察重要指示精神，认真落实省第十二次党代会和市委五届五次全会决策部署，全力建设新时代更高水平“天府粮仓”丘区示范区，传承弘扬中华优秀传统文化推动文化强县建设，以最坚决的态度、最有力的举措、最扎实的作风，推动习近平总书记殷殷嘱托在仁寿落地生根、开花结果。

【县委常委会会议】 仁寿县全年召开第十四届县委常委会会议41次。会议审议县委重点工作、重要政策文件等议题345项，其中传达贯彻中共、省、市有关文件和会议精神及市委、市政府重大决定并研究制定贯彻措施180项。

审议《中共仁寿县委、县人民政府关于建立健全督查工作体制机制的意见》等重要政策和规范性文件28项。

审议《县政府工作报告》等协议92项。

审议干部人事议题30项。

审议《关于提请审议实施乡镇场镇环卫一体化服务项目的请示》等经费安排事项88项。

审议《关于提请审议仁寿县第十九届人民代表大会第二次会议有关事项的请示》等县级部门(单位)乡镇(街道)请示县委的重要事项75项。

【县委专题会议】 中共仁寿县委2022年召开专题会议20次，其中包括研究做好春节期间疫情防控、安全生产和烟花爆竹禁燃禁放工作；研究眉山天府新区、黑龙滩区域道路交通暨环境卫生整治工作；调研全县道路交通规划、交通基础提升等相关工作；调研全县生态环境保护相关工作；调研四川仁寿经开区C区发展推进制造强县工作；研究全县大气污染防治工作；暗访督导全县河长制、防汛减灾及撂荒地整治相关工作；研究制造业招商引资工作；研究疫情防控工作复盘座谈会；召开县属国有粮食购销企业改革工作专题会议；专题研究疫情防控工作；研究黑龙滩区域房地产项目推进工作等。

表5 县委重大活动一览表

序号	时间	重大活动
1	1月4日	仁寿县党史学习教育暨党性教育阵地建设推进会议
2	1月14日	中共仁寿县委十四届二次全体会议暨县委读书班、县委经济工作会议
3	1月17日	仁寿县委应对新冠肺炎疫情工作领导小组(扩大)会议暨信访维稳专题会议
4	1月18日	仁寿县领导干部大会
5	1月19日	中共仁寿县委十四届三次全体会议;2021年度党(工)委(党组)书记抓基层党建工作述职评议会议
6	1月24日	全县党史学习教育总结会议
7	1月26日	2021年度“仁寿榜样”表扬晚会
8	2月8日	仁寿县委2022年度重点工作推进会议
9	2月22日	四川省委书记彭清华到仁寿县调研春耕生产、重点项目等工作
10	2月25日	仁寿县疫情处置会;县委应对新冠肺炎疫情工作领导小组会议
11	2月28日	仁寿县委应对新冠肺炎疫情工作领导小组(扩大)会议
12	3月1日	中共仁寿县纪委十四届二次全会
13	3月2日	四川省政府副省长尧斯丹到仁寿县调研督导检查农村地区疫情防控、春耕备耕和生猪生产等工作
14	3月5日	仁寿县委信访维稳专题工作会议;十四届县委第一轮巡察工作动员部署会
15	3月8日	眉山市政府副市长宋良勇到仁寿县调研春耕生产、大豆种植(河湖长制、水电站安全管理、涉农生态环境问题整改)现场会;市委组织部曾令举部长莅临仁寿调研
16	3月9日	四川省民政厅副厅长卢攀登到仁寿县调研困难群众舆情监测工作,低保入户调查、救助管理站能力提升、婚俗改革等工作
17	3月14日	仁寿县2022年金融工作座谈会
18	3月15日	2022年仁寿县委政法工作会议暨全县政法队伍教育整顿总结会议
19	3月21日	仁寿县信访稳定、安全生产、疫情防控、环境保护工作专题会议;县委民族工作会议暨全县宗教工作会议
20	3月22日	仁寿县领导干部大会
21	3月23日	仁寿县2021年度干部选拔任用工作“一报告两评议”会议
22	3月28日	仁寿县2022年一季度对上争取工作专题会;仁寿县制造强县攻坚年招商引资“春季攻势”专题推进会
23	3月31日	全县一季度经济运行调度会;仁寿县“奋进新征程、建功新时代”大学习大实践大提升活动动员大会;县委疫情防控工作专题会议
24	4月3日	仁寿县委应对新冠肺炎疫情工作领导小组(扩大)会议
25	4月11日	仁寿县对上争取、项目推进、经济工作暨经济领域风险防范化解、舆情研判暨信访稳定暨疫情防控工作专题会
26	4月14日	四川省监委委员黄春江到仁寿县调研
27	4月18日	仁寿县乡镇行政区划和村级建制调整改革“后半篇”文章推进工作领导小组会议;县委农村工作领导小组会议
28	4月19日	仁寿县委理论学习中心组(扩大)学习会议
29	4月20日	四川省政协副主席钟勉一行到仁寿县调研集成电路与新型显示产业
30	4月21日	全县耕地和林业资源保护大会;县委农村工作、巩固脱贫攻坚成果同乡村振兴有效衔接工作暨两项改革“后半篇”文章工作推进会议;凉山州委组织部莅临仁寿调研

续表 5

序号	时间	重大活动
31	4 月 24 日	眉山市委常委、市委政法委书记杨军赴仁寿县督导检查对口联系工作
32	4 月 29 日	2022 年仁寿县优秀青年代表座谈会
33	5 月 6 日	仁寿县安全生产委员会(扩大)会议
34	5 月 9 日	十四届县委财经委员会第一次(扩大)会议暨 2022 年二季度经济运行分析会议、对上争取专题会议
35	5 月 12 日	仁寿县委应对新冠肺炎疫情工作领导小组(扩大)会议
36	5 月 19 日	四川省乡村振兴局到仁寿县检查工作座谈会
37	5 月 22 日	眉山市委书记胡元坤到仁寿县调研仁寿县新时代文明实践阵地建设和国家级文物保护、农村基层治理、集体经济发展、四好路建设、耕地保护及撂荒地整治、森林防灭火等工作
38	5 月 24 日	仁寿县信访稳定和安全生产工作专题会议;仁寿县撂荒地整治暨粮食生产、耕地保护工作会议
39	5 月 27 日	仁寿县办公室及外宣工作专题会
40	5 月 31 日	仁寿县委理论学习中心组(扩大)学习会议;全县守底线、保安全工作专题会议
41	6 月 8 日	四川省政协副主席祝春秀一行到仁寿县调研落实“长牙齿”的耕地保护硬措施工作情况
42	6 月 9 日	全省大豆扩种暨大春田管工作现场会
43	6 月 13 日	仁寿县城乡基层治理攻坚大会;仁寿县巩固脱贫攻坚成果同乡村振兴有效衔接集中排查、农村厕污共治回头看整改工作推进会(仁寿县 2021 年度巩固拓展脱贫攻坚成果同乡村振兴有效衔接考核评估发现问题整改工作动员部署视频会);仁寿县林长制全体会议
44	6 月 16 日	中国农业银行四川省分行党委委员、副行长毛洪一行到仁寿县调研
45	6 月 22 日	仁寿县精神文明建设暨省级文明城市创建工作推进会;仁寿县争创全省禁毒示范县动员部署会议
46	6 月 24 日	四川省政协副主席赵振铣莅临仁寿督导省第十二次党代会精神学习宣传贯彻情况;省人民对外友好协会副会长唐继兰一行莅临仁寿调研对外友协建设及对外交流工作
47	6 月 27 日	仁寿县委全面深化改革委员会第七次会议;县委农村工作领导小组会议;县委全面依法治县委员会第四次会议;县委平安仁寿建设领导小组第三次全体会议;县委网络安全和信息化委员会 2022 年第二次会议;县委教育工作领导小组 2022 年第一次会议;县委外事工作委员会第三次会议
48	6 月 28 日	四川省委宣讲团莅临仁寿开展习近平总书记到川视察重要指示精神和省第十二次党代会精神宣讲报告会
49	6 月 29 日	仁寿县庆祝中国共产党成立 101 周年专题党课暨县委理论学习中心组(扩大)学习会
50	7 月 6 日	眉山市人大常委会主任杜紫平一行到仁寿县调研民生事业工作
51	7 月 11 日	中央农村工作领导小组原副组长袁纯清一行莅临仁寿调研农业保险工作
52	7 月 12 日	信利(仁寿)项目协调推进领导小组第 11 次会议;温铁军教授一行莅临仁寿调研授课
53	7 月 18 日	仁寿县乡村振兴成效显著县创建动员会暨园村一体农业园区建设推进会;县委第 34 次应对新冠肺炎疫情工作领导小组(扩大)会议
54	7 月 21 日	仁寿县委第 35 次应对新冠肺炎疫情工作领导小组会议
55	7 月 22 日	眉山市委书记胡元坤、市政府市长黄河一行到仁寿县调研龙正镇华明集中隔离点运行情况
56	7 月 27 日	仁寿县疫情防控工作复盘座谈会
57	7 月 31 日	仁寿县委工作会议
58	8 月 1 日	仁寿县委全面深化改革工作推进会议
59	8 月 4 日	全县农村工作中期推进会暨巩固拓展脱贫攻坚成果同乡村振兴有效衔接工作推进会议

续表 5

序号	时间	重大活动
60	8 月 8 日	眉山市政府市长黄河到仁寿县调研仁寿经开区工作
61	8 月 15 日	仁寿县委第 36 次应对新冠肺炎疫情工作领导小组（扩大）会议；全县抗旱减灾工作会议
62	8 月 16 日	仁寿县 2022 年对上争取工作专题会议
63	8 月 19 日	仁寿县领导干部大会；退役军人事务部党组成员、中央纪委国家监委驻退役军人事务部纪检监察组组长林国耀一行莅临仁寿调研退役军人工作情况
64	8 月 23 日	仁寿县“喜迎二十大”安保维稳、信访稳定、安全生产“百日攻坚”推进会议
65	8 月 29 日	仁寿县招商引资、重点项目、制造强县推进座谈会
66	9 月 1 日	眉山市政府市长黄河到仁寿县督导疫情防控工作
67	9 月 8 日	眉山市委书记胡元坤到仁寿县调研督导“拼搏五个月·夺取全年胜”攻坚行动推进情况
68	9 月 9 日	仁寿县委教育工作会暨庆祝第 38 个教师节会议
69	9 月 19 日	眉山市政府市长黄河到仁寿县调研督导项目投资工作情况
70	9 月 21 日	仁寿县 2022 年度巩固脱贫成果后评估暨衔接资金项目推进部署视频会议
71	9 月 22 日	仁寿县“决战四季度·大干一百天”推进会议
72	9 月 23 日	仁寿县迎接党的二十大“守底线、防风险、保安全”工作会议
73	9 月 27 日	仁寿县推进全县农村集体经济高质量发展工作会议；全县科级领导干部学习贯彻习近平总书记到川视察重要指示精神及省第十二次党代会精神轮训班
74	9 月 28 日	仁寿县委人大工作会议
75	10 月 1 日	全县疫情防控工作视频调度会议
76	10 月 2 日	全县疫情防控工作视频调度会议
77	10 月 3 日	仁寿县委第 41 次应对新冠肺炎疫情工作领导小组（扩大）会议；全县疫情防控工作视频调度会议
78	10 月 4 日	仁寿县疫情防控隔离点工作专题会；全县疫情防控工作视频调度会议
79	10 月 5 日	全县疫情防控工作视频调度会议
80	10 月 11 日	仁寿县“奋进新征程、建功新时代”大学习大实践大提升活动总结大会；市政府市长黄河调研仁寿县“锻长补短”工作情况
81	10 月 13 日	省委编办陈忠义主任一行到仁寿县调研
82	10 月 14 日	仁寿县安全信访维稳安保工作会议
83	10 月 16 日	仁寿县组织收听收看习近平总书记在中国共产党第二十次全国代表大会上的报告
84	10 月 24 日	仁寿县 2022 年第四季度经济运行调度会
85	10 月 26 日	仁寿县传达学习中共二十大精神大会；中共仁寿县委十四届第四次全体会议
86	11 月 1 日	眉山市委书记胡元坤率队赴仁寿县督导决胜收官战工作
87	11 月 2 日	生态环境部西南督察局局长张迅到仁寿县调研中央生态环境保护督察反馈问题整改情况；仁寿县决胜收官战工作推进会
88	11 月 16 日	四川省人大常委会副主任王一宏一行到仁寿县调研重点项目建设、疫情防控、防汛抗旱应急准备、易地扶贫搬迁后续扶持等工作情况
89	11 月 20 日	2022 年度巩固脱贫成果实地评估县际间交叉考核情况交流会

续表 5

序号	时间	重大活动
90	11 月 21 日	全省川果产业高质量发展现场推进会；县委第 42 次应对新冠肺炎疫情工作领导小组（扩大）会议
91	11 月 22 日	全县疫情防控工作视频调度会议
92	11 月 23 日	眉山市政府市长黄河到仁寿县召开疫情防控座谈会；全县疫情防控工作视频调度会议
93	11 月 25 日	全县疫情防控工作视频调度会议
94	11 月 28 日	仁寿县委理论学习中心组（扩大）学习会；学习贯彻中共二十大精神省委宣讲团报告会
95	11 月 30 日	眉山市委常委、市委政法委书记杨军赴仁寿县督导学习宣传中共二十大精神工作开展情况并召开座谈会
96	12 月 1 日	全省基层治理机构编制保障推进会在仁寿县召开
97	12 月 2 日	仁寿县委第 44 次应对新冠肺炎疫情工作领导小组（扩大）会；2022 年县委党建领导小组会议
98	12 月 6 日	仁寿县组织收听收看江泽民同志追悼大会；仁寿县学习贯彻中共二十大精神宣讲报告会
99	12 月 7 日	眉山市委常委、市纪委书记、市监委主任刘海到仁寿县纪检监察系统宣讲中共二十大精神
100	12 月 8 日	眉山市政府市长黄河莅临仁寿召开“锻长补短”会议
101	12 月 9 日	仁寿县耕地保护工作推进会议暨 2022 年田长制工作全体会议
102	12 月 27 日	仁寿县委理论学习中心组（扩大）学习会；全县新冠疫情防控工作电视电话会议

县委综合事务

【概况】 2022 年，县委办公室围绕中心、服务大局，锚定建设高质量发展示范县总体目标，聚焦“三服务”，坚持“四个绝对”工作要求，团结带领办公室全体干部职工，高质高效完成各项工作任务。

【公文处理】 办规范文件。严格规范电子政务外网、电子政务内网和机要渠道来文办理、使用和管理，以及中央、省委文件阅读、管理、使用规定要求，加强涉密文件管理，确保文件借阅登记有痕；充分利用电子政务外网协同办公平台，实现办公室内部办文信息化，有力提高办文质效；加强规范性文件合法性审查和备案工作，坚决维护党内法规制度体系完整统一。2022 年，共审查报备 16 件党内规范性文件，其中以县委名义发文 13 件，以县委办公室名义发文 3 件。

【文稿起草】 出高质文稿。高质量起草《中共仁寿县委关于认真学习贯彻习近平总书记到川视察重要指示精神的意见》《县委常委会 2022 年工作要点》《学习宣传习近平总书记到川视察重要指示精神总体安排》等重要文件 15 篇，撰写十四届县委二次全会暨县委读书班、“兴眉优培计划”培训班党课等讲稿 100 余篇，上报的《关于新冠肺炎疫情工作有关处置情况的报告》获得市长黄河肯定性批示。

【会务服务】 做精品会务。高质高效筹办县委十四届二次、三次、四次全体会议，仁寿县庆祝中国共产党成立 101 周年专题党课、县委工作会议等各类会议活动 167 次，为县委领导班子分析研判、科学民主决策提供坚实基础。圆满完成省委原书记彭清华、市委书记胡元坤等省、市主要领导到仁寿县调研，以及全省川果产业高质量发展现场推进会、全省大豆扩种暨大春田管工作现场会等筹备服务工作，共计接待副厅级以上领导到仁寿县调研 33 次；筹备服务书记王岳调研生态环保、交通建设、疫情防控等工作 16 次，为各级领导调研走访打好基础做好服务，让仁寿成果、仁寿作风得到充分彰显。

【党委信息】 信息工作双向发力。对上报送党委信息 200 余条。其中，《仁寿县“三新”笔绘乡村振兴美丽画卷》被市委办《工作交流》采用刊发，《仁寿县外引内育聚力推进“制造强县”》被省委办公厅《每日要情》采用刊发，《四川深入推进媒体深度融合发展构建网上网下同心圆让党的声音响彻川蜀大地》信息以《四川信息》专报中办信息综合室，并同步呈省委常委；《四川仁寿聚焦“四有”种粮强化产粮大县担当》被中央农村工作领导小组办公室、农业农村部主办刊物《乡村振兴文稿》刊发，经验全国推广。对内印发《仁寿信息》15期、《领导参阅》2期、《领导批示》2期，为县委决策和乡镇、部门工作推进提供有效参考。与调研、改革联合印发《关于2022年三季度全县党委信息、调查研究及改革工作完成情况的通报》，获县委主要领导肯定。

【调查研究】 调查研究全面深入。印发《贯彻落实习近平总书记到川视察重要指示精神重点课题研究方案》，形成高质量且具有可操作性的调研报告12篇，在融会贯通中推动总书记重要指示精神在四川落地生根、开花结果。全年县四大家领导深入基层一线、相关单位和企业开展县内县外调研563次，针对问题提出建议，研究出台政策方案，做到有问题就解决、有成效就肯定、有经验就推广。统筹部署全县乡镇（街道）、县级部门调研工作，全面推行调研课题“清单式”管理，印发《关于做好仁寿县2022年度调查研究工作的通知》，以“点题＋自命题”相结合的方式收集调研课题91个。刊发《仁寿调研》21期，县领导作出批示10条，有力推动全县调研工作高质量开展。

【服务深化改革】 深化改革加速推进。对照制定改革要点、台账，刊发《仁寿改革》10期，县领导作出批示6条；征集改革典型案例上报市委改革办5篇，向中国改革网投稿2篇，推动优质改革经验推广；创新确定《交通基础三年提升行动村道建设资金拨付改革》《推行街道行政效能改革》等小微改革项目93个。到年末，13项小微改革项目已完成并落实常态化运转，其余项目有序推进。

【整治形式主义】 精文简会卓有成效。严把发文依据审核、会议审批报备关卡，印发《关于进一步规范县级层面表格填报相关事项的通知》，着力解决基层普遍反映的“表格数量多、随意性大、重复交叉、数据不共享”等突出问题。2022年，召开全县性会议53次，制发规范性、通报类文件267件，会议和文件数量有效减少。

【督查督办】 督查督办切实有效。围绕县委重大决策部署，建立县委常委会（扩大）会议决定事项督办台账、县委主要领导其他会议讲话督办台账、县委主要领导现场调研讲话督办台账和县委主要领导批示事项督办台账等4本台账，坚持一周一收集、一周一梳理、一周一研判、一周一跟进，每月定期以台账形式将落实情况报送县委，确保县委主要领导重要工作要求件件有落实、事事有回音。累计开展督查60余次，形成督查通报2期、督查专报16期、督办报告1期、督查简报7期，制发交办单24期，全力推动县委各项决策部署落地落实。

【目标绩效】 目标考核有力有序。严格按照中央、省、市关于规范年度考核奖相关工作要求，组织全县各单位完成2021年年度考核奖发放工作。结合2021年仁寿县在全市目标绩效考核排名情况及市委目标绩效办反馈的加扣分明细，深入分析研究存在的工作短板和漏洞，并将问题以“发点球”形式点对点发送至相关县级部门，督促单位查漏补缺、增添举措，切实达到以考核促提升，以考核抓落实。

【机要保密】 保密屏障织牢织密。利用“4·15”全民国家安全教育日等重要时间节点，深入开展保密法规线上线下宣传；组织全县开展保密工作自查自评，已对全县所有部门、乡镇全覆盖开展督查，确保自查工作落到实处；实现人民公园国家安全宣传教育长廊优化提升、建设湿地公园国家安全宣传教育阵地；常态化做好互联网文件监控，保障线上线下保密安全。

巡　察

【概况】 2022年，县委巡察机构以习近平总书记关于巡视工作的重要论述为指导，切实统筹疫情防控与巡

2022年6月23日，省委巡视办调研仁寿县巡察整改和成果运用工作座谈会（县委巡察办/供图）

察监督，提高政治站位，深化政治巡察，实现十四届县委首轮巡察“首战必胜”目标，圆满完成年度工作任务。

【巡察机制】 2022年，对标省委巡视、市委巡察制度机制，扎实做好“废改立”工作，废止制度机制7项，修订4项，新出台26项。由县纪委监委、县委组织部、县委巡察组、相关派驻纪检监察机构对被巡察党组织持续实行“四方会审”机制，对审核不通过的，由县纪委监委发函提示，并明确整改要求。全年会审6个单位，提出意见32条，2个单位重新提交整改报告。

【巡察情况】 2022年，高质量推进两轮巡察工作，对20个县级单位(园区)、8个乡镇开展常规巡察，分别占十四届县委全覆盖任务的34%、25%；对29个省、市重点项目开展专项巡察。全年巡察发现问题862个，移交问题线索15条，推动立案查处21人。

紧扣主题推进对标对表巡。第一轮紧扣市委确定的“优化营商环境”主题，对县文广旅局、县商务局等6个单位“同步巡”，市县一体巡深巡透营商环境突出问题；结合县情，对县经合局、县工商联等与营商环境相关的4个单位“自主巡”，充分体现地方特色。第二轮以“习近平总书记到川视察重要指示精神”为主题，对14个被巡察单位学习贯彻落实情况进行了检视，尤其对县农业农村局、现代农业产业园区及相关乡镇实施的“天府粮仓”项目解剖式巡察。

突出重点推进专项联动巡。围绕中心，服务大局，狠抓“拼经济、搞建设”这条主线，按照市委对省、市重点项目专项巡察统一部署，在市委专项巡察组的指导下，联动对全县29个省、市重点项目开展专项巡察，找准制约项目落地、推进、投产等突出问题12个，致力保障新冠疫情影响下的经济社会稳步发展。

注重质效推进“推磨交叉”巡。在市委统一安排下，县委第二巡察组进驻东坡区规自局，青神县委第一巡察组进驻仁寿县规自局开展板块轮动“推磨式”交叉巡察，发现问题和移交问题线索数量均高于本县巡察组平均水平。

夯实基层推进守正创新巡。在原有直接巡村、巡乡带村的基础上，创新推动巡部门带村、巡园区带村等形式，在理念上始终坚持“以人民为中心”的价值取向，一竿子插到底，对88个村(社区)开展巡察，重点关注基层党组织建设、基层治理、疫情防控、乡村振兴、服务民生、村财乡管、生态环境保护等内容，着力解决群众身边的急难愁盼问题108个。

【整改和成果运用】 坚持“以巡促改、以巡促建、以巡促治”，推动监督、整改、治理有机贯通。县委粮食购销领域专项巡察反馈问题27个、移交线索3条，党纪政务处分10人，清退违规发放津补贴37.9万元，推动出台《政策性粮油储备月巡查制度》等7个制度，以及《仁寿县县属国有粮食购销企业改革实施方案》，为县委、县政府理顺粮食购销领域管理体制机制提供决策参考。9月，县巡察机构率先接受市委巡察指导督导，反馈问题120个，提出建议168条。通过指导督导，整改问题81个，总结特色亮点2个。

组织建设

【概况】 2022年，仁寿县委组织部聚力组织路线服务政治路线，坚持“141”(以“组织工作提质增效攻坚年”为主题，以强化理论武装、换届后班子队伍建设、抓党建促基层治理、人才洼地建设四项工作为抓手，以自身建设为保障，确保部署有响声、需求有回声、成绩有掌声，以实际行动迎接党的二十大胜利召开)工作思路，聚焦“组织工作提质增效年”主题，纵深推进理论武装、干部培育、基层党建和人才集聚等重点工作，强化自身建设保障，推动各项工作质效提升。

【党的政治建设】 聚焦党的二十大、习近平总书记到川视察重要指示精神等重点，用好县委党校主阵地，分层分类举办“仁寿大讲堂”“兴仁优培”等培训104期、3.15万人次，帮助党员干部强理论、提素质。扎实开展“奋进新征程、建功新时代”大学习大实践大提升活动，把“学、干、比”贯穿活动全过程、各方面，推动2833个党组织、4.9万名党员在助力发展、保障民生、疫情防控中守初心、担使命。“党建大院赋能乡村治理”做法被《四川党的建设》、市活动简报刊载，获市委领导肯定性批示。鲜明“总书记有号令、上级有部署、自觉见行动”，围绕落实重大决策部署、完成目标任务等情况，一人一档建立854名科级领导干部政治素质档案，全覆盖谈心谈话1.9万名机关事业干部，推动换届后班子队伍展现新气象、勠力新作为。

【领导班子建设】 鲜明正确用人导向，持续优化干部队伍结构。始终鲜明政治化、专业化、年轻化导向，坚持看学历不唯学历、看年龄不唯年龄，聚焦换届后领导班子思想作风建设和干部队伍持续优化。开展分析研判，摸清家底情况。组建24个分析研判组，对87个科级领导班子、865名科级领导干部开展全覆盖谈心谈话和综合分析研判,全面了解并掌握换届后班子运行和领导干部履职情况,全覆盖征求865名科级领导干部个人进退留转意见,为县委选优配强领导班子奠定重要基础。坚持德才兼备,鲜明选人导向。始终把政治素质摆在首位,全覆盖建立科级领导干部政治素质档案,严把选人用人入口关。坚持德才兼备、以德为先,聚焦事业发展,先后从经济主战场、急难险重任务、乡镇基层等八个一线充实91名优秀干部人才进入领导班子,占提拔总数的67.91%。配强领导班子,优化队伍结构。围绕全县经济社会发展大局,综合考虑年龄、经历、专业等因素,2022年,先后调整干部15批次、338人次。其中,新提拔135名,交流135名,免职68名。全县科级领导班子学历结构、专业结构、平均年龄实现“两升一降”,即全日制本科及以上学历占比提升6.35%~38.61%,具有经济、环保、规划等发展紧缺专业干部提升9.16%~28.09%,平均年龄下降0.55岁~40.95岁,结构进一步优化、活力持续增强。

抓好后继有人大计,持续储备优秀后备力量。始终把培养选拔优秀年轻干部作为一项重大而紧迫的战略任务,确保党的事业继往开来、薪火相传。一方面完善日常发现机制。常态化推行班子运行研判和署名推荐干部制度,县委领导干部和单位党委(党组)先后署名推荐干部147名,县委择优纳入“后备库”122名,提拔重用42名,建立正科、副科、行业系统8个后备库,动态储备优秀年轻干部480余名。另一方面完善跟踪培养机制。持续实施蹲苗淬能工程,先后选派140余名优秀年轻干部到“八个一线”历练成长,27名优秀年轻干部到四川省和眉山市对口部门上挂锻炼,帮助年轻干部在实践实战中开阔眼界、增长才干。

坚持严管厚爱结合,持续激发干事创业热情。始终把推动干部能上能下、能进能出作为激发干部队伍活力、保持组织机能健康的内在要求。对标《推进领导干部能上能下规定》不适宜担任现职的15条具体表现,先后免职、调整“躺平”“守摊”干部14名,形成能上能下、能进能出的良性循环。

【干部教育培训】 对标部署要求,有力有序落实年度任务。坚定扛牢组织部门搞培训、提素质主责,认真对标《2022年全市干部教育培训工作要点》精神,科学制定年度干部教育培训计划。将中共二十大精神、习近平总书记到川视察重要指示精神和中央、省、市、县党代会、全会精神作为干部教育培训主题,结合招商引资、制造强县、乡村振兴等高质量发展需要,系统开设县本级课题、部门自主课堂、云端课堂“三类课堂”,分批分期举办习近平总书记到川视察重要指示精神及省第十二次党代会精神轮训班、“仁寿大讲堂”、公务员任职培训等班次104期,培训党员干部3.15万人次,圆满完成省、市34个班次调训任务。锚定一流目标,高标高质推进建设改革。坚持把党校建设改革作为强化干部教育培训供给的重要抓手,紧扣全市唯一“独立办学县级党校”定位,构建党校分类改革领导小组、项目指挥部和5个专项工作组“1+1+5”指挥体系,县委主要领导挂帅推进全国领先、全省一流县级党校建设。2022年,先后选派3名“80后”优秀干部充实党校领导班子,新招引专职教师3名,打造精品特色课程5门、现场教学点6个;发挥教育培训主阵地作用,全年举办主体班13期,培训学员1163人次;围绕省委、市委重大决策部署和仁寿高质量发展需求,立项省、市、县科研资政课题40项;对照独立办学类县级党校办学质量评估指标体系考核细则补短提升,自评得分达97分。完善制度体系,见行见效提升工作质量。始终把制度化、规范化贯穿干部教育培训全过程各方面,新出台《仁寿县干部教育培训质量评估办法》,完善形成以干部三年轮训计划揽总指引、年度干部教育培训计划具体指导、若干制度文件优化运行的“1+1+N”制度体系。严把教育培训质量关,建立跟班考察机制,紧盯培训前、中、后三个

2022年9月29日,举办全县科级领导干部学习贯彻习近平总书记到川视察重要指示精神及省第十二次党代会精神轮训班(县委组织部/供图)

关键节点，择优选派12名部机关干部，对5天及以上培训班次全覆盖跟班，全过程参与教学参观、交流座谈、分组讨论等环节，全方位记录培训组织、教师授课、学员参与等情况，近距离考察干部现实表现，形成学员评鉴表1200余份，将作为干部年度考核、评优评先的重要参考。

【干部监督管理】“选”“查”联动，严把选人用人前沿关口。严把中层干部选拔任用监督关，全年监督指导29个单位开展2021年度中层干部选拔任用“一报告两评议”工作。从严从实开展两轮县委巡察选人用人专项检查，深入28个单位（乡镇）采取查阅资料、个别谈话、调查了解、听取情况说明等方式开展专项检查，切实有效提升选人用人工作的制度化、规范化、科学化水平。“常”“细”互促，凝聚干部日常监督合力。指导全县各级各单位开展领导干部因私出国（境）管理、兼职管理及档案管理专项整治自查工作，深入30个单位开展实地督促指导，形成问题发现、记录、反馈、整改、督促全过程闭环管理机制。委托县审计局对11名领导干部开展2022年度审计工作。按照组织处理规定，开展提醒谈话9人。高质量做好47名县级领导干部个人有关事项报告工作。分类建立党员干部负面清单台账410余份。“标”“本”兼治，落实巡视整改政治任务。对标中央、省委巡视反馈意见涉及组织工作的18个具体问题，细化整改措施67条，均已全部整改完成，其中43条长期坚持。有力有序推进“五粮春”系列案以案促改工作，针对涉及组织工作的5个方面具体任务逐项细化举措、加强统筹协作、推动落地落实。“点”“面”结合，做好涉组涉干信访工作。畅通“12380”举报电话、来信、来访“三位一体”综合举报受理平台，全年共收到各类信访举报19件，其中上级交办14件，来信、来访5件。所有信访举报全部核查完成，其中部分属实8件，不属实11件。制发《党的二十大涉组涉干信访维稳工作方案》，建立全县涉组涉干信访台账，落实县委组织部领导包案化解制，二十大期间未出现涉组涉干信访问题。承担全国舆情监测任务，共监测、上报涉组涉干舆情3580条。

【公务员管理】公务员招录考调。2022年，录用公务员131名，其中公招和定招公务员107名，急需紧缺选调生6名，基层选调生8名。办理转正定级55名、公务员（参公人员）登记142名。面向县内考调优秀年轻干部30名。办理公务员（参公人员）调出32人，调入14人，退休109人。

职级晋升。有计划开展职级晋升，截至2022年末，完成630名综合序列公务员职级晋升。

表彰奖励。规范开展奖励工作，推荐评选记三等功公务员（参公人员）141名，记嘉奖公务员（参公人员）606名，让更多的优秀干部人才受到表扬。

【干部档案管理】完成仁寿县国有企事业单位骨干人员档案专审，发现问题304人，组织重新认定254人，调查核实48人，补充材料1940份，实现专审问题基本清零。开展退休干部人事档案数字化，强化6302卷退休干部档案的规范管理，提高人事档案利用率，增强纸质档案的保护。

【人才工作】坚持党管人才原则，升格县委人才工作领导小组，落实领导小组会议调度、人才工作专项考核等制度，出台人才发展“十四五”规划、人才新政“十二条”等文件，完善形成“1+N”人才政策体系。加强聚才平台建设，美加蓉祥电子信息产业园已签约企业25家、入驻投产20家。加强校企地合作，与成都信息工程大学签订合作协议，与四川大学深入合作，全面推进四川信仁电子信息产业技术研究院建设。坚持线上与线下同向发力，持续开展直播带岗、“高校行”等引才活动，线上直播在线收看人数达12万余人。全年招引高层次人才180人，其中985、211院校及海归等高层次人才50人。持续优化人才生态，兑现高层次人才安居保障补贴706.35万元、企业科研激励奖补124.1万元。完成第一期115套人才公寓分配入住，为16家固定投资5000万元以上优质工业企业落实“一企一房”服务。优化人才之家运营，通过三方合作聘请人才服务专员，开展专题活动6次，打造形成人才“乐、享、学、成”新阵地。

【党员管理】制定《仁寿县开展庆祝中国共产党成立101周年系列活动方案》，组织开展一次专题党课宣讲、一次集中走访慰问、一次主题党日活动、一次重温入党誓词“四个一”系列活动，营造良好庆祝氛围。发放“光荣在党50年”纪念章1049个。划拨党费57.8万元，用于市、县、乡三级“七一”期间走访慰问；划拨党费179万元，用于慰问疫情防控一线医务工作者和基层党员、干部，补助因疫情而遇到生活困难的党员、群众等。对62名困难党员干部开展救助，发放救助金30.2万元。

【城市党建】认真贯彻落实《四川省社区党组织工作规则（试行）》，持续推动街道社区党组织标准化规范化建设。截至2022年年末，全县3个街道、21个城市社区，建立124个小区（片区）党组织，覆盖率100%。“工作室”建设搭平台促提升。在文林社

2022年12月9日,"仁寿大讲堂"第十二期"牢记嘱托 感恩奋进 大力传承弘扬东坡文化"专题讲座(县委组织部/供图)

区试点建设社区名师工作室,落实名师帮带、跟班锻炼、研讨交流等措施,推动社区工作者队伍能力素质整体提升。全年共举办集中授课2期、干部跟班2轮。"双报告"活动聚民心暖人心。建立完善干部职工就近转化志愿者机制,开展"向组织报告、向人民报告"活动,全县机关企事业党员干部、镇街村社干部等1.2万余人下沉"疫"线参与疫情防控、重点人群健康服务,有关做法被新华社、中央电视台持续关注报道。"精品区"打造重引领强示范。投入5000万元,通过县级集中打造、3个街道重点倾斜、2个省级百强中心镇和培育镇重点支持,"1+3+2"精品示范片初具雏形,亲民化改造33个村级阵地。

【机关与企事业单位党建】 机关党建。将64个县级部门(单位)党组织划分为五个机关党建工作片区,不定期组织学习交流,推动党建片区协同发展,全面提升机关党建质量。建立"三级五岗"责任清单,深化"党建大联盟"工程,组织机关党组织与小区结对,常态开展服务联心、治理联抓、新风联树志愿服务活动。国企党建。督促指导县属国企完成"党建入章"、党委前置研究讨论事项清单修订。全面清理县属国企各级子公司党组织设置情况,探索国企改革党建提前介入制度,推动党建与改革发展"四同步""四对接"。公办学校党建。稳慎推进中小学校党组织领导的校长负责制,持续推进"教育先锋"行动,推动构建中小学校党建示范体系。公立医院党建。深入推进公立医院党委领导下的院长负责制,全面落实"支部建在科室",县级二级以上公立医院均实行书记、院长分设。

【两新组织党建】 着眼党的组织和工作全覆盖,统筹加强两新各领域党建工作,非公企业和社会组织党组织覆盖率分别动态保持97%、96%以上,"两个覆盖"保持动态清零。2022年,县交通运输行业党委获评省两新工委、省交通运输厅"党建领航向蜀运展风采"先进基层党组织荣誉称号;仁寿经开区、金鹅纺织有限公司、栖西里商圈被评为市级两新党建示范单位;"仁寿县以党建引领道路货运行业高质量发展成果"被评为市级两新党建示范项目;信利(仁寿)高端显示科技有限公司获评全省两新党建带群建示范单位;"舟屿商圈坚持党建引领,激发妇建活力"获评全省两新党建带群建创新案例。

【基层党组织建设】 加强基层党组织标准化规范化建设,聚焦基本责任、基本组织、基本队伍等7个方面要求,结合各地各部门实际,立足行业领域特点,分类分层优化指标,配套完善工作流程图,修订完善11个领域基层党建标准化规范化建设指标536条,让基层党组织"照图施工",实现做有规范、干有标准、评有依据,推动基层党组织对标建设、巩固提升。

【农村党组织建设】 建强基层组织,筑牢战斗堡垒。全覆盖建立"6+66"镇、村片区联合党委,完善联动运行机制,推动片区高质量发展。推进基层党组织标准化建设,获评市级(AAAA)先进村党组织9个,占全市的40.9%,整顿提升软弱涣散村(社区)党组织16个,获评省级"担当作为好支书"1名,市级"担当作为好支书"7名。开展乡村换届"回头看",干部年龄、学历、男女比例进一步优化。村级党组织书记专科及以上学历225人,占比76.8%,同比增长14.7%。

【村级集体经济发展扶持】 在全市率先制发集体经济三年提升行动方案、集体经济组织贷款暂行办法、助推集体经济发展十五条措施、集体经济组织承接项目实施办法,为98个帮扶村落实"四个一"扶持机制,《仁寿县选派"金融村官"服务乡村振兴》被《眉山要情》采编,《金融村官"贷"活乡村经济》被《中国组织人事报》报道,《盘活闲置资源3+模式 为乡村振兴注入源头活水》经验做法被《眉州先锋》《四川党建》刊载。

【城乡基层治理】 优化调整县委城

乡基层治理委员会组成人员，在县委组织部加挂“中共仁寿县委城乡基层治理委员会办公室”牌子、27个乡镇（街道）“党建办公室”挂“基层治理办公室”牌子，形成党委统揽、上下贯通的工作格局。制定《深化和创新城乡基层治理建设幸福美好生活家园　高质量发展示范县的意见》《任务分工方案》《仁寿县城乡基层治理攻坚“六大工程”实施方案》，并配套出台17个子文件，政策上形成“2+1+17”的四梁八柱。制发《仁寿县城乡基层治理攻坚“四重工作清单”》，“清单制＋责任制”推进“六大工程”，60项指标全部完成。深化示范创建，全县6个市级城乡基层治理示范点位成功通过验收。将421个城市网格圈细划成3276个微网格，充分发挥“平时为掌、战时为拳”的作用。

宣传工作

【概况】2022年，仁寿县宣传思想文化系统深入学习宣传贯彻中共二十大精神、习近平总书记到川视察重要指示精神以及省、市、县重要会议精神，扎实推进宣传思想文化“品质提升年”各项工作，为全县经济社会高质量发展提供了坚强思想保证、强大精神动力和良好文化条件。

【学习宣传贯彻中共二十大精神】

学习聚焦。强化思想政治引领，县委理论中心组召开学习会9次，示范引领各级中心组开展专题学习100余次，形成理论研究成果60余篇；以创建“向阳而声”理论宣讲品牌为抓手，组建各类宣讲队200余支，开展线上线下宣讲活动上千场次，受众50余万人。

宣传统筹。在“大美仁寿”App开设专题专栏，及时传达中共二十大等重要精神，报道各级学习贯彻情况；在《人民日报》《四川日报》等央、省主流媒体推出全县各级干部群众踊跃学习中共二十大精神稿件100余篇。

氛围突出。利用县电视台和各类电子显示屏、公益广告牌等滚动刊播中共二十大标语、视频60余万条次，组织单位办黑板报、墙报、宣传橱窗200余个，营造出浓厚社会氛围。

【宣传引导凝聚力量】正面宣传。坚持为大局鼓劲，为发展造势，及时跟进县委“12345”发展战略、拼经济搞建设、乡村振兴等中心工作，在县内媒体刊发稿件5000余篇，全方位进行政策解读，展示发展成就和美好蓝图，切实把县委、县政府声音传递给每一位干部群众，坚定发展信心。主动引导。在喜迎二十大、疫情防控、安全生产、生态环保等重大敏感问题上，统筹线上线下宣传资源，及时发布权威信息，疏导情绪，凝聚合力，共克时艰，圆满完成上级和县委、县政府下达的防风险、守底线任务。重大宣传。主动推介仁寿，邀请央级媒体来仁寿县策划报道。2月，央视“春风行动”专题报道仁寿县利用本地企业促进就业创业的工作举措；5月，央视以“端牢饭碗”为专题报道仁寿县粮食生产经验做法；9月，方家镇水池村作为全国6个点位之一，在央视新闻《丰收画卷》栏目直播。

【文化繁荣纵深推进】坚定发展方向。在贯彻落实习近平总书记到四川眉山市视察重要指示精神中，宣传部牵头撰写的《关于文化自信调研报告》得到县委肯定，并出台《文化强县决定》，明确“一品牌四强县”发展总体思路和今后努力方向。夯实活动基础。建成3个市级、16个县级文化振兴样板村镇，完成文宫、汪洋等四个乡镇公共服务网点提档升级，仁寿博物馆建设有序推进，成功创建天府旅游名县候选县，《背篼老师》《如愿》《光亮》3个节目参加首届眉山市文艺新作大赛，均获一等奖。延续优秀文脉。仁寿陶艺、仁寿石雕、曹家梨膏成功申报为省级“非遗”项目；组织陶艺、武术、金钱板等“非遗”项目进校园400余场次；开展“历史传承”“难忘乡愁”“唱响仁寿”三大主题创作，完成《地名仁寿》《丹青仁寿》

2022年12月19日，2022年“眉山好人榜”、志愿服务先进典型、“新时代好少年”发布仪式在成都外国语学校仁寿校区举行（县委宣传部/供图）

等年度重点文艺作品。

【风险防范守住底线】 打牢工作基础。全面落实意识形态(网络意识形态)工作责任制要求,提交县委常委会专题研究意识形态工作2次,党内通报1次,召开联席会议分析研判4次、网信委会议2次,收集上报意识形态领域信息情况12次。顺利通过四川省委、眉山市委意识形态工作专项督查,持续巩固中央、省委巡视意识形态工作专项检查反馈意见整改成果。形成工作合力。完成2022年度意识形态工作专项督查和两轮县委巡察意识形态工作专项检查,以检带训、以查促改,基层党组织履职尽责能力进一步提升。管好网络安全。严格落实网络安全工作责任制,邀请专业技术人员对重要信息系统开展网络安全专项检查100余次,发放限期整改通知书12份,执行行政处罚3次。

统一战线

【概况】 2022年,仁寿县委统战部紧扣市委统战工作要点,全力服务县委中心工作,持续巩固和发展最广泛的爱国统一战线,为仁寿县开启高质量发展示范县建设新征程做出积极贡献。

【统战团体建设】 指导县知联会、新联会成功换届,组织知联会、无党派人士召开"喜迎二十大、同心跟党走"同心·讲堂,到永丰村、三苏祠开展学习调研,认真学习贯彻落实习近平总书记到川视察重要指示精神。组织部内干部交流学习中共二十大精神、习近平新时代中国特色社会主义思想、习近平到川视察重要指示精神等并交流心得体会。学习《习近平关于统一战线工作论述摘编》《中国共产党统一战线工作条例》等法律法规。组织部全体干部职工和统一战线代表人士学习中共二十大精神、习近平总书记到川视察重要指示精神等。部领导前往乡镇(街道)宣讲习近平总书记到川视察重要指示精神和省第十二次党代会精神。

【民营经济统战工作】 协助指导成立海口四川眉山商会仁寿分会。完成文宫镇商会注册,实现乡镇商会建设良好开局。邀请四川天府新区仁寿商会等异地商会和县内5个行业商会开展交流学习。走访调研企业31个、行业商会5个,收集梳理困难问题8个,形成调研报告3篇,困难问题化解率、满意率均达100%。引导民营企业为20余名残疾人提供就业岗位,为雅安、芦山抗震救灾捐赠40万元等。引导民营企业中的涉农企业率先参与"百企联百企村共走振兴路"行动。成功组织20个企业和1个商会参与行动,结对联系帮扶25个村(社区),建成4个示范基地,5个示范村,投入工商资本1580余万元。

【民族宗教代表人士统一战线】 认真组织各单位、乡镇(街道)学习县委民族工作会议精神,深入乡镇(街道)、村(社区)宣讲县委民族工作会议精神。引导二职中、鳌峰小学等单位积极开展民族团结进步创建活动,争取省市工作经费10万元。吸纳宗教界人士和少数民族代表人士担任市、县人大代表和政协委员,引导和支持他们参政议政、建言献策、实施监督。

【新的社会阶层人士统一战线】 全县首批34名党外人士被认定为无党派人士,推荐仁寿县3名新任副县级党外干部、1名正科级党外干部、1名副科级党外干部参加四川省社会主义学院党外干部能力提升培训班。积极落实党外干部"三必谈""三必访"制度,对党外干部进行走访慰问。

外事工作与港澳台侨事务

【概况】 2022年,仁寿县外事工作与港澳台侨事务紧紧围绕县委、县政府的工作,加强组织领导,积极协调,促进外事工作与港澳台侨事务服务地方经济和文化建设。

【外事工作】 外事服务更有作为。县委外办坚持以习近平外交思想为指导,深入贯彻落实县委各项决策部署,以高质高效外事服务助力经济社会发展。起草印发《2022年全县外事工作要点》,健全联席会议机制,建立健全仁寿县涉外安全事件应急预案,会同国安、政法、公安等部门研判涉外安全风险2次。配合做好涉外疫情防控,制定县疫情防控指挥部外事工作组疫情处置应急响应工作流程。协助省委外办、市委外办在全县范围内摸排、核实境外仁寿籍人员信息;加强领事保护宣传,通过与省委外办、驻外大使馆协调,积极帮助境外仁寿籍人员入境回国。积极协助参与四川—东盟企业家交流会、第十二届中日韩青少年国际书画交流展等活动,充分展示仁寿开放形象。

【港澳台侨工作】 配合做好港澳侨台企业家到仁寿县实地调研,考察营商环境等协调工作。配合做好第二十届"海科会"、第八届"海科杯"引资引智引才活动。组织四川美加蓉祥科技有限公司参加海内外川渝涉侨商协会合作联盟年会。依托美加蓉祥招引 4 家涉侨企业。为涉港澳侨台企业纾困解难，宣讲习近平总书记到川视察重要指示精神和省、市、县党代会精神及涉侨法律法规。为省入境隔离台胞提供服务保障。为原籍贯宝马镇香港人、原籍贯钟祥镇台胞处理相关事宜。成功为 17 名"三侨生"高考加 10 分。完成侨联、台联换届工作。

机构编制

【概况】 2022 年，仁寿县委编办全面落实上级决策部署，在基层治理、深化改革、服务保障方面敢于下深水、啃硬骨头，仁寿经开区升格为正县级，全省基层治理机构编制保障推进会在仁寿成功召开。

【城乡基层治理】 夯实"块统条推"治理体系。制发《关于统筹机构编制资源着力构建乡镇（街道）"块统条推"治理格局的实施方案》，全力破解基层治理"条块"衔接不畅、治理效能不优问题。县级层面，在县委组织部挂牌设立"县委城乡基层治理办公室"，27 个乡镇（街道）依托党建办设立基层治理办公室，基层治理县乡联动构架基本搭成。大力实施乡镇"综合执法片区化、派驻机构属地化、机构运行平台化"三项行动，街道"力量下沉、街联县动、平台增效"三项行动，"块统条推"的基层治理体系基本形成。构建"中心引领"治理格局。把准中心镇片区基层治理核心定位，以国土空间规划为引领，在每个片区构建起"1 个联合党委 +1 个中心镇 +1 套保障机制 +N 类资源整合"的"1+1+1+N"工作机制，推动机构编制资源向中心镇倾斜，促进公共服务资源向中心镇集中，完善赋能减负、考核激励等工作机制，做大做强中心镇，引领带动片区一体化高质量发展，这个方法得到省委编办认可并在全省推广。优化"平台运行"治理模式。制发《乡镇（街道）机构"平台化"运行实施方案》，27 个乡镇（街道）统筹各办所（中心）功能和人员，完成"3+X"平台搭建，同步制定完善《平台化管理考核办法》《目标绩效管理办法》等配套制度，初步实现乡镇（街道）机构"平台化"、管理"扁平化"、人员"多岗化"目标。

【重点领域改革】 深化综合行政执法改革。制发《关于深入推进乡镇综合行政执法改革工作的实施意见》等"1+3"配套文件，组建 6 个片区综合行政执法分局、统筹人员建强 24 支乡镇执法队伍、分类分批赋予乡镇 140 项县级行政权力，同步建立健全县乡协同体制机制，乡镇执法人员综合持证率升至 56%，群众满意率达 95%。全面梳理县应急管理综合行政执法大队职责配置、机构设置、人员编制情况，形成信息台账，稳妥推进应急领域综合执法改革。完善派驻机构管理体制。着力解决乡镇对派驻机构人员统筹调度难问题，推进派驻机构人员切实下沉乡镇、服务基层。对继续实行派驻体制的司法所、市场监管所、规自所等，实行以乡镇统筹管理为主、县级部门业务指导为辅的管理模式，将 240 余名派驻机构人员的日常管理权等 5 大权力赋予乡镇，推动派驻机构与乡镇工作相互融合、无缝衔接。开展机构改革运行评估。进一步理顺部门间职责关系，优化职能配置、杜绝推诿扯皮。调整城乡环境综合治理领导小组办公室所在部门，厘清领导小组成员单位职能职责。理顺黑龙滩风景区与县规自局、乡镇（街道）之间林草资源保护职责划分，形成自然资源保护工作合力。走访调研收集县级部门职责工作交叉问题及意见、建议 92 条，为进一步优化部门职责、明晰边界、明确分工提供有效依据。

【机构编制保障】 升格机构。强化经济发展机构编制支撑，积极对上汇报争取，仁寿经开区成功升格为正处级，并重新制定"三定"规定，对园区职能职责、管理体制、运行机制、人员力量等进行优化调整，助力园区高质量发展。聚焦文化自信自强，加强文物保护机构编制配备，将县文物管理中心优化设置为县文物保护和考古

2022 年 12 月 1 日，全省基层治理机构编制保障推进会在仁寿召开（县委编办 / 供图）

研究中心,明确为副科级,为全县文物保护发展提供有力保障。坚持服务保障民生,明确县疾控中心为副科级事业单位,进一步充实疫情防控工作力量。保障编制。大力实施人才强县战略,累计为引进高层次人才、公开招聘人员提供编制600余名,为经济社会发展提供好人才保障。紧盯经济一线、意识形态、统一战线等关键环节和重点领域编制需求,共增加相关部门行政编制6名、事业编制11名。规范周转编制使用,累计使用周转编制33名用于乡镇和部门急需紧缺人才引进,促进城乡一体化发展。规范管理。严格落实《机构编制监督检查工作办法》,深入10个县级部门以及27个乡镇(街道)就机构挂牌、中层职务预审、实配人员情况等事项开展实地核查,对发现的机构编制违规以及管理不规范问题及时反馈并督促整改,切实维护机构编制的严肃性和权威性。

【事业单位登记】 严格审查,抓好日常登记业务。在受理机关、群团、事业单位设立、变更、补领、注销登记中,严格把好审核关,确保提交资料完整、有效,登记内容准确、真实。到年末,全县事业单位、机关群团的网上登记率均达到90%以上。高度重视,落实事业单位法人年度报告公示制度。通过"效率、质量、服务"的三强化,高效高质地完成事业单位年度报告公示工作,年度报告率和公示率达100%。强化监督,做好事业单位法人公示信息抽查工作。按2%比例随机抽取事业单位进行法人公示信息抽查工作,下发整改通知书,责令限期整改,同时将抽查整改结果进行公示,主动接受社会监督。

【实名制管理】 强化责任落实。在明确专门人员经办、专机专网为载体的基础上,细化实名制系统出入编、台账管理、机构编制人员信息维护、机构编制统计等工作任务,做到责任清、任务明,实现工作无缝衔接,确保实名制管理工作落细落实。强化信息维护。根据"三定方案"规定和相关文件,在系统中对机构、编制、领导职数以及其他机构编制信息一一进行完善,实现数据动态管理。强化协作联动。积极协调组织、人社等部门,定期提供干部任免、调动退休等文件资料,对系统中实有人员信息进行核对,督促各部门单位及时维护系统信息,按要求办理人员出入编手续。强化数据服务功能。紧密围绕年度工作重点,将月报统计数据和业务工作深度融合,扎实做到"三服务",即服务领导决策、服务部门工作、服务业务管理,对全县机构改革后机构编制数据进行全面系统分析,全面掌握各层级各部门编制类型、经费形式、实有人员、领导职数等情况。强化"大数据"统计分析能力。充分发挥实名制数据在助力经济社会发展的参谋作用,做到统计分析与县委中心工作相结合,与深化机构改革相结合,提出合理化意见,为加快建设高质量发展示范县眉山城市副中心提供有力的机构编制数据支撑。

老干部管理

【概况】 2022年,仁寿县委老干部局认真学习贯彻习近平总书记关于老干部工作重要指示精神,紧紧围绕中共二十大和习近平总书记到川视察重要指示精神,扎实做好老干部各项工作。

【老干部政治待遇落实】 通过线下集中讨论分享学、专题辅导深入学和线上微信交流学等"线下+线上"方式,引导老干部深入学习习近平新时代中国特色社会主义思想;为老干部订阅《眉山日报》《四川日报》等10余份报刊;坚持通报制度,县委、县政府每年在春节、重阳节向离退休干部通报全县经济社会发展情况,听取并收集整理老干部的意见和建议;组织老干部参加全县重大会议、重大人事变动和重大项目的开工建设;建立县级领导干部联系制度,每名县级领导联系2~3名离退休干部,定期走访慰问;在重大节假日组织离退休干部开展座谈会;落实参观考察、健康疗养等制度。

【老干部生活待遇落实】 及时足额发放离退休干部的离退休费、津补贴、护理费及离休干部目标奖、退休干部生活补贴;督促有关部门按照文件要求提高中华人民共和国成立初期参加革命工作的部分退休干部困难补助标准;持续落实好离退休干部健康体检制度,7月,开展县级离退休干部健康体检工作;健全完善家访制度,局班子成员分为3个小组分别定期和不定期对离退休干部家访;切实落实离退休干部生活特殊困难帮扶机制,2022年,对生活上有特殊困难的离退休干部、离休干部遗孀、老工人、中华人民共和国成立前参加革命工作的老干部及从事关心下一代工作的退休干部进行帮扶,帮扶金额共计20万元,同时精准协调解决老干部家庭、医疗等困难和问题。

【老干部党建】 加强班子队伍建设。以贯彻落实《关于加强新时代离退休干部党的建设工作的意见》文件精神为着力点,创建"陵州霞光"离退休干部党建品牌,成立临时党支部1个,构建"1+4+N"驿站格局,选派老干部10人,分区包片督促全县79个

2022年11月1日，学习宣传中共二十大精神　永远跟党走主题联欢会（县委老干部局/供图）

离退休干部党组织和545个关工委组织建设，加强离退休干部党员管理，持续引导离退休干部党员通过读原著、学原文、悟原理，深入学习新时代党的创新理论，深刻领悟“两个确立”的决定性意义，始终做到“两个维护”，自觉在思想上政治上行动上同以习近平同志为核心的党中央保持高度一致。发挥“五老”（老干部、老战士、老专家、老模范、老教师）学习教育领头作用。充分发挥“五老”宣讲团作用，开展“习近平总书记到川视察重要指示精神、中共二十大精神”专题宣讲156场。加强经费保障和工作考核。各镇、乡、县级部门和园区按离退休干部工资总额的2%安排活动经费，县委组织部按离退休干部党组织收缴党费的100%返还作为工作经费。经县委考核合格后，按全市标准兑现离退休干部党组织书记2400元，委员（含副书记）1800元的工作补贴。

【老干部活动】 深入挖掘黑龙滩文化资源，组织老干部编著并出版《黑龙滩记忆》。11月1日，联合县老年大学开展“学习宣传中共二十大精神　永远跟党走”主题文艺活动。活动分为“不忘初心”“砥砺奋进”“继往开来”三个章节，《领航》《中国脊梁》《祖国你好》等节目依次登场，以歌曲、舞蹈、诗朗诵等群众喜闻乐见的形式，推动中共二十大精神深入人心。通过先进离退休干部党员带头，号召全县老干部在疫情期间严格遵守防疫措施，56名老干部就地转化为核酸采集秩序“维护员”；通过向企业拉赞助、个人自愿捐赠等方式，积极筹措助弱帮困资金80.28万元；通过进医院、进企业、进学校等实地走访调研，为仁寿高质量发展提出建议意见37条。

【开展关心下一代工作】 通过救助好“五失”（失足青少年、失管青少年、失学青少年、失业青少年、失亲青少年）青少年、建设好关爱青少年活动室、开展好“助学成才、圆梦大学”活动、发挥好8个家长学校学区指导组作用、举办好“关爱明天、普法先行”青少年法治教育活动等，不断引导广大青少年争当伟大理想的追梦人，争做伟大事业的生力军。2022年，为695名留守儿童、困难儿童送去慰问金41.7万元；按照每名大学困难学生2000元、每名高中生1000元的标准，共资助164名大学生、118名小学和初高中学生，共计发放资助金44.55万元。

党校教育

【概况】 2022年，仁寿县委党校紧紧围绕县委中心工作，充分发挥新校区优势，深入开展“奋进新征程、建功新时代”大学习、大实践、大提升活动，积极进取、真抓实干，奋力推进各项

2022年6月30日，庆祝中国共产党成立101周年及县级离退休党员干部座谈会（县委老干部局/供图）

工作,办学质量实现提升。

【党校建设】 2020年,按照县级党校分类建设要求,仁寿县属于百万人口大县,县域经济发展强县,在党校分类建设中,采用“独立办学”建设方式。县委高度重视县级党校分类建设工作,决定迁建县委党校,新建党校校园位于陵州大道,占地面积3.53公顷,建筑面积3.2万平方米。县委成立挂图作战指挥部,县委书记任指挥长,建设进度按“2020年10月开工建设,2021年6月主体完工,2021年底建成投用”实施。2022年1月6日,党校新校区正式建成投用。

【师资队伍建设】 2022年,校领导班子开展集体研讨学习10次,专题学习党的创新理论、中共二十大精神,增强“四个意识”、坚定“四个自信”、做到“两个维护”,牢固树立大局意识,积极融入全县中心工作,党校新校区投用以来,承办县党代会、“两会”、领导调研等重大活动15场次,举办主体班及部门办班18期次,切实发挥党校作用。同时,党校按照“定岗定人定责”的原则,优化中层机构设置,新成立培训股、信息技术股2个股室,做到各司其职、各负其责,职能定位更加精准,工作运转更加高效,发展合作更加凝聚。2022年,党校新引进马克思主义基本原理专业的高层次人才3名,推荐10名参加省、市委党校系统师资提能班集中学习,为提升党校教学水平赋能。至年末,县委党校在编在岗专职教师10人,其中硕士研究生学历6人,本科学历4人。

【科研资政】 2022年,县委党校组织教师结合中共二十大精神,深入开展调查研究,在公开和内部刊物发表文章5篇,咨政报告获得县级领导肯定性批示5篇。结项科研课题31项,其中省委党校结项课题3项(优秀课题2项)、市级课题16项、县级课题12项,并送县委、县政府和有关部门决策参考。

【干部教育培训】 2022年,举办主体班13期,培训1200人次。承接外训班10期,培训1500人次。覆盖年轻科级领导干部、村(社区)党组织书记、从事乡村振兴工作的领导及业务人员等,党性教育课程占比达到42%。

【理论宣讲】 充分发挥县委党校师资富集、人才充盈的优势,组织教职员工围绕中央、省、市重要会议精神精心准备课件,12名教职工成为市委讲师团、县委宣讲团成员,深入社区、学校、企业等基层一线,开展理论宣讲58场次,受众达8321人次。

关心下一代工作

【概况】 2022年,仁寿县关工委按照“急党政所急、想青少年所需、尽关工委所能”的工作方针,坚持服务青少年的正确方向,突出立德树人、助弱帮困、固本强基工作重点,深入开展特色家风家训教育、青少年思想道德教育和法治教育。利用县青少年社会实践教育基地和县青少年农业技术培训实践基地,发挥“五老”传帮带作用,有针对性地开展特色夏令营活动和新型农民技术培训。深化关爱助学工作,对困境青少年的帮扶更多从物质层面深入到精神层面,着力为青少年成长办实事解难事。

【班子建设】 县委常委会三次专题研究关工委工作并印发会议纪要。组建以县委常委、组织部部长何禹衡为主任,彭森茂为执行主任的新一届关工委领导班子。

【家长学校】 根据县教育和体育局学区调整方案,会同相关部门及时调整学区家长学校指导组,设立城北、文林等8个家长学校学区指导组。认真开展县家长学校成立30周年征集家庭教育成功案例和优秀家庭教育论文评选工作,编辑《家庭教育论文选编》《家庭教育经验选编》各1本。

【青少年思想道德教育】 积极组织

2022年4月26日,县关工委在禾加镇小学开展少数民族学生慰问活动(县关工委/供图)

2022 年 7 月 3 日，“老少同声颂党恩　携手喜迎二十大”青少年夏令营活动在县青少年社会实践基地开展（县关工委 / 供图）

开展党史学习教育、良好家教家风教育、理想信念教育、二十大精神学习宣传教育，传承红色基因，厚植青少年的爱国情怀。充分利用 7 月“党史学习月”，组织广大“五老”和单位职工子女到县红色教育基地、冯建吴·石鲁艺术馆、黑龙滩陈列馆等地参观学习。全年，参与宣讲的“五老”200 人，宣讲 82 场，听取宣讲的青少年达 8.6 万人。

【法治教育】　经过基层考察调研、资料整理汇总后形成关于《中华人民共和国未成年人保护法》《中华人民共和国家庭教育促进法》的两篇高质量宣讲材料，在单位关工委、乡镇（街道）关工委开展示范宣讲 4 场。单位关工委、乡镇（街道）关工委积极行动，针对单位职工家庭、辖区内家长和学生开展结合实际的主题宣讲。全年共有 312 名“五老”参加普法宣传 284 场次，受教育青少年达 24.6 万人次。全县“五老”网吧义务监督员尽心尽责地监督县域内营业性网吧，发现未成年人上网，及时劝离并批评教育。同时，对网吧业主进行安全教育。

【基地实践教育】　充分发挥文宫青少年农业技术培训实践基地的功能作用，全年开展 9 个不同主题的新型农民培训课程，累计培训 1350 人次。7 月 3 日，在县青少年社会实践教育基地开展“老少同声颂党恩，携手喜迎二十大”为主题的青少年夏令营活动，来自全县的 160 余名学生参与活动。在粮食园区开展以粮食安全为主的青少年农业技术研学及劳动实践活动。

【关爱帮扶】　做细、做实、做深“五助一帮”“圆梦大学”等公益项目，全年为 584 名留守儿童、困难儿童送去慰问金 37.74 万元。按照每名大学困难学生 2000 元、每名高中生 1000 元的标准，为 164 名大学生、118 名高中及以下学生发放资助金 44.6 万元。联合县团委开展 2023 年“新年微心愿·青春志愿行”新春公益暖冬行动，为 100 名困难儿童实现新年愿望。在普宁街道黎光社区、慈航镇、满井镇龙泉社区、曹家镇水星村新建 4 个关爱青少年活动室，协同关工委做好农村留守儿童、流动儿童、事实无人抚养儿童等青少年群体的关爱与服务工作。

【社区捐赠】　四川天府江东科技有限公司定向通过市基金会向仁寿关工委捐赠 83.6 万元，用于实施公益项目。

仁寿县人民代表大会

重要会议

【概况】 2022年,仁寿县第十九届人大常委会共召开人代会1次,常委会会议11次,主任会议15次。

【仁寿县人民代表大会会议】 2022年,仁寿县第十九届人民代表大会会议共召开1次。

1月17日至19日,仁寿县第十九届人民代表大会第二次会议在县委党校新校区仁寿厅隆重召开。仁寿县委书记王岳主持开幕式和闭幕式,县委副书记、县长明宇作《县政府工作报告》,县人大常委会主任杨建作《县人大常委会工作报告》,县人民法院院长颜毅作《县人民法院工作报告》,县人民检察院检察长樊正祥作《县人民检察院工作报告》。

会议书面审查《县2021年国民经济和社会发展计划执行情况及2022年计划(草案)的报告》《县2021年财政预算执行情况的报告和2022年财政预算(草案)的报告》《县2021年生态环境保护工作情况报告》《县人民政府2021年民生实事票决项目完成情况及2022年民生实事候选项目有关情况的报告》。会议对上述报告作出了决议。

会议票决产生"通村天然气管网建设项目""路灯安装项目""市政道路建设项目""供电线路建设项目""交通提升工程项目""独居老人住所安装独立式感烟报警器项目""白内障患者实施复明手术项目""残疾人基本型辅助器具适配项目""老旧小区改造项目""农村无害化卫生厕所建设项目"10项仁寿县2022年度民生实事项目。

2022年1月17日,仁寿县第十九届人民代表大会第二次会议第一次全体会议在县委党校新校区召开(县人大办/供图)

【县人大常委会会议】 2022年,仁寿县第十九届人大常委会会议共召开11次。

1月6日,召开县十九届人大常委会第二次会议,应到常委会组成人员43人,实到41人,符合法定人数。会议对县人民政府办理《县人大常委会关于2021年民生实事票决项目推进情况的审议意见》《县人大常委会关于县十八届人大八次会议代表建议、批评和意见办理情况的审议意见》情况进行满意度测评;听取《县人民政府关于2020年部分调整的民生实事票决项目和2021年民生实事票决项目完成情况的报告》《县人民政府关于2022年度县级民生实事人大代表票决候选项目有关情况的报告》《县人大常委会关于召开仁寿县第十九届人民代表大会第二次会议的决定(草案)》《县十九届人大二次会议有关事项日程安排(草案)》《各代表团组建建议方案和各代表团召集人建议名单(草案)》《各代表团团长、副团长建议名单(草案)》《主席团和秘书长建议名单(草案)》《主席团常务(执行)主席建议名单(草案)》《副秘书长建议名单(草案)》《列席人员建议名单(草案)》《仁寿县人民代表大会常务委员会工作报告(审议稿)》;审议表决《县人大常委会关于接受王雄伟辞去县十九届人大代表职务的决定(草案)》;听取《代表资格审查报告和县第十九届人大代表出缺情况报告》;会议任命贺志辉为县人大城乡建设环境资源保护委员会副主任委员;决定任命政府组成部门负责人;决定免去丹巴多吉的县人民政府副县长职务。

1月19日,召开县十九届人大常委会第三次会议,应到常委会组成人员43人,实到40人,符合法定人数。会议决定任命蒋竞为县交通运输局局长,毛颖为县经济合作局局长;任命和免去县法院基层法庭庭长、副庭长19人。

3月29日,召开县十九届人大常委会第四次会议,应到常委会组成人员43人,实到38人,符合法定人数。会议对县人民政府办理《县人大常委会关于县人民政府2021年生态环境保护工作情况报告的审议意见》《县人大常委会关于县人民政府2020年度国有资产管理情况综合报告的审议意见》情况进行了满意度测评;听取和审议《县人大常委会法工委关于2021年度备案审查工作情况的报告》;审议《县人大常委会关于开展第八个五年法治宣传教育的决议(草案)》;会议决定有关人事任免事项。

5月26日,召开县十九届人大常委会第五次会议,应到常委会组成人员43人,实到37人,符合法定人数。会议听取和审议《县人民政府关于2021年度法治政府建设工作的报告》《关于全国晚熟柑橘优势特色产业集群建设项目推进情况的报告》《关于全县推进乡村振兴工作情况的报告》《关于全县农房建设情况的报告》《关于2021年度国有资产管理情况的综合报告》;听取和审议《县人大常委会执法检查组关于检查〈中华人民共和国就业促进法〉贯彻实施情况的报告》《县人民政府关于提请审议〈眉山市仁寿县民益片区土地征收成片开发方案〉和〈眉山市仁寿县文林至汪洋片区土地征收成片开发方案〉的报告》;审议《县人大常委会关于听取县人民政府主要经济部门完成县人民代表大会批准的〈政府工作报告〉任务分解情况的方案》;听取《代表资格审查报告》;会议决定有关人事任免事项。

7月29日,召开县十九届人大常委会第六次会议,应到常委会组成人员43人,实到37人,符合法定人数。会议听取和审议《县监察委员会关于全县整治群众反映强烈问题工作情况的报告》;听取和审议《县人民政府关于2022年上半年国民经济和社会发展计划执行情况的报告》,听取县人民政府主要经济部门《完成县人民代表大会批准的〈政府工作报告〉任务的情况报告》;听取和审议《县人民政府关于2022年上半年财政预算执行情况的报告》;听取和审议《县人民检察院关于全县公益诉讼工作开展情况的报告》;听取和审议县《人民政府关于全县教育高质量发展工作情况的报告》;听取和审议县《人民政府关于县十九届人大二次会议代表建议、批评和意见办理情况的报告》;会议通过有关人事任免事项。

9月28日,召开县十九届人大常委会第七次会议。会议对县人民政府办理《县人大常委会关于听取和审议〈县人民政府关于2021年度法治政府建设情况的报告〉的审议意见》《县人大常委会关于听取和审议县人民政府推进乡村振兴工作情况报告的审议意见》《县人大常委会关于听取和审议县人民政府推进晚熟柑橘优势特色产业集群建设工作情况报告的审议意见》《县人大常委会关于县人民政府2021年度国有资产管理情况综合报告的审议意见》《县人大常委会关于检查〈中华人民共和国就业促进法〉贯彻实施情况的审议意见》情况满意度测评;听取和审议《县人民政府关于全县电子信息产业发展情况的报告》《关于2021年度县级预算执行和其他财政收支审计工作的报告》《关于全县安全生产工作情况的报告》《关于2022年民生实事票决项目推进情况的报告》;审查批准《2021年度财政收支决算》和《关于提请审议〈仁寿县火葬区范围调整方案〉的议案》;会议通过有关人事任免事项。

9月30日,召开县十九届人大常委会第八次会议,应到常委会组成人员43人,实到30人,符合法定人数。会议审议表决《县人大常委会关于接受叶胜辞去仁寿县第十九届人民代表大会代表职务的决定(草案)》;听取《代表资格审查报告》。

10月18日,召开县十九届人大常委会第九次会议,应到常委会组成人员43人,实到37人,符合法定人数。会议听取和审议仁寿县人民政府关于提请将《〈眉山市仁寿县长岛未来城片区土地征收成片开发方案〉纳入2022年国民经济和社会发展年度计划的议案》、关于提请将《〈眉山市仁寿县兴盛片区土地征收成片开发方案〉纳入2022年国民经济和社会发展年度计划的议案》、关于提请将《〈眉山市仁寿县青林片区土地征收成片开发方案〉纳入2022年国民经济和社会发展年度计划的议案》。

12月7日,召开县十九届人大常委会第十次会议,应到常委会组成人员43人,实到35人,符合法定人数。会议对县人民政府办理《县人大常委会关于听取和审议〈县人民政府关于仁寿县2022年上半年国民经济和社会发展计划执行情况的报告〉的审议意见》《县人大常委会关于听取和审议〈县人民政府关于农房建设工作情况的报告〉的审议意见》《县人大常委会关于听取和审议〈县人民政府关于2022年上半年财政预算执行情况的报告〉的审议意见》《县人大常委会关于听取和审议〈县人民政府关于县十九届人大二次会议代表建议、批评和意见办理情况的报告〉的审议意见》情况进行满意度测评;会议听取和审议《县人民政府关于2022年度生态环境保护工作情况的报告》;听取和审议《县人民法院关于执行工作开展情况的报告》;审议《县人大常委会相关制度(修正)草案》;听取《代表资格审查报告》;会议通过有关人事任免事项。

12月20日,召开县十九届人大常委会第十一次会议,应到常委会组成人员43人,实到33人,符合法定人数。会议补选付宝为眉山市第五届人民代表大会代表。

12月29日,召开县十九届人大常委会第十二次会议,应到常委会组成人员43人,实到34人,符合法定人数。会议对县人民政府办理《县人大常委会关于听取和审议〈县人民政府关于全县教育高质量发展工作情况报告〉的审议意见》《县人大常委会关于听取和审议〈县人民政府关于2022年民生实事票决项目推进情况的报告〉的审议意见》情况满意度测评；对县监察委员会办理《县人大常委会关于听取和审议〈县监察委员会关于整治群众反映强烈问题工作情况的报告〉的审议意见》情况满意度测评；对县人民检察院办理《县人大常委会关于听取和审议〈县人民检察院关于全县公益诉讼工作开展情况的报告〉的审议意见》情况满意度测评；审查批准《2022年县财政预算调整方案》；听取《县人民政府关于2021年审计查出问题整改情况报告》并进行满意度测评。

【主任会议】 2022年，县十九届人大常委会主任会议共召开15次。主要包括提出相关议案提交常委会审议，决定常委会会议议程等工作。

1月5日，召开县十九届人大常委会第二次主任会议，会议听取《县人大常委会人代工委关于县人民政府办理〈县人大常委会关于2021年民生实事票决项目推进情况〉的审议意见》《〈县人大常委会关于县十八届人大八次会议代表建议、批评和意见办理情况的审议意见〉情况的报告》；听取《县人大常委会人代工委关于县人民政府2020年部分调整的民生实事票决项目和2021年民生实事票决项目完成情况的报告》《县人大常委会人代工委关于县人民政府2022年度县级民生实事人大代表票决候选项目有关情况的报告》；听取县人大常委会人代工委《〈县人大常委会关于召开仁寿县第十九届人民代表大会第二次会议的决定（草案）〉的情况报告》等11个文件。

1月14日，召开县十九届人大常委会第三次主任会议，会议审议县人大常委会组成人员联系基层县人大代表名单；听取《人事任免议题有关情况汇报》；议定县第十九届人大常委会第三次会议相关事项。

3月22日，召开县十九届人大常委会第四次主任会议，会议听取县人民政府办理《县人大常委会2021年生态环境保护工作情况报告的审议意见》《〈县人大常委会关于2020年度国有资产管理情况综合报告的审议意见〉情况的报告》；审议《县十九届人大二次会议人大代表建议、批评和意见督促办理工作方案》；听取《县人大农业农村委关于柑橘产业集群打造专题视察工作情况报告》《县人大常委会关于开展第八个五年法治宣传教育的决议（草案）》；听取《县人大常委会法工委关于备案审查工作的情况报告》；议定县十九届人大常委会第四次会议相关事项。

4月20日，召开县十九届人大常委会第五次主任会议，会议审议《县人大常委会监督推进2022年市民生实事票决项目落地落实工作方案（审议稿）》；审议《县人大代表专业小组暂行办法（审议稿）》；审议《县人大常委会关于人大代表列席县人大常委会会议和参与视察调研的规定（审议稿）》；审议《县人大常委会公民旁听仁寿县人大常委会会议办法（审议稿）》。

5月23日，召开县十九届人大常委会第六次主任会议，会议听取《县人大法制委关于2021年度法治政府建设调研工作情况的报告》《县人大农业与农村委关于柑橘产业优势特色集群打造专题视察工作情况的报告》《关于乡村振兴调研工作情况的报告》等10个文件；议定县十九届人大常委会第五次会议相关事项。

7月25日，召开县十九届人大常委会第七次主任会议，会议听取《县人大常委会人代工委关于仁寿县十九届人大代表专业小组名单（草案）的情况汇报》《县人大监察和司法委关于调研全县整治群众反映强烈问题工作情况的报告》《关于调研全县公益诉讼工作开展情况的报告》《县人大教科文卫民宗委关于调研全县教育高质量发展工作情况的报告》等8个文件；议定县十九届人大常委会第六次会议建议议程。

7月29日，召开县十九届人大常委会第八次主任会议，会议审议决定县第十九届人大常委会第六次会议常委会组成人员对《县监察委员会关于整治群众反映强烈问题工作情况的报告》《县人民检察院关于全县公益诉讼工作开展情况的报告》《县人民政府关于仁寿县教育高质量发展情况的报告》《仁寿县人民政府关于2022年上半年国民经济和社会发展计划执行情况的报告》《县人民政府关于2022年上半年财政预算执行情况的报告》《〈县人民政府关于县第十九届人大二次会议代表建议、批评和意见办理情况的报告〉的审议意见》。

9月22日，召开县十九届人大常委会第九次主任会议，会议听取《全县电子信息产业发展调研情况》《2021年度县级财政预算执行和其他财政收支审计工作情况》《2021年度财政决算情况》《全县安全生产工作调研情况》《〈县火葬区范围调整方案（送审稿）〉有关情况》《2022年民生实事人大代表票决项目推进工作调研情况的汇报》《个别代表辞职、代表资格审查和人事任免议案有关事项的汇报》《县人大常委会关于听取和审议〈县人民政府关于2021年度法治政府建设情况的报告〉的审议意见》等12个文件；议定县十九届人大常委会第七次会议相关事项。

9月28日，召开县十九届人大常委会第十次主任会议，会议审议决定县第十九届人大常委会第七次会议常委会组成人员对《县人民政府关于全县电子信息产业发展情况的报告》《县人民政府关于仁寿县2021年度县级预算执行和其他财政收支的审计工作报告》《县人民政府关于全县安全生产工作情况的报告》《〈县人民政府关于2022年民生实事票决项目推进情况的报告〉的审议意见》。

9月30日，召开县十九届人大常委会第十一次主任会议，会议听取《关于个别代表辞职和代表资格审查有关事项的汇报》；议定县十九届人大常委会第八次会议相关事项。

10月17日，召开县十九届人大常委会第十二次主任会议，会议听取关于县人民政府关于提请将《眉山市仁寿县长岛未来城片区土地征收成片开发方案》《眉山市仁寿县兴盛片区土地征收成片开发方案》《〈眉山市仁寿县青林片区土地征收成片开发方案〉纳入2022年国民经济和社会发展年度计划的议案的汇报》；议定县十九届人大常委会第九次会议相关事项。

11月30日，召开县十九届人大常委会第十三次主任会议，会议听取《2023年度常委会议题监督计划》；听取《2022年市县民生实事票决项目和20件民生实事项目推进情况的汇报》《县人大常委会相关制度修改情况的汇报》等10个文件；议定县十九届人大常委会第十次会议相关事项。

12月7日，召开县十九届人大常委会第十四次主任会议，会议审议讨论《县十九届人大三次会议民生实事人大代表票决候选项目》；审议决定《县第十九届人大常委会第十次会议常委会组成人员对〈县人民政府关于2022年度生态环境保护工作情况〉的报告》《〈县人民法院关于执行工作开展情况的报告〉的审议意见》。

12月19日，召开县十九届人大常委会第十五次主任会议，会议议定县十九届人大常委会第十一次会议相关事项。

12月27日，召开县十九届人大常委会第十六次主任会议，会议审议《县人大常委会2023年工作要点》；审议县十九届人大三次会议《县人民代表大会常务委员会工作报告》；审议《县第十九届人民代表大会第三次会议筹备工作方案》；听取《县人民政府办理县人大常委会〈关于听取和审议“仁寿县人民政府关于全县教育高质量发展工作情况报告”的审议意见〉情况的报告》《县监察委员会办理〈县人大常委会关于听取和审议“仁寿县监察委员会关于整治群众反映强烈问题工作情况的报告”的审议意见〉情况的报告》等5个文件；议定县十九届人大常委会第十二次会议相关事项。

人大事务

【概况】 2022年，仁寿县人大常委会深入学习贯彻中共二十大精神、习近平总书记到川视察重要指示精神，坚持党的领导、人民当家作主、依法治国有机统一，忠实履行宪法法律赋予的各项职权，为推动全县经济社会高质量发展和民主法治建设作出了积极贡献。

【重点工作】 2022年，县人大常委会主任、副主任深入项目一线推动解决问题18个，牵头联系的21个挂图作战重点项目均稳步推进。尽锐出战疫情防控，在本土疫情防控攻坚战中，机关干部冲锋在前、蹲点驻守，54名党员干部参与志愿服务500余人次，高效圆满完成3个集中隔离场所和2个交通卡口的现场协调指挥工作；牵头负责巩固拓展脱贫攻坚成果同乡村振兴有效衔接工作，先后顺利通过省级专项督查和交叉检查；助力中央环保督察反馈问题整改，牵头负责检查验收的黑龙滩4个生态环境问题整改项目有力有序推进；围绕全县粮食安全和耕地保护工作目标，督促分管乡镇做好撂荒地整治及粮食生产工作，助力“天府粮仓”丘区示范区建设；常态化督导10个分管乡镇党的建设、安全生产、信访维稳等重点工作，确保县委各项工作要求落地落实。

【依法监督】 2022年，县人大常委会专题听取7个部门主要经济指标完成情况的报告，助推政府相关职能部门围绕全年经济社会发展目标锻长补短，全力以赴拼经济搞建设；听取审议《半年预算执行情况报告》，依法审查和批准《财政决算和预算调整方案》，进一步推动提升财政资金的使用效率；听取审议《审计工作报告和审计查出问题整改情况报告》，跟踪推动191个突出问题务实整改，对2个单位整改情况进行满意度测评；听取审议国有资产管理情况综合报告，起草《关于加强国有资产管理情况监督的决定》，助力实现国有资产保值增值；首次听取审议《县监察委员会工作报告》，聚焦整治群众反映强烈问题，推动重要领域和关键环节治理进一步走深走实；切实发挥国土空间规划监督委员会职能作用，对全县78个在建项目、5个重点项目开展规划技术指标核查，发现问题11个，全部交主管部门督促整改。

【法治仁寿建设】 2022年，县人大常委会作出《仁寿县人大常委会关于开展第八个五年法治宣传教育的决议》，组织开展宪法宣传活动，促进尊法学法守法用法在全社会蔚然成风；听取审议《法治政府建设工作报告》，促进提升行政决策质量和水平，持续推进综合行政执法改革；调研法院执行工作，强调要加强执行工作队伍建设、强化失信惩戒，推动打通执行工作“最后一公里”；调研检察院公益诉讼工作，推动建立线索发现、举报、奖励机制，全力维护国家和社会公共利益；加大备案审查力度，坚持有件必备、有备必审、有错必纠，全年审查县政府报备规范性文件8件，向市人大常委会上报备案审查报告8个，对10件党内规范性文件提出合法性审查意见。

【视察调研】 2022年，县人大常委会围绕制造强县攻坚，专题调研电子信息产业发展情况，以做大产业规模和提升产业质量为目标，提出工作建议7条，推动信利项目上下游配套企业培育提速，电子信息产业集聚规模效应初显；专题调研生态环境保护工作，聚焦大气污染防治、污水处理设施运行、土壤污染治理，跟踪督促落实大气环境质量管控措施、加强水环境治理能力建设等审议意见，助力打好蓝天、碧水、净土保卫战；调研晚熟柑橘优势特色产业集群建设工作，调研乡村振兴和农房建设工作，推动出台《仁寿县农村宅基地和住房建设管理办法》，进一步规范农房建设管理，助力实现农业更强、农村更美、农民更富；专题调研全县安全生产工作，提出进一步深化重点专项整治等审议意见，助力营造安全稳定的发展环境；调研全县教育高质量发展工作，特别强调要坚定不移实施教育综合改革，多措并举提升教师综合能力，助力全县教育工作跑出“加速度”；高度关注就业这个最大的民生，开展《中华人民共和国就业促进法》执法检查，着力解决企业用工难、群众就业难问题，推动实现更高质量和更充分就业。

【依法决策】 2022年，县人大常委会坚持谋大事、议大事、抓大事，把县委决策部署作为讨论决定重大事项的政治依据和行动方向，使县委的主张通过县人大法定程序成为全县人民的共同意志，县人大常委会共依法作出决定决议13项。

【依法任免】 2022年，县人大常委会坚决落实党管干部原则，坚持党管干部与依法行使任免权有机统一，依法任免国家机关工作人员88人次，全部满票通过。

【民生项目】 2022年，县人大常委会进一步总结仁寿县民生实事项目人大代表票决制工作经验，严格按照党委领导、人大主导、政府实施、群众参与的权力运行设计理念，改进完善有关制度。组建市、县民生实事项目监督助推小组，组织开展监督助推活动48次，让代表真正成为民生项目的决定者、监督者、验收者。常态化督导82件市县乡民生实事人大代表票决项目和20件113项民生实事推进情况，向县委主要领导报送推进情况专报3期，助推民生实事落地落实，截至2022年年底，项目全部完成。

【代表建议办理】 2022年，县人大常委会采取常委会主任、副主任重点督办、重点领域专题督办、委室跟踪督办、听取代表建议办理情况报告等措施，增强代表建议办理实效。2022年代表提出的169件建议全部办复代表，满意率100%、办成率90.53%，切实解决了一批群众关心的“关键小事”。

【人大代表培训】 2022年，县人大常委会着力解决新任代表不会履职、不善履职问题，组织285名县十九届初任人大代表参加履职能力专题培训班，提高代表履职能力和水平。

【人大代表联系群众】 2022年，县人大常委会积极推进“家站”建设，印发《关于加强人大代表联络站规范化建设的意见》，制定人大代表联络站工作制度5项，建成代表联络站68个，充分发挥其“宣传站、民意窗、连心桥、监督岗、大课堂”作用。在大化镇探索建立人大代表履职考核评价制度，通过“百分制”“三量化”划出代表履职“硬杠杠”，得到省、市人大常委会领导高度肯定。健全常委会组成人员联系代表、代表联系群众“双联”制度，完善常委会主任会议成员联系乡镇、街道人大工作制度和专委会联系部门工作制度，邀请代表列席常委会会议，广泛听取人大代表的建议意见，进一步完善汇聚民智工作机制。深入开展“我为群众办实事——人大代表在行动”实践活动，省、市、县、乡四级人大代表累计参与各类办实事活动2288人次。组织开展代表回选区走访选民活动，倾心倾力解决人民群众急难愁盼问题。完善人大信息公开平台，在大美仁寿开设“人大代表之家”，接受群众监督。

【人大代表变更】 2022年，县人大常委会共接受2名县十九届人大代表辞去代表职务，有5名县十九届人大代表因工作原因调离仁寿，代表资格自行终止。截至2022年年底，全县共有县第十九届人民代表大会实有代表435名。县人大常委会会议补选1名眉山市五届人大代表。

仁寿县人民政府

重要会议

【概况】 2022年，仁寿县召开县人民政府全体会议1次、第十九届县政府常务会议35次、县政府专题会议93次。

【县政府全体会议】 2022年8月1日，召开县十九届人民政府第二次全体会议，深入学习贯彻习近平总书记到川视察重要指示精神，认真贯彻党中央、国务院重要决策部署，全面落实省第十二次党代会精神、省委工作会议、省政府第十次全体会议、市政府第二次全体会议部署要求，分析研判当前形势，总结上半年工作，安排部署下半年重点工作，奋力推动完成全年主要目标任务，以实际行动和成效迎接党的二十大胜利召开。

【县政府常务会议】 仁寿县全年召开第十九届人民政府常务会议35次。会议审议县政府重点工作、重要政策文件等议题450项，其中传达贯彻《中共眉山市委五届二次全体会议精神》《省市重污染天气应急管控工作指示批示精神》《全省工业经济运行调度会议精神》《全省安全生产工作紧急电视电话会议精神》《四川省公共消防设施条例》《全省重点项目用地保障专题调度会议精神》《全省耕地保护重点工作调度视频会议精神》《李克强总理关于安全生产的重要批示精神和刘鹤副总理、王勇国务委员在全国安全生产电视电话会议上的讲话精神、省安委会2021年第四次全体成员会议暨第四季度全省安全生产工作及省应急指挥部疫情防控调度电视电话会议精神》《省委、市委经济工作会议精神、省政府第九次全体会议精神》《四川省行政规范性文件管理办法》《十九届中央纪委六次全会、省纪委十一届六次全会要求》《习近平总书记在省部级主要领导干部学习贯彻党的十九届六中全会精神专题研讨班开班式上的重要讲话及省级领导干部和市厅级主要负责同志读书班精神》《省委书记彭清华莅眉调研指示精神》《眉山市支持仁寿县创建全国百强县培育政策》《习近平总书记在中共中央政治局第三十六次集体学习时的重要讲话精神》《黄强省长在全省稳增长政策落实情况调度电视电话会议上的重要讲话精神》《习近平总书记在中央党校(国家行政学院)中青年干部培训班开班式上的重要讲话精神》《习近平总书记、李克强总理关于安全生产重要指示精神和全国全省安全生产工作电视电话会议精神》《习近平总书记关于粮食安全重要讲话精神》《省市耕地和林地保护工作相关会议精神》《全国“两会”、四川省传达学习全国“两会”精神大会和市委常委会第22次(扩大)会议精神》《四川省河湖长制条例》《中共中央政治局会议，中央、省委和市委财经委员会会议，全省经济运行调度电视电话会议，全省经开区抓项目促投资稳增长电视电话会议精神》《国务院、省、市稳住经济大盘工作会议精神》《习近平总书记和李克强总理对湖南长沙“4·29”居民自建房倒塌事故的重要指示批示、全国自建房安全整治电视电话会议、全省森林草原防灭火和消防工作电视电话会议精神》《地方党委和领导班子及其成员粮食安全责任制规定》《习近平总书记莅眉考察重要指示精神》等中共中央、国务院和四川省委、省政府及眉山市委、市政府重大决定并研究制定贯彻措施44项。

审议《仁寿县2021年国民经济和社会发展计划执行情况及2022年计划(草案)的报告》《关于〈仁寿县“十四五”城镇燃气发展规划〉起草情况的报告》《关于〈2023年经济工作要点〉(送审稿)起草情况的报告》《关于送审〈仁寿县做强农村集体经济组织助推集体经济发展十五条措施〉的请示》《重大项目用地保障若干措施》《仁寿县支持建筑业高质量发展激励政策》等全县经济发展工作9项。

审议《仁寿县消火栓管理办法(修订稿)》《仁寿县国有建设用地使用权划拨管理办法》《哲学社会科学研究课题管理和优秀成果评奖办法》《关于进一步支持科技创新的若干政策》《仁寿县保护和奖励见义勇为实施办法》《仁寿县杆管线管理办法》《仁寿县非物质文化遗产传承扶持办法(修订稿)》《2023年森林防火命令(送审稿)》等重要政策和规范性文件8项。

审议《关于进一步规范政府运行提高工作效能的通知》《县政府工作报告》《仁寿县2021年财政预算执行情况和2022年预算草案》《仁寿县2021年生态环境保护工作情况》《仁寿县对上争取工作考评管理办法(审议稿)》《仁寿县政府投资项目管理办法(审议稿)》《提升仁寿县低效、闲置工业用地土地利用效率管理办法》《仁寿县涉农项目推进管理实施意见》等协议15项。

审议干部人事议题11项。

审议土地出让议题17项。

审议《关于提请审议新冠肺炎集中隔离场所所需费用的请示》《关于拨付仁寿发展投资集团有限公司城乡建设用地增减挂钩项目周转指标综合价款的请示》《仁寿县2022年中省财政衔接推进乡村振兴补助资金项目实施方案》《关于申请兑付中德欧盟标准生猪屠宰和肉食品加

工产业一体化项目补贴的请示》《关于解决全县医疗卫生单位2021年因疫情影响所需资金的请示》等经费安排事项103项。

审议《关于提请审议〈仁寿天府南门金三角区域战略规划研究〉编制成果的请示》《关于送审〈标准化厂房建设方案〉的请示》《关于提请审议〈仁寿县2022年政府投资计划〉〈仁寿县政府投资项目三年滚动计划〉和〈县属国有企业2022年自建自营项目投资计划〉的请示》《关于新建仁寿县革命烈士事迹陈列馆及其配套设施的请示》审议仁寿发展投资集团有限公司《关于悦陵州酒店·城南店（原歌利玛酒业）项目实施的请示》《关于调整机关事业单位工作人员基本工资标准及增加离休人员离休费的请示》《关于解除〈天府宝能城项目合作协议〉〈仁寿县宝能装配建筑产业园项目投资协议书〉的请示》《关于仁寿县公共交通客运有限公司建设眉山市仁寿县智慧充电基础设施建设项目的请示》等县级部门（单位）乡镇（街道）请示县政府的重要事项172项。

【县政府专题会议】 仁寿县人民政府2022年召开专题会议93次，其中包括研究四川仁寿经开区标准化厂房建设、春节期间大气污染防治、城镇污水收集管网改造项目、川威项目推进事宜、天府仁寿大道城区段至仁沐新高速连接段项目相关问题、仁寿县文同高级职业中学建设项目、眉山市老年养护院仁寿分院项目推进工作、集中隔离点规范管理工作、未成年人保护暨仁寿县创建全国未成年人保护示范县工作、支持金利纺织公司发展、仁寿县"征而未安"问题、仁寿县中医医院新区医院建设项目有关问题、县城区城南和城北片区市政道路项目推进、仁寿县悦陵州酒店项目有关工作、制造强县调度、矿山项目推进相关工作、仁寿城市会客厅、文化公园、鑫城北苑、人才公寓项目相关事宜、疫情防控核心能力提升、黑龙滩生态环境问题整改、晚熟柑橘产业技术研发有关事宜、全县项目推进、全县污水处理设施相关事宜、仁寿县城南湿地公园建设工程项目推进有关工作等。

重大决策及活动

【概况】 2022年，仁寿县人民政府根据上级决策部署和相关法律法规规定，结合仁寿实际情况，全面统筹经济和社会发展，制定系列决策部署。

【政府投资项目管理】 根据《中华人民共和国政府投资条例》《中华人民共和国政府采购法》等相关法律法规，印发《仁寿县政府投资项目管理办法》，共6章24条，对政府投资项目的储备管理、项目前期、实施过程管理、保障措施等方面作出规定，对使用本级预算安排的资金、上级资金、债券资金进行固定资产投资建设活动进行项目管理，实行项目后评价制度。项目审批部门会同财政等部门，制定项目后评价计划，确定后评价项目名单，委托中介机构依法依规开展后评价工作。

【非物质文化遗产传承扶持】 根据《中华人民共和国非物质文化遗产法》《四川省非物质文化遗产条例》，印发《仁寿县非物质文化遗产传承扶持办法》，共6章13条，包括组织机构、扶持对象和条件、经费保障等方面。扶持内容主要包括：扶持"非遗"项目的普查、发掘、整理与申报工作；扶持"非遗"珍贵资料、实物的征集和濒危"非遗"抢救的保护工作；对"非遗"代表性传承人、保护单位和传承单位的资助或补助；对"非遗"的展示、宣传、培训、研究提供经费补助等。推动仁寿优秀传统文化繁荣发展，满足人民群众精神文化需求。

【科技创新支持】 根据"制造强县"战略，印发《关于进一步支持科技创新的若干政策》，共7点。通过明确支持创新平台建设、强化核心技术攻关、促进科技成果转化、培育壮大创新主体、加大财政金融支持力度、激发用才引才活力6个方面，突出科技创新，营造创新生态，激励科技人员创新创造。

【保护和奖励见义勇为】 根据弘扬社会正气，倡导见义勇为精神，培育和践行社会主义核心价值观，完善见义勇为人员的奖励办法和保障措施，印发《仁寿县保护和奖励见义勇为实施办法》，共6章39条，见义勇为人员的奖励和保障，坚持政府主导与社会参与相结合，精神鼓励、物质奖励与权益保障相结合。从审核确认、表彰奖励、权益保护等方面作出规定，给予嘉奖、记功、授予称号、颁发奖励金中的单项或多项奖励。根据事迹突出和影响程度，可对见义勇为人员授予"见义勇为公民""见义勇为勇士"或"见义勇为英雄"称号。

【就业保障】 根据《四川省人民政府关于进一步稳定和扩大就业十五条政策措施的通知》和《眉山市贯彻落实〈四川省人民政府关于进一步稳定和扩大就业十五条政策措施的通知〉的实施方案》，扎实做好2022年稳就业和扩就业工作，强化就业优先政策，印发《仁寿县贯彻落实四川省人民政府〈关于进一步稳定和扩大就业十五条政策措施〉实施方案》，通过稳主体稳就业、扩大供给促就业、鼓励创业带就业、保重点群体就业、困难群体托底帮扶、优化培训和服务等方面，支持援企稳岗、落实补贴、促返乡，加大投资创造岗位、支持灵活就业、支持购买服务岗位、加大创业扶持力度，重点解决高校毕业生就业、稳定农民工就业、促进退役军人就业，兜底困难人员就业救助，大力提升劳动者技能水平、提供精准就业服务等措施，推动实现更加充分更高质量就业，助推全县经济社会高质量发展。

【重大项目用地保障若干措施】 根据推进仁寿经济社会高质量发展，提高土地节约集约高效利用水平需要，印发《重大项目用地保障若干措施》，根据计划管控、精准保障、动态调整的原则，按照行业主管部门申报、县自然资源和规划局审查、县人民政府审定的程序，对年度建设用地实行切块管理。做好国土空间规划统揽，项目落地前端审查工作，推行工业用地两地改革，鼓励企业拓展用地空间，完善用地保障工作机制，提升报件质量和效率，强化执法监管，规范用地秩序，为重大建设项目提供有力的土地要素保障。

【涉农项目管理】 根据全面贯彻落实“优先发展农业农村”要求，构建涉农项目建设各流程办理的“绿色通道”，印发《仁寿县涉农项目推进管理实施意见》，适用于政府直接投资项目和投资补助类项目。入库项目组成要素、启动要求、批次办理，做好项目储备入库工作，主管部门聘请第三方机构对涉农项目提前开展规划、勘察、设计、预算等工作，项目主管部门收到资金、任务后，结合任务清单与入库项目，抓好项目立项财评。通过强化合同管理，简化实施方式，加强沟通协调，规范项目竣工验收，强化涉农项目快速推进；通过灵活资金拨付方式，优化项目审计办法，及时开展绩效评价，优化涉农项目资金管理。提升管理水平，快速推进涉农项目建设，提高财政资金预算执行进度，促进财政资金及时有效发挥效益，加快促进乡村振兴。

【国有建设用地使用权划拨管理】 依据《中华人民共和国土地管理法》《中华人民共和国城市房地产管理法》《中华人民共和国城乡规划法》《划拨用地目录》等相关法律法规及《眉山市市本级国有建设用地使用权划拨管理办法(试行)》，印发《仁寿县国有建设用地使用权划拨管理办法》，共九条。对土地使用权划拨的定义，划拨工作的主管部门为县自然资源主管部门，符合划拨政策规定的国有建设用地使用权类别、划拨程序等作出规定。

【重大活动】 2022年，仁寿县人民政府组织重大活动47次，与21家企业签订重要合同21次。

表6 2022年县政府重大活动一览表

序号	时间	重大活动
1	1月4日	仁寿县召开道路交通安全工作会议
2	1月8日	仁寿县召开消防安全工作会议
3	1月12日	仁寿县召开2022年春运工作暨城镇燃气安全工作会议
4	1月24日	仁寿县召开春节期间全域烟花爆竹禁燃禁放工作会议
5	1月24日	仁寿县召开打击治理电信网络新型违法犯罪工作联席会议
6	2月9日	召开全县研究对上争取、项目谋划和“开门红”工作会议
7	2月22日	省委书记彭清华调研眉山仁寿春耕生产，前往珠嘉镇棚村村开展调研
8	2月28日	召开仁寿县春耕生产工作推进会
9	3月1日	仁寿县召开交通基础三年提升行动推进会
10	3月4日	仁寿县召开冷链物流疫情防控工作会议
11	3月7日	召开全县促进3岁以下婴幼儿照护服务发展工作专题会议
12	3月21日	全县信访稳定、安全生产、疫情防控、环境保护工作专题会议召开；仁寿县召开耕地和林业资源保护大会
13	3月22日	眉山市人大常委会副主任立胡左格率队到仁寿县调研食品加工产业发展情况

续表 6

序号	时间	重大活动
14	4 月 24 日	眉山市委常委、市委政法委书记杨军带队到仁寿县督导检查工作
15	5 月 3 日	召开全县五一期间专题会议，统筹调度疫情防控、安全生产、社会稳定等工作
16	5 月 7 日	仁寿县召开大气污染防治工作会议
17	5 月 11 日	召开 2022 年根治拖欠农民工工资工作领导小组第一次会议暨国考省考迎检专题会议
18	5 月 17 日	全市春耕生产、撂荒地整治工作现场会暨农村疫情防控工作会在仁寿县召开，市政府副市长宋良勇，县委副书记唐余、县政府副县长王果参加
19	5 月 24 日	眉山市人大常委会副主任肖巍率队调研仁寿县制造业发展情况
20	5 月 28 日	眉山市政府副市长邹汝林到仁寿县调研重点项目快签约、快落地、快建设情况
21	5 月 28 日	召开县政府廉政工作会议
22	6 月 8 日	四川省政协副主席祝春秀率队到仁寿县调研耕地保护工作。眉山市政协主席黄剑东、市政协副主席熊英，仁寿县委书记王岳、县政协主席何文华陪同调研
23	6 月 9 日	全省大豆扩种暨大春田管工作现场会在仁寿县召开，四川省农业农村厅厅长徐芝文出席会议
24	6 月 17 日	开展 2022 年新冠肺炎疫情处置演练
25	6 月 20 日	召开全县项目推进、经济运行分析、稳增长政策落实情况专题会
26	7 月 6 日	眉山市人大常委会党组书记、主任杜紫平率队调研指导仁寿县城乡融合发展示范片区、重点项目推进工作，并实地督导市五届人大二次会议票决实施的新建、续建公办中小学项目建设推进情况
27	7 月 11 日至 12 日	中央农村工作领导小组原副组长袁纯清、农业农村部计划财务司副司长王衍一行到仁寿县进行农业保险综合调研
28	7 月 12 日	“三农”问题专家温铁军前往天府农耕·橙色田园、川果智慧冷链物流中心实地调研座谈，并开展专题讲座
29	7 月 21 日	山市人大常委会副主任肖巍率队调研仁寿县 2022 年市人大代表票决民生实事项目推进情况
30	7 月 26 日	仁寿县召开法治政府建设工作会议。
31	8 月 9 日	农业农村部沼气科学研究所副研究员徐彦胜一行，与眉山市畜牧局工作人员，到仁寿县调研农村厕所革命工作
32	8 月 11 日	农业农村部种植业司一级巡视员陈友权、部省市有关人员一行，到仁寿县实地调研珠嘉镇玉米——大豆带状复合种植情况
33	8 月 15 日	召开全县抗旱减灾工作会议
34	8 月 24 日	仁寿县召开森林草原火灾防范工作会议
35	8 月 29 日至 30 日	农业农村部农产品质量标准研究中心副主任金芬一行，四川省农业农村厅质监品牌处处长李幼平等陪同，眉山市农业农村局总畜牧师徐彬及相关工作人员，调研仁寿县生猪全产业链标准化现状与推进情况
36	9 月 15 日	仁寿县召开 2023 年度城乡居民医疗保险参保组织工作会议
37	9 月 15 日	眉山市人大常委会调研组到仁寿县调研全民健身工作开展情况
38	10 月 11 日	眉山市委副书记、市长黄河赴仁寿县调研督导，并主持召开仁寿县“锻长补短”工作推进会
39	10 月 24 日	眉山市委副书记、市长黄河赴仁寿县调研督导“锻长补短”工作并主持召开座谈会
40	10 月 26 日	仁寿县政府党组（扩大）会议暨传达学习中共二十大精神大会召开
41	10 月 26 日	眉山市就业创业 2022 年前三季度工作座谈会在仁寿县召开

续表 6

序号	时间	重大活动
42	11 月 1 日	眉山市委书记胡元坤赴仁寿县督导决胜收官战工作。市委副书记、市长黄河参加，市领导来建、孙剑、赵金霞、李建兴、戴林莉、邹汝林、王岳参加
43	11 月 15 日	全县 2022 年度巩固拓展脱贫攻坚成果同乡村振兴有效衔接考核评估迎检部署动员会召开
44	11 月 20 日至 21 日	全省川果产业高质量发展现场推进会在仁寿县召开。四川省政协副主席林书成出席会议并讲话，省政协港澳台侨和外事委员会主任刘欣，省发展和改革委、省农业农村厅、省经济和信息化厅等省级川果成员单位相关负责人，各市（州）党委或政府、有关重点县（市、区）党委或政府相关负责人，有关龙头企业负责人，以及胡元坤、黄河、宋良勇、王岳等市县领导参加现场会
45	11 月 29 日	召开全县经济运行分析会
46	12 月 8 日	眉山市委副书记、市长黄河赴仁寿县，宣讲中共二十大精神和省委十二届二次全会精神，并主持召开仁寿县“锻长补短”工作调度会
47	12 月 27 日	开展 2022 年一般级别食品安全突发事件应急处置演练

表 7　2022 年县政府合同签订一览表

序号	时间	重大活动
1	1 月	仁寿县人民政府与四川清云波建设开发有限公司签订《PC 砼生产加工基地项目投资协议书》
2	3 月	仁寿县人民政府与四川天府新区眉山管委会签订《关于推进原清水片区待安置人员安置工作的备忘录》
3	4 月	仁寿县人民政府与四川华盛兴邦园区运营管理有限公司签订《华盛兴邦食品产业园项目投资协议书》
4	4 月	仁寿县人民政府与仁寿县卓航电子科技有限公司签订《智能手机、平板生产线项目投资协议书》
5	5 月	仁寿县人民政府与江苏康之源生物科技有限公司签订《康之源饮料生产线项目投资协议书》
6	6 月	仁寿县人民政府与虹华科技股份有限公司、仁寿华赐半导体材料有限公司、仁寿县兴新工业投资有限公司、四川华赐半导体材料有限公司签订《半导体靶材及高纯无氧铜生产线项目补充协议二》
7	6 月	仁寿县人民政府与东莞市合诚玻璃有限公司签订《中大尺寸 3D 热弯职能电子触摸屏及整机模组装配项目投资协议书》
8	7 月	仁寿县人民政府与深圳市华微智能制造技术研发投资有限公司签订《物联网智能终端产业园项目　物联网品牌项目全国运营中心项目投资协议书》
9	7 月	仁寿县人民政府与凯立源光电科技（东莞）有限公司签订《智能终端电子触控屏项目投资协议书》
10	17 月	仁寿县人民政府与协鑫集团有限公司签订《战略合作框架协议》
11	8 月	仁寿县人民政府与协鑫集团有限公司签订《年产 30 万吨磷酸铁锂征集材料项目投资协议书》
12	8 月	仁寿县人民政府与东莞市享誉机械有限公司签订《高端数控机床生产基地项目投资协议书》
13	9 月	仁寿县人民政府与上海麦金地集团股份有限公司签订《合作框架协议书》
14	9 月	仁寿县人民政府与中国农业银行股份有限公司眉山分行签订《共同推进“天府粮仓”建设战略合作协议》
15	10 月	仁寿县人民政府与四川盈果产业投资中心（有限合伙）签订《盈果生鲜冷链仓储中心项目投资协议书》
16	10 月	仁寿县人民政府与四川盈果产业投资中心（有限合伙）签订《川果智慧冷链物流中心及川果交易所项目补充协议》
17	11 月	仁寿县人民政府与四川成眉轨道交通有限公司签订《市域（郊）铁路成都至眉山线工程征地拆迁工作协议》
18	11 月	仁寿县人民政府与四川天眉乐高速公路有限责任公司签订《天府新区经眉山至乐山高速公路项目征地拆迁工作协议》

续表 7

序号	时间	重大活动
19	11 月	仁寿县人民政府与乐资铜高速公司签订《资中至乐山高速公路项目（仁寿段）彰加互通连接线投资合作框架协议》
20	11 月	仁寿县人民政府与乐资铜高速公司签订《资中至乐山高速公路项目眉山市仁寿段征地拆迁工作协议》
21	11 月	仁寿县人民政府与四川省自然资源投资集团有限责任公司签订《战略合作协议》

民生实事

【概况】 2022 年，仁寿县面对疫情反复冲击、高温限电等多重困难叠加，全面落实民生工作，强化疫情防控，增强社会保障，完成民生实事。

【疫情防控】 疫情防控精准高效。打赢“2·24”“11·18”等本土疫情阻击战，最大限度保护人民群众身体健康和生命安全。适时调整优化防控措施，最大程度统筹经济社会发展和疫情防控。坚持防控“一盘棋”，800 余名医务人员、公安干警逆行出征，驰援上海、成都、阿坝等地，贡献仁寿力量。

【民生福祉】 社会保障不断增强。发放稳岗返还资金 1062 万元，开发公益性岗位 3000 余个，城镇新增就业约 1.1 万人，城镇登记失业率降低至 2.7%。发放救助资金 2.3 亿元，救助困难群众 105 万人次。建成投用社区养老综合体 1 个、智慧养老院 1 个、农村养老服务分中心 7 个，完成困难家庭适老化改造 1070 户，城乡养老服务体系日趋完善。建成 8 个托育机构，新增托位 780 个，“1+1+N”婴幼儿照护服务发展体系（“一中心即县妇保院示范性托育服务中心 + 一体化托幼即幼儿园开设托班 +N 个托育机构”具有仁寿特色的婴幼儿照护服务发展政策支持体系、规范管理体系和服务供给体系）逐步形成。

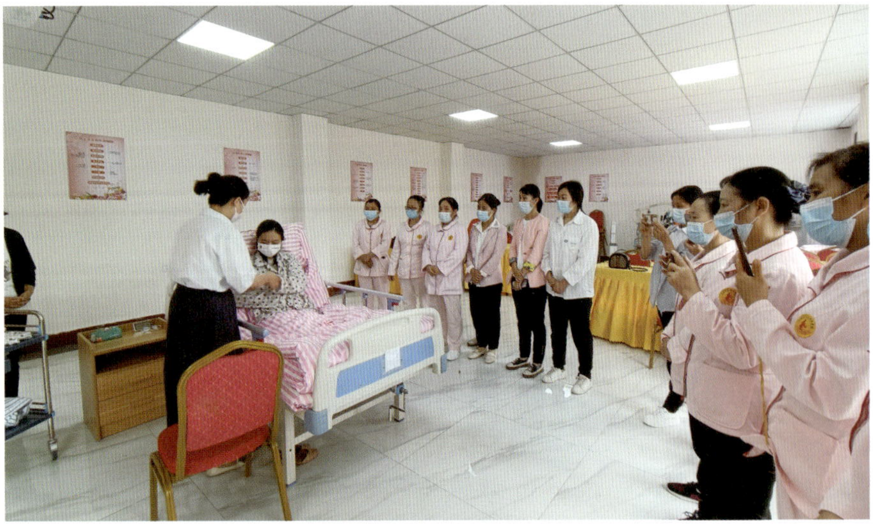

2022 年 9 月 26 日，仁寿县开展眉山市养老护理员职业技能大赛预选赛（县民政局 / 供图）

政府综合事务

【概况】 2022 年，县政府办紧紧围绕全县工作大局和县委、县政府总体工作部署，主动适应新形势、新任务、新要求，踔厉奋发、勇毅前行，着力提高自身建设和服务水平，充分发挥办公室“中枢神经”“前哨后院”作用，推动县政府各项工作高效运转。

【公文处理】 严格落实“台账式管理、痕迹化记录，零遗漏落实”，进一步规范工作流程，提高公文管理水平；落实密件管理，遵守保密规定，防止传密、泄密、失密。严格审核下级来文、发文代拟稿和文秘人员拟办意见，对不符合要求的退件处理，定期通报错情台账，提高公文办理质量。坚持事不过夜，根据文件紧急程度分类处理、分办，并及时跟踪、催办，确保急件当天办结、普通件 3 天内办结。全年共处理收文 1.2 万余件，办理文件 5300 余件，制发文件 1800 余件。

【会务办理】 坚持将精致、细致、极致的办会标准贯穿到会议通知、会议执行、会议结束的全过程，及时传达省、市会议通知 339 件，下达县级会议通知 200 余件；有力保障省、市疫情调度、森林防火等各类视频会 150 余次；精心筹办县政府常务会 34 次、疫情防控调度会 80 次，各类专题会、工作部署会、现场会等 167 次，做到会前筹备、会中服务、会后跟踪，不断提高会务水平，强化会风会纪，确保会议秩序和质量。

【统筹协调】 坚持主动靠前、能动协调、全程跟踪的工作理念，科学配置各方资源、调动各方力量、关注各方关切，助力推动全国县域高质量发展百强县、全国未成年人保护示范县、天府旅游名县候选县、省级“四好农村路”示范县创建和第二轮央督反馈问题整改、“两山一河”（玉泉山、醫斯山、金马河）项目推进、保障农民工工资支付工作省级考核以及城镇自建房、燃气安全排查等重要工作落实。圆满完成“春季攻势”招商引资集中签约活动、“春风行动”大型户外招聘，顺利通过国务院“两稳一保”督察、国务院安全检查、省政府半年综合督察，筹备参与中央农村工作领导小组原副组长袁纯清到仁寿县调研、时任省委书记彭清华到仁寿县调研等重大调研活动和全省大豆扩种暨大春田管工作现场会，全省川果产业高质量发展现场推进会，市委、市政府项目拉练等重大现场活动。

【政务督查】 聚焦中心工作全面督查，建立908项县政府常务会、专题会等议定事项督查台账，强化登记、交办、反馈、审核、办结等全流程闭环清单化管理，有力促进县政府重大决策和中心工作落地；高效完成省、市交办督查事项213项，督促有关部门及时整改市督查组反馈问题40余次；参与县委督查办撂荒地整治、流出耕地恢复、信访维稳、农村环境综合整治等督查工作40余次。聚焦重难点深入督查，采取“四不两直”（不发通知、不打招呼、不听汇报、不用陪同接待，直奔基层、直查现场）、听取汇报与现场查看相结合、明查与暗访相结合、定期与不定期相结合等多种形式，会同县级有关部门督查疫情防控、流域污染治理、安全生产、生态环境保护、审计问题整改等重点工作50余次，制发督查专报13期，督查通报3期，推进问题整改落实到位并形成长效机制。

【人大、政协议案、提案办理】 规范、优质、高效做好县第十九届人大二次会议169件人大代表建议和县政协第十一届委员会一次、二次会议235件政协委员提案办理工作。通过“请进来开门办理”“走出去上门办理”“沉下去现场办理”等方式，加强与代表委员办前、办中、办后全过程沟通协商，充分听取意见建议；对涉及面广、综合性强、问题复杂、难度较大的建议提案，协调主办单位牵头，会办单位配合，坚持问题导向，从面上、根本上提出完善政策、解决问题举措，共同推动办理工作落地落实。同时，重点围绕优化区域交通、加强未成年人网络游戏管理、开展中医药强县建设等重点建议提案深入调查研究，提出具体解决措施，确保重点件办成率100%。截至年底，169件人大代表建议和235件政协委员提案均全部办结，实现办复率、满意率100%。

【政务调研】 聚焦落实中共二十大精神、习近平总书记到川视察重要指示精神和省第十二次党代会精神，紧紧围绕高质量发展示范县的总体目标和“12345”发展战略，持续开展全国县域经济百强县、全国综合实力百强县创建，主动思考、靠前谋划，通过撰写“仁寿县产业高质量发展策略路径研究”“关于打造新时代更高水平‘天府粮仓’（丘区）仁寿示范区的调研报告”“关于一产经济运行与数据统计分析的调研报告”等调研课题和开展主题征文等形式，积极为县政府把方向、谋大局、定政策、促改革提“金点子”、出“实主意”。文稿信息出精品。坚持立意切实、定位准确、言辞精练等标准，严把政策关、文字关、格式关、程序关，高质量草拟《政府工作报告》等精品文稿、会议纪要100余份，县领导讲话材料及汇报材料200余份，为领导决策提供可靠依据。发挥好政府信息主渠道作用，有效统筹各类信息资源，加强信息研判，为政府决策提供全面丰富准确的信息参考。深化全员信息制度，引导全体机关干部深入挖掘、总结提炼经济运行、营商环境、民生实事等工作亮点，上报各类政务信息120余篇，被国家、省、市媒体综合采用63篇，其中被国办采纳约稿专报38篇。

【电子政务】 印发《仁寿县政务公开政策解读制度》，组织开展“政务开放主题月”活动，积极宣传发布新冠疫情防控有关信息，主动公开发布政务信息2.1万余条，答复群众政府信息公开申请51件。在县政府门户网站首页显著位置添加省政府门户网站链接和省委、省政府信息栏目，优化县政府网站财政资金、规划信息、概况信息等栏目设置，发布信息1.27万条，收到网民来信566件，办结率100%。制定电子政务管理及维护制度，严格审核、规范管理全县各单位电子政务外网。不断加强政务新媒体管理，严格政务新媒体建设、关停、注销流程，督促整改回应不及时现象和信息内容错别字84条，对网站与政务新媒体检查情况每季度进行通报。

政务服务

【概况】 2022年，仁寿县行政审批局坚持开放引领，继续深化“放管服”改革，创新审批服务模式，完善镇村便民服务体系,优化营商环境,推动服务能力提升。成功举办全省镇村便民服务"三化"建设片区现场会,汪洋镇和龙正镇便民服务中心被四川省政府政务服务和公共资源交易服务中心评为"首批省级示范便民服务中心"。

【优化营商环境】 加强顶层设计,明确工作任务。牵头制定《仁寿县深化"放管服"改革优化营商环境2022年工作方案》《仁寿县优化营商环境工作绩效考核暂行办法》,明确攻坚方向、突出工作重点、落实责任分工,提高各部门(单位)工作主动性,激发市场活力。坚持问题导向,提升群企满意度。通过"大美仁寿"向广大市场主体和群众征集优化营商环境建设意见、建议和破坏营商环境问题线索。通过"大美仁寿"和调查问卷,摸底全县营商环境建设存在问题。充分发挥各方力量,构建"亲""清"新型政商关系。建立营商环境监测点和观察员制度,通过深入走访企业、召开联席会议等方式搭建政企沟通"连心桥"。2022年,通过监测点和观察员共收集到收集优化营商环境意见、建议37个,已全部整改。

【深化商事制度改革】 便利企业开办。将"企业登记、印章刻制、申领发票"整合为一个环节,企业开办实现全流程3小时办结,为1513户新办企业提供免费刻制印章、发放税务Ukey,节约成本约60万元。2021年新办企业新增企业2002户,同比增长20.85%,完成眉山市下达目标任务(800户)的250%。积极推进全程电子化登记,已登记2828户,其中营商通361户,位居全市第一。深化"一业一证"改革。对同一行业的经营许可、经营备案和市场主体登记合并办理,在餐饮、便利店、诊所、娱乐经营场所、酒吧、美容等24个行业实行"一业一证"专窗办理,已发放52张行业综合许可证。推行企业"套餐式"注销改革。试点推出企业"套餐式"注销,支持企业快速退出市场,推动企业"最多跑一次","套餐式"注销营业执照及相关许可证书,2022年共办理17户。

【完善镇村便民服务体系】 推进四川省镇村便民服务"三化"(规范化、标准化、便利化)建设再上新台阶。优化整合和布局便民服务点位,构建"1+27+293"便民服务体系,中心镇实现全覆盖,为全县"拼经济搞建设"贡献更多政务力量。创新试点"政务+金融"综合服务。在村(社区)便民服务室设置"政务+金融"综合窗口,群众足不出村就能缴纳水电气、医保、社保等费用,本年度共办理金融业务8.42万笔,涉及金额约2010.82万元,服务人群3万余人次,为群众节约手续费6.26万元。推进乡镇级片区便民服务设施专项规划编制。探索以县政务服务中心为枢纽,以文宫镇、汪洋镇和富加镇3个中心镇为南北轴线,以方家镇、藕塘镇和黑龙滩镇3个一般镇横向贯穿,打造集教育事业、宅基地管理、农业生产、市政设施等审批服务、水电气缴费等民生服务和小额贷款等金融服务事项为一体的综合服务阵地。

【创新审批服务模式】 整合审批流程。创新审批服务模式,推出群众"身后一件事""出生一件事""二手房过户一件事""异地就医备案一件事""流动人员人事档案服务一件事"等5个"一件事一次办"集成改革和创新实践,实行跨部门网上联办,纸质材料零提交,确保群众高频服务事项"最多跑一次"。提升审批能力。深化"一网通办"前提下"最多跑一次"改革,以建设"四川一体化政务服务平台仁寿县分站点"为契机,深入推进"跨省通办""川渝通办""成德眉资同城办",全力打造高效便民的"仁易办"政务服务品牌,实现群众办事"免证办",大幅提升异地办事便捷度。全面推进工程建设项目"一网通办"。着力开展水电气本地报装系统与省工改系统的对接工作,项目投资建设全过程在省工改2.0系统网上办理,实现电子证照认领和派发。2022年,正式受理239个工程建设项目,办理主线审批服务事项690件,

2022年10月,全省镇村便民服务"三化"建设(眉山、乐山、资阳、雅安四市)片区现场会在仁寿县召开(县行政审批局/供图)

辅线模块办理服务事项572件，并联审批办件296件。

【推动服务能力提升】 提升“一网通办”能力。深化“一网通办”前提下“最多跑一次”改革，将一体化政务服务平台向27个乡镇街道延伸，乡镇依申请服务事项全部入驻平台，推广应用“天府通办”App。2022年，仁寿县“一网通办”指标排名全市第一。在乡镇、村(社区)便民服务中心(站)试点特色“帮办+代办”服务，为办事群众开通办事“直通车”，进一步提升便民利企服务水平。2022年，共计帮代办事项9000余件次，实现“小事不出村，大事不出镇”。打造“24小时自助服务”，提升群众便利化。持续推进“三免”服务，每年为办事群众、企业节省开支40万元，惠及10万名办事群众；推进政务服务“适老化”改造，为设置老年人办事专窗，为老年人提供全程引导、代办帮办服务。畅通热线平台。紧盯“12345”热线工单，认真完成各类工单派发、处置、协调、督办等各项工作。共受理各类工单4.16万件，与2021年同期相比增长103.68%，回复率100%，群众满意率85.73%。“仁寿有奖爆料”共接工单1.3万件，共发放红包13.8万元，办结率100%。

信息化建设与管理

【概况】 2022年，仁寿县大数据中心助力精准防疫高效战疫。多管齐下，强化数据资源整合共享。质效双擎，有效推进智慧仁寿建设。智慧一期项目包括平安仁寿二期、智慧文旅一期、智慧融媒、智慧应急、大数据中心综合体一期、智慧教育一期、智慧管网、平安小区、智慧综执、农民工服务平台等11个子项目，总共投资3亿元。2022年11月底，“智慧仁寿”一期项目建设全面建成，“一网统管”的仁寿智慧城市初具雏形。

【疫情防控】 组建精兵强将队伍。抽调5名IT专业人员组建12人的数据排查小组，集中办公、统一管理，进行数据接收、分发、汇总、上报、分析应用等工作，确保专业的人员做专业的事情，为疫情防控的大数据支撑服务提供人员保障。突出科技创新赋能。充分挖掘团队技术力量，成功自行开发具备独立知识产权、全市唯一的自动化、智能化排查系统，实现数据下发、数据汇总、数据校验、数据上报全自动处置，实现四川省、眉山市下发数据最快20秒、最慢3分钟下发到基层一线，上报数据20秒内可生成汇总数据表，得到眉山市市长黄河肯定性批示。高效开展疫情排查。2022年，共收到各级推送数据70.87万条，经筛查无效、重复信息，实际下发乡镇(街道)排查60.46万人，均管控到位，建立县外返(到)仁寿人员动态管理台账，为高效打赢疫情防控阻击战提供强力数据支撑。

【大数据资源管理平台建设】 完善政务数据资源共享制度。出台《仁寿县政务信息化项目建设管理办法(2022年修订)》，明确县级层面统数据、管数据、保安全的主责，为数据资源整合共享提供制度保障。统一建设数据资源管理平台。统筹建设眉山市数据资源管理平台仁寿节点，并依托该平台积极开展政务资源建设。共梳理本地46个部门共享目录1328个，挂接资源目录数1328个，发布库表资源服务922个；梳理本地45个部门开放目录1123个，挂接资源目录数1123个，接口数量749个；完成10个自建系统与市共享平台的对接，通过市数据资源管理平台开展1个数据共享应用。

【大数据项目评审】 高效评审大数据信息化项目。严格按照《仁寿县政务信息化项目建设管理办法(2022年修订)》，依法依规进行技术评审和概算评审。通过检查技术资料的完备性、施工方案的可行性、施工进度计划的可靠性，以确保施工质量，确保信息化项目符合设计技术要求，审查设计方案中用到的技术规范、技术参数是否达到设计目标进行技术评审。概算评审主要是在评审准备阶段了解评审项目的基本情况，收集和整理必要的审核依据；通知项目建设单位提供项目评审必需的资料；根据评审要求制定评审计划；根据财政对业主单位项目的征求意见稿以及相应的财政预算文件展开项目概算评审工作。依据设计方案和项目概算表严格核查，计量分析项目各项参数实际成本。评审结束后向业主单位提交财评报告并进行三级复核，确保项目后期建设顺利进行。2022年，共31个信息化项目通过项目评审。

退役军人事务

【概况】 2022年，仁寿县退役军人事务局(以下简称县退役军人事务局)以“让退役军人获得感成色更足”为主线，认真落实各项优抚政策，有序开展走访、座谈和慰问，优秀退役军人评选和优待证申领等工作，联合县委组织部、县人社局等部门持续深化光荣返乡“一站式”服务，退役军人服务保障体系持续高效运行，退役军人就创业工作稳步推进，军人职业社会尊崇氛围持续增强。将优抚对象抚恤补助金和医疗救助金发放、为自主就业退役士兵开展适应性培训纳入民生实事,全年为重点优抚对象发放抚恤补助金,为优抚对象解决医疗补助金。组织2021年度自主就业退役士兵开展培训。加强优抚对象信息科学动态规范管理,联合各乡镇(街道)对全县已享受定期抚恤补助待遇优抚对象进行年度确认。积极传承红色基因,弘扬爱党爱国精神,有序开展清明祭扫英烈和"9·30"烈士公祭等烈士褒扬活动。

【退役军人服务保障体系建设】 2022年,县退役军人事务局进一步着力构建高质量的全域覆盖、横向到边、纵向到底服务保障工作格局,持续夯基固本,深入推进镇乡(街道)退役军人服务站示范化创建,确保服务保障体系高效运行。6月,联合各镇乡(街道)321个退役军人服务中心(站),积极参与全省"喜迎二十大 百日大练兵 建功新时代"业务知识竞赛活动,掀起系统全员业务知识学习热潮。在决赛中,仁寿县退役军人系统干部职工斩获二等奖3名、三等奖3名、优秀奖2名。

【全国示范性退役军人服务站创建】 12月,仁寿县1个退役军人服务中心、27个镇乡(街道)退役军人服务站、293个村(社区)退役军人服务站,按照"五有"(有机构、有编制、有人员、有经费、有保障)"四化"(工作规范化、标准化、制度化、信息化)要求,全面建成全国示范性退役军人服务站。

【移交安置】 2022年,县退役军人事务局圆满完成军队转业干部、符合政府安排工作退役士兵和退出消防员等各项移交安置任务,对2022年军队转业干部、2022年符合政府安排工作退役士兵和退出消防员进行量化评分,安置率和满意率均100%,完成自主就业退役士兵接收;圆满完成1名因病一级、1名因病二级和2名因病六级残疾军人三年移交接收。坚持公平、公正、公开"阳光"安置,严格按照《军队转业干部安置暂行办法》《关于进一步做好军队转业干部安置工作的意见》和《退役士兵安置条例》等政策文件精神,全力做好就业创业服务保障,持续为退役军人提供优质就业岗位。军队转业干部、符合政府安排工作退役士兵和退出消防员安置。仁寿县被四川省退役军人事务厅确定为四川省退役军人工作高质量发展先行区(退役士兵一站式报到服务先行区)和"军人退役一件事"联办示范县,通过县委组织部、县人武部、县人社局、县医保局等部门合署办公,为退役军人提供"一站式"报到服务,实现"一门受理、一站办结",办理时间由原来的3~5天缩短为15分钟。

【退役军人就业创业】 2月,县退役军人事务局组织近500名退役军人参加2022年仁寿县"春风行动"户外专场招聘会。9月,四川省退役军人事务厅、四川省人力资源和社会保障厅、四川省总工会联合举办四川技能大赛——首届四川省退役军人职业技能大赛。仁寿参赛代表叶汶科参加无人机操作眉山选拔赛最终获得第一名。11月,全国促进退役军人就业创业工作展在成都开幕,仁寿县退役军人事务局携本地特色军创企业产品入驻眉山展区参展;同月,组织开展2022年度自主就业退役士兵适应性培训,让退役军人更好更快适应地方,完成角色转换。调研报告《退役退伍不褪色 就业创业再发光——仁寿县退役军人就业创业扶持改革探索》在《仁寿改革》第9期(总第14期)发表。全年支持退役军人回乡创业,实地了解需求,提供创业信息和金融、税收等政策帮扶服务,向退役军人提供创业贷款。通过县退役军人事务局驻外服务点筹集和爱心人士募捐,2022年共计筹得退役军人创业基金15.69万元。

【优抚与褒扬】 2022年,开展春节、"八一"走访和座谈慰问。1月,县退役军人事务局联合各镇乡(街道),走访慰问受疫情影响严重,因遭遇突发事件、意外伤害、重大疾病等导致基本生活陷入困境的以及其他需要走访慰问的退役军人,重点走访慰问抗日老战士、在乡老复员军人、烈属、因公牺牲病故军人遗属、残疾军人、荣立二等功以上功臣人员,2021年度荣立三等功及以上现役军人家属,2021年度荣获市、县表扬优秀退役军人和现役军人家属,发放慰问金。组织召开军休人员、1~4级残疾军人、部分重点优抚对象、烈士遗属和公益性岗位人员代表座谈会,向退役军人和其他优抚对象发放慰问信。县四大班子领导走访慰问县人武部、县武警中队、军休所、县消防救援大队、县看守所,送去慰问品和慰问金。"八一"暨建军95周年前夕,县四大班子领导走访慰问驻仁寿部队官兵,送去慰问品。各部门、各乡镇(街道)走访慰问本单位、本辖区退役军人和优抚对象,发放慰问金、慰问信,为生活、就医、住房困难退役军人提供关爱帮扶资金。开展优秀军人军属评选活动,7月,由各镇乡(街道)、县级各部门和园区推荐、活动组委会综合评议,经县双拥工作领导小组同意,评选出2名首届"眉山市最美退役军人"、37名"最美退役军人"、10名"最美现役军人家属"、17名"授一面红旗"人员。

【军休服务管理】 2022年,军休所始终围绕"全心全意为军休人员服好务”初心使命，以提升军休服务水平和军休人员满意度为目标，认真践行“五心、四一、三联、两落实、一堡垒”服务管理机制，狠抓“两个待遇”（政治待遇、生活待遇）落实，让军休人员获得感、荣誉感、幸福感增强。全年以“奋进新征程，建功新时代”大学习大实践大提升活动为载体，组织工作人员积极参与省厅“喜迎二十大”业务知识竞赛活动，工作人员周伟取得全省三等奖好成绩。以军休支部为阵地，定期组织军休人员开展政治理论学习，及时了解国家时政信息和党的方针政策，支部书记领学《习近平谈治国理政》等科学理论读本，传达学习中共二十大会议精神和习近平总书记到川视察重要指示精神，引导军休人员与时俱进，进一步凝心聚力，坚定初心，铸牢军魂。春节、“八一”期间，县四大班子领导到军休所开展慰问座谈，让军休人员感受党和政府真切关怀。认真贯彻落实中央军委相关规定，积极与县财政、县卫生、县人社等部门协调，按时调资增资并足额发放军粮差价补贴、住院伙食补助费、离休干部一次性服装费、精神病人护理费等军休人员补贴补助。3月下旬，组织军休人员进行健康体检并建立医疗信息档案。3月至5月，先后组织军休人员到青岗乡、大化镇开展“看看美丽新农村”主题活动。8月，组织军休人员到洪雅县七里坪镇，参加眉山市退役军人事务局举办的军休疗养。组织军休门球队队员参加省、市、县举办的“庆五一”“晚霞杯”等门球比赛。10月，邀请爱尔眼科医院到军休所进行免费健康知识讲座和义诊活动，为3名患有白内障的军休人员提供有效诊治。根据军休人员年龄结构和生活自理能力情况，工作人员包户到人，定期或不定期走访慰问，重点关注、关心年龄大、独居或失能军休人员，深入推进实施精细化分类服务。

【烈士陵园管理】 2022年，县烈士陵园以中共二十大精神为指引，紧紧围绕“传承先烈遗志，赓续红色基因”主题，充分利用烈士陵园红色教育资源，大力弘扬烈士爱国主义精神，有序组织开展烈士褒扬工作。3月25日，副县长、县公安局局长潘峰带领县退役军人事务局工作人员，在烈士陵园进行清明祭扫英烈活动，代为烈属祭扫烈士。坚持“褒扬烈士精神、启迪教育后人”，开展线上“2022·奋进·网上祭英烈”有奖知识竞答，营造关注英烈、缅怀英烈、学习英烈、致敬英烈浓厚氛围，掀起“清明祭英烈”活动高潮。9月30日，由县退役军人事务局党组书记、局长唐建彬主持，副县长、县公安局局长潘峰及退役军人事务局工作人员代表、驻仁部队官兵代表参加，在县烈士陵园举行“9·30”烈士公祭活动，表达对英烈的崇敬与哀思。县退役军人事务局积极行动“为烈士寻亲”，2019—2022年，共整理发布168条烈士消息，拨打电话100余个，发微信短信3000余条，涉及18个省、市、县单位，成功为43位烈士点亮“回家”的路。5月至7月，受秦凯烈士家属委托，通过与东山县退役军人事务局工作人员及江西志愿者辗转接力，帮助烈士女儿秦秋香获得烈士安葬在漳州东山战斗烈士陵园信息，圆了一家三代夙愿。9月，仁寿县退役军人事务局通过“大美仁寿”平台，面向社会广泛征集烈士照片或画像、立功受奖证章、书信手稿以及记载烈士事迹相关史料，进一步丰富完善烈士事迹陈列馆资料。2022年，县烈士陵园积极改善展馆环境和完善展馆功能。

【企业军转干政策落实】 2022年，县退役军人事务局每月定期将企业军转干解困资金发放到位，全年发放生活补助，缴纳医保社保。春节、八一对企业军转干进行普遍性慰问，发放慰问金。全年医疗及企业军转干死亡家庭救助17人、4万元。组织企业军转干小组长座谈1次，代表座谈4次。

人事与人才管理

【概况】 2022年，仁寿县公开考试招聘发布公告19次，计划招聘738名，聘用537名（含2021年发布公告2022年聘用327名）。办理事业单位人员流动86名，其中县内流动43名，县内流出县外27名，县外流入16名。完成2022年高层次人才安居保障补贴、兑现补贴453.85万元。接收、整理、归档机关事业单位人事档案材料2.4万余份，转递各类人事档案1275份，出具（删除“各类”）档案调函729份。

【人才引进】 强化招才引智。2022年，全县公开考试招聘发布公告19次，计划招聘738名，聘用537名（含2021年发布公告2022年聘用327名）。其中，2022年上半年引进优秀人才发布公告1次计划引进97名，聘用41名，1名进入体检环节，3名进入考察环节；眉山市统一发布2022年公开引进优秀人才公告1次仁寿计划引进综合类36名，33名进入考察环节；2022年下半年引进教体类优秀人才发布公告1次计划引进77名，48名进入考察环节；2022年下半年引进卫健类优秀人才发布公告1次计划引进49名，22名进入考察环节；2022年仁寿实验中学面向县外公开引进优秀教学人才发布公告3次计划引进39名，聘用14名；2022年考核招聘卫健类紧缺专业人才发布公告2次计划考核招聘102名,聘用22名(2022年下半年考核招聘紧缺专业人才207名通过初审);2022年从服务基层项目人员中考核招聘乡镇事业单位工作人员发布公告1次计划招聘23名,聘用22名,1名进入公示环节;2022年仁寿县农业农村局下属事业单位考试招聘发布公告2次计划招聘45名,聘用36名,1名进入体检环节,4名进入考察环节;2022年仁寿县卫健类事业单位考试招聘发布公告1次计划招聘32名,聘用8名,4名进入考察环节;2022年仁寿县综合类事业单位考试招聘发布公告1次计划招聘39名,聘用26名,12名进入考察环节;2022年仁寿县考试招聘中小学教师发布公告1次计划招聘150名,150名进入面试环节;2022年眉山市统一发布考核招聘公费师范毕业生公告1次仁寿计划招聘24名,聘用23名;2022年仁寿县考核招聘体育教练员发布公告2次计划招聘8名,聘用5名,1名进入考察环节;2022年眉山市统一发布公告计划招募“三支一扶”大学生17名(支医7名、支教10名),招募13人(支医5名、支教8名)。

【人才交流和激励】 做好表彰奖励,对2021年度考核被确定为优秀等次的事业单位工作人员进行嘉奖,对连续3年年度考核优秀的事业人员报市人社局给予记功。办理事业单位人员流动86名,其中县内流动43名,县内流出县外27名,县外流入16名。落实人才保障政策,完成2022年高层次人才安居保障补贴、兑现补贴453.85万元。接收、整理流动人员人事档案9108份,接收、整理、归档机关事业单位人事档案材料2.4万余份,转递各类人事档案1275份,出具档案调函729份;全面完成中层及以上管理人员和副高及以上专业技术人员人事档案专项审核“回头看”工作。做好退休人员管理服务工作,组织各单位退休干部开展棋牌活动11场次,参加比赛人员约1000人次。

【事业单位人事管理】 完成调整全县事业单位职工死亡后遗属生活困难补助调标及遗属人员清理复核工作,本次清理遗属人员共计961人,其中符合政策继续执行遗属生活困难补助926人,停发不符合条件人员35人。对172名机关事业单位工勤人员开展晋级考试。组织开展全县事业单位管理人员职级晋升,全年共有248人符合晋升条件。

【事业单位薪资管理】 清理规范事业人员津补贴,取消事业人员原参照执行纪检津贴、安监津贴、审计津贴、血防津贴共计60余人。完成2021年度事业人员工资统计工作,做好2022年度公共管理、社会保障和社会组织工资总额统计工作,加强对统计抽样单位业务指导和督促,确保圆满完成目标任务。完成2021年全县事业人员基本工资调标及全县事业单位工作人员按年度考核晋升薪级工资工作,涉及人员1.5万余人;配合组织部、财政局等相关部门,组织开展全县机关事业单位规范津贴补贴工作。

信　访

【概况】 2022年,群众到县及以上信访部门反映信访事项5692批1万人次,其中走访1410批5759人次,网上投诉1526件,来信2756件。发生集体上访155批4107人次,重复走访594批3486人次。进京走访被登记1批1人次,到省走访112批234人次(被登记21批29人次),到市走访147批266人次。《创新信访代理机制,构建多元解纠格局》工作经验被《眉山日报》《四川法制报》采用;《仁寿县:“三学”方针抓好〈信访工作条例〉落实》《信访超市:推动矛盾纠纷源头治理的眉山实践》等经验做法被《眉山日报》采用。

【党建引领】 在疫情防控中着力转变作风。以“为民、务实”为主要内容,始终聚焦保护人民生命健康这一工作目标,深入包保文宫镇213卡口开展疫情防控42天,就地成为社区疫情防控志愿者,协助社区开展核酸检测、街面巡逻、秩序维护等疫情防控工作,全局党员干部思想认识和宗旨意识在务实担当中明显增强,工作作风与精神面貌明显转变。2022年,共下派25名党员干部成为志愿者,开展疫情防控达100余次,服务群众近万人。

在挂包帮扶中真心服务群众。深入开展脱贫攻坚与乡村振兴有效衔接工作,从“全员联系、解决困难、培育产业、促进和谐”四个方面入手,下派1名驻村第一书记、1名驻村干部,组织23名联系干部加大对富加镇鱼茂村、藕塘镇前卫村的帮扶力度。数次深入现场调研,组织群众座谈,开展走访慰问,及时解决群众的所思所想所盼和生产生活中的困难。

【领导干部接访】 县委、县人大、县政府、县政协主要领导及班子成员认真履行信访工作“一岗双责”,亲自批阅群众信件,公开接待上访群众,主动到基层和一线研判、协调、化解联系工作中的矛盾和问题,畅通群众诉求渠道,密切党群干群关系。2022年,共有33名县级领导到县群众工作中心公开接访，现场接待群众 7 批 11 人次，解决信访问题 7 件。各级领导干部下访 246 次，就地化解各类矛盾纠纷 220 件。

【矛盾纠纷调解】 源头治理工作深入开展。进一步完善落实“信访跟着项目走”制度，坚持在重大项目实施前做好矛盾纠纷预防预警、实施中做好矛盾纠纷排查化解、投产或竣工后做好矛盾纠纷常态化治理，形成“闭环管理”，切实将矛盾纠纷预防解决在源头。2022 年，先后跟踪参与高标准农田补建项目等 119 个项目的实施。

矛盾纠纷化解务实高效。坚持和发展新时代“枫桥经验”，把信访工作重心从事后处理转移到事前预防上来，常态化针对重点领域、重点行业、重点部门，认真落实矛盾纠纷排查化解机制，做到排查横向到边、纵向到底，不留空白、不留死角。2022 年，共排查各类矛盾纠纷 229 件。

“三大活动”扎实推进。深入开展“大接访、大督查、大调研”活动，局领导班子每周固定一天到仁寿县群众工作中心接待群众，带头包案疑难复杂信访问题，赴一线开展调研、督查，出谋划策，切实推动问题得到妥善化解。2022 年，局领导班子接待群众 221 批 336 人次，深入基层开展调研、督导达 267 次。

【群众信访事项办理】 “三初”事项办理规范有序。严格落实初信初访首办责任制，认真实施“诉访”分离机制，积极引导来访群众依法逐级反映信访诉求，规范信访事项受理、交办、回复程序和文书，努力将问题解决在初次，防止“初转重”“信转访”。注重从办理的信访事项中发现涉及面广、疑难复杂的共性问题，及时向上级提出意见和建议。2022 年，办理初信初访件 2332 件，一次性化解率为 60.98%，群众满意率为 99.9%。

智慧信访运转及时有效。受理、交办、查询、回复、督办“五位一体”的网上信访信息平台已然成熟，按照“四个当天”要求，着力提高信访事项办理时效和办结质量，做到投诉可跟踪、可查询、可评价、可反馈，提升回复率、办结率和群众满意率。2022 年，共办理国家信访局转（交）信访件 756 件，人民网网民留言 1003 件，省委、省长信箱转（交）信访件 519 件，市委、市长信箱转（交）信访件 48 件，省级平台、市级平台投诉 2692 件，县级投诉平台转（交）信访件 983 件。

案评查办工作齐头并进。成立案件评审工作组，负责到一线指导责任单位规范基础业务。对情况没查清、程序不合规、依据不充分的，严格复查复核，落实纠错纠偏制度，保证案件办理的公平公正。2022 年，到富加等 12 个镇开展信访案件评审会 2 次，及时纠错纠偏 68 个信访事项。

【信访积案难案化解】 领导包案化解信访积案。认真开展治理重复重访、化解信访积案专项工作，各县级领导一一认领自己的挂包案件。按照信访工作“一岗双责”和“谁主管、谁负责”原则，对分管（联系）领域的疑难信访问题和上级交办的突出问题一律纳入领导包案范畴。按照“五个重新”要求，开展专题研究，综合运用政策、法律、经济、行政、社会救助及思想教育等手段，推动审核化解重复信访件 82 件、“四项治理”件 104 件、市交办信访突出问题 1 件。

【信访工作制度建设】 创新推出信访代理制度。坚持和发展新时代“枫桥经验”，聚焦民生保障，倾力为民解忧，创新性地在全县探索并推广信访代理制度，切实推动矛盾纠纷和信访问题及时就地解决，构建高效规范、

2022 年 4 月 19 日，市信访局、眉山天府新区群众接待中心、各区县信访局参观仁寿县信访超市建设成果（蒋佳芮 / 摄）

畅通有序的多元化解新格局。2022年，先后在20个镇、12个重点部门运行，注册量为6541人，代理专员302名，代理信访事项559件，结案559件，结案率100%，满意率为99%。

全面推进乡镇联席会议制度建设。按照中央信联办要求，迅速在各镇乡（街道）建立“乡镇吹哨、部门报到”的信访工作联席会议制度，充分发挥其统筹协调、整体推进、督促落实作用，集中力量办实事，形成工作合力，切实推动一大批“骨头案”“钉子案”得到全面化解。2022年，全县各镇乡（街道）召开联席会议23次，研究解决突出问题8个。

持续做深“信访+心理”制度。依托县矛调中心，实施心理专家坐诊制度，由心理专家偕法律顾问、信访干部，共同接待上访群众。探索创新“123456”服务模式（一个县社会心理辅导中心平台，心言心语、法言法语2股力量）。2022年，共接待信访群众80余批次，基层巡诊32次，服务群众达800余人次。

【信访秩序规范】 深入开展信访法治宣传。5月1日《信访工作条例》正式实施。县信访局认真贯彻落实中央的安排部署，以深入推进依法治访为工作重心，深入大化、怀仁等镇（街道）开展信访法治宣传教育，规范信访事项受理办理程序，积极引导来访人依法逐级走访。2022年，印发2万册《信访工作条例》小册子至全县信访系统，并组织全局干部职工走入基层、走向社区，发放《信访工作条例》1000余册。

【信访督查督办】 组建6个工作督导组，深入开展“治重化积”常态督查和重大敏感会节时段专项督导活动，通过实地查看、座谈走访、听取汇报等形式，进一步推动落实“一岗双责”、领导接访包案等工作。同时，对工作重视不够、履职不力、措施不实，引发不良影响或严重后果的相关责任人员，严格进行倒查问责。2022年，督导组下沉实地督导87次，现场问案136件，回访群众50余次；县信联办发出通报1期，提示函21封，约谈4个单位，通报批评3个单位，并扣减信访工作年度综合目标分。

【信访复查复核】 充分发挥纠错纠偏、化解矛盾的职能作用，对进入复查复核程序的案件，由仁寿县人民政府信访事项复查复核委员会牵头，在30天内召集相关责任单位对信访案件复查复核，并书面告知信访人，提高案件复查复核质量，推动案件及时高效化解。2022年，共受理群众复查申请6件，协调1件复查信访事项得到妥善解决，5件未进入复查程序。

【信访干部教育培训】 高度重视干部培训工作，先后选派3人参加眉山市委和仁寿县委组织的培训，10余人参加各类短期业务培训；局班子成员黄英、郭劲先后3次分层次、分类别为党校培训班、仁寿大讲堂讲授信访工作；县信访局先后5次组织心理培训专家团到各镇乡（街道），对一线社区干部讲授心理技术参与信访工作的生动实践，切实提升基层干部化解问题能力。

2022年7月11日，省信访局接访处党支部在仁寿开展《信访工作条例》宣讲主题党日活动（蒋佳芮／摄）

机关事务

【概况】 2022年，仁寿县机关事务服务中心深入学习贯彻中共二十大精神，稳步推进公务用车管理规范运行，持续深化办公用房科学管理，全力推进公共机构节能管理，积极做好公务接待工作，切实提高后勤保障服务水平。突出机关事务标准化、信息化建设，努力推进改革创新、健全管理职能、增强保障能力，不断提高机关事务的科学化水平。

【公务用车管理】 2022年2月，完成第四批35辆特种专业技术用车和5辆综合执法执勤用车定位终端安装，并组织召开第四批公务用车管理平台系统操作培训会。4—6月，完成公务用车定点维修服务采购工作，联合县财政局开展全县2021年度党政机关公务用车统计报告工作并完成数据上报，还完成公务用车定点保险服务采购工作。“三定点”采购完成后与县财政局下发《关于公务用车“三定点”有关事项的通知》。8月，完成2022年度公务用车更新计划，更新公务用车4辆，其中新能源汽车1辆。

【办公用房管理】 2022年8月，完成全县党政机关办公用房信息系统平台搭建，完成全县96个党政机关办公用房数据采集、数据导入和系统账号下发以及办公用房数据报送工作。7—9月，县机关事务管理中心根据2022年办公用房督查计划，为严格落实《党政机关办公用房建设标准》《四川省党政机关办公用房管理实施办法》规定，在7—9月，通过现场督查整改等方式规范全县党政机关办公用房的使用和安全管理，9月底基本完成督查工作。10月完成全县2022年重点调研课题“关于加强党政机关办公用房管理和规范使用的调研报告”，内容包括全县党政机关办公用房使用管理现状、存在的问题、原因分析、对策和建议。深入推进两项改革“后半篇”文章，配合汪洋、文宫、禾加、藕塘4个乡镇干部周转房保障试点工作的总结评估。持续推进办公用房使用管理工作，对各单位办公用房的维修、改造、排危工作现场查看并提出可行性意见或建议，做到重点整治突出问题，及时排除安全隐患，强化办公用房管理，安全隐患排查常态化。

【公共机构节能管理】 2022年1月，拟订全县公共机构节能工作年度计划，加强公共机构节能降耗工作指导和监督管理。5月，组织17个节约型机关创建单位开展备案表填报及创建工作。6月，组织10个节水型公共机构创建单位参加2022年节水型社会达标县建设培训会并开展创建工作；组织全县各级各部门积极开展公共机构节能宣传周、全国低碳日系列活动并取得实效。

全年继续贯彻落实习近平总书记关于对制止餐饮浪费行为作出的重要指示精神和《党政机关厉行节约反对浪费条例》相关要求，组织干部职工时刻践行厉行节约、反对浪费的生活理念，引导全县干部职工合理就餐，养成节约用餐习惯。指导设有机关食堂的县级部门率先开展机关食堂反食品浪费工作成效评估，有效制止餐饮浪费。继续推进公共机构生活垃圾分类工作，明确工作要求，强化宣传力度，不断推进垃圾分类措施落到实处。继续开展“禁塑”工作，多举措推动工作落实，确保“禁塑”工作成效。

持续开展节约型机关和节水型机关创建工作。2022年，全县17个县级部门成功创建为节约型机关；10个单位（含县级部门和城区学校）顺利通过现场验收复核成功创建为节水型公共机构。指导全县2022年各季度公共机构能源资源消费统计网络直报工作，完成年度公共机构节能降耗眉山市定目标任务。

【公务出行与会务保障】 2022年，已累计完成150批次接待。其中，省部级及以上接待11次，市厅级接待77次，县处级接待62次。2月，完成四川省委书记彭清华到眉山市调研仁寿县珠嘉镇棚村村、仁寿县德康—通内斯（眉山）高端肉制品屠宰加工项目后勤保障工作。3月，配合眉山市公务服务中心圆满完成全省投资工作暨“十四五”规划重大工程项目建设现场会后勤保障工作，省委书记彭清华（正部级）参加。6月，配合眉山市公务服务中心圆满完成习近平总书记到四川眉山市调研永丰村、三苏祠后勤保障工作。圆满完成全省大豆扩种暨大春田管工作现场会后勤保障工作，四川省副省长、省政协副主席尧斯丹（副部级）参加。7月，圆满完成中央农村工作领导小组原副组长袁纯清（副部级）一行莅临仁寿调研后勤保障工作。8月，配合眉山市公务服务中心完成省委书记王晓晖（正部级）到眉山市调研后勤保障工作。完成全球华人华侨促进中国和平统一大会后勤保障工作，省政协主席田向利（正部级）参加。11月，完成全省川果产业高质量发展现场推进会后勤保障工作，省政协副主席

2022年6月17日，仁寿县2022年节水型社会达标县建设培训会召开（县机关事务服务中心/供图）

林书成（副部级）参加。

【机关后勤服务管理】 2022年5月，开展全县2021年机关运行成本调查统计工作，对县政府所属行政单位进行机关运行成本统计并完善单位运行成本支出管理制度，建立长效机制，提高全县机关单位运行效率。6月，成立中心志愿服务队。团队紧紧围绕创文创卫、普法宣传、结对帮扶和疫情防控等核心服务主题开展各类服务活动18场，累计服务时长近150小时。9月，联合县市监管局开展机关企事业单位食堂食品安全大检查，完成全县机关食堂食品安全专项整治工作。12月，完成全县物资及服务备案统计工作。继续做好县委、县政府及县政府第二办公区3个集中办公区安保、保洁、会务服务及食堂管理等日常管理工作，有效提升机关后勤保障能力。按照县疫情指挥部总体工作要求，全方位做好县疫情指挥部后勤保障工作。同时，做好3个集中办公区的疫情管理、防疫物资管理等工作，确保防疫工作顺利进行。做好县委、县政府机关食堂食品安全、燃气安全等管理工作。全面贯彻落实“双创”工作，扎实做好社区包保工作。

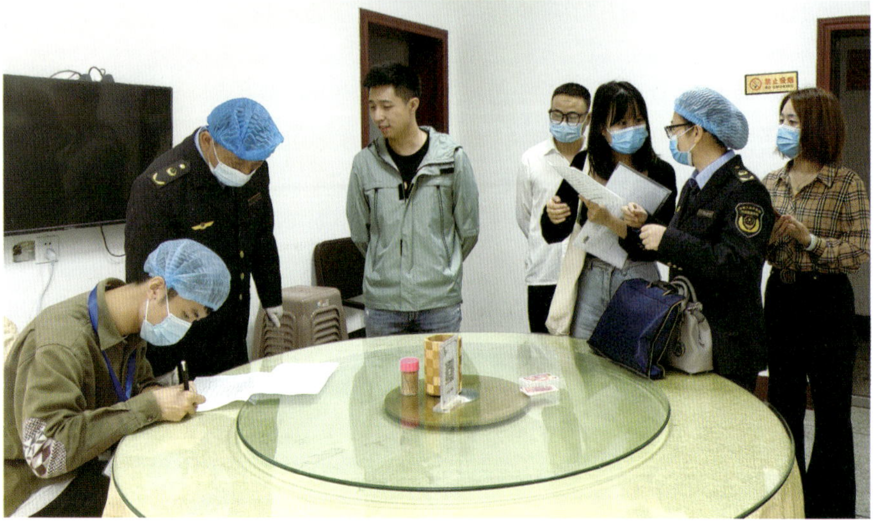

2022年9月27日，联合县市场监管局开展机关食堂安全专项整治（县机关事务服务中心/供图）

政协仁寿县委员会

重要会议

【概况】 2022年，政协第十一届仁寿县委员会共召开会议22次，其中全体会议1次，常委会会议5次，主席会议16次。

【县政协全体会议】 中国人民政治协商会议第十一届仁寿县委员会第一次会议于2022年1月16日至18日在城区召开。会议集中学习习近平总书记关于加强和改进人民政协工作的重要思想，学习传达党的十九届六中全会精神、省委第十一届十次全会精神、市第五次党代会及市委五届二次全会精神、县第十四次党代会精神，中央、省委、市委经济工作会议精神，开展委员履职培训和大会发言。会议审议批准何文华主席代表政协第十一届仁寿县委员会常务委员会所作的工作报告，听取并赞同县长明宇代表县人民政府所作的政府工作报告，赞同县人民法院工作报告、县人民检察院工作报告，赞同县国民经济和社会发展计划报告、县财政预算报告、民生实事报告、环保工作报告。会议审议通过《政协第十一届仁寿县委员会关于县政协十一届二次会议提案审查情况的报告》《政协第十一届仁寿县委员会第二次会议决议》。县委书记王岳讲话，县政协主席何文华致闭幕词。

【县政协常委会会议】 1月6日，召开县政协十一届二次常委会会议，学习党的第十九届六中全会精神、中央经济工作会议精神，省委十一届十次全会精神、省委经济工作会议精神，市第五次党代会精神，县第十四次党代会精神，审议《政协仁寿县委员会关于强化政协委员责任担当的意见》《政协仁寿县委员会全体会议工作规则》《政协仁寿县委员会常委会会议工作规则》《政协仁寿县委员会专门委员会通则》《县政协班子成员联系常务委员制度》《政协仁寿县委员会委员监督管理工作办法》，审议《关于召开政协第十一届仁寿县委员会第二次会议的决定(草案)》、议程(草案)、日程(草案)、《常务委员会工作报告(审议稿)》《秘书长、副秘书长名单(草案)》和《常务委员会关于授权主席会议审议二次常委会会议未尽事宜的决定(草案)》，审议人事事项。

1月18日，召开县政协十一届三次常委会会议，听取十一届二次全会期间各讨论组分组讨论情况，审议《仁寿县政协提案委员会关于十一届二次会议提案审查情况的报告(草案)》《政协第十一届仁寿县委员会第二次会议决议(草案)》。

3月28日，召开县政协十一届四次常委会会议，学习贯彻全国政协十三届五次会议、省政协十二届五次会议、市政协五届二次会议精神，审议《政协仁寿县委员会关于进一步加强界别工作的实施意见》，通报《政协仁寿县委员会2022年工作要点》和《2022年度协商工作计划》，审议《县政协2022年重点协商课题工作计划》。

8月24日，召开县政协十一届五次常委会会议，集中学习习近平总书记到川视察重要指示精神、省第十二次党代会精神和省委、市委、县委工作会议精神，开展“一府两院”半年工作情况及财政半年运行情况会议协商，开展完善招商机制、实现招大引强专题议政，审议人事事项。

10月31日，召开县政协十一届六次常委会会议，听取县纪委监委关于全县党风廉政建设和反腐败工作的报告，听取县人民政府关于县政协十一届一次、二次会议提案办理情况的报告，开展县城区体育设施建设专题议政，审议人事事项。

【县政协主席会议】 1月6日，召开县政协十一届六次主席会议，审议县政协十一届二次会议《关于召开政协第十一届仁寿县委员会第二次会议的决定(草案)》《政协第十一届仁寿县委员会常务委员会关于授权主席会议审议县政协十一届二次常委会会议未尽事宜的决定(草案)》《政协第十一届仁寿县委员会常务委员会第二次会议建议议程》，审议人事

2022年1月18日，政协仁寿县第十一届委员会第二次会议闭幕（县融媒体中心/供图）

事项。

1月18日，召开县政协十一届七次主席会议，审议《仁寿县政协提案委员会关于十一届二次会议提案审查情况的报告(草案)》《政协第十一届仁寿县委员会第二次会议决议(草案)》。

2月11日，召开县政协十一届八次主席会议，传达贯彻市委经济工作会议精神，传达贯彻《关于下达仁寿县2022年度经济社会发展主要工作目标任务的通知》《仁寿县招商引资管理办法(试行)》，审议《政协仁寿县委员会2022年工作要点》《县政协2022年度协商工作计划》。

3月8日，召开县政协十一届九次主席会议，传达学习省纪委十一届六次全会、市纪委五届二次全会、县纪委十四届二次全会精神，审议《县政协十一届二次会议分组讨论意见汇总表》《政协仁寿县委员会关于进一步加强界别工作的实施意见》《仁寿县政协提案委员会关于推荐县政协十一届一次、二次全会重点提案的建议》《县政协2022年重点协商课题工作计划》《县政协机关2021年度财务收支情况报告》《政协第十一届仁寿县委员会常务委员会第四次会议建议议程》，安排部署“有事来协商”工作、建立委员界别工作室、“双助”活动等工作。

4月8日，召开县政协十一届十次主席会议，学习习近平总书记、李克强总理关于安全生产的重要指示批示精神和安全生产“十五条”硬措施，传达贯彻县委第二十九次常委会关于安全生产、生态环境保护、疫情防控工作安排部署，安排部署“国家安全宣传教育月”“保密宣传教育月”活动，学习《中华人民共和国国家安全法》《四川省反间谍安全防范条例》，审议《贯彻落实县委书记王岳调研县政协工作时安排部署的重点工作责任清单》《县政协机关“奋进新征程　建功新时代”大学习大实践大提升活动实施方案》《政协仁寿县委员会关于开展“助力巩固脱贫、助推乡村振兴”专项活动工作方案》，通报《2022年一季度社情民意信息工作情况》，审议人事事项。

5月23日，召开县政协十一届十一次主席会议，学习《中共眉山市委办公室印发〈关于加强和改进新时代市县政协工作的十条措施〉的通知》，审议《推进新时代全县政协工作高质量发展的八条措施(代拟稿)》。

6月17日，召开县政协十一届十二次主席会议，传达学习中共中央办公厅印发《关于推动党史学习教育常态化长效化的通知》，传达学习《信访工作条例》《中国共产党纪律检查委员会工作条例》，传达学习近期安全生产、疫情防控相关文件和《2022年仁寿县“三公”经费压减工作方案》，审议《政协第十一届仁寿县委员会第五次常委会会议方案》，审议人事事项。

6月28日，召开县政协十一届十三次主席会议，学习贯彻《中国共产党政治协商工作条例》，审议《关于提炼仁寿历史文化及城市宣传语的协商报告》《关于进一步推进全县大气污染精细化治理工作的建议》。

7月26日，召开县政协十一届十四次主席会议，传达学习省委工作会议精神，传达学习《王岳同志在仁寿县庆祝中国共产党成立101周年专题党课暨县委理论学习中心组(扩大)学习会仁寿大讲堂第九期上的讲话》，传达学习安全生产、疫情防控等文件精神，通报《2022年二季度社情民意信息工作情况》，审议《乡村振兴暨“双助”活动委员培训方案》《政治理论和履职能力专题培训方案》《关于二楼常委会议室安装LED显示屏方案》和县政协机关党委《关于调整第一党支部委员、第二党支部委员联系县政协党员委员和党员委员联系党外委员名单的通知》，审议《关于加强中医药强县建设工作的建议意见》，审议人事事项。

8月30日，召开县政协十一届十五次主席会议，传达学习习近平总书记关于防灾减灾救灾系列重要论述、《仁寿县防汛减灾专项整治实施方案》，安排部署相关工作，审议《关于高质量规划建设“天府南门金三角”区域的调研报告》《关于创新和完善社区治理工作的建议》《关于加强非物质文化遗产保护传承的调研报告》，审议《2022年度县政协机关干部职工体检方案》。

10月9日，召开县政协十一届十六次主席会议，学习《习近平谈治国理政》第四卷、《成渝地区双城经济圈建设规划纲要》和习近平总书记在省部级主要领导干部专题研讨班上的重要讲话精神，专题协商《仁寿县火葬区范围调整方案(送审稿)》，部署安全生产、疫情防控等工作。

10月12日，召开县政协十一届十七次主席会议，传达学习仁寿县“奋进新时代，建功新征程”大学习大实践大提升活动总结大会精神，总结县政协机关“奋进新时代　建功新征程”大学习大实践大提升活动情况，审议《2023年政协报纸(杂志)订阅方案》，审议《县政协十一届六次常委会会议建议议程》，审议人事事项。

10月26日，召开县政协十一届十八次主席会议，传达学习中共二十大精神、《习近平法治思想学习纲要》、习近平总书记关于国家安全的论述摘编，审议《县政协委员界别联络组和乡镇(街道)政协工作联络委员会管理运行暂行办法》《县政协委员界别联络组分组名单》，审议《关于“完善招商机制，实现招大引强”的专题议政协商报告》《关于加快县城区体育设施建设的建议》《关于村级集体经济发展情况的调研报告》，审议《仁寿县乡贤寻根领导小组办公室关于加强乡贤参事会阵地建设的工作方案》。

11月17日，召开县政协十一届十九次主席会议，审议《仁寿县政协学习宣传贯彻党的二十大精神工作方案》《政协第十一届仁寿县委员会第三次会议筹备工作方案（审议稿）》，传达学习市政协党组《贯彻落实省委办公厅〈关于加强和改进新时代市县政协工作的实施意见〉工作方案》，传达学习《中共仁寿县委关于深入贯彻中共二十大精神和习近平总书记到川视察重要指示精神推动文化强县建设的决定》《中共仁寿县委关于深入贯彻中共二十大精神和习近平总书记到川视察重要指示精神建设新时代更高水平“天府粮仓”丘区示范区的决定》《仁寿县新时代文明乡风“三牢记八倡议”宣传工作方案》，传达学习中央、四川省、眉山市和县疫情防控会议精神和优化疫情防控《二十条措施》，学习《中共仁寿县纪委关于4起违反中央八项规定精神典型问题的通报》和《忏悔实录XI》。

12月13日，召开县政协十一届二十次主席会议，传达学习省委十二届二次全会精神，通报《县纪委关于叶胜、高飞严重违纪违法案及其教训警示的通报》，审议《“奋进新征程　建功新时代”仁寿县迎春美术作品展工作方案》，审议《县政协2023年重点协商课题》，审议《政协仁寿县委员会办公室关于印发〈县政协十一届三次会议提案选题参考目录〉的通知》，审议人事事项。

12月28日，召开县政协十一届二十一次主席会议，审议《县政协十一届三次会议有关事宜的请示》《县政协十一届常委会提案工作报告（审议稿）》《县政协十一届三次全会大会发言题目》，审议《关于补助周清文、李群委员工作室考核经费相关事宜的请示》。

政协事务

【概况】 2022年，在中共仁寿县委坚强领导下，中国人民政治协商会议仁寿县委员会高举中国特色社会主义伟大旗帜，全面贯彻落实中共二十大精神和习近平总书记到四川眉山市视察重要指示精神，围绕高质量发展示范县建设总体部署，全力做好思想引导、汇聚力量、议政建言、服务大局各项工作，为全县拼经济、搞建设、惠民生、保安全作出了积极贡献。“助力巩固脱贫、助推乡村振兴”专项活动经验在全省政协系统总结会上交流发言。委员跨界别服务企业工作在仁寿召开全市政协系统现场会交流推广。宣传思想工作连续三年被评为全省政协系统先进单位。8篇全会大会发言得到书记王岳肯定性签批。

【政治协商】 认真开展广泛多层制度化会议协商。开展1次全体会议协商，围绕“一府两院”报告及其他有关报告充分协商讨论，统一思想认识，形成一致决议。开展2次常委会会议协商，听取“一府两院”半年工作、纪委监委党风廉政建设和反腐败工作通报，开展主席会议，专题协商《仁寿县人民政府关于提请协商〈仁寿县火葬区范围调整方案（送审稿）〉的函》，紧跟全县经济社会发展大局、全面从严治党工作大局，形成工作共识，提出意见建议。

【民主监督】 实施第二轮中央生态环境保护督察反馈问题整改落实专项监督，现场视察养殖场粪污处置、城区污水处理提升改造、黑龙滩生态涵养林建设等情况，提出监督性建议意见。实施道路交通安全专项监督，现场视察交通行业监管职责落实、制度建设及措施落地、安全隐患排查整治等情况，提出监督性建议意见。常态化履行仁寿县文化和生态建设监督委员会职责，注重在分管乡镇、联系项目及企业、河长制、视察调研等工作中加强民主监督。切实做到既监督问题、改进工作，又增进团结、推动工作。

【参政议政】 开展视察调研协商。先后完成“天府南门金三角”区域规划建设、农村集体经济发展、大气污染精细化治理、中医药强县建设、非物质文化遗产保护传承、创新和完善社区治理6个调研协商，形成《政协专报》呈县委、县政府领导参阅，得到肯定性签批。完成川果智慧冷链物流中心建设、冯建吴·石鲁艺术馆和黑龙滩陈列馆运行管理、德康通内斯项目建设、全域安全饮水工程运行管理、县乡“一站式”矛盾纠纷多元化解协调中心建设5个视察协商，分别对责任部门（单位）提出工作建议，有关合理化建议意见得到重视和落实。

开展专题议政协商。邀请县政府分管负责人、县级相关部门负责人，参加县政协常委会议专题议政协商活动，面对面听取意见建议。“完善招商机制，实现招大引强”议政活动，分别从驻外招商、要素保障、营商环境、标准化厂房建设四个方面进行议政建言。县城区体育设施建设议政活动，分别针对新建楼盘健身场地不足、老旧小区体育设施老化、体育设施维护管理不到位、体育健身氛围不足等问题进行议政建言。协商意见得到县政府领导积极回应，相关工作积极推进。

开展小微协商。在8个村（社区）示范开展8次小微协商活动。协调交通、水利、电力等部门为龙正镇落实基础设施项目资金，为满井镇云锦社区落实村社道路建设、变压器扩容、供水低压区域加压、山平塘排危除险等工程。宝马镇公交车恢复运行、龙正镇冲天村和花龙社区民心桥建设、普宁街道木门社区文化娱乐设施建设、谢安镇新民社区文化广场亮化工程等协商任务圆满完成。

反映社情民意信息。各界别委员结合本职工作和政协履职工作，反映事关民生民利的社情民意信息79条。向省、市政协上报社情民意信息7条，其中《关于缓解患病“经济毒性”，有效防范化解因病致贫返贫的建议》被省政协采用，上报省委领导参阅。向县级相关部门发送《社情民意信息》11期，推动一些群众关心关注的问题纳入部门议事日程。

【提案工作】 组织委员在县政协十一届二次会议期间围绕政治经济、社会民生、生态环境撰写提案105件。协同县政府组织33个主办单位，完成一次、二次会议共235件提案的办理工作，其中148件提案落地落实，77件提案正在解决或列入规划逐步解决。县政协主席会议督办的6件重点提案，专门委员会督办的16件重点提案全面落实，并在县人民政府网站公示。主办单位在办理过程中坚持办前、办中、办后“三沟通”，委员得到尊重，意见得到重视。

【文史编纂】 推动成立仁寿县历史文化研究会，完成仁寿历史文化及城市宣传语专题研究。组织书法美术委员及代表人士参加全市政协主题书画展。组织县作家协会完成《眉山文史》征稿任务。举行“书香政协”读书分享活动5次。

【其他工作】 乡贤寻根工程 开展在外乡贤新春慰问活动，常态化向在外乡贤发送全县经济社会重要信息，组织回仁乡贤座谈交流，实施乡贤参事会提质扩面项目。

“双助”专项活动 在9个村（社区）建立“助力巩固脱贫、助推乡村振兴”活动联系点，制定并完成70项工作任务。336名委员全覆盖参与活动，为民办实事办好事340余件。组织工商联、企业界委员出资入股宝马镇高照村村属集体劳务公司，帮助购买旋耕机开展土地整治、代耕代种业务。组织文化艺术界委员深入青岗乡盘龙村，帮助打造特色文化长廊，助力文旅融合产业发展。

联系帮扶活动 县政协班子成员结合“三个走遍”开展调研走访313天次，帮助解决问题93个。机关干部到联系社区开展创卫创文志愿服务120余人次，到联系村（社区）走访慰问帮扶群众、贫困党员、困难母亲50余人。专门委员会及界别委员多次到联系村开展老年人免费体检、家教家风建设、妇女儿童关爱、送法下乡等活动，受益群众500余人。

【机关建设】 完善规章制度 先后修订完善全体会议规则、常委会会议规则、主席会议规则、专门委员会通则、委员监督管理办法、班子成员联系常务委员制度、党支部委员+党员委员+党外委员的“双联双覆盖”制度。先后印发实施《关于强化政协委员责任担当的意见》《关于进一步加强界别工作的实施意见》《县政协委员界别联络组和乡镇（街道）政协工作联络委员会管理运行暂行办法》。县政协民主协商制度化、规范化和程序化水平进一步提升。

强化基层基础 在委员较集中的部门设立10个界别委员联络组。在32个乡镇（街道）全覆盖设立政协工作联络委员会。在示范带头作用突出的委员企业设立2个委员工作室。持续完成6个村（社区）“有事来协商·仁人同心”平台建设，全县平台总数达到14个。重点加强驻眉山天府新区委员联络服务，建立完善日常教育培训、定期座谈交流、提案及社情民意信息办理等制度机制。政协协商与基层协商有效衔接，参与基层治理的能力水平进一步提升。

加强能力培养 县政协班子成员全覆盖参加新任主席、新提拔副处级干部培训。部分常委、委员参加全市“制造强市”和“乡村振兴”专题培训。全体委员参加乡村振兴暨“双助”活动线上培训。机关干部参加省、市、县各类培训18人次，参加仁寿大讲堂专题培训110余人次。完成“学习强国”“汇贤学堂”“四川党建”等网上学习任务。

纪检监察

重要会议

【概况】 2022 年，仁寿县纪委监委组织召开十四届纪律检查委员会第二次全体会议 1 次。

【县纪委全体会议】 3 月 1 日，中国共产党仁寿县第十四届纪律检查委员会第二次全体会议，由仁寿县纪律检查委员会常务委员会主持召开。县委书记王岳出席会议并讲话。出席全会的有县纪委委员 26 人，列席 183 人。全会传达学习十九届中央纪委六次全会、市纪委五次二届全会精神和全省、市（州）纪委书记座谈培训会精神。听取 2 名县级领导干部述责述廉，进行现场质询和民主测评。审议通过徐国代表县纪委常委会所作的《坚持守正创新　服务中心大局，以纪检监察工作高质量发展成效迎接党的二十大胜利召开》工作报告。全会科学部署 2022 年重点任务。

纪检监察事务

【概况】 2022 年，仁寿县纪委监委深入学习宣传贯彻中共二十大精神和习近平总书记到川视察重要指示精神，以及十九届中央纪委六次全会、省纪委十一届六次全会、市纪委五届二次全会精神，深入开展“清风扬眉·向阳而生”专项行动，充分发挥监督保障执行、促进完善发展作用，守正创新推动纪检监察工作高质量发展，小微工程治理等工作在中央纪委国家监委网站宣传推广，乡案县审等工作经验被省纪委监委刊发，简易审批村庄项目治理等工作在全市作经验交流，全县 20 余项工作得到省、市充分肯定。

【政治监督】 制定贯彻落实习近平总书记到川视察对全面从严治党重要要求的分工方案，全覆盖督查、督促整改问题 24 个。聚焦“十四五”规划实施、成渝地区双城经济圈、成眉同城化、“双强县”建设等重大决策部署，跟进监督，推动解决不作为、慢作为等问题 34 个。围绕“2·24”“11·18”等本土疫情和东坡“9·29”疫情，探索嵌入前线指挥部“驻点监督”“包保监督”等新模式，出动 1500 余人次开展全覆盖监督检查，督促整改问题 1800 余个。聚力“制造强县攻坚年”，分级分类对全县重点项目推进情况开展监督检查“挂图作战”，点对点发函 8 份，挂“黑旗”54 个，以强有力监督推进项目落实。

【监督责任落实】 坚持“两个责任”贯通联动、同向发力，做细做实全面从严治党履责提示制度，向县领导发放履责提示函 45 份。深化拓展述责述廉，组织 2 名县领导在县纪委全会现场述责述廉，69 个乡镇党委（街道党工委）和县级部门主要负责人书面述责述廉并接受民主测评。切实运用“五责”机制，深入开展县域政治生态分析，持续抓好庸俗腐朽政治文化专项整治，着力整治“七个有之”等问题，全年查处违反政治纪律问题 7 件 7 人，党风廉政意见否决 1 人。

【反腐败工作推进】 坚持“严”的基调不动摇，强化党对反腐败斗争的领导，全年组织召开县委反腐败协调领导小组及办公室会议 4 次。保持反腐高压态势，坚决查处朱某某严重违纪违法案、县征补中心系列案等一批有影响力的案件，实现县监委成立以来留置在职正科级领导干部零突破。强化办案引领，坚定不移减存量、遏增量，县域政治生态持续优化，全年工作呈现“六增两降”良好趋势。（“六增”即立案 388 人，同比增长 0.8%；乡镇、街道自办件 187 件，同比增长 88.9%；初核成案率 73.6%，同比增长 34.1%；监督检查中发现问题立案

2022 年 3 月 1 日，中国共产党仁寿县第十四届纪律检查委员会第二次全体会议召开（县纪委监委 / 供图）

200件,同比增长48.1%;留置14人,同比增长366.7%;收缴违纪违法所得同比增长105%。“两降”即受理信访举报321件,同比下降36.56%;处置问题线索523件,同比下降18%)。

【正风肃纪】 持续巩固中央八项规定精神成果,严肃查处违规收送红包、滥发津补贴等享乐主义、奢靡之风问题32件104人,通报典型案例3期12人。深入开展“六破六立”作风专项整治,推动各单位查找工作推进中的不担当、不作为等作风问题214个。持续推进“奇葩证明”治理,全县证明事项由98项规范为27项,推动包括涉企服务在内的1500余个事项“一网通办”,年均减少出具纸质证明5万余份。持续落实精文简会、精简考核评比、防止过度督查等为基层减负措施,自上而下整治“不切实际的工作下交、责任下卸”问题,严肃问责工作落实走形式等不作为问题11件20人。

【监督效能提升】 深化县、乡基层党风廉政建设,全面落实省纪委“四强行动”、市纪委“七大攻坚行动”要求,统筹建立工作专班,实行“周研判、月听取、季调度”,坚持“项目化”推进和“蓝黄橙”三色卡提示。结合全县国土空间规划,调整建立6个“室组地”协作区,实行联动监督、联合办案机制,同时,整合村级纪检力量,将全县村(社区)纪检监察力量划分为79个村级协作区,推动片区协作机制向村(社区)延伸。充分发挥党内监督的主导作用,推动党内监督与其他监督贯通融合、协同协调,县纪委监委与相关县级部门之间双向移送问题线索139条、处理175人,移送数量、质量实现“双提升”。深化“纪检+媒体+群众”的监督模式,精心筹备营商环境专题《阳光问廉》节目,着力推动形成全社会共同参与监督的新局面。

群众团体

工 会

【概况】 2022年，仁寿县总工会以“县级工会加强年”为东风，统一思想、明确目标、夯实责任，努力打造成为政治引领强、组织功能强、服务阵地强、制度机制强、作用发挥强的“五强工会”，全面发挥基层工会堡垒阵地作用。

【工会组织建设】 工会组织全覆盖。全县百人以下、25人以上企业建会、入会率达95%以上。针对新建企业，组建专班主动入园、入企指导他们建会入会。聚焦新就业形态群体，多方联动，会同民政局等7个垂管部门，最大限度地吸纳全县新就业形态领域职工入会，围绕快递、家政、货运等新兴经济体行业，建成工会组织41个，新就业形态领域建会率达90%以上，入会职工1.5万余人。工会阵地重点覆盖。围绕重点项目、重点工程、重点产业在全县建立模范职工之家阵地11个，其中省级模范职工之家阵地1个，市级模范职工之家2个，县级模范职工之家8个。加强工会规范化建设，建成市级工会规范化建设示范点15个，县级工会规范化建设示范点10个。户外劳动者服务站点51个。其中，中央水体公园工会户外劳动者服务站点被中华全国总工会确认为“全国最美工会户外劳动者服务站点”。网上工会扩面覆盖。延伸工会网上服务，通过网上入会、网上学法、网上学技能、网上交友、网上维权、网上普惠等形式，吸引职工主动加入工会。“川工之家”网上工会注册人数达8.1万人，实名认证逾7.2万人。通过网上工会阵地开展普惠活动108场次，参与职工20万人次。

【职工权益维护】 大力推进职代会制度，基层工会组织每年至少召开一次职代会，充分听取职工对企业发展和企业管理的建议和意见以及涉及职工切身利益的重大事项和事件，并通过厂务公开栏向全体职工公布，认真做到件件有着落、事事有回音。实现法律援助一站式服务，联合县人社局等相关部门，在经开区建立园区法律援助工作站，拓宽企业职工法律援助申请途径，实现法律援助与劳动仲裁的无缝衔接。常态化开展普法宣传进企业活动，发放宣传资料5000余份、解答职工权益保护等相关问题1710余人次，覆盖职工3500余人、企业10余家。提供一站式法律援助服务。维权中心聘请律师，常态化进企业开展普法宣传，提供法律援助一站式服务，建立职工清欠工作快速处理通道。建立法律援助工作站。企业职工法律援助申请途径将进一步拓宽，实现法律援助与劳动仲裁的无缝衔接，使法律援助服务惠及更多劳动者。

【职工劳动竞赛】 聚焦全县重大工程、重大项目、重点产业，先后开展职工技能竞赛118场次，参与职工达到10万余人，规模以上企业参与面达80%以上。通过技能比武、发明创新、合理化建议、“五小”技术创新等形式，引领职工在工作中“比、学、赶、帮、超”，助力仁寿追赶超越，培养一批高素质工人队伍。同时，积极组织参加成渝地区双城经济圈暨成德眉资同城化活动，获电子信息职业技能邀请赛优秀组织单位，以及川渝纺织工人“金丝楠杯”劳动技能大赛团体二等奖。

【职工文体活动】 组织开展主题征文、经典诵读、文艺展演、作品创作、演讲比赛等群众性活动8次。其中，为期22天的“筑梦新征程　奋进向未来”职工演讲比赛，来自全县各行业的120余名选手参加，涌现出20个优秀作品，报道得到逾22.4万人次的关注。县总工会还代表全市组织职工参加“中国梦·劳动美——喜迎二十大　建功新时代”四川省职工合唱比赛片区赛，获得三等奖。举办职工运动会，开展丰富的职工文化体育活动。通过广泛征求，结合自身资源，开展羽毛球、乒乓球等4项小

2022年3月25日，仁寿县“建功十四五·奋进新征程”劳动技能竞赛启动仪式暨消防安全技能竞赛（县总工会/供图）

2022 年 4 月 29 日，仁寿县劳模座谈会暨“金牌工匠”颁奖仪式合影（县总工会 / 供图）

球类运动比赛。开展日常普惠活动，涵盖工会会员生活购物、文化娱乐等方面。常态化开展深受欢迎的新春年货节、加油满减、五元系列等活动，同时立足提升职工生活品质不定期开展品质生活课堂衣橱整理、商务礼仪、花艺搭配等 10 类特色课程，服务职工美好生活理念；在户外劳动者驿站开展工会普惠服务延伸行动，提供爱心早餐、爱心观影等逾 10 项服务。社会组织力量紧密融合，邀请红十字会、美术家协会、羽毛球协会、家政培训学校等 10 余家社会组织，共同合作开展紧急救助培训、羽毛球培训、家政培训、婚恋交友等 10 余项活动，参与人次逾万人，有效补充和延伸工会服务能力。其中，白猫家政将 4312 名农民工培育成优秀的家政人才，服务乡村振兴工作。举办职工运动会，开展羽毛球、乒乓球等 4 项小球类运动比赛近 100 场，参与职工人数众多，反响热烈，并选取参与人数最多的羽毛球进行系统培训，累计培训职工 800 余名。开展迎新春年货节、加油满减、五元系列等 10 项日常普惠活动 108 场，参与职工达 20 万余人次。举办品质生活课堂开设衣橱整理、商务礼仪、花艺搭配等 10 类特色课程 10 期，服务职工美好生活理念。举办职工子女暑期托管班，服务 150 名职工子女。在户外劳动者驿站提供爱心早餐等逾 10 项服务，有效工会普惠服务行动，服务职工逾 4 万人次。到外省人多的信利企业开展送文化进企业活动，让 200 余名不能回家过年的外来务工人员感受到浓厚的节日氛围。举办青年职工联谊活动，来自全县 52 个单位的 120 余名职工积极参与，有 10 名职工成功牵手。举办 10 期职工技能培训，帮助 400 名农民工以及新入职职工取得职业技能证书。

【劳动模范表彰】 全县共有各级劳模 115 名，其中全国劳模 5 名，省部级劳模 44 名，市级劳模 66 名。在全县职工中大力弘扬劳模精神、劳动精神、工匠精神，努力造就一支有理想守信念、懂技术会创新、敢担当讲奉献的产业工人队伍，服务经济社会建设。

【劳动纠纷调解】 充分发挥协调劳动关系三方机制，派专人参与并指导企业严格落实工资集体协商工作，全县已建会的公有制企业建制率均达 100%、25 人以上非公企业建制率达 86% 以上。协同相关部门成立快处中心，农民工工资支付得到保障，接待民工 267 起，涉及人数 2280 人，金额 2500 万元。在园区设立法律援助站，拓宽企业职工法律援助途径，调解 3 起，涉及 8 人，金额 1.25 万元，仲裁 2 起，涉及 2 人，金额 10 万元。

【民生工程】 “夏送清凉”“金秋助学”和“冬送温暖”等工会品牌活动持续扩面。“春送岗位”求职成功 4391 人；“夏送清凉”慰问一线职工 2900 余名；“金秋助学”，帮扶救助困难家庭学生 101 人，发放慰问金 50.5 万元；“冬送温暖”，慰问一线职工 2148 名，发放慰问金 41.34 万元。困难职工帮扶动态化管理，帮扶职工 348 人次，帮扶金额 86.8 万元，较 2021 年增幅 41%；围绕快递行业、美团外卖、蹲点街道办、园区企业工会开展关爱慰问活动。在“六一”儿童节，慰问 560 名职工子女，其中新就业形体领域职工子女 200 名。

【组织引领】 注重政治引领。用党的创新理论武装职工，会同组织部等相关部门举办各项知识竞赛，将习近平新时代中国特色社会主义思想、习近平总书记关于工人阶级和工会工作重要论述、党史、工会法、工会章程以及党的重要会议精神选题成库，组织开展 6 期网上有奖知识竞赛，15.6 万余人次参与活动，进一步增强全县工会干部和广大职工群众学习党的创新理论的积极性。深入贯彻落实《中华人民共和国工会法》和《中国工会章程》，发放《中华人民共和国工会法》和《中国工会章程》6 万册，并组织 2 万余名职工参与“四川省百万职工参与学习《中华人民共和国工会法》”有奖知识竞赛活动。注重精神引领。组织劳模到企业专题宣讲，规模以上企业覆盖率达 95% 以上。同时在工会网上平台开设专栏 2 个，讲劳模故事，展工匠风采，让每一名劳模都成为一面奋进的旗帜，每一名工匠都成为一个技艺的网红。注重文化引领。组织开展主题征文、经典诵读、文艺展演、作品创作、演讲比赛等群众性活动 8 次。

共青团

【概况】 2022 年以来，共青团仁寿县委以迎接和学习宣传贯彻中共二十大为工作主线，紧紧围绕建设高质量发展示范县工作大局，努力推动团的工作取得新成效。团的工作被县委主要领导肯定性批示 2 次，120 名青年个人(组织)获得全国、全省、全市表扬。

【青少年思想道德建设】 全县 2154 个团支部开展中共二十大精神专题学习，覆盖率达 100%。各级团(队)组织参与“青年大学习”“红领巾爱学习”网上主题团(队)课学习 83 万人次、主题教育实践活动 8395 场 12 万人次。分别召开全县共青团系统、少先队系统学习贯彻中共二十大精神大会，结合团(队)工作实际，安排部署贯彻落实工作。举办“青马工程”培训班，开设中共二十大精神等理论课程，34 名优秀青年代表参与学习。开展“青年讲师团”“红领巾巡讲团”宣讲工作，组建新时代文明实践青年宣讲分团，深入青年开展中共二十大和习近平总书记到川视察重要指示精神等理论宣讲 20 场，覆盖团员青年 2600 余人次。坚持多平台发声，做强正面宣传，建强微信、抖音、微博等新媒体平台，刊发各类报道 800 余篇。认真学习贯彻习近平总书记在庆祝建团百年大会上的重要讲话精神，扎实开展“喜迎(学习)二十大、永远跟党走、奋进新征程”主题教育实践活动，做好庆祝建团百年相关工作。召开一场高规格优秀青年代表座谈会，表扬优秀青年典型，县四大家领导出席会议，对青年成长成才提出殷切希望。编印一本《仁寿县青年运动简史画册》，回顾仁寿青年运动光荣历史，激励引导广大青少年传承弘扬光荣传统，走好新征程、展现新作为。开设一档“团干部讲团史”线上主题团课，5 名不同领域团干部聚焦共青团在不同时期，在党的领导下带领青年不断奋斗的运动史。举行一场集体宣誓活动，100 名团(队)员重温 2021 年庆祝建党 100 周年大会上的集体献词精神内涵，坚定听党话、跟党走的人生追求。

2022 年 4 月 29 日，2022 年仁寿县优秀青年代表座谈会召开(团县委 / 供图)

【基层团组织建设】 改革团的工作力量选用机制，团县委编制内工作力量配备率达 100%，27 个乡镇(街道)全部配齐兼职团干部，65 个村(社区)配备兼职团干部。改革组织设置和运行机制，分类研究推进幼儿园、国有企业、非公企业、直属事业单位、直属社会组织等不同领域团建工作，纵深推进各领域团组织建设和运行，新建社会领域团组织 471 个，增强团组织对青年的有效覆盖。改革团员发展和教育管理机制，坚持把政治标准放在首位，落实团员发展调控要求，稳步推进“分批入团”，新发展团员 2050 名，团员结构质量得到进一步优化。切实履行“全团带队”职责，做好“分批入队”“团队衔接”工作，少先队建设迈上新台阶。

【青年创业就业促进】 开展“感知仁寿发展，凝聚青年人才”“双一流”高校返乡大学生感知仁寿行活动，吸引青年人才回仁寿、到仁寿创业就业。大力宣传“蜀青贷”“青创计划”等，为创业青年提供贷款渠道，更好地帮助青年成长发展。开展“心动秋日　乐享时光”2022 年青年人才交友联谊活动，助力青年人才扩大社交圈，引导青年人才扎根仁寿。用心用情服务大学生就业，发布“逐梦计划”“返家乡”等就业实习岗位 350 个，吸引在校大学生 1800 余人参与社会实践。依托“青年之家”旗舰店阵地，开展思想引领、社会融入、充电提能等各类活动 24 场，服务青年 2000 余人次。

【青年志愿服务】 在仁寿本土疫情发生后，迅速启动应急响应工作，招募组织青年志愿者 700 余人次，安全

2022 年 11 月 3 日，仁寿共青团系统学习贯彻中共二十大精神专题读书班暨 2022 年共青团重点工作推进会召开（团县委 / 供图）

有序参与人员排查、指导扫码、劝戴口罩、秩序维护等工作。组织动员返乡大学生、西部计划志愿者等群体开展文明劝导、环保宣传、森林防灭火、禁毒宣传等活动 200 余场。“志愿四川”注册志愿人数达 6.22 万人，常态化开展“青春志愿”爱在社区、靓在乡村、爱在旅途等主题活动 808 场，累计服务群众 6 万余人次，服务时长 4.5 万余小时。

【困难群众帮扶】 深化“童伴计划”工作品牌，开展安全自护、生命教育、心理建设等主题活动 96 场，关爱留守儿童 2300 余人次。实施“助学成才　圆梦大学”“我要上大学”等救助项目，积极争取省、市救助资金 45 万余元，帮扶救助 283 名贫困高中生、大学生。对接川北医学院大学生志愿服务队，开展留守儿童关爱主题活动，服务 500 余人次。广泛宣传和积极动员各界爱心人士和爱心企业的参与，向社会领域募集 43.6 万元爱心物资，精准实现孤残儿童、留守儿童等 1209 个困境少年、儿童的新年微心愿。

【参与基层治理】 27 个乡镇（街道）、63 个村（社区）配齐兼职团干部，充实团的基层工作力量。新建机关团组织 5 个、小区团支部 105 个，非公企业团支部 38 个、国有企业团支部 2 个、新社会组织团支部 11 个、农村团支部 312 个，持续扩大团组织的覆盖面和影响力，进一步带动团员青年主动融入基层治理。聚焦未成年人保护、禁毒防艾、安全自护等，组织青年志愿者进社区、进学校、进机关，开展法律法规宣传和互动式体验活动，有形有效助推社会治理。

妇　联

【概况】 2022 年，仁寿县妇联紧紧围绕中心工作，凝心聚力，服务发展，锐意进取，创新突破，奋力实现各项目标任务争先进位，努力推动妇女儿童事业迈入新台阶。全年共有 20 人（户、集体）获得市级及以上表扬，其中 1 户家庭获得全国最美家庭荣誉，县妇联被四川省妇联、四川省文明办评为四川省家庭工作“先进集体”，被眉山市人民政府评为 2016—2020 年度妇女儿童工作“先进集体”称号，县妇联 2 名干部获省级“先进个人”荣誉称号。

【新“两纲”编制】 印发《仁寿妇女儿童发展纲要（2021—2030）》。成立仁寿县新“两纲”编制工作领导小组，组建新“两纲”编制起草小组，坚持从仁寿经济社会发展和妇女儿童工作实际出发，以推进仁寿高质量发展为目标，紧紧围绕健康、教育、经济、参与决策和管理、家庭建设、环境、法律等 15 个领域，提出 144 项主要目标和 186 项策略措施，高质量完成新“两纲”编制工作，经座谈交流、征求意见、送审等程序，县政府 12 月 28 日印发《仁寿县妇女儿童发展纲要（2021—2030 年）》，为全县妇女儿童事业发展提出纲领性意见。

【基层妇联组织建设】 新建妇联组织。先后印发《关于进一步加强县管园区、县级机关企事业单位妇女组织建设的通知》《关于加强两新组织党建带妇建工作的通知》，扎实推动构建完善立体化、多层面的妇女组织体系。于 8 月底实现县管园区、县级机关企事业单位中妇女组织建设全覆盖。截至 12 月底，全县“两新”组织中妇女组织建设覆盖面为 95.8%。组建“巾帼帮帮团”。仁寿县妇联成立“巾帼帮帮团”志愿服务总队 1 支，各乡镇（街道）妇联、村（社区）妇联分别成立“巾帼帮帮团”志愿服务分队 1 支，切实做到县、乡、村三级全覆盖，动员妇联执委、女党员、女干部、女律师、女知识分子、女私营业主等各行各业群体的女性加入，让“巾帼帮帮团”志愿服务队成为妇联联系、服务、引领妇女群众的有力手臂。截至 12 月底，“巾帼帮帮团”共开展志愿服务 1000 余次，经验做法被《四川法治报》、四川科技网、《眉山日报》、仁寿电视台等媒体报道，县妇联被仁寿县委宣传部评为优秀志愿服务活动策划单位。

2022年8月24日，仁寿县新一轮“两纲”编制工作启动会召开（县妇联/供图）

【“三八”妇女节活动】 县委、县政府发出《致全县妇女的一封信》，向全县妇女送出关心和祝福；县委书记王岳深入基层一线慰问各行各业妇女代表，并召开座谈会与各界妇女代表交流；表扬2021年度“巾帼建功标兵（先进集体）”“最美家庭”等先进典型25个，评选“巾帼岗位能手”30个；各级妇联线上线下同步开展以“强国复兴有我”为主题的丰富多彩的庆祝活动30余场。

【妇女儿童权益保护】 依托27个乡镇（街道）综治中心全覆盖建立妇女儿童维权工作站；充分运用廖家军调解室和妇联信访接待室，开展矛盾纠纷调解工作，全年共接到信访件31件，办结率100%，落实省、市妇联转办件2件，县委政法委通报联办1件；建立跨区县婚姻家庭矛盾纠纷协调处置工作机制；制定并印发《仁寿县未成年人家庭保护方案》；摸排出“六类”人群4852人，均按属地管理原则层层建立台账，落实跟踪服务；线上线下广泛宣传有关妇女儿童法律法规40场次，举办法律知识有奖答题活动2场，发放女童安全、防拐卖等宣传资料2万余份。

【民生工程】 关爱帮扶困难妇女。整合各方资源，进行困难母亲结对帮扶，共救助困难母亲142人，完成目标任务的142%；开展农村妇女“两癌”免费筛查3.61万人次，完成目标任务的160%，争取到县财政补助资金70余万元以提高宫颈癌阳性检出率；共争取到中央彩票公益金低收入妇女“两癌”救助款96万元、省级困难妇女“两癌”救助资金4万元，救助100人，占全市的78.1%。关爱服务城乡儿童。投入5万元运营友好型儿童之家示范点5个，组织巾帼志愿者900余名，开展暑期儿童关爱服务活动186场，受益儿童3108人。联合县总工会开展儿童暑期托管服务，总投入30余万元，覆盖儿童2000余人次，经验做法被新华社、四川电视台等媒体报道。开展青年联谊活动。全年共开展青年人才交友活动4场，促成牵手成功青年14对。实施乡村振兴巾帼行动，充分发挥四川省妇女居家灵活就业示范基地作用，着力打造“陵州妹子”品牌，开展就业创业技能培训2000余人次；大力培育各行业先进典型，全年共培育各行业巾帼创业标兵6名，扶持创建“妇字号”基地2个，培育乡村振兴巾帼人才30名；助力女性就业，组织“春风行动”招聘会5场，提供就业岗位584个，达成就业意向142个；持续巩固脱贫攻坚成果，定期走访慰问，共为帮扶户送去价值2万元的慰问物资。

2022年7月21日，“仁和家风讲堂”亲子活动走进文宫镇（县妇联/供图）

【家庭文明建设】 “仁和家风”本土家庭建设品牌“变”招牌。开展“‘仁和家风’讲堂进校园、进社区、进村落”活动100余场次，覆盖群众25万余人次，工作经验被四川电视台等媒体报道。打造“三家”示范基地。结合仁寿本土资源情况，深入挖掘全县红色基因，规范化建设虞允文墓、石鲁、珠嘉镇棚村村、大化镇水利社区4个家庭家教家风示范基地。丰富家庭教育实践活动。线上线下同步开展家庭教育主题活动，常态化推进寻找“最美家庭”、家风分享会、“开学第一课”“清风扬眉　廉洁齐家”等系列活动，创造性开展家风家教“微传送”等活动。线上累计产生30万+点击量，线下参与群众2万余人次。全年评选出县级“最美家庭”10户。

科　协

【概况】 2022年，仁寿县科协深入学习中共二十大精神，切实开展“奋进新征程、建功新时代”大学习大实践大提升活动，切实履行职能职责，做好为科技工作者、为创新驱动发展、为提高全民科学素质、为党和政府科学决策服务“四服务”工作。

【科普阵地建设】 银会合作　联合县邮储银行印刷宣传资料3000余份，并通过微信、短信等方式鼓励有意愿、有条件的农技协会会员、专合社社员、家庭农场主等向邮储银行申请小额信贷，解决产业发展中的资金问题，助推农业产业发展。2022年，共补贴62户，共计16万元。

院士专家工作站　为深入贯彻落实市、县人才工作部署要求，搭建高层次人才引进平台和产学研用创新创业平台，县科协精心组织，层层选拔，推选出2家优秀企业参加眉山市第三批院士（专家）站申报工作。“天府科技云服务”平台。2022年以来，县科协联合县经信局、县商务局、仁寿经开区等相关部门，在各行业领域特别是工业企业、乡镇群众等广泛宣传，邀请科技工作者（团队）、企事业单位、城乡群众入驻“天府科技云”平台，全年新增注册科技工作者120人，企事业单位34家，装修科创工作室105家、发布科技所能所需各510条。

青少年科普示范基地　2022年以来，联合青少年宫依托基地开展“编程周体验”“暑期志愿服务”“航天日主题”等各类青少年科普活动75场。

【服务科技工作者】 志愿队伍建设　组建仁寿县新时代文明实践科学普及支队，全面开展科技“三下乡”活动、“科普志愿服务”等各类活动30场次；志愿者参与活动200人次，直接受众约5.9万人次；实用技术培训20场次，培训人数达6700多人次，辐射带动种植户2万人次以上，科普惠民取得明显成效。

老年科技工作者服务　联合县经信局、县教体局、县卫健局、县农业农村局等有关部门成立仁寿县老科学技术工作者协会，将全县老年科技工作者凝聚起来，为仁寿科技进步、经济繁荣和社会发展作出新贡献。

乡土人才培育　以“眉山市第三届农村乡土人才创新创业大赛”活动为契机，在全县范围内开展乡村振兴乡土人才创新创业大赛选拔活动，经过精心组织，层层选拔，推选出3名年轻优秀的农业企业家参赛，共获得1个金牌、1个银牌、1个优秀奖。

【科技创新】 全员“保姆式”服务工作。县科协“保姆”主动深入广大企事业单位，帮助其挖掘有效需求25项，把脉技术攻关难题，对接金融资源，为企业提供“一单一策”“一企一策”的“保姆式”服务216人次，全年共完成服务404单。

【科学普及】 科普志愿活动。组建仁寿县新时代文明实践科学普及支队，全面开展科技“三下乡”活动、“科普志愿服务”等各类活动30场次；志愿者参与活动200人次，直接受众约5.9万人次；实用技术培训20场次，培训人数达6700多人次，辐射带动种植户2万人次以上。

“科普大篷车进校园”活动。通过精心制订科普助力“双减”科普活动“菜单”，丰富科技制作、科学实验、科普讲堂、科技展示四大类32个子项目，县科协联合县教体局先后走进文缜小学、文同实验小学、书院小学等6所学校，活动受益人数达到1.68万人。

2022年6月29日，仁寿县老科学技术工作者协会揭牌仪式举行（县科协/供图）

2022 年 11 月 1 日，科普大篷车进校园宣讲活动书院小学会场(县科协 / 供图)

【科技推广】"科创中国·天府科技云服务大会"。积极组织信利电子、华赐半导体等 20 余户企业参加第二届"科创中国·天府科技云服务大会"，在全县广泛征集和遴选电子信息、现代农业、生命健康、"双碳"与新能源 4 个领域重大科创项目参与此次推介会。共征集科创项目 108 个，科创会期间，仁寿县推介洽谈专区到会企业 3 家，路演推介项目 27 项，通过为期 2 天的重点项目专场和专题推介会，现场对接洽谈人数 32 人，专场推介会网络直播在线收看人次 3400 人。

工商联

【概况】2022 年，仁寿县工商联持续发挥桥梁纽带作用，推进商会"四好"标准规范化建设。组织商会、企业家执委、机关干部职工学习培训；积极服务会员；实施"百企联百村共走振兴路"行动，助力振兴，获共赢；积极招商引资；坚持社会公益。

【商会建设】拓展商会建设。5 月 29 日，成立海口四川眉山商会仁寿分会；11 月 16 日，注册登记成立仁寿县文宫镇商会；加快指导筹建汪洋镇商会；启动在仁寿经济开发区筹建园区商会，不断拓展服务覆盖面。指导商会建设。紧扣"夯阵地、强服务、促发展、扩影响"的工作目标，指导行业商会按照"四好"标准规范化建设，推动商会提档升级。结对共建党建。开展工商联干部结对联系行业商会活动，指导商会建设，开展走访调研、化解矛盾纠纷、解决困难问题、维权服务等工作。选派 3 名党员干部担任 5 个行业商会党建指导员，指导商会党支部规范化标准化开展党建工作，实现商会发展和党组织建设双促进。

搭建交流平台。充分发挥桥梁作用，邀请四川天府新区仁寿商会、北京眉山企业商会、重庆渝北区仁寿商会、上海眉山商会、西藏眉山商会仁寿分会等异地商会与县内 5 个行业商会横向开展交流学习，广交朋友，增进友谊，共话共商共谋商会发展建设。

【学习培训】组织专题学习。分别组织 5 个直属行业商会、2 个异地商会班子成员、70 名企业家执委及机关全体干部职工专题学习习近平总书记到川视察重要指示精神和省十二次党代会精神；组织指导行业商会和

2022 年 5 月 29 日，海口四川眉山商会仁寿分会成立大会(县工商联 / 供图)

会员企业收看中共二十大开幕式，聆听习近平总书记报告。组织现场教学。结合“两新三大”，组织机关干部职工、所属行业商会负责人和部分执委到黑龙滩陈列馆、虞允文爱国主义教育基地开展党史学习教育、爱国主义教育和廉政教育；到东坡区三苏祠、永丰村开展追随总书记足迹学习行活动。开展精神宣讲。坚持把上级重要会议精神宣讲作为理想信念教育的重要内容，深入商会、会员企业宣讲中共二十大精神、习近平总书记到川视察重要指示精神、省十二次党代会、市第五次党代会和县委十四届二次全会精神，引导广大民营经济人士爱国、敬业、诚信、守法、贡献。

【会员服务】 进会入企宣讲惠企政策。结合“三个走遍”，及时向行业商会、民营企业宣讲国务院、四川省、眉山市和仁寿县出台的系列助企纾困政策和惠企政策。走访调研解难题。走访调研企业31个、行业商会5个，收集梳理困难问题8个，形成调研报告3篇，困难问题化解率100%，满意率均达100%。例如，协助四川灿光光电有限公司争取享受“开门红”奖励、绿色工厂、稳岗和吸纳脱贫劳动力就业补贴等约90万元，协助建材行业商会将建材装饰纳入县政府发放消费券范围；协调恒烨燃气有限公司为县酿酒行业商会会员优惠燃气报警装置安装费每户2000元；协调县农商银行为水发民生（四川）农业发展有限公司提供信贷资金2000万元。试点开展涉案民营企业合规监督评估工作。针对个别民营企业因管理不到位涉嫌犯罪的问题，积极与县检察院、县司法局、县税务局、县生态环境保护局等部门合作，建立涉案企业合规第三方监督评估机制，对涉嫌犯罪行为危害不大且承诺建立或完善企业合规制度的企业纳入涉案企业合规第三方监督评估范围，实现检察机关法律监督优势和工商联密切联系民营企业优势的互助互补，以促进民营企业诚信经营、规范管理、健康发展。年末完成一家涉案民营企业合规监督评估工作，检察机关拟作出不予起诉决定，以形式上的“不平等”促进实质上的平等，保护市场主体。开展法律服务护航企业发展。宣传落实《四川省企业和企业经营者权益保护条例》。组织开展送法入企入会活动，与县法学会、县经信局共同举办一期民营企业法律培训。深入开展“千所百处帮万企”结对服务，为52个执委企业和5个行业商会开展普法宣传、法律培训、法治体检，助力法治民企建设，依法保护民营企业和民营企业家权益。组织开展民营经济人士专题培训。组织以县工商联执委、直属商会会员为主的80余名民营经济人士参加全国工商联举办的为期7天的“学政策、稳信心、促发展”网络培训班，推荐1名企业家副主席和1名企业家副会长参加四川省委统战部举办的县级工商联副主席副会长进修班培训学习，引导其充分认清中国经济的基本面和新挑战，增强对当前形势的理解把握，完整、准确、全面贯彻新发展理念。

【百企联百村】 实施“百企联百村共走振兴路”行动，助振兴获共赢。积极组织引导有条件有意愿的会员企业参与“百企联百村　共走振兴路”活动，高标准建成“百企联百村共走振兴路”示范基地3个、示范村6个。2022年，带动15个民营企业和1个商会联系帮扶22个村（社区），投入工商资本1500余万元，从产业带动、人才培养、劳动力就业、农副产品销售、增加群众和村集体收入等方面开展帮扶，助力乡村振兴，实现企村共建双赢。实地到企入村开展走访调研，收集困难问题及时掌握工作开展情况。例如，为四川香橘农业科技有限公司、水发民生（四川）农业发展有限公司等参与企业积极协调解决信贷资金2600余万元。推荐仁寿创森农业科技有限公司为2021年度全市“百企联百村助力乡村振兴”工作先进集体；推荐非公经济代表人士唐敏、张文杰、廖鑫为2021年度全市“百企联百村助力乡村振兴”工作先进个人。

【招商引资】 积极联系对接市、县级异地商会和在外乡贤，广泛宣传仁寿招商引资利好政策，充分发挥内联外引优势，通过商会招商、以商招商，成功获取6条有效信息。

【社会公益】 引导广大会员和各基层商会参与疫情防控、捐资助学和帮扶解困。例如，四川天府新区仁寿商会理事单位四川飘香居食品有限公司为疫情防控一线工作人员和志愿者捐赠价值1.4万余元的糕点。四川校园时代服装有限公司为大化镇捐赠面包、矿泉水等物资，并为20余名残疾人提供就业岗位。鑫统领仁寿公司、双天酒家等企业积极参与捐资助学。县建材装饰行业商会组织会员捐资捐物慰问县武装部官兵和消防员。

文　联

【概况】 2022年，仁寿县文联组织各协会和会员认真贯彻落实中共二十大精神、习近平总书记到川视察重要指示精神和习近平总书记关于文艺工作的重要论述，坚定文化自信自强，坚持围绕中心、服务大局，不断加

2022 年 3 月 29 日,仁寿历史文化研究会成立大会(县委宣传部/供图)

大工作力度,拓展工作职能,创作文艺精品,打造文艺品牌,努力推动仁寿文艺事业繁荣发展。

【文艺精品】 围绕“历史名人”“难忘乡愁”“唱响仁寿”三大系列开展创作,完成《民星风云》《地名仁寿》《丹青仁寿》《仁寿我的故乡》《礼赞新时代》等精品;编辑出版《仁寿文艺》季刊 4 期,宣传画册 1 本,出版 5 期仁寿作家报《飞泉》和 1 期《仁寿诗词》。

【文艺活动】 开展“好戏同台”城区广场文艺展演 8 场,“我们的中国梦——文化进万家”活动 20 余场,书法、美术、摄影作品展 5 场;参与“仁寿榜样”“乡村旅游季”“丰收节”“我们的节日”等重大活动演出;开展“礼赞新时代　奋进新征程”主题征文,共征集到参赛作品 356 件,评选出 65 件获奖作品;开展“奋进新征程　建功新时代”主题摄影征集,共征集到 1028 件作品,200 件作品入选。

【文艺人才】 县文联共有县作家协会、县散文学会、县老中年书画研究会、县诗词学会、县摄影家协会、县音乐家协会、县舞蹈家协会、县川剧玩友协会、石鲁艺术团、县戏剧家协会、县美术家协会、县书法家协会、仁寿历史文化研究会共 13 个协会,共有会员 1080 人,其中国家级会员 31 人、省级会员 99 人、市级会员 239 人,各协会会员队伍不断壮大,形成老、中、青文艺人才梯队,结构更加合理。汪晋权、姜志臻等 9 名艺术家被命名为“眉州文艺名家”。

【文艺阵地】 为提升农村公共文化服务效能,创建曹家梨园、禾加五龙山和湿地公园为文艺创作交流基地;成功创建“李长青·龙正”雕塑工作室为文艺名家乡村工作室,助力乡村文化振兴。

社科联

【概况】 2022 年,仁寿县社科联在市社科联和县委宣传部的正确领导和精心指导下,聚焦主题主线精准发力,在服务大局上凸显作为,各项工作保持良好的势头。

【围绕主题学习】 围绕中共二十大精神、习近平总书记到川视察重要指示精神以及省、市、县重要会议精神,组织社科工作人员、专家学者组建专题宣讲队,深入县内社科普及基地、部分单位开展专题宣讲,覆盖千余人;依托陵州博览社科普及基地等县内科普阵地,开展“社会科学普及周”活动 8 场,覆盖 600 余人。

【突出重点研究】 围绕县委“12345”战略、乡村振兴、基层治理等重大决策部署,组织申报并立项社科课题 48 项,申请结项 44 项,经综合评审确定结项课题 27 个,其中“探索以‘双碳’战略为引领,推动仁寿绿色崛起高质量发展路径对策研究”等 3 个课题为重点课题,“仁寿县产业高质量发展策略路径研究”等 6 个课题为一类课题,“关于发展村级集体经济的调查与思考”等 9 个课题为二类课题,“仁寿县关于完善乡镇综合行政执法体系的探索与思考”等 9 个课题为三类课题。

【深入基层普及】 以“全国科技工作者日”“全国科普日”“喜迎二十大”等主题活动为载体,先后开展系列座谈会,科普宣传进企业、进农技协、进社区等活动共 12 场,发放各类科普宣传资料 3 万余份,现场直接受益人数超过 5000 人次。组建新时代文明实践科学普及支队,全面开展科技“三下乡”活动、“科普志愿服务”等活动 30 场次。志愿者参与活动 200 人次,直接受众约 5.9 万人次。

残　联

【概况】 2022 年,仁寿县残联深入贯彻中共二十大精神和习近平总书记关于群团改革和残疾人事业重要论述,切实履行桥梁纽带的政治职责和“代表、服务、管理”的基本职责，不断强化残疾人社会保障和关爱服务体系建设，不断优化“量体裁衣”式残疾人服务，促进全县残疾人工作发展。

【机构改革】 县残联以县、乡、村(社区)残联换届为契机，以提升基层残联组织建设水平和服务能力为重点，以增强政治性、先进性、群众性为目标，实现293个村(社区)残协规范化建设全覆盖。成功召开仁寿县残疾人联合会第六次代表大会，圆满完成各项议程和换届选举工作，选优配强县、乡、村三级残联领导班子和残疾人专门协会领导班子。

【民生实事】 2022年，涉残民生实事均提前完成和超额完成目标任务。超任务完成“残疾人亟须的基本型辅具发放”，目标任务500件，实际发放1062件。超任务完成“资助白内障患者复明手术”，提前半年完成手术375例，超目标任务75例。超任务完成“农村残疾人实用技术培训”，目标任务370人，完成434人。超任务完成“0～6岁残疾儿童提供康复救助”，目标任务70人，完成80人。超任务完成“集中(居家)托养智力、精神和重度肢体残疾人”，目标任务450名，完成506人。超任务完成“困难残疾人家庭无障碍改造”，目标任务200户，完成219户，改造成果得到残疾人及其亲属的认可并签字确认。

【争取项目和资金】 争取中央、省级专项资金465.57万元，重点用于脑瘫儿童、孤独症儿童、智障儿童和其他0～14岁残疾儿童康复救助，用于农村残疾人实用技术培训、困难残疾人生活补贴、白内障手术救助、残疾人机动轮椅车燃油补贴、残疾人家庭无障碍改造、阳光家园计划集中居家托养残疾人服务等方面。

【残疾人社会保障】 全面落实“两项补贴”提标扩面。自2022年8月起，护理补贴扩大至三、四级智力和精神残疾人。全年为19.19万名困难残疾人发放生活补贴共计2302.67万元，为17.24万名重度残疾人发放护理补贴共计1353.6万元。推动残疾人证应办尽办。大力宣传办证流程和惠残政策，积极协调医疗机构上门鉴定，累计解决近千名因瘫痪、精神等原因导致行动不便的疑似残疾人办证难问题。截至2022年年底，全县持证残疾人4.09万人，较上年增幅14%。

【残疾人就业】 高位谋划推动残疾人就业。县政府出台《关于推进残疾人事业高质量发展的实施意见》(仁府发〔2022〕9号)，明确机关和企事业单位必须带头定向招录招聘，乡镇(街道)新聘专干专委必须是残疾人等要求，在组织领导、经费保障、监督指导等制度层面予以坚定保障。重点扶持爱心企业集中安置就业。为4家集中安置残疾人企业争取财政补贴资金44万元。鼓励设置适残岗位，其中信利集团集中安置残疾人26人并成立首个企业残疾人协会，指导文宫优品道食品公司逐步建立为残疾人就业示范基地。“培训+精准帮扶”。坚持“以培训促就业”原则，组织残疾人参加手工制作、保健按摩、农村种植养殖等实用技能培训。鼓励支持居家灵活就业创业，精准帮扶种养殖业、手工业和服务业残疾人496人，补贴资金71.9万元。

【残疾人康复】 不断健全阵地建设。建成县内首家高标准残疾人日间照料中心并投入使用，长期入驻60余名残疾人。加强县残疾儿童康复机构规范化建设、服务质量和标准配置提升。持续加强精准康复服务。完成听力、言语、肢体、智力和孤独症儿童不低于6个月康复训练200余人次。协调四川省八一康复中心完成49名残疾人大、小腿假肢取型，投入资金13.3万元。持续开展基本辅助器具全覆盖“回头看”，发放各类辅助器具1062件，投入资金59.64万元。为9名偏瘫截瘫患者提供康复救助，为200名贫困脑瘫儿童、听障儿童、智障儿童、孤独症儿童、重大疾病儿童提供抢救性康复服务，应救尽救。

【残疾人教育】 扎实开展适龄残疾学生核查和困难学生帮扶。协同县教育部门对全年残疾儿童开展核查，2022年全县残疾儿童572人，其中已入学的适龄残疾儿童555人，义务教育阶段入学率97%。资助289名残疾学生及残疾家庭子女升学，发放助学金34.48万元，包含义务教育256人、高中17人、大学16人。积极动员青年运动员参训参赛。通过网络宣传、村社动员、电话邀请、现场登记等形式，为省第十届残疾人运动会暨第五届特奥会选拔8个青少年残疾运动员参训。认真做好残疾学生高考服务。提前与教育部门联系，掌握参加高考的残疾学生情况，并视情况提供协助，其中参加高考的10名残疾学生均达到高职专科分数线。

【残疾人维权】 为288名下肢残疾人发放机动轮椅车燃油补贴10.51万元；为219户困难残疾人家庭实施无障碍改造，补贴资金77.88万元；为50名康复期精神残疾人提供寄宿托养服务，为456名贫困智力、精神残疾人提供居家托养服务。

【残疾人帮扶】 推进脱贫攻坚与乡村振兴有效衔接。加强残疾人返贫致贫监测预警，落实专人负责把有返贫风险的残疾人按程序及时纳入监测,整合各类资源开展多元化帮扶。持续开展紧急救助,扎实开展困难残疾人结对帮扶工作,定期走访慰问文林镇飞泉社区、曹家镇梨树社区14户残疾人家庭。开展新春送温暖活动。2022年元旦春节期间,眉山市、仁寿县和乡镇(街道)三级残联安排专项资金慰问全县残疾人200余人,重点看望慰问困难党员、困难残疾学生、专门协会、结对帮扶联系村、特殊困难户和信访重点人员等。

【召开县残联第六次代表大会】 2022年11月17日,成功组织召开仁寿县残疾人联合会第六次代表大会,大会应到代表61人,实到59人,因事请假2人。会议听取并审议通过县残联党组书记、理事长田泳代表县残联第五届主席团所作的工作报告。大会选举产生县残联第六届主席团委员和出席市残联第五次代表大会代表。新一届主席团第一次会议选举产生主席团主席、副主席;推举产生执行理事会理事长、副理事长;通过五大专门协会主席。

红十字会

【概况】 2022年,仁寿县红十字会开展救护员培训25期1701人和普及培训12期10121人。在全县各乡镇(街道)、机关、企业、机构、学校等组建基层红十字会50个,27个乡镇(街道)全覆盖。启动组建红十字志愿者注册队伍55人、1支红十字应急救援队,组织参加志愿服务活动时长达3800余小时。完成遗体和器官捐献登记1000人,实施"两项基金"救助9人21万元,建成鳌峰小学生命安全健康体验教室。

【应急救护培训】 2022年,县红十字会秉承"关爱生命"宗旨,牢固树立生命至上理念,围绕县委"12345"发展战略,依托乡镇(街道)、学校、村(社区)、企业红十字会,扩大救护知识培训覆盖面,全面提升社会防灾避险、自救互救的硬能力和公众互救互助、和谐友爱的软实力。在县消防救援大队、信利、邮政、金鹅纺织、融创文旅、仁寿一中、鳌峰小学、成都外国语实验学校仁寿校区、藕塘镇、曹家镇等地深入推进应急救护培训"五进"活动,累计开展救护员培训25期1701人、普及培训12期10121人。

【项目工作】 2022年1月起,委托仁寿县益启社工中心,组织志愿者100余名,为全县公安干警开展心理团辅、新春送福、警亭清扫等志愿服务10余次。9月,依托全市AED守护"眉"好项目,发起"99公益日"募捐倡议,累计81个单位(组织)响应,1.79万人次参与,共募集善款22.25万元。会同县应急管理局、县教体局在鳌峰小学建设红十字生命安全健康体验教室,为守护青少年生命安全提供体验场地,也同步宣传红十字精神。

【应急救援】 2022年4月,再次招募7名队员加入仁寿县红十字应急救援分队,进一步增强县突发事件应急救援力量。全年共组织开展队列、绳结、山地搜救、水上救援等能力训练9场。同时,将红十字应急救援力量纳入全县应急救援体系,先后参加全县应急演练2次。

【人道救助】 2022年,为贫困白血病儿童、先天性心脏病儿童申请救助基金9次,救助款项达21万元。全年慰问贫困优秀在校大学生4人,慰问金额合计1.5万元。动员人道资源,分两批次为县人民医院、县妇幼保健院等医疗机构捐赠价值74.59万元的荆防颗粒,为县中医医院捐赠降温服5套,全部定向用于疫情防控一线人员。2022年1月,仁寿县红十字会开展"博爱送万家"活动,向80户困难群众送去慰问物资。

【依法开展社会募捐】 3月15日,鲁南制药集团定向捐赠价值50.4万元的荆防颗粒,实现县红十字会单列以来社会募捐零突破。12月30日,四川省财政厅发布公告,仁寿县红十字会取得2022—2024年度第一批公益

2022年8月3日,县红十字应急救援分队在文宫镇开展全县山洪地灾综合应急演练(县红十字会/供图)

性捐赠税前扣除资格。

【造血干细胞与遗体和人体器官捐献】 2022年造血干细胞志愿捐献登记16人，遗体和人体器官捐献线上志愿登记1000人，在黑龙滩镇见证遗体捐献1例。

【红十字文化传播】 在全县27个乡镇（街道）、1个机关、10个医疗机构、2个学校、7个村（社区）和3个爱心企业中建成基层红十字会50个，红十字工作组织领导、人道传播、生命关爱、志愿服务、备灾救灾、救护培训、人道救助等功能得到扩大延伸。在中国红十字志愿者网站注册志愿者55人，积极组织开展慰问抗战老兵、慰问养老服务中心老人、红十字精神进校园宣讲等志愿服务，主动参加疫情防控、社会宣传等志愿服务活动，累计服务时长达3787小时，参与服务志愿者人数达200余人次，覆盖人群2.3万余人。利用“5·8”世界红十字日、全国防灾减灾日、世界急救日等重要节点开展宣传活动，采取线上与线下宣传相结合，在网络平台发布“红十字博爱周小课堂”“急救日小课堂”等多条科普视频，组织志愿者在活动现场发放宣传资料8000余份，覆盖人数达10万余人次。

2022年10月11日，县红十字会在县消防救援大队开展救护员培训（县红十字会/供图）

法　治

政法与综治

【概况】 2022年,仁寿县政法系统紧扣"为中共二十大胜利召开创造安全稳定的政治社会环境"这条主线,将政法系统"忠诚铸魂、铁纪担当"专项活动与中心工作、重点工作融合推进,团结带领全县政法干警忠诚履职、担当作为,不断推进平安仁寿、法治仁寿建设取得新成效,助力续写全县高质量发展新篇章。

【风险防范化解】 政治安全风险　全力捍卫政治安全,常态化开展涉政、涉邪、涉恐情报信息搜集研判,仁寿县"4·15"国家安全教育日宣传活动被新华社等多家媒体报道。

社会稳定风险　出台《仁寿县重大决策社会稳定风险评估实施办法》,做到应评尽评。2022年,开展稳定风险评估130次,规避风险800余个。全年共排查调处非涉稳矛盾纠纷6568件,调解成功6499件,调解成功率达98.95%。合力攻坚化解积案。按照"一个问题、一名领导、一套方案、一班人马、限时办结"要求,压实包案领导责任,上级交办173件"治重化积"件全部审核化解。深入推进问题楼盘信访维稳专项攻坚行动,成功化解银城岷山(长达8年)、中城国际办证问题,7件房地产历史遗留问题已基本解决或取得明显进展。做好重大安保维稳。启动特殊时期应急响应机制,增派驻京驻蓉工作力量,圆满完成中共二十大、总书记到眉山市视察、全国"两会"、四川省委书记到仁寿县调研、省第十二次党代会等20余次重大安保维稳任务,工作专报获眉山市委常委、政法委书记杨军批示肯定。

公共安全风险　全力以赴做好疫情防控。组织政法干警3万余人次,积极投身排查管控、流调溯源、驻点值守、志愿服务等工作,先后打赢仁寿"2·25""11·18"疫情防控阻击战,全力支援洪雅"7·15"、东坡"9·29"疫情防控保卫战,累计接收隔离人员1.3万余人次。集中隔离场所"三抓三高"工作经验2次在全省调度会上做交流。

【基层社会治理】 治安防控水平不断提升。组建乡镇(街道)专兼职治安巡逻队320支,配备巡防队员4974人,创新"巡逻+"巡防模式,常态化开展治安大巡防。中共二十大期间,争取巡防经费300万元,组织集中行动8次,投入巡防力量3.98万人次,各类警情同比下降12.9%,群防群治"三三制"经验做法全省推广。

社会治安环境持续优化。深入开展《中华人民共和国反有组织犯罪法》宣传,常态化推进扫黑除恶,依法快速审理全市2022年被告人最多、社会影响最大的"5·19"朱某某等38人涉黑案。4小时速破特大珠宝店被盗案,快侦快破"11·10"故意杀人案和"11·26"入室抢劫、强奸案等,全县刑事案件立案数同比下降25.72%。扎实开展打击整治养老诈骗专项行动,排查整治售卖摊点487处、涉老行业单位220余家次,破获养老诈骗案11起。严厉打击新型网络违法犯罪,打掉郭某某等5个涉嫌诈骗犯罪团伙,抓获79人,成功预警电信诈骗1.5万余起,劝阻金额1300余万元,电诈发案率同比下降53.2%。全面启动全省禁毒示范县创建工作,毒品预防教育获央视新闻报道。

平安创建工作提质增效。率先在全市开展平安边界创建工作,仁寿、威远、资阳三地政法等7个部门、有关乡镇对口签订互助合作协议,形成社会治安联防、执法司法联动、边界安宁联管工作格局。出台《仁寿县保护和奖励见义勇为实施办法》,率先在全市建立困难帮扶救助机制,进一步加强见义勇为表彰宣传、权益保障和抚恤待遇,授予"仁寿县见义勇为公民"3人,1人获评"眉山市见义勇为勇士"。

【法治保障】 营商环境持续优化。开展"2021年仁寿县政法系统保护民营企业合法权益十大典型案例评选活动",对80余名民营企业代表开

2022年11月9日,全县政法干警政治轮训暨"仁寿政法大讲堂"第二期培训班开班(县政法委/供图)

展法律培训,提升企业法律风险防范能力。畅通涉企纠纷"绿色通道",审结涉企案件4792件,办理涉企执行案件1250件,助力企业走出疫情困境、恢复经营活力。探索开展涉案企业合规改革试点,与县工商联等8个部门成立涉案企业合规第三方监督评估机制管理委员会,成功办结全市首例涉污染环境企业合规审查案件。

执法监督不断增强。精选60名政法干警或律师代表组建仁寿县执法司法监督人才库,推动执法监督专业化。筛选55件典型案例,联合东坡区、彭山区开展2022年政法系统案件交叉评查,评出瑕疵案件5件,通报责令整改并实行责任倒查,筑牢办案质量"生命线"。服务能力不断提升。持续保持严打抗拒执行高压态势,全年执结案件4092件,执行到位10.52亿元,同比分别上升2.81%、85.46%;持续深化执行改革,县法院获评全省法院首批执行指挥中心实质化运行优秀法院。

加强未成年人保护。实现全县149个中小学校及幼儿园法治副校长全覆盖,在校青少年法治宣传教育普及率达100%。投入17万元建成未成年人"一站式"观护办案中心,实现"捕、诉、监、防、教"办案一体化,县检察院获评全省维护妇女儿童合法权益先进集体。大力推进法治乡村建设,293个村(社区)"法律明白人"、法律顾问全覆盖,大化镇水利社区成功创建全国民主法治示范村(社区)。

【政法队伍】 政治建设入脑入心。结合仁寿县委"两新三大"活动、政法系统"忠诚铸魂、铁纪担当"专项活动,抓实领导干部这个"关键少数",深入学习贯彻中共二十大精神、习近平总书记到四川眉山市视察重要指示精神、省第十二次党代会精神等,教育引导政法干警忠诚拥护"两个确立"、坚决做到"两个维护"。

能力素质有效提升。制订《2022年全县政法干警教育训练计划》,择优选取20余人建立仁寿县政法讲师人才库,完善教、学、练、战一体化培训机制,推动提能培训向乡镇(街道)政法委员、基层所队干警延伸,全年组织开展政治轮训3次,举办"平安仁寿建设专题研讨班",邀请高校教授来仁寿县专题辅导,提升政治素质和业务能力。

纪律作风持续向好。加强与组织、纪检部门协作配合,完善协查协管、交流轮岗等制度,督促政法单位调整班子成员分工10人次,交流轮岗196人次,协助查处违纪干警25人,严重警告5人,政务撤职处分4人,开除党籍和公职1人,推动政法铁军更加忠诚可靠。

2022年12月28日,仁寿县2022年执行工作联席会议在县法院召开(县政法委/供图)

政法声音有力传播。组建200余人政法网宣队伍,加快构建政法新媒体矩阵,捍卫意识形态主阵地,不断提升仁寿政法影响力。全年共有73个集体、369名个人获得县级以上表彰,其中县检察院获评2022年度"全国检察宣传先进单位"和"全国检察机关文明接待室",县司法局获评"全省'七五'普法先进单位",县法院获评"全省法院民事审判工作先进集体",县公安局蔡卫宇获评"全国优秀人民警察"、刘建获评"全国普法先进个人"称号。

【特色亮点工作】 市域社会治理现代化试点加快推进。整合综治中心、网格中心、心理服务中心、群众接待中心、公共法律服务中心等资源,建成县级矛盾纠纷多元化解协调中心,探索创新"12345"仁寿心理服务工作模式,实现矛盾纠纷只进一扇门、化解全流程。率先在全市创新推出"即时受理、全程代办、全域代跑、全事反馈"的三级信访代理制度,最大限度减少矛盾问题产生和积累。全年代理信访事项585件,结案579件,结案率98.97%,满意率100%。

数字治理成效初显。投资3849万元全覆盖建成智慧平安小区456个;投资8279万元建设"平安仁寿"一期、二期,自主研发"陵时空"实战应用平台。横向整合"雪亮""平安仁寿"、社会监控、消防烟感报警等各类资源,纵向打通省网格系统数据本地化,创新打造"智治陵州"平台,率先在全省实现政法数据"一网享"。"平安乡村·慧眼工程"累计推广安装12万余路,超额完成市定目标的400%。

政法改革不断深化。创新跨部门办案平台单轨制网上办案模式，办案质效大幅提升，工作经验全省交流推广；全力推进“两队一室”改革、社区警务改革，实现派出所和社区民警警力配备均达到40%以上，创新辅警晋升体系，健全辅警队伍体制机制制度建设；投入500余万元推进司法所规范化建设，推进社区矫正片区管理制改革，“765仁寿模式”“855仁寿方式”等经验做法全省推广，汪洋司法所成功创建省级“枫桥式司法所”；建成全市唯一的刑事四方庭审系统，实现法院、检察院、被告人、辩护人四方远程开庭，确保刑事审判有序有效进行。

依法治县

【概况】 2022年，仁寿县全面依法治县委员会办公室注重统筹协调，深入推进依法治县，坚持依法行政，持续深化法治政府建设。将习近平法治思想列入各级党委(组)会议和县政府常务会专题学习重点内容，列入县委党校(县行政学校)重点课程，切实增强全县各级各部门学习贯彻习近平法治思想的政治自觉和行动自觉。

【统筹推进依法治县和法治政府建设工作】 立足县委全面依法治县委员会办公室和县法治政府建设工作领导小组办公室牵头职责，代县委起草《法治仁寿建设规划(2021—2025年)》《仁寿县法治政府建设实施方案(2021—2025年)》《仁寿县新时代法治人才培养方案》等重要文件，坚持法治仁寿、法治政府、法治社会一体建设。筹备召开县委全面依法治县委员会第四次会议、全县法治政府建设工作会议，推动县委、县政府主要领导定期听取法治政府建设工作情况汇报，提请印发《2022年全面依法治县和法治政府建设工作要点》并抓好贯彻实施，确保政府各项工作全面纳入法治化轨道。组织开展全县学习“习近平法治思想”“依法治县及法治政府建设业务培训班”等各类法治培训、轮训50余次，印发《仁寿县全面依法治县工作资料汇编》《仁寿县全面依法治县工作应知应会手册》1000余册。健全领导干部集体学法制度，代县政府起草《仁寿县政府常务会议年度会会前学法计划》，组织协调相关单位在县政府常务会会议上学习各类法律法规10余部，推动形成“逢会必学法、领导必讲法”学法用法长效机制。细化、量化法治建设绩效考核指标体系，先后陪同市、县两级人大及相关部门实地走访调研20余个县级部门和重点乡镇法治建设情况，及时分析研究工作短板，提出务实举措，汇总形成调研报告，努力为县领导整体加强和改进全县法治政府建设工作提供事实依据和决策参考。将法治政府建设工作纳入县委督查内容，会同县督查办、县委政法委等单位组成6个督查组分赴全县48个乡镇(街道)及县级部门开展依法治县年度工作督查，对照法治建设薄弱环节，督促相关单位立行立改，充分发挥县委依法治县办督查督办、评估考核杠杆作用。

【履行合法性审核审查职能】 严格落实重大行政决策法定程序，协调县政府办制定印发《关于进一步规范合法性审核工作的通知》，细化、量化合法性审查(核)范围、程序、时限等内容；2022年共审查各类文件593件，提出意见建议668条。高标准完成县领导交办的各项重难点工作，出具高质量的法律建议书，为领导决策做好参谋助手的作用，为事件化解和社会稳定及事态掌控提供可靠的法律支持：安排专人参与仁寿经开区开展低效、闲置工业用地的处置工作，参与企业谈判24次，提出建议45条，在半年时间内成功收回张三芝麻糕、昆仑实业等6家企业低效工业用地10.13公顷；参与仁寿县石灰岩矿采矿权出让、仁寿县页岩矿采矿权出让、《眉山市黑龙滩水库保护条例》立法、黑龙滩游船退出、保交楼重大专项工作等重难点工作；参与协鑫项目等重大项目全过程招商，为项目快速落地提供高质量的法治保障；对涉农文件采取从快从严高质量审查，为涉农文件提出93条建议，为“天府粮仓”建设提供有力的法治保障。

【提升行政执法协调监督质效】 全面贯彻落实行政执法“三项制度”(行政执法公示制度、全过程记录制度、重大执法决定法制审核制度)，探索乡镇综合行政执法体制改革新模式，配合县委编办、县综执局做好行政权力下放工作，赋予乡镇140项行政权力；强化行政执法队伍建设，开展第二届全县行政执法人员“大学习大练兵大比武”活动，组织县卫健局、县生态环境局参加眉山市行政执法技能“大比武”活动，县卫健局代表仁寿县取得全市第三、区县第一的好成绩；常态化开展人民群众最不满意行政执法活动，开展企业大走访活动，及时了解企业需求，提供必要的法治保障，为良好营商环境的构建贡献行政执法监督力量。

【完善行政复议与应诉工作体系建设】 强化行政复议职责整合、机构设置和人员配备，核增4名编制专项保障复议工作。全年共办理行政复议案件77件，全县复议后应诉案件实现零败诉。严格落实行政机关负责人出庭应诉规定，建立健全“件件督办、季度通报、年终考核”工作机制，督促各行政机关积极出庭应诉、参与案件协调工作，推动行政纠纷实质性化解。2022年，涉及全县行政诉讼案件应出庭数86件次，行政机关负责人出庭85次，出庭应诉率达98.84%，高于全市平均水平。

【统筹推进党政法律顾问工作】 圆满完成第三届法律顾问遴选换届工作，充分发挥党政法律顾问力量，邀请业务能力强、政治素养高的法律顾问参与办理政府重大决策、历史遗留问题、行政规范性文件等审查工作，提出书面审查意见。健全法律顾问参与行政决策合法性审查工作制度，采取“专职人员＋法律顾问团＋集体审议”三方审查模式，党政法律顾问参与政府重大涉法事务讨论134次，出具书面法律意见书108份，提出各类建议意见500余条，为政府依法决策提供重要法治保障。

【落实规范性文件管理】 深入推进规范性文件“立改废释”改革，确保程序规范内容合法。强化行政规范性文件管理与备案，坚持“统一登记、统一编号、统一公布”原则，共审查行政规范性文件27件，备案及时率、合格率均达到100%。

公　安

【概况】 2022年，仁寿县公安局紧紧围绕中共二十大安保维稳主题主线，扎实开展“磐石”系列专项行动、夏季治安打击整治“百日行动”等多个专项行动，坚持打击与防范并重、管控和整治并行，坚持疫情当前、公安当先；紧盯人民群众所需所盼，全力推进“放管服”改革；高质量学习贯彻中共二十大精神，高站位开展“奋进新征程，建功新时代”大学习大实践大提升活动，高标准弘扬“仁寿公安精神”，传承“仁寿警队力量”，共同擦亮“仁寿公安”金字招牌，在新征程上展现仁寿公安新担当新作为。

【刑事侦查】 2022年，共立命案2起、破2起，实现“命案必破”的目标。针对电信诈骗案件，严格按照上级党委、政府的统一部署要求，从组织领导上发力夯基、从打击管控上着力治标、从宣传预防上用力固本，确保各项工作开展循序渐进、持续有力，取得成效。全县电诈警情连续大幅下降，全年共发电诈案336起，较2021年同比下降52.6%，损失金额2195万，同比下降54.9%。滞留缅北涉诈高危人员227名，核减185人，现存42人，清降率81.5%。打击回流人员104人，打击率42.9%，开展机场预拦截200余人次。30万余人下载注册“国家反诈中心”App，成功精准预警诈骗电话1.3万余起，成功劝阻被骗金额1400余万元，冻结涉案资金5400万余元。打掉涉嫌诈骗、帮信、掩饰隐瞒犯罪团伙5个，打击处理犯罪嫌疑人79人。针对传统侵财犯罪，采取“主动侦查、积极串并、深度研判、强化经营、集中打击”的模式，以“打团伙、打流窜、打系列”为重点，全力打击传统侵财犯罪团伙。全年破案415起，公诉149人，打掉犯罪团伙12个，盗窃、抢夺、掩饰隐瞒犯罪所得罪重刑判决5人，追缴汽车、摩托车、手机、电脑、相机及大量金银首饰等各类赃款赃物折合人民币总价值达100余万元。

【扫黑除恶常态化】 2022年，县公安局按照上级要求，继续保持扫黑除恶工作常态化，对涉黑涉恶犯罪始终保持高度警惕，严厉打击。共立恶势力犯罪集团案1件，刑拘21人；“九类”涉恶案件立案36件，刑拘27人。接到12条线索(其中市公安局下发8条，其他部门移送2条，群众举报2条)，已办结8条，另有4条线索在核查中。

【网络安全监管】 全面加强关键信息基础设施和重要信息系统保护，完成辖区内网站备案20家次，开展网

2022年1月10日，在第二个中国人民警察节来临之际，县公安局隆重举行警旗升旗仪式。副县长、县公安局党委书记、局长潘峰出席仪式并讲话，县公安局党委成员、各部门负责人、民辅警代表共135人参加(县公安局/供图)

2022 年 7 月 5 日，县公安局举行警车集中发放仪式（县公安局 / 供图）

络安全执法检查 60 次，检查重要信息系统以及重点网站 40 家，发现被通知被检单位处置网络安全隐患漏洞 60 个，发放限期整改通知书 40 份，对未履行网络安全保护义务并造成网络安全危害后果的县水利局、仁沐新高速收费站、藕塘镇卫生院依法进行警告并处罚款的行政处罚，对在运维中未履行网络安全保护责任的县移动公司进行约谈。全年共办结上报涉网行政案件 85 件，上报网安安全威胁情报日常搜集 2600 余条。

【公安信访】 2022 年，县公安局共处理群众来信、来电、来访、网络平台、相关部门及领导交办来件 1098 件次，其中来信 9 件次，来访 41 批 56 人，网络信访 142 件次，巡视组、相关部门及领导交办 13 件，“12345”交办件 878 件，办结率 100%。

【机要保密】 由县公安局保密办组织开展 6 轮次保密自查自评工作，组织全局民（辅）警签订保密责任书及“六个严禁”安全责任书，完成新进劳务派遣人员的保密教育和测评任务，规范 86 名涉密人员档案，开展保密讲座 4 次，送教上门 32 次，专题活动 6 次，受教人员 5000 余人，通过保密技术防范系统对公安网电脑、巡检敏感信息，清理公安网 IP 地址重合 202 台。全年全局未出现一起泄密事件。

【征兵政审工作】 圆满完成 2022 年度征兵政审工作。协助县政府征兵办公室做好应征青年体检工作，无一政治退兵。

【警犬基地建设】 按照公安部、四川省公安厅关于加强全省警犬装备建设批示指示精神，强化警犬基地建设，积极推进警犬重大案件现场同步上案机制，不断提高警犬工作规模和警犬使用能力。截至年末，基地共有警犬 16 头（暂寄养在彭山），警犬基地改建工作有序推进。2022 年，先后参与县“两会”安保等各类安保活动 10 余次。

【监所管理】 2022 年，按照监所疫情防控要求高于社会面的基本原则，结合本地疫情情况，坚持实行 AB 班封闭执勤工作模式，紧紧围绕“监管民警”“在押人员”两个核心要素，重点落实疫情期间监所安全管理措施，实现“疫情零感染、安全零事故、队伍零违纪”目标。全年，县看守所新收押犯罪嫌疑人 505 人，办理出所 745 人，实现“安全零事故、民警零违纪”的双安全工作目标。深挖获取违法犯罪线索 11 条，破获案件 23 件，嫌疑人抓获 25 人。县拘留所完成 729 名收拘人员的管理教育任务，其中行政拘留人员 708 名，司法拘留人员 21 名，办理强制戒毒人员业务 26 件，办理转刑事拘留业务 10 件，停止执行拘留人员 7 名，其余全部期满出所。

检 察

【概况】 2022 年，仁寿县人民检察院紧扣最高人民检察院“质量建设年”要求，依法能动履职，全面推进“四大检察”（指刑事检察、民事检察、行政检察和公益诉讼检察）“十大业务”（普通刑事犯罪检察业务、重大刑事犯罪检察业务、职务犯罪检察业务、经济犯罪检察业务、刑事执行检察业务、民事检察业务、行政检察业务、公益诉讼检察业务、未成年人检察业务、控告申诉检察业务）充分协调发展，为天府新区眉山片区和仁寿经济社会发展提供有力司法保障。

【维护社会平安稳定】 坚定不移贯

彻总体国家安全观，始终坚持“稳字当头”，推动更高水平的平安仁寿建设，办理各类案件1206件。其中，办理危害国家安全、公共安全等犯罪，批捕44件54人，起诉131件135人；办理故意杀人、故意伤害等威胁群众生命安全犯罪，批捕20件21人，起诉46件55人；办理“两抢一盗”等多发性侵财犯罪，批捕77件99人，起诉127件200人；办理黄赌毒、寻衅滋事等威胁社会治安犯罪，批捕26件31人，起诉45件79人，办理全市首例贩毒洗钱案。常态化推进扫黑除恶斗争，坚守“一个不放过、一个不凑数”，起诉涉黑涉恶犯罪3件40人，依法办理全国教整办交办的“5·19涉黑案”。强化与监察机关衔接配合，提前介入并办理监委移送审查起诉案件10件10人，移送司法工作人员职务犯罪案件线索2条。

【融入市域社会治理】 积极促进诉源治理，在监督办案过程中，针对个案、类案发生的原因，制发社会治理类检察建议8份，推动破解液化气经营行业安全生产监督管理等社会治理问题。依托“12309”检察服务中心持续做好检察接访，落实群众来信件件有回复制度，受理来信来访99件，接待群众156人次，院领导包案办理三类案件（刑事申诉案件；检察机关作为赔偿义务机关的国家赔偿案件；立案监督案件）4件，确保到省进京零上访，为中共二十大胜利召开营造良好的信访稳定环境。深入落实“少捕慎诉慎押”刑事司法政策，探索建立轻微刑事案件赔偿保证金提存制度，对轻微刑事案件依法不捕90件158人，不捕率46.88%；不诉127件191人，不诉率24.08%。开展羁押必要性审查29人，建议变更强制措施或释放15人，诉前羁押率28.4%。落实“谁执法、谁普法”责任制，深入乡镇、学校、企事业单位、村社等开展法律宣传65次。

【营造法治化营商环境】 持续做好检察环节服务保障“六稳”“六保”工作，营造安商惠企的营商环境，起诉破坏市场经济秩序犯罪13件28人。严惩侵害企业权益犯罪，起诉侵犯企业合法权益犯罪3件3人。积极开展安全生产专项检察监督活动，联合主管部门到11个重点排污企业开展监督检查，扎紧企业安全生产保险绳。为防企业因案陷入困境，对企业负责人涉经营类犯罪依法酌定不诉8人，办理的四川某木门业科技有限公司虚开增值税专用发票案入选全市政法系统保护民营企业合法权益十大典型案例。探索开展涉案企业合规改革试点，与县工商联等8部门成立涉案企业合规第三方监督评估机制管理委员会，成功办结全市首例涉污染环境企业合规审查案件，通过督促涉案企业作出合规承诺、落实合规整改，依法对涉案企业四川仁寿铁马焦化有限公司及7名涉案人员作出不起诉决定，防止办了案子、垮了企业。

【守护群众美好生活】 起诉涉电信网络诈骗犯罪12件18人、危害食品安全犯罪9件9人。支持农民工起诉32件，帮助54人追回欠薪75万余元，办理的周某某拒不支付劳动报酬案入选全省根治欠薪优秀案例。落实最高检第7号、8号检察建议，保障寄递行业生产安全。助力生态环境保卫战，起诉非法捕捞水产、盗伐滥伐林木等破坏生态环境资源犯罪7件15人。助力疫情防控阻击战，安排干警1147人次参与高速卡点、集中隔离点值守和社区志愿服务。助力乡村振兴整体战，用好国家司法救助制度，防止因案致贫、因案返贫，分别与县乡村振兴局等部门建立司法救助助力乡村振兴等机制，向44名案件当事人及其近亲属发放司法救助金37.9万元。

【加强未成年人司法保护】 坚持对未成年人“教育、感化、挽救”的工作方针，对涉嫌轻微犯罪并有悔罪表现的未成年人不捕34人，不捕率83%；不诉20人，不诉率48.8%。依法打击侵害未成年人犯罪，批捕16人，起诉22人。贯彻未成年人特殊保护制度，针对家庭教育缺位、错位等关键问题，开展涉案未成年人帮教66人次、家庭教育指导38人次、心理评估和疏导20人次。深入落实最高检“一号检察建议”，投入17万元建成未成年人“一站式”观护办案中心，实现“捕、诉、监、防、教”办案一体化。创新开展附条件不起诉量化考察帮教，对8名涉罪未成年人进行量化考察帮教后作出不起诉决定。积极参与校园法治教育，选派22名检察官担任法治副校长。原创未成年人保护公益宣传片《以爱之名，“未”你守护》，被最高检、民政部转发推广。

【深化检务公开】 主动接受人大监督、政协民主监督和社会各界的监督，向县人大常委会专项报告公益诉讼工作开展情况。邀请人大代表、政协委员参加工作视察、“检察开放日”等活动93人次，院领导带头走访人大代表20人次，邀请人民监督员监督办案11件。着力规范检察听证制度，聘任听证员19名，并针对重大争议或影响性案件，邀请人大代表、政协委员、听证员参与听证案件56件，实现“四大检察”“十大业务”全覆盖。持续深化检务公开，通过“12309”中国检察网公开案件程序性信息719条，公开法律文书216份，接待辩护人、诉讼代理人阅卷347人次。依托

2022 年 9 月 21 日，仁寿县涉案企业合规第三方监督评估机制管理委员会成立大会暨第一次联席会议召开（县检察院 / 供图）

“两微一端”在省级以上新闻媒体发稿 73 篇，推送检察信息 1137 条。其中，微信、微博被最高检和四川省检察院采用 30 期，确保检察权在阳光下运行。

【刑事检察】 加强立案监督和侦查监督，依托侦查监督与协作配合办公室，推进法律监督前沿实体化，监督公安机关立案 16 件，监督撤案 3 件，书面纠正侦查活动违法 18 件，依法追究漏捕、漏诉 15 人，开展重大、疑难、复杂案件会商 42 件次，提出侦查意见 200 余条；开展刑事挂案专项清理，处置挂案 32 件。发挥认罪认罚从宽主导作用，认罪认罚适用率 89.4%；提出确定刑量刑建议率 99.5%，采纳率 97.6%，上诉率明显降低。强化执法司法保障，办理的成某辉袭警案被四川省检察院评为优秀案例。加强审判活动监督，纠正审判违法 7 件，提起抗诉 1 件。加大行刑衔接工作力度，监督行政机关移送案件 7 件，提起公诉 5 件。加大刑罚执行监督，纠正监管场所各类违法案件 19 件，纠正社区矫正和剥夺政治权利执行违法案件 25 件，发现脱漏管 1 人，纠正财产刑执行违法案件 12 件。

【民事行政检察】 办理民事行政监督案件 23 件，其中办理民事行政生效裁判监督案件 5 件，提出再审检察建议 3 件，和解 2 件；办理审判程序监督案件 7 件，发出检察建议 3 份；办理民事执行活动监督案件 11 件，发出检察建议 6 份。开展护航民生民利专项活动，与县住建局建立保障性住房监管协作机制，办理监督案件 6 件。深入开展行政争议实质性化解工作，成功化解行政争议案件 15 件。加强行政执法监督，办理行政非诉执行案件 16 件，发出检察建议 9 份。与成都天府新区检察院会签《民事行政检察区域协作行动方案》，助力形成优势互补、资源共享的民事行政检察工作新格局。

【公益诉讼检察】 受理各类公益诉讼案件线索 83 件，立案 82 件，其中行政公益诉讼 65 件，民事公益诉讼 17 件，发出诉前检察建议 64 份，提起诉讼 11 件。积极办理由四川省检察院立案的“10·15”专案，即破坏黑龙滩水源地生态环境检察公益诉讼案，案件办理成效得到市委、县委和上级检察院的充分肯定。依法履职守护“天府粮仓”，针对耕地占用税征收监管问题，制发检察建议 5 份，推动耕地占用税征收实现零的突破，督促收回税款及滞纳金 1783.45 万元。与井研县检察院建立跨区域生态环境和资源保护公益诉讼检察协作机制，协力做好岷江流域生态保护“后半篇文章”。

法 院

【概况】 2022 年，仁寿县人民法院深入践行习近平法治思想，紧紧围绕“努力让人民群众在每一个司法案件中感受到公平正义”的工作目标，扎实开展“增强政治力、加强战斗力、提升公信力”三大行动，以为民司法书写忠诚，以公正司法诠释担当，推动工作取得新成效。全年共受理各类案件 1.44 万件，审执结案 1.41 万件，结案率 97.54%，法官人均结案数 276.33 件，服判息诉率、案件改发率等审判质效重点指标均符合相关要求。

【刑事审判】 2022 年，新收刑事一审案件 427 件 674 人，旧存案件 7 件 17 人，审结 419 件 643 人，结案率为 96.54%。在刑事审判中，严厉打击电信诈骗及侵害未成年人犯罪案件，同时结合普法宣传，做到末端惩治和源头防控双管齐下，有效维护社会稳定。加大环资案件审判力度，积极开展环资刑事案件巡回审判，有效发挥环资案件审判警示作用，做到政治效果、法律效果、社会效果有机统一。坚持推进扫黑除恶常态化，依法审结朱某某等 38 人犯组织、领导、参加黑社会性质组织等罪一案。坚持以审判为中心，稳步推进庭审实质化改

2022 年 5 月 13 日，仁寿县人民法院组织召开第一审知识产权案件集中管辖新闻发布会（瑜珈彤 / 摄）

革，对于被告人不认罪的案件适用庭审实质化机制审理。积极推动认罪认罚从宽处理机制适用，进一步提高刑事诉讼质量和效率。

【民商事审判】 2022 年，新收民商事一审案件 9454 件，同比上升 12.41%，旧存 166 件，结案 9360 件，结案率 97.3%。在民商事审判中，深化诉讼与非诉讼相衔接的矛盾纠纷化解体系建设，深入开展诉前调解和诉讼调解对接工作，充分发挥人民调解、行政调处、仲裁等非诉讼纠纷解决机制功能。进一步完善类型化办案模式，优化审判资源配置，切实提升民商审判质效。进一步推进家事审判改革。服务新区建设，积极从理念、方法、政策、效果等各个层面进行调研，对新区建设中出现的新问题、新情况、新任务、新要求认真研判，主动应对。

【执行工作】 2022 年，新收首次执行案件 3992 件，旧存 37 件，执结 4029 件，执行到位金额 10.52 亿元，同比上升 85.46%，执行质效各项指标持续向好，荣获全市法院执行工作优秀奖。不断完善综合治理大格局。定期召开全县执行工作联席会议和重点成员单位联席会议，专题研究“打财断血”、涉职务犯罪、涉执信访、查人找物等执行难点问题，凝聚综合治理执行难的强大工作合力，荣获 2022 年全市法院执行联动奖。不断强化执行内部协同。落实“一把手抓”“党组主管”方针，将执行工作纳入重点工作规划和党组定期议事决策内容，形成常态化抓执行工作态势；制定《执行工作一体化考核实施方案》《执行工作责任清单》，明确各部门在执行办案、执行监管、执行保障等环节协作配合职责，健全部门联络员机制，推进立审执访衔接机制实质化运行，切实增强内部协调的力度和效果。持续加大拒执打击力度。常态化开展“失信大曝光”“执行大会战”“拒执大打击”等执行专项活动，2022 年共拘留被执行人 18 人，罚款 75 人 24.56 万元，采取搜查措施 67 人，责令书面检讨 13 人，移送追究拒执犯罪 12 人，以拒不执行判决、裁定罪判处犯罪分子 4 人。不断提升指挥中心实质化运行水平。不断完善“三区六岗”（执行指挥中心设立指挥区、管理区、事务区，领导值班岗、指挥调度岗、技术服务岗、事务集约岗、信访舆情岗、督查督办岗）职能职责，优化人员配置，强化指挥中心对执行案件、执行事项和执行人员的全方位实时监管，指挥中心实质化运行水平进一步提升，被省法院确定为全省首批执行指挥中心实质化运行优秀法院。强化宣传引导。线上线下齐宣传，大力开展以案普法，发挥警示威慑作用。通过“大美仁寿”、法院微信公众号、法院 LED 显示屏，加大对失信行为、拒执行为的曝光力度，助力社会诚信建设。

【知识产权审判】 自 2022 年 5 月 1 日依法集中管辖全市一审知识产权民事、行政案件以来，诉前调解知识产权案件 24 件，立案受理各类知识产权一审案件 55 件，审结案件 48 件。组建专业审判团队。在繁案团队安排两名员额法官组建专门的知识产权审判团队，按照“一审一书”要求配置审判力量，按时受理、高效审理知识产权案件。构建知识产权多元化纠纷解决机制。与中国（四川）知识产权保护中心签订知识产权协同保护工作机制框架协议，建立联调联动机制，深入推进知识产权协同保护；聘任知识产权案件专职律师调解员入驻法院诉调对接中心，协调处理涉知识产权的诉前调解工作。创新工作方法提高办案质效。优先适用线上“云审”远程开庭审理案件，同时建立“一案一群”工作模式，利用微信群组织双方利用碎片化时间交换意见、进行调解。

【立案工作】 2022 年，审查受理各类案件 14449 件，为困难群众缓、减、免交诉讼费 46.13 万元。狠抓立案基础工作，全力开展诉非分流工作，做好速裁案件、不宜诉讼案件的分流。依托信息化建设，积极推广四川微法院，2022 年，通过四川微法院立案审查民事案件 4336 件、执行案件 728

件，名列全省前茅。深化诉讼服务中心实质化，做优、做实繁简分流，全年繁简分流率84.74%。全力推广运用保全平台、电子送达平台、律师服务平台等诉讼服务平台，提高案件质效。提供各项便民服务举措，方便当事人诉讼。积极打造一站式诉讼服务网络，提高服务质量，完善“厅网线巡”为一体的诉讼服务中心，实现“一站通办、一网通办、一号通办、一次通办”。

【审判管理】 有序开展裁判文书评查、庭审评查、案件质量评查“三评查”工作，“三评查”覆盖率达100%。2022年，共编写“三评查”通报12期，评查裁判文书63份，庭审评查59件、案件质量评查148件，重点评查发回重审、改判以及再审案件56件，规范程序及实体问题。不断创新质效考评体系，规范审判管理，定期通报，进行指标分析、审判态势分析，及时为院长宏观决策提供准确的情况分析，为业务部门提出建设性建议、意见，便于查漏补缺，提升质效。根据四川省高院发布的数据，不定期对全院质效评估及部门质效评估进行态势分析，找出存在问题，研究下一步工作思路。加强积案化解，及时掌控化解力度，严查问题环节，层层督导落实。按照四川省高院及眉山市中院要求，每季度开展一次庭审评查、裁判文书评查、案件质量评查，对发现的不规范问题及时指正，提升法官办案能力及县法院司法公信力；每月及时、准确地完成司法统计报表工作，每月对大数据平台、通达海系统及执行系统进行核查比对。制定《仁寿县人民法院关于规范审判委员会讨论流程的规定》，严格审查提交审委会的案件材料，协助召开审委会，做好案件的收集、整理、会务安排、记录和后勤保障工作。2022年，召开会议18次，评查发改案件35件，评选民事参考性案例6个，讨论案件36件，讨论事项10项。

【诉调对接】 坚持党政主导，巩固多元解纷格局。县委、县政府对诉源治理工作高度重视，将诉源治理工作纳入平安建设、城乡基层治理和依法治县工作，将“无讼”社区（村）创建活动融入全县平安社区（村）创建工作中，同安排同部署，党政主导的矛盾纠纷综合治理大格局得到进一步巩固。法院主动作为，搭建多元化解平台。积极运用“四川微法院”“人民法院调解平台”，满足群众司法需求；完善法官联系调解组织机制，发挥法官联络站作用，开展法官进乡镇、进社区、进校园、进企业法治宣讲和法律咨询活动；派驻干警常驻县矛盾纠纷多元化解协调中心，开展涉诉涉访接待工作，参与矛盾纠纷调处和行政争议协调工作，前端化解矛盾纠纷；加强与非诉调解组织的沟通和衔接，与四川省知识产权纠纷人民调解委员会、眉山市知识产权纠纷人民调解委员会建立特邀调解工作机制，邀请律师调解员参与知识产权纠纷调处机制，开展知识产权纠纷诉调对接工作，与四川天府商事调解中心、眉山市医调委、个人调解工作室加大对接力度，形成合力，从源头上共同化解矛盾纠纷；建立工程建设领域民事司法与行政执法衔接联动工作机制和仁寿县工程建设领域执法司法专家咨询库，进一步促进建筑行业健康发展，推进建设工程类案件诉源治理；持续推进示范村（社区）创建活动，完善矛盾纠纷预防制度、调解回访制度、规范调解工作和调解流程，充分发挥第一、第二、第三批示范村（社区）的示范引领作用，以点带面加强基层治理。依托法治宣传，源头化解矛盾纠纷。发挥巡回法庭、法官联络站、流动法庭的作用，积极开展巡回审判调解工作，构建起巡回审判调解网络，将调解服务延伸到社区街道、田间地头。

【司法管理】 纪检监察工作。提高认识强化“硬约束”，全面压实主体责任。坚持把落实全面从严治党主体责任作为一项重要的政治任务，强化责任担当、落实责任内容、厘清责任界限，压实工作职责，力促领导干部做到肩上有担子、心中有法子、脑里有点子、工作有样子。全面履行“大党建”工作第一责任，制发《机关党的建设“三级五岗”责任清单》，制定

2022年11月7—9日，仁寿县人民法院公开开庭审理朱某某等38人涉黑案（莫秀娟/摄）

《党组成员年度履职尽责考核方案》，党内职务考核占40%，严格结果运用，压实班子成员责任，督促班子成员率先做到令行禁止，强力彰显“纪律面前没有例外”。深化学习提高“内动力”，筑牢拒腐防变思想防线。巩固拓展党史学习教育及政法队伍教育整顿成果，坚持把学习作为党风廉政建设责任制的关键环节常抓不懈，2022年，组织开展专题学习12次。毫不动摇坚持党对法院工作的绝对领导，认真贯彻执行《中国共产党政法工作条例》及《四川省实施细则》，向上级请示、报告34次。把党风廉政建设作为在职干部理论学习的重要内容，充分利用正反两面激励引导全院干警牢记初心使命，进一步深化对党风廉政建设重要性的认识，一体推进不敢腐、不能腐、不想腐。紧盯顽疾开好“处方药”，形成贯彻落实规定常态。以司法作风突出问题集中整治为抓手，直面指出庭审、诉讼服务、裁判文书中的问题；制发《关于巩固全国政法队伍教育整顿成果推进全面从严管党治警的意见》，分解《常态化开展执法司法顽瘴痼疾排查工作任务清单》，坚持不懈纠正“四风”，巩固队伍教育整顿成果。以高度的政治自觉抓好最高法院审务督察、省委第五巡视组巡视省法院党组、省委县委联动巡察、省法院司法巡查市中院党组、省法院司法审计、县委政法委政治督察反馈问题整改，实行“清单制＋责任制＋通报制”销号管理，确保反馈问题在整改时限内“见底清零”，扎实做好整改“后半篇文章”。

信息调研宣传工作。2022年，共编发工作简报、专项活动专刊等62期158条，被上级法院采用22条；外宣稿件被媒体采用127条，转载400余次；规范司法建议书的制作格式和流程，完成司法建议发出和反馈情况专题分析报告，2022年发送司法建议39篇，回复率100%；及时、准确地报送提级管辖案件和下沉案件统计表和季报，报送专刊信息14篇，并完成改革中期自查评估报告和年度调研专题报告；完成全国及省法院学术讨论会议题论文和常规调研论文22篇，获奖或被采用5篇；报送案例40件，其中2件被选为“五年二十佳”案例；申报课题12个，其中5个申报成功，成功结项5个课题。安全保卫工作。认真做好出警、值庭工作。2022年共值班826次，押解、看管被告540人，出警1306人次，完成民事强制执行1次，出警20人次。做好值班工作，随时处置突发事件。2022年共处置突发事件35次，检查出危险物品20件。坚持节假日值班制度，实行领导带班、24小时预备警，随时准备调警处置突发事件，有力地保证法院维稳工作。按计划完成业务技能训练，提高法警队伍战斗力。

司法行政

【概况】 2022年，仁寿县司法局坚持依法行政，不断提升法治社会建设水平。在普法宣传、基层法律服务、安置帮教、社区矫正等方面坚持依法治理，着力提高法治服务能力。

【深化普法依法治理】 推进“八五”普法有序开展，以“法治四川行”一月一主题活动为抓手，推动落实“谁执法谁普法”部门普法责任制；强化未成年人法治保护，实现全县149所中小学校及幼儿园法治副校长全覆盖，在校青少年法治宣传教育普及率达100%；积极利用“四川省国家工作人员学法系统平台”组织全县国家工作人员全覆盖参加在线学法考法，提高公职人员法律素养；推进法治示范社区创建工作，大化水利社区成功创建国家级民主法治示范社区；加大对网格员、村（社区）干部、农村致富带头人培训力度，选聘培育“法律明白人”879名，基层依法治理法治保障全面构建。

【强化公共法律服务供给】 加强人民调解组织队伍建设，成立仁寿县知识产权纠纷人民调解委员会和仁寿县老黎个人调解工作室，进一步提升人民调解组织的覆盖面。持续组织人民调解员开展业务培训和学习，参与线下线上培训2800余人次。2022年，共调解矛盾纠纷3561件，成功调解

2022年3月23日，仁寿县举办司法局第一期学习大讲堂（县司法局／供图）

3547 件，成功率 98% 以上，未发生因调解不成功而引发的民转刑案件。

【严格落实安置帮教措施】 完善工作机制，通过台账化、清单化、规范化对刑满释放人员进行规范管理，做到家底清、情况明，精准管控。

【探索推进社区矫正“仁寿模式”】 积极推行“教矫相济 + 宽严结合 + 心理咨询”工作模式，在社区矫正对象监管上推行“765 仁寿模式”，社区矫正业务上实行“855 仁寿管理方式”，试点汪洋镇开展社区矫正“片区制”改革工作，开展社区矫正对象“三新教育”，创新矫正方法，将矫正管理、矫正教育、矫正效果提上新的台阶。

【夯实司法行政基层基础】 加强司法所规范化建设，将乡镇（街道）一站式矛盾纠纷多元化解协调中心与司法所规范化建设相结合，推动司法、行政和社会力量有机衔接，全面升级改造完成第一批 12 个司法所规范化建设并投入使用。汪洋司法所成功创建省级“枫桥式”司法所。

【做好法律援助民生实事】 坚持“应援尽援、应援优援”的原则，不断扩大民事法律援助覆盖面。2022 年，仁寿县法律援助中心共提供法律咨询 5700 余人次，办理各类法律援助案件 993 件，完成眉山市定目标任务的 206.87%。

2022 年 5 月 24 日，仁寿县开展社区矫正心理测评活动（县司法局 / 供图）

【做实公证法律服务】 强化公证服务大局观念，积极配合县、乡（镇）党委政府开展“保交楼”、安置选房、房屋拆迁等事项，办理公证业务 200 余件，充分发挥公证预防纠纷、化解矛盾职能；提升公证为民服务意识，全年办理公证案件 6730 件，提供免费上门服务 30 件 60 人次，提供延时服务 665 人次，预约服务 400 人次，通过“零接触”公证平台共受理公证案件 1169 件。

【发挥基层法律服务行业及专业律师作用】 坚持服务于民的中心思想，着力做好基层法律援助、法律咨询以及纠纷调解、公益服务等工作，为民提供优质便捷的法律服务，正义、龙正、海洋、文林等法律服务所在业务办理上都保持较高水准，群众满意度较高；16 名政治素养高、业务能力强的律师参与涉黑涉恶援助案件，14 件涉黑援助案件依法保质保量办结。

军　事

人民武装

【概况】 2022年，仁寿县人民武装部（以下简称县人武部）深入贯彻习近平新时代中国特色社会主义思想和习近平强军思想，以推动核心能力建设和完成各项任务为抓手，以学习宣传贯彻中共二十大精神为主线，以“建设一流人武部”为目标，弘扬伟大建党精神，坚持稳中求进总基调，强化政治引领，突出练兵备战，积极创先争优，较好地完成年度各项任务，被四川省军区表彰为“全面建设先进人武部”。

【思想政治建设】 2022年，县人武部深化理论武装，筑牢思想根基。统筹推进“赞颂新成就、喜迎二十大”“学思想、铸忠诚、担使命”实践活动，深化拓展“忠诚维护核心、矢志奋斗强军”主题教育，组织政治教员岗位练兵、“四创”微视频创拍和学习《习近平强军思想学习问答》等活动，制作4部政治教育辅导授课微视频，切实强化理论学习质效。统筹推进“四严四整”教育整训和“加强政治建设、严守政治纪律”专项自查整改活动，不断提升政治能力。组织收听收看中共二十大开幕盛况和新一届中央政治局常委同中外记者见面会，及时跟进学习《人民日报》《解放军报》等刊发的社论，收看《领航》《追光》专题片；制定学习宣传贯彻方案，印制党的“二十大报告学习大纲”以及“新党章辅导手册”，组织知识考核，制作学习宣传贯彻中共二十大精神展板和宣传横幅，人人撰写心得体会，利用党组织活动时间开展体会交流；认真聆听全军学习贯彻中共二十大精神宣讲辅导，召开全县专武干部大会宣讲中共二十大精神，使中共二十大精神在基层落地生根。广泛学习宣传“时代楷模”王继才、张连印和“见义勇为勇士”张昆等人的先进事迹，不断纯洁思想、净化灵魂。大力开展防间保密、形势战备和使命任务教育，广大民兵使命感、责任感和荣誉感进一步增强。

【民兵战备训练】 2022年，县人武部聚焦备战打仗，抓好练兵备战。扎实开展战备教育，定期学习战备制度规定，抓好各级各类战备值班。滚动修订应战应急方案，定期组织现场演练，战备秩序进一步规范。投入50余万元升级改造值班室、作战室配套建设，投入近20万元购置补充各类战备物资器材，应急动员能力和人装结合水平有较大提升。聚焦“五个绝不能”目标，真难严实抓训练，稳步提升训练质效。突出首长机关“指挥员应急应战业务”“组织实施应急应战动员”训练，全年完成基础训练86小时，业务训练105小时，参训率100%，军事训练考核整体评定为优秀。把住基干民兵这个重点，采取成建制、基地化模式实施集中轮训，提升实装实操训练比重，常态化开展全中性比武竞赛和岗位练兵活动，着力提升基干民兵应急应战能力。全年共组织10期民兵军事训练，完成率达118.2%，组织民兵在黑龙滩水库大坝进行防汛抗洪科目演练，高标准参加省军区国防动员演练人装展演示。参加军分区比武竞赛，取得团体第二名、个人综合第三名和个人单项1个第一名、2个第四名的优异成绩。

【国防后备力量建设】 2022年，县人武部推动国防动员和后备力量建设，建强民兵队伍。突出新域新质和重点行业，完成基干民兵由“应急、专业、特殊”三支队伍向“应急、支援”两支力量的转变，编制《仁寿县民兵建设发展“十四五”计划》，对全县基干民兵编组信息逐一进行核实，及时调整不符合编组条件的人员，民兵组织结构不断优化。对照《民兵组织整顿工作实施办法》和《检查考评细则》，先后2次对全县32个乡镇（街道）民兵工作进行全覆盖检查和“回头看”，查摆问题16类280余条，限期整改落实，确保建设实效。在全市年度民兵工作检查考评中，仁寿县位列全市第一。聚焦兵员质量这个根本，广泛开展征兵宣传，严格体格检查和政治考核标准，加强审查监督和公开公示，征兵工作质效稳步提升，征兵“五率”评定优秀，排名全市第二。紧贴作战急需、备战应急，扎实开展国防动员潜力采集、会审和评估。

【安全管理】 2022年，县人武部加强安全管理，守好安全底线。严格落实军队安全管理各项制度规定，对照《国防动员系统安全检查评分细则》，坚持每季度组织安全形势分析，每月开展安全隐患排查，有序推进“条令学习月活动”“百日安全活动”，共查摆问题隐患23个，逐一建立问题台账，责任到人逐条整改到位。严格遵守重要演训任务安全管理规定，做到任务前有教育、有检查、有评估，任务中有提醒，任务后有报告，有效促进安全工作走深走实。紧盯“17个重点要素”“12个风险隐患”，深入开展纠治违规喝酒及酒后违纪违法问题专项教育整治、深化基层风气整肃治理和“惜岗位尽职责，正秩序守纪律”职工队伍专项教育整顿等专项行动，正规单位“四个秩序”，加强“八小时以外”管理，纯正对外交往，安全管理基础不断牢固。

【党管武装与全面从严治党】 2022

年，县人武部落实党管武装制度，提升党管武装质效。坚持和落实党管武装各项制度，定期召开党管武装工作会议、党委议军会，传达学习上级关于国防后备力量建设和国防动员工作指示要求，研究解决部队实际问题。县委、县政府主要领导现场办公决定专项拨款用于仁寿县国防教育基地、民兵训练基地和人武部营区基础设施维护，进一步提升人武部硬件设施。严密组织党政领导军事日活动，组织92名乡镇（街道）党政主要领导和专武部部长开展“军事日”活动，通过观看战备形势教育片、参观眉山抗战将士纪念馆现场教学以及实弹射击训练等多种形式，切实增强党政机关领导干部国防观念。突出专武干部队伍培养、使用、考核、认证、激励工作，组织3名专武干部参加省军区比武集训、32名专武干部参加上级线上培训，加强人员多岗位实践历练，向地方推荐使用3名优秀专武干部，进一步提升专武干部队伍建设水平。

【后勤保障】 2022年，县人武部严格落实规定，搞好后勤保障。严格落实上级政策制度规定和《军分区财务管理暂行办法》，落实中央八项规定，坚持党委理财制度，规范各项大项经费开支和年度财务预算，规范经费审批管理、工程建设、物资服务采购、车辆管理、油料管理、伙食管理等工作秩序，坚决杜绝不合理开支，严控行政性消耗开支，提升经费使用效益。深入开展资产可视化建设，对人武部现有资产逐个登记造册，打码贴签，明确资产责任人和所在位置，做到账物清楚、数物相符。搞好车辆定期维护保养，组织开展军车交通安全月活动，通过安全警示教育、观看警示教育视频以及签订安全驾驶承诺书等多种形式，提高所属人员驾驶能力，提升安全行车意识。始终把疫情防控工作摆在重要位置，按照“高度重视、依法防控、积极应对、科学处置”原则，紧贴单位实际抓防控，及时调整应急预案，购买设施设备，落实体温检测、扫健康码、佩戴口罩、办公区域每日消毒等制度。对在营区居住的地方人员严格按照有关规定抓好宣传教育和跟踪监测，进出营门须提供健康码。严格落实上级关于民兵集中训练疫情防控要求，扎实抓好常态化疫情防控工作。

【国防教育】 2022年，县人武部坚持多渠道、多方式，全方位、广覆盖推进国防教育，通过仁寿电视台、“大美仁寿”平台等媒体向全县人民群众宣传国防知识，持续开展为立功受奖现役军人送喜报活动，大力营造尊崇军人、关爱优抚对象的良好氛围。结合征兵宣传时机，大力推进全民国防教育，增强全面国防观念，培育爱国情操，提高适龄青年踊跃参军的热情。定期组织各乡镇民兵开展政治教育、军事理论教育，开展技能训练，激发广大民兵爱国热情，增强战备意识。

双拥共建

【概况】 2022年，仁寿县退役军人事务局深化“四个军心”，坚持“八一”、春节等重大节日，组织退役军人开展“忆初心　老兵说”“茶话畅心扉”等座谈活动，组织开展“清明祭英烈”和“9·30烈士公祭日”活动，铭记传承，不忘军心。联合仁寿海微眼科医院等，组织开展减免退役军人及其家属白内障手术费用、建设“共建共享”服务超市、为预定新兵役前“送祝福、送政策、送温暖”、情系“边防官兵”等系列“我为退役军人办实事”主题活动，打造双拥主题元素公园，积极营造军政军民团结和谐社会氛围，让退役军人享尊崇。

【优待证申领】 12月14日，全国退役军人、其他优抚对象优待证申领工作正式启动。优待证由退役军人事务部统一制发，分为“中华人民共和国退役军人优待证”“中华人民共和国烈士、因公牺牲军人、病故军人遗属优待证”两种。2022年3月，县退役军人事务局联合全县27个乡镇（街道）退役军人服务站，开展建档立卡和优待证申领发放工作，先后召开6次工作推进会。

【拥军优属】 7月，仁寿县公交车“双拥专线”正式开通，全县退役军人可免费乘坐县内公交，在全社会营造浓厚拥军崇军氛围。12月，依托县中央水体公园，在原有园林基础上增加双拥主题题材及文化元素，打造一座主题突出、特色鲜明、集红色文化教育和群众休闲健身于一体的双拥主题公园，营造“军爱民，民拥军，军民鱼水一家亲”良好氛围，增强广大退役军人获得感、幸福感。年内，为退役军人发放关爱基金83.9万元，用于解决医疗、生活、教育及其他实际困难。联合各乡镇（街道）退役军人服务站，为现役军人家庭悬挂光荣牌。2022年，为现役军人家庭送去喜报378份（其中荣立二等功2人，荣立三等功67人，“四有”优秀士兵309人），发放立功受奖一次性优待金29.85万元。为65户荣立三等功以上现役军人家属发放眉山市“强军奉献奖”奖励金29.2万元。开展“我为退役军人办实事”系列主题活动，联合仁寿海微眼科医院，为全县退役军人及其家属免去白内障复明手术费57.7万元；与22家企业（商家）联动，建设“共建共享”服务超市，为退役军人提供通信、医疗、餐饮、加油等优惠服务；开展为预定新兵役前“送祝福、送政策、送温暖”活动；与在边（海）防服役的仁寿籍现役军人建立“一对一”联系，开展送医送药、大病救助、赠送防护物品爱心“双拥包”等情系“边防官兵”志愿服务活动；结合春节、建军节等时机，扎实开展走访慰问活动，为老干部、老红军、抗疫一线医务人员、优秀人才、困难党员、现役军人家属及困难群众共计50余人，送上党和政府的关怀慰问及祝福。

【“军事日”主题活动】 12月，县退役军人事务局党组书记、局长唐建彬，组织机关、下属单位全体干部职工到空军某部开展“军事日”主题活动，学习体验部队生活，增强遵规守纪自觉性。

【拥政爱民】 2022年，县人武部围绕乡村振兴等工作，积极推进双拥共建。充分发挥军地桥梁纽带作用，积极参加驻地双拥共建活动，与汪洋镇红阳村村支部书记、村干部及驻村第一书记召开助力乡村振兴工作座谈会，充分听取联系村的意见建议，研讨村集体经济和养殖产业发展措施；突出党建帮扶、产业帮扶、助学帮扶等，先后7次到帮扶村进行实地调研，全年投入资金近15万元用于完善帮扶村基础设施建设、产业建设、助学兴教、走访慰问以及消费帮扶等项目，进一步巩固脱贫攻坚成效，助力乡村振兴高质量发展。支持包保坝达社区创文资金2万余元，通过制作文化宣传栏、创文标准化四类公益广告，民兵队伍清理垃圾广告、搬运清理大宗物件，以及基础设施维护维修等形式，助力创建省级文明城市工作。全年共出动民兵1.2万余人次，完成疫情防控、抢险救灾、应急维稳等急难险重任务。

人民防空

【概况】 仁寿县人民防空办公室自成立以来，挂牌于仁寿县住房和城乡建设局。主要工作职责为仁寿县城区规划内区域人防易地建设费征收、结建防空地下室、对已修建的防空地下室日常检查和监管、人民防空警报日常管理和维护、人防机动指挥车通信演练。

【宣传教育】 2022年，县人防办在法治广场宣传两次，通过向广大群众发放人防宣传资料、看人防展板等形式，宣传人防知识，增强群众人防安全意识。向学校、社区、机关发放人防应急包800个，并向群众普及应急知识。

【人防应急演练】 2022年，根据眉山市人防办和市教育局安排，结合“9·18”警报试鸣放工作，县人防办和县教体局通知各校自行组织学生做好人防应急演练，加强学生的防护意识，全县各校共3万余人参加。

【通信保障体系建设】 2022年，县住房和城建局现有人防机动指挥车1台，根据“平时靠得住，战时用得上”的精神，每月与眉山市人防办人防指挥车互联互通训练，多次参与四川省和眉山市人防办组织的人防指挥车演练工作。

【警报系统管理】 2022年，全县共有人防警报器42台，平时做好人防警报设施的维护管理和测试，完好率达98%以上，确保警报设备处在良好的战备状态。每年在9月18日进行防空警报试鸣放，实现城区全覆盖。

武警仁寿中队

【概况】 2022年，武警仁寿中队以“聚力迎盛会，全力抓攻坚”为主线，聚焦“找齐短板，补课赶队，逆势奋进，争先创优”思路目标，以稳中求进为根本，安全稳定为前提，坚持“举旗铸魂抓根本、聚焦打仗抓中心、依法从严抓规范、注重经常打基础、提升效能抓保障、突出功能抓支部，正风肃纪正风气”的工作思路，坚持问题导向、稳中求进、大抓落实、固本培元，中队建设呈向上向好态势。

【思想政治建设】 2022年，武警仁寿中队狠抓建队育人，夯实官兵发展的思想基础。压实政治教育统思想，强化理论学习，以党史学习教材、武警部队4本教材、习近平主席重要讲话精神为主要内容深化理论学习效果。持续聚焦主题教育、建党100周年党史系列教育，以支队“一周一画一课堂”“眉州卫士学史”为载体，坚持每日“三个半小时”，发动战士人人上台讲，让官兵在思考中学、在学中思考。结合新兵第二适应期实际，坚持随机教育与经常性教育相结合，着眼现实问题讲、融入思想感情讲，用普遍真理、科学原理、现实道理引导官兵明是非知荣辱。重视预防工作守底线，结合事故案件经验教训定期组织讨论交流，增强干部骨干发现思想心理问题隐患苗头的意识和解决心理问题的能力。对照18类重点人员标准，用好落实“十看”“四大”具体举措，坚持每日与1～2名官兵饭后转一转，每次查哨与个别哨兵聊一聊，每月与有思想波动的家长连连线，及时掌握官兵思想底数，扫清官兵思想疑惑。丰富文化活动悦身心，积极推进忠诚文化建设和书香军营规划,注重先进激励,以支队强军先锋事迹报告会为契机,深入挖掘官兵典型事迹,严密组织强军故事会、内部关系恳谈会,通过兵言兵、兵讲兵,激励官兵砥砺奋进、顽强拼搏。充分发挥官兵爱好特长,成立健全篮球、足球、计算机等兴趣小组,鼓励官兵既做活动的组织者,又做活动的参与者。先后积极开展拔河比赛、包饺子大赛,以及举办烧烤晚会,组织观看电影、篮球和足球比赛等官兵喜闻乐见的文化活动90余次。

【执勤战备】 2022年,武警仁寿中队狠抓勤务规范,夯实维稳处突的战备基础。下大力度正规执勤秩序,严格落实执勤八项制度,针对中队存在的夜间交接哨不正规、着装不规范等问题,督导执勤安全监控员在值班室组织上下哨集合讲评,中队主官每日调阅录像量化评比,每周会议讲评,每月公正评选执勤标兵,确实把执勤姿态较好、执勤能力过硬、履职尽责的哨兵评选出来,执勤秩序明显好转。下大力度提升能力素质,每月学习执勤通报,进一步深化"一讲五请"训练,重点在规范用语和熟练程度上下功夫。坚持每周不定时拉动应急小组,每周开展专勤专训,每月利用方案演练、红蓝对抗等形式检验提升执勤能力。下大力度严明纪律奖惩,中队坚持把评功评奖放在平时考查中,每月评选的"优秀哨兵"结合当月现实表现可作为表彰奖励候选人,作为选晋士官、入党考学等依据,对违反哨位纪律的一律一票否决。依据执勤规定,对3名违反哨位纪律人员责令在中队军人大会上作出检查。

【基层建设】 2022年,武警仁寿中队狠抓队伍建设,夯实蓄力发展的组织基础。抓龙头,凝合力,支部一班人带头学习习近平主席重要讲话、党史军史、军委主席负责制、民主集中制、支部工作机制等,不断强化理论武装。扎实开展"学纲要、研纲要、用纲要"活动,把落实"日书记副书记碰头交流、周队务会检查讲评、月支委会分析汇总"纳入经常性的练兵机制,让班子成员立足岗位点滴中积累、实践中印证,自觉强能补弱,提升能力素质。讲原则正风气,中队坚持将风气建设作为"立威信、固根本、管长远"的根本途径,严格贯彻落实民主集中制,公平公正处理技术学兵、骨干配备、入党考学等敏感问题,年初以来推荐任命骨干2名,吸收预备党员1名,技术学兵1名、预备特战队员集训1名,选改晋升士官5名,官兵认可度高。特别是对2名有留队意愿但日常工作不积极、军事素质较差的未予推荐,在官兵中树立靠实干、实绩进步成才的鲜明导向。建队伍,强组织,针对两个群众性组织作用发挥不经常实际,坚持交任务、压担子、定责任,指导军人委员会充分发挥"三大民主",为支部集中科学决策打下坚实民主基础。指导团支部充分调动团员青年的积极性,积极向党支部、党员队伍靠拢。紧盯"四支队伍",围绕"三抓、三个解决"(抓责任,解决不想干的问题;抓素质,解决不会干的问题;抓奖惩,解决干不好的问题),让干部骨干肩上有任务、带责任。深入开展党员"打头阵、扛红旗"等活动,倡导党员干部在年终考核、大项任务中站排头,干在前,不断强化党员使命感、责任感、荣誉感,涌现出一批一班班长王兴洋、二班班长刘振才等爱岗敬业、默默奉献的党员骨干。

【军事训练】 2022年,武警仁寿中队狠抓实战训练,夯实能打胜仗的能力基础。抓培训立导向,注重教练员、骨干的培训力度,严格落实教练员责任分工负责制,定期组织教练员集中研训,试讲互评,不断提升教练员队伍能力素质。抓龙头促提高,以"龙虎榜、破纪录"活动为载体,突出抓好基础训练,加强基础课目训练,每周抽选科目组织训练会操,每月进行训练成绩排名,制作"龙虎榜"大力宣扬训练中的突出个人,将纪录合影留念赠给当事人,鼓励和褒奖当事人的同时,营造"比、学、赶、帮、超"浓厚氛围,确保练有标准、学有榜样。中队在总队年终军事考核中取得总体良好成绩,进步明显。抓秩序创安全,中队严格落实训练中干部骨干安全责任制,严格枪支管控,严密训练组织,结合密切内部关系教育整顿,重点纠治训练方法不科学和打骂体罚现象,防止瞎折腾、乱折腾,做好训练装备保障和人为保护措施,有效确保训练安全。

【后勤保障】 2022年,武警仁寿中队狠抓攻坚克难,夯实基础设施提升精细标准。年初以来,中队积极请示协调县政府提升中队硬件建设,障碍场、隐形防护网、门窗更换、营房防水、外墙翻新已到位;篮球场、羽毛球场建设和指挥训练室正在施工;书香军营、荣誉墙(室)结合总队建设规范及首长最新指示完成规划设计;同时在正规秩序、落实制度、持久养成等软件上狠下功夫,逐一对墙上挂的、桌上摆的、门上贴的、床上铺的、地上放的进行重新规范。从日常养成抓起,对集合站队、礼节礼貌、内务卫生、会议秩序、军容风纪等细小进行规范统一,强化"两人成行、三人成伍"等作风养成,坚持反复抓、抓反复,不断提升正规化、精细化建设水平。

【安全工作】 2022年,武警仁寿中

队狠抓正规管理，夯实部队建设的安全基础。精细管理严要求，突出能级管理，落实以职定责、以人定责、以事定责管理办法，重视发挥班安全员、思想心理骨干、三互小组长的作用，织密安全预防网络，切实做到异常情况一出现就有人报、事故苗头一露头就有人抓、违章违纪一发生就有人管。注重除隐患常态化，牢固树立安全靠建理念，紧盯疫情防控“爆点”、内部关系“焦点”、手机管理“难点”、信息保密“重点”，坚持每日翻安全计时牌，每周组织安全隐患排查，每月开展安全训练和安全演练，定期组织官兵学习安全事故通报，结合中队存在的安全隐患苗头，搞好专题警示教育，拉出隐患账单，明确责任人，限时进行整改。3月份，中士鲜锡虎成功排除洗漱间热水器开关冒火1起安全隐患，受到支队表彰通报。瞄准后装提效能，狠抓制度落实，督导炊事员有效利用抖音、快手等App学习尝试研究新菜品，精心研究食谱，提高伙食保障水平。深化枪弹专项整治活动成果，坚持每日检查一次执勤枪支，每周擦拭保养一次武器，每月进行一次仪装和枪弹管理形势分析。

经济管理

固定资产投资管理

【概况】 2022年，仁寿县创新实施对上争取“六步法”，对上争取中央和四川省预算内资金历史最多。成功申报中、省预算内15个项目，到位资金2.92亿元，占市定目标的104.2%，同比增长484%。争取到位百强县培育专项资金3638万元，三类资金均居8个培育县第1位；获得全省重点项目前期工作激励资金200万元。争取到位基金项目3个、基金1.18亿元。成功包装债券项目4批次15个，发行资金20.08亿元。成功申报国家中长期贷款企业13家，贷款总需求13.1亿元。

【重点项目投资】 牢牢抓住投资主引擎，各类重点项目有序有力推进，固定资产投资持续以两位数增长。全年27个省、市重点项目完成投资90.88亿元，投资完成率123.8%。其中，4个省重点项目完成投资25.96亿元，投资完成率112.9%；23个市重点项目完成投资64.92亿元，投资完成率128.8%。全年县属全社会固定资产投资完成335.2亿元、增长12.4%，居全市前3名。筛选12个项目成功推广以工代赈方式，为项目高效建设积累仁寿经验。

【项目招投标管理】 2022年，县发展和改革局牵头继续开展深化招标投标专项整治，印发《仁寿县2022年深化工程招投标领域突出问题系统治理重点工作方案》，规范招投标市场秩序，更好地服务经济社会发展。检查项目17个，发现问题线索13条，共处罚金9.87万元，不予退还保证金56万元；受理投诉1件，调查后予以驳回，依法依规组织复评，完成项目复评1个。

【重点项目管理】 做好四川天府新区乐高乐园旅游文化区项目风险防范和信访工作，环球融创未来城“保交楼”工作成效显著，6.21亿元纾困资金安全封闭运行。采取“长牙齿”的硬措施，整治批而未供国有建设用地，连片种植粮食43.82公顷，守住粮食安全底线。会同水利、规自、住建等部门，指导企业采取疏堵结合的方式修建防汛设施。成功争取四川天府新区乐高乐园旅游文化区新建110千伏送变电工程前期工作经费，开工建设清水支渠永久渠道迁改工程。牵头现场核实新增工程项目15个，涉及资金3351.84万元，同比分别减少11.76%、84.01%。

国有资产监督管理

【国资国企改革】 根据眉山市三年改革方案，出台《仁寿县属国有企业改革三年行动实施方案（2020—2022年）》，制定任务台账，持续推进各项改革工作。截至2022年年末，70项市级任务、54项县级任务全面完成。

【国资国企监管】 正式施行《仁寿县属国有企业债务管理实施办法》及《仁寿县属国有企业对外借款和担保监督管理办法》；出台《仁寿县属国有企业债务风险事件应急处置预案》，进一步强化县属国有企业债务风险防控，规范国有企业举债行为，提高资金使用效益，有效防范和化解债务风险；每月收集汇总县属国有企业有息负债，跟踪了解企业负债情况，确保债务可控，促进企业稳健运行。

【国企投融资管理】 构建县属国企重大项目加速推进的长效工作机制，将重大项目建设纳入企业负责人年度经营业绩考核。成立“挂图作战重点项目推进工作领导小组”，明确责任领导和责任股（室），每周召开一次项目例会，研究解决具体问题。加快项目推进，2022年，县属国有企业计划实施项目105个。截至12月末，在建项目36个，已完工项目25个，项目总投资141.26亿元，已完成固定资产投资42.53亿元，完成全面目标任务31.9亿元的133.23%。

【现代企业制度建设】 调整完善《出资人监管权力清单和责任清单》，为科学界定权责边界，规范权力运行、提升决策效率；拟定《仁寿县属国有企业工资总额管理办法》，为建立健全与劳动力市场基本适应、与企业经济效益和劳动生产率挂钩的工资决定和正常增长机制；制定《关于仁寿县属国有企业“三重一大”决策事项的指导意见》，进一步规范县属国有企业“三重一大”事项决策行为，防范决策风险。

【国有资产收益】 截至2022年年末，县属国企资产总额609.5亿元，同比增长28.75%；总负债275.5亿元，同比增长32.64%；实现营业收入27.8亿元，同比增长27.24%；利润总额实现3.78亿元，同比收窄10.29%；上缴税金3.66亿元，同比增长36.43%。

【县内国有企业选介】 仁寿发展投资集团有限公司，是县政府出资组建的国有独资有限责任公司，注册资本60亿元。公司成立于2007年4月，原名县资产经营有限公司，2017年11月更名为仁寿发展投资集团有限公司。公司主要从事城市基础设施及交通建设、土地整理、文化旅游、国家鼓励的产业类项目投资、建设、运营;药品及货物贸易;负责县级经营性国有资产(具体范围以县政府授权为准)的经营管理以及县人民政府授权的其他业务。2021年改制整合为实体运行的集团公司,有职工414人,高管35人,子公司8家,即仁寿县公共交通客运有限公司、仁寿兴新工业投资有限公司、仁寿县鑫城建设开发有限责任公司、仁寿铧锐农业投资有限责任公司、四川采悦文化旅游发展有限公司、仁寿汇智人力资源有限公司(仁寿汇鑫招标采购代理有限公司)、四川存善堂药业有限责任公司、眉山市仁寿县聚惠小额贷款有限公司。截至2022年12月末,仁寿发展集团资产总额突破600亿元,实现营业收入33.8亿元,利润4.5亿元。

公司设立董事会、监事会,实行法人负责制,董事会是该公司的最高权力机构。董事会成员由出资人委派,董事会每届任期3年,公司董事会共4人,现由刘鑫、宋红兵、李跃兵、唐希明组成。监事会5人,现由牟星、廖洪波、向梅、张伦智、骆晓丽(职工代表)组成,骆晓丽为监事会主席。

公司内设党委办、行政部、财务部、投资发展部、融资部、子公司管理部、风控法务监审部7个部(办)。

四川仁寿鑫龙水务集团有限公司,2012年5月经县政府批准成立,系国有独资公司,注册资本金35亿元,隶属县国资金融局。原名四川仁寿鑫龙水务建设有限公司,2021年11月,更名为四川仁寿鑫龙水务集团有限公司。

2019年5月,集团化运行方案获批,正式开始集团化运作。现有职工509人,高管19人,子公司4家,其中全资子公司3个,分别为县供排水有限责任公司、仁寿山鑫商贸有限责任公司、仁寿启源环境工程有限公司;控股子公司为四川黑龙滩龙鑫水业有限公司;参股公司2个,分别为仁寿首创水务有限公司,持股30%;垃圾焚烧发电厂,持股30%。集团主营涉及自来水生产销售、污水处理、固废综合利用、商业贸易服务、水利水电和市政工程建设等。

截至12月末,鑫龙水务集团资产总额突破103亿元,实现营业收入6.42亿元,实现利润总额6512.95亿元。

集团本部设立董事会、监事会,实行法人负责制,董事会是该公司的最高权力机构。董事会成员由出资人委派,董事会每届任期3年,公司董事会共6人,现由王庆利、阚兴国、胡静仪、邓登敦、杨刚、许晶组成。监事会5人,现由张伦智、向梅、张艳、牟星、廖洪波组成,张伦智为监事会主席。

公司内设党委办(董监事会办公室)、综合部(总经理办公会)、财务部、融资部、风控法务监审部、投资发展部、子公司管理部7个部(办)。

仁寿县志诚融资担保有限责任公司和仁寿县农业信贷融资担保有限公司,共用一套人马合署办公,独立核算。公司设董事会、监事会、评审委员会;设董事长1人、副总经理2人;内设综合部、业务部、风险部、财务部和贷后监管部5个中层机构。现有员工18人,其中党员8人,中级专业技术人员1人,参加担保行业培训取得风险评估中、高级证书6人。

仁寿县志诚融资担保有限责任公司,是2009年1月由仁寿县国有资产和金融工作局独资的县属国有企业,注册资本2.57亿万元,信用评定等级AA-。经营范围为贷款担保、票据承兑担保、贸易融资担保、项目融资担保、信用证担保及其他融资性担保业务。

仁寿县志诚融资担保有限责任公司历年累计为800余户企业提供担保约41亿元。截至2022年年底,公司总资产4.15亿元,总负债1.03亿元,所有者权益3.13亿元,在保120户,在保余额6.37亿元,实现营业收入867万元。

仁寿县农业信贷融资担保有限公司是2016年11月由仁寿县财政局独资的县属国有企业,注册资本金1亿元,信用评定等级为A。主要为仁寿县境内种粮大户、家庭农场、合作社、乡村振兴项目、农业社会化服务组织、农业产业龙头企业、天府粮仓项目等新型农业经营主体提供贷款担保服务。

仁寿县农业信贷融资担保有限公司历年累计为700余户企业提供担保约10亿元。截至2022年年底,公司总资产1.29亿元,总负债2742万元,所有者权益1.01亿元,在保198户,在保余额2.18亿元,实现营业收入136万元。

财　政

【概况】 2022年,仁寿县财政局强化收入征管,挖掘税收潜力,开展清欠行动。全年一般公共预算收入50.27亿元,增长10.6%,税收占比57.4%。政府性基金预算收入实现91.4亿元。落实财政资金“定期清理、限期使用、超期收回”机制,盘活历年存量资金18.5亿元,为全县经济社会发展提供财力保障。

【财政收支情况】 收入预算执行情况。县第十九届人大常委会第十二次会议审查批准调整全县一般公共预算收入为50亿元。2022年全县一般公共预算收入完成50.27亿元,为调整预算的100.5%,同比增长

10.6%；其中税收收入完成28.84亿元，为调整预算的97.2%，占一般公共预算收入的57.4%。

分区域收入执行情况。县本级一般公共预算收入完成28.06亿元，同比增长3.4%；其中税收收入完成16.36亿元，占一般公共预算收入的58.3%。天府新区一般公共预算收入完成22.21亿元，同比增长21.4%，其中税收收入完成12.48亿元，占一般公共预算收入的56.2%。

全县主要收入结构情况。税收收入28.84亿元，包括增值税1.37亿元，企业所得税2.55亿元，个人所得税5982万元，资源税1355万元，城市维护建设税8976万元，房产税6866万元，印花税9153万元，城镇土地使用税1.53亿元，土地增值税5.91亿元，车船税2796万元，耕地占用税6.21亿元，契税7.68亿元，环境保护税553万元，其他税收收入205万元。非税收入完成21.43亿元，包括专项收入1.2亿元，行政事业性收费收入2.31亿元，罚没收入1.79亿元，国有资本经营收入202万元，国有资源（资产）有偿使用收入13.83亿元，政府住房基金收入923万元，其他收入2.19亿元。

支出预算执行情况。全县一般公共预算支出完成97.46亿元，为变动预算数的92.4%。其中，县本级一般公共预算支出76.13亿元，天府新区一般公共预算支出21.33亿元。

全县主要支出情况。一般公共服务支出11.64亿元，公共安全支出4亿元，教育支出17.87亿元，社会保障和就业支出13.79亿元，卫生健康支出8.65亿元，节能环保支出1.26亿元，城乡社区支出5.8亿元，农林水支出14.79亿元，交通运输支出6.33亿元，资源勘探工业信息等支出2.98亿元，自然资源海洋气象等支出3.03亿元，住房保障支出3.27亿元，灾害防治及应急管理支出1.25亿元，债务付息支出1.12亿元。

预备费使用情况。年初安排预备费1.9亿元（县本级1.5亿元、天府新区4000万元），是年安排支出1.5亿元，剩余4000万元全部为天府新区结余，并按规定用于补充预算稳定调节基金。是年预备费安排支出主要包括新冠疫情防控1.34亿元、应急救灾720万元等。

收支平衡情况。2022年，全县一般公共预算收入50.27亿元，加上上级补助收入55.35亿元，上年结余3.57亿元，调入预算稳定调节基金1.9亿元，调入资金1.71亿元（含政府性基金预算调入1538万元、国有资本经营预算调入1.56亿元），地方政府债务转贷收入4.57亿元（含新增债券172万元、再融资债券4.55亿元），一般公共预算收入总计117.37亿元。减去全县一般公共预算支出97.46亿元，上解支出4.35亿元，债务还本支出5.09亿元，补充预算稳定调节基金2.47亿元后，全县年终结余8亿元。

分区域收支平衡情况。县本级一般公共预算收入28.06亿元，加上上级补助收入55.35亿元，上年结余3.57亿元，调入预算稳定调节基金1.9亿元，调入资金5600万元（国有资本经营预算调入5600万元），地方政府债务转贷收入4.57亿元（含新增债券172万元、再融资债券4.55亿元），天府新区与县本级体制结算-3243万元，县本级一般公共预算收入总计93.69亿元。减去县本级一般公共预算支出76.13亿元，上解支出4.35亿元，债务还本支出5.1亿元，补充预算稳定调节基金1055万元后，县本级年终结余8亿元。

天府新区一般公共预算收入22.21亿元，调入资金1.15亿元（含政府性基金预算调入1538万元、国有资本经营预算调入1亿元），天府新区与县本级体制结算3243万元，天府新区一般公共预算收入总计23.69亿元。减去天府新区一般公共预算支出21.33亿元，补充预算稳定调节基金2.36亿元后，天府新区当年收支平衡。

年终结余资金情况。县本级一般公共预算结余资金8亿元，全部为具有专项性质的转移支付资金，按规定结转下年继续使用。包括一般公共服务支出1042万元，公共安全支出1136万元，教育支出4213万元，科学技术支出152万元，文化旅游体育和传媒支出1129万元，社会保障和就业支出7711万元，卫生健康支出950万元，节能环保支出3158万元，城乡社区支出7981万元，农林水支出3.08亿元，交通运输支出5044元，资源勘探工业信息等支出635万元，商业服务业等支出857万元，住房保障支出9690万元，粮油物资储备支出4702万元，灾害防治及应急管理支出623万元，其他支出200万元。

预算稳定调节基金变动情况。县第十九届人大常委会第七次会议审查批准的全县预算稳定调节基金规模为4.74亿元（县本级3.04亿元、天府新区1.7亿元）。2022年，按程序报人大审批同意动用预算稳定调节基金1.9亿元，按规定将全县净结余2.47亿元（县本级1055万元、天府新区2.36亿元）补充预算稳定调节基金后，2022年末全县预算稳定调节基金规模为5.31亿元（县本级1.23亿元、天府新区4.06亿元），以后年度动用时再按程序报县人代会及其常委会审查批准。

上级专项转移支付收入情况。2022年，上级补助仁寿县专项转移支付收入4.24亿元，主要包括一般公共服务支出1014万元，社会保障和就业支出3600万元，卫生健康支出

934 万元，节能环保支出 2202 万元，城乡社区支出 1.02 亿元，农林水支出 8613 万元，交通运输支出 1985 万元，商业服务业等支出 743 万元，住房保障支出 1.08 亿元，金融支出 543 万元，其他支出 730 万元。2022 年已按规定用途安排使用 9835 万元，结转下年 3.26 亿元。

表 8　仁寿县 2022 年一般公共预算收入执行情况表(一)

单位:万元

预算科目	年初预算数			调整预算数			预算执行情况		
	全县合计	县本级	天府新区	全县合计	县本级	天府新区	仁寿全县合计数	仁寿全县占调整预算 %	仁寿全县增长 %
税收收入小计	430900	227500	203400	296797	159320	137477	288395	97.2	-23.5
增值税	96820	57000	39820	21587	10000	11587	13694	63.4	-84.3
企业所得税	37000	21000	16000	28048	18000	10048	25541	91.1	-23.8
个人所得税	8000	6000	2000	5776	3900	1876	5982	103.6	-19
资源税	1700	1200	500	1312	1100	212	1355	103.3	-5.4
城市维护建设税	16200	8700	7500	10554	5000	5554	8976	85	-43.1
房产税	6600	3600	3000	6821	4500	2321	6866	100.7	12.6
印花税	10300	5500	4800	8574	5900	2674	9153	106.8	-4.4
城镇土地使用税	16100	9500	6600	15023	9500	5523	15313	101.9	1.1
土地增值税	72000	32000	40000	51932	22200	29732	59058	113.7	-15.6
车船税	2700	2700	—	2647	2600	47	2796	105.6	4.7
耕地占用税	46000	11000	35000	58400	32000	26400	62142	106.4	301.5
契税	117000	69000	48000	85383	44000	41383	76761	89.9	-31.6
环境保护税	480	300	180	528	410	118	553	104.7	38.9
其他税收收入	0	—	—	212	210	2	205	96.7	48.6
非税收入小计	79300	65700	13600	203203	120680	82523	214287	105.5	177
专项收入	19580	10500	9080	13213	9723	3490	12011	90.9	-34.2
行政事业性收费收入	9900	9000	900	20980	9000	11980	23147	110.3	164.6
罚没收入	22800	19300	3500	16398	10282	6116	17885	109.1	-27.7
国有资本经营收入	0	—	—	202	202	—	202	100	—
国有资源(资产)有偿使用收入	16120	16000	120	129677	69776	59901	138266	106.6	1287.7
政府住房基金收入	900	900	—	923	923	—	923	100	5
其他收入	10000	10000	—	21810	20774	1036	21853	100.2	47.7
一般公共预算收入合计	510200	293200	217000	500000	280000	220000	502682	100.5	10.6
其中：税务部门	457480	245000	212480	364600	198600	166000	353281	96.9	-14.6
财政部门	52720	48200	4520	135400	81400	54000	149401	110.3	267.9
税收占比 %	84.5	77.6	93.7	59.4	56.9	62.5	57.4	—	—

表 9　仁寿县 2022 年一般公共预算收入执行情况表(二)

单位:万元

预算科目	预算执行情况						2021 年决算数			增加额
	县本级执行数	县本级占调整预算 %	县本级增长 %	天府新区执行数	天府新区占调整预算 %	天府新区增长 %	合计	县本级	天府新区	
税收收入小计	163551	102.7	-20.5	124844	90.8	-27.1	376999	205758	171241	-88604
增值税	10955	109.6	-78.7	2739	23.6	-92.3	87160	51533	35627	-73466
企业所得税	15105	83.9	-21.9	10436	103.9	-26.5	33529	19331	14198	-7988
个人所得税	3967	101.7	-30.3	2015	107.4	18.7	7386	5689	1697	-1404
资源税	1105	100.5	9.7	250	117.9	-41.2	1432	1007	425	-77
城市维护建设税	4972	99.4	-41.8	4004	72.1	-44.6	15762	8541	7221	-6786
房产税	4362	96.9	22	2504	107.9	-0.8	6097	3574	2523	769
印花税	5995	101.6	13.6	3158	118.1	-26.5	9576	5278	4298	-423
城镇土地使用税	9022	95	0.8	6291	113.9	1.5	15143	8947	6196	170
土地增值税	23002	103.6	-27.5	36056	121.3	-5.6	69934	31732	38202	-10876
车船税	2740	105.4	2.7	56	119.1	2700	2671	2669	2	125
耕地占用税	32442	101.4	1612	29700	112.5	118.7	15476	1895	13581	46666
契税	49270	112	-24.4	27491	66.4	-41.6	112297	65185	47112	-35536
环境保护税	411	100.2	66.4	142	120.3	-6	398	247	151	155
其他税收收入	203	96.7	56.2	2	100	-75	138	130	8	67
非税收入小计	117044	97	78.4	97243	117.8	727	77369	65610	11759	136918
专项收入	6931	71.3	-33.9	5080	145.6	-34.5	18254	10493	7761	-6243
行政事业性收费收入	8969	99.7	12.8	14178	118.3	1681.2	8747	7951	796	14400
罚没收入	10813	105.2	-50	7072	115.6	127.8	24734	21629	3105	-6849
国有资本经营收入	202	100	—	—	—	—	0	—	—	202
国有资源(资产)有偿使用收入	68633	98.4	595.6	69633	116.2	71686.6	9964	9867	97	128302
政府住房基金收入	923	100	5	—	—	—	879	879	0	44
其他收入	20573	99	39.1	1280	123.6		14791	14791	—	7062
一般公共预算收入合计	280595	100.2	3.4	222087	100.9	21.4	454368	271368	183000	48314
其中：税务部门	200219	100.8	-11.5	153062	92.2	-18.4	413757	226273	187484	-60476
财政部门	80376	98.7	78.2	69025	127.8	-1639.4	40611	45095	-4484	108790
税收占比 %	58.3	—	—	56.2	—	—	83	75.8	93.6	—

表 10　仁寿县 2022 年国有资本经营预算收支执行情况表

单位：万元

收入部分							收入部分						
预算科目	年初预算数	调整预算数	执行数			占调整预算的%	预算科目	年初预算数	调整预算数	执行数			占调整预算的%
			全县合计	县本级	天府新区					全县合计	县本级	天府新区	
利润收入	33400	24000	24000	14000	10000	100	社会保障和就业支出	0	0	0	—	—	—
股利、股息收入	—	—	—	—	—	—	补充全国社会保障基金	—	—	0	—	—	—
产权转让收入	—	—	—	—	—	—	国有资本经营预算支出	14220	8400	8400	8400	0	100
清算收入	—	—	0	—	—	—	解决历史遗留问题及改革成本支出	—	—	0	—	—	—
其他国有资本经营预算收入	—	—	0	—	—	—	国有企业资本金注入	14220	8400	8400	8400	—	100
							国有企业政策性补贴（款）	—	—	—	—	—	—
							金融国有资本经营预算支出	—	—	0	—	—	—
							其他国有资本经营预算支出（款）	—	—	0	—	—	—
							其他国有资本经营预算支出	—	—	—	—	—	—
								—	—	0	—	—	—
								—	—	—	—	—	—
本年收入合计	33400	24000	24000	14000	10000	100	本年支出合计	14220	8400	8400	8400	0	100
上级补助收入	—	—	45	45	—	—	调出资金	19180	15600	15600	5600	10000	—
上年结余	—	—	—	—	—	—	年终结余	—	—	45	45	—	—
收入总计	33400	24000	24045	14045	10000	100.2	支出总计	33400	24000	24045	14045	10000	100.2

【政府债务管理情况】 债务限额情况。县第十九届人民代表大会第二次会议审查批准的全县 2021 年末政府债务限额为 165.24 亿元，其中一般债务限额 31.76 亿元、专项债务限额 133.48 亿元。预算执行中，省财政厅批复全县新增债务限额 17.86 亿元，其中一般债务 172 万元、专项债务 17.84 亿元，收回专项债务限额 3748 万元，2022 年末全县政府债务限额为 182.72 亿元（一般债务 31.78 亿元、专项债务 150.94 亿元）。

债务余额情况。2022 年年初，全县存量政府债务共计 155.18 亿元（含政府债券 155.16 亿元、世行贷款 207 万元），加上当年地方政府债务转贷收入 26.09 亿元（一般债券 172 万元、专项债券 26.07 万元），减去本级偿还及核销存量政府债务 1.33 亿元（含政府债券 1.33 亿元、世行贷款 92 万元），年末政府债务余额 179.94 亿元（含政府债券 179.92 亿元、世行贷款 115 万元）。政府债务余额严格控制在债务限额内，债务风险总体可控。

债券安排及使用情况。一般债券使用情况。2022 年，仁寿县新增地方政府一般债券 172 万元主要用于小型水库安全运行，已全部实现支出。

专项债券使用情况。2022 年，仁寿县新增地方政府专项债券 26.07 亿元，全部实现财政支出。县本级新增地方政府专项债券 20.08 亿元，主要用于仁寿县冷链物流及配套基础设施建设项目1.5亿元、四川仁寿经济开发区C区新型节能建材产业园建设项目3亿元、仁寿县全域旅游公共服务保障设施建设项目2.24亿元、仁寿两山一河旅游配套基础设施建设一期项目2.5亿元、沱江流域生态修复项目1.4亿元、天府南门公园城市项目3.26亿元、天府南门智慧城市项目1.33亿元、仁寿县2020年幼儿园建设项目7000万元、仁寿县2021年高标准农田建设项目5000万元、2021年城镇污水巩固提升项目6000万元、仁寿县妇女儿童医院及中医医院新区医院项目7000万元、仁寿县现代农业产业园区基础设施建设项目5300万元、仁寿县城乡供水工程提升改造项目2000万元、仁寿县城市更新改造提升项目一期9000万元、天府南门公园城市基础设施建设二期项目7200万元。天府新区新增地方政府专项债券5.99亿元，主要用于眉山天府新区第一人民医院建设项目3.09亿元、粮经复合空港现代农业园区基础设施建设项目1000万元、视高中心城区10千伏城网配套建设工程项目4500万元、成眉高新技术产业园区基础设施项目5500万元、眉山天府新区视高街道地下管廊及附属设施项目1.6亿元、眉山天府新区仁寿区域基层医疗服务能力提升项目2000万元。

债务还本付息情况。2022年，全县安排政府债务还本付息支出18.48亿元，其中还本支出12.69亿元（一般债务还本5.1亿元、专项债务还本7.59亿元），利息支出5.79亿元（一般债务付息1.12亿元、专项债务付息4.67亿元）。按还款来源分，本级安排还本支出1.33亿元（一般债务还本5469万元、专项债务还本7880万元），再融资债券还本支出11.35亿元（一般债务还本4.55亿元、专项债务还本6.8亿元）。

【向上争取资金】 抢抓政策机遇，创新举措方式，推进对上争取任务清单化、责任具体化、时间节点化，全县2022年全年争取到位上级资金85.17亿元，扣除天府新区专项债券5.99亿元后，争取到位79.18亿元，完成全年预期62.03亿元的127.6%，全市占比29%，相比2021年增长26.18亿元，增幅49.4%，包括专项债券资金20.08亿元，完成全年预期11.86亿元的169.3%；转移支付资金59.1亿元，完成全年预期50.17亿元的117.8%（其中中央、省预算内投资资金2.66亿元，完成全年预期2.8亿元的94.9%）。争取总量和完成率均排全市第一位，各项资金争取均创历年之最。

【国有资本经营预算】 收入预算执行情况。县第十九届人大常委会第十二次会议审查批准调整全县国有资本经营预算收入预算为2.4亿元。2022年，国有资本经营预算收入完成2.4亿元，为调整预算的100%。其中，县本级国有资本经营预算收入1.4亿元，天府新区国有资本经营预算收入1亿元。

支出预算执行情况。县第十九届人大常委会第十二次会议审查批准调整全县国有资本经营预算支出预算为8400万元。2022年国有资本经营预算支出完成8400万元（全部为县本级支出），为调整预算的100%。

收支平衡情况。2022年，国有资本经营预算收入2.4亿元，加上上级补助收入45万元，国有资本经营预算收入总计2.4045亿元；减去国有资本经营预算支出8400万元，调出资金1.56亿元，年终结余45万元后，当年收支平衡。

分区域收支平衡情况。县本级国有资本经营预算收入1.4亿元，加上上级补助收入45万元，县本级国有资本经营收入总计1.4045亿元。减去县本级国有资本经营预算支出8400万元，调出资金5600万元后，县本级年终结余45万元。

天府新区国有资本经营预算收入1亿元。减去天府新区国有资本经营预算调出资金1亿元后，天府新区当年收支平衡。

年终结余资金情况。国有资本经营预算结余资金45万元（解决历史遗留问题及改革成本支出），为专项资金，按规定结转下年继续使用。

【保障改善民生】 足额编制一般公共预算“三保”支出预算56.7亿元，民生支出只增不减，占比80%以上。投入义务教育、学前教育保障经费、贫困助学金等各类资金16亿元。加大医疗卫生投入，拨付卫生健康支出8.24亿元。实施积极的就业政策，公益性岗位补贴投入4553万元。发放各类补助补贴16亿元，城乡低保、特困供养、城乡居民养老保险等提标政策全部兑现。加大乡村振兴投入力度，投入资金6.8亿元支持粮食、生猪等重点产业，完善配套基础设施建设项目。保障全域生态治理，投入资金1.42亿元完成千村示范项目、水污染防治和污染治理等项目。安排1亿元用于园区道路等基础设施，安排5亿元用于交通三年提升行动等交通基础设施建设、城镇污水管网改造、保障性安居工程建设、农村危房改造和土坯房改造等市政项目。

【保障疫情防控】 加大疫情防控投入，2022年统筹安排疫情防控各类经费4.59亿元，全年已投入1.78亿元，统筹安排于2023年结算2.81亿元。其中，隔离点费用中建设费用5200万元，运行经费1.09亿元；物资采购中防疫物资采购5983万元，设备购置2878.7万元；基础设施建设4282万元；全员核酸检测5870.8万元；防疫工作经费1.08亿元。

【财税体制改革】 加快推进预算管理一体化建设，预算管理各环节、各层级、各主体衔接贯通，预算管理更加规范高效。建立直达资金分析研判机制，20亿元直达资金及时兑现到位。推进政府采购制度改革，完善重大采购集中会商机制，政府采购更加公开透明。优化项目财政评审流程，审减资金10.94亿元，平均审减率16.8%。清理规范公职人员津补贴发放，全力压缩“三公”经费等非刚性支出；建立预算绩效管理“1+3”制度体系，选定15个部门、项目开展重点绩效评价。防范化解债务风险，全面完成隐性债务化解任务，风险等级保持在绿色范围。落实减税降费政策，全年全口径落实增值税留抵退税18亿元。兑现已出台政策，支持工业高质量发展，安排工业经济“开门红”、高质量发展等各类奖补资金3000万元，受益企业达200余户。支持服务业高质量发展，安排2650万元服务业发展专项资金，重点支持升规入统、主体培育；安排消费券活动资金1400万元，营造消费氛围提振企业信心。支持招商引资工作，兑现德康通内斯、美加蓉祥等重点项目资金4.6亿元。

税 务

【概况】 2022年，仁寿县税务局深化贯彻中央、省、市经济工作会议部署安排，全力以赴抓好组织收入，从严从快落实减税降费，积极稳妥推进数电发票上线推广工作，推动“大党建、大征管、大服务、大家庭”四大建设，打造政治型、服务型、法治型、智慧型机关，全面推进税收现代化。

【依法治税】 依法唯实组织税费收入。2022年，组织入库总收入(不含社保费，下同)71.16亿元，同比增收30.91亿元，同比上升76.78%。其中，税收收入25.33亿元，县级地方公共财政预算收入20.02亿元。

还原留抵退税收入。2022年，组织入库总收入(不含社保费，下同)81.69亿元，同比增收36.72亿元，同比上升81.66%。其中，税收收入35.87亿元，县级地方公共财政预算收入21.05亿元。

2022年，社会保险费收入24.06亿元，增长9.3%；非税收入45.82亿元，增长2700.1%；残疾人就业保障金收入0.14亿，增长2.24%；代征工会经费0.12亿元，增长10.36%。

【税收征管】 聚焦征管质量有效提升，建立以信用评价、监控预警、风险应对为核心的新型征管模式，开展现金税费征缴专项整治行动，完成2016年至2022年票证清查核对，堵塞征缴漏洞。完善税务监管体系，提升“以数治税”水平，开展欠税确认、欠税催缴、欠税约谈、欠税公告、税收保全、阻止出境等欠税管理措施，开展欠税管理非强制性执法试点工作。

【税种管理】 实施税种精细管理，支柱税源重点管理，深挖潜力税源。将“房土”两税、个人所得税、资源税、欠税、房地产遗留问题、建筑和房地产行业、重点税源企业、重大项目等税收管理工作纳入项目化管理。2022年，完成土地增值税清算项目37个。

【纳税服务】 打造“税务尽心、邮政用心、缴费人称心”的惠民实事亮点工程，在全县27个乡镇及社区建立30个“天府·税邮驿站”，实现全县所有乡镇全覆盖，率先在4个缴费人集中、地域相对偏远的乡镇投放使用缴费自助终端，打通税费服务向末端延伸的“最后一公里”。对标对表征管“5C+5R”13大类196小项考核指标，制定切实可行的整改措施，持续优化纳税举措，推行的“三减一优”纳税服务，被四川省发展和改革委员会印发的《四川省优化营商环境经验做法(第六批)》推广并倡导全省学习借鉴，2022年度全省纳税人满意度从129名上跃至49名，上升80名次。

【减税降费】 创新推出的“企业划型验证小工具”，实现留抵退税条件匹配审核快速、高效，获得眉山市税务局大力赞赏并推广。2022年，共为市场主体减轻税费负担超25亿元，其中办理增值税留抵退税10.53亿元，办理缓缴税费0.99亿元；落实新增减税降费优惠1.47亿元，“六税两费”优惠减免4156万元。

【电子税务】 落实落细“数电发票”试点推行，确保“组织领导、政策宣传、实时反馈、风险把控、高效服务”五个到位。2022年，核定票种1.09万户，其中存量纳税人9901户，新办纳税人987户。开具全电发票的纳税人有9647户，票种核定率达97.61%，开票率达89.49%，红冲率7.69%为全市最低，各项指标综合得分位列全市第一。

【社会保险费和非税收入划转】 划转征收平稳有序。2022年，城乡养老保险已缴费23.66万余人，完成全年预算(23.28万人)进度的101.63%；城乡医疗保险已缴费84.07万余人，完成全年预算(90.21万人)进度93.19%，全年社保费入库24.06亿元，同比上涨9.31%。

2022年5月25日，仁寿"天府•税邮驿站"正式揭牌运行（县税务局／供图）

【纳税评估与风险应对】 深入开展专项整治。全面自查现金税费征缴风险，追缴税款1828元，制定《现金税费征缴相关风险防控长效机制》，严防截留、贪污、挪用税款问题；深入开展增值税留抵退税督察，追回税款13.7万元；持续开展长亏企业治理，查补税款630万元；开展个人所得税专项整治，严查定税、配票中的违规违法行为。

【教育培训】 全面把握中共二十大报告新思想、新战略和新要求，部署学习宣传，贯彻工作举措。党委会学习共3次，党委理论学习中心组学习（扩大）会学习研讨1次，支部集中学习42次，青年理论小组学习30余次，覆盖800人次，结合实际提出贯彻落实意见40余条次。实施"陵州春训""陵州秋训"项目，组织业务骨干集中授课20期，内容涵盖基层党建、党纪法规、税收政策等内容，参训人数达1200人次。

统　计

【概况】 2022年，仁寿县统计局立足统计职能，切实提升统计服务水平，扎实推进各项统计工作取得新的成效，为全县经济社会发展提供强有力保障。

【工业统计】 2022年，仁寿县统计局做好高质量工业统计。严把入库企业质量关，对入库企业开展全覆盖实地核查。严格把关"申规入统"提交资料，提高企业入统通过率，全年月度成功入统企业共计8户。严把企业报数质量关，严格数据审核。联合县经信局、县经开区及重点工业乡镇，开展专题培训3次，累计参会人数200余人。做好重点行业、县域支柱企业、数据波动较大的企业的数据核查，全年自查企业51户。报送产值、效益评估报告22篇、工业专题分析报告8篇。严把查询企业资料审核关。按照上级统计机构要求时间节点和资料准备要求，严格把关。2022年4月起国家对工业企业查询，县域共计查询企业45户。按照"四表两单一说明"，逐一审核，确保资料真实、逻辑正确。

【建设领域统计】 高度重视项目入库工作，积极与主管部门对接，严格审核入库资料，做到入库规范、项目真实，全年累计新入库房地产企业2户，资质以上建筑业企业7户，新入库项目260余个，计划总投资约300亿元。不断强化过程审核，在开网报数期间，坚持"即报即审"，督促企业及时报表，并核实增速过快、极值等异常情况，夯实数据质量，每月直报率达100%。严格落实查询工作，对于国家、省、市下发的查询，及时核实回复，督促企业上交佐证资料，并严审把关。狠抓统计分析工作，积极开展实地调研。全年提交专题分析材料6篇、工作信息4条。

【服务业统计】 强化服务业统计在经济工作中的支撑作用，完善服务业统计台账。认真做好日常报表工作，做到各项统计报表准确、及时。全年上报分析资料3篇，信息4条。指导和督促企业做好统计原始台账，建立健全各项统计制度。加强业务培训，全年组织业务培训2次，限上企业基础台账规范统一，协助商务局三产办完成全县服务业清查工作，2022年，已完成11户服务业企业的申规入统。

【农村经济统计】 以乡村振兴战略为工作导向，不断加强农村统计工作。积极参加各类培训，全年向市统计局汇报工作4次，向县委、县政府书面报告2次。厘清县统计局、县农业农村局、国调队职能职责，按时完成定期和年度报表，着重加强统计报表的及时性、统计数据的准确性、统计资料的可追溯性、报表报送的规范性。完成527个农业专合组织、2063个家庭农场、16个农业龙头企业、50个农业生产社会化服务组织、5个现代产业园区省级数据采集平台填报。指导检查17个乡镇统计业务，召开农村统计业务培训会2次，报送工作信息3条、统计分析2篇。

【统计执法】 不断加大统计执法力度，严格落实月度核查、季度执法检查、“双随机”抽查、统计数据质量评估制度，依规依纪依法严肃查处各类统计违纪违法行为，全年执法检查企业（项目）40余户（个），立案处理2户。推动统计监督逐步纳入县委巡察工作内容，与纪律监督、监察监督、派驻监督等各类监督方式逐步统筹衔接，进一步增强统计法治影响力和威慑力。利用统计开放日、《中华人民共和国统计法》颁布日等宣传活动，统计业务培训会会前法治宣讲等持续开展统计法治宣传，扩大意见、办法、规定知晓度，提升广大干部依法统计意识。贯彻落实全国、四川省和眉山市“统计造假不收手不收敛问题专项纠治工作动员部署会议”精神和工作要求，结合统计督察反馈意见整治及“回头看”工作，会同县纪监委派驻县发展改革局纪检组，统筹行业部门，开展统计造假不收手不收敛问题专项纠治工作，树牢领导干部正确发展观、政绩观。

【综合统计】 充分发挥统计部门参谋助手作用，加大监测预警力度，体现智库担当。面对新的经济下行压力以及不确定因素对经济的影响，县统计局坚持完善和丰富统计产品。2022年已发布《统计月报》11期，《统计简报》3期，在政府网站经济发展新闻发言稿3篇，发布《2021年度国民经济和社会发展统计公报》，编写《2021年度统计年鉴》，高质量撰写综合分析材料、各类涉及经济数据指标分析材料共计30篇。密切关注全县经济运行态势，每月形成经济运行分析材料，及时反映经济运行中存在的问题，提出具有针对性和可操作性的意见建议，为县委、县政府和主管部门精准施策提供优质统计支撑。

【统计基础】 不断加强统计人才队伍建设，优化机构设置和人员配备，引进硕士学历高层次人才1人，从乡镇考调优秀干部1人，争取编外用工控制数2个，新进聘用人员2人。建立健全统计监督和各类监督方式的协同配合，建立部门首席统计师和统计协管员制度，将统计局、调查队作为经济指标主要监测部门，经济指标考核得分参照牵头部门考核加扣分，进一步完善统计调查单位工作奖惩机制。大力推进统计信息化、大数据应用、企业统计和基本单位名录库等规范化、标准化、专业化建设，确保统计数据的安全性、统计单位的真实性、统计工作的规范性。

审　计

【概况】 2022年，仁寿县审计局把迎接和学习宣传贯彻中共二十大作为首要政治任务和工作主线，坚持党对审计工作的全面领导，聚焦审计监督主责主业，围绕“稳增长、保民生、防风险、严纪律、促尽责”五条主线开展审计服务，实施财政预算、民生资金、农业农村、政府投资等审计项目，为开创全面建设社会主义现代化仁寿新局面贡献审计力量。全年共完成审计计划项目22个，组织审计和调查单位100余个，审计查出主要问题金额12.42亿元，揭示非金额计量类问题130个，向纪检监察机关或有关部门移送线索12条，促进增收节支1.29亿元，投资审计核减金额4.33亿元，提出审计建议73条，撰写审计专报、报告19篇，获得县领导批示，仁寿县第二人民医院院长经济责任审计项目获全市优秀审计项目二等奖，审计信息6篇被四川省审计厅官网、《现代审计》等省级媒体采用，荣获全市2021年度审计工作先进集体。

【财政审计】 开展县本级2021年度预算执行审计。重点关注财政资源统筹、政府过“紧日子”、预算管理绩效、对新增债券资金、存量资金清理盘活、国有资产管理等财政支出政策落实、地灾防治等重点专项资金使用和绩效等，发现财政收支管理不规范、存量资金清理不及时、专项资金管理不规范等方面问题38个，提出审计建议5条，移送案件线索1件，促进财政资源统筹，提高财政资金使用绩效。创新开展部门预算执行审计。实行“全覆盖数据分析+分组核实+现场审计N合1”套餐模式，选取党群口9个部门和县公安局等大系统单位共22个单位进行重点核查和现场审计，发现执行财经纪律、国有资产管理等问题29个，提出审计建议13条。

【民生审计】 开展公立医院财政财务收支专项审计调查。对县人民医院、县保健院等4家公立医院2019年至2021年度财政财务收支专项审计调查，发现贯彻医疗改革不到位、医疗收费不规范增加患者负担、内控管理不力等问题26个，提出审计建议4条。开展困难群众救助补助资金交叉审计。派出审计组到东坡区开展审计，重点关注救助补助资金筹集分配使用、救助政策落实情况等，发现问题9个，提出建议3条。配合开展全县困难群众救助补助资金审计协调和整改。

【农业农村审计】 开展中央和四川省级财政衔接推进乡村振兴补助、先进示范奖补专项资金两项审计调查。重点关注中央、省级财政衔接补助资金和2019年至2020年乡村振兴转移支付奖补资金项目的推进管理及资金管理使用情况，发现项目推进缓慢、资金使用效率低等方面问题6个，提出审计建议3条，促进乡村振兴政策落地落实。

【企业审计】 开展粮食购销领域企业专项审计调查，重点关注粮食企业执行国家粮食收购、销售、存储等政策情况和财务管理及粮库工程项目建设情况，发现粮食收购环节政策落实等方面问题9个，提出审计建议3条，助推粮食企业改革转型发展。

【经济责任审计】 开展9个单位（乡镇）党政主要负责人经济责任审计，重点关注政策落实、经济管理、重大决策、廉政建设等，促进领导干部履职尽责、担当作为、廉洁用权。发现落实重大决策政策不力、履行经济发展措施不力、内控“三重一大”决策执行不到位等36个问题，审计移送问题线索2件。

【资源环境审计】 依托自然资源部第三航测遥感院大数据分析，开展大化镇党政主要负责人自然资源资产责任审计，从土地调查、永久基本农田划定、地理国情监测等数据分析疑点，现场核实取证，审计发现问题5个，提出审计建议2条，移送主管部门处理1项，促进基层领导干部履行环境保护责任。

【固定资产投资审计】 突出稳增长开展审计。关注县委、县政府重大投资项目推进落实和绩效发挥，开展红星路仁寿段项目、国企自营项目等4个计划项目专项审计，助推大项目高质量建设使用。

优化项目结算审核监督模式。以单项合同金额3000万元为标准，建立分类分级审核模式，强化工程结算审核备案核查和全过程核查监督，核查备案项目77个（含红星路5个标段），全过程复核项目123个（含20个国企自营项目），送审金额38.78亿元，审减金额4.33亿元，审减率11.17%。

强化中介机构管理规范行为。配套分类分级审核模式，在全省率先出台《关于加强社会审计报告核查工作的实施办法（试行）》，对中介机构履职存在的33个问题，采取约谈、督促业主按照合同约定扣减审计费，不断规范中介履职行为。该项工作在四川省审计厅官网刊载。

夯实建设单位结算审核主责水平。印发《仁寿县政府投资项目竣工结算审核工作操作指南》，对全县150名分管领导和业务人员开展项目审计业务培训，进一步提高结算审核能力，压实项目业主竣工结算审核管理职责。

【审计整改】 开展审计整改“回头看”。全面梳理2019年以来未整改到位问题，按照“立行立改、分阶段整改和持续整改”三类建立台账分类管理，全面化解存量问题，推动立行立改问题全部清零。

强化整改督促。形成审计组常态化督查、局机关专项督促、县人大和县政府督查室等部门联合督促、县领导督促四级督促整改机制，得到四川省审计厅官网肯定。将审计整改纳入县政府专项督查内容，县委、县政府主要领导专题听取审计整改情况汇报，亲自研究整改疑难问题，约谈未整改到位单位负责人。

贯通监督合力。与县委巡察办联合出台《县委巡察机构与县审计局协作配合机制》，将审计整改情况纳入县委巡察重点内容。2021年9月以来，审计查出问题191个，已整改187个。移送问题线索12件（纪委监委4件、主管部门8件），问责处理12人。推进建章立制、完善相关制度机制40个。

【内部审计】 持续将各单位内审工作纳入年终目标绩效考核，对照考核标准严格打分，倒逼领导干部加强内审工作，发挥内审职能作用，形成内审工作“四大机制”。县委书记王岳在《仁寿县“四大机制”强基固本，助推全县内审工作成效初显》上批示：“四大机制，齐头并进，确保干成事不出事。审计局要采取行之有效的方法，盯死看牢推进项目整改过程中的共性问题和个性问题，并要举一反三，确保任何行为在规范中进行，同时，要解决好‘后半篇’工作，防止反复犯、防反复。”

【专项行动】 县审计局牵头开展严肃财经纪律整治突出问题专项行动，会同县财政局、县发展改革局、县国资金融局召开专题会议安排部署整治工作，梳理2020—2022年度计划审计项目发现问题，系统分析移交主管部门处理和开展专项治理，积极推进制度完善，推动县财政局出台《仁寿县预算绩效管理工作考核暂行办法》，县国资金融局出台《仁寿县属国有企业财务总监工作报告制度》。

【审计成果运用】 促进县级层面深化国企监督管理。印发《仁寿县属国有企业债务管理实施办法》《仁寿县属国有企业对外借款和担保监督管理办法》。

促进行业主管部门形成长效机制加强全县资金绩效监管。出台《仁寿县预算绩效管理工作考核暂行办法》《仁寿县财政局关于夯实部门（单位）预算绩效管理工作职责的通知》《仁寿县县级财政衔接推进乡村振兴补助资金管理办法》等制度。

促进被审计单位行业治理。开展地质灾害防治资金全面清查，实施全县粮食系统改革，出台粮食购销领域监管制度6个。

促进政府投资项目管理提速。在开展项目工程总承包建设模式专项审计调查基础上，推动建立总承包建设模式（EPC）认质认价管理制度等3个，助推全县投资项目规范管理。

【县委、县政府交办事项】 开展全县烧结砖瓦退出企业资产评估结果复核工作。对仁寿县满井机砖厂等13户退出企业资产评估结果进行复核，核减资产评估价值1064.42万元，核减率7.18%。开展疫情防控专项审计调查。对2020年1—6月全县疫情防控资金使用情况进行审计调查，发现疫情防控物资设备采购、防控物资管理、资金使用等方面12个问题，提出审计建议3条，推动相关部门堵塞漏洞健全制度规范管理。有力有序推进“保交楼”审计相关工作。成立审计监督工作专班，制定审计监督工作方案，有力有序推进，“保交楼”保民生。

市场监督管理

【概况】 2022年，仁寿县民营经济增加值299.8亿元，增速3%。实现个体户注册登记各环节“一网通办”，全县新增登记个体工商户5454户，民营企业1332户。全年受理各类投诉、信访5039件，立案查处585件，罚没722.7万元。

【行政审批】 实现个体户注册登记各环节“一网通办”。全县新登记个体工商户5454户，完成市定全年目标任务4600户的118.57%。全县新登记民营企业1332户，完成市定全年目标任务800户的166.5%。

【行政执法——反不正当竞争】 打击违法经营，保障守法经营者公平竞争权益。树立抓执法就是抓监管工作理念，纵深推进综合监管、综合执法，打破“部门墙”，从“单线执法”向“全线综合”升级，在疫情防控、安全生产、生态环保等执法环节中有力借助县级各部门，各乡镇力量，扎实开展“春雷”“铁拳”等专项行动，共立案食品类、药械化类、长江禁捕类、计量认证类等类型案件585件，罚没款合计722.7万元，获得眉山市场监管局表彰的“春雷行动先进集体”称号。

【消费维权行动】 大力促进消费环境提档升级。2022年，全县新增放心舒心消费城市示范店30个，消费维权站50个、线下无理由退货企业18家。推进线下、线上投诉处理双渠道融合，发展ODR企业共20家，为消费者提供“不出门、不用跑、可跨区”的消费维权新方式，共引导企业和消费者自行和解纠纷22件。畅通基层调解矛盾纠纷渠道，通过“12345”市长热线、“12315”网络平台、现场投诉等形式，妥善解决消费维权纠纷，全年共受理“12315”投诉2293件，信件投诉149件，“12345”投诉2427件，领导信箱15件，有奖爆料96件，处理信访和群众走访共59件。

【优化营商环境】 持续优化审批服务流程，明确并制定窗口办事程序，不断提升审批效率、质量和水平，努力打造“亲”“清”营商环境。以“审慎包容”的态度指导开展行政执法工作，以“审慎包容”的原则指导全局行政执法工作，对无主观故意、违法行为轻微、采用减轻、从轻处罚、首违不罚等方式，实行“审慎包容”监管。纵深推进“双随机、一公开”监管，制定部门随机联查计划51项，各部门参与检查人员达329人次，已检查对象256家。加大公平竞争审查力度，修订《公平竞争审查制度实施细则》，升格分管副县长为联席会议召集人。全年共审查涉及市场主体经济活动的各类政策措施共计21件，其中规范性文件5件，其他政策性文件12件，“一事一议”形式的具体政策措施2件，废止2件。截至2022年年末，涉及市场主体经济活动的现行有效政策措施25件。

【民营经济发展】 大力开展“双万行动”。印发《仁寿县万名干部上门、万户企业暖心专项行动工作方案》，将2540户走访对象按照分管行业精准分配到16个县级部门开展走访行动，收集到企业生产经营中的各类问

2022年7月5日，仁寿县食品生产企业食品安全培训会召开（县市场监管局/供图）

2022 年 11 月 8 日，仁寿县药品安全监管培训会召开（县市场监管局 / 供图）

题或诉求共计 559 个，协调解决 272 个，自行化解 164 个，对正在解决或未解决问题 123 个建立问题清单长期跟进，确保落实。广泛宣传“助企纾困明白卡”，帮助更多市场主体“活下来、留得住、发展好”。将 5.2 万份明白卡发放到全县小微企业和个体户中；通过中国移动短信平台投放宣传短信 10 万条；点对点向全县市场主体投放明白卡宣传短信 3.85 万条；“大美仁寿” App 发布《四川助企纾困政策明白卡来啦！》等推文 16 条，点击量达 46 万余次，实现助企纾困政策宣传解读全覆盖。截至年末，全县已享受优惠政策市场主体户数共计 2.77 万户，享受优惠政策涉及金额共计 24.48 亿元。印发《仁寿县惠企稳岗专项行动工作方案》，全面落实减税降费政策，为全县 2.27 万余户市场主体减、免、缓、退税 23.13 亿元。降低企业用能负担，累计帮助企业节约用能成本 8900 余万元。落实稳岗返还补贴 130 余万元，为吸纳脱贫劳动力、就业困难人员、应届高校毕业生就业企业发放补贴资金 400 余万元。发放疫情补贴 1455 万元，有效缓解企业资金压力。注重助企发展。引导鼓励民营企业建立现代企业制度，通过补齐“三个”短板、依托“五步”培育、实现“五大转变”，探索建立“355”工作模式，共培育 21 户民营企业建立现代企业制度，扶持 3 户行业龙头纳入 2022 年全市民营企业雁阵培育库。制定《仁寿县“十四五”时期“个转企”工作方案》，选取 230 户有发展意向和基础的个体户建立“个转企”培育库，实行专班推进。完成“个转企” 112 户，完成市定全年目标任务 86 户的 130.2%。

【运行冷链监管仓】 安排人员 24 小时驻守，创新性开展入仓预约申报制度和出仓可追溯制度，联合“大美仁寿”“川冷链”平台，开通入仓预约、申报、查询、打印追溯二维码等功能，推动监管关口进一步前移，实现进口冷链食品全过程可追溯。截至 11 月 23 日，累计入仓 63 家次，累计入仓 1207.33 吨货品；累计出仓 63 家次，出仓 1207.33 吨；累计核酸采样 6 万份，结果均为阴性。

【值守重点场所】 对冷链食品生产经营单位、农贸市场、药店、外卖等重点行业、重点场所扎实开展扩面核酸检测和常态化防控。完善城区农贸市场分管领导包保工作方案，实现县城区农贸市场由局分管领导带队，股所配合驻点，乡镇农贸市场由属地分管领导带队，社区（村委）驻点的工作机制，每日对市场内从业人员健康监测，全面落实农贸市场从业人员健康状况日监测、环境消杀等工作；严格落实“五类药品”备案销售制度，充分发挥药店“哨点”功能。加强药店防疫措施落实情况监管，共检查药店 1400 余家次，有 23 家未严格落实疫情防控工作措施的药店在公司指导下闭店学习。压实进口冷链食品“三级库长责任制”，形成企业、行业、属地三级库长负责的工作体系，每周收集信息反馈情况，做到问题隐患动态清理。加强外卖从业人员健康检测，确保外卖从业人员不“带疾上岗”。扩面核酸检测期间关闭美团、“饿了么”等线上堂食预定窗口。

【稳定物价】 加强对口罩、消毒酒精等疫情防控物资，对米、面、粮、油、肉等群众生活必需品价格监管力度。组织执法人员常态化巡查市场物价，扩面核酸检测期间实行米、面、粮、油、肉价格波动“日报告”制度，确保不出现囤积居奇、哄抬物价等价格违法行为，服务好疫情防控大局。

质量技术监督管理

【概况】 2022 年，仁寿县市场监督管理局牵头开展“质量强县”“质量提升行动”，组织企业参加天府质量奖申报，推荐企业申报第六届眉山市政府质量奖。以落实企业主体责任为核心，以风险管控和隐患排查为重点，以日常巡查和专项整治为抓手，强化特种设备宣传教育，开展特种设备安全监察工作，2022 年，全县未发生特种设备安全事故，特种设备安全形势持续稳定向好。

【质量监督】 开展“提质强企”行动，引导“拔尖”企业争当龙头。印发《仁寿县2022年质量强县暨质量提升行动工作计划》，组织信利、金鹅两家企业参加天府质量奖申报，推荐金鹅、信利、卓航电子科技有限公司申报第六届眉山市政府质量奖。守住底线，大力开展儿童和学生用品、农机农药农肥、农村消费品、成品油、燃气具等百姓关切的民生产品质量监督行动，对监督检查中发现的不合格问题均已处理或责令整改完毕。

【特种设备安全监管】 印发《2022安全大检查专项整治工作方案》，建立特种设备“一企一档”，围绕“三落实、两有证、一检验、一预案”四项关键要求，针对元旦、春节、“五一”、国庆及中共二十大期间等重点时段，突出金杯化工、铁马焦化等化工行业、石源液化气、源通液化气等燃气充装行业、通恒游乐场等游乐场馆展开全覆盖检查，侧重隐患排查和技术指导，共检查电梯、重点交通工程起重机械、大型游乐设施、盛装危化品压力容器等特种设备生产使用单位226家次，下达监察指令书48份，发现并消除特种设备安全隐患286处。开展电梯质量安全、燃气领域、水电站相关等群众关心、社会关注的特种设备领域提升行动。共完成了3681台电梯、公用燃气管道554千米及建筑区划内84千米燃气管道、9家水电站特种设备安全检查。开展“安全生产月”“消防安全宣传月”“电梯安全宣传周”“有限空间作业”等宣传活动，依托微信工作群对特种设备使用单位全覆盖地宣传相关知识，将“电扶梯正确安全使用方法之扶梯篇”“莫让有限空间变成夺命空间”等内容大力宣传，组织叉车、电梯维保等34户单位赴眉山市场监管局进行现场培训，提升特种设备使用单位的责任意识和管理能力。

食品药品监督管理

【概况】 2022年，仁寿县市场监督管理局建立“两个责任”市、县、乡、村四级食品安全包保责任制度。“2022餐饮规范年”建设取得初步成效。全面落实药械化监管“四个最严”要求，统筹开展日常监管、涉疫涉毒专项整治、药品抽检等监管工作。

【食品安全协调】 仁寿县食安委印发《关于建立落实食品安全属地责任和企业主体责任工作协调机制的通知》，建立“两个责任”市、县、乡、村四级食品安全包保责任制度，完善“三清单、一承诺”，制定包保手册，对各自包保干部开展轮训，并督促履行包保责任。修订完善《仁寿县食品安全突发事件应急预案（2022年修订）》，提高应急处置能力。制定《2022年仁寿县食品安全重点工作安排》，将食品安全工作纳入县委督查重要内容。

【食品生产流通监管】 牵头开展贯穿全年的食品安全“守底线、查隐患、保安全”“你点我检”“周三查餐厅周四查市场”“节庆食品安全”等行动，联动县委政法委、县公安局、县民政局、县综合执法局等单位开展涉毒、涉老、面制品、减肥及美容食品、柑橘甜蜜素非法添加，羊奶驼奶掺杂掺假等专项整治，严厉打击食品安全违法行为，查获非法添加罂粟壳案件1件。开展发酵面制品、蔬菜制品及淀粉制品、“一老一小”“节庆专项”等专项检查。以元旦、春节、“五一”、中秋、国庆等节日和中高考、重大接待等关键时间节点，以学校食堂、大中型餐饮单位等为关键点位，通过驻点监督，巡回督查，整合其他部门开展校园及周边、冷链食品、餐饮食品安全等专项整治，共排查食品生产经营单位14457户次，落实整改食品安全隐患1287起，确保食品安全监管无死角、全覆盖。制定《仁寿县食品安全宣传工作方案》，在《消费者质量报》《中国食品安全报》、网易新闻、“大美仁寿”等各级媒体发布宣传报道150余篇。组织开展“你点我检”“食品安全进校园”“文明餐桌、公勺公筷”“食品安全短视频创作大赛”等系列宣传活动，丰富宣传活动形式和载体。充分发挥乡镇、村（社区）食品安全宣传阵地作用。发动乡镇、村社干部利用乡镇赶集、食品安全宣传栏、宣传标语、村社广播等形式，广泛开展春季禁渔和十年禁捕宣传、“提倡节约、反对浪费”等食品安全宣传，群众对食品安全工作满意率进一步提高。

【餐饮服务监管】 “2022餐饮规范年”建设取得初步成效，印发《餐饮服务单位厨房设计与硬件建设指南》，指导建筑装饰企业规范化装修餐饮单位后，标准化加装餐饮油烟净化装置，从源头避免餐饮油烟环境污染和食品安全事故发生；举办仁寿县学校食堂食品安全培训，农村坝坝宴、“农家乐”醇基燃料管控暨食品安全培训会，柑橘“甜蜜素”禁用宣传会等培训共12场，针对重点行业、安全事故易发行业开展针对式培训。探索培训新模式，通过县人社局技能培训搭桥，助力群众就业创业形式，对全县食品生产经营单位从业人员开展食品安全及技能培训，全面提升食品从业人员素质。集中约谈多次抽检不合格食品生产经营主体负责人，强调严格落实食品安全主体责任，把好食品安全源头关，加大硬件投入改进工艺流程，分析查找不合格原因，真正解决食品安全问题。

【药品监督管理】 完成对药品经营企业、药品使用单位监管覆盖率100%。对疾病预防控制机构和疫苗接种单位监管覆盖率100%。根据县禁毒委统一安排部署，制定《仁寿县市场监督管理局开展禁毒创示范工作实施方案》，联合县禁毒委、县卫健局开展麻醉药品、精神药品专项检查，重点从麻精药品购进、储存、使用、防范措施、管理制度等方面进行检查，确保麻精药品质量安全和渠道安全，确保无麻精药品流入非法渠道。

【医疗器械、化妆品监督管理】 按照监管区域无盲区、监管品种无遗漏，监管环节无断层的整体思路开展监管工作。全年出动执法人员400余人次，检查化妆品经营使用单位690户，检查医疗机构70余家次、设置宣传点7个，发放宣传资料6000余份，开展药品和医械化不良反应常识宣传，宣传化妆品有关的法律法规、科普知识，加强从业人员守法意识，群众用妆、用药安全意识。

【食品药品抽检】 根据市、县政府安排完成生产和流通环节药品抽检52批次，化妆品14批次，医疗器械5个批次，开展食品抽检2727批次，对114批次抽检不合格食品全部开展核查处置。

知识产权保护管理

【概况】 2022年，仁寿县商标注册量742件，有效发明专利拥有量38件，市定高价值专利5件目标已完成。查处知识产权侵权案件5起，其中神墨教育虚假专利案被眉山市市场监管局评为知识产权典型案例。

【知识产权协作机制完善】 增强知识产权创新能力，提升企业竞争力。制定《仁寿县2022年知识产权行政保护工作实施方案》，以“4·26”知识产权周为契机，加大知识产权宣传力度，积极开展商标注册申请指导工作。

【地理标志管理】 加大品牌保护力度，深入地标产品保护的曹家梨合作社、芝麻糕协会等单位开展实地走访和指导，两个地方标准“文宫枇杷”“曹家梨”已正式发布实施。全县共有国家地理标志保护产品3个，有机认证产品3个，区域性公共品牌“天府仁品”“橙色美仁”“橘子红了”等知名品牌30个。

价格管理

【概况】 2022年，仁寿县发展改革局加强价格监管工作，节假日和疫情期间全县重要民生商品供应充足、价格平稳，保供稳价工作成绩明显。完成政府储备冻猪肉投放90吨，稳定猪肉价格在合理区间。认真落实价格调控机制，7—10月，通过联动机制对全县困难群众及时发放价格临时补贴约42.3万人次658.1万元，缓解物价上涨对困难群众基本生活的影响。降低企业要素成本，落实小微企业和个体工商户水电气“欠费不停供”政策，缓缴水费831.2万元，减免违约金25.8万元，为工商企业节约用气成本2150.56万元。

【价格改革】 大力推动全县5.44万户一般工商业用户进入市场，按照市场化价格购电，鼓励工商业用户直接从电力市场购电，未直接从电力市场购电的由电网企业代理购电。2022年国网仁寿县供电公司累计售电量29.07亿千瓦时，累计售电收入15.88亿元。

【价格调控】 对县本级制定的涉企行政事业性收费项目实行零收费，对法定行政事业性收费项目按下限收费，做实就低不就高，能减则减，能免则免，能缓则缓。落实小微企业和个体工商户水电气“欠费不停供”政策，缓缴水费896.3万元，减免违约金28.1万元。实行非居民用气上下游价格联动机制，合理制定配气价格，每年春冬季根据上游气价变动情况适时调整非居民销售气价。为实施工业强县战略，支持全县工业企业发展，降低企业用气成本，为工商企业节约用气成本2456.29万元。

【价格认定】 全年共受理公安机关等单位的涉案财物价格认定129件，标的金额260余万元。完成2010—2021年的业务平台存量案件录入工作，共录入存量案件1381件。

【价格监管】 对实行政府定价或政府指导价管理的收费项目实行清单式管理，对仁寿县涉企收费项目按照省、市新的规定和仁寿出台的新标准适时更新，制定《仁寿县2022年涉企涉农收费目录》。

【成本监审】 开展监审(调查)涉及停车场、教育、供水3大板块7个大项14个子项。开展3个停车场运行成本测算、3所民办托育机构托育费成本测算、3所公办托育机构托育费成本测算、4个水库的农业供水定价成本调查及4家物流企业运营成本调查。

【重要农产品成本调查】 高标准完成国家直报任务:油菜籽、玉米、水稻、大豆和重要农产品:生猪、家鱼、柑橘的成本收益调查。本年度开展"农户存售粮情况、农户购买农资情况、主要农产品成本预测、农户种植意向"各类专项调查4项。

经济合作管理

【概况】 2022年,仁寿县经济合作局结合仁寿县本地区位优势,利用成渝经济圈、成眉德资同城化发展经济优势,引进23个制造业项目,累计完成合同金额154.97亿元。

【招商制度建设】 2022年,仁寿县经济合作局秉承招商引资"一盘棋"思维,统筹整合全县招商资源,创新工作方式,紧扣"招什么、谁去招、怎么招、怎么落"四个关键,研究出台《仁寿县招商引资管理办法(试行)》,健全项目招引落地建设全流程管理体系,提高招商引资管理的规范化、制度化水平。

【重大项目引进】 2022年,仁寿县累计新签约制造业(含生产性服务业)项目23个,累计完成合同金额154.97亿元;其中签约"1+3"工业项目15个,合同金额105.52亿元;签约投资10亿元以上或"三强"(中国民营企业500强、中国500强企业、世界500强企业)企业投资的重大项目6个,合同金额115.8亿元;招商引资总到位资金156亿元。

【招商推介活动】 2022年,先后举办两次展会活动。4月2日,眉山市仁寿县制造业招商引资2022年"春季攻势"集中签约仪式在文林会议中心举行。现场集中签约项目6个,合同总金额52亿元。中共眉山市委常委、副市长王淑琳出席并讲话。中共仁寿县委书记王岳致辞,中共仁寿县委副书记、县长明宇与企业签约。中共仁寿县委常委、县总工会主席张晓红作招商推介。10月21日,仁寿县"拼搏五个月·夺取全年省"招商引资专项攻坚行动推介会在嘉斯曼酒店成都厅会议室举行,仁寿县经济合作局局长毛颖向企业代表作招商引资推介。同时积极参加国际国内重大展会,先后参加眉山市制造业招商引资"百日攻坚"即5月10日至8月17日(无锡)投资推介会,"西洽会"、川浙电子信息产业合作精准对接会。

【驻外招商】 项目获取情况。2022年,全年报送项目信息20余条(航泰科技、忠汇光电、攀枝花七星光电、华灏机电、襄阳蓝图、广东志慧芯屏、东莞宇佳新能源、厦门罗普特、东莞凯立源、深圳瑞博旺、泰州衡川、协创数据、坤元光电、深圳辉睿、富锐精密、安徽晶联智能等20余个)。项目签约情况。签约项目1个,投资约5.3亿元(凯立源),协助签约项目2个,投资约13.9亿元(亨誉机械7亿元、合诚玻璃6.9亿元)。投资公司拜访情况。拜访深圳资本集团,探讨与仁寿成立产业基金事宜。抗疫和防疫情况。积极组织仁寿在珠三角地区老乡为家乡捐赠10多万元防疫物资(口罩10万余只、含片1箱、消毒液8桶等)。

【项目服务】 借助"双万行动"(万名干部上门、万户企业暖心)及"进千企"等专项活动,走访企业,了解项目进展情况及存在的困难,及时协调有关部门进行解决,帮助企业解决11个困难问题。圆满完成政府督查平台、发改项目建设管理服务平台、数据开放共享交换平台、"三库一表"项目储备平台报送工作。

2022年8月8日,仁寿县参加眉山市制造业招商引资"百日攻坚"(无锡)投资推介会(县经合局/供图)

表 11　仁寿县 2022 年招商引资签约项目一览表

序号	投资企业	项目名称	主要投资内容	落户地	签约时间	合同金额(万元)
1	成都德康畜牧科技有限公司	四川成都德康(眉山)年产 36 万吨饲料项目	项目总投资约 1.2 亿元,占地约 4.94 公顷,建设年产 36 万吨饲料生产线项目,项目达产后可实现年产值 5 亿元,解决就业 80 人,建设年限为 1 年	四川仁寿经济开发区(C 区)	2021 年 12 月 26 日	12000
2	深圳市菲越科技有限公司	广东深圳市菲越科技(眉山)3D 裸眼和 LED 显示屏生产线项目	项目总投资 2 亿元,租用仁寿经开区 A 区美加蓉祥电子信息产业园厂房约 0.5 公顷,建设 3D 裸眼和 LED 显示屏生产线项目。其中,固定资产 15000 万元(购置新设备 12000 万元,旧设备 3000 万元,装修 1000 万元,流动资金 4000 万元)。建设规模为 10 条生产线。厂房装修及设备安装调试 3 个月。项目建成投产后,第一年实现年产值 1 亿元,年缴税收 300 万元;第二年实现年产值 2 亿元,年缴税收 600 万元;第三年及以后实现年产值 4 亿元,年缴税收 1200 万元,解决就业 30 人以上	四川仁寿经济开发区(A 区)	2021 年 12 月 23 日	20000
3	成都新利精密刀具有限公司	四川成都新利精密刀具(眉山)硬质合金刀具刃具研发、生产线项目	项目总投资 2900 万元,其中固定资产投入 2000 万元,流动资产 900 万元,入驻仁寿经开区 A 区美加蓉祥电子信息产业园,使用厂房面积约 0.28 公顷,建设硬质合金刀具刃具研发、生产线项目,建设周期 6 个月。项目正式运营达产后,预计可实现年均销售收入 3000 万元,年缴税收 100 万元,带动就业人数 50 ~ 80 人	四川仁寿经济开发区(A 区)	2022 年 2 月 25 日	2900
4	东莞市享誉机械有限公司	广东东莞市享誉机械(眉山)高端数控机床生产基地项目	项目总投资 7 亿元人民币,固定资产投入 4.5 亿元人民币。项目分两期建设,一期占地 3.34 公顷,投资 3.5 亿元,其中固投 2 亿元,建设高端数控机床生产基地项目,建设工期 18 个月。二期占地 2 公顷,投资 3.5 亿元,其中固投 2.5 亿元,主要制造精密零件,建设工期 1 年。两期项目建成投产后,第一年实现销售收入 2.5 亿元以上,年缴税收 1000 万元以上;第二年实现销售收入 3 亿元以上,年缴税收 1200 万元以上;第三年起实现销售收入 4 亿元以上,年缴税收 1600 万元以上;解决就业 100 人	四川仁寿经济开发区(A 区)	2022 年 8 月 10 日	70000
5	四川华盛兴邦园区运营管理有限公司	四川华盛兴邦(眉山)华盛兴邦食品产业园项目	项目总投资 28 亿元,占地约 53.36 公顷,分两期建设,其中一期、二期项目各占地约 26.68 公顷,建设标准厂房和定制厂房,从出让土地之日起 24 个月内建成运营。项目全部建成运营并全部投产后,年销售收入 40 亿元,年缴税收 8000 万元,年亩平税收 10 万元以上,解决就业 4000 人以上	四川仁寿经济开发区(B 区)	2022 年 4 月 14 日	280000
6	敖敏君	广东自然人敖敏君(眉山)智能手机、平板生产线项目	项目总投资 5 亿元,租用标准厂房 3 公顷,建设智能手机和平板生产线项目。项目建成投产后,第一年可实现产值 10 亿元,第二年可实现产值 10 亿元,第三年可实现产值 12 亿元,第四年可实现产值 14 亿元,第五年可实现产值 15 亿元,解决就业约 500 人	四川仁寿经济开发区(A 区)	2022 年 4 月 19 日	50000

续表 11

序号	投资企业	项目名称	主要投资内容	落户地	签约时间	合同金额(万元)
7	江苏康之源生物科技有限公司	江苏康之源生物科技(眉山)ITD饮料生产线项目	项目总投资5亿元,其中固定投资3.5亿元,流动资金1.5亿元,建设咖啡饮料、燕麦饮料、豆乳饮料项目生产线。一期项目投资1亿元,其中固定资产投入5000万元,租用创新孵化园0.8公顷厂房及0.06公顷办公研发用房,建设2条咖啡饮料、燕麦饮料、豆乳饮料生产线及博士工作站,建设工期为4个月。两期项目建成投产后,可实现产值5亿元,年缴税收2500万元;五年内达产后实现年产值10亿元,年缴税收5000万元,解决就业100人	四川仁寿经济开发区(B区)	2022年5月11日	50000
8	林　宏	四川自然人林宏(眉山)年产16000吨微纤维玻璃棉生产线建设项目	项目投资0.75亿元,占地约0.87公顷,新建微纤维玻璃棉生产线1条;新建生产车间厂房、库房、倒班房、变电房、消防泵站等建筑面积约1.13公顷(容积率1.3)。项目能耗主要是焦炉煤气和电,年综合能耗4750吨标准煤。项目建成达产后:年产各规格微纤维玻璃棉16000吨(其中0.3~1微米3000吨、1~2微米5000吨、2~5微米8000吨),年产值17000万元、税金500万元,解决就业130人	四川仁寿经济开发区(C区)	2022年5月5日	7500
9	郝　莉	四川自然人郝莉(眉山)新建年产15000吨新型玻璃纤维复合材料项目	项目投资0.28亿元,占地0.91公顷,新建玻璃纤维毡自动生产线2条,生产的玻璃纤维毡、织物等产品广泛用于船舶、游艇、汽车零部件及顶棚、建筑构件、防腐、管道、洁具、玻璃钢等,产品70%以上自营出口欧美、中东、东南亚等地。建成后年产高性能玻璃纤维毡10000吨、玻纤织物5000吨,年耗天然气100万立方米、电60万度、水0.3万立方米,年总能耗876.14吨标准煤;达产后年收入9000万元、利润500万元、税金200万元、创汇200万美元,解决就业100余人	四川仁寿经济开发区(C区)	2022年5月5日	2800
10	成都创兴科联光学仪器有限公司	成都创兴科联(眉山)电子产品光学玻璃冷加工项目	项目总投资4000万元人民币,位于文林工业园区A区美加蓉祥电子信息产业园20#楼,购买约0.27公顷,用于电子产品光学玻璃冷加工项目生产线建设。建设工期6个月。项目正式运营达产后,可实现年均销售收入6000万元人民币,年缴税收300万元人民币,解决就业60人以上	四川仁寿经济开发区(A区)	2022年2月18日	4000
11	常州前耀光电科技有限公司	常州前耀(眉山)电子、军工领域光学玻璃加工项目	项目总投资2000万元人民币,选址文林工业园区A区美加蓉祥电子信息产业园17#楼约0.2公顷,建设电子、军工领域光学玻璃加工项目。项目正式运营达产后,可实现年均销售收入2800万元人民币,年缴税收70万元人民币,解决就业30人以上	四川仁寿经济开发区(A区)	2022年2月27日	2000
12	成都中科绿生环境科技有限公司	成都中科绿生(眉山)仁寿县病死及病害动物无害化处理与资源化利用项目	该项目总投资2500万元,选址文林园区B区,占地约0.67公顷,建设病死及病害动物无害化处理与资源化利用项目。项目建设工期8个月,项目建成后年销售收入2100万元,年缴税收30万元以上,年亩平税收3万元以上,解决就业20人以上	四川仁寿经济开发区(B区)	2022年5月10日	2500

续表 11

序号	投资企业	项目名称	主要投资内容	落户地	签约时间	合同金额(万元)
13	四川新希望味业有限公司(股东新希望集团有限公司是中国500强和中国民企500强)	四川新希望味业有限公司(眉山)花椒深加工项目	项目总投资8000万元,租用仁寿经开区B区孵化园厂房约1.8公顷,办公楼约0.02公顷。其中,固定资产投入2000万元,建设花椒深加工项目,建设周期6个月,项目建成投产后,第一个财务年度(2022年6月至2023年6月)实现销售收入2亿元人民币以上,实现税收300万元以上;第二个财务年度实现销售收入2.5亿元人民币以上,实现税收400万元以上;第三个财务年度实现销售收入3亿元人民币以上,实现税收600万元以上;第四个财务年度实现税收800万元以上;第五个财务年度及以后每年实现税收1000万元以上。预计解决就业80人以上。当年发生不可抗力除外	四川仁寿经济开发区(B区)	2022年5月15日	8000
14	北京新材中筑科技有限公司	北京新材中筑科技有限公司(眉山)轻框装配式建筑体系项目	项目总投资2980万元人民币,拟租用四川仁寿经济开发区C区原宏量基筑厂房0.67公顷,建设轻框装配式建筑体系项目。项目建设工期12个月,从项目效益预期:建成投产后,预计年销售收入3000万元人民币以上,年缴税收200万元人民币以上,解决就业50人	四川仁寿经济开发区(C区)	2022年11月16日	2980
15	虹华科技股份有限公司	四川虹华科技股份有限公司(眉山)半导体靶材及高纯无氧铜生产线项目	项目总投资约12亿元,其中固定资产投入约10亿元。项目分三期建设,一期建设高纯铜和高纯无氧铜生产线各1条;二期建设1万吨高纯铜和高纯无氧铜生产线;三期建设9万吨高纯铜和高纯无氧铜生产线及靶材生产线	四川仁寿经济开发区(A区)	2022年6月1日	120000
16	东莞市合诚玻璃有限公司	广东东莞市合诚玻璃有限公司(眉山)中大尺寸3D热弯智能电子触摸屏及整机模组装配项目	项目总投资6.8亿元,其中固定资产投入约3.51亿元(含设备投资2.6亿元人民币,无尘车间装修预计8000万元,工业用电铺设预计800万元,办公室与展厅装修投资300万元),流动资金3.3亿元;拟租用4公顷厂房,建设中大尺寸3D热弯智能电子触摸屏及整机模组装配项目。预计投产后第一年产值4亿元,税收1600万元;第二年产值6亿元,税收2400万元;第三年产值10亿元,税收4000万元;第四年产值14亿元,税收5600万元;第五年产值20亿元,税收8000万元,第六年产值26亿元,税收10400万元	四川仁寿经济开发区(A区)	2022年6月10日	68000
17	四川巴蜀辣韵食品有限公司	四川巴蜀辣韵食品有限公司(眉山)熟肉制品加工火锅底料调味料项目	项目总投资0.2亿元,租用仁寿创新中小企业孵化园厂房0.58公顷,建设熟肉制品加工火锅底料项目,预计年产值1亿元,税收200万元,解决用工60人左右	四川仁寿经济开发区(B区)	2022年7月8日	2000
18	深圳市华微智能制造技术研发投资有限公司	广东深圳市华微(眉山)物联网智能终端产业园项目、物联网品牌项目全国运营中心项目	总投资15亿元,其中一期项目拟投资5亿元,租用3公顷厂房,建设30条贴片生产线,10条智能生产线,并含五金、机加、注塑及智能组装、实验室等,建设物联网智能终端产业园项目。建设工期6个月。同时建设物联网品牌项目全国运营中心项目。项目建成后前六年累计实现产值39.8亿元,实现税收1.47亿元,用工300余人。二期项目购置土地10公顷,投资10亿元,建设10公顷智能生产基地	四川仁寿经济开发区(A区)	2022年7月12日	150000

续表 11

序号	投资企业	项目名称	主要投资内容	落户地	签约时间	合同金额（万元）
19	凯立源光电科技（东莞）有限公司	广东凯立源（眉山）智能终端电子触控屏项目	项目总投资约5.3亿元。租用美加蓉祥电子信息产业园2.1公顷厂房，用于智能终端电子触控屏项目的生产。建设周期4个月。该项目建成投产后，当年实现销售收入1.5亿元。解决就业200人以上	四川仁寿经济开发区（A区）	2022年7月21日	53000
20	协鑫集团有限公司	江苏协鑫集团（眉山）年产30万吨磷酸铁锂正极材料项目	项目投资总额约50亿元人民币，建设年产30万吨磷酸铁锂正极材料项目，用地约60公顷，分三期建成。其中，一期项目总投资17亿元，用地约23.35公顷，建设年产10万吨磷酸铁锂正极材料生产线，选址位于四川省仁寿经济开发区A区二、三期项目建设事宜及优惠政策另行商定。一期项目建成投产后，2024年实现年销售收入30亿元，年缴税收9000万元。解决就业300人以上	四川仁寿经济开发区（A区）	2022年8月6日	500000
21	成都知食供应链管理有限公司	四川成都知食供应链（眉山）盈果生鲜冷链仓储中心项目	项目总投资4亿元，用地5.34公顷，建设水果的分拣、洗选、加工生产线，建成后每年实现产值3亿元，税收300万元，解决就业200人	四川仁寿经济开发区（B区）	2022年10月19日	40000
22	四川锋范机电设备制造有限公司	四川锋范机电（眉山）精密模具制造及数控加工项目	项目总投资2000万元，拟选址美加蓉祥电子信息产业园，拟用厂房0.14公顷，建设精密模具制造及数控加工项目生产线，建设工期6个月。项目建成后，可实现年销售收入2600万元，年缴税收80万元，解决就业50人	四川仁寿经济开发区（A区）	2022年12月30日	2000
23	上海麦金地集团股份有限公司	上海麦金地（眉山）中央厨房产业园、订单农业基地、农产品精深加工供应链集散枢纽中心项目	项目为一、二、三产融合项目，拟投资10亿元人民币。其中，二、三产业项目拟选址在大化镇，占地约0.01公顷。一产采用“订单农业”模式，结合新型农业发展方式，建立可溯源绿色种植养殖供应链基地，建设西南优质农产品直供基地，推动仁寿发展“大单品”优势农业产业，全面打通农产品生产流通产业链；二产建设以中央厨房为主的食品物资保供科技产业园，发展以中央厨房为支撑的食材仓储分拣加工、现代冷链储运配送中心及配套农产品精深加工产业，打造仁寿“一厨一菜一标品”；三产以现代农产品集散中心为核心，逐步健全完善乙方在全国的供应链体系，打造乙方西南集采中心和保供总仓，将仁寿农产品2/3产量销往全国市场，打通仁寿农特产品全国销售渠道	大化镇	2022年9月15日	100000

公共资源交易管理

【概况】 2022年，眉山市公共资源交易中心仁寿县分中心完成交易项目363个，项目涉及总金额55.38亿元，增收节支项目资金2.8亿元。其中，完成99项工程项目的招标工作，涉及金额9.86亿元，节约资金2.61亿元。完成政府采购项目190个，交易金额2.26亿元，节约金额1.91亿元。完成土地的拍卖和国有资产处置74项，交易金额46.0467亿元，溢价金额0.0033亿元，超目标完成年度任务。

【坚持党建引领】 以践行“两新三大”活动为抓手，提升干部内涵。强化理论学习，利用“三会一课”、主题党日等形式开展集中学与分散学；组织观看廉政教育警示片5次，形成心得体会20余篇、讲党课6次、讲红色故事6次、讲法制课4次、组织干部职工在“四川普法”“四川党建”“学习强国”“汇贤学堂”等平台开展线上学习并完成考核；组织集中收看习近平总书记到川视察视频、省第十二次党代会开幕式、中共二十大开幕式等，提高党员干部的政治自觉性、敏锐性。认真开展“三个走遍”活动，2名主要领导全年共计走访20余天，走访村组30余个，发现问题6个，帮助解决问题6个，其中帮助解决资金、协调困难4个，服务群众500余人。强化岗位技能学习，加强干部培训。组织干部职工积极参加“仁寿大讲堂”培训及推荐优秀年轻干部参加年轻干部铸魂强基班；中心各业务股室常态化开展业务政策法规学习12次；历时2个月，每日组织干部职工20余人积极参加四川省首届政务服务和公共资源交易服务技能大赛线上答题，形成学习答题记录1200余份；选派1名优秀业务骨干参加全省政务服务和公共资源交易技能大赛，进一步提高从业人员业务能力及综合素养。

【完成巡察工作】 4月11日至5月9日，县委第三巡察组对中共眉山市公共资源交易中心仁寿县分中心党组开展巡察。8月24日，巡察组向领导班子反馈巡察意见建议3大项21个、意识形态专项巡察反馈问题6个、选人用人专项巡察反馈问题3个。中心党组认真落实上级决策部署，坚持以问题导向，逐项制定具体整改方案，将任务分解细化，明确责任领导、分管领导、责任股室、责任人和整改时限，坚决抓好巡察反馈意见整改。在三个月整改期限内，均全部整改落实。

【交易平台建设】 2022年，积极优化网络环境，完善智慧交易平台硬件配备，建立大数据分析系统；建立并使用电子档案系统，实现工程建设项目文字、图片、音频视频影像资料同步保存；新增工程建设项目异地远程评标点位3个；积极依托眉山市统一建设的电子化交易平台，推进入场项目交易全流程电子化；启动工程招投标项目评标专家抽取终端系统。

【交易运行管理】 2022年，中心坚持“规范、高效、公正、廉洁”的交易原则，立足岗位，凝心聚力，不断完善制度建设、全面推进全流程电子化交易、持续优化营商环境。10月，眉山市首例政府采购异地远程评标的项目在县中心顺利完成开评标工作，实现政府采购项目招、投、开、评线上电子化“全流程”。积极推行政府采购项目、工程建设项目远程异地评标工作，实现国有资产处置项目网上竞价交易，不断推进公共资源交易创新发展。

【优化营商环境】 2022年推行“五减”。优化服务流程，“减环节”，提高服务效率。精简办理资料，“减材料”，取消原件核查。压缩服务时限，“减时限”。降低交易成本，“减费用”，全面推进公共资源交易电子化，加速推进不见面开标全覆盖、常态化，大力推广电子保函。2022年，县中心累计开展220余次不见面开标，累计减省标书印制费30余万元。营造公正环境，“减风险”，完善异地远程评标软硬件设施，启用线上监督，让异地远程评标全过程监督无死角。2022年交通基础三年提升行动工程项目公开招标评标工作，在积极推行“五减”基础上，6月顺利完成。完成工程项目共计27个，涉及全县27个乡镇（街道），共计59个标段，公路改（扩）建里程数962.82千米。

农业农村

农业综合管理

【概况】 2022年,仁寿县农业农村局坚持农业农村优先发展,持续深化农业农村改革,全面推进乡村振兴。全年全县一产增加值增速4.5%,农村居民人均可支配收入2.09万元、增速6.3%。

【农业政策措施制定及落实】 因地制宜研究谋划“三农”重点工作,高水平编制仁寿县农业产业功能区规划、高起点建设“243”特色产业发展布局。印发《仁寿县贯彻落实〈2022年度四川省市(州)党政和省直部门(单位)领导班子领导干部推进乡村振兴战略实绩考核实施方案〉的工作方案》《2022年度仁寿县镇乡(街道)党政和县级涉农部门(单位)领导班子领导干部推进乡村振兴战略实绩考核实施方案》《仁寿县天然水域垂钓管理办法(试行)》《仁寿县撂荒地复耕整治技术(试行)》《规范农村集体经济组织运行管理指导意见(试行)》《仁寿县稳定粮食生产暨耕地“非粮化”整治扶持政策》《仁寿县高标准农田建设项目管理实施办法》等。

【新型农业经营主体培育】 2022年,先后印发《仁寿县规范设置农村集体经济组织挂牌工作方案》《仁寿县农业农村局关于规范农村集体经济组织制度建设的通知》《规范农村集体经济组织运行管理指导意见(试行)》《仁寿县贯彻落实〈四川省农村集体经济组织条例〉实施细则》等文件,进一步规范农村集体经济组织建设,推动仁寿县农村集体经济组织发展壮大。2022年,创建合作社61家,4家合作社获评县级示范社。全县共有合作社966家,有县级示范社11家、市级示范社33家、省级示范社37家、国家级示范社10家。

【现代农业园区建设】 截至2022年年末,全县已成功创省四星级现代农业园区1个(仁寿县粮油现代农业园区),市级现代农业园区3个(仁寿县曹家“梨博苑”现代农业园区、仁寿县“橙色田园”柑橘生猪种养循环现代农业园区、仁寿县方家粮油现代农业园区),县级现代农业园区7个(藕塘柑橘现代农业园区、禄加“茶灵谷”油茶现代农业园区、仁寿县藕塘“香橘苑”柑橘现代农业园区、仁寿县粮经融合现代农业园区、仁寿县青岗粮油现代农业园区、仁寿县慈航粮油现代农业园区、仁寿县藕塘水发柑橘现代农业园区)。其中,2022年成功申报市级园区1个(粮油类),认定县级园区3个(2个粮油类、1个特色类)。

【“天府粮仓”布局建设】 全面落实中央、省委和市委决策部署,结合仁寿县丘区地形特点,按照时间节点,持续推进新时代更高水平“天府粮仓”丘区示范区建设工作。出台配套政策文件,全力支持农业生产。立足“天府粮仓”初步发展规划,按照统一部署要求,抓好各项政策贯彻落实。出台《关于深入贯彻中共二十大精神和习近平总书记到川视察重要指示精神建设新时代更高水平“天府粮仓”丘区示范区的决定》《关于成立仁寿县打造新时代更高水平的“天府粮仓”工作领导小组的通知》等文件,编制《仁寿县五良融合宜机化改造实施细则》,为“天府粮仓”丘区示范区建设保驾护航。牵头完成“天府粮仓”一核四基地项目前期规划,配合协作项目服务中心完成“天府粮仓”建设的前期工作。

【农业品牌推进】 2022年,完成新申报绿色食品认证产品10个,续展认证产品8个,绿色食品企业年检17家。完成“天府仁品”区域公用品牌授权使用企业7个。完成2021年地理标志农产品保护和发展项目的实施,全面提升文宫枇杷产业发展综合水平,文宫枇杷产品供给能力显著增强,产品认知度、知名度、美誉度和市场占有率显著提高。实施仁寿县现代农业全产业链标准化试点基地建设项目。开展1个“味在眉山”标准化示范基地认定、立牌工作,10个“味在眉山”标准化示范基地复审、复牌工作,完成培育设置“味在眉山”标准化生产示范基地10个,圆满完成眉山市政府下达给仁寿县“味在眉山”238亿元的销售任务。

【农业质量安全】 扎实开展农资打假和“治违禁、控药残、促提升”行动,定期开展“放心农资”下乡活动,印刷并发放宣传海报1200张、明白纸5000张、宣传手册2600份。加强质量监控,健全检测体系,完成全年快速检测抽检任务数300个以上,合格率为100%;完成例行抽检省、市级农产品质量安全风险监测任务数895个,合格率达98%以上。切实提高基层监管能力,贯彻落实巩固拓展脱贫攻坚成果同乡村振兴有效衔接有关精神,完成4个乡村振兴重点帮扶村建设村级监管阵地,并支持4个企业建设监管阵地,全方面加强仁寿县农产品质量安全保障,持续巩固四川省农产品质量安全监管示范县创建成果。大力推进食用农产品达标合格证制度试行工作。截至2022年年末,共入驻国家农产品追溯平台生产主体688家,入驻率达到100%,全年开具合格证总张数46万余张。

【农业信息化推进】 2022年,仁寿县

选定玉米和水稻作为监测作物，采集空气温度、空气湿度，土壤温度、土壤湿度4种常用环境参数，结合坐标定点、3G通信技术、图像监测技术，固定田块对涉及作物的生长和环境进行监测调查。完成常规农业的生产进度和农业农村生产形势分析，为农村经济和农业生产发展宏观决策提供数据支撑。按照省、市对现代农业物联网建设的指导要求，对推进农业物联网建设的信息及时收集和宣传。与成都华迈科技有限公司多次会商，更改完善相关功能，基本已完成农产品价格信息智慧平台设计搭建。

【农业行政执法】 开展种子、农药、肥料、饲料、兽药打假活动。以经营假劣种子、未审先推、未依法备案、农作物种子标签为重点，出动执法人员365人次，检查种子经营门市、摊点249个次。以禁限用农药、假劣农药、农药经营台账、农药经营许可证、农药废弃物回收等检查内容为重点，出动执法人员276人次，检查农药经营门市180个次。对全县2家肥料生产单位执法检查，以销售未取得登记证的肥料产品、假冒、伪造肥料登记证、登记证号、生产、销售有效成分或含量与登记批准的内容不符的肥料产品等内容为检查重点，先后出动执法人员96人次，检查肥料经营门市、摊点38个次，重点检查“甜蜜蜜、脱酸基”水溶剂肥料和执法抽检，检测重金属情况，都未超标。以销售禁限用兽药、假劣兽药、兽药经营许可证、兽药饲料经营台账、拆分饲料进行零售等检查内容为重点，出动执法人员133人次，检查饲料、兽药经营门市68个次。

【土地承包经营管理】 2022年，完成全县范围内545个行政村、4311个组32.8万户农户的农村土地承包经营权确权登记档案整理及数字化工作。截至2022年12月，全县土地流转增量506.92公顷，土地流转累计3.45万公顷，占承包耕地面积的43.6%；其中规模流转2.37万公顷，占流转面积的67.3%，共计颁发仁寿县农村土地经营权证666本，所涉土地面积8537.6公顷。

【农村集体经济经营管理】 2022年，仁寿县规范建立成员身份台账，发放成员证书34万余户。完成27个镇级、267个村级、2764个组级集体经济组织登记赋码。印发《关于规范农村集体经济组织制度建设的通知》《规范农村集体经济组织运行管理指导意见(试行)》《仁寿县贯彻落实〈四川省农村集体经济组织条例〉实施细则》等文件，保证农村集体组织健康有序发展，并规范农村集体经济组织建设。

【农业产业化经营龙头企业培育】 2022年，完成全县6家省级农业产业化重点龙头企业、10家市级农业产业化重点龙头企业的监测工作。遴选推荐3家规模以上企业申报市级龙头企业，推荐1家市级龙头企业申报省级龙头企业。

【农业科技创新与人才培养】 2022年，完成第三批“眉州田园名星”培育对象导师帮带和田园比武。完成全县2022年度农村实用人才统计。完成2022年高素质农民培育，分级(省市县)分类培训220人。完成全国农村创业创新园区(基地)发展情况摸底调查暨更新相关目录。

【农业科技推广】 2022年，完成全县146名基层农技人员知识更新培训任务，其中市级集中培训133人，省级骨干人才培训13人。培育3个农业科技示范展示基地。遴选30项农业主推技术向全县32个乡镇(街道)予以推荐，全年全县农业主推技术到位率达到100%。招募9名特聘防疫员，有序推进大豆科技自强示范县建设工作。

【农产品质量监管】 仁寿县大力推进食用农产品达标合格证制度试行工作，年末共入驻国家农产品追溯平台生产主体688家，入驻率达到100%，全年开具合格证总张数46万余张。

【农村人居环境整治】 截至2022年年末，全县共计实施改厕11.44万户，农村户用卫生厕所普及率达92%。全县267个涉农社区中256个行政村农村生活污水得到有效处理，占比达96%。全县273个村累计发动群众1.5万余人次，清理农村生活垃圾1万余处5600余吨，清理户厕12.48万户，清理公厕182座，清理水塘、河沟、污水沟2000余处2330余次，清理畜禽粪污6735处，清理农业生产废弃物1500余吨。

【动物疫病防控】 完成春秋两防免疫注射工作。集中免疫牲畜口蹄疫182.06万头(其中猪口蹄疫136.42万头，牛羊口蹄疫45.64万头)、猪瘟136.42万头，禽流感1276.43万羽，小反刍兽疫82.96万只，犬只45.71万只。共采集样品4936份(其中猪血清1320份，牛羊血清2061份，鸡血清1555份)。全年共开展两次全县动物防疫知识技能线上培训班，特聘动物防疫专员、各乡镇(街道)农业综合服务中心相关技术人员、村级动物防疫员和乡村兽医等共计90余人次参加培训。发放非洲猪瘟防控安全手册、宣传海报6万余册份，宣讲200余次，参会人员5.5万余人次。

高标准农田建设

【概况】 2021年，仁寿县高标准农田立项4533.33公顷，在2022年6月完成建设，8月完成县级验收，9月完成财评审计，12月完成市级竣工验收。按照《四川省高标准农田建设规划（2021—2030年）》和县委县政府的统筹规划，仁寿县2022年建设高标准农田6136.4公顷，计划总投资2.76亿元。经县政府批复，仁寿铧锐农业投资公司担任项目业主，采用“先建后补”模式实施2022年高标准农田建设项目。该项目9月底已开工，截至年末，已完成进度的30%。

【灾毁农田修复项目】 仁寿县2021年灾毁农田修复项目，计划总投资18300万元(其中中央资金7320万元，省级资金1311万元，县级资金9669万元)，建成高标准农田4068.7公顷，其中仁寿片区建设3068.2公顷，投资13800万元，由仁寿县农业农村局负责实施。眉山天府新区片区建设1000.5公顷，投资4500万元，由眉山天府新区乡村振兴局负责实施。计划建设内容包括田土型调整533.67公顷，土壤改良4068.7公顷，新建及整治排灌渠系61.6千米，整治塘堰113座，新建蓄水池84口(含高位装配式5口)，新建及整治提灌5座，新建及整治田间道路138.84公里，耕地质量调查点61处。项目在2021年11月开工建设，2022年10月全面完工。

该项目通过竞争性磋商确定四川嘉泰农业科技公司、四川兰图工程咨询公司为勘察设计，实施方案、工程预算编制单位。按照县发展改革局《关于仁寿县2021年灾毁农田修复项目可行性研究报告(待立项)的批复》要求，经公开招标确定仁寿片区监理单位为四川创江水利工程技术公司，施工单位为广东水电二局股份公司；眉山天府新区片区监理单位为四川亿丰建设工程管理公司，施工单位为四川合园水利公司。

县农业农村局成立高标准农田建设项目质量监管小组，明确各成员单位职责，共同做好质量监管工作。该局还采购四川金通检测公司和四川国城检测公司定期对材料、工程质量进行检测，同时委托村民代表对项目工期、进度、质量进行监督。在施工过程中，根据实际需求，经眉山天府花海观光农业园区管委会批准，眉山天府新区片区对部分工程量进行新增(变更)。对于资金管理，严格执行农业农村部基本建设管理办法，落实资金“专人管理，专账核算，专款专用”。

任务完成情况。仁寿县2021年灾毁农田修复项目完成高标准农田4068.7公顷(其中眉山天府新区1000.5公顷)。其中，田土型调整实际完成535.6公顷，完成率100.36%。新建及整治排灌渠系实际完成59.19公里，完成率96.64%(未完成部分属设计误差)。整治山坪塘实际完成113座，完成率100%。

新建蓄水池实际完成84口，完成率100%。新建和整治提灌站实际完成5座，完成率100%。实际完成新建及整治机耕道139.96公里，实际综合完成率100.99%。实际完成61处耕地质量调查，并出具评价报告，完成率100%。实际完成土壤改良4066.67公顷，购买并施用有机肥10520吨，完成率100%。

两项目在2022年9月15和10月11日分别经仁寿县农业农村局会同县发展改革局、县财政局、宝飞镇政府、藕塘镇政府、始建镇政府、富加镇政府等单位和眉山天府新区乡村振兴局会同财政金融局、发改局、龙马镇政府等单位审查验收合格。

【中央预算内投资高标准农田建设项目】 2021年眉山市仁寿县中央预算内投资高标准农田建设项目面积800.4公顷，计划总投资3600万元(其中中央、省资金1800万元，市级财政资金205万元，县级财政配套资金1595万元)。计划建设内容新建整治道路36.4千米，新建整治渠道5.3公里，沟道整治762米，新建蓄水池6口，整治山坪塘26口，土地平整20.41公顷，地力培肥800.4公顷，项目在2021年11月开工建设，2022年6月全面完工。

该项目通过竞争性谈判确定四川兰图工程咨询公司为勘察设计，实施方案、工程预算编制单位，按照县发展改革局《关于眉山市仁寿县中央预算内投资高标准农田建设项目立项的批复》要求，经公开招标确定监理单位为四川创江水利工程技术公司，施工单位为四川圆瑞建设工程公司。

仁寿县农业农村局采购第三方检测公司定期对材料、工程质量进行检测。第三方质量检测机构根据独立取样，出具工程质量检测报告。施工单位制定较为完善的质量保证体系，明确质量管理责任人，对各施工班组开展质量与施工安全培训，加强施工质量管理水平，确保施工工序质量。对于资金管理，严格执行农业农村部基本建设管理办法，落实资金“专人管理，专账核算，专款专用”。

任务完成情况。土地平整实际完成20.34公顷，完成率99.67%(未完成部分属设计误差)。新建及整治排灌渠系实际完成5.27公里，完成率98.5%(未完成部分属设计误差)。整治山坪塘实际完成23座，完成率95.83%(未完成部分属设计误差)新建蓄水池实际完成6口，完成率

100%。新建和整治提灌站实际完成5座，完成率100%。实际完成新建及整治机耕道18.27公里，生产道16.79公里，实际综合完成率96.35%（未完成部分属设计误差）。实际培训500人次，发放技术培训资料1000份，完成率100%。实际完成土壤改良800公顷，购买并施用有机肥1465吨，土壤调理剂6.87吨，综合完成率100%。

2022年8月25日，仁寿县农业农村局组织县发展改革局、县财政局、宝飞镇政府等相关部门对项目进行县级验收，综合评定工程合格。

【宝飞片区高标准农田建设项目】四川省眉山市仁寿县2021年宝飞片区高标准农田建设项目计划建设面积667公顷，投资3000万元（中央、省资金1944万元，市级财政资金205万元，县级财政配套资金851万元），建设内容包括土地平整23.08公顷，新建及整治排灌渠系7.46公里，整治山坪塘18座，新建蓄水池9口，新建和整治提灌站9座，新建及整治田间道路18.77公里。2021年11月开工建设，2022年6月全面完工。

该项目通过竞争性谈判确定四川兰图工程咨询公司为勘察设计，实施方案、工程预算编制单位，按照县发展改革局《关于四川省眉山市仁寿县2021年宝飞片区高标准农田建设项目可行性研究报告（代立项）的批复》要求，经公开招标确定监理单位为四川创江水利工程技术公司，施工单位为中水华通工程公司。

县农业农村局成立项目质量监管工作小组，由局领导任领导小组组长、有关部门负责人为监管小组成员，加强对项目质量监管工作的组织领导，确保项目顺利实施。对于资金管理，严格执行农业农村部基本建设管理办法，落实资金“专人管理，专账核算，专款专用”。

任务完成情况。土地平整实际完成22.94公顷，完成率99.42%。（未完成部分属设计误差）。灌溉与排水工程实际完成6.64公里，完成率89.01%（未完成部分属设计误差）。整治山坪塘实际完成18座，完成率100%。新建蓄水池实际完成9口，完成率107.04%。新建和整治提灌站实际完成9座，完成率100%。新建及整治田间道路实际完成新建及整治机耕道10.79公里，生产道7.32公里，实际综合完成率96.48%（未完成部分属设计误差）。实际培训人次500人次，发放技术培训资料1000份，完成率100%。实际完成土壤改良666.67公顷，购买并施用有机肥1228吨，土壤调理剂7.75吨，综合完成率100%。

2022年8月25日，仁寿县农业农村局组织县发展改革局、县财政局、宝飞镇政府等相关部门对项目进行县级验收，评定工程合格。

脱贫攻坚成果巩固

【概况】2022年，仁寿县坚决守住不发生规模性返贫底线，持续巩固拓展脱贫攻坚成果。全年农村居民人均可支配收入1.97万元，同比增长10.4%。脱贫户人均纯收入1.32万元，增速17%。

【落实责任】坚持主要负责人带头抓、分管负责人具体抓、领导小组经常抓、县级领导包片抓的工作模式，组织召开县委常委会会议、县政府常务会会议、领导小组会议、专题会议，定期研究部署巩固拓展脱贫攻坚成果工作，先后印发《关于进一步压紧压实巩固拓展脱贫攻坚成果同乡村振兴有效衔接相关责任的通知》《仁寿县村级集体经济攻坚三年提升行动实施方案》等文件，将乡村振兴工作纳入乡镇（街道）和县级部门年度工作考核重点内容。

【政策保障】财政安排优先。2022年，县本级一般公共预算安排脱贫攻坚成果巩固与乡村振兴投入10.04亿元，占比12.67%，较2021年增加1.46%。全年投入各级财政衔接推进脱贫攻坚成果巩固与乡村振兴补助资金3.075亿元。其中，县本级安排1.2亿元，保持财政投入总体稳定。政策支持优先。先后印发《仁寿县关于支持现代农业产业发展的实施意见（试行）》《仁寿县促进脱贫人口增收“百日行动”方案》《仁寿县农业主导产业生产性服务全产业链构建方案》等，指导全县开展脱贫攻坚成果巩固等工作。公共服务优先。围绕公共交通、卫生服务、快递物流等公共服务，规范化建设卫生服务机构，加快构建“县级配送中心、乡镇站场、农村网点”三级物流网络体系，持续巩固客运“金通工程”，建成2个县级快递分拣中心、24个乡镇级快递运营中心、293个村级服务站点，开通农村公交线路5条。推进县、乡、村三级社工服务体系建设全覆盖。

【驻村帮扶力量】2022年，全县选派第一书记和驻村工作队员354人，选派市、县党员干部，县属国有企业员工6550人结对帮扶。落实“四个一”扶持机制，98个村（社区）逐村落实1名县级领导、1个县级部门、1家规模企业、1名金融村官联系帮扶。同时，县财政为每个驻村工作队预算工作经费2万元。

【百企联百村】积极组织引导有条件有意愿的会员企业参与“百企联百村共走振兴路”活动，带动15个民营企业和1个商会联系帮扶22个村(社区),投入工商资本1500余万元,从产业带动、人才培养、劳动力就业、农副产品销售、增加群众和村集体收入等方面开展帮扶,巩固脱贫攻坚成果。

【以工代赈】 实施以工代赈项目1320万元,推广以工代赈方式实施项目3049万元,组织务工群众1483人,发放劳务报酬691万元。安排中央、省上衔接资金400万元,改造提升安置点公共配套设施。通过资产收益权量化的方式,将“十三五”易地扶贫搬迁项目结余资金3966万元投入到村集体经济组织,实现搬迁群众分红244万元。

【防返贫监测】 精准监测。坚持常态化排查和集中排查相结合、干部排查和部门筛查相贯通,确保不漏一人一户。全年全县新增监测户415户1194人。其中,通过风险信息研判、日常走访等形式发现新增77户252人,通过集中排查、“回头看”发现新增338户942人。精准帮扶。根据监测对象实际,“一户一策”制定帮扶措施。对有劳动能力的落实产业、就业等开发式帮扶措施;对半劳动力、弱劳动力的根据自身情况合理安排公益性岗位或介绍就近就地务工;对无劳动力的通过政策性兜底予以救助。动态清零。综合考虑收入支出和“两不愁三保障”、饮水安全等方面情况,规范开展风险消除工作。全年稳定消除风险24户63人。

【脱贫户增收】 抓好产业增收。投入2048.7万元用于产业直补到户项目,支持7712户脱贫户(监测户)发展牲畜、家禽养殖28.32万头(只),户均增收800元以上。支持脱贫人口开展小额信贷专项用于发展产业,历年贷款总额达2.95亿元,全年新增贷款297.5万元,同比增长37.6%。鼓励村集体以各种方式入股或领办专合社、产业联合体等,壮大村集体经济,363个村(社区)集体经济总收入1640万元。做好稳岗就业。通过企业开发扶贫岗位、以工代赈项目支持、外出务工等方式,推动288名脱贫劳动力在仁寿5家企业就近就地就业,290名脱贫劳动力参与在建的以工代赈项目。设置3438个公益性岗位,补贴标准从400元/人/月增加到500元/人/月。开发临时公益性岗位2077个,每月岗位补贴400元。免费开展农村实用技能扶贫培训300人次,对自主创业的脱贫人口予以1万元补贴,助推116名脱贫人口自主创业。全年全县脱贫劳动力务工就业3.79万人,同比增长2.4%。做实兜底工作。对脱贫不稳定、边缘易致贫等低收入人口开展动态监测,将符合条件的对象按政策和程序及时纳入低保、特困、临时救助等保障范围。截至年末,全县脱贫户、监测户纳入低保9781户1.7万人,纳入特困供养649户887人,实现低保应兜尽兜。

【危房改造】 持续开展农村房屋安全隐患全覆盖大排查,投入农村危房改造专项资金2857.5万元,改造低收入群体危房1143户。

【义务教育】 全力实施“三助三全”教育扶贫工程,在全省率先设立教育帮扶基金专户,脱贫户(监测户)家庭学生从幼儿园到高中实现全免费就学。全年全县累计发放国家资助金4.6万余人次3000余万元,发放县级救助金0.9万余人次900余万元。

【基本医疗】 持续执行基本医保、大病保险、医疗救助三重保障制度并实现全覆盖,县财政投入1011.6万元代缴4.22万名脱贫户(监测户)基本医疗保险。实行“一站式服务”,控制监测户县内住院和慢性病门诊治疗费用个人支付比例在10%以内。

【饮水安全】 深入实施全域安全饮水工程,对208户脱贫户自来水初装费补贴73.7万元。截至2022年年末,全县农村自来水普及率达到95%。

乡村振兴

【概况】 2022年,仁寿县始终把巩固拓展脱贫攻坚成果作为重要的政治任务,扎实抓好防止返贫动态监测和帮扶等各项工作,坚决守住不发生规模性返贫底线,持续巩固拓展脱贫攻坚成果,有效衔接乡村振兴,确保脱贫不返贫、振兴不掉队,为全面推进乡村全面振兴奠定坚实基础。

【乡村产业振兴】 组建仁寿县乡村振兴服务公司。累计培育省、市级农业产业化龙头企业18家,农民专业合作社768家、家庭农场1837家,建成农业科技示范基地11个。

【乡村人才振兴】 全县共遴选名匠、名医、名师等8个领域152名本土菁才,出台《仁寿县“精英才俊”奖励办法》,培育各行业领域人才1.4万人次。

【乡村文化振兴】 曹家镇梨树社区等44个村(社区)试点建设“文明义仓”,通过“志愿+积分”形式充分发挥群众主体作用;推广星级文明户挂牌评定,评选先进榜样。累计评选省、市、县文明家庭19户、最美家庭88户、星级文明户1080户,其中获评中国好人7人、省级道德模范4人。截至2022年年末,全县累计创建市级及以上乡村振兴先进乡镇10个、先进村58个，市级及以上乡村治理示范镇5个、示范村32个。

【乡村生态振兴】 仁寿县2022年开展春季禁渔、天然水域禁捕专项执法行动，对天然水域非法捕捞、违规垂钓、涉渔餐馆经营野生鱼和渔具店销售禁用渔具等行为进行专项整治。在球溪河流域放流鲢鳙鱼苗100万尾。全县2022年持续实现化肥总体减量目标≤0%，其中测土配方施肥技术推广覆盖率达到94.4%；大力推广有机肥料替代化肥，推广面积6万公顷以上；落实化肥农药减量增效示范点35个1000.5公顷；持续推广绿肥种植1800.9公顷，水肥一体化累计推广面积2067.7公顷；农作物秸秆肥料化还田面积2.67万公顷，建立肥料农药使用省级固定农户监测调查点50个，化肥减量工作知晓度95%以上。

【乡村组织振兴】 全县293名村（社区）党组织书记平均年龄44岁，35岁及以下95人，占比32.4%；大学专科及以上学历225人，占比76.8%；优秀农民工和致富带头人225人，占比76.8%。选派市、县党员干部，县属国有企业员工5816人，第一书记98名，驻村工作队员196名，各部门（乡镇）专职工作人员180余人结对帮扶。

【美丽宜居乡村建设】 在方家镇、满井镇、虞丞乡等乡镇10个村实施农村“厕所革命”整村推进示范项目，全县农村户用卫生厕所普及率达90%。持续推进农村生活污水治理，县域267个涉农村（社区）中具备污水治理能力的行政村243个，生活污水得到有效治理的村（社区）占比达91%。全覆盖开展“村庄清洁日”村庄清洁行动。全县农村生活垃圾得到有效处理的行政村占比达100%，生活垃圾分类处理推广率达79.8%，农村生活垃圾无害化处理率达98%以上。

【农村基础设施建设】 投放户分类垃圾桶29万套；建成垃圾收集设施（房、桶）2万座，配备村垃圾转运车414台，建成垃圾压缩中转站28座，易腐垃圾处理站1座，再生资源拆解中心7座；建成日处理规模800吨的仁寿县焚烧发电厂1座，年处理垃圾量达40万吨，年发电达2亿度以上。全县门（门、牌楼，村庄出入口标志构筑物）共有69个，景观围墙共计19千米，景观亭59个，景观廊架96千米，护栏围栏605千米。

农业和农村改革

【概况】 2022年，仁寿县以共同富裕为目标，深化农业农村综合改革，实施村级集体经济攻坚三年提升行动，助力乡村振兴。

【农村集体产权制度改革】 出台《仁寿县村级集体经济攻坚三年提升行动实施方案（2022—2024年）》，为98个帮扶村（社区）落实1名县级领导、1个县级部门、1家规模企业、1名金融“村官”“四个一”扶持机制，帮助村级组织发展壮大集体经济。2022年县本级一般公共预算57.56亿元，其中用于乡村振兴投入为7.3亿元，占比12.68%，占比较上年高1.46%。到2022年年末，财政支持乡村振兴实际投入20.54亿元。

特色产业发展

【概况】 2022年，仁寿县组建县乡村振兴服务公司，为农业产业发展提供农资、农机、农技、农产品销售、品牌打造等全产业链服务，打造一站式服务平台。

【特色产业集群发展】 晚熟柑橘产业成功纳入全国柑橘产业集群规划，川果交易中心正在申领大宗商品交易中心牌照，成功打造集“生产+加工+种养循环+研发+品牌+流通+休闲旅游”于一体的晚熟柑橘产业集群核心区。2022年，全县枇杷产量7.2万吨、产值7.5亿元；梨产量5.8万吨，产值3.5亿元。

【加强院校合作】 2022年，先后建立博士工作站、晚熟柑橘研究院、巨型稻蛙立体种养示范基地、良种繁育基地，与四川省农科院、四川农业大学、西南大学、中柑所等建立长期战略合作关系。柔性引进教授杨文钰等一线专家学者，推行良种良机良技，良种覆盖率99%以上，全县农作物机械化率达到71%以上，实用新技术覆盖率95%以上。

【招引优质企业】 2022年，成功招引德康集团、中粮集团、水发民生等知名企业入驻，仁寿县已纳入省级第四批农民合作社质量提升整县推进试点县。

农业生产项目推进

【概况】 2022年，仁寿销号核验项目涉及44个4.51亿元，其中已投资金额3.68亿元，投资完成率81.68%，已拨付金额2.82亿元，拨付率61.36%。

【重大农业生产项目】 全县农业方面挂图作战项目共计7个（仁寿县有

机废弃物资源化综合利用项目、川果智慧冷链物流中心项目、产业发展资金项目、省级农业园区专项资金项目、仁寿县2021年灾毁农田修复项目、眉山市仁寿县中央预算内投资高标准农田建设项目、四川省眉山市仁寿县2021年宝飞片区高标准农田建设项目),涉及总投资9.67亿元。

【对上争取工作】 2022年,全县加大对上争取工作力度,截至2022年年底,农业农村方面完成对上争取项目60个7.14亿元,占任务数的106.73%。

【项目储备】 截至2022年年底,已储备仁寿县乡村振兴共同富裕示范村基础设施建设项目、仁寿县丘区“天府粮仓”粮油园区基础设施建设项目、仁寿县帮扶村基础设施建设项目、24个园村一体基础设施建设项目、高速路出口周边村基础设施建设项目,总投资共计41.5亿元。

种植业

【概况】 2022年,仁寿县农作物种植面积较上年度有所增加,主要作物包括水稻、小麦、玉米、蔬菜、水果等。积极推广现代农业生产技术,加强农业科技人才培养,推广高效节水灌溉技术、智能化农机具和新型肥料等,提高农作物产量和品质。农产品市场销售有所增长,仁寿县加强农产品销售渠道建设,提高产品附加值。同时还积极推进农村电商发展。通过加强产业链条的建设,推动农业产业结构的调整和优化,逐步实现由传统农业向特色农业的转型。同时,该县还积极推进农村一、二、三产业融合发展。

【粮油作物】 2022年,全县粮食生产播种面积12.32万公顷,比市下达目标任务增加7056.86公顷,增幅6%,总产量68.2万吨,比目标任务增加2.37万吨,增幅4%。其中,晚秋粮食新增秋洋芋4882.44公顷,增产1.78万吨。

2022年,油菜播种面积2.14万公顷,比上年增加7136.9公顷,增幅3.4%,油菜籽总产4.94万吨,比上年增0.41万吨,增幅9%。

【经济作物】 2022年,水果总产量76.16万吨,比2021年增加10.2%。蔬菜总产量53.33万吨,比2021年增加6.3%。经济作物产业产量和增速实现市、县双第一。

【种业发展】 2022年,全县完成大春种子市场品种情况(进入仁寿县推广种植的杂交水稻、杂交玉米、大春蔬菜主要品种个数、种植面积、种子市场价格)调查,调查摸清杂交水稻种子品种134个,杂交玉米品种228个,大春蔬菜种类6类、品种30个。仁寿县提供的水包果和半头黄种植资源的活体样本成功入驻国家资源圃。配合四川省农科院园艺研究所开展国家资源圃收集与濒危种质资源抢救性收集工作,共收集239份资源样本,其中有40余份可列入重点资源和濒危种质资源保护名单。

养殖业

【概况】 仁寿县2022年畜禽养殖规模稳步扩大,主要畜禽种类包括猪、牛、羊、鸡、鸭等。养殖技术不断提高,仁寿县加强养殖业科技创新和人才培养,推广先进的饲养管理技术和饲料配方,提高畜禽生产效益和产品质量。畜禽产品市场销售稳步增长,仁寿县养殖业产品销售渠道得到不断扩大,畜禽产品质量稳步提高,促进养殖业的销售收益。养殖业结构调整不断深化,仁寿县通过推进畜禽产业链条的建设,调整优化畜禽业结构,推动从传统养殖向规模化、标准化、特色化养殖的转型发展。

【畜禽养殖】 2022年,全县实现畜牧业产值44.5亿元,全年出栏生猪113万头,同比增长12%。全年出栏肉羊30.82万只,同比增长3.9%。全年出栏肉牛6256头,同比增长9.05%。全年出栏家禽1373.71万只,同比增长2%;肉类总产量7.7294万吨;年出栏生猪500头以上的规模养殖比重达60%。

【水产养殖】 全县水产养殖面积6803.4公顷,其中池塘3001.5公顷,水库2334.5公顷,山坪塘1467.4公顷。截至2022年,全县已发展水产专业合作社58个(其中省级示范专业合作社1个),家庭渔场5个,市级龙头企业2个;创建农业农村部水产健康养殖示范场5个,水库生态鱼标准化养殖示范区1个、无公害水产品养殖基地3个、省级水产原良种场2个。

农田水利

【概况】 2022年,仁寿县水利局全面完成病险水库除险加固,消除安全隐患;小型水库管理开启“物业化”新模式,管理规范化迈上新台阶;黑龙滩、洪峰水库灌区进行现代化改造,提升灌区信息化建设水平。

【小型水库管理体制改革】 2022年,仁寿县水利局按照《四川省水利厅关于开展第三批深化小型水库管理体制改革示范县创建的通知》要求,深入推进小型水库管理体制改革和示范县创建,积极探索小型水库物业化管理模式,建立产权明晰、责任明确的水利工程管理体制;社会化、专业化、规范化的工程管护模式;制度健全、管护规范的工程运行机制;稳定可靠、使用高效管护经费保障机制和奖惩分明、科学考核的工程管理监督机制。以落实管护主体、管护人员、管护经费为重点,实行“管养分离”,提升队伍专业化水平,逐步实现小型水库管理从“有人管”到“专业管”“规范管”,确保水库效益的有效发挥。加强对小型水库物业化管理模式的积极探索,形成成效突出、可复制、可推广的管护模式,争取创建省级深化小型水库管理体制改革示范县。

2022 年 12 月 26 日,纸厂沟水库维修加固项目(县水利局/供图)

【灌区现代化建设】 2022 年,黑龙滩灌区共计整治斗渠 21 千米,总投资 2200 万元。其中,整治世享斗渠 1.2 千米、兆加斗渠 6.1 千米、八一斗渠 13.7 千米,钟祥斗渠 8.38 千米。农业水价改革安装计量设施 38 处。洪峰水库灌区续建配套与现代化改造,整治渠道总长 15.22 千米,总投资 3196.14 万元。其中,改造干渠及分干渠总长 11.11 千米(其中左干渠 1.16 千米,顺峰分干渠 7.13 千米,古峰分干渠 2.82 千米);整治支渠 4.11 千米(其中熊加槽支渠 3.295 千米,永兴支渠 0.815 千米)。农业水价改革安装计量设施 18 处。

【病险水库除险加固】 2022 年,全县水库全面完成除险加固工作。安全水库等 19 座小型病险水库除险加固项目,完成投资 4520 万元。纸厂沟水库除险加固工程,总投资 289.5 万元,于 7 月进场施工,已于 12 月完成竣工验收。2022 年,仁寿县小型水库工程维修养护项目工程,总投资 500 万元,对全县乡镇管理的 76 座小(二)型水库进行维修和养护(其中水库维修项目 100 万元,水库养护项目 400 万元),维修项目已于 2022 年完工,养护项目待招标。

黑龙滩灌区

【概况】 2022 年,四川省都江堰水利发展中心黑龙滩管理处坚持稳中求进工作总基调,积极践行“节水优先、空间均衡、系统治理、两手发力”治水思路,坚持党建引领,为灌区事业发展提供坚实保障,全力保持一体化改革发展态势,多措并举,供水管理取得重大突破,圆满完成年初制定的各

2022 年 10 月 21 日,越溪河防洪治理项目(县水利局/供图)

项目标任务，实现经济稳中有进、单位和谐稳定、各项事业协调发展的良好局面。

【项目建设】 合力攻破遗留问题，成立续建配套与节水改造项目竣工验收专班，完成一批已完工项目的结算送审、决算支付、年度验收、档案整理等工作。按要求组织完成凤陵支渠、花房支渠等66千米明渠及建筑物项目的初步设计审查，完成黑龙滩水库除险加固项目科研设计的评审工作。积极推进"三项工程"建设，在时间紧、任务重的情况下，推进黑龙滩水库站房设计、协商东南总干渠分水闸枢纽土地及青苗赔偿。

【春灌用水】 向灌区提供春灌用水8843.95万立方米，较常年提前13天完成春灌工作，实现蓄水量最丰、用水量最少、灌溉时间最短的历史性突破，并获CCTV-13频道清明节《春和景明》版块特别报道；比历史同期提前15天向井研输水1328万立方米，全年累计向井研灌区输水3517万立方米，首次保障井研灌区生态用水、抗旱用水需求；历年首次在汛期开展两轮抗旱输水保供工作，输水4700万立方米，确保灌区在极端高温天气下"受旱不受灾"。2022年，灌区内仁寿县方家镇水池村亮相央视新闻《丰收画卷》直播栏目，向全国网友展示水稻喜获丰收的美丽画卷。

【水源保护】 在全中心率先破题，以水利保护为专题组织召开工作会，为全灌区水利保护推进起到了引领和示范作用。灌区水利保护工作由"虚"向"实"，由"能"向"效"转变，从而迈出实质性一步。配合相关部门开展央督问题整改工作，均按整改方案时间节点、措施及要求有序推进。联合地方相关部门开展禁泳工作，劝阻游泳万余人次，有序推进黑龙滩水源地保护各项工作，每月水质均安全达标，无一起污染事件发生，水库水质年均值达Ⅱ类标准。

【灌区安全】 落实水利反恐经费180余万元，完善人防、物防和技防措施及设备，在2022年的反恐怖工作中获省公安厅高度评价。配合水利厅完成《水利行业反恐怖防范与处置》教学片拍摄。将源头管控与防火宣传相结合，灌区防灭火安全。做好300多名伤残人员管理工作，协调争取到2023年伤残补助费增加50万元，达到200万元。办结信访件36件，化解各类矛盾，单位平稳运行。严格按照水利厅、都发中心、地方政府要求做好疫情防控相关工作，实现全处职工疫苗接种应种尽种率100%，参与社区抗疫志愿服务活动党员188人次，非党员132人次。

【灌区防汛】 严格落实省委、省政府和市、县两级政府关于防汛抗旱工作的精神，严格落实"三个避让""三个紧急撤离"的要求，认真开展灌区内防汛抗旱和灾害防御工作。加强组织领导，严格落实"三个责任人"责任。严格落实"三查制度"，加强水库、渠系及建筑物隐患的排查与整治。开展防汛演练，完善防汛预案，提高预案实战性。加强防汛物资储备，组建防汛抢险应急队伍。加强汛情、雨情预警预报，库渠严格按汛限水位运行，做到有备无患，灌区安全度汛。加强防汛值班值守，强化24小时值班工作纪律，保持通信畅通，发现问题及时报告并处理。开展防汛培训工作，组织各防汛责任单位职工开展防汛相关技能培训工作，提高职工防汛抢险工作的实战能力。水调中心坚持24小时工作制度，严格执行调水指令，做到无漏无缺无误。值班人员坚守岗位，及时、准确上传下达各类信息、对接各类预案，未出现任何人为事故。

农业机械

【概况】 2022年，全县在春耕、三夏、三秋期间维修、维护农业机具累计2.68万台(套)次，累计投入各类农业机械3.19万台(套)次，机械耕整地12.3万公顷；机插(播)5.2万公顷；机收6.5万公顷。

【农机购置补贴】 2022年，全县共实施完成农机购置补贴中央资金117.34万元(含报废补贴2.2万元)，资金兑付率100%，受益农户637户，补贴各类农机具794台，带动购机户自筹资金364.13万元。

【农机灌溉】 仁寿县积极推进2022年度省级资金提灌站建设，在黑龙滩镇石田村14组、禄加镇坳塘村1组、新店镇能仁村2组、板桥镇柏树村11组新建提灌站4座，在富加镇欢家村1组、慈航镇勤乐村9组维修提灌站2座。新增提水能力180立方米/小时，新增灌面120.06公顷，恢复提水能力450立方米/小时，恢复灌面53.36公顷，可提高当地农业综合生产能力。

【农机科技推广】 2022年，全县召开农机化工作业务培训会议，重点讲解2021—2023年农机购置补贴政策、农机购置补贴申请办理服务系统操作培训、廉政风险警示教育、农机化统计业务培训、农机安全工作培训等。

【"五良"融合宜机化改造】 推动"五良"融合宜机化改造项目在仁寿试点。"五良"融合宜机化改造项目在

8月份完成项目公告和实施主体选定，确定仁寿县腾赢量农业专业合作社、四川洁禾农业发展有限公司、仁寿县全程机械化综合农事服务中心、仁寿县虞丞乡上和美家庭农场4家经营主体为2022年“五良”融合宜机化改造项目实施主体。并邀请四川农机院初步开展现场勘察设计，完成规划设计报政府审定实施；2022年12月初，4家实施主体已全面完成宜机化改造任务。

【农机安全管理】 2022年，仁寿县积极推进变拖清零工作。及时整理打包所有报废变型拖拉机数据并第一时间分发到各乡镇、街道办、服务中心，对所有已报废的变型拖拉机进行排查，并电话告知车主，对未及时报废车辆的驾驶员督促其尽快报废。截至12月4日，已经注销到期报废变型拖拉机1926台，收回牌证1476副，全县存量变型拖拉机7台。

现代农业园区

【概况】 2022年，仁寿县继续贯彻《仁寿县“十四五”都市高效特色农业规划》《仁寿县“十四五”农业农村现代化规划》，培育现代农业园区11个，其中省级园区1个、市级园区3个、县级园区7个。

【省级园区】 2022年，仁寿县现代农业园区坚持党建引领园区发展，坚定不移推进党的建设，全力配合完成审计、巡察工作，不断加强园区对外形象展示。高标准推进园区创建工作，对照省五星级园区考评标准，实施仁寿县2022年省星级园区激励补助实施项目，进行提升改造，高标准通过省五星级现代农业园区现场考评；项目建设有序推进；扎实推进全县园区建设，结合6个经济片区，明确班子成员负责“3+24”乡镇“园村一体”建设指导工作，成立“天府粮仓”丘区示范区一核四基地工作专班，高标准推进仁寿县“天府粮仓”建设。探索发展绿色生态高效农业，实施“粮—草—饲”农业科技示范项目，开展粮食种植、秸秆合理化综合利用研究和推广，土地可持续利用探索等工作，推广实施玉米大豆带状复合种植666.67公顷。

园区规划。仁寿县现代农业产业园区核心区规划为珠嘉镇、富加镇、藕塘镇、禄加镇全域；协管区规划为文宫镇、方家镇、曹家镇、新店镇、板桥镇全域。园区坚持绿色发展理念，立足仁寿县资源和产业优势，坚持绿色、生态理念，加快构建粮油现代产业体系，促进粮油生产、加工、物流、研发、服务等相互整合和全产业链开发。按照“产业发展优势区、产业资源聚集区、产业提升先行区、产业融合示范区”总体要求，以粮食、柑橘为主，形成以珠嘉镇为核心的5333.33公顷现代粮食产业基地，以富加镇、藕塘镇、禄加镇为核心的1334公顷种养循环现代晚熟柑橘产业集群。

招商引资。2022年，园区完成“粮—草—饲”农业科技示范项目和县级产业发展资金等项目建设，实现固定资产投资5000万元，先后接洽四川蜀丰农业有限公司、四川港投公司、四川绿丹至诚种业有限公司和荃银生物公司。

项目建设。2022年，实施省级园区创建项目13项，从基地建设、加工物流、农业新业态、科技创新、质量品牌等几个方面入手，完善园区基础设施建设，完善配套设施，提升园区整体形象，突出农业标准化、生态化、机械化、智慧化，着力提升农业基地、品牌创建、农业社会化服务等方面能力，延展农业产业链，不断提高农业现代化程度，强力推动园区的高质量建设。2022年成功创建为省五星级现代农业园区。

安全、稳定和环保。园区坚持常态化抓好安全生产、信访稳定、疫情防控、扫黑除恶、环保工作。实行“一岗双责”，包保责任制度，落实安全生产、环境保护、疫情防控责任到个人，定期到包保企业进行排查，加强宣传教育，2022年园区无1起安全事故、环保事故和越级上访事件。

【市级园区选介】 仁寿县方家粮油现代农业园区。园区位于方家镇东岳村，紧邻仁寿县粮油现代农业园区和天府机场。园区以方家镇太平、东岳、哨楼和水池村4个村为示范点，覆盖带动周边金鸡、建国、曲江、武通、龙方和东升村(社区)，总规划面积333.5公顷。同时纳入县级“园村一体”示范村、市委党校教学点、“天府粮仓”规划示范基地、高标准农田治理533.6公顷区域、争创省级乡村振兴成效显著县示范点位。

青岗盘龙村主导产业以粮油、枇杷、小李子、肉牛养殖为主，流转土地200.1公顷。瑞云村主导产业以粮油、柑橘、桃子为主，流转土地133.4公顷，机械化运作。规划布局粮油种植区和农旅融合发展区两大区，以集群抱团式产业发展框架，着力打造“成德眉资一体化都市近郊乡村游”基地，壮大“粮油产业、现代种业、旅游产业”三个产业。

仁寿县方家粮油现代农业园区核心区包含方家(水池、东岳)、青岗(盘龙、瑞云)。总规划面积3868.6公顷，规划区域高标准农田667公顷，其中方家533.6公顷，青岗133.4公顷。仁寿县方家粮油现代农业园区与仁寿县粮油现代农业园区组成“天府粮仓”核心区与辐射区，打造仁寿粮仓示范区。

园区在方家水池和青岗瑞云村建设万亩粮食生产基地。依托四川省现代粮食产业仁寿示范园区核心区域为重点和产业环线，以高标准农田建设为抓手，围绕园区农田水利建设，打造全机械化种植粮食生产基地，成为仁寿县粮食园区重要片区；并在东岳村4组规划建成仁寿县方家粮油现代农业园区生态循环水产圈养示范场1个，金鸡村建成生态循环水高位池养殖基地1个。通过现有老塘口改造，建500口圆形生态循环水圈养池，按一个高位池年产成鱼3000千克，预计年产成鱼150万千克，是传统鱼塘养殖的6～8倍。

青岗特色水果产业基地。规范666.67公顷枇杷、李子、橘子种植，联合乡内20余家农场、农业合作社形成以“枇李橘”为主，多种特色水果同步发展的特色水果产业基地。

青岗生猪肉牛养殖基地。依托“德康养殖”在全乡的两个单元，带动生猪科技化、规模化养殖，并依托独有的牛草种植、肉牛养殖、屠宰加工、销售餐饮这一完整产业链，加速形成“种养循环”农业发展模式，实现有机肥基本全面代替化肥。

青岗菜花坞生态旅游基地。充分发掘回族文化和千亩油菜花基地优势，打造“青岗·菜花坞”和“青岗·牛肉”两大特色品牌，形成农业与旅游业、餐饮业有机融合发展的格局，深度打造菜花坞农旅综合体，积极举办旅游文化节，每年接待游客数十万人次；整合资金打造菜花坞民宿并出租，为游客提供餐饮、住宿等乡村特色服务，持续投入资金新建特色民宿和改善乡村风貌，持续开发农耕体验式旅游项目，让游客“玩得好，留得住，还能来”。依托回族清真饮食特色文化和肉牛养殖，联合乡内15家牛肉餐馆打响青岗牛肉餐饮品牌。

设施装备。水、电、路和通信等基础设施配套完善，新建改建蓄水池21口、干渠6.2千米、支渠道18千米，完善园区环线交通主要道路15.6千米。配备智能装备、物联网等设施设备及移动传输网络平台，通过益农信息社平台有效开展服务。

产品加工。产业采摘、分拣、包装、冷藏等产地初加工设施配套完善。产品初加工率60%及以上，畜禽粪污综合利用率90%及以上。建有水稻全程机械化服务中心、育秧中心、烘干中心。

农业新业态。园区围绕主导产业举办中国农民丰收节、乡村旅游节会等，开展产业基地景区化建设。与抖音、京东农贸电商平台对接，开展直播带货，通过电商平台交易量占总交易量的23%。园区内腾赢量等专业合作社组织开展社会化服务，覆盖面60%以上。

质量品牌。种植亩均化肥农药施用量低于全县平均水平12%，主要使用有机肥，通过微生物的作用达到改良土壤的目的，有效减少病虫害发生，定期采用人工机械化除草。省级农产品质量安全监测未检出不合格农产品样品，委托有资质的农产品质检机构对园区农产品开展定量检测，且年度抽检样品20个以上。园区内80%及以上新型农业经营主体入驻国家（省级）追溯平台并有效开展追溯业务，并在积极申请品牌认证登记。年度组织参加展示展销等品牌宣传推介活动2次以上，园区内及周边交通干线设有品牌宣传标识标牌2处以上。建有完善的农产品品牌监管体系，无侵权行为。

按照本土品牌做大做强战略，持续打响“青岗·菜花坞”“青岗·牛肉”两大品牌，并积极扶持、配合辖区内农场、合作社、餐馆商标注册，积极打造中国驰名商标、优质农产品品牌。借助“青岗喜果”等品牌提升园区整体农产品知名度。

科技支撑。方家区域内园区良种率达到100%。园区与成都市农科所紧密合作，组建专家团队，发展“无刺藤椒”，与四川麻香美农业公司合作，引进花椒油深加工工艺，新工艺、新模式等先进科技推广应用面98%以上，完成相关科技成果转化。开展渔业养殖和青花椒种植从业人员技能培训10余次。

青岗积极引进、推广粮油、枇、李、橘等名特新优品种，开展良种展示示范，持续引进优良品种并优化产业品种结构，强化科技创新和技术推广，积极开展先进实用技术、标准化技术、绿色防控技术等培训。推广应用新技术、新设备、新工艺、新产品，每年应用新技术、新设备、新工艺2项，开展农民实用技术培训和新型职业农民培训200人次。

组织方式。园区联合周边农户、农场主、合作社、公司组建仁寿县渔椒产业联合体，农户加入合作社比例35%以上，县级和县级以上示范家庭农场占比40%以上。农户分享全产业链增值收益的利益联结机制模式健全，新型农业经营主体带动农户面80%以上。农民人均可支配收入高于全县平均水平20%。

保障措施。园区被重点纳入仁寿眉东新城协同发展片区区域、“天府粮仓”示范区域，内部功能板块布局科学合理。园区建设领导机制健全，明确园区管理机构和日常工作承担机构，建立运营管理机制。制定园区建设推进方案，整合各类涉农资金、引导社会资本投入园区建设，出台了强化园区人才、土地、科技、信息等要素保障的政策文件，设立风险基金、信贷贴息、保费补贴等园区金融支持措施，并在新闻媒体上发表10多篇文章。

表 12　仁寿县市级现代农业园区一览表

序号	园区名称	覆盖区域	主要产业	认定时间
1	仁寿县“橙色田园”柑橘生猪种养循环现代农业园区	藕塘镇	大雅、爱媛、生猪	2020 年
2	仁寿县曹家“梨博园”现代农业园区	曹家镇梨树社区、水星村、井沟村、东联村、清泉村、勤劳社区、共峨村	梨、柑橘、葡萄、火龙果	2021 年
3	仁寿县方家粮油现代农业园区	方家(水池、东岳)、青岗(盘龙、瑞云)	粮油、水产、特色水果、生猪肉牛	2022 年

【县级园区选介】 仁寿县藕塘水发柑橘现代农业园区。仁寿县藕塘水发柑橘现代农业园区涉及藕塘镇、富加镇。主导产业晚熟柑橘,晚熟柑橘种植面积 767.05 公顷。园区以创建国家现代农业产业园为目标,充分利用高校、行业龙头的优质资源,深化与四川农业大学、云南褚氏农业等交流合作,因地制宜地建立晚熟柑橘生产技术规程和标准园区建设规范,开展化肥减量“三新”技术的运用。园区采用先进的“一租、二包、三分红”管理模式,将当地农户变成园区产业工人。在保障农户土地收益、劳动收益、果树分红三重收益的同时,切实贯彻乡村振兴、惠民到户政策,解决园区涉及的约 200 户农户的就业问题。园区进入丰产期后,年产柑橘约 2000 万千克,年产值超过 1.5 亿元。园区农户户均承包果树约 2000 株,园区丰产期时,户均年收入会超过 10 万元。截至 2022 年年底,园区完成土地整理调型、土壤改良 767.05 公顷,完成全园配套提灌站、水肥一体化滴灌系统及电力设施的建设,完成晚熟柑橘40万余株的定植及植保,累计投入资金 1.36 亿元。2022 年,园区被评为仁寿县县级现代农业产业园区。

仁寿县慈航粮油现代农业园区。仁寿县慈航粮油现代农业园区位于素有“仁寿南大门”之称和国道 213 线、仁沐新高速纵贯南北的慈航镇。园区以三台社区、永勤村、月桥村为核心,辐射带动白龙社区、观音社区、新田村、庆余村、勤乐村,主要种植水稻、玉米、大豆、小麦、油菜、红薯等粮油作物。争取高标准农田建设项目 853.76 公顷 3600 万元,新建渠道 4 千米,修缮渠道 3 千米,新增提灌站 3 座、蓄水池 17 个(装配式 8 个、下沉式 9 个),新建泥结石道路 4.8 千米,补齐产业发展短板,确保粮食生产增产扩面。园区采取“党组织 + 公司 + 农户”模式,引进优质业主 2 个,示范种植 433.55 公顷,吸纳季节性务工 100 余人;通过村集体兜底的模式,整治撂荒地 221.24 公顷,确保“良田粮用”,全年播种粮食作物 3335 公顷以上,产量 2 万余吨。定期开展农残检测,全年共抽检农产品 300 余次,合格率达 98% 以上。全年开展农技培训 20 余次,发放宣传资料 2 万余份;培育新型农业经营主体 8 个,提供就业岗位 150 余个。三台社区、永勤村、庆余村村级集体经济组织通过土地流转、代耕代种、实施涉农项目等方式均创收 5 万元以上。2022 年 10 月,仁寿县慈航粮油现代农业园区被评为仁寿县县级现代农业园区。

仁寿县青岗粮油现代农业园区。仁寿县青岗粮油现代农业园区以青岗乡盘龙村和瑞云村为核心,覆盖带动周边的 3 个村(汤家村、双店村和青年村),总规划面积 333.5 公顷。园区以创建国家现代农业产业园为目标,以粮油为主导产业,统筹发展生猪养殖、水果种植,打造深度融合的种养循环智慧农业基地。2022 年,园区抢抓建设“天府粮仓”丘区示范区核心区机遇,聚焦粮油产业提质增效和聚力精耕农旅融合,推动各项建设迈上新台阶。将主要道路加宽至 4.5 米以上,黑化率 41%,新建桥梁 4 座,促进道路交通提档升级。完成土地整理调型、土壤改良 533.6 公顷,新建蓄水设施 18 个、提灌站 3 个,农田和水利设施得到显著改善。投入资金 600 万元进行村庄风貌改造,新建 2 座旅游公厕,在园区内 10 余千米道路两旁播撒鲜花种子、绘制彩色道路边线,安装路灯 1397 个,使人居环境得到显著提升。根据青岗历史文化特点和农业资源优势,成功打造“青岗·菜花坞”“青岗·牛肉”“青岗·五月脆李”等特色品牌,品牌影响力不断扩大,园区农产品附加值持续提升。2022 年,青岗粮油现代农业园区被评为县级现代农业园区。

表 13　仁寿县县级现代农业园区一览表

序号	园区名称	覆盖区域	主要产业	认定年份
1	藕塘柑橘现代农业园区	藕塘镇齐心村	爱媛、黄金甲	2019

续表 13

序号	园区名称	覆盖区域	主要产业	认定年份
2	禄加“茶灵谷”油茶现代农业园区	禄加镇红星社区	有机油茶	2019
3	仁寿县藕塘“香橘苑”柑橘现代农业园区	藕塘镇农旺社区、禄加镇大兴村	晚熟柑橘及加工产品	2021
4	仁寿县粮经融合现代农业园区	钟祥镇、彰加镇、宝飞镇、始建镇4镇、12个村(社区)	柑橘、花椒、优质水稻、生态鱼	2021
5	仁寿县青岗粮油现代农业园区	青岗乡	粮油、水果	2022
6	仁寿县慈航粮油现代农业园区	慈航镇	粮油	2022
7	仁寿县藕塘水发柑橘现代农业园区	藕塘镇	明日见、明日行等晚熟柑橘	2022

土地征补

【概况】 2022年，仁寿县城乡土地征收补偿安置服务中心主动服务发展大局，切实维护被拆迁群众的合法权益，依法依规实施征拆工作，推动项目尽快落地实施，大力促进民生事业向前发展。

【国有土地上房屋征收与补偿】 从广泛动员部署、准确宣传政策，到认真倾听民意、用心化解矛盾，再到勠力协同攻坚，统筹全面推进。2022年度组织实施完成奎星阁社区原农行家属区、飞泉社区四川盐业总公司乐山分公司、万达三方(仁富路口)、西北街等棚户区改造签订协议165户，涉及房屋1.5余公顷、补偿资金约1.34亿元，均已及时拨付到位。

【国有建设用地使用权收回】 严格贯彻落实《国土资源部 财政部 中国人民银行关于印发土地储备管理办法的通知》要求，落实县委、县政府工作部署，有序完成金马房地产、彩蝶烟花爆竹、县属国有企业所属地块等18.67公顷国有建设用地使用权收回工作，创新推进原文林工业园区内15家企业的闲置土地收回工作，为财政节约4000余万元支出。

【集体土地征拆补偿】 采用重点项目专班跟进、靠前指导、强化多级联动形成工作合力等方式，全力保障项目用地如期交付。2022年度，指导完成“两山一河”城市森林公园改扩建一期工程、眉山市千亿级电子信息产业园相关配套(文同高级职业中学)项目、天府南门公园城市(文化公园)配套(400米电力廊道、龙滩大道三段)项目、汪洋二污、重汽4S店、川威、山立、交通三年提升项目涉及禾加镇五龙山——罗泉旅游公路、谢安镇红星路南延线鸭池连接线、始建镇X50满农路、新店镇中农至红星路南延线道路等项目征地拆迁及杆管线迁改工作，共计完成征地约173.42公顷。

【安置】 全面化解“征而未安”遗留问题，2022年度完成“征而未安”安置任务4659人，全面完成2.43万人的全部任务；全力推进安置工作，完成安置总计1.16万人，其中乡镇房票安置4136人、乡镇货币化安置842人、中心城区安置6644人。启动安置房产权证办理工作，全年完成不动产权证分户登记718套。持续开展被征地农民养老保险工作，严格核算

2022年1月22日，普宁街道响水新苑选房大会(县土地征补中心/供图)

下达参保指标 5977 人。

移民安置与扶持

【概况】 2022 年,仁寿县水利局移民相关工作中及时规范发放各类惠农惠民资金,加快推进移民后扶项目建设,进一步做好移民工作。

【移民安置】 仁寿县 2022 年无新建大中型水库,无新增大中型水库搬迁安置移民。

【移民后期扶持】 仁寿县水利局对全县享受各类补助移民按月进行人员增减动态调整。截至 12 月底,全县共有直发直补移民 15611 人,瀑布沟水电站养老保障移民 29 人,农转非移民 950 人。全年累计发放各类惠农惠民资金 1012.76 万元,其中瀑电移民养老保障资金发放 18.41 万元;直发直补移民补助资金发放 937.23 万元;农转非移民直发直补资金发放 57.13 万元。指标项目生产生活补助资金 693.84 万元,由乡镇在年底打卡发放到户。

【重点工程建设】 2022 年,完成以前年度 4 个项目的开工建设和竣工验收。具体为仁寿县满井镇 2021 年第一批中央大中型水库移民后期扶持资金项目,总投资 2613 万元,黑化道路 11.2 千米;仁寿县方家镇 2021 年第二批中央和省级大中型水库移民后期扶持资金项目,总投资 1694 万元,黑化道路 6.8 千米、整治渠道 12.2 千米;仁寿县钟祥镇 2021 年第二批中央和省级大中型水库移民后期扶持资金项目,总投资 1266 万元,黑化道路 8.06 千米、整治渠道 4.86 千米;仁寿县 2021 年第三批省级大中型水库移民后期扶持资金项目(八一斗渠),总投资 1650 万元,在怀仁街道和大化镇实施,维修整治八一斗渠 13.7 千米。2022 年,四川省财政厅分四个批次下达移民项目资金 6338 万元,共实施项目 5 个,第一批项目由眉山天府新区实施,第二批项目由珠嘉镇实施,第三批项目由龙鑫水业有限公司和钟祥镇实施,第四批项目由龙正镇实施,有序推进。

工信产业

工业经济运行

【概况】 2022年，仁寿县属规模以上工业总产值实现230.2亿元，增速12.2%，规模以上工业增加值增长5.7%；先进制造业产值实现134.5亿元，增速达28.8%，占工业总产值比例的58.4%；完成工业投资66.11亿元，增速17.3%，全市排位第五；技改投资27.15亿元，增速62.2%；签约制造业项目7个，总投资额108.2亿元；德康通内斯、信利光电等27个项目（企业）成功争取到位省、市上级资金4427.99万元（含华赐、正泰晟坤2个项目争取到位百强县资金2500万元）。

【工业产业发展】 2022年，全县三大主导产业电子信息、食品及农副产品加工、新型建材分别实现产值127.8亿元、17.9亿元、44.9亿元，三大主导产业占全县规模以上工业总产值比重达到82.3%。

电子信息产业。2022年，县属规模以上电子信息企业9户，实现产值127.8亿元，同比增长30.1%。信利光电入围全省制造业“贡嘎培优”企业名单，信利产值突破100亿元，成为眉山第二个百亿企业。

新型建材产业。2022年，县属规模以上新型建材企业44户，全年实现产值44.9亿元。初步形成以百亿企业川威为龙头，协同山立、宏量基筑、建宝水泥、凯丰陶瓷等20余家新型建材及配套企业发展格局。

食品及农副产品加工产业。2022年，县属规模以上食品及农副产品加工企业21户，全年实现产值17.9亿元。其中，新培育林林食品、西蜀食品等4户规模以上工业企业。诗腾食品产值突破1亿元，金鹅纺织产值突破4亿元。

【工业企业发展】 深入开展企业培育。2022年，完成升规入统企业15户，信利光电入围全省制造业“贡嘎培优”企业名单，信利产值突破100亿元，铁马焦化产值突破20亿元。截至2022年年底，共有省级“专精特新”企业10户、高新技术企业10户、成功备案科技型中小企业29户、市级工程技术研究中心7个、省级企业技术中心1个、博士工作站2个。

【信利（仁寿）高端显示科技有限公司企业】 信利（仁寿）高端显示科技有限公司成立于2017年9月，总投资125亿元建设第5代TFT-LCD高端显示器项目，由信利国际有限公司负责经营管理。信利眉山项目2022年完成产值112.2亿元，成为眉山市第二个百亿企业，在职员工近4000人，在眉企业已获得“四川省民营企业百强”“国家高新技术企业”“四川省扶贫龙头企业”“四川省贡嘎培优企业”“省级专精特新企业”等荣誉称号。

【四川华赐半导体材料有限公司企业】 四川华赐半导体材料有限公司成立于2020年12月，位于仁寿县经济开发区A区，是国内唯一能够掌握量产级7N高纯铜以及C10100高纯无氧铜生产技术厂商，产品品质高，质量稳定，相比日美德等进口材料价格更低，整体技术达到行业领先水平。四川华赐半导体材料有限公司2022年实现产值7.4亿元。其母公司虹华科技股份有限公司位于四川省成都市高新区，被评为国家高新技术企业“成都市企业技术中心”，获得“四川科技进步奖”。公司总投资12亿元，分三期建设，项目全面投产后将实现年产值达50亿元以上，税收2亿元以上，解决国外对我国高端电子材料“卡脖子”问题，实现进口替代。

表14 2022年仁寿县规模以上工业企业一览表

序号	企业名称	属地	产业类别
1	四川仁寿越峰瓷业有限公司	仁寿经开区	建材
2	四川仁寿金利纺织有限公司	仁寿经开区	服装纺织
3	四川省仁寿县金鹅纺织有限公司	仁寿经开区	服装纺织
4	四川福仁缘农业开发有限公司	仁寿经开区	农副产品加工
5	四川省康和塑胶化工科技有限责任公司	仁寿经开区	塑料
6	眉山市星源针织纤维科技有限公司	仁寿经开区	服装纺织
7	仁寿大全制衣有限责任公司	仁寿经开区	服装纺织
8	四川一文印务有限公司	仁寿经开区	包装印务

续表 14

序号	企业名称	属地	产业类别
9	四川仁寿江陵食品有限公司	仁寿经开区	农副产品加工
10	四川灿光光电有限公司	仁寿经开区	电子信息
11	四川嘉碧新材料科技有限公司	仁寿经开区	化工
12	四川乙讯照明科技有限公司	仁寿经开区	电子信息
13	仁寿县牧瑞饲料有限公司	仁寿经开区	农副产品加工
14	四川五谷源食品有限公司	仁寿经开区	农副产品加工
15	仁寿瑞强建材有限公司	仁寿经开区	建材
16	四川飞鸿瓷业有限责任公司	仁寿经开区	建材
17	四川金杯化工有限公司	仁寿经开区	化工
18	四川省蜀盾建材有限责任公司	仁寿经开区	建材
19	四川坤泉食品有限公司	仁寿经开区	农副产品加工
20	信利光电仁寿有限公司	仁寿经开区	电子信息
21	四川远游天下食品有限公司	仁寿经开区	农副产品加工
22	四川一圣建材有限公司	仁寿经开区	建材
23	信利(仁寿)高端显示科技有限公司	仁寿经开区	电子信息
24	四川帆裕图像科技有限公司	仁寿经开区	电子信息
25	四川万兴包装印务有限公司	仁寿经开区	包装印务
26	仁寿华赐半导体材料有限公司	仁寿经开区	电子信息
27	四川大梓伟业科技有限公司	仁寿经开区	电子信息
28	四川家蕴食品有限责任公司	仁寿经开区	农副产品加工
29	四川雨泽科技有限公司	仁寿经开区	电子信息
30	仁寿川能环保能源有限公司	仁寿经开区	其他
31	仁寿县卓航电子科技有限公司	仁寿经开区	电子信息
32	四川诗腾食品有限公司	仁寿经开区	农副产品加工
33	四川蜀鑫强能源科技有限公司	仁寿经开区	电子信息
34	四川省卓宇制药有限公司	仁寿经开区	生物医药
35	四川仁寿铁马焦化有限公司	仁寿经开区	煤化工
36	仁寿县国玉实业有限公司	仁寿经开区	煤化工
37	仁寿县汪洋建宝水泥有限公司	仁寿经开区	建材
38	眉山市凯丰陶瓷有限公司	仁寿经开区	建材
39	四川省汪洋瓷业有限责任公司	仁寿经开区	建材
40	眉山永成瓷业有限公司	仁寿经开区	建材
41	四川省建冶耐材有限公司	仁寿经开区	建材
42	仁寿县红运陶匣有限公司	仁寿经开区	建材
43	眉山市永丰耐材有限公司	仁寿经开区	建材
44	四川省仁寿东方耐材有限公司	仁寿经开区	建材

续表 14

序号	企业名称	属地	产业类别
45	四川东南耐材有限公司	仁寿经开区	建材
46	眉山市川冶耐材有限公司	仁寿经开区	建材
47	眉山市盛泰耐材有限公司	仁寿经开区	建材
48	眉山市嘉伦保温耐材有限公司	仁寿经开区	建材
49	仁寿县振中耐材有限公司	仁寿经开区	建材
50	仁寿县建业耐材有限公司	仁寿经开区	建材
51	四川鸿浩天富实业有限公司	仁寿经开区	化工
52	四川中汇惠东矿业有限公司	仁寿经开区	采矿业
53	仁寿汪洋恒众商品混凝土有限公司	仁寿经开区	建材
54	仁寿宏运农业机械有限公司	仁寿经开区	机械制造
55	四川省琅玉瓷业有限公司	仁寿经开区	建材
56	四川山立建筑科技有限公司	仁寿经开区	建材
57	仁寿县百汇金矿业有限公司	仁寿经开区	采矿业
58	仁寿县凯丰建材有限公司	仁寿经开区	采矿业
59	四川卓邦安新材料科技有限公司	仁寿经开区	建材
60	四川迈瑞特新型建材科技有限责任公司	仁寿经开区	建材
61	仁寿升源建筑材料科技有限公司	仁寿经开区	建材
62	四川鑫盛昌水晶玻璃有限公司	仁寿经开区	建材
63	四川宏量基筑建材有限公司	仁寿经开区	建材
64	四川星浩宇复合材料有限公司	仁寿经开区	建材
65	四川杰森诺环保新材料有限公司	仁寿经开区	建材
66	四川华晶鑫盛玻璃科技有限公司	仁寿经开区	建材
67	眉山市永泰矿业有限公司	龙正镇	采矿业
68	眉山安平建材有限责任公司	龙正镇	建材
69	眉山兴威鑫塑料有限公司	龙正镇	化工
70	四川竹锅锅炉有限公司	龙正镇	机械制造
71	仁寿县正鑫通用部件有限公司	龙正镇	机械制造
72	四川欣欣环保科技有限公司	龙正镇	化工
73	四川旭海助剂有限公司	龙正镇	化工
74	仁寿富威塑料制品有限公司	龙正镇	化工
75	鑫统领建材集团仁寿混凝土有限公司	龙正镇	建材
76	四川杭加坤正新型材料有限公司	龙正镇	建材
77	四川厨丰食品有限公司	龙正镇	农副产品加工
78	四川鑫统领水泥制品有限公司	龙正镇	建材
79	眉山金汇食品有限公司	龙正镇	农副产品加工
80	眉山海螺新材料科技有限公司	龙正镇	建材

续表 14

序号	企业名称	属地	产业类别
81	仁寿县兴旺塑料薄膜厂(普通合伙)	文林街道办	化工
82	仁寿县恒烨燃气有限公司	文林街道办	其他
83	仁寿县供排水有限责任公司	文林街道办	其他
84	仁寿县陵州预拌商品混凝土有限公司	普宁街道办	建材
85	仁寿县鑫路达混凝土有限公司	普宁街道办	建材
86	四川瑞奇耐火材料有限公司	怀仁街道办	建材
87	仁寿荣达混凝土有限公司	怀仁街道办	建材
88	仁寿垒鑫矿业有限公司	宝飞镇	采矿业
89	仁寿县人民特种水泥有限公司	宝飞镇	建材
90	四川省福立包装有限公司	满井镇	包装印务
91	四川省仁寿兴大工贸有限公司	满井镇	新能源新材料
92	仁寿县鑫源米业加工厂	满井镇	农副产品加工
93	四川省虹瑞科技有限公司	大化镇	农副产品加工
94	仁寿县张三芝麻糕食品有限公司	大化镇	农副产品加工
95	仁寿县林林食品有限公司	大化镇	农副产品加工
96	仁寿恒昌新型建筑材料有限公司	大化镇	建材
97	仁寿宽玉新型墙材有限公司	珠嘉镇	建材
98	仁寿县天宇食品有限公司	珠嘉镇	农副产品加工
99	仁寿首创水务有限公司	珠嘉镇	其他
100	四川省仁寿县碳素制品厂	彰加镇	煤化工
101	四川川祥化工科技有限公司	钟祥镇	化工
102	仁寿粒粒情米业有限公司	钟祥镇	农副产品加工
103	四川创天圣世混凝土有限公司	文宫镇	建材
104	四川振兴矿业有限责任公司	汪洋镇	采矿业
105	仁寿祥云燃气有限公司	禾加镇	其他
106	四川黑龙滩龙鑫水业有限公司	黑龙滩镇	其他
107	仁寿贵东建材厂	方家镇	建材
108	仁寿西蜀食品有限公司	青岗乡	农副产品加工

表 15　2022 年仁寿县工业十强企业一览表

序号	企业名单	属地	产业类别
1	信利光电仁寿有限公司	仁寿经开区	电子信息
2	信利(仁寿)高端显示科技有限公司	仁寿经开区	电子信息
3	四川仁寿铁马焦化有限公司	仁寿经开区	煤化工
4	仁寿华赐半导体材料有限公司	仁寿经开区	电子信息
5	仁寿县汪洋建宝水泥有限公司	仁寿经开区	建材

续表 15

序号	企业名单	属地	产业类别
7	四川省仁寿县金鹅纺织有限公司	仁寿经开区	服装纺织
8	仁寿县陵州预拌商品混凝土有限公司	普宁街道办	建材
9	四川大梓伟业科技有限公司	仁寿经开区	电子信息
10	鑫统领建材集团仁寿混凝土有限公司	龙正镇	建材

工业项目推进

【概况】 2022年，仁寿县坚持县领导联系工业项目、“挂图作战”、“123”工作机制，为信利、协鑫锂电、华赐半导体、德康通内斯、川威五大百亿培育项目组建工作专班，由县委书记、县长为组长，分管县领导担任常务副组长、副组长，倒排项目建设工期、细化目标，采取“一日一报送、一周一推进、一月一调度、一季一总结”形式，确保项目建设有质、有量、有速。其余项目由仁寿经开区、县经信局副科级领导和工作人员为项目推进责任人，负责项目手续办理、入库、建设、投产运行“一条龙”服务。

【年产36万吨磷酸铁锂正极材料项目建设】 项目位于仁寿县经开区A区，由协鑫集团投资建设。项目总投资50亿元，其中，一期年产12万吨磷酸铁锂正极材料项目投资17亿元，用地约23.35公顷，项目于2022年8月完成场平、土地出让、地勘、设计等前期工作，10月开工建设。2022年年末，开展厂房主体修建。

【电子专用材料及定转子项目建设】 项目位于仁寿县经开区A区，由仁寿华赐半导体材料有限公司投资建设。项目总投资12亿元，分三期建设高纯铜和高纯无氧铜生产线。截至2022年年末，一期项目全面竣工投产，实现产值7.37亿元；二期项目厂房、办公楼主体完工，已订购部分设备；三期项目开展规划设计等前期工作。

工业项目投资

【概况】 2022年，仁寿县经济和科技信息化局牵头，定期跟进工业项目签约、立项、落地、入统等各环节情况，确保应统尽统，实现“颗粒归仓”。2022年，已有在库工业项目96个，项目总投资124亿元。

【工业项目投资】 2022年，完成工业项目投资66.11亿元，同比增速17.3%，全市排名第五。其中，技改投资27.15亿元，同比增速62.2%，全市排名第二。

【开展对上争取】 全面梳理中央、省、市、县出台的工业相关政策，编写《政策汇编》，印发《服务企业(项目)工作手册》，确保企业充分享受政策支持。全年走上去对接30余次，针对上级政策定向储备项目。会同专业机构指导储备项目提前完善申报相关资料，力争更多项目纳入上级资金支持范围。截至2022年年末，指导德康通内斯、信利光电等22个项目成功争取到位省、市上级资金1837.99万元，并会同县发展改革局指导华赐、正泰晟坤2个项目争取到位百强县资金2500万元。

工业招商引资

【概况】 2022年，仁寿县紧紧围绕眉山市“制造强市突破年”提升行动，全力以赴拼经济搞建设，扎实开展制造业招商引资“百日攻坚”行动，推动县域经济高质量发展。签约投资50亿元协鑫集团、28亿元的华盛兴邦、投资7亿元的享誉机械、投资5亿元的沃特沃德和投资12亿元的虹华科技等23个项目，投资额达154.96亿元。

【江苏协鑫集团(眉山)年产36万吨磷酸铁锂正极材料项目】 项目投资总额约50亿元人民币，建设年产36万吨磷酸铁锂正极材料项目，用地约60.06公顷，分三期建成。其中，一期项目总投资17亿元，用地约23.35公顷，建设年产12万吨磷酸铁锂正极材料生产线，选址位于四川省仁寿经济开发区A区，二、三期项目建设事宜及优惠政策另行商定。项目于2022年8月完成场平、土地出让、地勘、设计等前期工作，10月开工建设。截至2022年年末，开展厂房主体修建工作。

【四川虹华科技股份有限公司(眉山)半导体靶材及高纯无氧铜生产线项目】 项目总投资约12亿元，其中固定资产投入约10亿元。项目分三期建设，一期建设高纯铜和高纯无氧铜生产线各1条；二期建设1万吨高纯铜和高纯无氧铜生产线；三期建设9万吨高纯铜和高纯无氧铜生产线及靶材生产线。截至2022年年末，一期项目全面竣工投产，实现产值7.37亿元；二期项目厂房、办公楼主体完工，已订购部分设备；三期项目开展规划设计等前期工作。

【广东东莞市享誉机械（眉山）高端数控机床生产基地项目】 项目总投资7亿元人民币，固定资产投入4.5亿元人民币。项目分两期建设，一期占地面积3.34公顷，投资3.5亿元，其中固定资产投入2亿元，建设高端数控机床生产基地项目，建设工期18个月。二期占地面积2公顷，投资3.5亿元，其中固定资产投入2.5亿元，主要制造精密零件，建设工期1年。年末，完成风险评估、水保、土地证、用地规划许可证、设计方案，通过规委会专家评审会。

要素保障项目推进

【概况】 2022年，仁寿县完成农村电网改造和燃气村村通、电网建设、成品油行业、杆管线迁改和要素保障工作。

【农村电网和燃气村村通】 完成县乡村振兴、两项改革“后半篇文章”、20件民生实事和人大票决事项农村电网和燃气村村通，新增改造农村低压变压器179台，新（改）建农村低压线路61.5千米，有效提升农村地区供电保障能力；新建村村通燃气管网50千米，8个村。

【电网建设情况】 完成《仁寿县“十四五”电网发展规划》《仁寿县杆管线管理办法》《仁寿县住宅小区电力设施建设运维管理办法》编制；35千伏玉龙变电站建成投运。

【成品油行业工作情况】 完成成品油“十四五”布点规划、加油站年检。

【杆管线迁改和要素保障】 牵头推进全县杆管线迁改工作，完成全县重大活动和重要点位电力、通信保障工作。

安全生产监督管理

【概况】 2022年，仁寿县按照安全生产“三管三必须”工作要求，邀请第三方安全技术服务机构参与，组织开展安全生产监督检查60余次，检查企业110余家次，发现问题隐患500余处，均按照隐患整改“五落实”要求实现问题闭环管理。深入开展安全风险分级管控和隐患排查治理双重预防机制建设，认真组织企业开展安全风险辨识、评估、分级和管控工作，排查并识别企业安全风险点284个，其中重点风险3个，较大风险33个，一般风险194个，低风险54个，均按安全生产管控要求落实管控措施和管控责任人，实现安全风险可控不失控。

【全面推进清单制管理工作提档升级】 严格落实企业全员安全生产责任制，指导并督促规模以上企业，尤其是重点规模以上企业，建立健全并更新落实好安全生产清单制管理2.0版本，用上、用好、用活清单制管理2.0版本。基本实现规模以上工业企业清单制管理模式全覆盖，把责任有效落地落实到企业领导层、车间、班组和一线操作岗位，打通责任落实的“最后一公里”。

【编制重点企业安全生产“一企一策”监管方案】 在规模以上工业企业中筛选出40户安全风险隐患较大企业作为重点企业，委托第三方安全技术服务机构对该40户企业编制重点行业领域工业企业安全生产“一企一策”监管方案，明确风险源、危险和有害因素、监管内容、监管方式和监管措施，将重点区域、重点环节、重点部位和重点工艺的专业性安全监管问题化繁为简，指导园区、乡镇（街道）有效开展安全监管，提升安全监管水平。

信息化建设、保障与服务

【概况】 2022年，仁寿县建成5G基站380个，在信利、天府智慧物流城、中德学院等重点园区、院校完成5G网络100%覆盖。城区及乡镇光纤网络覆盖100%，行政村光纤覆盖率99%。无线电监测与安全保障严抓不怠，配合县文广局查处“黑广播”；圆满完成4次大型会议和活动的通信网络保障任务。

2022年，移动、电信、联通三家公司在仁寿主城区及文宫、富加、汪洋等各大乡镇均新设立业务受理网点，全县范围内共有经营网点367个，各服务窗口秉持以“客户为本”的服务理念，做到服务行为标准化、专业化。

【5G基站建设】 6月，印发《仁寿县“十四五”5G通信基础设施规划》，全年配套建设及维护5G通信设施基站380个，总投资近1亿元。10月底，全面完成“双千兆乡镇通”8个行政

村5G基站建设和5个乡镇场镇光纤点位建设任务。

【宽带光纤建设】 2022年,电信、移动、联通共计建设千兆光纤宽带端口5.3万个,光纤覆盖用户累计达到70.7万余户,城区及乡镇光纤网络覆盖100%,行政村光纤覆盖率99%。

【"黑广播"处置】 取缔私自架设的非法广播设备2起,处理不明无线电信号源1起,维护空中电波秩序。

【大型会议保障】 全年,派专人驻守援蓉隔离点进行网络保障;6月7—8日,高考期间无线电、网络安全保障;8月27日,全球华侨华人促进中国统一大会网络保障;10月16—22日,中共二十大召开期间通信保障;12月1日,全省基层治理机构编制保障推进会网络保障。

【经营网点】 全县范围内共有经营网点349个,其中移动186个,电信131个,联通32个,覆盖仁寿主城区和各大乡镇,各网点可通过各公司App查询。

【网络服务】 仁寿县移动、电信、联通三大运营以贴心诚恳的服务态度,以专业满意为服务标准,追求真挚关爱的服务目标,在2022年,仁寿通信网络服务投诉率下降3.1%,整体通信网络服务水平进一步提升。

数字经济发展

【概况】 2022年,仁寿县数字经济核心产业主要涵盖电子信息产业和电子商务产业两大类。2022年,全县数字经济核心总产值达163.82亿元,其中电子信息产业产值127.8亿元,网络零售额36.02亿元。

【数字经济发展规划实施】 2022年,全县认真贯彻《四川省"十四五"数字经济发展规划》《眉山市"十四五"数字经济发展规划》精神,结合实际,于6月印发《仁寿县"十四五"数字经济发展规划》,加快传统产业数字化转型,着力推动全县数字经济发展。

【数字产业化】 精准招引优质企业,打造全产业链条。2022年,新引进电子信息产业项目7个、锂电池产业项目1个(协鑫年产36万吨磷酸铁锂正极材料项目),计划总投资约94.7亿元。打造美加蓉祥电子信息产业园。2022年,已有卓航电子等25户企业签约入驻,产业规模迅速壮大,电子信息产业初步形成以信利项目为核心,以"显示器件—显示面板—终端应用"为链条的产业雏形。

【产业数字化】 智能制造方面。2022年,成功创建两化融合管理体系贯标企业4家,四川鸿浩天富事业有限公司成功申报2022年新一代信息技术与制造业融合发展试点示范企业。智慧农业方面。搭建"互联网+农业"信息化平台,为农业生产提供信息技术服务。藕塘镇柑橘示范基地完成433.55公顷智能水肥一体化滴灌系统、现场小气候监控系统安装;现代粮油农业园区内建立占地面积10公顷育秧中心,年育秧能力超667公顷;德康智能化养殖场全面使用自动化的环境控制系统,实现猪舍气温和生猪饲喂的精准控制。现代物流方面。引进天府智慧物流城、川果智慧冷链物流中心等现代物流项目,总投资49.5亿元。2022年,天府智慧物流城项目一期主体修建基本完成,川果智慧冷链物流中心一期已建成投产。

科技创新与发展

【概况】 2022年,仁寿全县高新技术主营业务收入达129.5亿元,同比增长22.7%;新增国家级高新技术企业5户、科技型中小企业20户、市级工程技术中心3个;对上争取到位资金250万元;实施重大科技成果转化项目4项;登记技术交易合同成交金额2000万元;"四川科技兴村在线"仁寿平台完成在线咨询1045条,完成回访940条,完成产业供销信息30条,在线咨询全市排名第一。正快速推进总投资45亿元的美加蓉祥电子信息产业园,积极筹建四川信仁电子信息产业技术研究院。

【四川信仁电子信息产业技术研究建设】 2022年,四川信仁电子信息产业技术研究院取得实质性进展,仁寿县与成都信息工程大学签订战略合作协议,与四川大学洽谈沟通中。

【科技激励政策制定】 根据省、市《关于进一步支持科技创新的若干政策》文件精神,结合仁寿县实际,制定《关于进一步支持科技创新的若干政策》(仁府规〔2022〕2号),全面深入推进创新驱动引领高质量发展,激励科技人员创新创造。2022年,40余户企业或个人享受科研激励奖补资金280余万元。

电网建设供应

【概况】 2022年,国网四川省电力公

司仁寿县分公司深入践行四川省电力公司“12333”发展思路和“十讲十增强”工作要求，紧紧围绕“六个眉电”布局，以“强基础、化风险、提质效”为工作主线，凝心聚力继往开来，推进历史问题解决取得重大突破，推动公司全方位发展取得优异成绩，四川省电力公司副总经理陈云辉、谭志红先后到估算调研指导工作；眉山公司总经理赵藟、书记刘洋多次对仁寿公司工作给予肯定批示。经全体干部职工共同努力，公司相继荣获“眉山供电公司先进单位”“四川省电力公司安全生产先进县级供电企业”等多项荣誉，取得近5年最好成绩。公司全年售电量累计完成29.07亿千瓦时，同比增长7%，增速位列眉山第三；实现售电收入14.36亿元（不含税），同比上升15.8%；累计线损率6.06%，低于全年计划值6.38%；综合计划入账率100%，位列眉山公司第一。截至12月31日，仁寿电网实现连续安全运行7670天。

【人力资源】 2022年年末，公司职工人数180人，其中全民支援集体50人，人均年龄43.1岁，较上年度末人均年龄44.3岁下浮1.2岁。公司人才当量密度1.0828，较上年度末人才密度1.0706提升0.0122。

针对公司青年员工面临的“两多两少”和“三大短板”，启动“春粟计划”青年人才精准培养，通过全员“训”、平台“助”、导师“带”、机制“激”，让青年人才尽早能够“对接更高岗位平台、对接优秀人才选拔、对接重点课题研究和重大技术攻关”。实施对三个阶段青年员工的大课堂学习、小班精准培训、导师“1+1”定向辅导及重点课题研究，典型做法和成效成功入选四川省公司“三项制度”改革三季度工作动态，3名青年员工荣获眉山公司技能新星竞赛团体第二名和个人第二名的佳绩，有效实现青年人才精准培养。

实施供电所团队业绩考核，对14个供电所在关键指标、综合管理及党建工作方面进行考核。根据考核结果排序，对前4名和后4名进行奖惩，供电所之间的月度团队绩效差距最大可以达到4.5万元左右，人均差距700元左右；季度采取月度考核得分累计排名考核，供电所之间的团队季度绩效差距可以达到3.5万元左右。以汪洋供电所团队绩效实施情况为例，同层级员工月度绩效考核金额差距最大可达834元，约占其绩效工资的41.7%，体现员工“干多干少、干好干差”的差异。

结合深化“三项制度”改革工作要求，自主推动实施供电所“定员测算”工作，以各供电所辖区面积、供电户数、线路长度、配变数量、售电量等5项主要指标简要测算各供电所相对“超缺员”关系，8个供电所“相对缺员”。通过相对缺员数、月（年）度绩效执行标准基数测定出“相对缺员”工资总额62万元，纳入供电所专项激励。以汪洋供电所为例，自6月实施以来，“相对缺员”专项激励重点体现在一线员工工作量分配上，台区经理在保底“工作量”基础上，实施阶梯工作量绩效奖励，奖励最高与平均的倍比达到4.1，台区经理月度绩效收入超过供电所专责，充分体现“多劳多得”。

公司分别从主业、农电和产业单位提取上年度工资总额的5%，用于项目攻坚激励，其中2.5%用于综合计划项目激励，另外2.5%用于成本项目激励，激励总额达到672.38万元。通过对项目入账率及项目实施倒排工期执行率的“正向激励”促进各业务部门奋力争先，开拓思路和方法推进历史遗留项目、综合计划及成本项目实施。结合公司营销业务末端融合需要，优化合并营销业务班组，班组个数由5个优化为4个，人员按班组业务相似或相近流动，最大限度盘活现有营销专业班组人力资源。同时针对公司变电运维班人均运维量和倒闸操作量大的问题，公司打破变电运维班传统“三班倒”的运维值班模式，自主构建“3+N+M”的核心班组业务提升新模式，试点将变电运维和变电检修业务融合，实现运维人员有效出勤时间提升1.2倍，打造一批“设备主人+全科医生”的专业运维队伍，助力核心班组业务能力提升。

【电网项目规划建设】 抓协同、抓执行，统筹重点项目有序推进。220千伏枣树2#主变增容、110千伏元通输变电工程及其配套项目、35千伏杨柳增容扩建项目2023年春节前投运；110千伏元通变电站建设工程，加速推进1000千伏川渝特高压交流工程、±800千伏金上特高压直流工程、220千伏枣树增容扩建、220千伏清水及110千伏配套等国家级、省级和属地重点项目建设进度；取得川渝特高压、仁寿220千伏电网加强等项目可研批复；完成110千伏钢铁输变电工程及35千伏配套项目、35千伏文宫增容扩建项目核准，并纳入2023年投资计划。成功调解恶意阻工点20处（含保护性进场2次），解决征地拆迁、廊道砍伐、赔付诉求等各类矛盾纠纷90余起，保障500千伏尖彭串抗站、元通110千伏输变电工程及其配套项目按里程碑计划推进，并获得眉山市委、市政府征地拆迁“征而未安”问题整治工作“先进个人”称号。

【安全生产】 责任落实到位。明确“8230”年度安全目标，分解细化113项具体工作任务，坚持季度通报机制。组织召开党委会2次、党委中心组学习会2次、安委会17次，专题研究谋划安全生产工作，重点解决停电计划管控、隐患整治等问题。通过对“4·9”“4·16”“4·22”“9·1”事故的学习深入开展“向违章开战、向陋习说不”大讨论大反思，针对“中梗阻”问题制定16项重点举措，新增“三个责任清单”19项内容。创新编制并应用推广“三段工作坊”指导手册，“四个管住”指标持续居眉山公司首位。

现场管控到位。班子成员分片联系和监督，确保监督的穿透力。整合人力资源，发挥9名退出所长岗位人员特长，配齐配优配强安全巡查队队员，做实监督专业力量。修编标准化监督检查卡，明确检查要点和重点，精准管控作业风险，发布反违章预警单318份，压紧压实“三方责任”，高效管控1200余个作业现场，共计查纠违章182起，同比降低65.9%，下发整改通知书52份，处罚163人次、罚金8.94万元。

能力提升到位。精准实施安全生产资金投入，优先解决安全管理基础、安全设施等方面存在的短板和问题，足额足量投入安措费用290余万元，主要用于保障员工生命安全的防误闭锁、安全教育等。编制典型违章案例35个，完成16期899名生产员工安全培训考试及1032名作业人员准入资格审查。充分发挥安全生产正向激励作用，累计兑现专业过程奖励资金33.53万元，其中一线员工兑现31.77万元，占比94.76%。重点落实“无违章”班组、党员身边无违章“双承诺”“双考核”机制，全年共奖励党员227人次7.9万余元，推进党组织和党员作用发挥制度化、常态化。

风险防控到位。以“四个专项”为抓手，全面排查安全风险隐患3513项，通过安委会专题研究解决184项，部门自查销号整改109项，储备项目待解决253项。持续完成输配电设施森林防火摸排确认防火区段279处并签订“三单一书”371份，涉电鱼塘隐患2688处、下发安全隐患告知书1914份，逐级在地方政府备案，获得县政府对杆塔互挂、鱼塘存量整治和增量严控、外破等3个文件支持。积极主动向县委、县政府汇报，主要领导现场或会议解决电网建设和安全问题4次，在全省率先出台《电力设施建设及运行维护标准》，为提高电力工程建设标准和用户设备安全提供有力政策支撑。圆满完成全球华侨华人促进中国和平统一大会、疫情静默管控保电、二十大保电等19次保电任务，充分展现央企担当。

应急保障到位。建立项目专题推进会商沟通机制，推动综合计划和遗留项目年底清零。开展“十四五”电网规划中期调整，新增110千伏富家站增容扩建等项目3项，储备2023年配网工程108项，重点解决迎峰度夏（冬）40条配电线路重过载、25条老旧线路以及1000余个台区低电压问题。修编完善应急预案29项，开展防汛、地震灾害、大面积停电应急演练28期，选派34名精兵强将驰援芦山“6·1”、泸定“9·5”抗震救灾，圆满完成应急抢险任务。

【经营管理】 主要指标完成情况。全年新投高压客户268户，新增容量25.27万千伏安；全年售电量29.07亿千瓦·时，同比增长7.00%，增速位列眉山第三。电费回收率100%，费控购电执行率达123.06%。台区线损合格率达99.48%，较年初提升0.3%。城区2次、北郊供电所2次入围线损“全国百强”。

基础管理不断夯实。整合计量采集与抄表催费业务、用电检查和市场业务，分流抄表人员充实全业务管控力量，调整稽查管控模式，有效解决营销人岗不匹配、业务流程不畅问题。全业务管控班从8月成立至年末完成稽查管控成效420万元，营销整体工作质效、客户获得感大幅提升。通过部门内外高效协同机制，建立“有任务、有目标、有计划、有执行、有监督、有考核、有反馈”的闭环管理机制，强化目标导向，设立奖惩机制，在11月中旬超前完成16.63万只09版表计和45.15万只窄带模块的升级换代，计量基础水平实现质的飞跃。充分考虑大供和关键业绩指标评价标准，年度内两次牵头修编仁寿三新营销指标考核标准，并开展重点工作“周管控”。全面跟踪、督促、协调推进全公司营销工作的开展，凝心聚力全力提升营销整体水平。

提质增效成效显著。深化政企联动办电、政企信息共享，实现“水电气联办”“刷脸办电”“网+网”平台不断深化应用，推动电力服务从“客户跑腿”向“数据跑腿”转变。客户经理关口前移服务重点项目，有效提升客户接电感知。全线上缴费率连续两年在大供排名靠前。全年累计查处违窃用电83笔，追补电费和违约使用电费157.53万元，占眉山市的63.99%，超额完成全年目标；私自增容查处案例入选四川省公司典型案例，在公司内外营造风清气正的反窃查违工作氛围和合规用电氛围。促请县四部门联合出台《仁寿县电力设施建设及运行维护技术要求》，从源头上解决因建设标准不一、设备水平参差不齐，用户产权设备疏于管理等威胁电网安全稳定运行的问题；政企协同压实各方责任，增强电力工程管控合力，减轻公司安全运维压力，有效提升公司安全管理水平。

数字化转型纵深推进。在省公

司十大数字化转型示范班组试点研究的《基于大数据的计量装置异常智能诊断与应用开发》获四川省2022年职工“五小”活动优秀成果、眉山市电力行业2022年“万众创新大赛”优秀成果。《计量箱防窃电监测预警装置的研制》QC成果获眉山市电力行业2022年QC小组活动知识劳动竞赛团体三等奖。

【优质服务】 服务能力稳步提升。建章立制提升服务水平，出台《公司关于加强营业投诉管控的通知》《公司关于提升95598满意率、一次解决率的通知》，压紧压实人员责任；组建优质服务监管团队，通过现场抽问+送教上门，提升人员优质服务意识和技能水平。全年公司“95598”投诉同比减少35件，降幅79.55%；“12398”投诉同比减少7件，降幅70%。建立投诉管控正向激励机制，投入8000余万元用于农网改造，消除低电压台区315个，“95598”投诉压降75%。

【农电工作】 营销指标完成情况。截至12月底，全量采集成功率99.99%，台区线损合格率99.04%。全年仁寿公司累计发生95598投诉9件，同比减少35件，降幅79.55%；发生“12398”投诉3件，同比减少7件，降幅70%。全年三新仁寿分公司电费回收率每月均为100%，费控执行率为118.01%，眉山市公司排名第三。截至2022年12月底，三新仁寿分公司查处窃电62起，查处违约用电5起，追补电费223811.42元，追补违约使用电费662455.85元。农网安全生产方面。2022年，仁寿农网线路站内开关跳闸23条次，同比上年减少11条次，降幅32%；#1开关跳闸40条次，同比上年减少26条次，降幅39%；支线开关跳闸25条次，同比上年增加1条次，增幅4%。完成2022年安全生产工作重点任务中配网线路站内及#1开关跳闸同比降低20%的目标。年度高跳线路2条，同比2021年减少8条，降幅80%。全年仁寿农网线路站内、#1开关外破跳闸共8条次，同比上年减少16条次，降幅67%。2022年，发生运检类投诉8笔（低电压投诉6笔，频繁停电1笔，抢修超时限1笔），同比减少26笔。至年末，8笔投诉已全部完成治理。全年开展无人机飞巡线路6280.72千米，电杆7981基，上传图片6.22万张，缺陷照片241张，为检修维护提供精准指导。全年加装32台森林防火开关、绝缘化林区线路27.022千米、治理8处“三跨”隐患，完成森林火灾隐患、配电线路“三跨”隐患全面清零，确保不发生因配电线路故障影响山火、铁路和高速公路等安全事件。农网工程管理。2022年完成农维专项8个，总投资608.24万元，解决低电压台区46个，治理跨高速公路安全隐患5处，解决低压业扩4000余户用电需求，保障农网线路日常维运工作的正常开展。全年三新分公司2022年共计施工农网工程114个项目，资金6916万元，工程已进入扫尾阶段，因疫情、当地政府修建乡村道路等原因造成7个项目工期延误。

【电力调度】 建立迎峰度夏协同运转机制。以迎峰度夏工作微信群为载体，实现营配调数据资源及时共享。在供电形势异常紧张时段，启动营配调专业集中办公，县经信部门人员常驻调度协调电网负荷控制。迎峰度夏期间累计执行避峰313项次、负荷控制598项次，未发生主网设备故障。稳步推进电网数字化建设。制定《国网仁寿县供电公司数据主人制实施方案（试行）》，选取实施“业扩报装数据维护”“工区变电巡视管理数据维护”两个典型应用场景，申报一项示范典型案例。常态化开展线变关系诊断核查，提升公司数据治理水平，得到省公司充分肯定。持续提升电网提质增效水平。加强计划停电管理，强化设备带电检测，大力推广带电作业、优化停电方案等措施。2022年年末，统筹安排计划检修153项，减少电量损失约283万千瓦时。统筹站端装置选线、D5000系统IQ综合选线、人工经验判断3种选线策略，结合配网开关零序电流保护管理，制定“3+1”快速隔离单相接地故障方法，接地选线正确率由52.2%提升至85.3%。持续优化配网看门狗开关保护管理，建立615个柱上开关保护资料库，合理配置主线分段、支路开关保护定值，定期开展保护核查与现场培训，10千伏看门狗开关保护正确动作率从85.25%提高到95.75%，有效减少变电站开关跳闸次数。

全年仁寿电网累计完成网供电量310115万千瓦时（不含小水电），同比增加31743万千瓦时，增长率为11.40%。2022年，全网日最大网供负荷出现在7月，为67.08万千瓦，同比增长10.91%，1月日最大负荷同比减少10.82%。2022年，日均负荷预测准确率为97.89%，最大负荷预测准确率为99.96%，最小负荷预测准确率为94.37%，综合负荷预测准确率为97.53%，均保持在合理的水平。

截至12月底，全年发布调度命令票545份，比上年同期增减少6.2%；操作7433次项，同比增加10.96%；办理停电申请414份。

电信通信

【概况】 2022年，中国电信股份有限公司仁寿分公司全年业务收入完成2.6

亿余元,全年宽带用户达到23.59万户;固话用户达到23.89万余户;天翼移动手机用户达到46.38万余户;电信电视用户达到19.48万余户。

【网络建设】 2022年,互联网出口带宽880G、光缆总长度42518.62皮长千米、光纤覆盖48.73万余用户,城区及乡镇光纤网络覆盖100%,行政村光纤覆盖率99%。宽带用户千兆接入能力建设。实施区乡100波分成环建设,进一步完善千兆网络,所有乡镇具备千兆网络接入能力。

【网络保障】 对全县重要单位网络开展预检预修工作,保障各单位网络畅通;疫情防控期间,紧急开通城区方舱医院、龙正防疫隔离点等疫情防控网络专线,支撑保障疫情防控工作有序开展;在防洪抗旱、森林防火方面开展专项整治、应急演练,确保特殊时期网络畅通。

【客户服务】 始终坚持以"客户为中心"的生产经营理念,开展"满意服务"劳动竞赛、"我为公司献一计"等形式多样的各种活动,探索更贴近一线和用户的新场景、新模式、新举措,实现降本、增效、提升用户感知的目标。

【数字仁寿建设】 公司先后中标仁寿县大数据中心综合体一期项目、仁寿县雪亮工程四期运行维护项目、仁寿公安检查站建设信息化项目、仁寿公安局天网一期运行维护服务采购项目等项目。

【经营网点】 全年新建设营业网点8个,解决部分人民群众办理通信业务不方便的问题,优化网点结构,提升网络质量,开展为新老用户送关怀活动。

移动通信

【概况】 2022年,中国移动通信集团四川有限公司仁寿分公司围绕以满足人民日益增长的美好生活需要目标,科学把握新发展阶段、坚决贯彻新发展理念、积极融入新发展格局,承担起新时代赋予国有企业的使命,持续完善现有通信基础设施建设,加快推动5G融入百业、服务大众,为加快建成全国县域经济百强县贡献企业力量扎实推进政治责任、经济责任、社会责任统一,持续保持稳中有进的发展态势,顺利完成全年目标任务。

【业务发展】 2022年,仁寿移动分公司全年收入4.24亿元,移动电话客户达到56.84万余户,宽带客户19.22万余户,IPTV客户19.37万余户。

【信息化网络建设】 公司在2022年继续投资3500万元,新建5G室分小区57个,室内分布达到482处,新建5G宏站96个,5G基站总量达到496处,5G基站覆盖总数已达1700余处。无线覆盖规模本地持续领先,城区深度覆盖和乡镇的广度覆盖进一步扩大。先后参与栖溪里、长坪水街、万达广场等地标性商业建筑5G网络建设;在信利工业园、大化物流园区、中德职业技术学院等重点工业、园区、院校完成5G网络100%覆盖。为人民办实事,全年累计解决覆盖投诉332次/处。全年完成残奥会、清明、中秋、国庆、二十大、春节等各类重大节假日及地方政府大小活动120余次。

【宽带建设】 服务于民方面,不断践行"以人民为中心"的发展理念,把满足人民日益增长的数字化信息需求放在首位。2022年,为全县完善家宽网络覆盖建设再次投入1200万元,进一步提升覆盖能力,满足新产业园、贫困偏远山区等各地域客户信息覆盖,累计建设满足41万户家庭使用的光纤到户端口。客户服务上,不断完善健全客户服务机制,提升一线服务人员的技能、素质。聚焦客户投诉问题处理及时率、满意度,实现投诉处理及时率97%以上、满意度98%以上,确保人民反映的问题处理得快、处理得满意。

服务于政府单位方面,2022年,累计配合政府完成市政建设、改造杆管线迁改220余处,实现政府项目快速入场完工。主动融入当地政府的经济、文化、社会建设,高质量完成地方政府疫情防控保障、重要会议(两会)、大型活动保障安排配合(登山活动)。

【经营网点】 2022年,仁寿县移动公司自营、合作渠道共计163家,累计从业人员655(不含自有)人,新增就业岗位85(服务工程师、装维工程师)个,服务网点遍布城区及各大乡镇。

【客户服务】 深入贯彻习近平总书记关于"疫情要防住、经济要稳住、发展要安全"的重要指示,统筹推进疫情防控和改革发展等各项工作,常态化执行疫情防控要求,落实落细各项防控举措;贯彻落实市、县委统一部署,全面动员,积极参与疫情防控工作任务,持续深入推进"强国复兴有我"群众性主题宣传教育活动落地落实,以更加优良的精神面貌、更加扎实的工作举措,主动服务助力全县防疫大局,同心防"疫",筑牢防疫钢铁长城。坚持统筹安全和发展,压实网信安全责任,积极落实"网络安全"专项行动,以"零重大网络故障、零重大网络安全事件、零重要客户投诉”为目标，全力以赴做好仁寿县“两会”重大通信保障，积极组织开展“三电”设施安全保护宣传活动，进一步强化广大人民群众爱线护线意识，遏制重大案件和通信事故的发生，确保“三电”重要基础设施安全平稳运行。将网络安全纳入各客户经理和服务中心集团拜访服务常态化内容，提升用户的安全防范意识及单位信息的保护能力。协同公安反诈中心，抓好“电话诈骗”的源头，现场抓获2起以上，向公安主动举报作案信息10余次。

经济开发区

【概况】 2022年，仁寿经开区坚持系统思维、穿透部署，抓实园区基础设施建设、项目招引、项目建设工作，推动仁寿工业经济迈上新台阶。7月，四川仁寿经开区经川编委批复升格为正处级机构；8月，成功创建全省首批循环化改造试点园区；12月，成功获得“全市两新组织党建工作示范单位”称号。

【园区基础设施建设】 综合承载强化保障。围绕建立日益完善的基础公共服务设施和不断增强综合承载能力开展三方面工作。提升硬件。系统梳理园区现有路、水、电、气、讯等基础状况，针对即将新投产的22户企业和新开工的28个项目，综合研判园区“硬件”承载力。新建园区主干道9.2千米，3座10千伏站和1座110千伏变电站，改扩建燃气管网3.5千米，5G基站1座，新(扩)建污水处理厂2座。完成7批次137.87公顷土地报征，妥善处置低效工业用地9宗15.73公顷；新增标准化厂房26公顷。优化软件。在营商环境等软环境上下硬功夫，草拟《关于进一步促进经开区高质量发展的意见》，明确体制机制、要素保障等关键事项。实质化运行项目服务中心和企业服务中心，复制发改系统项目综合信息化平台，提高项目信息化水平。协助华赐半导体、乙讯照明等10户企业校招和引进高层次人才23人；企业下单园区购买服务，组织开展企业税法、成本控制、线上营销等定制化咨询服务6期；大力推进“仁寿造仁寿用”，仅乙讯照明就协调促成内销订单1.5亿元以上；开通B区、C区产业工人公交专线4条，切实解决产业工人出行困难。完善要件。搭建四川信仁光电显示研究院、全省装配式建筑材料检测中心等科创平台；完善美加蓉祥、“一县一业”和华盛兴邦产业园等孵化平台；启动园区产业基金和供应链公司等融资服务平台；在“9·30”和“11·18”两轮疫情防控中，不断完善园区企业和项目“防疫泡泡”运行和保障平台。

【园区项目招引】 打好招商组合拳，联动县经信、经合部门，共获取招商信息68条，“请进来”对接洽谈64次共计59个项目，“走出去”对接洽谈32个项目，签约35个项目，转化率38.5%。全年新签约协议金额139.78亿元，到位资金57亿元，其中重大项目9个。对2017年以来签约未开工的47个项目认真梳理甄别，依法解约17个。

【园区项目建设】 条块结合推进项目。高质量选项目。加快建设协鑫锂电、华微电子、圣凌光电等30个项目。高效率推项目。全年新开工项目57个、续建项目16个，建成投产项目24个，续建投产率50%。召开专题协调会37次、现场推进会66次，及时调度解决问题22项。重大项目专班推。建立五大百亿项目推进专班，做到“日复盘、周调度、月通报、季考核”。挂图项目常态推。对园区负责的29个“挂图作战”项目“一对一”包保，严格落实“1123”和“六个一”工作推进机制。对第三季度7个挂“黑旗”项目剖析反思，限期销号。协同项目联合推。健全完善园区内的其他项目协同推进机制，与项目责任单位协同配合，及时向联系项目的县领导报告反馈工作情况。高起点谋项目。在没有下达具体对上争取目标任务情况下，主动作为，精准筛选97项投向申报49个项目，申报中长期贷款项目21个、入选7个，申报重点领域设备购置和更新改造新增贷款阶段性贴息项目15个。成功发行C区基础设施建设专项债券3亿元，协助争取技改、“开门红”、绿色低碳高质量发展、百强县培育、外贸贴息等资金0.74亿元。提前谋划做好储备。谋划2023年政府性投资项目23个，总计划投资约52.8亿元，2023年计划投资约11.2亿元；三年滚动计划项目11个，计划总投资约28.9亿元。

【园区特色亮点】 重点工作统筹有序。始终坚持系统思维、穿透部署，各项工作“亮点纷呈”。

目标引领做优规划。高度契合成渝双圈、成眉同城、“十四五”及其专项规划和百强县培育等多重叠加机遇，对标各项目标任务倒排倒逼，确定“一年夯实基础、三年争创先进、五年启程国开区”工作目标。系统编制园区发展规划。五年规划总览。聘请成都经济研究院，依据经开区规划环评核准产业发展方向，以新一轮“三区三线”规划为基础，立足“单一工业集中区到综合经济开发区”转型路径，科学编制《四川仁寿经济开发区发展规划(2023—2027)》，系统谋划部署未来5年发展重点方向、重点任务和重点工程,细化“135”三步发展战略。产业规划支撑。围绕建设新型工业化,立足现有三大主导产业,以五大百亿项目为抓手,聚焦差异化协同发展,选准选好新赛道,培养产业集群。A区坚定不移依托信利、华赐、协鑫三大龙头企业,打造千亿级电子信息产业和新材料新能源集群;B区加快德康肉制品加工项目建设,考虑整合远游天下和孵化园内火锅调料、休闲食品类企业,探索预制菜等新领域;C区着力创建全省装配式建筑基地,争取农村自建房、钢结构住宅试点等发展平台。同时,依托原有耐材类企业生产优势,从绿色低碳和接轨新能源新材料——锂电领域(石墨化炉用耐火材料)、光伏领域(光伏玻璃全氧窑炉用耐火材料)破题,整合现有16户传统耐材、矿产类资源型企业转型升级,形成全省乃至西南新材料新能源主要辅材供应基地。关联规划外拓。对天府新区科创走廊、昆山开发区产业转移、汪洋—威远毗邻经济区、凉山州宁南县共建飞地园区、盘活原102厂及关停煤矿闲置工矿、依托华赐建立军民融合产业园等做前期筹备。对科伦药业、金杯化工、铁马焦化、嘉碧新材料等非主导产业技改升级作项目规划。

梯次培育服务企业。集中两个月时间扎实开展企业“四个一”活动,即:一企一人、一企一档、一企一策、一企一议,为园区64户企业精准“画像”,深度与企业沟通对接,一并分类分级制定梯次培育方案。对信利(仁寿)、铁马焦化等3户链主型、“头部”型企业突出稳中求进,联动协同经信等部门,对其产业链、供应链和要素保障全程跟踪,全程监测,确保持续稳健,良性增长,提升“稳得住”的能力。对华赐半导体、卓航电子等6户成长型、“腰部”型企业,从试产达产开始派员驻厂指导,确保快速升规入统,快速建立现代经营管理和服务体系,提升“长得快”的能力。对金鹅纺织、远游天下等24户传统型、“本部”型企业,侧重降低成本、转型技改和纾困解难,提升“活得久”的能力。对大梓伟业、勋腾管业等7户委外型、总部型企业,加快兑现政策奖补,提供金融支撑,增强仁寿项目在其集团和总部的话语权,多拿订单,多出产值,提升“拿得多”的能力。对乙讯照明、洛鲜烘焙等22户专精型、网红型企业,积极搭建和提供研发营销平台,探索科技成果转化、直播经济等新经济模式,提升“叫得响”的能力。对山立建筑、凯丰陶瓷等20户资源型、密集型企业,积极探索新工艺、新标准,争创全省、全市行业示范基地和标杆企业,提升“用得少”的能力。

依法精准防范风险。始终践行“发展要安全”,树牢底线意识,统筹“点、线、面”,常态化长效化做好风险防范化解工作。盯紧3个重点。即盯紧习近平总书记到四川眉山市、中共二十大等重点时期,做好事前预判、事中督导、事后复盘;盯紧民工欠薪、项目遗留问题等重点领域,每月每季专题研究,妥善处置佰邦教育天府乐海违规运营、海博新材料项目烂尾、金利纺织欠薪等3起风险事项;盯紧顺达铸钢破产、富加孵化园鱼塘污染受损、金杯化工克鲁格科技拆迁等重点群体,与部门、乡镇共享信息,协同妥善处置。严格落实县委“三个绝不”,坚守信访稳定、安全生产、生态环保、疫情防控、党风廉政五条底线。先后约谈德康项目、鸿浩天富、饼之源等项目和企业负责人32人次。稳住基本面。加大矛盾纠纷排查力度,建立工作台账,明确包保责任人,处理转办信访件4件、“12345”政务便民热线192条、微信爆料199条,结案率100%,满意度100%。

商贸服务业

商贸管理

【概况】 2022年,仁寿县服务业增加值实现220.6亿元,同比增长3.3%,分别高于全国、全省、全市1、1.3、0.4个百分点。

【服务业发展】 高质量完成省级服务业强县项目建设;成功争取四川省级全国百强县百强区培育资金650万元,打造栖西里夜经济消费集聚区;成功争取到四川省县域商业建设行动项目,项目资金1000万元。

【商贸市场与网点规划】 全县限额以上商贸企业204家,其中住宿餐饮78家、家居建材37家、汽车销售13家、商场超市23家、办公用品9家、其他44家。全县共有大中型综合商贸服务中心5个,累计发展大中型商超门店83个,建设有交易市场(不含临时和拟关停市场)56个,其中农贸(集贸)市场54个、专业市场2个(二手车交易市场、竹木交易市场)。全县新车销售企业35户,二手车集中交易市场1个,全部在全国汽车流通信息管理系统完成注册备案。全县使用干洗机的干洗店53家,其中乡镇17家、城区34家,无使用开启式干洗机设备的情况。在大化镇规划布局占地约4.67公顷的大型农贸批发市场,已完成土地出让。

【内贸流通】 完成10个农贸市场改造提升,即城南、陵南、坝达、光彩、龙水河、永丰、汪洋、富加、满井兆嘉和文宫新市场。成功申报县域商业建设行动项目,全县国贸配送中心、中央厨房等6个项目成功入围"四川省县域商业体系建设行动拟推荐名单"。栖西里商业街建成投用,天府物流城、长平水街、红星美凯龙、报废机动车回收拆解和重汽4S店项目等重点项目加快建设。持续推进2019年度农商互联暨农产品供应链项目建设,川果智慧冷链物流中心一期项目建成投用。

【对外贸易】 货物进出口总额实现19.18亿元。新增进出口实绩企业6户(其中有跨境电商业务企业4户),跨境电商总额实现1689万元,超额完成目标任务。

【电子商务】 组织优秀电商人才代翠英、李星报名参加"大国农匠"全国农民农村电商人才技能大赛;鼓励徐橘果业、四川网贸港科技公司等采取"电商+企业(合作社、个体)+农户"等直采直销模式。组织张三芝麻糕、洛鲜、厨丰食品等电商企业参加"2022川货电商节"。全县实现网络零售额36.02亿元,同比增长5%。

【商贸系统安全风险管控】 开展消防安全大排查大整治,燃气安全专项整治,安全生产"守底线、保安全"攻坚月行动,安全生产百日提升行动等集中专项检查10次,累计检查商贸企业244余次,排查出一般安全隐患176个,已全部整改到位。

【"消费促进季"活动】 投放政府电子消费券1100万元,直接带动消费4773万元,间接带动消费约2.8亿元。成功打造栖西里、茶灵谷等消费新场景;全年举办促销活动65场次,带动消费8980万元。

【社会消费品零售】 全域社会消费品零售(含天府新区)总额220亿元,累计增速1.6%,分别高于全国、全省1.8、1.7个百分点,排名全市第二。

【家政服务行业】 采取政府引导、企业主办的方式,打造仁寿县家政特色劳务品牌"陵州妹子",通过统一培训标准、考核标准等方式,推进"陵州妹子"家政特色劳务品牌向规模化、标准化、专业化发展。依托白猫、信福源、鸿钰、万邦川妹子等家政服务公司,开展培训30期,完成1200名家政人员从业培训,帮助800余名农村无业人员成功就业。搭建"服务+信息+培训+就业+监督"的家政服务新模式,推进家政服务进社区,通过政策宣讲和行业宣传提升仁寿家政影响力。

粮油管理

【概况】 2022年,仁寿县贯彻执行国家、省、市关于粮食流通和粮食储备工作的方针、政策和法律法规,提出全县粮食宏观调控,总量平衡以及粮食流通的中长期规划和收储、动用县级储备粮的建议;实施全县粮食流通的行业管理、粮食流通宏观调控的具体工作和县级储备粮的行政管理;依法对粮食经营者从事粮食收购、储存、运输活动和政策性粮食购销活动以及执行国家粮食流通统计的情况进行监督检查;建立应急救灾物资储备点和采购全县各类应急救灾物资。

【粮食调控】 完成省、县粮油储备轮换入库工作。完成省级储备小麦轮换4001吨;省级储备稻谷竞争性安排入库5000吨;新增省级储备小麦入库2000吨;省级储备稻谷轮换5000吨;省级储备菜籽油销售出库470吨;县级小包装大米轮换1200吨;超标稻谷收购入库27.15吨。

【粮食重点项目建设】 投资1.5亿元

在大化镇龙门村建设粮食仓储物流项目，争取省级补助资金 2700 万元、专项债券 4000 万元、政策性开发性金融工具 1500 万元，项目于 2022 年 11 月 23 日开工建设。

【粮油产业发展推进】 会同县农业、县财政等部门拟定并实施《仁寿县 2021 年中央财政预算产油大县奖励资金用于产业融合发展暨产油大县示范县项目建设实施方案》，在油菜生产领域投资 660.55 万元，流通领域投资 339.45 万元。

【疫情期间粮油保供】 制定《仁寿县应对极端条件下的新冠肺炎疫情生活物资保障实施方案》《应急物资运输中转站实施方案》，开展仁寿县 2022 年生活物资末端配送应急演练、确定各乡镇物资供应接收点及保供企业。

【粮食安全责任制落实】 按照眉山市 2022 年度县（区）粮食安全党政同责考评细则，严格落实粮食安全责任制相关工作。

【粮食和物资日常管理】 印发《政策性粮油储备月巡查》等 7 个制度，开展政策性粮食库存检查 12 次，企业 16 个次，开展粮油质量检查 2 次，确保库存粮食质量安全。适时组织对各类物资进行数量检查，确保关键时候拿得出，用得上。

【物资储备】 新建镇乡级应急救灾物资储备点 4 个，采购各类应急救援物资 583.52 万元，全县应急救援能力水平得到进一步提升。

烟草专卖

【概况】 2022 年，仁寿县烟草专卖局（分公司）卷烟营销始终坚持“稳总量、稳结构”的经营思路，以营造良好终端生态和互联网思维为指导，科学布局数字门店建设，不断完善渠道终端内涵质量。专卖管理认真落实“数据先导、稽查上移、监管下沉、管服融合”工作要求，以数字化转型为抓手，着力解决短板，稳步提升专卖管理工作水平。

【专卖管理】 聚合力、重监管，守好市场底线。对专卖中队试行职能改革，构建“专卖牵头、监察督导、专销联系、四员联动、综合治理”的市场管理体系。全年共查获涉烟案件 102 起，查缉“三烟”404.57 万支，其中真烟 385.75 万支，假私烟 18.82 万支。收网一起假烟网络案，当场抓获涉案人员 9 人，刑拘 6 人，捣毁制假窝点 3 个，查获假烟 5.48 万支，查获烟机 3 台以及大量手工制假设备、原辅材料。建机制、重治理，突出管理创新。与公安、市监、教育等部门形成监管合力，开展“向未成年人销售电子烟”专项整治行动，重点打击向未成年人销售电子烟的违法行为；与“公安、市监、交通”建立联动机制，共同整治卷烟市场。开发日常巡查平台，包含办证辅助、监督检查、人员调度、信息交流、数据查询 5 大功能，实现市场监管工作全覆盖、结果全运用，推动专卖管理工作向智能化、信息化迈进。严把关、重监管，防范行政风险。依托行政服务大厅功能发挥，做好趋势研判，对新办证件开展全面复核，严格后续监管，辖区许可证规模得到合理调控。全年新办 67 户、收回 6 户，歇业 69 户。现有持证零售户 3137 户，较 2021 年年底净减少 7 户。5 月 27 日，发出全市首张电子烟零售许可证，全年新办电子烟零售许可证 17 份，电子烟监管稳定有序。建立《卷宗审核制度》，强化文书制作管理，严格层级监督，责任落实，规范执法语言和行为，提升执法人员执法能力和水平，防范执法风险。强监督、重规范，激发队伍活力。全年处置有效预警 31 条，发现异常线索 30 条；通过“四员联动”发现、处理异常线索 26 条；深入开展真烟非法流通专项行动，治理真烟非法流通，对外流零售户进行逐户核查，归纳外流原因，防范外流风险。

2022 年 3 月 15 日，烟草专卖局执法人员向零售户开展入户普法（县烟草专卖局/供图）

【卷烟营销】 营销数字转型更加扎实。以营造良好终端生态和互联网

2022 年 4 月 7 日,仁寿县烟草专卖局联合县公安局、县市场监管局、县教体局深入校园讲解电子烟危害(县烟草专卖局/供图)

思维为指导,科学布局数字门店建设,不断完善渠道终端内涵质量。全年共计发展收银机客户 325 户,建成数字门店 253 户,占全市的 36.3%,打造数字示范门店 3 户(城网 2 户、农网 1 户),初步建立涵盖商零消环节的“大数据库”。营销主题活动更接地气。围绕“我为客户办实事”主题营销活动,突出陈列先行、数有专攻、农村市场终端打造、慰问困难零售客户等活动,展现行业良好社会形象。全年,共计走访困难零售客户 32 户,开展零售客户培训 33 场,培训人数 1640 人。此外,按照全国消费者卷烟市场调查的要求,6 月 16 日,仁寿分公司对辖区 33 个社区居委会的 330 户消费者进行吸烟现状的调查,为后续卷烟营销政策的制定提供数据支撑。

【基础管理】 倡导学习蓄能。以“强学习、提能力、聚合力”为抓手,在培训教育上更加注重成效。充分发挥 5 名内训师各自专长,打造全员接受度高、实用性强的线下课程,应用好网络学院线上课程,依托“学习·分享”活动、岗位练兵、在职教育等载体,以人为本,因材施教,积极加速中青年转型,引导年长者积极进步,着力培养专业化、数字化、复合型人才队伍。全年共有 10 人取得大专学历、3 人取得本科学历、9 人报考技能鉴定,持续引导队伍向高水平、高素质迈进。强化精益管理。抓好安全标准化建设,确保安全零事故;不断提升队伍创新意识,积极开展合理化建议和群众创新工作;新闻宣传方面,及时转变思路,兼顾数量考核和质量评审,通过培训、兴趣小组活动等方式,激发宣传活力。注重内外监管。全面推进高质量考核及员工综合评价体系,奖勤罚懒,激发员工活力;对内定期开展员工思想动态分析,及时开展提醒谈话,签订员工八小时外行为承诺书,公开举报电话、设置举报信箱;对外成立纪律检查小组,不定时开展实地走访,向零售客户了解实情,树立全员规范导向,打造高水平、高素质队伍。

供销合作

【概况】 2022 年,仁寿县供销社全面把握“讲政治、抓发展、惠民生、保安全”的工作总思路,强化党建引领,把握稳定大局,坚持为农服务,深耕综合改革,供销事业发展迈上新台阶。全年系统购进总额 2.4 亿元,销售总额 4.4 亿元。

【供销系统治理】 完善社域治理机制。2022 年,县社建立机关干部联系企业制度,开展每月一次走访,每季度动态检查,每半年动态分析,常态化推进租赁企业、入股企业、基层供销社的资产管理、安全生产、信访、疫情防控、生态环境治理、耕地保护等工作。

加强社有资产管理。2022 年,

2022 年 6 月 24 日,仁寿县 2022 年村级供销社建设培训会(县供销社/供图)

县供销社组织对社有资产进行清理并建立社有资产管理平台，针对资产可利用程度对资产进行分类梳理，定期追踪资产使用情况和使用效益，将供销系统资产授权新越公司集中管理。

加强留守人员管理。2022年3月，县社通过县与人社局、县审计局等部门沟通，针对企业原有50名留守人员，结合各企业实际，制定企业优化整合方案：对达到法定退休年龄的21人，全部予以清退；对于未达到法定退休年龄的39人，其中14人不愿继续留在系统工作，即刻退出工作岗位，剩余15人岗位根据企业实际业务需要调整。

健全规章制度。印发《关于进一步规范资产管理的通知》《关于严肃财经纪律加强财务管理工作的通知》，进一步加强资产资金管理。印发《内部审计制度》，进一步加强对系统财务的监督、管理。印发《仁寿县供销合作社联合社"三重一大"事项集体决策制度》，进一步严格决策程序，防止决策失误，提高集体决策的科学化、民主化、公开化，更好地贯彻执行民主集中制。完善考勤等内部管理制度，进一步加强作风建设，提高系统干部职工廉洁自律、廉洁从政的自觉性。

【供销综合改革】 调整内设机构。2022年9月，县社将原三股一室（办公室、政工纪检监察股、财会审计统计股、安全业务股）优化调整为三股两室（办公室、党建办公室即监事会办公室、财会审计统计股、产业发展股、社域治理股），核定股室职能、整合人员分工形成合力。

加强村级社建设。2022年，县供销社在怀仁、汪洋、方家、禄加、钟祥、曹家6个乡镇（街道）的7个村新建7个村级供销社，完成"三位一体"综合试点工作。截至12月，供销系统共有23个村级社扎根农村。

健全农业社会化服务体系。2022年，县供销社全资企业新越公司与四川安杰之家农业服务公司合作成立安杰供销公司，打造农资农技融合发展平台，建立县域为农服务中心，联合村级供销社、种植大户开展农资销售、农业技术、农机作业融合服务。在文宫镇古佛社区供销社，汪洋镇四公社区，满井镇战斗村、大石社区，方家龙方社区，富加大山村等地打造农产品示范园区5个，在示范园区开展社会化服务，提供全程管理方案和农业专业技术指导，产量提升达20%，有效提高产品品质质量。指导参股企业绿园农资、安杰农业服务公司开展农资服务，托管柑橘、枇杷400.2公顷；指导村级供销社进行撂荒地整治，托管大豆、玉米66.7公顷；指导五谷园专业社开展农机服务，托管水稻、玉米、小麦666.67公顷，有力地提升农业社会化服务水平。

推进社有企业改革。2022年4月，县社印发《关于撤销供销系统改制工作领导小组以及改制重组领导小组的通知》（仁供社〔2022〕22号），撤销满井、龙马、龙正、清水、文宫5个基层供销社改制工作领导小组，对禾加、彰加、富加、汪洋、北斗5个已改制重组为公司但未撤销改制重组领导小组的予以撤销。针对文宫、清水、龙马、满井、龙正5个改制后未成立公司的基层供销社，根据人员去向选择结果，经党委研究决定，文宫区、满井区、龙马区供销社法定代表人不变；清水区供销社因刘方彬已到退休年龄，由肖龙为临时负责人；龙正区供销社因周平、罗国斌两人不愿留在龙正区供销社工作，由张发贵负责文宫区、龙正区供销社日常工作；黄国光负责满井区供销社日常工作；张柏林负责龙马区供销社日常工作。针对汪洋、富加、北斗、彰加、禾加5个改制后重组的供销公司，从2022年4月起，严格执行企业股东不再是员工的规定；汪洋、北斗供销公司因工作需要各留一人负责业务工作；对歇业、工作量小的富加供销公司，其资产、资金、安全、档案等由企业书面委托仁寿县新越供销有限公司代管；对已无任何经营业务的彰加、禾加供销公司，停业关闭，停业期间的资产、安全、档案等委托仁寿县新越供销有限公司代管。针对川棉一厂仁寿分厂、仁寿县针织一厂、民生日杂公司、果乳公司4个直属企业，将资产、资金、安全、档案等委托仁寿县新越供销有限公司代管，人员由仁寿县新越供销有限公司调配使用；民生日杂公司、果乳公司按照原管理模式不变。由全资企业仁寿县新越供销有限公司作为系统资产管理公司，对系统人、财、物进行优化整合，将长期持有价值较低的资产进行优化处理，处置收益用于解聘职工和供销系统发展；盘活具有开发利用价值的闲置资产，根据县委、县政府重大决策部署，因地制宜开展农业社会化服务、农资及农产品经营、土地托管、撂荒地整治等业务。

【农资供应】 2022年，仁寿县供销社加强全资企业——文宫供销社、控股企业——汪洋供销有限公司、参股企业——绿园农资41个经营网点和以村集体经济股份合作社联合社为主体成立的23个村级供销社的农资销售指导，全年共销售农资8437吨，其中化肥8125吨、农药312吨。与安杰公司签订协议，合资成立仁寿安杰供销农业服务公司，与村级供销社合作，建立农资直采直配机制，打通厂家直销农户的农资销售模式，降低生产成本，进一步拓宽农资销售市场。

【"四川扶贫"集体商标】 截至2022年12月，全县27个乡镇(街道)共有用标企业23个，35个产品使用"四川扶贫""天府乡村"公益品牌，2022年经营总收入1.3亿元，较2021年9112万元净增3849万元，增长29.7%。

邮 政

【概况】 2022年，仁寿县邮政业务总量增速达到18%，超额完成邮政业务总量增速。

【网点布局】 2022年，仁寿县分公司全县有代理金融业务网点36个，纯邮政业务网点1个，普遍服务网点111个。代理金融网点、纯邮政业务网点分布于原33个乡镇；普遍服务网点遍布全县原60个乡镇，无普遍服务空白乡镇。

【邮政业务】 仁寿县公分司主要业务为函件、寄递、汇兑、机要、报刊发行、代理金融、电商等。

【邮政服务】 严控收寄邮件质量，确保出口邮件收寄验视制度执行达到三个100%。2022年投诉处理工作更加规范，受理金融类投诉291件(无判责情况)、"11185"投诉136件(无判责情况)，政务热线投诉工单3件(回访满意度100%)。全程时限持续提速，服务质量持续提升，服务能力持续增强。

【邮政安全】 夯实安全基础管理，着力筑牢安全生产防线，全县邮政安全生产形势稳定向好。全年未出现资金、票款、枪弹方面的责任事故。建立完善安全责任体系，与各部门、班组、网点及网点与个人签订安全责任书，明确细化各层级、岗位具体责任。制定一系列安全相关的落实规范、应急预案、考核办法等，进一步完善安全检查制度、学习培训制度，推动安全工作制度化、体系化、常态化有效开展，压实各级安全主体责任。通过多形式、多途径强化员工宣传教育，坚持实战培训演练，不断提升全员安全意识和应急处置能力；定期开展安防设施检查，排除风险点，确保经营工作安全运行。按照省、市公司及县相关监管部门对新冠状病毒疫情防控要求，严格落实疫情防控工作，对进出口邮件和场所全方位消杀，降低邮件污染风险。

【快递管理】 纵深推进三级物流建设，全年已完成216个"金通·邮快驿站"打造，实现所有片区邮件进村，完成82个中心村(含天府新区)邮政村级服务站的建设任务，启动禾加运营中心仓配建设选址。

【经营发展】 2022年，实现业务总收入1.78亿元，增幅10.04%，全员劳动生产率55.85万元/人。始终牢记企业使命和服务理念，用心用情做好服务，不断满足人民群众日益增长的美好用邮需求。开展欢乐闹元宵、520樱为有你、金融知识普及线上活动，同时开展外拓巡演、进村知识下乡、欢乐1分购等线下活动，共计开展4309场；开展天府年货、水果项目、菜鸟裹裹、极速鲜、学生档案寄递等专项活动，实现农产品外销，带动农户增收，达成业务收入1512万元。深化税邮合作，搭建便民办税缴费服务场所，开通36个网点天府·邮驿站，覆盖31个乡镇，真真正正地实现让群众在家门口办税。

旅游业

旅游业发展

【概况】 2022年,仁寿县接待游客1400万人次,实现旅游收入100亿元,成功入选天府旅游名县候选县。

【旅游资源】 2022年,仁寿县有国家A级旅游景区7个,其中AAAA级旅游景区2个、AAA级旅游景区3个、AA级旅游景区2个,3星级宾馆1家,星级"农家乐"及乡村酒店38家。

【旅游规划】 深入学习贯彻中共二十大精神,市委五届五次全会、县委十四届四次全会精神,草拟《中共仁寿县委关于深入贯彻落实中共二十大精神和习近平总书记到川视察重要指示精神推进文化强县的决定》,经县委十四届四次全会审议通过并印发,制定《贯彻落实〈中共仁寿县委关于深入贯彻落实中共二十大精神和习近平总书记到川视察重要指示精神推动文化强县建设的决定〉责任分工方案》。

【旅游市场规范】 完成全域旅游导示系统和交通干道旅游交通指示牌建设,持续开展旅游"厕所革命"、游客接待服务点提档升级,完善旅游接待能力。疫情期间对全县范围内A级景区、星级"农家乐"等文旅经营场所进行关停处理,并安排人员每日全覆盖巡查。

【文明旅游宣传】 利用创文工作结合县上统一安排联合融媒体中心开展文明旅游网上曝光行动,做好景区管理人员文明素质提升,全县文旅市场文明服务水平大幅提升。积极开展"6·1环保宣传日""2022全国节能宣传周"等活动,向广大市民发放宣传资料2600余份。利用"大美仁寿"App、抖音、微信群、企业LED广告栏等新模式向广大市民进行文明旅游宣传,让更多市民及时掌握了解最新资讯。

【行业监管】 加强节前日常安全监管,开展文旅市场节前和不定期抽查工作,及时排除安全隐患。全年文旅行业内未发生安全生产事故。

旅游项目推进

【概况】 2022年,铂尔曼酒店、响水六坊等挂图作战文旅项目均完成年初制定的目标任务。完成五龙山基础设施债券项目包装入库并启动相关工作,全域旅游保障设施项目建设实现发债2.24亿元,已支出1.44亿元。完成旅游固定资产投资55亿元,成功招商引资2亿元。

【重要旅游项目建设】 天府慢谷一、二期项目,完成部分土方作业,持续沟通规划完善方案,待上规委会(待"三区三线"第三轮划定确定后完善方案)。西南第一村,完成首批土地预购金支付;"天府农耕·响水六坊"提升项目,完成游步道建设。开展主干道景观建设,栽树50余株。完成围栏桥修路200米。开展假山及河道修复;聚乐城建设项目,完成建设和装修工程;仁寿铂尔曼酒店项目,完成外装幕墙打样、屋面防水、保温等构造层建设等任务。仁寿县单频网无线数字化覆盖工程项目、350M基站扩建项目,到2022年年末,已完成建设任务。

旅游营销与旅游节会

【概况】 近年来,通过连续评选天府旅游名镇、名村、名宿等系列名牌,仁寿县文化广播电视和旅游局广泛参加省、市开展的重大群众文化活动,大力推进"文化+""旅游+""文旅+",积极开发田园观光、果蔬采摘、非遗体验、星空露营、中医药康养、民宿度假等乡村文旅融合新场景新业态新模式,培育一批集"吃住行游购娱"于一体的乡村旅游重点村,推动乡村旅游转型升级、蓬勃发展。

【重要旅游节会】 乡村文化旅游节是仁寿县委、县政府批准保留的仁寿地区高水平文化旅游盛会,也是全县唯一以文化旅游为主题的节庆活动,从2021年至今,已成功举办两届。2022年12月,在仁寿县湿地公园承办仁寿县"喜迎二十大 舞动中国红"仁寿县第二届乡村文化旅游宣传推广季。通过举办乡村文化旅游节,向广大游客充分展示丰富的自然生态资源和仁里寿乡的人文底蕴,促进仁寿文化旅游深度融合发展。

旅游景区选介

【仁寿城市湿地公园】 仁寿城市湿地公园,位于四川省仁寿县普宁街道,地处仁寿县城北新城中心区域,总占地面积约133.33公顷,其水域面积53.33公顷,绿地面积66.67公顷。2016年5月,仁寿城市湿地公园正式开园,2017年1月3日,仁寿城市湿地公园被全国旅游景区质量等级评定委员会正式批准为国家AAAA级旅游景区。

仁寿城市湿地公园景区设计主题为“仁者乐山、寿者乐水”，以花海、湿地、山川、河流为元素的城市湿地生态景观为主，景区拥有高滩花谷、在水一方、青莎翠岸、普宁湖、临峰水湾、普宁映月、水舞倾城、幻彩湿地、绿萦水坝、云亭揽胜、山林乐园、音乐喷泉12个景点。仁寿城市湿地公园是仁寿县对外形象展示“城市名片”，也是仁寿人返璞归真、融情山水的城市花园，更是高速发展的仁寿喜迎八方宾朋的城市会客厅。

【黑龙滩旅游景区】 黑龙滩风景区位于四川省仁寿县黑龙滩镇，地处四川盆地中南部，属龙泉山脉的二峨山西麓，景区北距成都50千米，距仁寿县城西北16千米。总面积1.15万公顷，核心景区面积3090公顷。黑龙滩水库是中华人民共和国成立以来四川省修建的第一座大型蓄水灌溉工程，主要依靠四川都江堰引水充灌，水库始建于1970年，于1972年竣工。1986年，建立黑龙潭风景名胜区，后改名为黑龙滩风景区。1986年，被省政府审定为四川第一批省级风景名胜区。2013年，获评国家水利风景区。2014年，获评国家AAAA级旅游景区。2014年，获评四川省级森林公园。2016年，获评四川省旅游度假区、四川省生态旅游示范区。2019年，获评国家湿地公园。

黑龙滩风景区是川西最大、最秀丽的人工湖泊，自然资源极其丰富，蓄水量3.6亿立方米，景区林木绿化5062公顷，森林覆盖率达38.4%，植被覆盖率达98.4%；有野鸭、白鹭，灰鹤、天鹅等上百种鸟类栖息。景区集秀、奇、幽、野、翠于一身，有大坝雄姿、龙岩古迹、蟠龙绿岛、八仙群岛、三湾积翠、双燕湖光等40余处景点。湖中7峡7坝85座群岛星罗棋布，似水上盆景，碧波万顷，水天一色，回环掩映，如梦如幻。湖岸线长310千米，湖水面积2360公顷。

【响水六坊】 天府农耕·响水六坊成立于2013年1月31日，为国家AAA级旅游景区，景区位于仁寿县普宁街道木门社区，距成赤高速仁寿出口1千米处，以原生态山水环境和乡野田园风光为特色，是集农耕文化体验区、农业主题公园、生态体育营地、深度休闲度假区、高端生态人居等多功能于一体的都市近郊型休闲旅游度假区，内有20多座浅丘相连，10多万株名贵树木郁郁葱葱，25千米自行车环线依山而绕，4千米水岸线贯穿其中。

景区占地面积200.1公顷，是一个都市近郊休闲度假胜地，大面积的农耕生态种植以及历史悠久的农耕文化的集中展示，让久居城市的人们到此能采摘时令生态蔬菜、瓜果，勾起那份浓浓的乡愁，也能让不知“庄稼为何物”的孩子们到此体验农耕。景区内可观光，可体验、可运动、可度假，属于近郊休闲旅游风景区。景区秉承的是回归自然，创造的是融于山水，奉上的是返璞归真。

景区特色有大型游乐场、农耕文化博览园、农耕文化演艺区、古树博览园、吊桥、登山栈道、二十四节气街、六坊[石磨坊、水车坊、油坊、酱坊、酒坊、糕(面)坊]。

景区优质商家有醉满楼农家乐、石磨坊农家乐、响水生态农庄农家乐、樱花水岸农家乐等大型农家乐。

【诺伊谷】 诺伊谷(AAA)生态旅游度假区位于四川省仁寿县汪洋镇上游村，毗邻汪洋镇深沟水库，距离汪洋场镇约4千米，成自泸高速汪洋出口至诺伊谷约9千米，诺伊谷始建于2012年的种植养殖专业合作社，经过几年发展，在2016年增加投资6000万元创办四川诺伊谷生态旅游开发有限公司，占地面积66.7公顷，是公司重点打造的农旅综合体。

诺伊谷秉承生态旅游理念，涵盖农业、休闲、度假等旅游开发项目。集休闲旅游长廊、生态养殖园区、具有民俗风情的蒙古包和伴月居住宿区、民宿院子、游乐园区、品茗烧烤区、餐饮会议区、露营区、户外护展区、果蔬采摘园区、农业文化园区、国防教育园区、水上世界园区和亲子体验区于一体。

2017年7月，在第三届中国(四川)国际旅游投资大会上，诺伊谷入选四川省“10+30+100”旅游发展规划，是30个重点旅游项目之一。

2018年1月，诺伊谷入选2017年度四川省乡村旅游特色业态养生山庄。

2019年2月，中共四川诺伊谷生态旅游开发有限公司支部委员会成立。

2019年4月，成功举办首届仁寿天府生长节诺伊谷音乐节活动。

2019年6月，四川诺伊谷生态旅游开发有限公司工会委员会成立。

2019年8月，被眉山市林业和草原局评选为眉山市“森林康养基地”。

2019年10月，被四川省林业和草原局评选为“四川省森林康养基地”。

【天府茶灵谷】 天府茶灵谷景区，国家AAA级旅游景区。位于眉山市仁寿县禄加镇，距离成都市中心直线距离约110千米，距离眉山市直线距离约65千米，距离成自泸高速汪洋出口、成宜高速禄加出口约11千米，红星路南延线直达，交通十分便利。景区依托项目地“山、林、谷、田、村”有机融合的广袤空间，遵循全面规划、综合开发、因地制宜、统筹兼顾的原则，致力于打造一座集森林探险、休闲度假、亲子娱乐、营地教育于一体的高标准、国际化的综合性景区，适合各年龄层共同出游的新型旅游文化综合体。

天府茶灵谷景区包含水上飞索、高空秋千、呐喊喷泉、彩虹大道、花海秋千、疯狂动物城、重返侏罗纪、天空之镜、欢乐溜索、沙滩探险、丛林蹦床、超级秋千、极速滑草、丛林穿越、步步惊心桥、天空自行车、蹦蹦云、森林小火车等众多景点。

景区已创建森林游乐区、油茶种植示范区、山地戏水区三大功能区。

【沙子湾】 沙子湾(AA)景区由仁寿沙子湾餐饮服务有限公司投资建设开发。坐落于仁寿县西南方，距市中心2千米，距成都市60千米，交通方便，基础配套设施完善。景区以园林乐园为主体，拥有餐饮宴会中心、儿童娱乐中心、健身游乐中心、商务会议中心，总体面积约3.34公顷。创建于2002年，十余年来，在社会各界的大力支持下，通过全体员工的共同努力，企业规模不断扩大，经济实力不断增强，服务质量日益提高，于2012年成功注册沙子湾餐饮服务有限公司。已成为占地面积3.34公顷，能同时接待1600人就餐娱乐的四川省五星级“农家乐”。沙子湾休闲庄拥有无障碍寿喜大厅一座，宴会大厅一座，精美中厅一间，特色雅间8间，VIP接待处一间，功能齐备，设施豪华。同时沙子湾休闲庄配备品茶雅间60余间。

景区拥有仁寿山、戏水池、天梯、古树、东坡文化等景观资源和文化资源。沙子湾景区，以生态园林主脉，以仁寿文化为风情，以田园为本色，以婚寿宴接待为特色。立足自身资源优势，不断创新推广将城市休闲娱乐、农家游乐观光等主要规划项目融入自然，并赋予原生景区更鲜活的生命力，呈现一个仁寿文化全景体验式旅游度假胜地。景区以“玩游主题”“婚寿宴接待”“人文主题”为景区三大主题，纳入并升级打造共四处主要景点景区。开园以来，按照国家AA级旅游景区标准，不断完善和提升各项硬件设施、软件功能和服务水平。

【天池山】 天池山(AA)景区位于四川省眉山市仁寿东南端，面积约50亩，约4公顷，海拔在450米以下，山体长约5千米，宽约2千米，山池山状若莲花，最高峰为缘峰。邻近彰加镇300米左右，距离成赤高速约3千米，距仁寿县县城30千米，交通十分方便，是国家AA级景区。

景区四季分明，呈现的大自然和历史缔造的自然景观和人文景观相融交汇点，极具吸引力，人文历史、宗教文化及科普教育等旅游资源于一体。

2014年，被四川省林业厅评为森林康养人家，2016年被评为国家级AA级天池山景区，2021年被四川省林业厅又一次获评森林康养人家称号。

2013年，成立金太阳生态园4星级乡村酒店，不断推出特色，让游客们在景区内玩得开心，吃得放心。

黑龙滩风景区管理

【概况】 2022年，黑龙滩风景区党工委、管委会强力推进黑龙滩生态环境问题整改，扎实抓好黑龙滩饮用水水源保护，多措并举助推项目复工复产，做实做细黑龙滩原住民、购房户、农民工群体信访稳定工作，如期完成阶段性整改目标任务，有效保障黑龙滩饮用水水源水质持续稳定在Ⅱ类，全年固定资产投资完成20亿元，招商引资到位资金21亿元。

【“三督”整改完成阶段性任务】 2022年，黑龙滩风景区管委会对标问题抓整改，第二轮中央生态环境保护督察、黑龙滩水库区域土地违法违规问题专项督察、黑龙滩涉林问题专项督察整改工作均完成阶段性任务。

扎实推进中央生态环境保护督察反馈问题整改。完成黑龙滩水库生态涵养林266.8公顷建设并通过验收上图。完成《眉山市第二轮中央生态环境保护督察细化整改任务清单(黑龙滩)》专家意见、《眉山市集中式饮用水水源地保护条例》立法后评估和《眉山市黑龙滩饮用水水源保护区划定情况评估报告》等5项评估。根据评估结果，协助市人大和生态环境部门启动黑龙滩饮用水水源地保护区调整划定和《眉山市集中式饮用水水源地保护条例》修法工作。完成邻水较近、挤占水源地生态空间的18套住宅拆除并复林复绿。将9.73公顷住宅用地调整为生态用地，并收回种植林木，恢复生态功能。完成《眉山市黑龙滩水库保护条例》送审稿报送市政府。协助编制完成《眉山市黑龙滩水库生态环境保护修复方案》并通过专家评审。院士级专家评审意见都聚焦“应当把饮用水水源保护区的优化调整放在更加突出的位置，须基于引蓄式水库的特征，依据国家新的技术规范，统筹取水和汇水条件的变化重新划定饮用水水源保护区，实现精准、科学保护”“应当依据引蓄式水库上游来水污染物输入量巨大的实际，充实上游来水的污染物减量措施和应急管控措施”，为科学整改、持续保护、责任区分打下坚实的基础。

扎实推进土地督察反馈问题整改。编制完成黑龙滩土地整改工作社会稳定风险评估报告。完成“配套建设项目违法用地”问题整改阶段性任务。拆除复耕35.24公顷(耕地30.51公顷),组卷报征和谐支路、体育盒子、长岛一期安置房等8个项目43.38公顷,落实进出平衡69.23公顷,加强监管104.95公顷。完成“通过签订征地协议和租用协议违法取得的1534.1公顷集体土地”问题整改。对已改变用途的耕地480.36公顷全部复耕,对剩余未改变用途的土地加强监管,确保用途不改变。

扎实推进林地督察反馈问题整改。全力配合省、市相关执法部门推进央督通报的黑龙滩流域88件破坏林地案件全面核实并案立案28件,已全部结案。对临时占用的9.14公顷林地全部恢复补植到位。对已占用不能恢复的22.88公顷林地完善报征手续,同时按照四川省要求,采用异地造林方式在龙正镇新建村、大化镇劳动社区完成补植任务。

【生态环境持续向好】启动污水处理厂扩容升级。投资1200万元建成5000立方米应急处理池以应对污水激增等突发情况。投入3500万元实施污水处理厂二期提标扩能工程,新增5000立方米污水处理能力。开展管网破损修复。投资400万元,修复杨柳桥头检查井11座、污水管道30万米,确保杨柳临湖一侧生活污水应收尽收。对杨柳场镇、四海社区、光相社区的污水干支管网进行排查,发现缺陷问题及时修复到位,确保雨污分流、各行其道。开展生态保护和修复。投资350万元,完成黑龙滩(杨柳场镇)滨水区生态恢复工程示范项目建设,有效提升杨柳区域生态环境质量。开展环境整治和巡查。专项督查城乡环境综合整治12次,清除横幅90处,拆除各类小广告80余处,规范临时摊位260处。对大型餐饮单位、学校及企事业单位等23家单位开展大气污染防治专项治理。对黑龙滩水库饮用水水源地、污水处理厂、建筑工地及重点地段、重点区域开展环保巡查,巡查黑龙滩水库22次,出动车船20余辆(艘),及时打捞处置水面、库岸、岛屿垃圾,确保黑龙滩库面干净清洁。

【项目建设有序推进】抓好协调服务,切实保障复工复产。协助中铁双龙艺术小镇二期、中铁时光城一期、中铁湖畔影月、中铁星月山湖、长岛地产一、二、三、四期项目办理预售;中铁黑龙滩旅游度假区地中海度假村酒店、中铁星月山湖、湖畔影月、星月云湖等12个房建项目有序复工复产;多方对接,更换总包,国企入驻接盘长岛三期,12月25日,长岛三期顺利复工,提振长岛业主信心。专班抓稳定,密切关注“黑龙滩原住民、购房户、农民工”等重点群体动态,及时回应处置合理诉求,化解矛盾纠纷。2022年,共化解欠薪258件,接待购房户1.71万人次,成功处理5次劝返接访和7次购房户群体性接访工作。长岛业主送来“破万重险阻,解百姓困苦;笃力为民生,人民好公仆”锦旗。

抓好项目建设,坡道起步“活下去”。全力以赴抓建设,坡道起步,完成固定资产投资19.59亿元,其中中铁项目完成约13.7亿元,长岛项目完成约2.79亿元,政府性投资项目完成约3.1亿元。有序推进文旅产业项目建设。地中海俱乐部酒店完成主体工程建设;火车来斯一期试运营平稳有序;有序推进基础设施项目建设;环湖西路北段、和谐环路、和谐支路、光明大道等道路基础设施有序推进。

【旅游业发展】2022年,受新冠肺炎疫情影响,游客锐减,景区全年累计接待游客共计28.26万人次,实现旅游收入4239万元。其中,中铁火车来斯乐园接待游客9万人次,实现门票收入460万元。旅游市场特点以自驾游为主,短距离的近郊旅游和本地休闲旅游成为主要模式。梵木音乐公园的粉黛乱子草成为网红打卡点,人气旺盛。

金融业

金融管理

【概况】 2022年年末，仁寿县共有银行业金融机构12家，营业网点178个。截至12月末，县内金融机构各项存款余额983.09亿元，同比增长9.59%，全年新增存款86.20亿元，同比多增42.61亿元；各项贷款余额为716.02亿元，同比增长18.71%，1—12月，新增贷款112.87亿元，同比少增1.42亿元。保险业机构20家，营业网点76个，保费收入11.88亿元，同比增长5.37%。证券营业部2家（华西、银河）；地方金融组织5家，其中国有担保公司2家、国有小贷公司1家，民营小贷公司2家，（2022年新成立聚惠小贷公司和美兴小贷仁寿分公司）。县域金融机构体系逐步完善，全县已基本形成银行、保险、证券等金融机构，小额贷款公司、融资性担保公司等地方金融组织共同发展的多元化金融格局，是眉山市金融体系最为健全的区县之一。

【信贷投放】 各项贷款余额为716.02亿元，同比增长18.71%，1—12月，新增贷款112.87亿元，同比少增1.42亿元。围绕“制造强县攻坚年”和经济高质量发展要求，加大对传统产业转型升级、关键核心技术攻关企业、“专精特新”企业和科创制造业企业等的金融支持力度。截至12月末，全县制造业贷款余额11.84亿元，同比增加1.27亿元、增长12.02%。做好金融助企纾困工作。建立金融服务小微企业敢贷愿贷能贷会贷长效机制，持续开展“惠企利民纾困，仁寿金融在行动”系列宣传。2022年12月末，普惠小微企业贷款余额57.12亿元，同比增长27.61%。重点项目建设的信贷支持。按照“一项目一方案一专班”的要求，及时做好省、市、县重点项目融资对接服务，加大对城乡一体化贷款（项目）仁寿县城市会客厅项目、鑫龙水务生态环境建设、棚户区改造等重点项目的支持。支持房地产健康平稳发展。切实贯彻落实好促进仁寿房地产市场健康发展的各项金融支持措施，满足房地产领域合理信贷需求。截至2022年12月末，房地产贷款余额312.39亿元，较年初增加35.25亿元，同比增加35.25亿元，同比增长12.72%。

【保险服务】 邀请市金融工作局和市级相关保险机构领导到仁寿县指导保险工作。积极对接眉山市银保监管分局和市级保险公司，确保各保险公司在仁寿开展的保险业务入统仁寿。1—12月，仁寿保费收入11.88亿元，同比增长5.37%，全市排名第2。

【债券发行】 积极推进仁寿城投集团AA+主体信用评级和鑫龙水务AA主体信用评级工作，9月鑫龙水务取得AA主体信用评级，10月仁寿城投集团取得AA+的信用评级，信用评级的取得是县属国有企业取得的又一突破，也是全市第一家具有“AA+”主体信用等级的国有企业。2022年成功发行债券13.2亿元。

【融资担保与小额贷款机构管理】 加强公司监管，落实问题整改。通过线上监管平台和线下检查加强小额贷款公司和融资性担保公司监管，推进县金通达合规经营检查问题整改，积极协调市场监管局等部门吊销仁寿县亿力达小额贷款公司（已取消业务资格）营业执照。积极协助县属国有小贷和美兴小贷仁寿分公司设立申报工作，6月美兴小贷仁寿分公司已获四川省金融工作局批复，8月聚惠小贷公司已获四川省金融工作局批复，10月已取得营业执照。

【成眉同城金融对接】 加大成眉同城金融对接力度，进一步完善定期对接机制。“请进来”，将金融机构省分行或总行领导请到仁寿，争取更多的信贷资金投向仁寿。“走出去”，由县领导带队组织相关部门和企业到金融机构省分行或总行对接重点项目，2022年先后到省农发行、省国开行、成都银行总行等银行对接，促进仁寿县重点项目融资。

【金融服务多元化】 继续搭建精细化的金融对接服务平台，分产业、分领域开展“清单式”金融服务。会同县人民银行、仁寿银保监管组和有关部门继续开展“金融顾问”团队“一对一”对接50家民营企业。1—12月，先后为饼之源食品、乙讯照明、四川恒重清洁能源成套装备制造公司等30余家企业融入资金约2.2亿元。按照制造强县调度会议定事项要求，组织担保公司和相关金融机构积极对接有融资需求的企业，通过信用贷款、机器设备抵押、应收账款抵押等多种方式为美加蓉祥、荣达混凝土、协力辉动力等9户企业争取贷款2000余万元。深入一线对接。根据企业融资需求先后3次组织相关金融机构深入文林、汪洋、龙正等园区，为卓航电子科技、凯丰陶瓷、牧瑞饲料等30余家企业开展精细化对接，帮助企业融入资金3.68亿元。召开银政企对接会。县国资金融局牵头，于9月21日召集县内金融机构对县内20家民营企业进行融资现场对接，达成融资意向3.1亿元。加强政银合作。继续与县工商银行、仁寿农商行开展“民营贷”“惠企贷”等政银合作，为仁寿区域内符合条件的民营小微企业提供无抵押、低利率的融资支持。截至12月末，累计投放“民营贷”“惠企贷”共46笔、1.66亿元。

【企业挂牌上市】 规模以上企业改制。会同县经信局、园区、债券公司全力推进规模以上企业改制工作。截至年末，有四川省卓宇制药有限公司、四川厨丰食品有限公司、眉山金汇食品有限公司等5家企业改制工作有序推进。企业挂牌。组织县经信局、仁寿经开区、华西证券等单位共同组建金融服务队，先后深入文林、汪洋、钟祥等园区和乡镇，对接山立建筑、金汇食品、品轩酒业、创天圣世、厨丰食品等10余家企业，为企业宣传上市挂牌奖补政策、上市条件等。2022年，品轩酒业、创天圣世、厨丰食品3家企业在天府股交中心成功挂牌。

【非法集资防范与处置】 会同县内相关部门加大对各类交易场所、养老领域等领域风险排查，对排查出涉嫌非法集资的公司，联合经侦、市场监管等部门开展联合执法检查，做到发现一起、打击一起，切实保护群众利益。积极协调县法院、县检察院，加大对存量案件的处置，县法院对罗兰等人涉嫌集资诈骗案已执行终本，全县非法集资存量案件已全部化解。协助做好“百家和”“晋商贷”等案件善后处置工作，及时通知仁寿辖区内参与案件的集资参与人在规定时间完成信息登记工作。加大防非处非宣传。针对性地开展各个行业领域的宣传教育活动，实现广覆盖，引导广大群众对非法集资不参与、能识别、敢揭发，增强社会公众的法律意识和金融风险防范能力，引导群众远离非法集资，避免财产损失，营造良好的社会环境。

人民银行

【概况】 2022年，中国人民银行仁寿县支行深入学习贯彻中共二十大精神，坚决贯彻执行稳健货币政策，有力推动金融支持拼经济、搞建设，着力防范化解金融风险，不断提升金融服务和管理效能，各项工作取得积极成效。

【金融风险监管】 2022年，全县银行、证券、保险市场未发生重大风险事故，金融风险总体可控。持续做好重点领域、重点企业金融风险监测分析，通过预警、提示、约谈等方式有效防范法人银行机构风险返潮，县域法人机构不良贷款、不良率实现双降。强化风险评估，开展资产质量真实性核查，摸清法人机构风险底数，督促机构如实消化存量不良，持续改善经营管理，切实做好风险化解工作。

【金融消费权益保护】 组织开展“3·15”金融消费者权益日、“6·14”信用记录关爱日、金融知识宣传月等宣传教育活动9次，覆盖全县28个乡镇、50万余人次。深入推进消费者权益保护工作，及时处理金融消费者投诉，办结率、满意率均达100%。

【金融支持乡村振兴】 重点围绕仁寿县“243”现代农业体系，持续推进金融支持第一、二、三产业融合发展。2022年，全县涉农贷款余额412亿元，同比增长23.23%。创新推出“惠集贷”财金互动产品，有力支持20个村集体经济组织发展壮大。积极开展“送码入户、一键贷款”信贷直通专项活动，覆盖全县166个行政村（社区）、2464户农业主体。创建“信用+信贷”模式，指导金融机构创新推出“乡贤贷”等金融产品，丰富乡村振兴领域金融产品与服务。

【中小微企业金融服务】 深入推进“服务零距离，融资大畅通”“中小微企业金融服务能力提升”“三访三问三送”“贷动小生意，服务大民生”等专项行动。2022年，全县普惠小微企业贷款余额57.12亿元，同比增长27.61%。扎实开展“小微企业金融服务专员行动”，推动“银税互动”助力“稳企业保就业”，全年实现“银税贷”221户、2.12万元。

【利率市场化改革】 指导银行机构严格执行存款利率LPR改革政策，督导银行机构规范不合规存款产品，降低负债端成本。督导银行机构降低贷款利率，对普惠小微领域、个人住房贷款、个消费贷款等执行优惠利率，推动市场主体融资成本稳中有降。2022年，全县各项贷款加权平均利率同比下降19个BP，其中，普惠小微企业贷款加权平均利率同比下降80个BP；民营企业加权平均利率同比下降74个BP；个人住房贷款加权平均利率同比下降18个BP，其中新发放个人住房贷款加权平均利率同比下降60个BP。

银行业

【概况】 2022年，中国人民银行仁寿县支行深入贯彻落实稳健货币政策，指导辖内各银行业金融机构认真落实稳经济一揽子政策措施和人民银行总行“金融23条”，金融支持实体经济力度不断加大。2022年，全县12家银行机构资产总额1364.95亿元，同比增长13.56%。存贷款总量迈进 1700 亿元，为全县经济社会平稳运行提供有力金融支撑。

【货币信贷管理】 贷款。信贷规模持续扩大，2022 年，全县银行机构各项贷款余额 716.02 亿元，同比增加 112.87 亿元，增量居全市第二位，同比增长 18.71%。加强对县域重点项目、民生领域和薄弱环节的信贷支持，积极开展“眉州质量贷”业务试点，全年发放重点项目贷款 139.01 亿元。用好用准货币政策工具，发放支农、支小再贷款 3.85 亿元，给予普惠小微企业贷款激励资金 202.84 万元，撬动法人机构新增普惠小微贷款 1.27 亿元。切实引导贷款利率持续下行，降低市场主体综合融资成本。

存款。存款保持平稳增长，2022 年，全县银行机构各项存款余额 983.09 亿元，同比增加 86.02 亿元，增量居全市第二位，同比增长 9.59%，较上年末上升 4.51 个百分点。其中，个人存款余额 800.22 亿元，同比增长 15.24 亿元；企业存款余额 93.35 亿元，同比多增 25.43 亿元。

【财政资金与国债管理】 牢牢守住“国库资金安全、国库业务系统安全”两条底线，实现国库资金“低风险、零案件”目标。2022 年，办理预算收入 127.12 亿元，预算支出 187.88 亿元，退库 11.89 亿元。推动金融机构让利，为辖内支柱企业办理留抵退税 461 笔、金额 10.82 亿元；利用汇算清缴办理退税 24714 笔、金额 1168 万元。扎实做好国库监督管理，严格落实县域 8 家代理银行集中支付业务事前、事中审核，确保资金清算零差错。

【支付结算管理】 加强账户管理和监督，建立存量账户风险排查长效机制。加强涉案账户核查，严厉打击电信诈骗。扎实开展降低小微企业和个体工商户支付手续费专项行动，对辖内 178 个银行网点开展暗查暗访，优化实体经济发展环境。深入开展“支付为民、支付便民、支付惠民”主题活动，推动“大美仁寿，惠民乐购”“大美仁寿，惠民嗨购”项目落地，地方政府、银联、辖内金融机构累计投入资金 660 万元，用于消费券发放、商圈立减、一元购等项目，带动消费 1925 万元。

【人民币管理】 深入推进人民币净化工程，督导县域 11 个银行网点开展人民币收付业务，加大残损券回收力度，提高流通人民币质量。联合公安开展“打击制贩假人民币”行动，2022 年，共收缴假人民币 837 张，金额 7.44 万元，假币数量较上年下降 74.8%。全力保障现金供应，全年投放现金 10.99 亿元。

【反洗钱管理】 扎实开展“打击洗钱犯罪宣传周”“经侦宣传日”等活动，切实提高反洗钱工作质效。

【征信合规管理】 加强征信信息合规安全管理，组织银行机构开展常规性自查自纠，对地方法人机构开展个人信息安全管理自查整改，确保辖区征信信息安全。大力打造征信标准化服务网点，完善支行查询网点服务功能，提升查询服务水平，全年累计查询个人信用报告 1.89 万份、查询企业征信报告 795 份，妥善处理征信异议 8 笔、征信投诉 4 笔。

组织开展“征信修复”百日行动宣传，调查整治辖区涉“征信”业务企业，上门走访并督促整改企业 7 家，有效打击社会中介恶意铲单行为。

【社会信用体系建设】 持续推动农村信用体系建设，大力开展“三项评定”，全年评定信用村 91 个、信用（乡）镇 7 个，新型农业经营主体评级实现全覆盖，授信面达到 40%。大力推广信用服务平台融资，指导辖内银企通过应收账款融资服务平台和天府信用通平台开展融资对接，融资成效显著。持续推进园区企业金融信用分类工作，指导银行机构加强对“红白”名单企业的金融服务。持续开展“金融顾问”走访，向园区企业提供会计、法律、投融资等顾问服务。

【央行金融机构评级】 2022 年，依据《央行金融机构评级管理办法（试行）》和工作安排，人行仁寿县支行配合人行眉山市中心支行采用数理模型与专业评价相结合的方法，对辖内地方法人金融机构开展年度央行金融机构现场评级和资产质量真实性专项评估工作。

表 16　2022 年仁寿县银行机构一览表（各网点均不统计）

序号	机构名称	机构属性	级别
1	中国农业发展银行仁寿县支行	政策性银行	支行
2	中国工商银行股份有限公司仁寿支行	国有商业银行	支行
3	中国农业银行股份有限公司仁寿县支行	国有商业银行	支行
4	中国银行股份有限公司眉山仁寿支行	国有商业银行	支行

续表 16

序号	机构名称	机构属性	级别
5	中国建设银行股份有限公司仁寿支行	国有商业银行	支行
6	中国邮政储蓄银行股份有限公司仁寿县支行	股份制商业银行	支行
7	成都银行股份有限公司眉山仁寿支行	城市商业银行	支行
8	乐山市商业银行股份有限公司仁寿支行	城市商业银行	支行
9	长城华西银行股份有限公司眉山仁寿支行	城市商业银行	支行
10	成都农村商业银行股份有限公司仁寿支行	农村商业银行	支行
11	四川仁寿农村商业银行股份有限公司	农村商业银行	总行
12	仁寿民富村镇银行有限责任公司	村镇银行	总行

表 17　2022 年仁寿县金融机构本外币信贷收支合并表

单位:万元

栏目	本月余额	比上月增长额		比年初增长额		栏目	本月余额	比上月增长额		比年初增长额	
		2022 年	2021 年	2022 年	2021 年			2022 年	2021 年	2022 年	2021 年
一、各项存款	9830920	24477	39867	860198	434083	一、各项贷款	7160218	117715	73171	1128748	1142977
(一)境内存款	9830128	24372	39833	859683	434056	(一)境内贷款	7160211	117716	73171	1128750	1142991
1. 住户存款	8002174	90010	45264	904170	751799	1. 住户贷款	4163143	12895	19768	475082	858594
(1)活期存款	1820238	60870	41196	109998	83484	(1)短期贷款	384969	-2704	1342	119087	65547
(2)定期及其他存款	6181936	29140	4068	794172	668315	消费贷款	86701	1761	-248	15882	27255
2. 非金融企业存款	933490	-51837	-92352	108060	-146257	经营贷款	298268	-4464	1590	103205	38292
(1)活期存款	562023	-16707	-7446	-26369	-43591	(2)中长期贷款	3778174	15599	18426	355995	793048
(2)定期及其他存款	371467	-35130	-84905	134429	-102666	消费贷款	3434125	19743	22475	307629	733515
3. 广义政府存款	894400	-13788	87027	-152588	-170962	经营贷款	344048	-4144	-4049	48366	59533
(1)财政性存款	118170	44056	104008	-130514	11582	2. 非金融企业及机关团体贷款	2997068	104820	53403	653667	284397
(2)机关团体存款	776229	-57844	-16981	-22074	-182544	(1)短期贷款	473258	73476	-26094	178641	-18066
4. 非银行业金融机构存款	64	-13	-107	41	-525	(2)中长期贷款	2254884	32774	54389	421243	206364
(二)境外存款	792	106	34	515	27	(3)票据融资	268926	-1430	25108	53783	96099
二、金融债券						(4)融资租赁					
其中:境外发行						(5)各项垫款					
三、卖出回购资产						3. 非银行业金融机构贷款					
四、借款及非银行业金融机构拆入						(二)境外贷款	7	0		-2	-14
五、联行往来(净)						二、债券投资	1340431	-16745	32564	236330	228277
六、应付及暂收款	280321	16063	23617	25510	45692	其中:境外债券					

续表 17

栏目	本月余额	比上月增长额		比年初增长额		栏目	本月余额	比上月增长额		比年初增长额	
		2022 年	2021 年	2022 年	2021 年			2022 年	2021 年	2022 年	2021 年
七、各项准备	171208	-7065	24287	-20509	55798	三、股权及其他投资	2763				0
八、所有者权益	329008	2897	-29804	42531	27122	四、买入返售资产			-19430	-19995	19995
其中：实收资本	91974	3866		3866	3098	五、存放非银行业金融机构款项					
九、其他	-426645	-32930	-139983	333470	113000	六、联行往来(净)	1572339	-119693	-157801	-137629	-722879
						其中：境内存放二级准备金					
						七、金银占款					
						八、中央银行外汇占款					
						九、应收及预付款	76290	22367	-10879	34596	5844
						十、投资性房地产					
						十一、固定资产	32770	-201	359	-850	1480
资金来源总计	10184811	3442	-82016	1241199	675695	资金运用总计	10184811	3442	-82016	1241199	675695
一、各项存款	9830920	24477	39867	860198	434083	一、各项贷款	7160218	117715	73171	1128748	1142977
(一)境内存款	9830128	24372	39833	859683	434056	(一)境内贷款	7160211	117716	73171	1128750	1142991
1. 住户存款	8002174	90010	45264	904170	751799	1. 住户贷款	4163143	12895	19768	475082	858594
(1)活期存款	1820238	60870	41196	109998	83484	(1)短期贷款	384969	-2704	1342	119087	65547
(2)定期及其他存款	6181936	29140	4068	794172	668315	消费贷款	86701	1761	-248	15882	27255
2. 非金融企业存款	933490	-51837	-92352	108060	-146257	经营贷款	298268	-4464	1590	103205	38292
(1)活期存款	562023	-16707	-7446	-26369	-43591	(2)中长期贷款	3778174	15599	18426	355995	793048
(2)定期及其他存款	371467	-35130	-84905	134429	-102666	消费贷款	3434125	19743	22475	307629	733515
3. 机关团体存款	776229	-57844	-16981	-22074	-182544	经营贷款	344048	-4144	-4049	48366	59533
4. 财政性存款	118170	44056	104008	-130514	11582	2. 企(事)业单位贷款	2997068	104820	53403	653667	284397
5. 非银行业金融机构存款	64	-13	-107	41	-525	(1)短期贷款	473258	73476	-26094	178641	-18066
(二)境外存款	792	106	34	515	27	(2)中长期贷款	2254884	32774	54389	421243	206364
二、金融债券	0	0	0	0	0	(3)票据融资	268926	-1430	25108	53783	96099
其中：境外发行	0	0	0	0	0	(4)融资租赁	0	0	0	0	0
三、卖出回购资产	0	0	0	0	0	(5)各项垫款	0	0	0	0	0
四、借款及非银行业金融机构拆入	0	0	0	0	0	3. 非银行业金融机构贷款	0	0	0	0	0
五、联行往来(净)	0	0	0	0	0	(二)境外贷款	7	0	0	-2	-14

续表 17

栏目	本月余额	比上月增长额 2022 年	比上月增长额 2021 年	比年初增长额 2022 年	比年初增长额 2021 年	栏目	本月余额	比上月增长额 2022 年	比上月增长额 2021 年	比年初增长额 2022 年	比年初增长额 2021 年
六、应付及暂收款	280321	16063	23617	25510	45692	二、债券投资	1340431	-16745	32564	236330	228277
七、各项准备	171208	-7065	24287	-20509	55798	其中:境外债券	0	0	0	0	0
八、所有者权益	329008	2897	-29804	42531	27122	三、股权及其他投资	2763	0	0	0	0
其中:实收资本	91974	3866	0	3866	3098	四、买入返售资产	0	0	-19430	-19995	19995
九、其他	-426645	-32930	-139983	333470	113000	五、存放非银行业金融机构款项	0	0	0	0	0
						六、联行往来(净)	1572339	-119693	-157801	-137629	-722879
						其中:境内存放二级准备金	0	0	0	0	0
						七、金银占款	0	0	0	0	0
						八、中央银行外汇占款	0	0	0	0	0
						九、应收及预付款	76290	22367	-10879	34596	5844
						十、投资性房地产	0	0	0	0	0
						十一、固定资产	32770	-201	359	-850	1480
资金来源总计	10184811	3442	-82016	1241199	675695	资金运用总计	10184811	3442	-82016	1241199	675695

注:本表机构包括中国人民银行、银行业存款类金融机构、银行业非存款类金融机构。

人保财险

【概况】 2022 年,人保财险仁寿支公司在做好自身业务发展的同时,公司积极参与疫情防控工作,助力企业有序恢复生产,保障人民群众生命安全和身体健康。此外,根据县政府安排对接帮扶板桥镇青龙社区 58 户贫困户,及时入户了解贫困户困难,并积极协助解决,助力乡村振兴。

【保险产品】 经营主要保险品种为企业财产保险、家庭财产保险、机动车辆保险、短期人身意外健康保险、责任保险、信用保证保险、工程保险、货运保险、政策性农业保险(水稻、玉米、枇杷、柑橘、花椒、能繁母猪、育肥猪)。

【经营业绩】 2022 年,公司保费 1.83 亿元,上缴仁寿财政各类税金 1233 万元,支付各类赔款 9443.17 万元,服务于全县坚决打赢脱贫攻坚战和实现全面建成小康社会目标任务。

【“三大主粮完全成本保险”工作】 2022 年,公司农险人充分发扬“特别能吃苦、特别能战斗、特别有办法”的仁寿精神,提早谋划,认真部署。在坚持依法合规前提下承保水稻、玉米、小麦 1.67 万公顷,收取保费 863 万元,同比增幅 231.92%,保险覆盖率达到 78.96%。面对 60 年一遇的高温干旱对粮食作物造成的灾害,公司紧紧依靠政府部门,积极协调同业,努力化解矛盾,妥善处理好水稻玉米的理赔服务,保质保量按时完成理赔工作。

人寿保险

【概况】 2022 年,中国人寿保险股份有限公司仁寿县支公司深入贯彻落实上级公司系列会议精神,按照公司季度、半年度及年度工作会各项工作部署,团结一致、砥砺奋进,业务稳中求进,市场领先优势巩固,队伍发展持续向好改善,运营服务能力持续提升。

【业务发展】 2022年,仁寿公司实现总保费5.8亿元;完成首年期缴保费7968万元,同比下滑5.37%;完成短险保费1亿万元,同比下滑4.35%;完成续收保费3.9亿元,同比下滑0.01%;公司大个险份额占全市的34%,在全省县域公司综合实力二十强中排名第二。人寿总保费占全县寿险市场份额的57.9%,较2021年同期增长17.1个百分点,规模排名全市第一;从业人员市场份额占比74.41%,较2021年同期增长42.81个百分点,继续保持市场领先地位。

【队伍发展】 持续优化销售管理岗位和专业技术人员配置。加强内外勤全员学习,不断提升员工队伍的综合素质;管理队伍不断夯实,新提聘部门经理2人、部门副经理3人,充实后备干部力量,进一步调动人员干事创业的积极性和主动性。各渠道队伍发展较为均衡、稳定。到年末,销售队伍共计在册人力932人。其中,大个险以"众鑫计划"为引领,队伍发展有量有质,在册人力842人;团险队伍稳中有升,在册人力70人;银保队伍持续壮大,质态持续改善,在册人力20人。

【运营服务】 客户服务质量水平进一步提升。公司持续贯彻"科技国寿"战略,提升科技服务水平,推进互联网活跃率及保全e化服务。2022年通过保全e化服务处理业务7.73万笔,保全e化率达99.54%;开展VIP客户服务与增值服务活动、"牵手国寿,智慧生活"少儿绘画活动、3月15日开展了以"以消费者为中心"宣传活动、开展"6·16客户节""进店送礼活动"客户活动、组织开展线上活动。全面提高理赔服务水平。公司全力推进自助理赔服务。截至2022年11月底,共受理理赔案件12万件,累计赔付金额1.5亿元,同比增加0.32%,理赔智能化达到99.97%;本年度理赔案件出险到支付时效为54.6天,申请到支付时效为2.2天,小额医疗业务理赔平均时效在0.3天以内,理赔服务获得感120分;公司推行"一束鲜花、一声问候、一日赔付"理赔服务举措,让客户感受到"重疾一日赔"服务的温暖、贴心和方便,有效提升公司美誉度。据统计,本年度重疾一日赔占比100%。有序推进消保工作。截至年末,共妥善处理客户投诉40件,省银保监受理转办投诉12件。

【风险防控】 风险防控工作有序推进。开展警示教育。2022年度,先后17次向公司管理干部和员工转发推送违规违纪典型案件通报、廉政提醒、风险管理期刊等警示教育资料,持续开展警示教育。开展系列问题整治工作。深入开展"人身保险市场乱象自查""保险代理人排查""反洗钱排查""风险大排查回头看""非法集资风险排查整治"等专项治理工作,全面开展职场证照清理整改,定期开展"学制度、懂制度、用制度、守制度"工作,持续提升工作成效。本年度内,公司遇到风控问题,及时向县国资局、银保监、人民银行汇报情况,坚守住不发生系统性、区域性风险底线。

银保监分局

【概况】 2022年,仁寿监管组认真贯彻中共二十大精神,积极引导银行保险机构提升服务实体经济质效,防控风险,深化改革,促进县域经济金融稳定有序发展。全年仁寿县银行存贷款971.27亿元、677.63亿元,分别较上年增长11.35%、26.11%。不良贷款率1.29%,比上年下降0.19个百分点。保费收入新增0.55亿元,全年累计14.51亿元,全年累计赔付支出4.61亿元。仁寿县三大主粮作物完全成本保险工作受到中央农委调研组组长袁纯清"不虚此行、超出预期"的高度肯定,并受到同行的中国银保监会、财政部领导的高度肯定。实现支持县域经济金融发展目标。

【有效服务实体经济】 服务好小微企业。会同仁寿县人行和县国资金融局对12家银行机构开展"降成本、优服务"调查,清理整顿不合理金融服务收费,为企业降低成本约1568.16万元。支持工商银行仁寿分行、仁寿农商银行运用"民企贷""惠企贷"等产品,向四川香橘农业科技有限公司、四川万兴包装印务有限公司等12家企业发放贷款4800万元。2022年,仁寿县小微企业贷款余额50.35亿元,较年初增长28.51%。

投放好重大领域贷款。积极响应县委、县政府召集的全县制造业招商引资会议的号召,协调仁寿金融机构对接民营小微等企业。2022年,仁寿县制造业贷款余额11.84亿元,较上年增加1.24亿元,增幅11.7%。大中小微企业贷款81.17亿元,较上年增加13.83亿元,增幅20.54%。政府重点项目贷款139.01亿元,较上年增加36.54亿元,增幅35.66%。

支持好乡村振兴建设。会同仁寿县农业农村局、县财政局等部门,重点支持天府粮仓和高标准农田建设,持续推进三大粮食作物完全成本保险,以点带面,助力县域乡村振兴建设。2022年仁寿县涉农贷款余额412亿元,较上年增加77.8亿元,增幅23.28%。仁寿县累计投放脱贫人口小额信贷450.33万元;贷款余额745万元,较上年增加302.84万元,增幅 69%。

【银行保险业改革创新】 有效支持银行机构转型发展。“两项改革”以后，乡镇行政区划变化较大，在现场走访核实的基础上，同意仁寿农商银行的古佛、长虹等 17 个分理处，邮储银行的 1 个网点调整为“2+N”营业模式，助力银行优化人力资源配置，降低成本收入比率。通过座谈会议和现场走访的方式，持续关注仁寿农商银行扁平化管理改革和业务发展情况。

引导银行前赴后继做实“三农”服务。鼓励农发行和农行的仁寿支行运用“天府粮仓贷”和“天府种养贷”，助力高标准农田建设，已投放 2 笔 1.58 亿元贷款。鼓励工行仁寿支行等机构下沉服务，开展“扫码入园，码上振兴”农业产业园活动，宣传“兴农通”App、试点涉农企业种植“E 贷”业务，有效支持县域“三农”发展。

持续督促机构网点服务当地经济。规范华泰财险仁寿专属代理店的数据报送和门店宣传标语，支持中国人寿仁寿支公司的 2 个乡镇网点迁址。组织 6 人，用时 2 天，开展农村基础金融服务监管督查，抽查仁寿县虞丞乡等乡镇，确保所有乡镇均覆盖营业网点，金融服务不存在“有名无实”和基础服务薄弱情况。

确保“三大主粮险”落地见效。会同县级相关部门召开乡村振兴工作推进会议 11 次、三大粮食作物完全成本保险赔偿研讨会 2 次，会同县农业农村局专家、县财政局、中国人保财农险负责人和工作人员共计 20 人，用时 7 天走访调研人保财险公司以及汪洋、禾加等 6 个乡镇，确保保险机构按时完成“承保覆盖率达 70% 以上”的目标任务。

保护好消费者合法权益。在仁寿县开展“3·15”消费者权益保护专项督导。仁寿全年共接受 8 家银行保险的 16 笔投诉，均已妥善处置，办结率 100%，满意率接近 100%。如 11 月，经多方协调妥善处置 1 笔省外保险公司(燕赵保险)拒绝垫付手术费用的投诉，投诉人事后专程登门致谢。

【金融风险防范】 持续开展银行安全保卫检查。会同仁寿县公安局召开安全保卫会议 8 次，现场检查银行机构安全保卫工作 4 次，验收银行网点安全设施 3 个(次)，查找存在安全隐患和漏洞，督导机构切实整改，确保安全保卫工作机制长效运行。

督促重点法人机构风险有序处置。配合相关科室，落实分局风险化解处置和调研座谈会议精神，督促机构做好防范化解风险、非标业务处置、深化改革发展等重点工作。截至 12 月末，仁寿农商行不良贷款余额 7.36 亿元，不良率 3.97%，分别较年初下降 17.35% 和 1.62%，实现“双降”。

推进融创项目停贷风险持续缓释。参加仁寿融创项目相关会议 6 次、停贷相关会议 4 次，收集项目信息和业主诉求，向政府相关部门和项目业主做好监管政策的沟通解释工作。自 9 月上旬起，定期监测“融创项目”停贷风险情况。截至 12 月末，仁寿融创项目停贷户数从 44 户降至 26 户，涉及贷款金额由 2026.8 万元降至 1325.44 万元。

妥善处置金塘印象项目按揭贷款风险。2022 年 5 月，因未能按时交房、房屋价格大幅下降、未能办理房产证等原因，按揭贷款户向长城华西银行仁寿支行提出延期还款要求。仁寿监管组及时督导银行向政府相关部门和业主做好沟通、协调工作，未发展成为“群访群诉”事件。

认真开展“电信反诈”工作。贯彻落实全省打击治理电信网络新型违法犯罪工作厅际 3 次联席会议精神，陪同分局相关科室对仁寿工行开展电信诈骗现场督导，组织银行机构参加打击治理电信网络诈骗工作总结会，要求各机构务必做到“单位零发案、职工零参与、履职零失误”。4 月仁寿县涉案银行卡线索 58 条，省内排名靠前；11 月，仁寿县涉案银行卡线索降至 34 条，督导工作取得一定成效。

扎实开展“打击整治养老诈骗专项行动”。参加仁寿县打击整治养老诈骗专项行动工作会议 7 次，及时制定和印发工作方案，现场督导机构工作开展情况，针对前期现场督查发现的问题，进行“回头看”。

表 18　2022 年仁寿县辖内保险公司一览表(财险公司名录)

序号	机构名称	级别
1	中国人民财产保险股份有限公司仁寿支公司	县公司
2	中国太平洋财产保险股份有限公司仁寿支公司	县公司
3	中国平安财产保险股份有限公司仁寿支公司	县公司
4	中国人寿财产保险股份有限公司仁寿县支公司	县公司

续表 18

序号	机构名称	级别
5	永安财产保险股份有限公司仁寿支公司	县公司
6	中国大地财产保险股份有限公司仁寿支公司	县公司
7	大家财产保险有限责任公司眉山中心支公司仁寿营销服务部	营销部
8	阳光财产保险股份有限公司眉山中心支公司仁寿营销服务部	营销部
9	中航安盟财产保险有限公司仁寿营销服务部	营销部
10	中华联合财产保险股份有限公司仁寿支公司	县公司
11	仁寿县华泰保险代理门店	代理机构
12	太平财产保险有限公司仁寿支公司	县公司

表 19　2022 年仁寿县辖区内保险公司一览表(寿险公司名录)

序号	机构名称	级别
1	中国人民人寿保险股份有限公司仁寿县支公司	县公司
2	中国人寿保险股份有限公司仁寿县支公司	县公司
3	新华保险股份有限公司仁寿支公司	县公司
4	太平洋人寿保险股份有限公司仁寿支公司	县公司
5	太平人寿保险有限公司仁寿支公司	县公司
6	中国平安人寿保险股份有限公司眉山中心支公司仁寿营销服务部	营销部
7	天安人寿保险股份有限公司仁寿支公司	县公司
8	泰康人寿保险股份有限公司仁寿营销服务部	营销部
9	华夏人寿保险股份有限公司仁寿支公司	县公司
10	富德生命人寿保险股份有限公司仁寿支公司	县公司

交　通

交通建设

【概况】 2022年，仁寿县交通运输局的目标任务是完成固定资产投资20亿元；招商引资到位3亿元；向上争取资金到位4.39亿元；确保实现行业安全生产控制目标，全面完成县委、县政府交办的其他各项工作任务。截至12月底，全县已完成投资23亿元；招商引资到位资金3亿元；向上争取资金到位5.4亿元；交通系统未发生一起安全责任事故。

【道路建设】 强力推进重点交通项目建设。市域铁路S5、成都外环铁路、天眉乐高速和乐资高速开展前期工作；天府大道二峨山隧道段进行路基、桥梁和隧道施工。四川省交通运输厅同意仁寿县开展县城国道213线改线项目对上争取工作，该项目进行工程可行性研究编制；省道210、省道213、省道401、省道424和国道351县城至富加段等国、省道项目已完成工程可行性研究初稿，待四川省交通运输厅审查。7月3日《人民日报》01版以图片形式报道仁寿县持续加强交通基础建设成绩。

全力推进农村公路建设。交通基础三年提升行动作为县委五大提升行动中的重点战略行动，计划3年投资约70亿元，全面提能升级农村公路（县、乡、村道）2800千米。县交通运输局把全县乡镇分五个片区，分别由班子成员带队，27名业务技术骨干包镇包路，进入乡镇激励村社，克服高温、疫情阻力，突破层层制约，1068千米农村公路建设全面开花，掀起建设新高潮。“四好农村公路”示范县首创即成，293个建制村通水泥路或油路通达率达100%。

运输业管理

【概况】 大力推进“金通工程”项目，经过3年的建设推进，全县380个建制村已全部覆盖。全面完成乡村客运“四统一”标识体系建设，基本构建集客运网、邮快网、物流网、旅游网“四网一体”的乡村运输体系。

结合全县实际，综合考虑客运市场供求状况、普遍服务和方便群众等因素。以调整现有客运班线运力结构的方式发展定制客运，针对定制客运市场需求较大的客运班线，逐步、有序地增加客运运力。年末，全县已发展定制客运班线9条，投入运营车辆51辆，满足群众个性化需求。

推动“绿色出行”，打造“绿色公交”，县公交公司新购进新能源公交车38辆，对现有公交线路进行优化延伸，并开通学生专线和工人专线12条，确保全县学子和企业员工便捷、安全出行。

组建工作专班，指导抓好货车司机群体工作，建立联席会议协调机制，适时召开会议，协同解决货车司机合理诉求。成立道路运输行业协会、道路运输行业联合工会，维护运输企业的合法权益，引领运输行业健康有序发展。整合超限检测站、货车停车场等资源，打造2个集党员学习教育、工会会员之家、妇女之家、医疗救助、保险理赔、休息用餐、诉求收集反馈等功能为一体的新型党群服务阵地（货友驿站）。

【旅客运输】 2022年，全年实现安全、稳定、责任事故为零。现有客运企业3个，经营线路193条，参营车辆490辆，全年发班量12.68万班次，输送旅客74.32万人次。

2022年12月31日，宝飞小三峡公路（县交通运输局/供图）

【货物运输】 2022年,全县共有运输企业63家,货物运输车辆3659辆,其中货车2289辆(重型货车1785辆)、牵引车648辆、重型挂车722辆。2022年公路货运量4012.3万吨,公路货运周转量25.68亿吨千米。

【城市公交】 2022年,全县公交车共246辆,行驶里程760万千米,共发班次70万车次,运送乘客2000万人次。

【出租车运输】 2022年,全县共有巡游出租汽车270辆,共计四家公司,分别为通达公司94辆、县运输公司60辆、县交通运输公司57辆、县富临运业59辆。

【机动车维修管理】 县交通执法中心在完成一、二类维修企业维修电子记录数据上传工作的基础上,4月在全县开展三类维修企业汽车维修健康档案系统安装和数据上传工作。召集全县三类维修业户538家在仁寿县华星锦业汽车销售有限公司召开汽车维修电子健康档案系统工作的宣传动员大会,同时聘请秋声公司专业人员进行系统对接的联网培训和服务指导。各片区执法股分片包干负责督导辖区维修企业系统安装和数据归集。针对三类维修企业"小、散、弱"及没有电脑硬件投入等实际情况,引导企业使用成熟、稳定或免费的手机端ERP与汽车维修电子健康档案系统对接,减轻维修经营者负担。仁寿三类维修企业共计538家,完成系统省联网对接311家。同时继续深入搞好维修企业环境污染治理。2022年,交通执法中心联合仁寿县生态环境局,聘请第三方机构对城区68家喷烤漆企业的废气排放进行检测,全部检测合格。5月,县交通执法中心制定下发《关于开展维修行业污染防治专项整治的通知》,成立污染防治领导小组,设立5个片区5个巡查组,实行分片包干负责制,对主城区从事喷烤漆企业开展VOCs专项治理。坚持"教育在先、查处在后,疏导为主、取缔为辅"的原则,对喷涂企业是否备案和完善环保手续、是否露天喷涂漆、敞开式喷漆、是否严格落实错峰喷漆规定、挥发性有机物VOCs治理是否到位等情况进行检查,指出存在问题,提出针对性整改意见,并要求限期整改。对问题严重且整改无望的,坚决查处取缔。据统计,仅5月县交通执法中心出动执法车辆120台次,出动执法人员360人次,检查喷涂企业314户次,现场指导督促整改45家,5家重点问题企业下发限期整改通知书。县交通执法中心建立维修行业环境污染治理长效机制,实行分片包干对全县维修企业环境污染长期监管,对臭氧高发和重污染天气企业落实管控措施重点督查。

【驾校管理】 2022年,经考试合格取得驾照的学员1.29万余人。积极开展运营车驾驶员继续教育工作,全年仅陵州驾校新培训考试合格取得货运资格证的驾驶员495人,客运资格证的驾驶员127人,出租车资格证的驾驶员465人,再培训合格1610人。

大力整治驾培市场乱象,规范驾校和教练员教学行为。教练员吃拿卡要行为、乱收费行为经近几年的严厉查处,全县教练员吃拿卡要现象和乱收费现象已得到有效遏制,全年未接到学员投诉吃拿卡要和乱收费的投诉。

认真调解学员投诉,化解矛盾,维护社会稳定。全年书面回复学员投诉63件,回复学员电话投诉、咨询20余人次,接待来访学员8人,基本做到投诉人满意,驾校满意。

加强安全管理,加强宣传教育和违规行为的查处,取得全年无安全责任事故的好成绩。

【运输市场监管】 2022年,县交通运输局认真开展客运车辆安全监管、打非治违工作,规范客运车辆行为,净化道路运输市场。全年共出动8200人次,出动执法车辆380台次,查处非法营运的私家车和违规经营的网约车203辆,处理客运班车违规41起,货运车辆各类违规行为397起,检查出租汽车2600多台次,处罚104台出租车不规范经营行为,约谈4家出租公司的负责人。

公路养护

【概况】 2022年,仁寿县交通运输局下属两个养路段承担国、省、县道共计455.15千米的养护重任。其中仁寿县公路养护管理段共负责国、省、县道共计209.9千米道路的日常养护和小修工作,包括国道30.03千米(G213线16.95千米,G351线13.08千米)、省道124.49千米(S210线26.66千米,S213线32.1千米,S307线31.41千米,S401线34.32千米),其他道路55.38千米(红星路南延线36.92千米,物流通道9.3千米,产业大道9.16千米);仁寿县国省道公路养护管理段共负责国、省、县道共计245.25千米道路的日常养护和小修保养工作,包括国道213策克—磨憨公路43.26千米、国道351台小线38.24千米、省道82.79千米(其中S210厚坝—屏山40.41千米、S213井研—泸州41.16千米、S401成都平原城市群联络线1.22千米)、县道041清龙路11.91千米、乡道416大龙路4.45千米、专用旅游公路成黑快通4.1千米等;管养桥梁51座,下设13个管理站。建立县、乡、村三级的农村公路管理养护体系，落实乡镇（街道）负责县道日常养护和乡村道管养责任，建设900万元养护基金的资金保障，投入1.2亿元专项资金完成汪促路10千米路面整治、G351线预防性养护、富汪路水毁整治等零星维修项目，修补沥青砼路面1.46万平方米，危病桥整治36座，新增村道安防设施28.84千米。

【道路养护管理】 日常养护。全年共计清扫路面11.52万千米，清除路肩杂草86.4万平方米，清理边沟5120千米，喷洒清除455千米管养范围杂草，冲洗波形护栏1.19万千米，清洗标志标牌7000个，有效保障管养路段路面干净，边沟畅通，路肩整洁。道路清障。全年清理断竹、断树（枝）720棵，清理枯死行道树568棵，清理塌方9000立方米（含6.26立方米G351线边坡塌方）。烂路保通。全年国省县道养护修补整治共投入资金364.4万余元。县路段管养的威仁路富两路保通工程、G213线烂路整治和沥青砼补坑槽工程、华青路涵洞修复工程等32项工程，共计投入资金142.2万元；国省道养路段投入维修养护资金222万元，其中G351线仁寿县富加镇东风村至富加绕城段预防性养护工程，审定金额约97.2万元。零星工程估算金额63.8万元（含全年零星修复工程）。G351线黑龙滩路口应急抢险任务，结算金额61万余元。桥隧养护。全年加大对桥梁隧道的养护管理力度，以国、省道干线为重点，对全段桥梁、涵洞进行定期和不定期巡查，并建立相关巡查台账，建立一桥一档，对每座桥梁建档分类管理。

【平安公路创建】 2022年，县交通运输局督促下属两段为做好平安公路创建，成立段安全生产工作领导小组，落实第一、二、三责任人，明确“一岗双责”责任制。不断完善内外业建设，及时配置各类公路机械化养护实施设备，为平安公路创建工作保驾护航。建立健全组织机构。成立安全生产工作领导小组，坚持每月召开安全例会，注重会议精神传达并迅速贯彻落实。落实安全责任。安全生产实行领导包片的目标责任制管理，本着“谁主管、谁负责”的原则。强化职工的责任意识。抓好安全宣传教育。以应急演练及“安全生产月”活动、“安全生产专项整治”、“中秋、十一黄金周”为契机，利用墙报、简报、标语、巡查等形式广泛宣传安全生产的有关内容，利用安全知识和典型事故案例对职工进行警示教育，共办安全黑板报1期、橱窗1期、制作布标3幅、出动宣传人员超过50人次、印发安全宣传常识资料3000余册、学习安全生产法2次、集中组织观看安全生产短片4则、开展应急演练2次。排查整治安全隐患。为做到安全生产防患于未然，健全安全隐患排查制度，要求安全责任人每周安全检查不少于1次、第二责任人每月安全检查不少于2次，并对查出的隐患有能力整改的及时整改，及时消除安全隐患。强化防汛工作。完善汛期应急预案，与各管理站签订防汛管理责任书，建立一支机构严密健全、人员物资充足、信息畅通、行动迅速的应急抢险队伍。加强危险路段巡查、检查力度，随时收集路况信息，完善物资储备，使汛期抢通保通工作落到实处。

【公路环境整治】 县交通运输局下属两段集中治理公路沿线、工作和生活场所等重点部位的环境卫生，清除卫生死角，组织强有力的保洁力量做好管辖路段和生活公共区域等人流量大和人群聚集区域的清扫保洁工作。各养护站狠抓具体工作标准的落实，着力解决道路“飘、漏、洒”等细节问题，城乡环境治理工作有序开展，特别将富汪路、仁简路城乡接合2千米、G213线、仁富路、仁眉路、汪洋物流大道等作为重点路段开展环保整治。

城郊2千米（G351线联营车站至蒙子坳段、仁富路陵州大道交叉口至兴伟汽车段、G213线罗板桥至永鑫检测站段、大化段、仁简路龙滩大道与天府仁寿大道交叉口至珠嘉场镇段等）每天安排3台作业车辆常态化机械化洒水清扫至少1次，人工清扫至少1次。遇到黄色预警每天3台作业车辆机械化洒水清扫至少2次，人工清扫至少2次。遇到橙色预警每天3台作业车辆机械化洒水清扫至少3次，人工清扫至少3次。遇到红色预警每天3台作业车辆机械化洒水清扫至少4次，人工至少清扫4次。

以富汪路、物流大道、红星路南沿线等为重点路段，严格落实扬尘管控措施，增加清扫保洁洒水频次，洒水次数每日至少2次，特别情况下酌情增加洒水频次；对管辖的路段沿线路面、波形护栏、边沟及标识标牌等附属设施进行整治。全年清洗道路共计3344余千米，清洗波形护栏共计2536余千米，清洗标志标牌共计574个，达到路面清洁，标志标牌清晰。

【路政维修】 2022年来，县交通运输局下属两段实施的工程包括S401线、华青路涵洞修复工程和仁简路、仁东环线板燕段、珠赵路、汪促路、威仁路仁简路、S210、G213、骑河路、富两路、禾大路、红星路南延线等路段标线标牌修复工程；2022年春运保通工程，板方路、威仁路、富两路、G213线等线路烂路整治和沥青砼补坑槽工程、G351线富加镇东风村至富加绕城段预防性养护工程、G351线黑龙滩路口应急抢险工程；仁东环线鸭池段、人民路至禾加段、汪洋物流大道、简威路方家至曲江段、汪洋工业园区一号路、天峨片区、彰加片区、方加片区等道路零星整治工程。

路政管理

【概况】 2022年，仁寿县交通运输局坚持以安全第一、预防为主开展综合治理工作，保护路产，维护路权，全力保障公路安全畅通。完善制度、强化监管，形成考核闭环。保障疫情防控。全力维护路产路权。强化执法监督。

【公路路政】 以依法行政、文明执法为中心，以加强执法队伍建设，着力提高执法水平为重点，坚持“维护路产路权、保通保畅报安全”的原则。2022年，全年出动宣传人员86人次，执法宣传车10车次，发放宣传单4800余份。全年出动执法人员上路巡查5237余人次，巡查国省干线6.92万千米，县乡村道路4.77万千米，排除或发现山体滑坡等安全隐患14处，清除路障207处，制止占用公路及两侧建筑控制区案件14件，处理路产损赔案件21件，总计赔偿金额12.75万元。

【超限超载运输管理】 2022年超限检测共投入执法人员1.08万人次，检查货运车辆24.11万辆。查扣超限运输车辆343台，卸载货物9427.55吨。全年监督管理重点货运源头企业，共出动执法人员675人次，出动执法车辆168车次，发现违规企业10家，处罚金9万元。

城乡建设与管理

城乡规划

【概况】 2022年,仁寿县规划和自然资源局聚焦市委"三市一城"发展目标,围绕县委"北上、东进、中强、西融、南联"发展路径,统筹推进全县国土空间规划编制和实施,有力指导城市建设、提升城市品位。

【国土空间规划编制】 县域空间规划。严格落实粮食安全、生态安全、节约集约用地要求,科学划定"三区三线",划定成果已经审批下发。结合"双评估""双评价"和国土空间规划编制,以2021年度土地变更调查数据为基础,完成2022年度仁寿县国土空间规划城市体检评估报告。统筹重大区域发展、主体功能定位、三区三线划定、空间管控要求等重点任务,推动完善仁寿县国土空间总体规划编制,形成规划初步方案,落实乡村振兴用地要求。

【乡村片区规划】 严格落实"三区三线"底线约束,完善公服设施、基础设施、产业发展布局,细化镇区布局、规划传导、实施措施等内容。至年末,全县6个乡镇级片区规划方案已完成专家评审、部门意见征求、县规委会联席会议审查、市级专班审查,同时方案增加乡村振兴专章,安排不少于10%的建设用地用于保障乡村产业发展用地,制定相应保障措施;藕塘镇3个村级片区、汪洋镇8个村级片区规划初步方案已通过专家评审。

【建设工程规划核实】 2022年度,总规划核实项目55个,总建面为349.41万平方米。其中房地产开发项目34个,总建面为276.18万平方米,其他项目21个,总建面为73.23万平方米。

城市建设

【概况】 2022年,仁寿全年开工市政基础设施建设项目26个,完成投资约9亿元,天府仁寿大道城区段至仁沐新高速连接段、"两山一河"、城市会客厅、党建公园、栖西里旁公园等重点项目顺利推进。百步梯改造后焕然一新,打造成为历史文化巷,春节前"两山一河"中的玻璃栈道、天仁广场、两山亮化等景点完美呈现,仁寿又新增一个网红打卡地。全面推进新老城区融合发展,启动127个老旧小区改造,已全部开工,完工58个。

【城市基础设施建设】 全年完成龙潭河公园片区、万达广场片区、城北第二幼儿园周边市政道路、中德学院周边、长平水街周边、龙马路一段等市政道路建设,超过30万平方米,建成怀仁大道二段、陵州大道北段等城市主干道,完成迎宾大道和平安大道路面改造工程。

【全域污水处理设施建设】 完成雨污管网新改建13.3千米;投资4.3亿元,实施县城第三污水处理厂一、二期工程和大化第二污水处理厂等重点项目;总投资1.26亿元在钟祥、汪洋等24个乡镇(街道)新建污水支管网约160千米,实现全县污水处理设施全覆盖。

【保障性住房建设管理】 县住房保障信息中心加快构建多主体供给、多渠道保障、租购并举的住房保障体系。全面落实保障性租赁住房改建装饰248套,完成主体改造;积极完

2022年6月24日,第一批"省级百强中心镇"——仁寿县汪洋镇(县住建局/供图)

成筹集公租房分配房源，严格轮候对象资格审查，完成分配296套；完成2022年度住房保障租赁补贴人员650户的资格审查，全年发放租赁补贴191万元。继续强化对公租房小区的日常管理，对涉及安全方面的问题进行整治，保障公租房小区的正常运转使用。加快推进老旧小区改造工作，全年全县启动127个老旧小区改造，已全部开工，完工58个。

【城建监察管理】 2022年，共发出限期整改通知书310份，停工通知书26份，调查通知书68份，告知书20份，处置违法建设行为共48起，处罚金额140.97万元。

【旧城改造】 2022年，仁寿县老旧小区改造任务开工127个（其中完工58个），剩余小区将按期完工。全年共争取老旧小区改造上级资金1.27亿元。其中2022年中、省补助资金1985万元，2022年第一批保障性安居工程中央预算内资金6232万元，2022年第三批保障性安居工程（城市燃气管道等老化更新改造）中央预算内资金4518万元。完成公租房房源的装饰装修265套；全年对伴山巷2～4号及其相连的百步梯连片进行改造升级，其中百步梯改造将周边历史、人文与环境高度融合，分别涉及仁寿历史、仁寿重大事件、仁寿名人、仁寿老照片、黑龙滩精神、道德讲堂、传统文化等，打造成为历史文化巷；投资9894万元，对市政管网和建筑区域内的老化燃气管道、室内燃气管道、安全设备设施等进行更新改造。其中燃气管网改造约79.96千米（包含庭院管网、立管、入户管和小区连接管网），涉及183个小区3万户；投入资金637万元，完成仁寿县阳光步行街、广电巷老旧街道改造升级。

【住宅小区建设】 既有自主住宅增设电梯工作开展顺当。自全县既有自主住宅增设电梯工作开展以来，县住房和城建局通过网络、宣扬册等多种途径宣扬相关政策，政策知晓率显著提高。全年共计办理既有住宅自主增设电梯备案65台，竣工完成65台，拨付财政补贴资金585万元。督导物业企业落实安全生产责任，与物业企业签订物业管理安全生产责任书，举办全县物业小区“安全生产培训及消防应急演练活动”。扎实开展住宅专项维修资金管理工作，开设预缴存办证资金监管账户，专项用于房屋办证资金的缴存和管理，全年共缴存办证资金（维修资金和契税）1.78万宗，缴存金额1.58亿元，划转金额1.35亿元。组织全县各房地产开发企业开展统计数据清理和比对，全年销售面积上报199.8万平方米，完成眉山市定目标任务202万平方米的98.9%。

城市管理

【概况】 2022年，仁寿县综合行政执法局围绕创卫创文、城市功能与品质提升、综合行政执法效能提升、城市管理与服务、城乡环境综合整治等主责主业，高标准、高质量地完成各项工作任务。

【综合行政执法】 全年共处理各类违法行为1.80万起，其中教育规范1.51万起。全年共办理案件3460件，其中简易程序3234件，普通程序32件，行政强制案件194件，涉及城市市容市貌管理3254件，渣土运输13件，违建拆除194件。普通程序案件法制审核率达100%，实现罚没收入82.43万元。

【占道经营管理】 按照“疏堵结合、标本兼治、总量控制、逐渐减少”原则，通过“步巡、车巡、网巡”方式规范“坐商”入店，督促落实“门前五包”，规范劝导流动摊点占道经营行为。合理设置临时疏导区，积极引导金马路夜市摊区、网贸港夜市摊区、汇金广场夜市摊区、栖西里夜市摊区、龙水河临时摊点疏导区五处摊区规范摆放。全年发放责令改正通知书220余份，教育规范店外经营1.3万余次，整治流动摊点2.52万余处，清理占道堆放2200余处，代为清除占道物品210件，依法处罚占道经营行为64次。

【违法建筑治理】 严格按照“两拆一增”原则，摸清违建底数、狠抓区域防控、规范执法程序、强化配合协作。开展新老城区“蓝顶子”专项治理行动。总计拆除蓝顶子5115户，面积64.15万平方米；畅通投诉监督渠道，形成违建“露头即打”高压态势，处理投诉信访800余件，拆除零星违建94起，拆除面积7780余平方米。

【工程建设渣土管控】 实行“一枚印章”运渣审批制度，采取“白＋黑”“五＋二”“巡查＋执法”模式，以“定点检查与流动巡查”“定时巡查与不定时抽查”的方式，严防运渣过程中乱拉乱倒、抛洒滴漏行为。全年完成审批许可58件，行政处罚案件10件，收缴罚没款45万元。

【车辆乱停乱放整治】 采取“教育劝导为主，微执法为辅”的方式，坚持“常规整治＋专办整治”模式，实行“片区包干”分类制，大力整治车辆乱停乱放行为。此外，牵头成立整治专班，全力开展城区电动三（四）轮车非法载客专项治理。张贴非机动车违法停车告知单共计8000余份，代为清除摩托车、电瓶车等6300余辆，处罚金额20万元左右。暂扣电动三（四）轮车共计254台，其中无牌无证改型231台，非法运营23台，已处理完成无牌无证改型205台，非法运营3台。

【金马河污水治理】 采取“勤巡河，多联席，常协调”的工作模式，定期多点位检测水质，及时排除污染源头，实现了金马河水质持续达标Ⅳ类。2022年日常巡河123次，清淘、疏通708次，维修安装支管1158米，清淤510余立方米，打捞漂浮物及白色垃圾约90吨，清理杂草约530吨，进一步提升了金马河治理成效。

【餐饮油烟治理】 坚持问题导向，通过实地检查、动态管理、统筹协调等方式，加强督促整改和宣传引导，出动执法人员378人次，检查餐饮商家419家，现场开具整改通知书163份，查处油烟违法行为30余起。

【噪声扰民治理】 建立“一包一”责任清单，对易制造噪声领域划片分包巡逻；在广场等重点场所投入噪声检测仪，实时督改噪声扰民行为。出动执法人员720余人次，治理噪声扰民行为1100余起，处理投诉80余起。

【护学岗工作】 安排定点护学岗，大力整治校园周边秩序。执法队制定专项整治方案，在南一中、北一中、鳌峰中学、仁师附小飞泉校区、仁师附小金马校区、机关幼儿园等校园周边，对流动摊贩、乱停乱放车辆加大查处力度，在早、中、晚上学和放学高峰时段，采取守点、巡线、集中整治等措施，强化校园周边秩序管控，全年整治校园周边流动摊点1340余处。

【创文创卫】 严格落实创卫、创文各项工作，对创卫工作落实不力，脏、乱、差问题突出的包保网格路段予以整治，限期纠正。执法大队配合先农社区宣传、动员、落实，全面完成本单位所包保先农社区11～15网格沿街店铺“三包责任书”的签订，发动包保社区网格沿街店铺自觉参与城市管理工作。每周组织开展“创卫周五大扫除”。迎接第二轮中央环保督察期间，对全城区夜宵餐饮行业、石材、铝材加工行业、公园、广场等公共区域进行连续80余天的全天候检查整治，共宣传教育1500起，下达整改通知书470余份。

【乡镇综合行政执法改革】 初步建立“24+2+6”全新组织框架，合理设置24个乡镇执法队，科学划分6个综合行政执法片区，严格区分中心镇（副中心镇）和一般乡镇，采取“乡镇主体、片区协同、部门指导、县级统筹”四级执法模式。组织开展片区联合执法行动120余次，取缔占道经营1900余起，整治车辆乱停乱放约2400起，清理各类摊点约4800个，处理噪声扰民约400起，整治非法三轮车运营约600起，拆除违章搭建约110处，下达整改通知书约2400份，发放8000份疫情防控宣传资料。12月1日，全省基层治理机构编制保障推进会在富加片区分局顺利召开，全县乡镇综合行政执法体制机制改革工作圆满完成。

【城乡环境综合治理】 制定《仁寿县城乡环境综合治理领导小组成员单位及主要职责》，完善《仁寿县城乡环境综合治理考评方案》，明确各成员单位职能职责，细化工作任务，落实保障措施；定期召集各相关部门领导参加会议，细化部门职责，分析全县环境治理形势和存在问题，明确治理重点和治理内容；开展月督导、季考评，建立“督导—反馈—整改—回访”的治理机制，并将月督导改为月督导考核，每季度进行综合考核评定，有力地促进了乡镇秩序井然，环境美好，卫生整洁。截至年底，共评选出“优秀”镇乡（街道）16个、村（社区）15个；“较差”镇乡（街道）7个、村（社区）10个，共制发《季度考评通报》3期。强化巡查监管。各片区执法分局和乡镇执法队每天巡查，持续规范商贩、商家的经营行为及车主的停车行为等，确保了场镇秩序有序。

【疫情防控】 在防疫宣传、秩序维护等岗位上，用责任与担当为全县织牢一道坚固的防控安全网。每天安排140人，投入宣传车11辆，制作LED宣传屏4处进行疫情防控知识宣传；发放5000余份宣传资料；每天在广场、公园、市场、重点路段等开展聚集人员引导。

建筑业管理

【概况】 2022年，仁寿县建筑业发展态势良好。全域在库企业106家（县本部四季度新增1家，退1家），其中县本级63家，视高43家。县本级一级企业8家，二级企业13家，其余为三级或者专业作业企业42家；视高一级企业3家，二级企业10家，其余为三级或者专业作业企业30家。全年一季到三季度县本级在库企业63家已上报产值97.4亿元，一季到三季度天府新区视高区域已上报产值18.8亿元，全域一季到三季度完成上报产值116.2亿元。2022年，眉山市定目标任务仁寿区域增速16.9%，绝对值198亿元。按眉山市定目标县本级建筑业产值增速16.9%，绝对值

167.4 亿元，四季度单季完成产值 70 亿元；天府新区视高区域建筑业产值增速 16.9%，绝对值 30.6 亿元，四季度单季需完成产值 11.8 亿元。新增入统建筑业企业 6 家，新增年产值约 3 亿元；为四川达虹宇建筑工程有限公司等 4 家建筑企业兑现奖励资金 640 万元。

【建筑招投标监管】 参加县公管办组织关于对 54 个政府性投资工程项目招标文件的商会 32 次。采用新范本进行招投标活动，对 51 个政府投资房屋建筑和市政工程项目的招标过程进行监督，其中评审方式采用经评审的最低投标价法的项目 28 个，采用综合评估法的项目 23 个；采用 EPC 招标的项目 14 个。其中眉山本地企业中标项目 30 个，中标率 59%，中标金额 6.82 亿元。对 46 个政府投资建设工程招标投标书面报告进行备案。联合县发改检查“仁寿县禄加镇、钟祥镇消防站建设项目”“仁寿县北城时代 D 地块安置房建设工程项目”等项目。对招标代理机构及人员在项目实施过程中的不良行为进行采集，作出扣分处理予以公示。全年采集四川华耀龙建设工程有限公司、重庆大正建设工程经济技术有限公司 2 家代理机构不良行为 3 条，录入眉山市信用管理平台扣分 8 分；采集四川易荣耀工程项目管理有限公司招标从业人员不良行为 1 条，录入眉山市信用管理平台扣分 2 分。

【建筑审批】 坚决落实“放管服”政策，在办理施工许可证时，严格按照建设部要求，全面实现“一网通办”，坚决杜绝“体外循环”和“隐性审批”，并将法定时限 7 个工作日缩短至 5 个工作日。全年共办理施工许可证 61 个，房屋建筑 45 个，建筑面积 183.07 万平方米，装饰装修施工许可证 7 个，面积 4.98 万平方米，市政道路施工许可证 9 个，共收取配套费 3221.52 万元。根据国务院办公厅、四川省政府办公厅、眉山市人民政府关于工程建设项目审批制度改革相关文件精神，结合仁寿县实际，县住房和城建局联合相关单位，制定《仁寿县工程建设项目审批制度改革实施方案》。

【建筑质量监管】 2022 年，全县新增建设项目 59 个，新增面积 216.76 万平方米，监督在建工程 131 个，受监测面积约 1213.88 万平方米，全年竣工项目 75 个，其中房建 64 个，面积约为 396.05 万平方米，市政 11 个，造价 26.47 亿元。一次性竣工验收合格工程 75 个，竣工验收一次性合格率达 100%。全年共发放建设工程质量整改通知单 127 份，安全整改通知 93 份，确保问题及时发现、及时整改并回复。全县在建工地均已安装扬尘噪声监控设备，符合安装视频监控设备的项目 40 个，均已安装视频监控设备并接入“眉山市建筑工地扬尘监测一体化平台”，实现远程监控。通过政府采购服务形式，委托第三方检测机构对辖区内建筑工地质量安全进行“飞行检测”，已对 44 个在建项目的起重机械设备进行“飞行检测”并对在建项目质量“飞检”87 次。全年所辖在建工程无重大质量安全事故发生。

【建筑市场管理】 县住房和城建局严格落实企业监管责任，遏制围标、串标、违法发包、转包、违法分包、挂靠及注册人员出借执业资格证书等违法违规行为，重点督查建筑领域的人员到岗履职情况、人员“挂证”情况，对出现违规情况的项目经理进行信用扣分处理。全年工作人员累计出动 600 余次，在检查建项目 300 余次，召开项目约谈会 40 次，发出责令整改通知书 50 份，对 4 家企业进行诚信扣分，共扣除诚信分 11 分。

房地产业管理

【概况】 2022 年，仁寿县住房和城建局建立商品房房价上下浮动调节机制，指导房价保持合理运行。协调金融机构做好对房地产和建筑业金融服务，重点、优先满足首套房、改善性住房按揭需求，支持商品房市场更好满足住房需求和房地产企业合理融资。大力推进异地缴存公积金职工在仁寿县购房申请公积金贷款，强化预售资金监管。为逾期难交付的环球融创未来城、融创南凌樾 2 个项目申请纾困资金 7.73 亿元，全力推动项目复工复产。全年房地产销售面积实现 199.8 万平方米。

【房地产开发】 严格执行商品房预售许可联席评审，依法按程序核发商品房预售许可证，全年共办理预售许可证 91 宗，预售面积达 140.69 万平方米。

【房地产交易】 开展商品房交易网上签约和网上登记备案制度。商品房合同备案 2.96 万套，备案面积 218.86 万平方米，备案合同金额 169.5 亿元。二手房成交 3787 套，成交面积 36.7 万平方米，成交金额 15.66 亿元。

【房地产市场管理】 积极开展房地产市场巡查，走访巡查房产营业场所及房产中介机构 60 次，约谈 25 家房地产企业和房地产经纪机构，停业整顿 7 家售楼部。出台人才补贴政策和配合征补中心落实房票安置政策，开展购房补贴审核工作，发放2015年及2016年购房补贴246户，共计626.58万元。发放2020年全县新冠肺炎疫情防控人员购房补贴40户，共计84.9万元，车位补贴19户，共计1.9万元。购房契税补贴1143户，共计873.38万元。2022年，人才安居购房补贴发放250户，共计527.6万元。严格开展房地产项目预售资金监督管理，促进房地产平稳健康发展。

【价格评估】 县住房和城建局每季度调查发布主城区商品房市场指导价格，对全县房屋价格评估工作起到参考作用。

【物业管理】 完成既有住宅加装电梯65部，取得电梯使用登记证28部；进一步加强对物业小区的安全督查工作，组织全县物业服务企业进行消防演练及消防知识培训，并要求物业公司对存在的安全隐患及时整改；白蚁防治新签订项目17个，白蚁防治面积达到76万平方米，对私人家庭的灭治共有103户，面积为1.2万平方米；全年持续对"包保"物业小区疫情防控工作开展检查巡查，始终奋战在疫情防控第一线，做好小区"守门人"。

【住建领域信访问题化解】 全年办理信访件1.39万件，其中12345信访7582件、爆料信访4495件、人民网信访163件、四川省网上信访1662件，办结率100%，满意率96%，已办理国家信访总局和四川省信访局交办重复信访49件。会同相关部门协调处置100人以上的集访群访30余次，办理"久购无证"不动产权证书4023户，处理民工工资案件100余起，涉及民工人数约3000人，涉及金额约7000万元。

城镇与乡村建设

【概况】 2022年，仁寿县以巩固拓展脱贫攻坚成果同乡村振兴有效衔接为导向，持续推进农村危房改造；用仁寿特色审视和完善试点镇规划和建设，着重提升基础设施建设，突出产业特色，提升管理水平。

【中心镇建设】 有序推进乡镇建设，积极培育创建汪洋镇、文宫镇、富加镇3个省级中心镇。6月，汪洋镇成功命名为第一批"省级百强中心镇"后，积极培育创建第二批"省级百强中心镇"，富加镇申报资料正在根据专家评审意见进一步完善。

【农村危房改造】 全年完成2021年剩余的998户农村危房改造工程建设、验收、资金拨付工作，制定并印发《关于做好2022年农村危房改造工作的通知》，顺利完成145户改造任务，竣工率达100%。

【"点亮乡村"工程】 全年在场镇、村、农村聚居点安装太阳能路灯2044盏，项目覆盖10个乡镇、32个村(社区)，惠及群众6万余人。

【历史建筑测绘建档】 全年完成33处历史建筑测绘建档工作，在传承优秀传统文化中，进一步塑造涵养坚定文化自信的"仁寿载体"。

【自建房专项排查】 全县范围内共完成40余万栋自建房安全隐患排查工作，排查率100%，全面完成排查任务。排查发现存在安全隐患的4200余栋，采取撤离人员、警示打围等方式实施管控4000余栋，管控率95%；整治完成3800余栋，销号率90.5%，其中70栋隐患经营性自建房已全面完成整改。

城乡绿化

【概况】 2022年，仁寿县全力提升城市能级水平，立足"成都正南第一城"、眉山副中心战略定位，聚焦绿色之城、人文之城、活力之城，打造经济发展品质、社会文化品质、生态环境品质、公共服务品质和居民生活品质俱佳，发展质量与文化品位高度融合、有机统一的高品质公园城市。

【城市园林建设】 围绕"创新、协调、绿色、开放、共享"的发展理念，全年完成包家河景观A区园建和绿化种植工作；湿地公园大坝东侧山体(雅聚公园)有序推进；"两山一河"建设工程项目中金马河延伸段路面硬化已完成，陵州驿站完成约98%，天仁广场改造完成，龙水河堤改造完成，玻璃栈道于12月初完成，上山道路已铺筑沥青，半山桥改造完成，亮化整体调试并预验收，井仁驿站完成80%，怀仁台观景平台台钢梁安装70%，仁寿台亚克力灯柱基础完成80%。全年申报省级园林式小区4个。2022年，县城建成区绿地面积达1536.73公顷，绿化覆盖率达40.99%。

【城区公共绿化建设】 持续推进四季见花工作，投入资金约850万元，实施城区四季见花和大化至城区段四季见花项目，共栽植鲜花5次，美化绿化面积达1.8万平方米。完成2021年城区空闲地绿化提升改造项目，改造绿化面积1公顷。完成2021年城区行道树补植项目，共补植行道树121株。完成天府仁寿大道与仁寿大道增植花乔项目，增植花乔400余株。

恒烨燃气

【概况】 2022年，仁寿县恒烨燃气公司融入华润集团，以“塑文化、强管理、学标杆、重安全、大发展”为管理主题，统筹推进供气项目发展，夯实安全管理基础，创新优化服务举措，提高供气保障能力，巩固扩大常规业务发展基本盘，有效挖掘增值业务营收潜能。

【经营管理】 全年实现营业收入4.13亿元，连续3年保持15%以上高速增长态势。其中，销气收入2.88亿元，接驳收入0.98亿元，综合业务收入1595万元。全年购气量1.13亿立方米，销气1.11亿立方米，销气量同比2021年增长3.51%。其中440万立方米供气缺口通过线上竞拍（107.7万立方米）、外采CNG气量（98.38万立方米）、购进合同外额外气量（230余万立方米）有效补充，切实保障“持续、平稳”供气。全年发展用户16409户，其中居民用户16100户，非居民用户309户。

【供气工程建设】 新建0.8千米市政供气管网，迁改更新老旧管网1.16千米，配套发展融创璟凌溪、天府智慧城等20个小区楼盘，新发展小区用户1.28万户，验收1.13万户，一次性验收合格率达95%。对外首检气表14810户，实现气表校验收入26.86万元；抽调精英，组建专班，深入推进国家“乡村振兴”战略，相继克服施工难度大、施工环境恶劣等困难，陆续实施汪洋镇秦湾村，富加镇柳沟村、河堰村等9个村社“燃气进村入户”工程，累计改善4920户农村用户生活条件（部分未验收），圆满完成2022年度仁寿县人大代表票决民生天然气项目；认真摸排仁寿城区老旧小区及老旧供气管网，积极参与政府老旧小区改造项目，配合政府锁定改造范围为20余千米老旧供气管网、3.8万余户老旧小区用户。全面启动综合业务，成立专项小组，强化赋能培训，以个人为单位制定挂钩考核目标任务，以“全员参与、办理业务同步推广”等销售模式，大力开拓综合服务业务，旨在从客户端入手提高本质供气安全，满足用户关于燃气燃烧器具安装、维修以及美化装修等各类诉求。成立以总经理为组长的投资小组、综合能源业务小组，完善考核及激励配套机制，围绕眉山区域深入调研，梳理出仁寿祥云、洪雅、丹棱等5家具备合作可能性的燃气公司以及仁寿铂尔曼酒店、富加孵化园1期等4项具备经济效益的优质项目，服务下一步拓展综合能源业务，架设经济多样化、高速化发展桥梁。

【安全管理】 2022年，公司秉承“防风险、除隐患、遏事故”的安全工作理念，从“人、物、管、环”四个方面五个环节完善安全管理体系。第一环，完善管理机构。成立EHS委员会，层层签署安全责任书，制作发放明白卡，分级明确各岗位、各工种安全生产职责及任务。第二环，加固薄弱环节。邀请内外部专家全面对资质证照、风险控制等14项涵盖公司全生产环节的安全内控领域进行评估、规范，查漏补缺，强化16项薄弱环节，进一步夯实平稳发展基础。第三环，强化相关方监管。强化日常监督，坚持每月3次领导带队检查机制，重点把控好高危作业及施工现场安全督查，督促相关方依法取证，配置完善劳保用品，强化选人用人及培训标准，严厉杜绝违规操作发生。全年共开具违规作业处罚单106份，返工不合格项目6个。第四环，务实应急抢险。修订应急抢险预案，成立疫情期间抢险保供小组，增设应急抢险备用班组，强化轮值力量妥善做好4474次值班接警出警工作；联合政府、社区开展公司综合级应急抢险桌面推演1次、乡镇片区级应急抢险演练4次、乡镇站点级应急抢险演练116次、消防演练1次，积累经验，增进配合，努力构建齐抓共管的良好态势。第五环，狠抓隐患排查。成立隐患排查治理专班，规范调整隐患分级及安全治理标准，全面从生产、运行、客户、后勤四个端口开展12次安全隐患例行排查治理、5次专项排查治理，联合地方政府、社区及县级职能部门成功上门安检7.48万户，有序完成1900千米管网全覆盖巡查，1200千米管网探漏，84千米管网防腐层检测，实现“零安全生产责任事故”发展目标。2022年，公司共查实一级隐患2953处，治理2075处，治理率达70.27%。剩余的878处未处置隐患中，5处为室外封堵占压管道类隐患，上报县住建局牵头处置，纳入政府老旧小区改造；873处为室内客户端泄漏类隐患，制定治理方案。

【服务保障】 认真做好管网及附属设备设施常规运维、改造。完成3536台调压设施、410座阀井、5.36万户表箱、11座工艺区、42座阀室、8台加臭机、3340根标志桩、1148座护坡堡坎、255根阴极桩全面维护保养，重点做好22处配气站防雷设施、45个安全放散阀、21个地面特种设备、24.05千米压力管道、248只压力表定检、送检工作，进一步夯实平稳运行基础。切实保障持续、平稳供应。建立生产性非居用户“一包一”领导负责机制，定期做好用气管网及附属设备维保，完善方案有序实施4次调气保供作业，妥善应对供气异常情况，没有遗留任何安全隐患；联合政府及县级主管部门千方百计争取增量供气指标，认真做好107.7万立方米增量用气线上竞拍交易，成功引进、利用98.38万立方米CNG气源，有效调补解决供气缺口，切实保障“持续、平稳”供气，实现全年销气量1.114亿立方米。着力提高信息化建设管理水平。全面梳理公司IT资产，淘汰、更换一批次老旧设备，建成、完善公司调度大厅硬件设施，完成乡镇站点45个市电配套工程，成功打通公司业务专线、视频监控专线网络通道；积极响应集团“构建物联网大平台”战略号召，积极开展市场调研及询价，成功选定、签署管道压力、天然气泄漏监测等智能监控、切断设备购销合同，完成8个场站、68个监测点远传设备及压力传感器安装，坚定迈出发展转型步伐；紧跟集团数字化转型及智慧化应用发展战略，全面启动智慧燃气系统建设，建成SCADA（调试）、GIS（管网）、CIS（客户）、人力资源、财税等系统，成功实现员工工作状态可视化、无纸化办公的管理目标。

供排水

【概况】 2022年，仁寿县供排水公司在县委、县政府、县国资金融局党委和鑫龙水务集团党委的坚强领导下，将“安全供水、为民服务”摆在首位，深入学习贯彻习近平总书记到川考察重要指示精神，牢牢把握新时代治蜀兴川的着力点，以中共二十大精神为指引，推动公司各项重点工作有序开展。

【生产经营状况】 2022年，公司有用户26.51万户，其中城区17.56万户，乡镇8.95万户，较2021年增加2.16万户。2022年供水量7465.85万吨，回水量5806.24万吨，综合回收率77.77%。其中，城区供水量3742.89万吨，抄回水量3200.17万吨，城区回收率85.5%；乡镇供水量3722.96万吨，抄回水量2606.07万吨，乡镇回收率70%。公司资产总额15.13亿元，较2021年同期增加1.87亿元；营业收入2.13亿元，较上年同期增加6.5%；营业成本1.55亿元，较上年同期降低4.05%。全年利润总额3070万元，公司实现净利润2175万元。

【项目建设】 助力重点项目，解决用水难题。2022年，公司积极筹措资金5000余万元，先后实施三水厂二期工程、黑龙滩镇石田村自来水入户安装工程、信利标准化厂房建设项目施工临水工程，方家镇、汪洋镇农村饮水安全工程维修养护项目、陵州大道（信利段）DN800供水管道改造工程、老旧小区改造工程等项目。

2022年4月，陵州大道（信利段）DN800供水管道改造工程开工，2022年6月完成改造，彻底解决满井、钟祥、彰加、慈航等片区缺水问题。

2022年10月，生产废水（排泥水）处理工程开工建设，到年底已完成场地平整、挡墙、储泥池、排水排泥池等构筑物以及场外回收管线、排水管线施工；浓缩池及脱水机房正在加紧施工，施工总产值完成900余万元。

【制度建设】 加强制度建设，提高治理效能。公司率先在鑫龙水务集团内部试点党员积分制管理、重点工作

2022年5月6日，陵州大道DN800供水管网改造现场（县供排水公司/供图）

考核和薪酬制度改革，实现“差异化”的绩效考核，进一步激发职工工作积极性，提高公司现代化治理效能。

修订完善公司财务管理制度、经营性用房管理制度等9项规章制度。成立财经工作领导小组，强化财经纪律，规范公司财务管理，提高决策效率。

【周年庆活动】 2022年，仁寿县供排水公司建厂已有50年，供水规模从0.3万吨/日增长到25.5万吨/日，供水管网从10千米延伸至2200千米，供水范围已覆盖全县各乡镇，服务人口140余万人。

2022年7月，公司组织拍摄50周年庆纪录片，从建厂的艰辛到50年后的辉煌，都融入6分48秒的视频里。

2022年8月9日，公司50周年庆——湿地公园展览现场（县供排水公司/供图）

8月8—9日，公司在城市湿地公园入口处开展宣传活动，旨在加强企业品牌建设。活动以摆放宣传展板的方式，将公司的发展历程以及最新采用的分层取水、自来水制水工艺等先进技术原理向市民做宣传展示。

教育 · 体育

教育管理

【概况】 2022年，仁寿县教体局全面贯彻党的教育方针，持续深化教育综合改革，把教育作为最大民生放在优先位置，大力实施教育质量三年提升行动计划，统筹疫情防控和教育高质量发展，全县教育、体育工作呈现出协调、健康发展的良好态势。2022年，县教体局取得四川省基础教育教学成果省级一等奖、荣获四川省防灾减灾科普宣传竞答活动优秀组织奖（仁寿代表队一等奖4人）、荣获眉山市教体系统信息工作先进集体、眉山市法治宣传教育“七五”普法先进集体、眉山市食品安全党政同责工作先进集体、眉山市未成年人保护工作先进集体、仁寿县关心下一代工作先进集体等荣誉称号。2022年高考，仁寿考生斩获全市文、理科第一名，全市文、理科前10名中仁寿有7人，“985”录取80人、“211”录取301人、本科上线人数持续突破4000人大关。

【教育发展规划】 2022年，出台《仁寿教育质量提升三年行动计划》和《关于进一步加强师德师风建设提升学段教学品质实施意见》两大纲领性指引文件，明确教育发展目标和工作思路，为高质量推进教育改革提供政策支撑。以“补短板、调结构、提质量、谋发展、促公平”为规划导向，全面推进学前教育普及普惠、义务教育优质均衡、高中教育提质培优、职业教育融合发展，大力实施义务教育质量提升攻坚行动，加快构建“1+4+N”高质量教育发展新格局，办好人民满意的教育。

【教育改革】 2022年，制定《深化新时代教育评价改革总体方案》任务清单，积极改革党委和政府教育工作评价，推进科学履行职责，改革学校评价，推进落实立德树人根本任务，改革教师评价，推进践行教书育人使命，改革学生评价，促进德智体美劳全面发展，改革用人评价，共同营造教育发展良好环境，及时完成落实各项改革任务等工作，改革成效显著。建立幼、小、初学段融通校联体7个，建立“6+2”的学段融通办学体系，形成“一个体系、一个体制、一个格局”。组建19个城乡发展共同体、17个区域发展共同体，通过捆绑共同建设，实现教育理念、教育资源、管理制度、发展成果等方面共建共享，促进县域义务教育优质均衡发展。

【教育信息化建设】 实施“智慧仁寿”教育项目，全面推进高中学校改善办学环境和教育信息化建设，对高中学校信息配置进行提档升级，配置多媒体一体机、教师电脑、学生电脑、监控设备、实验室、职业生涯规划和心理健康咨询等。做好信息技术2.0提升培训和“四川云教”（天府云教）的运用接收工作。新建4所学校和4所幼儿园信息化建设和设备设施的采购工作。组织全县13所高中召开高二理化实验实践测试和通用技术、高一信息技术考试考务培训会。组织学校教师参加2022年四川省教育教学信息化技术大赛，上传作品28件，3件获得四川省一等奖。

【教育科研】 组织各校落实各级各类课题申报，教育科研成果丰硕。省级课题共立项10项，其中3项青年教师思政专项课题在全市占比100%。2023年中小学心理健康教育科研课题立项市级课题4项，县级小课题成功立项8528项，同比增长138%。首次开展中小学生研究课题的实践研究，立项课题91项。省级课题促进专业发展的学科工作室建设策略研究被评为省一等奖，并选送到教育部参加国家级的评奖。眉山市第六届教学成果奖仁寿获奖率高，其中特等奖1项、一等奖2项、二等奖36项，共获奖39项（第五届教学成果获奖共7项）。

【教育交流合作】 与成都、绵阳等学校建立“一对一”交流合作关系，推进与成都七中、石室中学、重庆八中及“爱培优”等名校名机构合作，每年选派有教学潜力的100名年轻教师到校跟岗学习，稳步建立“师资互派、资源共享、优生共培”的良好合作机制。落实“县中帮扶”计划，四川电子科技大学与仁寿南一中签订高校托管帮扶协议，依托名校资源优势，指导帮助仁寿一中完善课程实施规划，加强课程体系建设，深化课堂教学改革，健全选课走班教学管理。

【教育民生工程实施】 制定《仁寿县2022年教育帮扶政策》和《困难学生救助试行方案》，采集资助救助学生信息近10万人次，发放资助救助资金7000余万元；对86名困难学生发放救助资金10.47万元，学习用品86件；开展“新年微心愿、青春志愿行”大型暖冬行动，采购生活、学习用品，为218名同学送关爱和温暖；扎实推进助贷工作，办理生源地助学贷款3000余人，发放助学贷款3000余万元。

【“双减”政策制定实施】 深入推进“双减”政策落实落地，实施“一校一策”，优化“五项管理”“双减”“课后服务”管理制度，坚持每月督查通报，不断提升教育管理水平，大力开发本土传统技能进入学校课后服务体系，拓宽学生知识技能认知覆盖面。开创性开展睡眠管理、进一步落实手机教育和管理、将作业设计纳入教学常规和教研范畴进行考核。加强经验推广、宣传，2022 年度 30 余篇“双减”优秀案例被市教体局采纳。

规范校外培训机构办学行为健康发展，召开校外培训机构工作推进会 6 次。严打校外无证照“黑机构”，开展联合执法检查，查处 88 起违规培训，无证照“黑机构”培训 32 起，“隐形变异”违规培训 26 起，“家庭式”个人违规培训 11 起，有效推动校外培训机构治理工作再上新台阶。全力推行省平台“彩虹钥匙”购课平台的全面应用，大力推进校外培训智慧监管，通过“彩虹系统”平台进行售课、购课、消课等。

【学生安全管理】 利用“眉山市安全教育平台”常态化开展交通安全、食品安全、消防安全、防溺水、防侵害、防震减灾、避灾自救等安全知识教育和培训，开展各类安全培训 10 次，开展应急演练 2000 余次。鳌峰小学顺利创建防灾减灾省级示范校并通过全省安全宣传“五进”进校园验收。实施校园食品安全守护行动，全县 151 所公办学校（园）实行食材集中配送，从源头上确保食品安全。完善《“三化五清一规整”规范化管理细则》，利用“明厨亮灶”、快检室等设施设备，强化前端检测和操作过程实时监管。开展食品安全“十大专项行动”等专项检查，出动检查人员 229 人次，检查点位 322 个，整改问题 33 个。

校园建设

【概况】 2022 年，按照“幼儿园就近就便、小学向乡镇集中、初中向中心城镇或片区集中、高中向县城集中、资源向寄宿制学校集中”的原则，仁寿新建中小学校、幼儿园 6 所，新增学位 8820 个，规划撤并村小（校区）14 所，进一步优化城乡教育资源配置。

2022 年 12 月 9 日，杨柳初中学生陈玉娇、实验中学学生张浩楠参加 2022 年度眉山市“新时代好少年”先进事迹发布仪式（县教体局 / 供图）

【公办幼儿园建设】 2022 年，新建公办幼儿园 3 所，总投入 9200 万元，新增学位 1620 个。

【义务教育学校建设】 2022 年，新建小学 1 所，总投入 6120 万元，新增学位 2400 个；新建初中 2 所，总投入 1.57 亿元，新增学位 4800 个。

表 20　2022 年仁寿县新建、改扩建公办学校一览表

所在地	校名	学校类别	新增学位（个）
仁寿城区	仁寿实验中学（文缜初中）	完全中学	2400
仁寿城区	仁寿县长平小学校	小学	2400
仁寿城区	仁寿县长平初级中学校	初中	2400
仁寿城区	仁寿县城北第一幼儿园	幼儿园	540
仁寿城区	仁寿县文缜幼儿园	幼儿园	540
仁寿城区	仁寿县星光幼儿园	幼儿园	540

师资建设

【概况】 2022 年，仁寿县教体局围绕“1+4+N”教育发展新格局，突出人才招引、培训提能、优化管理、保障待遇等，不断加强教师队伍建设，落实教育投入“两个只增不减”和“教师工资不低于公务员工资水平”两项硬性指标，为推进教育高质量发展提供师资队伍保障。

【教师全员培训】 2022 年，开展仁寿教育大讲堂 3 期，培训干部教师 1.3 万余人；仁寿教育大篷车 7 期，惠及学校 62 所，培训乡村教师 4066 人。2022 年暑期，开展全学科、全学段、全覆盖培训，涉及管理领航、培根铸魂、学科强基、专业聚力四大板块 11 个项目 34 个班级，培训干部教师 1.4

万余人。组织全县义务教育教师开展在线学习研修2期，中小学德育骨干、班主任和心理健康教育教师网络培训2期，教育数字化能力提升专题网络培训3期，共培训干部教师1.38万人次。

【教师队伍管理】 突出注重实绩、德才兼备、群众公认的原则，完善校级干部、中层干部选拔任用机制，选优配强学校管理队伍。建立校（园）长后备干部人才库，通过个人自荐、学校推荐、面试考察、分析研判等环节，从学校中层干部、名师、优秀教师、优秀班主任、直属事业单位干部等干部教师中择优选拔，实行统一管理、分类培养。实施名校长“100+”培养工程，推进教育管理人才年轻化和专业化。建立城区学校校长、优质教师到镇乡学校任教锻炼、优秀镇乡教师选派到县城任教机制，推进城乡教师资源均衡配置，2022年，校长轮岗163人、城乡教师交流600余人次。

【人才引进】 2022年，通过线上线下引才、专项政策招贤纳士、重点攻坚健将引才等方式，在全国范围内开展引才工作，引进教育人才412名，其中硕士研究生107人（“985”“211”高校占30%，重点高校占90%），省级名校学科带头人有12名，优质教师7名。面向社会公开招聘教师205人，考核招聘公费师范生23人，考核招聘省优秀运动队退役运动员6人。招聘编外教学人员172人，有效解决部分学校结构性缺编及幼儿园“两教一保”问题。

素质教育

【概况】 坚持以学生综合素质和能力全面提升为目标，将德育、卫生、艺术工作融入“五育”全过程，不断提高学生审美能力和人文素养。组织开展“一月一主题”等系列形式多样的德育活动，2022年，仁寿县教体系统共有20余个学校荣获省、市级优秀组织奖，300余名师生或作品荣获省、市级等级奖，县教体局3次荣获市级优秀组织奖。

【劳动教育】 全面贯彻《中共中央 国务院关于全面加强新时代大中小学劳动教育的意见》《教育部大中小学劳动教育指导纲要（试行）》《劳动课程标准（2022年版）》劳动教育政策体系，指导各校结合自身条件和优势，通过抓组织建设、基（阵）地建设、课程设计、实践活动开展、课程评价反思等方面，切实开展好劳动教育、研学实践等工作，提高活动育人质量。2022年指导华兴中学、满井初中成功创建省级中小学劳动教育实验校。

【体育艺术类特色教育】 开齐美育课程，开足课时，切实推进艺术人才进校园、高雅艺术进校园等活动，各校利用延时服务，共开设300余个艺术社团，注重艺术特长生的培养，着力提高学生整体艺术素养和技能水平。8月，东方红小学合唱团受邀到中央歌剧院演出。

【学生艺术展演】 在第十届中小学生艺术展演活动中，获8个一等奖，4个二等奖，5个三等奖。在眉山市书画传习大会活动中，获一等奖24个、二等奖37个、三等奖69个，遴选3名优秀选手参加省级决赛，均获省级一等奖。组织开展“蜀风诗韵”中小学诗词大赛县级选拔赛，推送8人参加市级选拔赛，7人获奖并代表眉山市参加省级决赛，其中，小学、初中、高中一等奖选手均为仁寿县学生。在眉山市首届新作文艺大赛中，县教体局选送的《光亮》获舞蹈类一等奖，《情深千道拐》与《仁寿汉子》获语言类和音乐类二等奖。

【中小学普法教育】 坚持以学校为主阵地，以各时间节点为契机，通过模拟法庭、案例说法、海报创意展、知识竞赛等方式，开展“法治春联进万家”“仁寿县学校女生教育、防校园欺凌、防性侵专题培训会”“民法典宣传月”“全民禁毒宣传月”“法治教育开学第一课”等法治教育宣传活动，营造良好的学法氛围。做好省、市依法治校示范校复核和创建工作，对24所市级示范校开展督查审核并予以“复核通过”，指导1所省级示范校提交市教体局参与复核、1所新建省级示范校等待省、市审核。

基础教育

【概况】 2022年，仁寿县有各级各类学校（含附设园和教学点64个）236所。其中幼儿园112所、初中63所（含九年一贯制35所）、高中10所（高级中学8所、完全中学2所）、中职3所、特校1所；教职工1.99万人，学生数2.14万人。

【学前教育】 2022年仁寿幼儿园112所（其中民办94所），在校幼儿2.69万人，教职工2839人。积极推进学前教育公益普惠发展，持续推进学前教育第三期三年行动计划，坚持公办民办并举，积极扶持普惠性民办幼儿园。持续推进学前教育“防止小学化倾向”督查与治理，加快构建全覆盖的幼儿园质量评价和监督管理体系，建立健全普惠性民办幼儿园认定、扶持和退出动态管理机制。

【义务教育】 2022年，仁寿小学50所(其中民办7所)，在校学生5.64万人，小学教职工4454人；初中63所(其中民办1所)，在校初中生3.17万人，初中教职工3127人。深入实施教育质量提升工程，贯彻落实《义务教育学校管理标准》，“三级教研”(校本教研、学区教研、县级教研)成效显著，充分发挥“名校长工作室”“学科工作室”引领、示范作用，提升教师学科教学水平。“一校一特色、一生一特长”教育品牌的打造初见成效，富加初中和龙正初中开展课堂教学改革试点，打造课堂“四化”建设，即教学内容问题化、教学过程任务化、教学手段现代化、学习活动多样式化，提高课堂效率。

【普通高中教育】 2022年，仁寿有高中10所(其中高级中学8所、完全中学2所)，在校生人数2.18万人，教职工2163人。大力推进“课程、课堂、课题”三课改革，探索开展高一年级教师和管理者新课标、新教材、新高考校级培训。实施高中综合素质评价，建立学生发展指导制度，加强生涯规划教育。投入1亿元实施“智慧仁寿”教育项目，全面推进高中校改善办学环境和教育信息化建设。

【特殊教育】 2022年，仁寿县特殊教育学校1所，教职工65人，设有教学班22个，在校生214人，内设独立教学楼、学生生活楼和食堂、职业技术培训与康复训练综合楼，设有学前康复部、义教部、中职部。开设有美容美发、家政烹饪、蔬菜种植、服装制作，汽车美容、中西面点制作、陶艺制作等职业课程。2022年，被评为“四川省绿色校园”“眉山市文明校园”“眉山市优质特殊教育校联体”牵头单位。

表21 2022年仁寿县基础教育办学基本情况一览表

学校类型	学校数(所)	毕业生数(人)	招生数(人)	在校生数(人)	教职工数(人)	
					合计	其中：专任教师
1. 普通中学	73	14794	17290	53446	5290	4955
高中	10	6502	7006	21765	2163	1963
其中：民办	1	2228	2038	6486	470	387
初中	63	8292	10284	31681	3127	2992
其中：民办	1	479	500	1695	138	133
2. 小学	50	9944	8631	56356	4454	298
其中：民办	7	611	357	2539	298	213
3. 幼儿园	112	8969	6829	26876	2839	1744
其中：民办	94	4686	3035	13263	1073	821
4. 特殊教育学校	1	22	9	214	65	54

表22 2022年仁寿县城区中小学一览表

名称	地址	负责人	备注
仁寿县坝达初级中学	四川省眉山市仁寿县文林街道陵州社区光明路二段318号	毛年生	初级中学
仁寿文同实验初级中学	四川省眉山市仁寿县怀仁街道八里社区文同路1号	杜其超	初级中学
仁寿县长平初级中学校	四川省眉山市仁寿县普宁街道高笋社区66号	杨　琼	初级中学
仁寿县鳌峰初级中学校	四川省眉山市仁寿县文林街道南坛社区366号	黄尚彬	初级中学
仁寿县城北实验初级中学	四川省眉山市仁寿县怀仁街道仁寿大道二段56号	陈双明	初级中学
仁寿县书院初级中学校	四川省眉山市仁寿县文林街道先农社区光明路一段中学巷20号	辜正清	初级中学
仁寿县华达综合高中学校	四川省眉山市仁寿县文林镇半山路180号	刘　刚	调整后中等职业学校
仁寿新科综合高中学校	四川省眉山市仁寿县怀仁街道西正街77号	李智慧	附设普通高中班

续表 22

名称	地址	负责人	备注
四川省仁寿县第二高级职业中学	四川省眉山市仁寿县怀仁街道城北社区龙滩大道一段 101 号	刘　杰	附设普通高中班
四川省仁寿县铧强中学	四川省眉山市仁寿县普宁街道坝达社区陵州路三段 181 号	李绍青	高级中学
四川省仁寿中学	四川省眉山市仁寿县文林街道文林社区人民广场 33 号	蒋汉军	高级中学
四川省仁寿第一中学校南校区	四川省眉山市仁寿县文林街道南坛路一段 217 号	高世金	高级中学
四川省仁寿第一中学校北校区	四川省眉山市仁寿县怀仁街道仁寿大道二段 56 号	叶小兵	高级中学
仁寿县粮丰九年制学校	四川省眉山市仁寿县普宁街道粮丰社区粮丰街 127 号	刘俊明	九年一贯制学校
仁寿成都外国语学校	四川省眉山市仁寿县怀仁街道八里社区 78 号	吴兆辉	九年一贯制学校
仁寿县特殊教育学校	四川省眉山市仁寿县文林街道办陵阳社区半山路 178 号	邓　勇	其他特教学校
四川省仁寿实验中学	四川省眉山市仁寿县怀仁街道学堂社区	谌瑞华	完全中学
仁寿县华兴中学	四川省眉山市仁寿县普宁街道迎宾大道中段 63 号	付登超	完全中学
仁寿师范附属小学	四川省眉山市仁寿县文林镇金马路 51 号	张小林	小学
仁寿县华达小学校	四川省眉山市仁寿县文林镇半山路 180 号	但春红	小学
仁寿文同实验小学	四川省眉山市仁寿县怀仁街道文同街 5 号	何　山	小学
仁寿县佐桥小学校	四川省眉山市仁寿县文林街道南坛路二段火箭巷 18 号	袁洪彬	小学
仁寿县东方红小学校	四川省眉山市仁寿县文林街道书院街英才巷 69 号	谭宇红	小学
仁寿县实验学校	四川省眉山市仁寿县迎宾大道 29 号	吴　铖	小学
仁寿县城北小学校	四川省眉山市仁寿县怀仁街道大道社区陵州大道东一段 3 号	胡小飞	小学
仁寿县文缜小学校	四川省眉山市仁寿县普宁街道黎光社区	张俊清	小学
仁寿县长平小学校	四川省眉山市仁寿县普宁街道高笋社区玉龙路	黄　成	小学
仁寿县文林小学校	四川省眉山市仁寿县文林街道北街北兴巷 4 号	张小林	小学
仁寿县星光小学校	四川省眉山市仁寿县普宁街道钟坝社区星光路 401 号	廖炬强	小学
仁寿县蜂蜜小学校	四川省眉山市仁寿县怀仁街道国道街 248 号	杨　勇	小学
仁寿县鳌峰小学校	四川省眉山市仁寿县文林镇金马路前进巷 122 号	黄志刚	小学
仁寿县德培小学校	四川省眉山市仁寿县普宁街道高笋社区仁寿大道二段 56 号	叶志伟	小学
仁寿县小龙人特长教育学校	四川省眉山市仁寿县文林镇陵州路 88 号	谢红梅	小学
仁寿县书院小学校	四川省眉山市仁寿县文林街道书院路学习巷 33 号	谢真志	小学

职业教育

【概况】 2022 年，仁寿县职业中专 3 所，分别是仁寿县第二高级职业中学（国家级示范中职学校）、仁寿县新科综合高中、仁寿县华达综合高中，专任教师 768 人，在校生 7902 人。2022 年中职送生 3742 人，送生率达到 47%，送生任务完成情况居全市第一。

【职业教育专业建设】 推进职业教育专业建设，华达学校 2022 年申报工美艺术、运动训练两个新专业。组织辖区内中等职业教育学校开展“技能成才，强国有我”主题教育、“职业教育活动周”、职业技能大赛等活动，通过政策宣传、职业体验、成果汇展、技能比赛展演，总结表彰等多种形式，宣传展示职业教育的改革发展成果。

【职业教育基础能力建设】 开展普职融通工作，组织辖区内三所中职学校拟定普职融通“一校一策”实施方案。2022 年 9 月，“普职融通”班正式开班行课，班内学生学籍可按比例互转、学分互认。积极推进中职学校品质建设，仁寿县二职中在省“三名工程”首批拟立项建设中获评“三星称号”。

表 23　2022 年仁寿县中等职业教育基本情况一览表

学校类型	学校数（所）	毕业生数(人)	招生数（人）	在校生数(人)	教职工数(人)	
					合计	其中:专职教师
中职	3	3979	3472	7902	1024	768

表 24　2022 年仁寿县职业中学一览表

名称	地址	负责人	备注
四川省仁寿县第二高级职业中学	仁寿县龙滩大道一段 1 号	刘　杰	第一批国家级示范中职学校
仁寿县新科综合高中	仁寿县文林街道西正街	罗　胜	
仁寿县华达综合高中	仁寿县半山路 180 号	刘　刚	

招生考试

【概况】 仁寿县认真贯彻落实中央、省、市、县招生政策，深入推进招生考试改革，规范招生入学秩序，形成分类考试、综合评价、多元录取的考试招生模式，不断促进教育公平。2022 年，普通高考成绩再创新高，仁寿学子摘得眉山市文理“双魁”，北校区一名学生物理满分，斩获全省第一名。全县高考“985”录取 80 人，较 2020 年（50 人）提升 60%；“211”录取 301 人，较 2020 年（217 人）提升 38.7%；本科一批录取 1515 人，较 2020 年（1342 人）提升 12.8%；本科录取 4502 人，较 2020 年（4002 人）提升 12%。本科上线人数持续突破 4000 人大关，莫高同比增加 5.6%。

【高中招生考试】 全县中考报考数 8002 人，设置二职中、一中北校区两个分考点。正式录取 7006 人，五年制专科录取 165 人。

【普通高校招生考试】 报名人数。全县报考人数 1.26 万人（普通类 1.04 万人，职教高职类 2204 人），单招录取后实际参加高考人数 9289 人（普通类 8731 人，对口高职类 558 人）。

上线人数。本科上线人数 4222 人。其中，普通类 4218 人（本科一批 1231 人，即文科 287 人，理科 944 人；本科二批 2987 人，即文科 1127 人，理科 1860 人），对口高职类 4 人。专科上线人数 3507 人。其中，普通类专科 3176 人（文科 1481 人，理科 1695 人），对口高职类 331 人。

录取人数。全县录取 1.07 万人。其中，普通类 8805 人［本科一批 1056 人（文科 234 人，理科 821 人，艺术 1 人）；本科二批 2677 人（文科 1014 人，理科 1663 人）；专科 3989 人（文科 2111 人，理科 1878 人）；艺术 735 人（文科本科 348 人，专科 232 人；理科本科 46 人，专科 109 人）；体育 348 人（文科本科 92 人，专科 162 人；理科本科 25 人，专科 69 人）］，对口高职类 1927 人（职教师资 2 人，对口高职 1925 人）。

普通类专科录取 4561 人。其中，普通类文科 2111 人，普通类理科 1878 人，艺术 341 人，体育 231 人。

全县单招录取人数 3355 人。其中，普通类高职单招录取 1709 人，对口高职单招录取 1604 人，藏区、彝区“9+3”单招录取 42 人。

全县省级师范乡村振兴本科录取 42 人。其中，文科录取 19 人，理科录取 17 人，艺术录取 4 人，体育录取 2 人。

【成人高校招生考试】 2022 年成人高考报考数 1470 人，其中文科 263 人，理科 480 人，专升本 727 人。录取 1296 人，其中高中起点专科录取 653 人，高中起点本科录取 8 人，专升本录取 635 人。

【高等教育自学考试】 2022 年仁寿县组织高等教育自学考试 1 次，报名参考 7354 人，报考 18507 科次。

教育督导

【概况】 2022 年，仁寿县教体局深入贯彻学习《四川省深化新时代教育督导体制机制改革的实施意见》精神，逐步实现督导机构建设好、督导培训组织好、督导队伍管理好、督导结果运用好、督导条件保障好的“五好”要求，强化教育督导结果运用，推动教育督导“带电长牙”。印发《关于推荐仁寿县人民政府 2022—2024 年县督学人选的通知》，由 27 个乡镇、18 个成员单位和市级督学等专业人员组建的县级督学 64 名，聘任挂牌责任督学 89 名。

【督学制度和培训】 印发《仁寿县深化新时代教育督导体制机制改革责任分工方案》，完善部门联动机制，明晰成员单位职责，形成统一协调、分工负责、齐抓共管的工作格局，有效推进教育督导体制机制改革。创新督学人员培训，利用线上自学、线下集中培训，完成新任督学岗前培训 1 次，县内集中培训 1 次，县外学习 2

次，不断提升督学的学习力、督导力、执行力。

【教育专项督导】 组织开展全县“双减”“五项管理”专项督导工作，制定工作方案，印发工作通知，成立3个专项督导评估组，对全县33所中小学校及培训机构就“双减”“五项管理”工作进行实地督导，挖掘亮点，查找不足，形成督导通报，督促做得不够好的学校努力改进工作方式。对辖区内所有公民办学校（园）、校外培训机构进行全覆盖的专项督查，坚决杜绝与教育教学无关的社会性事务侵蚀校园，向市政府督导办报送《关于〈禁止向学校摊派与教育教学无关的“涨粉”“评比”“推销”等指令性任务的通知〉排查整改情况的报告》，切实减轻学校和家长负担。

【督导评估监测】 对照教育部《县域义务教育优质均衡发展督导评估办法》中的标准、四川省人民政府教育督导委员会《关于编报县域义务教育优质均衡发展督导评估工作规划的通知》要求，动态掌握均衡发展工作进展情况，并依据监测结果提出整改建议、督查，推动义务教育优质均衡发展。制定《关于开展第二轮幼儿园办园行为督导评估工作的实施方案》《关于开展县域第二轮幼儿园办园行为督导评估工作的通知》，分3年3批次完成评估工作，对辖区内所有幼儿园（班、点）完成新一轮办园行为督导评估。

城区中小学选介

【仁寿实验中学】 仁寿实验中学位于仁寿县，是仁寿县委、县政府打造的一所寄宿制公办高完中。学校占地面积13.8公顷，建筑面积约10万平方米，总投资约4.5亿元。

学校新建校园有现代化的教学楼和学生公寓，配备有演艺厅、图书馆、室内体育馆、标准田径场、游泳馆、琴房、合唱室、舞蹈厅、录播室、心理健康中心等各类专业教室。

仁寿实验中学组建于2021年12月，2022年3月正式开班运行。学校以“985”高校录取人数40%以上，“211”高校录取人数80%以上，清华、北大等一流名校录取实现常态化为目标。秉持“人文滋养、创育菁英”的办学理念，立足眉山，放眼四川，尽快发挥区域引领示范作用。2021年12月，仁寿实验中学引进第一批高层次人才45名（“985”“211”大学毕业生占30%，重点本科毕业生占90%）。截至2022年年末，仁寿实验中学已经拥有县内外优秀成熟教师34名，高校优秀硕士毕业生45名，外聘竞赛教练3名，其中包括北京大学心理学硕士研究生、优秀教师靳水宁老师，教师梯队已经成功搭建。已招到初一年级优生224人，高一年级优生180人。

办学特色。分层教学。竞赛班、强基班和实验班分层教学、分层推进。强基竞赛。成立强基竞赛中心，组建强基竞赛教练队伍，制定强基竞赛绩效考核方案，建设初、高一体的强基竞赛课程体系，专门设置强基竞赛课程时间。联盟名校。与巴蜀中学、石室中学、成都七中、重庆八中开展强基竞赛合作。借力资源。借助高校、学科竞赛委员会等资源开展强基竞赛课程和夏令营活动。做好规划。成立新高考研究课题组，切实做好学生生涯规划，指导学生针对自身兴趣特长，进行有效选课走班。导师助力。切实推进导师制，助力学生全面发展，健康成长。形成“成长导师+学业导师”的教学育人模式。文化育人。成立石鲁艺术中心，开设美术书法课程，聘请专业团队、专业教师，固定时间进行课程教学。活动育人。开展“励志成才”教育活动和研学活动。（名校、名企、科技、文化、艺术、红色之旅）合作治校。扎实开展家校共育活动，形成教育合力（家长学校、汲清讲堂、家长开放日、家长陪餐、家长信箱等）。

【仁寿第一中学校南校区】 仁寿第一中学校南校区，位于仁寿县城中心文林街道南坛路217号，起源于1764年（清乾隆二十九年）的鳌峰书院，百年老校积淀了深厚的文化底蕴，是四川省首批办好的省一级示范性普通高中。

学校共有50个教学班，学生2518人，教职工288人，其中正高级教师3人，特级教师2人，高级教师129人，硕士研究生42人。经过多年的实践探索，孕育出“向学好善、思进有为”的办学理念，“上报国家、下立人品”的校训，“勤、诚、勇、朴”的校风，“自育育人”的教风和“自治治事”的学风。近10年，北大、清华录取4人，有6人为眉山市高考状元；重点大学升学率从2012年的14%上升到2022的60%。

学校先后被授予“国家级示范性普通高中”“全国群众体育先进集体”“全国培养体育后备人才试点学校”“全国读书育人特色学校”“全国勤工俭学先进集体”“四川省校风示范学校”“省级最佳文明单位”“四川省德育工作先进集体”“四川省‘五四’红旗团委”“四川省现代教育技术示范学校”“四川省体育传统项目示范学校”“四川省卫生先进单位”“四川省一级示范性普通高中”等荣誉称号。办学经验入选《中国名校》。

2022年高考成绩再创新辉煌，再添新风采，彰显仁寿一中南校区一流的办学实力和业绩。王鑫测同学以总分676分勇夺眉山市理科状元；彭迎秋、王艺多同学以总分627分并列眉山市文科第二名；600分以上的特优生有110名；参加考试人数906人，其中本科一批上线531人。“985”高校录取61人，“211”高校录取110人。

【仁寿县鳌峰小学校】 仁寿县鳌峰小学校始建于1976年。鳌峰小学新校区，是县委、县政府关心、支持下新建的第一所标准化、现代化学校，概算资金1.54亿元。新校园占地面积3.34公顷，建筑面积1.88万平方米，教室、办公室、功能室、演播厅、室内球场、食堂、地下车库一应俱全；校园绿化面积1.6万平方米，绿地率达47.3%。学校现有学生3100人，教职工188人。

学校特色。运动方面：轮滑课程（已毕业的辜琳会2019年、2020年都是四川省同段速滑冠军，2021年获广东省速滑锦标赛亚军，特招到广东省惠州市体育运动学校，进省速滑队，免费完成大学学业）。音乐方面：戏曲课程（上年学校戏曲节目《传承·天府蜀韵》在眉山市第十届中小学生艺术展演中获奖）；美术方面版画课程。传统文化方面：中医药文化课程、茶艺课程。教学方面，学校重视课堂教学研究，倡导自主、探究、合作、交流、实践的课堂，真正让学生参与到学习中去；学校安排专门的诵读和书法时间，扩大学生知识面，提高书写能力；学校鼓励学生运动，除正常体育课，每天两次课间操加跑步运动，提高学生身体素质。

【城北二幼】 城北二幼在2020年9月建园，占地面积达1.05公顷，建筑面积7079.43平方米。共有18个教学班级，700余名幼儿，67名教职工。2021年6月，被评为市级示范园。2022年4月，成功申报省级示范园。

园所特色。城北二幼文化理念源于卢梭的自然主义，倡导教育要“回归自然”，尊重儿童的“自然状态”。以主题活动的形式积极开展园本课程探究，将园本课程分为六大体验，农事体验、探究体验、运动体验、游戏体验、艺术体验、饮食体验。例如农事体验，因现在的孩子大多存在“自然缺失症”，去草皮、开荒地，打造“二幼观光农业带”，包括水稻田、云朵菜园、感知林、果园、水循环系统等，带领孩子田间劳作，辨五谷、识杂粮。

体育事业发展

【概况】 2022年，仁寿县深入贯彻体育强国战略，制订《仁寿县全民健身实施计划》，构建全民健身公共服务体系，体育场地、设施不断完善，竞技体育不断突破，学生体质不断增强。

【体育设施】 完成全县农民健身工程场地、器材统计调查，全县公共体育场地和设施共有485片2141件（不含学校）。对城区部分公共健身场地进行器材增加升级。完成仁寿县体育场和体育馆信息化工程建设并投用，为仁寿全民健身提供更优质的服务。新建及改、扩建体育公园2个，新建篮球场8片，足球场3片，免费开放2个体育场馆43.7万人次。

【校园体育】 深入推进“1127”工程，出台《关于进一步加强和改进新时代学校体育工作实施方案》政策文件，健全学校体育工作制度机制，建立教学、训练、竞赛体系，严格执行学生体质健康合格标准。要求学校开设7个以上运动项目，高中阶段每周开设3课时体育课，基础教育阶段学校每天开设1节体育课，保障学生每天在校内体育锻炼1小时，校外体育锻炼1小时，掌握2项运动技能。成功主办仁寿县首届小学生足球联赛、中小学生跳绳比赛、中小学生篮球联赛、中小学生田径运动会等系列比赛，推动学校体育工作顺利开展，为竞技体育奠定坚实的基础。

【体育赛事】 成功举办“庆五一”老年门球赛、成眉门球邀请赛、省运会羽毛球选拔赛等系列比赛活动，群众体育参与度全面提高。组织参加四川省第十四届省运会，夺得3枚金牌、5枚铜牌；参加2022年成德眉资广播体操比赛，获得区（市）县组冠军；参加眉山市老年人体育比赛，荣获健身秧歌比赛优胜奖、柔力球比赛优胜奖、门球比赛冠军、乒乓球比赛取得6枚金牌、1枚银牌。

2022年5月14日，仁寿代表队参加眉山市老年人体育比赛（县教体局/供图）

文化 · 传媒

文化事业发展

【概况】 2022年,仁寿县文化广播电视和旅游局坚持围绕中心服务大局,“两馆一站”公共文化设施免费开放;仁寿博物馆项目建设提上日程;文物保护和考古研究中心大力挖掘“非遗”项目,不断加大保护力度,大力弘扬“非遗”文化,让广大群众更好地走近“非遗”、了解“非遗”,促进“非遗”在传承中创新发展,文化产业遍地开花,让“文化强县”近在咫尺。

【群众文化活动】 严格落实“两馆一站”免费开放政策,深入探索延时开放措施。大力开展送文化下乡活动,全年开展以“喜迎二十大·向阳树清风”为主题的送文化下乡惠民演出、“戏曲进乡村”“戏曲进校园”“万人朗月诵中秋”等活动200余场。

【文物保护】 文物保护持续发力,政府投入文物保护项目资金近400万元,启动建设冒水村摩崖造像安防工程、甘泉寺白蚁防治项目、甘泉寺附属建筑修缮工程、富加白塔寺保护修缮工程等文保项目,全面改善全县文物保护现状。博物馆建设取得阶段性成果,《仁寿县博物馆展陈大纲》《仁寿县博物馆展陈设计方案》已完成两轮专家评审,并根据县委、县政府主要领导意见优化完善修订稿内容。

【非物质文化遗产保护】 仁寿县有非物质文化遗产项目39个,其中省级4个、市级6个、县级29个,包括传统技艺26个、传统音乐2个、民俗2个、民间文学2个、曲艺2个、传统体育4个、传统医药1个。代表性传承人61人,其中省级2人、市级16人、县级43人。“非遗”薪火创新传承,修订出台《仁寿县“非遗”传承扶持办法》,成功申报仁寿陶艺、仁寿石雕、曹家梨膏3个省级“非遗”项目,拟公布9个县级“非遗”项目,推动仁寿陶艺、子午门武术、金钱板等“非遗”项目进校园、社区400余场次,培养非遗技术人才60余人。

【史馆建设】 县图书馆加紧筹备国家一级图书馆复核,确保顺利通过。实现全县乡镇综合文化站评估定级全覆盖。文艺精品不断推陈出新,按照眉山市《东坡文化月工作方案》,成功举办眉山市广场舞大赛,创作选送音乐表演《背篼老师》、独幕剧《如愿》、群舞《果果儿熟了甜蜜蜜》、男女声二重唱《万物生长》4个节目参加首届眉山市文艺新作大赛,取得2个一等奖、1个二等奖、1个三等奖的优异成绩,创作的舞蹈《红满天》参加四川省广场舞大赛,荣获二等奖。

【文化市场管理】 协调县公安局、县市场监督局、县环保局、县卫健局、县消防大队对全县网吧、酒吧、KTV歌城进行安全生产专项整治。在春节、五一、七一、中秋、国庆等重大节庆活动期间,全面开展安全大巡查,确保文旅市场节庆安全。做好“12301”旅游投诉举报平台、“12318”文化市场举报电话及党务政务“12345”热线的案件办理工作,坚持文化旅游投诉电话24小时值守。对群众举报及时受理,要求执法人员在半小时内必须到达现场予以处理,并将处理结果反馈给举报人。在县法治广场开展主题为“新消费　我做主”的“3·15”消费者权益保护日宣传活动,向广大群众宣传科普文化旅游活动中保护自身合法权益的相关知识。组织全县文旅企业业主参加线上安全消防、食品卫生知识培训。

【文化市场综合执法】 2022年以来,仁寿文化广播电视和旅游局共出动执法人员1728人次,检查场所668家次,查处违规经营网吧1家,下架耽美类书籍160余本(册),收缴非法出版物8本(册),处置各类信访工单154件。

融媒体

【概况】 2022年,仁寿县融媒体中心加大对内对外宣传力度,展现仁寿建设成绩,树立仁寿形象,落实好意识形态责任制,做好舆论引导,建强宣传阵地。结合“奋进新征程、建功新时代”大学习大实践大提升活动,推动宣传舆论、便民服务、基层治理等主责主业出彩见效。深入贯彻落实移动优先战略,投入近1000万元的“智慧融媒”项目顺利完工,平台实现迭代升级,推动形成渠道丰富、覆盖广泛、传播有效的移动传播矩阵,从而更好引导群众、服务群众。

【新闻宣传】 2022年,在国家级媒体(含新华社、央视)发稿438条(其中《二十大精神在基层丨四川仁寿:打造群众“小病不出村”的美丽乡村》11月3日被新华社采用);在省级媒体(含四川台)发稿563条;在市级媒体发稿704条。在二十大前夕推出系列报道《仁寿这十年》《喜迎二十大》等栏目,推送重点文章486条,浏览量达20万+;开设主题专栏24个,播发《仁寿新闻》312组、2000余条、总时长超3600分钟。“大美仁寿”App总发稿1.5万余条,自采5600余条,累计传播量在10万+的内容达1179

篇；全年完成现场直播16场，线上活动10场，宣传片25个，短视频1236个和1期《阳光问廉》栏目。其中，《这样的小棉袄没白疼》获得634万+的浏览量、15万+的点赞、5000余条评论；《药店医生救援2岁被卡宝宝》被《人民日报》等40余家国家级和省市级主流媒体转发。各平台短视频作品浏览量总计1亿+，总点赞量160万+，总评论量10万+。

【融媒体示范建设】 2022年，来自全国各地共18个批次队伍到仁寿县融媒体中心参观、交流学习。在中共二十大期间，县融媒体中心作为全国县级融媒体唯一代表，参与“奋进新时代”主题成就展。2022年1月，荣获第九届全国服务农民、服务基层文化建设先进集体荣誉称号。2022年7月，荣获全国优秀区域融媒综合影响力TOP10。2022年8月，中心建设入选全国县级融媒体中心发展调研报告。2022年9月，仁寿县被列为四川省“新时代文明实践中心与融媒体中心一起建设试点县”。

【平台建设】 截至2022年12月，中心各平台聚合“粉丝”800万+，其中“大美仁寿”App下载量95万+，占常住人口的85.6%，居全省第一，全国前列。“大美仁寿”抖音号关注数为17万+，截至2022年12月，已有503个官方组织、民间社团和2596名个人入驻并在“大美仁寿”App上推送信息；已将包括公司设立登记、个人独资企业设立登记等236个政务服务事项申办入口和“群众身后一件事”联办平台入口对接到“大美仁寿”App上，方便群众办事。县融媒体中心在“大美仁寿”App设立“问答”留言板块。2022年，共为网友、群众解决近1159个生产、生活问题，有效地把舆情化解在本地。用好用活有奖爆料平台。通过1.37万条爆料信息，搜集新闻线索，跟踪报道县级部门落实解决群众所需的热点问题。智慧融媒延展服务。投入近1000万元的“智慧融媒”项目顺利完工，4K+5G超高清数字直播车投入使用，在全县机关企事业单位办公场所、便民中心、医院、车站、社区等人员密集点安装融e屏177台，改造原有县域户外LED显示屏，新建两个点位240平方米户外LED屏。

【经营创收】 四川龙悦文化传媒有限公司依托“大美仁寿”App、仁寿头条、仁寿电视台、仁寿人民广播电台等媒体矩阵，开展文化类、教育活动类、商业类、电商类等经营项目，向全策划、全执行方向发展。2022年，四川龙悦文化传媒有限公司年营业收入400万元。

【安全播出管理】 按照安全播出管理要求，进一步完善安全播出应急预案，开展预防应急演练。增强播控人员的政治意识、安全意识，定期开展安全技能培训。建立完善防范体系，落实24小时值班值守制度。强化督导，不定期开展对播出机房、机房供电、设备环境等重点区域检查，实行365天每日安全播出报告制度。

广电分公司

【经营指标实现情况】 2022年，中国广电仁寿县分公司完成经营现收目标任务的100%；完成权责收入目标任务的101.18%；完成公司净利润目标任务的100.1%。其中公众类收入完成全年目标的94.53%，集公智业务完成目标任务的92.91%。圆满完成上级公司年初下达的目标任务。

【公共文化服务】 公司成立仁寿县广播电视公共服务中心，负责对全县广播电视户户通，应急广播村村响运行维护及服务质量进行监督管理，负责各乡镇（街道）的广播电视公共服务网点进行规划、建设和管理。2022年，公司已免费安装直播卫星2000余户，按照四川省委、省政府对“五保”、低保、敬老院等困难群体优惠收视费约20万元。公司还投入50多万元对广播电视公共服务网点进行提档升级。

【网络建设】 全年新建楼盘8个项目规划设计立项，预算投入资金114.6万元，截至12月，已全部完成项目建设，敷设光缆54.635千米，皮线437.68千米，网线50.62千米，安装分纤箱486个，覆盖用户1.15万户。

全年分10批次完成农网68个村（小区）的小微改项目，敷设光缆193.58千米，安装分纤箱812个，覆盖用户1.75万户，共计投入资金111.90万元。

完成政府迁改工程项目14个以及对政府三年道路提升项目实施迁改现场管理；供电采集专网项目11个，投入14.08万元。

全年取消完成城区供电点位1224个，月节约电费1.84万元。根据缴费统计2021年全年支出电费128万元，2022年电费支出106万元（含办公电费），在2021年的基础上减少支出22万元。

【综合管理及保障工作】 按省、市、公司三级管理要求执行资金申请、工程立项、合同签订、档案管理、物资采购、费用报销等流程。严格执行公司出台各项审批制度，严格管控三项经费开支额度。

成立薪酬小组、FTTH网改小组、CMTS下线工作小组、户户通运行维护小组等专项小组推进工作，全年组织召开经理办公会29次，专题会议15次，公司周例会40余次，安全生产部署会会议6次，出台方案类、制度类、人事类文件共59个。

完善各项考核管理制度，新建《2022年薪酬考核方案》《2022年政企任务分解及考核方案》《2022年居家销售活动方案》《关于促进政企业务发展激励方案的通知》《公众业务半年目标任务冲刺奖惩方案》《电力抄表业务维护管理办法（试行）》《家客业务岁末冲刺方案（9月）》《政企业务岁末冲刺的激励方案》等八项内部管理方案。

加强各项制度建设和管理，新建《2022年工作作风整顿的管理办法（试行）》《2022年三重一大制度实施细则（试行）》《2022年非政策性福利发放标准的通知》《关于职工爱岗敬业要求的通知》《各项费用报销流程》《关于公司员工着装管理要求的通知》《合同管理办法实施细则》，修订《会议管理制度》《采购管理办法实施细则（2022年修订）》9项内部管理制度。

组织实施城网经营部管理人员竞争上岗，农网经营部部门整合，市场客服部员工双向选择等工作，中层以上的管理人员职数从18人减少到8人。

全年妥善协商离职员工7人；2022年，公司共收到简历798份，面试通过31人，顺利入职新人20人。

加强安全生产管理。抓好安全教育，树立“安全至上”观念，为每个员工办理“人身意外伤害保险”。把培训工作规划纳入公司整体规划发展之中，全年共开展“干部角色认知、职场管理方法”培训活动5次，累计20人次参与培训；全年共开展“员工思想转变、素质提升”培训活动3次，累计90人次参与培训；全年开展“新人入职培训”5次，累计20人次参与培训；全年组织党课学习3次，党建活动2次，节日活动1次，累计100人次参加。公务用车做到严格管理，严格监督，实行统筹调度、专车专用、集中停放以及做好登记台账等，杜绝违规违纪行为。

档案管理

【概况】 2022年，仁寿县档案馆深入贯彻实施新颁布的《中华人民共和国档案法》，聚焦档案资源建设和信息化建设，加强档案利用工作，推动全县档案事业创新发展。

【档案接收征集】 严格执行“双套制”接收，对进馆纸质档案、检索目录、数字化成果进行规范性审查，确保进馆档案质量。做好疫情防控档案指导和接收，2022年6月底完成全县2020年度和2021年度疫情防控档案接收工作，共接收疫情防控档案1.27万件（731盒）；持续接收婚姻档案，全年接收婚姻档案3.79万件（1858盒）；指导、接收土地确权档案，全年接收土地确权发包方档案4807卷。

【档案保管保护】 从制度和人员两方面入手，全面优化馆藏档案的保管保护，确保档案全面安全。修订库房和机房管理制度，严格落实双人进出库（机）房规定，完善进出登记台账；定期开展安全检查，对设施设备全面检查，纸质档案、实物档案随机抽检；明确馆内人员职责分工，专人管理钥匙、台账；按照《档案服务外包工作规范》加强服务外包公司人员管理，落实人员备案制度，做好保密宣传教育。

【档案资源开发利用】 做好档案查阅利用工作，采用“线上＋线下”方式提供档案查询利用服务，开展电话查询、异地查档、网络服务等，为党委政府中心工作、经济社会发展及民生工作服务。全年已办理异地跨馆查询183件，接待来馆查档群众7963人次，利用档案1.46万件（卷），复印档案4.61万页。加大红色档案开发利用力度，县退役军人事务局建设烈士陵园展馆，县档案馆加班加点查找烈士档案，共查找到1100名烈士的档案，包括牺牲证明书、革命烈士登记卡、英名录调查表等，为烈士陵园展馆提供大量珍贵的展陈资料。继续开展小微改革，与县婚姻登记处实现电子数据共享，让数据多跑路群众少跑路，建立乡镇档案查阅微信群，提前联系预查阅档案，节省机关和群众查阅档案时间和费用。

【档案信息化建设】 开展馆藏清理，核对档案目录和电子数据，为建设数字档案馆打基础，全年共清理2.24万卷、7625盒、18.73万件。加快推进数字档案馆建设，积极对上争取，将数字档案馆建设纳入仁寿县市政公共服务信息化建设项目，正在开展债券资金申报工作。推动机关档案数字化，结合机关档案规范化管理工作，指导各单位开展室藏永久及30年档案数字化工作，实现数字档案查阅利用。

【档案规范化管理】 加强机关档案规范化管理指导，严格落实2020年县委办、县政府办印发的《关于进一步加强档案工作提升档案管理标准的通知》要求，对所有纳入规范化管理达标任务的单位多次多方式开展指导，协助解决各类问题，确保规范达标。完成重点项目档案工作登记指导，对33个省、市、县重点项目进行登记指导，积极与3个县重点项目对接，做好档案验收准备。

【档案行政执法检查】 按照县档案局《关于开展全县档案行政执法检查三年行动的通知》要求，在开展机关档案工作规范化管理指导时，一并对各单位开展行政执法检查，主要涉及建立工作机制、制定规章制度、落实队伍建设、设置档案用房、完善设施设备、做好档案收集整理归档和保管保护、规范档案查阅利用以及档案信息化建设等方面工作情况。2022年，共检查20个单位，现场反馈发现的问题，并要求立即落实整改。迎接眉山市档案馆行政执法检查。10月，市档案馆到仁寿县档案馆开展执法检查，并反馈存在问题，主要涉及三合一制度、电子档案接收和档案鉴定工作，县档案馆认真组织整改，提交整改报告。

【档案宣传教育】 多举措加强档案宣传，增强机关干部和人民群众的档案意识。"走出去"宣传。利用到钟祥镇开展脱贫联系户入户工作、到包保社区开展帮扶工作等契机，发放档案宣传资料，普及档案法律法规。"请进来"学习。结合"两新三大"活动和"6·9"国际档案日宣传活动，邀请各单位到县档案馆爱国主义教育基地参观，用档案讲述仁寿沧桑与辉煌，全年接待28个单位参观，查阅档案人员共1200余人。

【档案业务培训】 组织档案整理公司开展线下培训。9月，县档案馆组织档案整理业务培训，4家档案整理公司派出30人现场参加。利用微信群开展线上培训，通过"部门乡镇档案工作群"发布培训课件和档案法规制度。10月，将《机关档案管理规定》制成PPT发在群中，供档案人员学习。

党史研究

【概况】 2022年，仁寿县委党史研究室全面学习贯彻中共二十大精神、习近平总书记到四川眉山市指示精神及省、市、县全会精神，扎实开展"两新三大"活动，聚焦主责主业，持续推动党史事业健康发展。

【党史编研】 做好《中国共产党仁寿历史概要（1926—1978）》编写及发行。概要的编写关键在"精心组织，严把三关"。精心组织做好前期工作，组建队伍、外出学习、业务培训、试写初稿，在此基础上开始正式编写。编写按照"三步走"工作法，即第一步交代好背景，第二步书写好过程，第三步评价好结果。编写过程中严把"三关"，即把好政治关、史实关、质量关。整个编写按历史发展进程叙述，体现"大事突出、要事不漏"的原则，力求精练精简，重点反映仁寿县新民主主义革命时期和社会主义革命和建设时期党的历史。编写工作2月启动，8月完成初稿编写，9月至10月征求意见并修改完善，11月底完成审定及发行。概要的编写，得到领导充分肯定，要求把其作为县级党史读物，印发全县各级党组织，共发行3000本，覆盖全县2800多个党组织。做好执政实录编写工作。执政实录编写工作关键在"提前谋划，早字当头，收编同步，齐头并进"。一方面是早通知，早启动，早收集，在短时间内将资料收集到位，为编写留下足够的时间和空间；另一方面是一边收集资料，一边反馈问题，一边编写初稿，收编同步进行。《中共仁寿县委执政实录（2021）》于3月下发通知，明确标准及要求，5月全面完成资料收集，9月完成初稿编写，11月全面完成出版发行。做好大事记编写工作。大事记编写工作关键在"突出重大，不重不漏"。落实专人，专干其事。围绕重大会议、重大事件、重要活动等，每月收集、整理，及时编辑形成年度大事记。12月底全面完成2022年大事记编写工作。完成《全面建成小康社会的四川实践（仁寿部分）》资料的编写及报送工作。

【党史宣传】 2022年，采取"点面结合、多点开花"形式创新开展党史宣传。持续深入开展党史学习教育，一方面，利用重要时间节点，开展以党史为主要题材的宣传活动。利用建党节前后一个月时间，在仁寿党建主题文化公园、湿地公园两个人员密集地，举办"走进仁寿　见证历史"——仁寿重大历史成就展示。另一方面，为全县党员干部量身定做党史学习套餐，分发全县各部门和乡镇。套餐资料全面系统地梳理党的历次重要会议、重大事件、集中教育和仁寿县党组织的建立与发展、仁寿历次党代会等，内容精练、脉络清晰、简单明了，易学易读易懂，体现"短好快"特点。开展党史宣讲活动，党史研究室干部纳入县委宣讲团，深入部门和乡镇开展"中共二十大""十九届六中全会"等主题宣传宣讲15场次。开展"党史七进+"活动，持续开展向县"四大家"、县委党校、图书馆、学校、社区等部门和单位赠书送史学史用史活动。

【党史资料征集】 党史资料征集工作是党史工作的重要方面，是研究编写党史的基础，也是推动党史工作可持续发展的重要条件。党史资料征集工作尽量做到"能快尽快，能早尽早"。从2020年开始，仁寿县委党史研究室争分夺秒，抢救性做好《仁寿县抗战老兵口述史》录音录像。编写推出《黑龙滩亲历者口述史》。2022年，加强红色资源的保护和普查。将黑龙滩水库等61个红色遗址录入四川省红色资源普查登记系统，推荐冯建吴·石鲁艺术馆、黑龙滩水库和禄加102厂旧址为全省首批红色资源保护名录。开展对仁寿革命历史故事及人物专记口述资料征集，12月完成《仁寿县革命历史记忆》初稿编写。

【中心工作】 坚持围绕中心、服务大局，认真落实县委、县政府中心工作。扎实开展“两新三大”活动。组织干部职工开展“每周学史读史活动”。每周由一名干部在《中国共产党的九十年》《中国共产党历史》（一、二卷）等基本党史著作中确定一项党史主题，选学选读一段历史。以“两新三大”活动为契机，以学促行，以行提效，干部理论水平得到提升，工作能力得到增强，工作作风更加务实。积极做好衔接乡村振兴工作。认真落实拓展脱贫攻坚成果同乡村振兴有效衔接的工作部署，与镇村一起制定帮扶规划，因户因人开展帮扶，确保乡村振兴衔接工作有效推进。帮助解决急难愁盼问题3个，协调解决帮扶资金1万元。加强干部队伍建设。做好对干部职工进行各项方针、政策的学习教育和纪律教育，完善并落实各项工作制度，提升管理水平。

地方志工作

【概况】 2022年，仁寿地方志系统深入开展“奋进新征程、建功新时代”大学习、大实践、大提升活动，履行地方志工作职责，进一步增强地方志工作服务经济发展、促进文化建设的能力。

【年鉴编纂】 完成《仁寿年鉴（2022）》编纂工作。早谋划早动工，年鉴资料收集比往年提前2个月完成。对照眉山市《关于县（区地方综合年鉴2021年卷质量抽查情况的通报）》提出的问题整改，提升《仁寿年鉴2022》编纂质量；完成《四川年鉴（2023）》《眉山年鉴（2023）》组稿报送工作。

【志书编纂】 全面启动仁寿县第三轮县志编修工作。1月召开启动会议，3月完成县志组稿培训工作，5月、6月、11月对县级各部门、企事业单位进行县志资料收集指导、调研督促。全面启动乡镇（街道）、村（社区）志编纂工作。1月召开启动会，3月开展全面培训；4月、10月，对2025年前完成乡镇志的7个镇进行调研指导。《黑龙滩镇志》编纂完成，并公开出版。

【地情资源开发利用】 加强地情普及读物编纂，服务仁寿经济社会发展。2022年年底，公开出版《仁寿史话》。开展旧志古籍资源抢救保护，启动学术价值高、利用率高的民国版旧志点校注释工作。加强地方志成果转化应用，利用“大美仁寿”App定期上传地情书籍，将“死书”变成人人随时随地都可阅读的“活书”。提高地情资源的普及率、利用率。与县文管所合作，挖掘仁寿地情资源，全年共上报地情信息86期。

【史志阵地建设】 2022年，全县建设镇、村史馆5个，传承村镇历史文化，展示地方文化底蕴和发展历程。其中方家镇哨楼村村史馆建筑面积737.44平方米，2022年8月开始布展，共设计红色文化、忠孝文化、农耕文化、乡贤文化、实体场景五个专题，建设史志阅览室7个，开展史志阅读宣传，让更多老百姓了解和喜爱史志文化。6月1日，眉山市党史和地方志编纂中心为黑龙滩镇四海社区、光相社区、开元社区3个省、市、县三级共建的史志阅览室授牌。加强馆藏建设，丰富馆藏资源。与县外方志馆交换志书等书籍60余本。拓展地情资料收集。长期面向社会广泛征集有关仁寿发展的志书、文献、族谱、人物传记等。

卫生健康

卫生健康事业发展

【概况】 2022年，仁寿县加大医疗项目投入力度，改善医疗系统软硬件设施，提升医疗机构服务水平和能力；着力推动和完善中医药服务体系，弘扬传统中医文化，促进全县卫生健康事业良好发展。

【医疗项目建设】 2022年，全系统完成项目建设2个，县中医医院新区医院建设项目和县第二人民医院门诊部、第二住院楼建设项目，总投资约5.4亿元。在建项目有3个，县人民医院提标扩能建设项目、仁寿县禾加区域公共卫生服务中心建设项目和县疾病防治快速检验中心项目，总投资约2.66亿元。加快拟建项目前期进度2个，仁寿县二峨山医院（传染病医院）建设项目和仁寿县老年病医院建设项目。项目总投资2.78亿元。对上争取中央、省级财政中医药发展专项补助资金共504.85万元，用于全县中医医疗机构及基层医疗机构中医药服务能力提升建设，进一步有效促进全县中医药服务能力和水平提档升级。其中中央专项资金254.85万元。即县中医院“两专科一中心”项目200万元，县中医医院传染病防治能力建设项目15万元；汪洋和富加中医药健康文化知识角建设项目0.25万元/个，共0.5万元；仁寿县疾病预防控制中心公民中医药健康文化素养水平监测项目0.35万元。富加、城西、汪洋、禾加、彰加、钟祥、龙正、青岗、黑龙滩、始建、慈航、虞丞、汪洋松峰共计13个中医馆内涵提升建设项目。其中省级专项资金250万元，即县中医医院区域中医康复次中心建设项目150万元，文宫镇卫生院县域中医医疗次中心建设项目100万元。

【医疗卫生服务】 着力推动和完善中医药服务体系。打造以县中医医院为龙头的服务标杆。县中医医院于2018年成功创建三级甲等中医医院。2022年1月，肺病科成功创建市级重点中医专科。年末，县中医医院共建成3个省级重点专科（骨伤、康复、脑病科）和3个市级重点专科（肛肠科、心病科、肺病科），全面促成医院可持续发展和医疗卫生事业高质量发展。基层医疗卫生机构枢纽作用不断凸显。全县共25个乡镇卫生院、5个社区卫生服务中心，均规范建成传统文化氛围浓厚的中医馆，为辖区居民提供6类10项中医药适宜技术等中医药基本服务的同时有效结合基本公共卫生服务工作，助力提升中医药文化服务知晓率。进一步强化县中医医院作为仁寿县唯一一家三级甲等中医医疗机构的龙头引领作用，以中医强基层“百千万”帮扶行动为基石，组织成立中医药专家团队对基层医疗机构开展驻点帮扶，不断带动基层医疗机构服务能力提升。强化基层服务水平和能力提升，筑牢乡村中医药服务网底。组织基层医务人员参加中医适宜技术培训，深入开展中医强基层“百千万”帮扶行动，指导打造和建成一批因地制宜、独具特色的“中医阁”。

【中医药管理】 贯彻执行国家、省、市、县中医药工作的方针政策、法律法规和技术标准，参与拟订、修改完善全县中医药事业中长期发展规划并组织实施；推进中医服务体系和能力建设，加强各级医疗机构（含村卫生室）管理，对中医药相关业务（预防、保健、康复、护理、临床用药及评审、评价等）进行指导；组织开展中医药师承、确有专长（新老办法）考生报名、资格审核等相关工作；认真贯彻习近平总书记“中西医并重、中西医结合、中西药并用”的部署和要求，组织开展“西学中”培训、全科医生转岗培训及相关事宜。

表25　2022年仁寿县城区公立医院一览表

名称	地址	负责人	备注
仁寿县人民医院	仁寿县怀仁街道龙滩大道一段177号	郑华伟	三甲医院
仁寿县中医医院	仁寿县普林街道仁寿大道172号	陈艳红	三甲医院
仁寿县妇幼保健院	四川省眉山市仁寿县陵州大道东二段296号	晏善模	三乙医院
仁寿县精神卫生保健院	文林镇伴山路2号	廖红兵	二级医院

计生管理

【概况】 2022年，仁寿县做细人口统计工作，发放计生惠民资金4716.48万元，加强托育体系建设。

【计划生育基层服务】 做细人口统计基础工作。以出生、死亡人口统计监测，四川省健康档案云平台人口信息异常数据核查处理，优化生育登记服务为重点，夯实基础工作。2022年，

2022 年 8 月 16 日，仁寿县妇幼保健院儿童早期综合发展示范基地市级评估会（县卫健局 / 供图）

全县出生人口 9272 人，死亡人口 1.42 万人，出生率 8.43‰、死亡率 12.9‰、自然增长率 -4.47‰。全县办理生育登记 5523 例。

【计划生育服务扶助关怀】 建立计生特殊家庭扶助关怀“双岗”联系人制度，实施“多对一”联系帮扶。2022 年利用冬季、节假日走访慰问困难计生特殊家庭 156 人次，发放慰问物品及现金共计 10 万余元。实施计生特殊家庭住院护理补贴项目，588 人次享受住院护理补贴 52.38 万元。

【计划生育惠民政策实施】 全面落实计生惠民政策。2022 年，享受政策人数 5.61 万人，涉及惠民资金 4716.48 万元，于 11 月 20 日前，通过“一卡通”平台直接发到人，实现应奖尽奖、应助尽助。做实计生特殊家庭扶助关怀工作。全县计生特扶对象 2067 人全部纳入免费体检范围，为计生特扶对象 1145 人购买基本医疗保险。

【“三孩”生育政策实施】 严格落实产假休假政策，鼓励用人单位采取有利于职工平衡工作和家庭关系的灵活休假和弹性工作方式。加强女职工权益保障，开展职工子女关爱、维权、签订合同、性别平等等相关法律法规政策，严格查处侵害女职工合法权益的行为。将生育假纳入生育津贴待遇保障范围。落实 3 岁以下婴幼儿照护个人所得税专项扣除。

【婴幼儿托育服务】 加强托育体系建设。逐步构建“一中心 + 一体化托幼 +N 个托育机构”具有仁寿特色的婴幼儿照护服务发展体系。2022 年，完成 8 个托育机构建设，新增托位 780 个，收托 348 人。促进“医育结合”。采取“线上 + 线下”方式，为婴幼儿家庭提供婴幼儿保健、照护技能、科学育儿等免费指导服务 35 次，受益人数 12036 人，线上培训 39 期，点击阅览 255 万人次。

妇幼保健

【概况】 2022 年，仁寿县贯彻落实《四川妇女儿童发展纲要》《“十四五”卫生健康发展规划》，坚持以妇女儿童健康为中心，以“生命全周期、服务全过程”为导向，以强基固本提升内涵为目标，统筹疫情防控和母婴安全保障，提高出生人口素质和优生优育服务水平，推动妇幼事业健康发展。

【妇幼健康服务】 县妇幼保健院于 2022 年 3 月成功创建为三级乙等妇幼保健院。开展妇幼保健机构绩效考核，加强绩效考核数据质控与分析，强化考核结果运用。县妇幼保健院完成省级儿童早期发展优质服务基地创建。

【母婴安全保障】 严格落实母婴安

2022 年 9 月 20 日，市政协工作组调研仁寿新东街幼儿园托育服务工作（县卫健局 / 供图）

全五项制度，按照孕产妇妊娠风险评估与管理要求，全面落实孕妇分色分级管理。强化县人民医院和县妇幼保健院危重孕产妇和新生儿急救中心工作职责，加强产科儿科急救管理，做好危重孕产妇和新生儿急救值班值守，完善危重孕产妇和新生儿急救、转诊绿色通道。加强母婴安全监测，做好孕产妇健康管理和6岁以下儿童管理，强化高危和特殊孕产妇管理，预防并减少孕产妇和婴儿死亡。2022年，孕产妇死亡率16.66/10万；5岁以下儿童死亡率2.5‰，婴儿死亡率1.33‰，新生儿死亡率0.5‰；艾滋病母婴传播率为零。

【新生儿疾病筛查与缺陷防治】 建立以政府为主导、多部门协作、全社会参与的协作机制，优化服务流程，实现婚前医学检查、结婚登记、孕前优生健康检查“一站式”服务，2022年婚检率96.58%，免费孕前优生健康检查目标人群覆盖率105.81%。对准备怀孕和孕早期3个月的城乡生育妇女免费增补叶酸。2022年，新增叶酸服用人数8195人，依从人数8130人，叶酸服用率99.45%，依从率98.71%，增补叶酸知识调查人数6940人，知晓6924人，知识知晓率99.77%。加强出生缺陷防治工作，促进新生儿遗传代谢病早发现早干预，2022年全县新生儿遗传代谢性疾病筛查5020人，筛查率99.37%；新生儿听力筛查4880人，筛查率96.6%。

【农村妇女“两癌”免费筛查】 加强领导，强化保障。县卫生健康局、县财政局、县妇联三部门联合制发《仁寿县农村妇女“两癌”免费检查项目实施方案》，成立领导小组，加强部门协调配合，明确各部门的职责，保障项目工作有序推进。2022年，宫颈癌检查1.81万人，乳腺癌检查1.8万人，分别完成目标任务的116.48%和115.6%。提升筛查水平。2022年，争取县级财政资金70余万元，采用液基细胞学检测方法，提高宫颈癌阳性检出率，检出宫颈癌前病变78人、宫颈原位腺癌1人、宫颈浸润癌2人、乳腺浸润癌4人。

【老龄健康服务】 做好老年健康服务。深化医养结合发展，做实医疗机构与养老机构签约服务。全县29家卫生院、社区卫生服务中心均与辖区内的养老服务中心、民办养老机构签订医养合作协议，为老年人开展1次健康体检、建立健康档案、健康管理服务、每季度上门巡诊等服务工作，为入住老年人提供基本公共卫生、基本医疗等服务，提升老年人生活幸福指数。开展“健康敲门行动”，在富加、禾加、禄加、黑龙滩、汪洋5个镇为3000多名提出申请的65岁及以上失能老年人开展“三个一”免费健康服务，维持失能老年人的功能，改善失能老年人生活质量。

医政管理

【概况】 2022年，仁寿县卫健系统严格控制费用不合理增长，县妇幼保健院成功创建三级乙等妇幼保健院，积极推进预约诊疗、远程医疗、检查检验结果互认等制度改善医疗服务。

【医疗费用监管】 控制医疗费用不合理增长，公立医院门诊、住院次均费用增幅均控制在5%以内。

【医疗技术监管】 继续做好限制类医疗技术备案及质控工作。年末，全县仅县人民医院、县中医医院、运长医院在眉山市卫健委进行限制类医疗技术备案，2022年无新增限制类医疗技术备案。

【医疗机构监管】 县妇幼保健院成功创建三乙妇幼保健院；县第二人民医院、运长医院启动二甲创建工作；县精保院、汪洋镇卫生院启动二乙创建工作。全县新立项市级重点专科3个，验收市级重点专科2个，采取“请进来、走出去”的多种培训模式，邀请省市学科带头人、学术专家开展学科类专题培训12次，参培人数达1.6万余人。县级医院与华西医院、省人民医院、成都中医大附属医院、省妇幼保健院等加强合作，2022年签订远程合作协议2个，专科联盟5个，引进上级专家坐诊24次，促进优质资源下沉。

【医疗废物监管】 2022年，按照省、市要求，继续完善医疗废物在线监管接入工作，本年度仁寿县疾控中心和仁寿蓉生单采血浆有限公司接入医废在线监管平台。

【医疗质量监管】 聚焦10项医疗质量安全改进目标，成立33个(全年新增9个)县级医疗质控中心，对全县医疗机构开展医务管理、药事、院感、临检等督导检查，有效提升医疗服务质量。积极推进临床路径管理，临床路径管理病种覆盖范围更广，管理率较上年度大幅提升。

【医疗纠纷处置】 全县各医疗机构发生医疗纠纷47起，其中医疗机构自行处理19起，人民调解17起，行政调解2起，法院受理5起，其他途径处理4起。

【医疗服务改善】 积极推进预约诊疗、远程医疗、检查检验结果互认等制度，积极开展多学科诊疗、日间手术、急诊急救等医疗服务。改善就医环境，二级及以上综合医院开设老年人挂号、就医等绿色通道比例达100%。强化人才招引。全年完成高层次人才、紧缺专业人才和公招考试录用编内人员共101名，招聘编外人员123名、“三支一扶”人员6名、公共卫生特别服务岗176名，切实提供人才支撑。采取“请进来、走出去”的多种培训模式，邀请省市学科带头人、学术专家开展学科类专题培训12次，全年各类培训参培人数达1.6万余人。

疾病预防控制

【概况】2022年，仁寿县扎实开展强化免疫规划和艾滋病、血吸虫病、结核病、重性精神病等重大传染病和重大疾病、慢性病防治。开展疫情监测和预警分析，全县无甲类传染病报告，全县无传染病暴发流行等重大疫情发生。强化新型冠状病毒感染、艾滋病、血吸虫病、结核病、重性精神病防治，重点疾病防控指标均达到或符合要求。全年，全县报告法定传染病2类22种3895例，比2021年下降1.12%，报告发病率293.37/10万，死亡42人，其中艾滋病41人、乙肝1人。甲类传染病无报告；乙类传染病报告16种2602例，比上年同期（2362例）上升10.16%，发病率327.60/10万；丙类传染病报告6种1293例，比上年同期（1577例）下降18.01%，发病率162.79/10万。发病前五位乙肝1077例、其他感染性腹泻538例、梅毒523例、肺结核523例、手足口病438例。

【免疫规划】2022年，每月及时上报免疫规划、非免疫规划疫苗本地和流动儿童接种报告，接种监测报告覆盖率100%。预防接种门诊建设。全县A级接种门诊4个，AA级接种门诊17个，AAA级接种门诊8个，数字化接种门诊4个。信息化建设。实施预防接种单位在线地图查询服务；开展医疗机构产科新生儿预防接种信息录入，录入及时完整率95%，准确率100%。全县报告接种疫苗28.67万剂次（免疫规划疫苗接种12.19万剂次、非免疫规划疫苗16.47万剂次），免疫规划疫苗接种率达99.72%，乙肝疫苗首针及时接种率达98.29%，卡介苗接种率99.83%，脊灰、乙脑、流脑A群、流脑A+C群、白破二联、麻腮风、甲肝疫苗接种率均达到95%以上。AFP100%，麻疹监测100%，AEFI报告率4.72/1000。疫苗和注射器管理账物相符达到100%，失效疫苗数量小于计划量的5%；冷链设备正常运行率达到100%，温度监测记录真实率、完整率均达到100%，冷链管理系统报警信息处理及时率、规范率均达到100%。重组乙型肝炎疫苗补种率96.67%，麻疹腮腺炎风疹联合减毒活疫苗补种率96.99%。

【艾滋病防治】共报告现住址为仁寿的感染者/病人共计3060人，死亡692例，截至年末，存活2368例。美沙酮延伸门诊保持率85.71%，扩大检测占常住人口34.62%，艾滋病病毒感染者/病人随访检测比例达93.92%，艾滋病病毒感染者/病人的配偶/固定性伴HIV抗体检测率达91.91%，艾滋病病毒感染者/病人接受结核检查的比例达94.64%，病毒载量检测比例为95.02%。正在接受抗病毒治疗比例达96.62%，治疗成功率94.16%。孕产妇艾滋病检测率100%，艾滋病感染孕产妇抗病毒用药率100%，艾滋病感染孕产妇所生婴儿抗艾滋病毒用药率100%，艾滋病母婴传播率为零。

【结核病防治】2022年，仁寿县报告发病率58.89/10万，相比上年同期下降1.32%。初诊疑似或肺结核患者查痰率96%（697/726）（指标要求>95%）。总体到位率95.19%（824/877）（指标要求>95%）。病原学阳性率53.90%（249/462）（指标要求>50%）。基层医疗卫生机构肺结核患者规范管理率96%（431/449）（指标要求>90%）。肺结核患者成功治疗率94.44%（425/450）（指标要求>90%）。病原学阳性肺结核患者耐药筛查率96.62%（指标要求>90%）。病原学阳性肺结核患者家属筛查率64.66%（161/249）（指标要求达>95%）。利福平耐药患者纳入治疗率70%（指标要求>75%）。高危人群耐药筛查率96.87%（指标要求>95%）。结核病症状筛查率100%，参加TST筛查率90.58%。（指标要求>85%）。

【寄生虫病防治】血吸虫病防治。查螺2308.42万平方米、药物灭螺598.39万平方米，分别占目标任务的104.93%、108.80%；人群查病4.87万人次（其中询检1.56万人次、血检3.09万人次、粪检0.22万人次）、人群化疗1.16万人次，分别占全年目标任务的103.26%（其中询检104.22%、血检102.99%、粪检100.41%）、100.83%；晚血治疗34人，占全年目标任务的100%；登记病人随访、管理138人次，占全年目标任务的205.97%。钉螺滋生环境完成钉螺调查72.06万平方米，查见钉螺12.93万平方米，检获钉螺1743只，其中活螺1727只，活螺均进行了LAMP检测，且均为阴性；流动人群血吸虫病监测200人，均为阴性；钉螺监测和野粪监测活螺密度0.22只/框，解剖钉螺78只，未发现感染性钉螺；查见野粪 3 份,2 份为狗粪,1 份为其他,病原学检测结果均为阴性;调查植物移栽环境面积 23.1 万平方米,均未查见钉螺;开展漂浮物监测打捞漂浮物 124.6 千克,发现其他螺类 580 只,未查见钉螺。发热病人血吸虫病监测发热病人 1369 人次,血检筛查结果均为阴性。疟疾防治。血检 1122 人次,占目标任务的 101.08%,复核血片 148 张,占目标任务的 133.33%。

【重点疾病防控】 全年无狂犬病病例报告。手足口病共报告 438 例,较 2021 年(1015 例)下降 56.85%,无重症,无死亡;手足口病标本 73 例(目标任务 72 例),其中实验室确诊病例 50 例,其中 COX A16 有 21 例,其他肠道病毒 29 例。流感 302 例,较 2021 年(62 例)上升 387.10%,无聚集性和暴发疫情,无死亡。全年共报告乙肝 1077 例,较 2021 年(932 例)上升 5.56%,死亡 2 例;采集 15 份血清样品(无目标任务)开展实验室监测。全年无新发麻风病例,发现 78 条麻风疑似线索,均排除麻风。共报告梅毒 523 例,较 2021 年(435 例)上升 20.23%。

【慢性病防控】 死因监测。共报告死亡 8741 人,完成年度目标 102.53%。肿瘤监测。共报告肿瘤发病人数 3068 例,完成年度任务 94.08% (3068/3261),报告肿瘤死亡人数 1909 例,完成年度任务 78.92%(1909/2419)。死亡发病比为 0.62(死亡发病比参考值为 0.6 ~ 0.8)。慢病管理。常住居民(中央核定人口数)92.3 万人,其中建立规范化的电子健康档案 92.3 万份,规范化电子建档率为 100%;老年人建档 21.05 万人,健康管理 10.46 万人,健康管理率 51.68%;应管理的高血压患者 5.85 万人,辖区内已管理的高血压患者 6.59 万人,任务完成率 112.62%;应管理的 2 型糖尿病患者 1.99 万人,辖区内已管理的 2 型糖尿病患者 2.36 万人,任务完成率 118.34%。

【地方病防控】 2022 年,全县在禾加、富加、汪洋、文宫、龙正 5 个乡镇及县妇幼保健院、仁寿盐业公司开展重点人群碘缺乏病监测工作。累计采集尿样共 600 份、盐样共 555 份、水样共 10 份,累计对 200 名 8 ~ 10 岁学生甲状腺 B 超检查,所有检测指标均合格,继续巩固了全县碘缺乏病消除成果。

【新冠肺炎疫情防控】 疫情以来,县疾控中心累计开展流行病学调查 1.65 万余人次;核酸采样检测 600.36 万份(2020 年 4.78 万份,2021 年 34.48 万份,2022 年 561.09 万份),其中人员 532.10 万份(2020 年 4.09 万份,2021 年 24.61 万份,2022 年 503.40 万份),环境物品 68.25 万份(2020 年 6863 份,2021 年 9.87 万份,2022 年 57.70 万份);重点场所消毒 183.46 万平方米。新冠疫苗累计发放 242.63 万剂次,接种 226.85 万剂次。

健康促进

【概况】 2022 年,仁寿县卫生健康局认真开展《中华人民共和国职业病防治法》宣传周活动,积极创建仁寿县国家卫生县城,加强病媒生物防治,全面整治城乡环境卫生。

【职业健康】 2022 年 4 月,县卫生健康局会同县民政局、县人社局、县医保局、县总工会,围绕“一切为了劳动者健康”主题,开展《中华人民共和国职业病防治法》宣传周活动,宣传受众人数 1400 余人,发放资料 700 余份。开展职业病危害专项治理,将 35 家存在危害因素超标企业纳入治理范围,一企一策。汪洋建宝水泥有限公司创建 2022 年度省级健康企业,县委卫生健康局多次对创建情况督导和现场查看,并根据创建企业反馈的问题和存在的困难,提出切实可行的解决方案。

【爱国卫生管理】 加强爱国卫生组织管理。县委、县政府多次召开常委会,研究创卫工作,印发《中共仁寿县委　仁寿县人民政府关于创建国家卫生县的决定》《中共仁寿县委办公室　仁寿县人民政府办公室关于印发〈仁寿县创建国家卫生县、省级文明城市工作包保责任制实施方案〉的通知》《仁寿县创建国家卫生县指挥部关于印发〈仁寿县创建国家卫生县工作实施方案〉的通知》等重要文件。强化爱国卫生工作体系。县上调整充实爱卫会成员,县级各部门、企事业单位、村(社区)等成立爱国卫生工作领导小组,并落实 1 名专(兼)职工作人员负责爱卫(创卫)工作。强化绩效考核。将爱卫(创卫)工作纳入全县绩效考核,严格打表推进,落实奖惩。加强经费保障。爱卫办工作经费、卫生城镇创建、病媒生物防制工作专项经费纳入财政预算。开展卫生创建活动。不定期对拟创建的卫生乡镇、卫生村(社区)、卫生单位、无烟单位进行督促指导;定期对已创成的各级各类卫生乡镇、卫生村(社区)、卫生单位、无烟单位开展复审工作。广泛开展爱国卫生运动。各乡镇(街道)、县级各部门以多种形式开展爱国卫生月、“5·31”世界无烟日等群众性爱国卫生运动。

【病媒生物防治】 科学开展病媒生物防制工作。开展病媒生物防制专业技术人员、专兼职人员培训,开展孳生地调查和治理、三防设施建设、督导检查等;不断优化方案,印发病媒生物防制工作实施方案、工作技术方案、滋生地调查和治理工作方案、防制宣传和培训工作方案、密度监测工作实施方案等文件。加强治理病媒生物滋生地。定期组织干部职工到包保网格清除垃圾、治理卫生死角,病媒生物滋生环境得到有效治理。抓好重点场所"三防"设施建设。加强对农贸市场、宾馆、饭店、餐饮、食品加工、粮库、医院、公共场所"五小"等重点行业、重点单位、重点区域的监管力度,督促各企业、单位规范建设并使用防蚊防蝇防鼠设施,重点场所"三防"设施建设有所完善。科学进行消杀。各乡镇在辖区范围内开展病媒生物防治消杀活动。县爱卫办组织第三方消杀公司在建成区重点场所开展春秋季病媒生物药物消杀活动,共安装陶瓷毒饵盒3307个,防鼠网2059个,太阳能杀虫灯36盏,诱蝇笼2026个,投放灭鼠饵剂2.08万千克、杀蟑饵剂4.08万袋,喷洒各类杀虫剂1.06万千克。

【环境卫生整治】 全面整治城乡环境卫生,重点突破背街小巷、老旧小区、城中村、城乡接合部、农产品市场和房前屋后、庭院内外、村道两侧等重点部位。实施专项行动,开展农贸市场专项整治、"五小"行业和食品"三小"专项整治、"十乱"现象专项整治、周五卫生大扫除、明沟散排工程、清河行动、城区绿化美化等行动。基础设施建设不断完善,城市形象进一步提升。建成区绿化覆盖率为40.99%,人均公园绿地面积为17.67平方米,已完成坝达市场、城南市场、龙水河批发市场、永丰市场、光彩市场、陵南批发市场、汪洋牌坊市场、富加市场、文宫新市场、满井兆嘉市场等10个农贸市场的升级改造,已改造58个小区,涉及户数2889户,楼栋194栋、31.51万平方米。

驻仁三甲医院简介

【仁寿县人民医院】 仁寿县人民医院始建于1941年,医院充分依托人才和技术优势,致力于学科建设,已发展为集医疗、教学、科研、预防、保健为一体的国家三级甲等综合医院、国家级爱婴医院,是四川省基层卫生机构全科医生转岗培训基地、四川省基层卫生人才能力提升培训(骨干人员)基地、四川省护士规范化培训基地(院内)、内江卫生与健康职业学院实践与教学基地和仁寿县医教研中心。在香港艾力彼医院管理中心"中国县级医院竞争力100强"排名中,医院连续8年入围全国百强县级医院。全院占地面积10.33公顷,编制床位999张,开放床位1200张。截至2022年6月,医院在岗员工共计1523人,其中正高级职称32人,副高级职称193人,硕士以上学历88人,四川省学术技术后备人选2人,眉州名医6人,医德标兵2人,首批眉州本土箐才1人,各学科技术带头人20名担任市级专业学术委员会主任或副主任。设职能科室20个,临床科室23个,医技、辅助及门诊14个,医院配有256排螺旋CT、东芝64排螺旋CT、西门子MRI(核磁共振)、GEDSA(大型C型臂数字减影血管造影机)等万元以上设备共1400余件(台)。

【仁寿县中医医院】 仁寿县中医医院始建于1980年,位于仁寿大道172号,是一所集医、教、研于一体,中医、中西医结合为特色的国家三级甲等中医医院、国家爱婴医院、各类医保定点医院。医院设老院区和新院区,老院区占地面积1公顷,建筑面积2.68万平方米,编制床位500张,开放床位506张。新院区占地面积9公顷,一期建筑面积7.7万平方米,编制床位800张,开放床位800张。医院有24个职能科室、17个临床科室、13个病区、9个医技科室、5个省级(骨伤科、康复科、脑病科、老年病科、心病科)、4个市级(肛肠科、心病科、肺病科、脾胃病科)重点中医专科、1个在建临床重点专科(麻醉科)。医院有职工803人,其中在职职工671人(在编人员318人、临聘人员327人、特需岗人员26人)、退休职工132人,正高级职称16人、副高级职称68人,硕士研究生31人。省名中医3人、市名中医12人、县名中医10人,省学术技术带头人2人。共有医疗设备1800余台,其中10万元以上设备77台。配置有1.5T核磁共振仪、大C(兼容血管机)、16排螺旋CT机、悬吊平板DR机、C型臂、贝克曼全自动生化分析仪、GE四维彩超、APLIO400彩超、史赛克电视腹腔镜系统、电子膝关节镜等离子电切镜、电子胆道镜、科医人钬激光、恒温蜡疗仪、多功能中药熏蒸治疗仪、超短波治疗仪、微波治疗仪、中频治疗仪及"健康小屋"等中西检查诊疗设备设施。全院共有中医诊疗设备14大类40种。

社会生活

人口管理

【概况】 2022年，仁寿县公安局认真谋划工作思路，紧盯人民群众“急难愁盼”问题，围绕引进人才的新生儿落户、投靠子女退休认定、居住证受理审核、公民出入境管理等工作进行专题研究，想实招、出实策，以实际行动展现新担当新作为，推进人口管理工作高质量发展。

【一标三实信息采集】 2022年，全年开展重点群体推送核查、“一标三实”辅助采集维护、“一标三实”精准大赋能采集、基础信息采集、户籍人口清理登记等工作。全年核查省公安厅推送的重点群体信息7327条、“一标三实”辅助采集维护信息1.69万条、“一标三实”精准大赋能维护信息3.62万条、清理户籍人口信息16.87万条等及其他基础性工作。

【户政管理】 2022年，全县户籍窗口共办理辖区居民身份证6.68万件、全国异地身份证1364件、边境通行证1500件、网上户籍迁移业务5427件、出生登记6313人、死亡注销1.71万人、重登误登注销125人、人口信息项目变动2.82万件、微户政网上业务582件、疑似重复线索清理、虚假出生医学证明、不标准地址清理及死亡应销未销户口清理等户口专项清理整顿2.38万件，清理完成率达到100%。深化户籍制度改革、“放管服”工作，整合优化警力，取消户政业务办理地域限制，全面推动户籍业务“审、报、批”一站式服务工作。抓评议建设，细化社会化综合评价工作措施，通过群众满意度测评表、服务评价器、意见箱等方式实现窗口服务“优、实、细”，大力提升人民群众满意度。

【出入境管理】 2022年，出入境共受理业务3328次，其中护照246件，往来港澳通行证1784件，港澳签注1274件，往来台湾通行证4件，台湾签注10件，前往港澳通行证9件，港澳居民来往内地通行证1件。窗口服务评价器使用率及群众满意评价率均达到100%。新增和修改法定不批准出境人员报备信息172条；国家工作人员报备新增151人，撤销45人；协助查询出入境记录共1624人次。将44名“三非”外国人列为三级重点外国人进行管控。全年共采集境外人员住宿登记信息539条，处理提醒事项690条，累计走访外国人420余人次。全年查处“三非”行政案件34起，处罚34人；查处非法聘用外国人单位2家；查处酒店未如实登记上报旅客信息案1起；查处外国人不按规定申报住宿登记信息案3起。全年共立妨害国(边)境案35起，累计抓获犯罪嫌疑人78人。

治安管理

【概况】 2022年，仁寿县公安局坚决扛起安保维稳政治责任，以“细致、精致、极致”为标准圆满完成元旦、春节、清明等重要节日和北京冬奥会、冬残奥会、全国全省“两会”、省第十二次党代会等重大安保任务。围绕中共二十大安保维稳，进一步细化“七大攻坚战任务清单”和“十项攻坚工作机制”，搭建“1+1+1+N”勤务指挥体系，常态运行13支安保维稳工作专班，常备三个梯队200人的应急处置队伍，严格落实“135分钟”快反要求，排查、检查重点区域、重点部位、重点行业，有效查缉过滤各类风险，严厉打击各类违法犯罪活动。

【扫黄禁赌】 2022年，共破获涉黄刑事案件12起，采取强制措施25人，移送起诉20人；查处行政案件42起，行政处罚87人，其中治安拘留23人。全年破获涉赌刑事案件38起，采取强制措施25人，移送起诉18人；查处涉赌行政案件263起，行政处罚956人，其中治安拘留64人。

【矛盾纠纷化解】 2022年，将全部矛盾纠纷录入到警综平台内“矛盾纠纷调处管理”模块内，全年录入来源为“接处警”纠纷4496条、“功能性录入”纠纷107条，实现矛盾纠纷全部化解。充分利用“四川e治采”软件，加强矛盾纠纷风险隐患的排查和上报，完成E治采纠纷预警回访任务114人。

【内部治安保卫】 治安保卫重点单位38家，全部录入“一标三实”信息系统，每月定期开展安全检查，指导督促单位完善“人防、物防、技防”措施。清理整理保安服务行业，规范保安服务市场，积极推行物业小区、企事业单位“门卫保安化、保安职业化”。实施大型群众性活动安全许可1件。全县银行业金融机构13家，营业网点180个，离行式自助设备54处，共抽查营业网点120个，13家金融机构安防设施均达合格或优秀标准。根据四川省委政法委、省公安厅、省教育厅《关于2022年中小学幼儿园安全防范要求GB/72的通知》精神，结合“磐石”系列等专项行动工作要求，积极开展中小学、幼儿园校园安全防范整治工作，强化校园内部安全，净化校园周边环境。联合教育部门，走进校园，通过发放宣传资料、采取相关法律知识问答等方式积极开展校园法制安全宣传教育。与学校总体教学安排相结合,向学校师生宣传、传授防诈骗、防盗抢、防校园欺凌、远离“黄赌毒”、防传销、交通安全及消防安全、反恐防暴、危险感知和逃生自救等方面的常识和技能。组织师生开展突发事件应急演练,开展校园安全隐患排查整改,加强校园内部保卫人员建设,积极推进校园物防、技防设施建设。开展寄递物流渠道安全监管工作,辖区寄递物流企业门店全部录入“一标三实”信息系统,收寄件实行100%实名登记、100%开箱验视和X光机检查制度。

【治安管理】 2022年,排查全县各类加油站点200余家次,整改落实安全隐患15起;开展打击枪爆违法犯罪及“磐石”系列等各项专项整治行动,张贴《四川公安厅关于敦促主动上交非法持有枪爆物品依法严厉打击枪爆违法犯罪的通告》2000余份,共出动警力1560余人次,警车490余台次,收缴各类枪支32支,管制刀具47把,弓弩3把,过期雷管3735发,群众上交雷管13发,破获非法持有枪支案件12起,刑拘16人,查处非法储存危险物资案件14起,治安处罚14人。查处非法购买易制爆化学物品1起,治安处罚1人。破获非法运输化学品1起,治安处罚1人。检查涉爆单位135家次,发现并督促整改隐患4处。涉枪单位78家次,剧毒化学品使用单位17家次,发现并督促整改隐患24起,查处违反危险化学品管理及使用规定案件1起,处罚单位1家。全年没有发生民爆物品丢失、被盗及爆破事故。

【“巡警+”模式】 2022年,进一步深化“巡警+”勤务开展,撬动社会资源投入,勤务由被动变为主动效能凸显。与普宁街道办9个社区开展“巡警+”勤务工作,充分发挥社区干部、小区物管、治安积极分子对辖区底数清、情况熟的特点优势,摸排各类线索23条,检查各类场所治安、疫情防控达320余次,巡逻中调解矛盾纠纷47起,协助处置简易交通事故13起,消除违规占用消防通道隐患69起。

【夜巡模式】 2022年,夜间巡防共挡获各类违法犯罪嫌疑人188人,其中盗窃4人、吸毒1人、卖淫嫖娼3人、赌博139人、酒驾等交通违法22人、其他违法19人,追回被盗电瓶车2辆。开展护学行动,在夜间学生放学时段,加强校园周边巡逻防控和驻校护学。开展流动设卡盘查,在城区开展流动治安设卡盘查,遏制防范夜间突出治安问题。开展场所清查整治,对涉黄、涉赌、寻衅滋事、打架斗殴等影响治安稳定和群众安全感的场所、部位开展清查整治。开展部位驻点蹲守,尤其针对凌晨警力薄弱、案件易发部位驻点蹲守,针对性防范打击夜间突出案件。打造驻点平衡车队,于2022年6月下旬组建栖西里商圈驻点巡逻平衡车队,切实保障城区夜间网红商圈的治安稳定、群众安全。

【应急处置】 牢固树立“靠前一步、主动作为”工作理念,积极探索特警快速反应机制建设,打造更加适应实战需要、更加快捷高效的应急处突体系,进一步完善值班备勤制度,全天三分之一警力24小时待命,确保闻警即动、随时出警。健全城区点位值守机制,提升屯警街面成效,建立立体巡防机制,武装巡逻常态化,实现动中备勤、巡逻待警,提升应急处突工作效能。

【森林防灭火】 2022年,认真贯彻习近平总书记关于森林草原防灭火系列重要指示批示精神,严格落实各级森林防灭火工作会议精神,牵头成立县森防指火案查处领导小组,印发《仁寿县森林防灭火指挥部火案查处组工作方案》,聚集各部门力量,形成火案查处合力;深入开展违规野外用火专项整治工作,深入开展调研督导,多次到负责乡镇和派出所督导检查,带动部门及派出所两级公安机关迅速开展森林防灭火调研工作;联合县森防指成员单位到负责的6个乡镇开展森林防火专项整治“回头看”督查6次,整治工作问题34处;深化森林防灭火宣传发动工作,共发放宣传资料5万余份,设置固定宣传栏128个,教育劝导违规野外用火群众356人次,全年未发生一起森林火案,无一人因森林火灾案件受到处罚。

【犯罪打击】 2022年,县公安局以“磐石”系列、“昆仑”2022、打击破坏生物多样性犯罪专项行动、HPV疫苗预约接种专项整治行动、食品安全攻坚专项行动、森林火灾隐患排查整治和查处违规用火行为专项行动、“火案攻坚”等专项行动为抓手,严厉打击各类违法犯罪。全年共侦破“食药环知森”领域刑事案件38起,移送起诉35起52人。其中食品类案件17起,移送起诉17起17人;环境类(含非法捕捞)案件8起,移送起诉7起19人;知识产权类案件4起,移送起诉3起4人;森林类案件9起,移送起诉8起12人。侦破2021年森林类积案1起,移送起诉1人;知识产权类积案1起,移送起诉3人。2起案件分别被公安部和四川省公安厅挂牌督办,其中“5·8”四川仁寿××焦化有限公司污染环境案被公安部挂牌督办,仁寿县××建材有限公司非法占用林地案被四川省公安厅挂牌督办。

【疫情流调溯源】 2022年,组织开

展疫情流调溯源工作培训6次，参加四川省疫情防控演练1次、眉山市疫情防控演练2次、仁寿县疫情防控演练4次。区域协查收到上级推送33万余条，其中红黄码数据5万余条，区域协查数据3万余条，其他数据25.71万条，对区域协查下发的红黄码数据中未能联系上2300余人。仁寿“11·18”疫情点多面广，涉及仁寿5个乡镇、3个街道办20多个小区，投入警力230人次，对96名本土阳性病例开展轨迹核查追阳断链，排查出密接2811人，实现社会面全部清零。

【重大风险预防化解】 2022年，制定实施《仁寿县公安局关于体系化推动重大风险预防化解工作的实施方案》，组织各风控责任专班开展风险会商研判25次，形成专报25篇，各责任专班共报送情报信息171条，重点人员218人，稳控黑龙滩长岛、融创等房产群体12个，麒麟矿机、美酷等投资受损群体4个，排查事故易发、标示隐患等风险隐患点91个，枪爆危物品隐患10个，个人极端人员5人。

【经济侦查】 2022年，以整治和规范市场经济秩序为重点，全力开展“磐石”系列专项行动。全年共受理各类经济犯罪案件32起，立案8起，侦破8起，涉案金额8000余万元，刑拘4人，取保候审14人，移送起诉19人，检察院公诉17人，挽回经济损失1300余万元，收缴假币12万元。对经侦信访重点人员逐一建档，坚持“一人一档、一人一策”的责任原则，逐人逐档落实稳控措施，并按要求落实专人盯防、专人指导、专班处置等工作要求，常态化开展情报收集研判，共稳控重点群体90余件，稳控重点人群600余人。紧紧依靠云端主战模式，坚持情报导侦，以“信息化建设、数据化实战”为导向，通过云端子系统协查涉众型线索47起，协助异地公安机关登记取证本地投资者80余人。

【严打涉毒犯罪】 2022年，以制贩毒案件为重点，大要案、目标案为抓手，全力推进“磐石”系列行动、“净边2022”专项行动等专项行动、吸毒人员登记信息集中核实纠错专项行动、“满员收戒全员管控”专项行动，全面加强人员管控、场所清查、宣传教育、严厉打击涉毒违法犯罪。共办理涉毒案件101起，破获涉毒刑事案件25起，抓获涉毒犯罪嫌疑人29人；查获吸毒案件76起，查获吸毒人员102人，强制隔离戒毒20人，社区戒毒29人。

应急管理

【概况】 2022年，仁寿县应急管理局聚焦省厅市局提出的“六大工程”，结合仁寿实际，找准短板弱项，强力推进智慧应急，建设多位一体的集成应急指挥平台；持续发力夯基固本，稳妥推进县级层面应急管理综合执法改革，建设6个中心乡镇前置驻防综合性救援队伍和初阶“3+6+27+N”的物资储备体系；筑牢应急堡垒阵地，实施安全体验中心升级改造，实施矿山救护队搬迁入城，对新驻地进行全面改造。

【自然灾害应急处置】 推进应急指挥平台建设。完成“智慧应急”验收。指挥中心大厅已接通自规、住建、气象、水利等前端影像，进行同步监测实施。通过建立以安全生产监管平台为基础、结合“智慧仁寿”系统建设、应急会商视频系统为支撑、应急指挥中心为中枢的应急指挥平台系统，形成贯通全县的事故灾害应急指挥网络，统筹救援队伍、专家、物资、装备等应急资源。截至年末，指挥中心已接入住建、自规、气象、水利等前端影像，有效实现实时监控。推进基层队伍建设。全力推进“一主两辅”队伍建设工作。完成6个专职消防站改建及升级建强工作任务。钟祥镇、禄加镇新建专职消防站10月完成建设并入驻备勤。全县27个乡镇（街道）和293个村（社区）分别组建应急队、应急分队，建成基层应急队

2022年5月12日，县应急管理局组织减灾委成员单位，在县法治广场开展“5·12”防灾减灾日宣传活动（县应急管理局/供图）

伍3700余名，队伍覆盖率100%，实现半小时内到达救援现场。切实做好“5·8”“5·13”“6·22”“6·26”4次暴雨过程防范应对工作，未发生自然灾害引发的死亡事故。全县因洪涝灾害受灾84967人，提前紧急避险转移412人，紧急转移安置194人，其中，集中安置172人，分散安置22人，直接经济损失2583.31万元。全县无人员伤亡失踪、无重大财产损失。推进应急预案体系建设。完成《突发事件总体预案》修订，完成《仁寿县多灾种叠加应急预案》印发，完成33项专项预案、14项部门预案、27个乡镇(街道)综合应急预案修编工作。补充200余万元购置防汛物资，加强“7+N”应急救援队伍建设，常备应急队员4000余人，开展重点行业领域安全生产领域应急演练17余场次，开展防汛综合演练30余场次，隐患点应急避险演练28次，覆盖2000余人次，全面提升全县应急救援水平。推进完善片区应急机制。制度标准化建设。统一印发制定《提升基层应急管理能力工作任务责任清单》《仁寿县基层应急队伍建设“五张清单”模板》《家庭应急物资储备建议清单》《进一步强化突发事件信息报送工作》，制定完善《仁寿县防汛防灾减灾应急手册》规范应急救援行动。建立物资储备点制度。规范出入库台账，设置地灾转移清单，编制巡查检查、应急值守、先期处置等管理制度，进一步推进救灾物资储备机制。开展应急管理模式网格化。制定下发《“一主两辅”队伍应急联动机制》，与周边市州签订《自然灾害应急救援区域联动协议》，发挥好中心消防站及辅助救援力量，建立健全应急管理救援工作机制，规范协调联动，完善片区指挥。推进应急场所建设。整合广场、公园、绿地等可用资源，基本完成全县295个应急避难安置点和村(社区)应急服务点建设，配备必要的生活物资和设施设备。制定印发《“十四五”应急体系规划》，规划完善应急避难场所点位建设，结合实际满足避难场所、通道的需要。同时结合第一批次、第二批次乡镇片区应急体系专项规划，在6个中心乡镇规划好避难场所建设需求。拟定专项债券储备项目投入1200万元，在文宫、黑龙滩、方家、禾加、钟祥、汪洋6个区域中心场镇建立应急物资前置储备库，构建应急物资半小时覆盖圈，全面提升应急救援能力。推进应急处置能力。全县消防救援、矿山救护、森林扑火等应急救援骨干力量300余人全员在岗在位备勤值守，27个乡镇(街道)“两辅”队伍三分之二人员共2000余人实体化备勤，在重点区域开展前置驻守巡防，时刻保持最高应急临战状态。接警情1148起，出动车辆1789辆次，出动人员9014人次，完成火灾扑救525起，抢险救援等592起。推进乡镇片区应急体系专项规划。仁寿县第一批次应急规划两个片区(文宫眉东新城协同发展片区、富加三产融合发展片区)7月1日报四川省应急厅备案。截至年末，第二批次应急规划4个片区已完成乡镇部门征求意见、公众征求意见、专家评审，其余相关工作有序推进。

安全生产监管

【概况】 2022年，仁寿县应急管理局，全力统筹好安全和发展两件大事，坚守安全红线底线，有效防范遏制事故发生。纵深推进“五进宣传”全域覆盖，发放宣传资料8万余份，发送短信20万余条，接待群众3536人次；纵深推进“三年行动”巩固提升，聚焦3个专题、23个专项、115项重点任务。共检查企事业单位3408

2022年8月3日，仁寿县2022年山洪地灾综合应急演练在文宫镇石家社区开展(县应急管理局/供图)

家次，排查整治各类一般安全隐患4276项，整改隐患3995项，整改率达93.4%，约谈警示173家次，停产整顿11家，行政处罚655次，罚款284.843万元。纵深推进“安全大检查”。共派出工作组1596个，排查一般安全隐患5139个，已整改5074个，整改率98.7%，打非治违131起。纵深推进“五大专项”化解风险，查整治危险化学品安全隐患172处，摸排整治城镇燃气安全隐患1.29万处，建立水电站“三单一书”长效机制，有序推进“4座退出+5座整改保留”方案。纵深推进“百日攻坚”成效显著，各级排查出各类问题隐患2472处，已整改2453处，整改率99.23%。纵深推进“护安执法”高压监管，共出动执法人员2429人次，检查企业1258家，发现隐患974项，整改隐患956项，责令停产停业3家，立案452起，下达执法文书517份，决定处罚金额147.09万元。

【安全监管】 抓好危险化学品和烟花爆竹安全专项整治，重点抓好危险化学品专项整治三年行动和集中治理工作，严格落实烟花爆竹批发企业“六严禁”（严禁经营超标、违禁、非法产品；严禁超许可范围经营及向零售点销售专业燃放类产品；严禁在仓库存放不属于烟花爆竹的爆炸物等危险物品；严禁将执法收缴的产品与正常经营的产品混存；严禁储存超量、堆放超高以及通道堵塞；严禁购买和销售未张贴流向登记标签的产品）和零售店“两关闭”（关闭存在“下店上宅”“前店后宅”等形式与居民居住场所设置在同一建筑物内的零售点；关闭与人员密集场所和重点建筑物安全距离不符合条件、集中连片经营、在超市内销售、未按规定专店或专项销售的零售点）“三严禁”（严禁销售超标违禁、专业燃放类产品或从非法渠道购进的产品；严禁在许可证载明的经营场所外存放烟花爆竹；严禁超许可证载明限量存放烟花爆竹等违法行为和仓库内拆箱、组装、包装等违法违规行为）工作，紧盯危险化学品、烟花爆竹生产经营等重点区域、重要环节不放松，加大排查管控力度，严防事故发生。

【安全宣传】 统筹开展“5·12”防灾减灾日、“10·13”国际减灾日两大主题活动，全力推进防灾减灾知识和技能“进企业、进农村、进社区、进学校、进家庭”。活动期间，悬挂、张贴防灾减灾宣传画、标语200余幅（条），展板120多个，向群众发放宣传单2.5万多份，宣传手册5000多本，宣传小礼品1万余个，组织开展科普咨询培训5000人次，发送公益短信21万条，参加防灾减灾知识竞赛和有奖竞猜3.5万人次。

防震减灾救灾

【概况】 2022年，仁寿县全力抓好防灾减灾救灾工作。抓好森林防灭火，设置安全用火劝导点、检查点700余个，清理林下可燃物73吨，开展全县性检查6次，督促整改问题隐患132项。抓好防汛抗旱，发布灾害预警信息13次，预警短信2.2万余条，出动专业救援队伍7次180人次，开展抢险救援59次，紧急转移345人次。抓好防震减灾，全面排查房屋建筑26.2万余栋，存在安全风险隐患8789栋，已整治6828栋。抓好减灾救灾，全面完成重建15户，维修加固28户，65.57万元全部拨付到群众账户。抓好应急应对，共出动消防车1789辆次，出动人员9060人次，疏散人员120人，抢救被困人员82人。

【防汛减灾】 开展应急演练。以“5·12”防灾减灾日宣传周、安全生产月、“119”消防宣传月等活动为契机，督促指导各镇乡、部门、园区开展消防、防洪、地质灾害等应急救援演练共计60余次，有效提升应急处置能力。做好应急救援，妥善有效处置仁寿县黑龙滩镇大坝社区二组半边山（G351线K2851+500黑龙滩路口处）发生山体崩塌等系列灾害、事故，排除各类险情6次。

【森林防灭火】 协助县大数据中心完成“智慧应急”二期项目（仁寿县森林防灭火智慧物联网监测预警体系）建设招投标，总投资690万元。建设规模为智慧物联网监测预警体系1套。

【防震减灾】 申报且批复一个市级防震减灾示范科普学校，批复一个省级防震减灾科普示范学校。落实仁寿县防震减灾综合能力建设项目，修订完善并印发《2022年防震减灾应急预案》，制定重特大地震专班，建设维护应急避难场所289个。积极完善体制机制，及时出台《仁寿县自然灾害救助实施细则》。聚焦7月14日县减灾委办公室印发《仁寿县自然灾害情况统计调查和核定会商工作实施方案》的通知，每月县减灾办召集应急、气象、水利、自然资源、住建、农业、消防等重点部门开展自然灾害风险分析研判。加强灾害信息员培训，2022年4月2日、4月25日和9月26日分3次通过现场培训、视频会培训等形式，业务培训县、乡、村三级灾害信息员1000人次。减灾示范社区创建。2022年投入资金20余万元，在曹家镇东联村开展综合减灾示范社区创建。

【救灾款物使用】 2022年受灾情况。

全年全县遭受“6·23”“6·26”“8·2”洪灾和“8·17”高温干旱共4次灾害,造成全县8.5万人受灾,农作物受灾面积2972.67公顷,其中,成灾947.72公顷,绝收33.13公顷;房屋严重受损5户11间、一般损坏34户54间;直接经济损失约2583.31万元。2021—2022年度冬春救助资金发放情况。全县共安排冬春救助资金546万元(其中,向上争取资金429万元,县本级配套资金117万元),共救助受灾困难群众3.27万人。过冬物资发放情况。全年共向27个乡镇(街道)调拨发放御寒过冬物资棉被3100床,防寒服2340件,棉衣裤1080套,价值110余万元。灾后农房重建情况。实施2021年度灾后重建农房共15户,加固维修农房28户,共争取灾后农房重建加固资金66.17万元。

交通安全管理

【概况】 2022年,仁寿公安交警紧紧围绕中共二十大交通安保主线,统筹推进事故预防、秩序管控、疫情防控、安保维稳等中心工作,扎实开展“磐石”系列和“减量控大”专项行动,全力以赴防风险、护安全、保畅通、促发展,有效维护全县道路交通和社会安全持续稳定。

【道路交通秩序管理】 2022年,深入推进“三城联创”,开展“城市交通秩序系列集中整治行动”,治乱疏堵保畅通,组织开展“百日行动”“冬季行动”“酒驾毒驾整治”统一行动,严厉打击易肇事肇祸交通违法,规范道路交通秩序。共查处各类交通违法行为29.52万起(其中无证驾驶1551起、饮酒驾驶1777起、再次饮酒驾驶22起、醉驾13起、小车超员273起、货车超载3489起、货车超速904起、违法停车5.4万起、违反标志标线7192起、其他交通违法22.73万起),暂扣驾驶证2048个,吊销驾驶证121个,拘留109人。

【道路交通事故预防】 持续深入开展道路交通安全隐患清查行动、临水路段安全隐患专项排查治理行动、重点车辆及驾驶人源头隐患“清零”行动,夯实道路交通安全基础,有效防范遏制交通事故。2022年,全县共发生各类道路交通事故1.06万起(简易程序事故1.03万起、一般程序事故255起),死亡72人,受伤271人,直接经济损失95.08万元。侦破交通事故逃逸案件167起(其中死亡逃逸案件8起,伤人逃逸案件43起,财产损失逃逸案件116起)。调解交通事故1898件,调解赔偿金额1420.9万元,调处结案成功率达100%。全县未发生一起死亡3人以上的较大交通事故。

【道路交通安全宣传】 以“一老一小”“一盔一带”、客车货车校车等重点车辆驾驶人为重点,开展文明交通宣传和面对面警示教育,提升交通安全宣传教育的针对性和有效性。精心筹划并成功举办全省“美丽乡村行”启动仪式。全年,组织进校园宣传96次,进农村宣传108次,进小区宣传36次,进企业宣传24次,公开曝光典型违法120起,通过仁寿交警微博推送信息2332条,微信推送信息230条,抖音推送信息79条。

【车管业务】 2022年,共办理驾驶证业务合计4.48万笔,其中初次申领1.44万本,补证换证2.85万本,增驾1960本;机动车业务合计7.83万辆,其中新车注册登记1万辆,二手车转移登记8388辆,注销登记2660辆,补证换证3012辆,免检车申领检验合格标志5.42万辆。有序推进中国工商银行和中国农业银行网点机动车登记服务站建设。

消防救援

【概况】 2022年,仁寿县消防救援大队抓住关键,稳中求进,实现火灾形势、队伍管理“双稳定”,个人素养、战斗能力“双提升”,综合业务、基础建设“双推进”。一年来,大队先后获评国家消防救援局消防安全专项整治三年行动工作先进大队、四川省应急系统先进单位、总队先进基层队站、总队先进基层党组织、总队执勤训练先进单位、总队防火监督工作先进单位和市五四青年奖章等荣誉称号,连续三年获得全市消防救援队伍年度比武竞赛团体第1名,40余人先后获得省总队、市支队优秀基层消防救援人员和眉山市应急系统先进个人、仁寿县十大杰出青年、仁寿榜样以及仁寿平安建设先进个人等荣誉称号,3人次被荣立个人三等功,27人次被荣记个人嘉奖。

【抢险救援情况】 全年全县消防救援队伍共接警出动1212起(其中火灾扑救566起,抢险救援165起,社会救助448起),出动队伍1208队次,出动车辆1889辆次,出动人员9611人次,抢救被困人员93人,疏散被困人员12人,抢救财产价值42.9万元,保护财产价值56.12万元,年内成功参与总队雅康高速特长公路隧道综合应急救援演练任务,圆满完成各项综合性救援和消防安保工作。

【火灾防控】 压实消防责任链条。充分依托政府常务会、安委会、消安委3大平台，推动消防安全责任制落实。全年，7次政府常务会、5次安委会、9次消安委联席会分析研究，安排部署消防工作，以安委(办)、消安委(办)发文26件，政府牵头会商、部门联合行动、属地全面排查成为常态。报请县委同意，首次将“城乡火灾防控”单独作为一级指标，纳入县委目标绩效考核体系赋分考核，消防安全责任落实，实现闭环管控。

做实消防力量建设。紧跟部局、总队关于基层消防治理体系改革步伐，以加强消防力量建设为重点，推动政府、编办研究出台关于健全组织体系、理顺管理体系、做优保障体系等方面的系列政策性文件。依托消安委跟进落实，召开工作推进会、印发推进方案、编印工作指南、统一工作台账。截至年末，全县27个镇街、293个村社，全部建立健全由政府“一把手”挂帅的消防安全委员会和消防安全小组；各镇街统一挂牌成立消防工作站，落实配备工作人员共计112名，切实实现镇街消防工作“有组织协调、有机构实施、有人员落实”，打通消防安全管理“最后一公里”。

抓实消防专项整治。认真贯彻落实安全生产15条措施，坚持“由总到分、由点到面”，以消防安全专项整治三年行动为主线，联合行业系统，分类推进教体、民政、宗教、文广旅、商贸、卫健、市场、物流等重点领域消防安全治理和行业消防标准化管理。全面开展消防安全大检查、生产经营性自建群租房、城镇燃气安全排查整治、“守底线、保安全”“护安2022”监管执法、高层建筑、剧本杀等专项整治工作，着力狠抓重点行业领域、重点区域、重点场所的火灾风险隐患排查。2022年，大队共组织检查单位885家、办理处罚92件、罚款62.9万元、责令“三停”10家、临时查封20家，向行业部门发送提示函、督办函25份、开展重点单位集中约谈2次，提请政府挂牌重大火灾隐患1处并销案，有效净化全县消防安全环境。

夯实火灾防控基础。推动《仁寿县消火栓管理办法》《仁寿县“十四五”消防事业发展规划》出台实施，编制乡镇级片区消防专项规划，全面夯实消防基层基础。全面组织开展消防安全网格化管理工作，将“网格+消防”纳入政法口“智治陵州”平台，全面调动网格员参与消防安全网格化管理工作积极性和主动性。报请县政府投入250余万元，分三年为1万余户独居老人安装联网式独立烟感报警系统，投入152万元在38个中心村(社区)建成微型消防站，提升社会面火灾防范能力水平。

【消防安全宣传】 坚持社会化消防宣传，深入开展“五进”工作。与县融媒体中心共享资源，成立全媒体中心驻外办公室，结合专项整治和时间节点，拍摄消防安全《自建房、群租房消防安全小提示》《办公室消防安全篇》《电影院消防安全篇》《开学消防第一课》《汽车自燃篇》等26个消防视频，并依托“人美仁寿”“蓝朋友”专栏积极推送。充分运用“蓝朋友”专栏，积极推送消防安全知识。举办以“抓消防安全，保高质量发展”为主题的“119”消防宣传月启动仪式现场直播，直播观看率达到8万余人。做客FM90.1“生活在仁寿”直播间，和群众互动宣讲消防安全知识。联合县教体局“开学第一课”“蓝朋友大手+小朋友小手”等系列宣传活动。利用“防灾减灾日”“安全生产月”“119宣传月”等重要节点开展大规模的消防集中宣传活动。投入宣传经费70余万元，发放消防宣传资料10万余份，发送手机提示短信20万余条。消防提示全面占领楼宇梯视、商圈大屏、快递外卖、乡镇街道、公共交通，实现视觉渗透全方位、体验零距离，消防安全知晓度和关注度、人民群众自防自救意识均显著提升。

【队伍管理】 全县消防救援队伍实行“两严两准”即严密的组织、严肃的纪律，准现役、准军事化建队标准；执行国家综合性消防救援队伍《基层建设纲要》《内务条令》《队列条令》《纪律条令》，是一支纪律队伍。2022年，大队整合队伍过去的管理经验，形成各项管理规范，确保快速发展与精细管理齐头并进。组织全员开展新条令纲要学习、作战训练安全专项整治等。全面运用钉钉App等职能辅助，实施办公考勤打卡、请假审批，用车管理、酒精测试、物资申领、重大经费审批等工作，做到随机点名、随时督查、经常拉动。紧盯“人车酒、网电密”等重点领域和关键环节，开展全覆盖、全过程督察。严格落实饮酒报备和随机抽测制度，推动从严管酒治酒形成常态。落实工作提示、疫情防控提示、训练提示、管理提示等，切实将管理监督延伸到“八小时”以外。针对持续的新冠疫情，建立疫情防控工作小组，周密安排，严格落实防控要求，疫情防控取得良好效果。定期开展安全形势分析会，定期进行安全隐患排查检查，督促按期整改到位，确保队伍管理无死角、不断线。同时，始终将回应队员所思所盼作为工作的出发点和落脚点，成立大队团支部、妇联等群团组织，严格落实各项工会福利，在全市率先推动落实专职消防队伍新工资政策，并以200万元/人·年标准投保人身意外伤害险，组织困难慰问、“送喜报到家”活动，协调落实16名队员子女入学，相关待遇保障走在全市前列，队伍凝聚力向心力显著提升。

【提升"练技战术"能力】 加强基础设施建设。钟祥镇、禄加镇2个专职消防救援站投入使用,招录专职队员24名,灭火机器人、固定翼无人机等高精尖装备列装到位,开展明厨亮灶改建、室内训练场馆修建、大队分指挥中心建设、正规化建设等基础设施建设,事业发展基础更加厚实、后劲更加充足。

加强职业能力培养。紧扣队伍"三化"建设方向,紧紧扭住"实战需要"。聚焦职业能力培养,出资推选80人次参加无人机飞手、驾驶员、制图员、安全员、通信员、冲锋舟操作员以及绳索救援、山岳救援、消防设施操作员培训,邀请训保支队教官现场教学指导装备维修,强化职业能力培养。聚焦体能技能提升,打破过去"以体能为主"的比武导向,稳步推进"练体能"向"练技战术"转变,修订完善大队季度比武考核方案,叠加组织指挥、理论知识、合成演练等科目,加强技战术考核比重,坚持每季度组织比武考核,抓好灭火救援这一"看家本领"。聚焦队伍管理规范,出台大队专职队伍管理若干措施,从执勤秩序、训练生活、软件台账、工作奖惩,以及熟悉演练、防火巡查的辖区分布等进行细化明确,配套拍摄闻警出动、战斗着装、器材操作、涉疫勤务、真烟真火训练等标准示范片。

民族和宗教事务

【概况】 2022年,仁寿县民族宗教工作深入贯彻落实中央民族工作会议和全国宗教工作会议精神,紧紧围绕县委民宗工作领导小组工作要求,聚焦问题抓整改,同心助力抗击疫情,围绕管理促规范,紧扣创新建基地,全面完成市民宗局和县委统战部既定工作目标。

【民族团结进步示范创建】 2022年,仁寿县青岗乡复核通过四川省民族团结示范乡镇;仁寿县文林街道金马社区复核通过四川省民族团结进步示范社区;仁寿县青岗乡盘龙村复核通过四川省民族团结进步示范村寨;仁寿县第二高级职业中学复核通过四川省民族团结进步示范学校。

【民族宗教领域稳定维护】 提请县委召开县委常委会(扩大)会议、县委民族工作会议暨全县宗教工作会议。专题传达学习中央民族工作会议精神、全国宗教工作会议精神、四川省委民族工作会议暨全省宗教工作会议精神和眉山市委民族工作会议暨全市宗教工作会议精神。制定《仁寿民族团结进步创建实施方案》,大力开展机关、学校、园区、乡村民族团结进步创建工作。完善民族工作三级民族工作网络,将民族工作纳入网格化管理。走访少数民族群众8户,帮助解决生产生活中困难8件,发展少数民族联络员2人,化解涉民族因素的矛盾纠纷11件。积极对接四川省民族地区发展开发中心和四川省财政厅,主动汇报仁寿县少数民族和乡村振兴工作成绩,成功将仁寿县纳入"两项资金"使用县,争取50万元用于修建青岗乡汤家村农产品交易展示中心。争取到四川省委"民族事业发展资金"60万元,编制青岗乡盘龙村发展项目,用于解决当地老百姓出行难问题,促进当地旅游业发展。

【宗教活动场所管理】 组织县佛教协会、县道教协会召开宗教中国化研讨会、学习贯彻全县宗教工作会议精神。春节、七一、国庆等重点时间,组织宗教界人士举行升旗仪式。深入宗教活动场所开展反邪教防渗透宣传教育12场次。聘请会计师事务所对宗教活动场所进行财务审计。对报恩寺等6处重要场所进行法人登记。全面排查宗教活动场所建筑安全,消除隐患4个。举行消防、森防、防震减灾现场演练3场。举办2期宗教政策法规培训。

劳动就业

【概况】 2022年,仁寿县完成城镇新增就业10948人,完成目标任务的120.31%;城镇失业人员再就业1633人,完成目标任务的136.08%;就业困难人员就业817人,完成目标任务的133.93%;城镇登记失业率2.7%,控制在目标任务的4.3%以内;脱贫人口就业3.13万人(不含眉山天府新区),完成目标任务的121.04%。组织开展各类补贴性职业技能培训6053人次,完成目标任务的565.70%;发放创业担保贷款2611万元,完成目标任务的104.44%;帮助大学生实现创新创业120人,完成目标任务的100%。共审批企业职工退休995人,受理472例工伤认定申请,完成工伤认定446例,协商调解5例,完成43名伤残人员的伤残鉴定工作;受理欠薪案件836件,已解决799件,兑现工资1.46亿元,涉及1.94万人;共受理劳动人事争议案件597件,结案523件,其中工伤待遇争议案件182件、确认劳动关系案件119件、双倍工资类案件53件、解除劳动关系类案件131件、工资类案件105件、其他案件9件。

【就业促进】 做实做细就业服务。多渠道收集岗位信息,常年储备县内外岗位信息不少于1万个。开展招聘服务。通过"大美仁寿"App、仁寿就业微信公众号、仁寿人力资源网站等网络平台发布企业用工信息，开展春风行动、就业援助月、金秋招聘月等专项活动，组织线上线下招聘会40场，参加企业累计1200家次，提供就业岗位1.6万余个，达成就业意向6652人次。帮助重点企业招工，全年累计帮助信利（仁寿）等县内重点企业招聘入职员工5000余人次。落地落实就业政策。为4272人次失业人员发放失业保险金623.03万元；为4031人次失业人员代缴城镇职工基本医疗保险金179.69万元；为52人次企业在职职工发放技能提升补贴8.17万元；为2238人次发放失业补助金62.89万元；为1230人次发放失业保险金临时价格补贴2.79万元；为747人次发放失业补助金临时价格补贴4.04万元。为825家企业发放稳岗补贴1062.06万元，惠及24224人；为66家企业发放一次性留工培训补助77.1万元，惠及1542人；为78家企业发放一次扩岗补助21.7万元，惠及217人。

【技能培训】 强化培训提升能力。出台《仁寿县职业技能提升行动培训机构管理制度》等3个文件，规范技能培训，构建“阳光培训”长效工作机制。成功申报仁寿县第二高级职业中学为“1+3”主导产业高技能人才培训基地、信利（仁寿）高端显示科技有限公司为“1+3”主导产业技能人才培训基地。强化品牌打造。大力发展家政服务业品牌，根据市场需求，依托白猫、信福源等家政培训学校，建立起“学校+品牌”培训模式，重点培育“陵州妹子”家政劳务品牌，通过品牌培训，不断提升就业率、提高稳定性。开展职业技能提升行动。开展“陵州妹子”家政、农村实用技能等培训61期2150人次，支付培训补贴资金约190.1万元；联

2022年2月1日，仁寿县召开春风行动新春招聘会中央国际广场主会场（县人社局/供图）

合县农民工服务中心、县总工会、县妇联等部门力量，开展各类技能培训3903人次，切实帮助广大劳动者长知识、学本领、提技能，促进实现稳定就业。

【创业引导】 鼓励创业带动就业。持续打造“我能飞”创业提升培训品牌，开展创业培训3期88人，帮助创业者降低风险，提高创业成功率。建成仁寿县创新创业孵化园，实行纳税减免等优惠政策，为创新创业提供落地实践平台。强化资金支持。发放创业担保贷款34户2611万元，其中小微企业10户2331万元，个人贷款24人280万元，带动就业约800人；发放一次性创业补贴128万元，其中脱贫户116人，大学生12人。

【劳动监察】 开展专项检查。开展保障农民工工资支付、根治欠薪等专项检查，通过排查发现存在拖欠工资的企业，充分发挥主管单位牵头协调处理作用，重大案件实行县级分管领导包案、单位“一把手”为责任人的负责制度，保障问题处理定人、定责、定时、定性，确保把问题解决在当地、化解在基层；共检查在建工程项目102次，约谈欠薪企业8户，下发限期改正指令书8份，扣减项目经理诚信分值9分，从源头上规范项目管理；督促新开工项目的22家总包单位缴存工资保证金3019.9万元，平台保证保险项目2个，保额510.8万元；开设农民工专用账户14个。加大执法力度。受理欠薪案件836件，已解决799件，兑现工资1.46亿元，涉及1.94万人；以涉嫌拒不支付劳动报酬罪移送公安机关处理7件。开展企业薪酬调查工作，对全县45家样本企业进行调查，调查范围覆盖农林牧渔业、采矿业、制造业、电力燃气及水生产和供应业等行业。

【劳动争议仲裁调解】 突出调解仲裁，共受理劳动人事争议案件597件，结案523件，其中工伤待遇争议案件182件、确认劳动关系案件119件、双倍工资类案件53件、解除劳动关系类案件131件、工资类案件105件、其他案件9件。全部案件在收到申请书之日起5个工作日内立案，仲裁案件在法定时限内结案率达100%。以打造“金牌调解组织”为契机，深入四川灿光光电有限公司等企业，针对企业调解组织建设、员工录

用、用工规范管理等多个领域进行业务指导，稳步推进调解组织向着“六规范”“五上墙”方面转变，逐步完善基层劳动争议调解组织化解纠纷体系。

社会保障

【概况】 2022年，全县社会保险参保覆盖人数持续增加。截至年底，城镇职工基本养老保险参保覆盖人数为29.8万人，城乡居民养老保险参保覆盖67.28万人，工伤保险参保覆盖15.57万人，群众参保积极性持续增强，社保政策不断地健全和完善，社保待遇连年调增；社保服务持续提升，建立县、乡(镇)、社区(村)社保服务经办体系，开通网上社保办理渠道，同时以零容忍态度严厉打击欺诈骗保、套保等违法违规行为，确保基金运行更安全，社保体系更科学完善。

【社会保险】 城镇职工基本养老保险人数为29.8万人，基金收入50.04亿元(其中征缴收入14.56亿元)。其中企业职工基本养老保险参保单位2028户，覆盖26.43万人(在职14.39万人，退休12.04万人)，基金收入38.87亿元(其中征缴收入10.87亿元)；机关事业养老保险参保单位548户，覆盖3.37万人(在职2.16万人，退休1.21万人)，基金收入11.17亿元(其中征缴收入3.69亿元)。城乡居民养老保险覆盖67.28万人，待遇发放22.5万人，基金收入7.81亿元(其中征缴收入4.33亿元)。工伤保险参保单位2693户，项目253户，覆盖15.57万人，基金收入7450万元(其中征缴收入2697万元)；通过降低工伤保险费率(由2‰下调为1‰)大力推进农民工按项目参加工伤保险工作。2022年开工在建项目253个，按建筑项目参加工伤保险90059人，参保率100%。推进被征地农民养老保障，新失地农民养老保险启动以来，系统导入项目60个、8790人(其中天府新区项目10个、43人)，已经办理项目47个、6602人。待遇人员2092人，一次性领取人员285人。(其中已办理天府新区项目10个，人数23人)。40%划转3735人，金额2.15亿元(其中天府新区39人，金额220.81万元)，一次性领取285人，金额2740.3万元，生活补贴发放7518.17万元。落实降费减负。共计为2900余家市场主体降低工伤保险费2717万元。截至年末，42家单位申请缓缴社会保险，缓缴金额482.6万元。落实贫困代缴。对低保对象等缴费困难群体，政府按100元/年·人的标准为其代缴养老保险费。截至年末，已完成代缴29291人，其中低保对象1.99万人，特困人群641人，重度残疾8199人，独生子女伤残死亡家庭父母476人，共计代缴金额292.91万元。

【社保基金监管】 强化基金监管。开展社保基金管理提升年行动，扎实开展对待遇发放相关的政策执行、信息系统、社保卡管理和养老保险待遇审核、发放、资格认证以及稽核内控、基金监督等方面的摸排自查。核查部里下发疑点数据4284条，省下发疑点数据核查4.28万条(已核实3.92万条，核实中3590条)，其他途径排查疑点数据11条，其中需进行待遇追回1498条，已完成追缴1099人，710.99万元。开展预警信息监督。接收并核查社保基金监管软件系统预警信息及疑点问题，及时清理基础数据，处置预警信息，核准疑点问题，按时反馈核查情况，发现风险隐患，组织查处违规行为，保障基金安全完整。累计预警32条，涉及金额7.18万元，已追回违规资金6.34万元，剩余部分正在积极追回。

住房公积金管理

【概况】 2022年，仁寿管理部当年新增归集额达7.18亿元，缴存人数达36057人，缴存单位872个。住房公积金提取金额达5.05亿元。发放住房公积金贷款907户、3.28亿元。

【开展“三个走遍”暨灵活就业人员参加住房公积金制度试点】 依托“三个走遍”活动，实现辖区内25个在售楼盘、5家贷款合作银行全走遍，认真倾听意见建议，收集意见建议3条，现场协调解决问题1条；向合作楼盘宣传灵活就业人员参加住房公积金制度试点政策。7月15日，在市民服务中心广场开展大型集中宣传，当天接受县融媒体中心专项采访，并在“大美仁寿”App平台发布。2022年年底，辖区范围内灵活就业人员开户37人，缴存额达8.83万元。

【到账流水自动匹配成效显著】 按中心要求，仁寿管理部于2022年4月开始强力推进到账流水自动匹配工作，进一步规避风险、解放人力。通过“广撒网”与“一对一”相结合的方式，积极争取缴存单位的支持和配合。在管理部归集工作群发布通知，对备注缴款登记号、绑定付款账户等事项进行详细说明；与县财政局联动，扩大通知影响力，在县财政局相关工作群发布通知；对个别单位进行“一对一”电话指导。2022年年底，仁寿管理部实现到账流水自动匹配6416条，自动匹配率达66.6%。

【逐步提升“跨省通办”业务能力】 落实专人负责“跨省通办”业务，业务能力逐步提升，业务操作逐步规范。全年，办理“跨省通办”购房提取业务9笔，金额达67.62万元。协助配合异地住房公积金中心核实房屋信息10余次。

【贷款合作延伸至省级百强中心镇】 根据中心党组《关于实施“六大行动”，为建设“三市一城”贡献住房公积金力量的意见》，仁寿管理部聚焦“支持乡村振兴行动”，经部门协调联动、现场实地走访等环节，于10月中旬与仁寿县省级百强中心镇——汪洋镇2个较大型优质楼盘建立项目合作关系，大力支持当地缴存住房公积金的职工就近购房。

【持续推进成德眉资四市同城化区域住房公积金贷款政策】 辖区范围内共有18个楼盘与成都市住房公积金管理中心以及四川省省级住房公积金管理中心建立项目合作关系；向成都市住房公积金管理中心以及四川省省级住房公积金管理中心推送11户本地缴存职工申请住房公积金贷款，放贷金额达403万元。

【逾期贷款率持续保持为零】 安排专人定期查看逾期贷款情况，对逾期客户及时进行催收，避免形成长期性逾期贷款。

社会管理

【概况】 2022年，仁寿县发挥“五社”（社区、社会组织、社会工作者、社区志愿者、社会慈善资源）联动作用，激发基层治理活力，完善社工服务体系。推进24个乡镇（街道）社工站建设，2022年10月实现社工站全覆盖建设。开展社会组织等级评估，仁寿县择优申报两家社会组织参与等级评估。开展国家地名信息库数据质量建设行动，经多次反复修改，截至年末，该项工作已完成，共修改完善全县地名数据信息2.1万余条，牵头完成仁（寿）井（研）线、仁（寿）雁（江）线边界联检及平安边界建设工作。

【基层治理】 完善社工服务体系。制定“876”职能标准，率先在全省全市制定完善的社工站工作机制，推进县—街道（乡镇）—村（社区）三级社工服务体系建设。全覆盖建成县级社工总站1个、乡镇（街道）社工站27个、村（社区）社工室10个，珠嘉镇、普宁街道、黑龙滩镇作为省级示范社工站，在全省开展经验推广。培育专业人才队伍。不断壮大基层治理队伍，新招录57名应届大学生从事防疫社会工作，2022年，新增持证社工113人，全县注册志愿者达27.6万余人，社会组织达390家，培养社工人才950名。“五社”联动提升治理。以社工站建设为原点，打通为民服务“最后一米”，实施专业服务项目86个，累计走访建档困难群众4万户，开展个案探访、团队辅导等服务3000余场次，培育社区社会组织800余支，整合公益慈善资源60万元，累计服务群众40.5万余人次。

【社工站建设】 3个省级试点的乡镇社工站建设按照进度稳步推进，3个社工站均已通过省上的评估验收。正式启动县社工总站建设。3月17日，举办眉山市2022年社会工作主题宣传活动暨仁寿县社会工作服务总站启动仪式，并以“五社联动聚合力，社工服务暖基层”为主题，组织社工站及社工机构认真开展社工周主题宣传活动。推进24个乡镇（街道）社工站建设，2022年10月，实现社工站全覆盖建设。

【地名管理】 开展国家地名信息库数据质量建设行动。按照民政部工作部署，四川省民政厅组织开展国家地名信息库数据质量建设行动。县民政局分别于3月和6月临时抽调下属单位工作人员协助开展此项工作，并派专人到四川省民政厅对接此项工作。经反复修改，共修改完善全县地名数据信息2.1万余条。

【行政区域界线管理】 2020—2021年，按照四川省民政厅工作部署要求，仁寿县对全县乡级政区开展勘界工作，将全县32个乡镇（街道）行政区划边界法定下来，至年末，勘界成果通过市民政局、省民政厅验收。从完成勘界至今，全县各乡镇（街道）未出现边界纠纷问题。

【社会组织管理】 开展社会组织等级评估，采取社会组织自评、登记机关审核、第三方评估机构评估、实地考评、眉山市社会组织评估委员会评审等程序，仁寿县择优申报两家社会组织参与等级评估。开展社会组织年度检查。向业务主管部门、社会组织下发《仁寿县民政局关于开展2021年度社会组织检查工作的通知》，明确年检对象、内容、上报材料、时间、程序、标准等，发现问题及时与业务主管部门沟通，促进社会组织规范管理、健康发展。

【重点工作】 全力抓好对上争取。2022年，县民政对上争取资金总额为25973.41万元。其中政策性资金22373.41万元，竞争性资金3600万元，超额完成对上争取资金任务。扩大民政就业岗位。积极贯彻中央、四川省、眉山市和仁寿县关于“稳经济、保就业”的工作要求,加大政府购买力度,在社会救助、基层服务、“五社”联动等领域通过购买服务解决103人就业,招录应届毕业大学生57人从事疫情防控社会工作,共提供160个就业岗位。创新治理助力防疫。在疫情期间创新“微网格”治理模式,在原有693个“大网格”基础上,划分6011个“微网格”,并以网格管理为依托,结合“微网格+宣传”“志愿者+服务”,发动120名社会工作者、60个社会组织、1200余名社会志愿者,助力全县抗疫工作跑出“加速度”。

社会服务

【概况】 2022年,仁寿县健全“一老一小”服务体系。在所有街道和有条件的乡镇建成1个社区养老服务综合体,加快推进建设眉山老年养护院仁寿分院、6个区域性养老服务中心建设,改造5所养老院,改建27个农村养老服务中心和服务点,建成城乡“1+N+N”养老服务体系。全覆盖建设27个乡镇(街道)未成年人保护站,高标打造5个未成年人站、6个未成年人保护室,建成三级未成年人体系,创建未成年保护“全国示范县”品牌。调整全县火葬区范围,鼓励节地生态安葬。建设公益性骨灰安葬(放)设施,整治“三沿五区”硬化大墓、活人墓。在清明、中元等节气,开展殡葬改革移风易俗宣传和不文明祭祀行为整治行动。吸纳社会慈善力量参与。进一步发挥县慈善总会的组织作用,采取多种形式开展慈善募捐活动,探索“慈善公益+志愿服务”新型治理模式。

【社会救助】 2022年,城市低保保障标准提高到700元/月、农村低保保障标准提高到520元/月,城市特困供养基本生活标准提高到910元/月、农村特困救助供养基本生活标准提高到680元/月,将三、四级智力、精神残疾人纳入护理补贴范围,补贴标准为50元/月,孤儿和事实无人抚养儿童保障标准提高300元。全年累计保障城乡低保10994.99万元,累计保障特困对象8298.514万元,保障临时救助601.72万元,保障重度残疾人护理对象1800万元,累计保障困难残疾人生活补贴2800万元,保障孤儿和事实无人抚养儿童生活补贴229.6856万元。截至12月31日,全县共有百岁老人148名,累计发放高龄津贴80周岁及以上(含百岁老人)1918.92万元。制发《关于仁寿县低保边缘家庭复核工作的通知》,在所有乡镇(街道)建立低收入家庭监测专班,对未纳入低保或特困救助供养范围的残疾人家庭、完全丧失或部分丧失劳动力家庭、有重病患者或慢性病人的家庭、遇到急难事项或意外事故的家庭重点摸排,对符合相关条件类型的对象及时纳入系统预警监测,由民政、残联、人社、医保、农业等部门开展帮扶,对142人发放临时救助金51万元。

【养老服务】 加快养老项目建设。全年完成建设1个城市社区养老服务综合体、1个城市社区养老服务点,建成农村养老服务分中心7个,服务点20个,完成困难家庭适老化改造1070户,设立家庭养老床位10张,完成4家养老机构适老化改造。探索新型养老模式。聘请第三方公司对全县失能、半失能等3.3万名困难老人提供居家上门服务,并试点建设1个智慧养老院,探索养老服务全新路径。优化养老机构管理。对养老机构绩效和运营补贴实施考核,联合县财政局推行基层敬老院财务管理制度改革,起草《仁寿县养老服务中心管理办法》及实施方案,进一步加强养老机构和养老从业人员管理,提升服务能力和服务质效。

【未成年人保护】 建设三级未保阵地。拟投入900万元新建仁寿县未成年人保护中心;投入300万元建设5个乡镇(街道)未成年人保护站、6个村(社区)未成年人保护点,重点打造黑龙滩镇四海社区示范点位。开展儿童关爱服务。共投入资金76.35万元,推动实施“快乐家”“云守护”和“快乐小东坡”系列项目,惠及全县80个村(社区)和200余名农村留守儿童、100余名困境儿童。着力推动典型创建。全年在未保委办公室的统筹下,召开全县未成年人保护工作会议2次,对12个县级部门、13个乡镇(街道)开展全覆盖督查,县民政局“关注‘隐秘的角落’、保护农村留守儿童”儿童保护案例入选眉山市第三届未成年人保护十大典型案例。

【殡葬管理】 进行绿色殡葬改革。全县惠民殡葬共惠及4236人,发放补贴资金508.09万元。推动全域火化区调整,按照政府重大行政决策规定程序,起草《仁寿县火化区范围调整方案(草案)》,经风险评估、专家论证等程序后,以县政府名义形成申报省民政厅审批。

【婚姻登记管理】 规范办理婚姻登记。全县共办理婚姻登记13463对、补办婚姻登记3629对。其中,办理跨区县婚姻登记30条,跨省婚姻登记6条,跨地市婚姻登记24条。开展文明婚丧宣传。利用清明节、中元节、七夕节等特殊节日,通过公益性骨灰安葬活动、开展婚俗文化改革主题宣传活动16场,宣传移风易俗新规，倡导广大群众自觉抵制不良风气，树立社会主义新风尚。

【临时救助】 流浪乞讨人员救助工作有序推进。2022年，全县共救助流浪乞讨人员1107人次，其中站内救助231人次，站外救助876人次，协调公安部门为15名查找不到家属的失能流浪乞讨人员落实临时户籍，并办理特困救助。

【慈善事业发展】 2021—2022年，连续两年开展仁寿县“中华慈善日”“天府慈善月”慈善慰问进校园活动，慰问贫困老师10人、贫困学生共116人，慰问资金5.44万元。开展“3·5慈善捐助日”活动，动员全县机关、企事业单位、社会组织、个人等积极献出爱心捐款，共募捐53.56万元。为103名贫困大学新生、高中新生提供资助金32.5万元。

【社会工作服务体系】 2021年起，启动全省社会工作服务体系建设试点工作。2021年3月，仁寿县被确定为社会工作服务体系建设试点县，珠嘉镇、黑龙滩镇被确定为第一批试点乡镇。2021年7月，普宁街道被确定为第二批试点建设街道。三个试点项目运营周期均为1年(第一批2021年6月至2022年5月、第二批2021年10月至2022年9月)。

全县共注册实名认证志愿者274471人，志愿团体574个。发起志愿服务项目2476个。通过数据共享，充分实现各地志愿服务信息数据的互联互通。

【两项改革】 编制国土空间规划。深入贯彻落实以片区为单元编制乡村国土空间规划的总体部署，全县划分乡镇级片区6个，村级片区66个，设中心镇5个，次中心镇1个，在“1+1+1+N”工作体系的推动下，人才、资金等市场要素加速向中心镇聚集，6个片区已基本实现综合执法、公共服务、政策项目、产业发展等资源整合利用，带动了片区一体化发展。创新片区联系制度。创新联合党委工作制度和领导联系片区工作机制，组建片区联合党委6个，由县领导担任片区长兼任片区联合党委书记，中心镇党委书记任片区联合党委副书记，片区内其他乡镇党委书记任委员，理顺片区职责关系。培育中心引领发展。着力加强中心镇的机构编制资源配置，增强中心镇对片区事务的统筹带动力量，县级部门派驻机构驻地全部调整设置在中心镇，明确属地管理体制；编制额度向中心镇调增，中心镇增设“片区统筹办公室”“项目推进服务中心”2个特色机构；全县中心镇中，汪洋镇已上榜首批省级百强中心镇，在中心镇试点发展中取得显著成效。

农民工服务

【概况】 2022年，仁寿县农民工服务中心以“精准、高效”为着力点，突出抓好农民工就业创业服务工作，进一步增强广大农民工安全感、获得感、幸福感。2022年4月，仁寿县被省委办公厅、省政府办公厅评为四川省去冬今春农民工服务保障工作先进单位，9月被四川省农民工工作领导小组评为四川省农民工工作先进集体。仁寿县农民工服务平台被评为“2022年度四川省网络综合治理数字化应用场景优秀解决方案”。

【农民工服务体系建设】 2022年，综合运用线上线下力量，搭建横向到边、纵向到底的农民工服务保障平台体系，全方位为农民工服务。健全线下服务平台。按照“一村一站”的原则，扎实推进村(社区)农民工综合服务站建设，2022年已建成41个。依托在外商会、行业协会等民间组织，已在上海、深圳等农民工集中地建立11个驻外服务站、11个服务管理综合党支部，帮助在外农民工解决工作生活中的实际困难，引导他们更好融入第二故乡。健全线上服务平台。创新搭建“1+1+1+2”仁寿县农民工线上服务平台体系(“1+1+1+2”：1台专线+1个服务网+1个App+2个大数据分析平台)，动态发布创业政策、项目推荐、典型事迹、企业招工就业等信息1000余条，2022年，下载注册量15万人次，访问量88.1万人次。健全服务专员体系。建立一支涵盖27个乡镇(街道)、293个村(社区)、3022个村(居民)组、11个驻外工作站的3465名农民工服务专员队伍，常态化开展“五进五送”活动(五进：进企业、进工地、进工作站、进村组、进农民工微信群；五送：送服务、送政策、送技术、送指导、送温暖)，全方位为农民工提供服务，用心用情引导农民工返乡就业创业。

【农民工就业服务】 2022年，多措并举促进农村劳动力转移就业。开展农民工劳务品牌和返乡创业培训820人，提升农民工就业能力。深入了解农民工返乡就业意愿，通过短信、微信、仁寿县农民工服务平台等方式，向农民工发布县内外企业招聘信息，推荐岗位8000余个，实现1.2万名农民工返乡就业。2022年，全县农村劳动力转移就业47.3万人，其中县内务工10.5万人，县外务工36.8万人，农民工整体就业形势稳定。

【农民工创业服务】 2022年，大力支持农民工返乡创业。推荐省返乡入

2022 年 8 月 19 日，始建镇太山社区举办返乡农民工创业培训班（县农民工服务中心 / 供图）

乡创业示范镇和示范园各 1 个，成功评选四川省返乡创业明星 2 名和明星企业 1 户，县级返乡创业明星 19 名和明星企业 4 户，“陵州妹子”家政劳务品牌成功创建市级劳务品牌，并推荐代表眉山参加第五届“中国创翼”全国劳务品牌专项赛四川赛区选拔赛获得优秀奖，以此激励广大农民工积极返乡创业，投身乡村振兴。全年回引农民工返乡创业 2800 人，带动 1.4 万余人就业。

【农民工关心关爱】 做实做细农民工关心关爱工作，切实解决好农民工急难愁盼的问题。全覆盖走访慰问。发布《致外出务工乡亲们的一封信》；通过微信群、县农民工服务平台和短信等方式全覆盖向 51.5 万名农民工推送健康知识和节日慰问等信息，累计推送 1000 万余条；春节期间对 1200 余户县内困难农民工家庭（“三留守”人员）进行走访慰问，发放仁寿特产大礼包 300 份，学习体育用品 810 份，慰问金 5 余万元。狠抓“三留守”关爱。为 500 名农村留守儿童免费提供特长教育和心理健康辅导等特色服务；开展育婴、养老护理等家政服务培训，帮助留守妇女居家就业创业；开展“温暖过冬”和“爱满夕阳”等留守老人关爱活动，解除农民工后顾之忧。做好出行服务。春节期间，在仁寿汽车站设置农民工返乡返岗服务台，免费提供招聘信息、创业政策和疫情防控健康知识等咨询服务，累计服务 3 万人次；开通重庆等地返乡返岗专车服务，累计 126 车次，服务 5000 余人次。

【农民工维权服务】 强化权益保障，春节期间组建临时仁寿县外出农民工维权协调处理中心，通过“四路”维权模式（心连心党建“领路”，一对一建议“指路”，点对点公函“引路”，面对面援助“铺路”），打通农民工维权服务“最后一公里”。2022 年现场登记协调处理县外工资维权 146 起，涉及 621 人，资金 1009 万元。

【疫情防控工作】 做好外出务工人员排查工作。建立上海、吉林等省外务工人员 12.6 万人台账，及时掌握计划返回仁寿情况，动态更新台账。做好疫情防控宣传引导工作。通过短信、微信、电话、驻外农民工服务工作站等途径，推送最新疫情防控政策，累计推送信息 1200 万条。做好隔离场所储备工作。严格按照国家、省、市疫情防控隔离场所最新要求，按常住人口的万分之六十储备隔离场所，已按梯次启用要求建立县级隔离场所储备清单，储备隔离场所 17 个，隔离房间 5608 间，仁寿县方舱隔离点顺利启用。

生态环保

国土资源保护

【概况】 2022年,国土资源保护工作严格落实市委、市政府耕地保护三十条措施为总抓手,制定《加强耕地和林业资源保护若干措施的通知》《仁寿县2022年耕地保护党政同责考核细则》,印发《关于全面推行田长制的实施意见》《关于设立田长、副田长及县田长制办公室的通知》等文件,全面压实压紧县级各部门、乡镇(街道)耕地保护主体责任。

【耕地保护】 全面推行田长制。设立县、乡、村三级田长共576名、“四员”(网格员、监督员、执法员、农技员)2646名,推动田长制工作落地落实。稳妥有序推进耕地补充恢复,已全面找回2021年净流出耕地132.67公顷。按照耕地保护党政同责考评要求,实行年度内耕地进出平衡和耕地总量不减双项考核,制定2022年流出603.3公顷耕地恢复计划,有序推进耕地补充恢复。至年末,27个乡镇(街道)上报恢复整治面积450.79公顷,完成率为74.72%。严格按自然资源部新要求开展卫片执法工作,全面贯彻“严起来”的指导思想,通过“天上看、地上巡、网上查、群众报”等方式强化执法监管,对新增各类违法占地行为“零容忍”,坚决遏制耕地“非农”、严格管控耕地“非粮”,为在新时代打造更高水平的“天府粮仓”奠定坚实基础。

【历史遗留工矿废弃地复垦利用】 严格按照中央、省、市关于历史遗留工矿废弃地复垦相关要求,扎实推进遗留工矿废弃地复垦整治工作,将废地变宝地,拓展乡村振兴新空间。前期已完成全部“三上三下”历史遗留矿山图斑实地核查举证工作,自然资源部下发图斑共14个,其中汪洋镇5个、黑龙滩1个、宝马镇2个、禾加镇3个、禄加镇1个、藕塘镇1个、普宁街道1个,总规模35.2公顷。

【土地储备出让】 截至年末,完成目标任务333.5公顷土地入库备案工作。现已出库土地45.58公顷,加上往年结存现库存储备土地760.38公顷。土地供应面积共93宗348.71公顷,总价款约45.46亿元。

【闲置土地处置】 全年仁寿县2009—2018年度批而未供土地处置数不低于106.72公顷,年末完成处置2009—2019年度批而未供土地共计107.32公顷,顺利完成省、市两级目标任务。2022年,四川省自然资源厅下达仁寿县年度闲置土地基数为97宗442.19公顷,年度处置目标任务221.09公顷,年末已处置闲置土地并通过省级审核43宗221.98公顷,处置率为50.2%,已完成处置率50%的市定目标任务。

【工业“两地”改革】 推行工业用地弹性年期出让,促进土地资源循环高效利用。2022年,已按照弹性年期要求出让1宗工业用地,并有5宗正在挂网。推行新增工业用地“标准地”供应,提高节约集约用地水平。年末“标准地”工作已完成控制指标制定,完成环评、压覆矿、地质灾害等评估,按“标准地”相关要求供应6宗工业用地,12月底,供应工业用地70.17公顷,全面完成“标准地”供应30%的任务。

【土地整治(旱改水)】 围绕县委、县政府打造新时代更高水平“天府粮仓”丘区示范区的战略决策,县自然资源局积极谋划,将垦造水田与传统土地整理项目相结合,同步实施、验收,取得水田指标。大力推进市财政投资土地整治(旱改水)项目实施,已完成钟祥镇合兴村、灯塔村土地整治项目的可研、勘测工作并取得入库批复,开展规划设计工作。探索创新路径,引入优质社会资本,促成四川省自然资源投资集团与县属国有企业仁寿铧锐农业投资有限公司通过成立合资公司模式开展战略合作,已达成合作意向签订相关协议。

【项目用地报批】 2022年,仁寿县编制上报成片开发方案4个,面积约333.5公顷;组件上报批次建设用地26件,保障项目140余个,面积约500.25公顷,较2021年同比增长50%,获批面积约400.2公顷,超额完成年初制定计划的50%;单独选址项目组卷上报4件,面积约526.93公顷,获批面积约260.13公顷。有力保障川威装配式建筑(智能制造)产业园项目、国道351线仁寿富加至资阳界段公路等级改造、环天府新区快速通道、复兴水库扩建工程等一大批国省重点能源、交通、水利等项目用地和工业、产业发展用地需求。

【不动产登记】 2022年,全面启用眉山市不动产统一登记系统,推动全市信息互联共享,深度优化窗口设置,实行“一窗受理、并行办理”,制定《仁寿县不动产登记服务指南(试行)》,公示窗口办事清单,推行“126办结模式”,拓展“互联网+不动产登记”服务模式,全力提升登记效率。截至年末,累计办结各类不动产登记业务5.33万件,办理水电气联动过户6件,全市通办业务85件。

【农村“房地一体”宅基地和集体建设用地确权登记】 2022年,作业单位已完成所有外业测绘和权籍调查工作，共计27.62万宗。完成作业单位自检25.85万宗、资料公示26.70万宗、农户签字确认15.97万宗，颁发6208户易地扶贫搬迁安置户的不动产登记证书。年末，正在开展数据质检，已完成25个乡镇的外业质检工作。

【对上工作】 对上争取资金。截至年末，仁寿县自然资源局向上争取项目资金共3341.15万元，其中地灾资金571万元，林业草原改革发展资金2687.15万元，2022年乡村国土空间规划编制工作省级奖补助资金83万元。对上争取指标。经县自然资源局积极汇报努力争取，全年共争取林地指标50.67公顷，规划指标139公顷。

【执法监管】 违法整改。截至年末，仁寿县2021年违法用地96.29公顷，已整改到位面积57.77公顷，整改率60%，22.07公顷已报进省自然资源厅用地审批系统。

执法监管。严格落实动态巡查责任制，从严推进执法查处，有效开展农村乱占耕地建房问题整治。2022年，共开展自然资源动态巡查375次，下发责令停工通知书15份，责令改正违法行为通知书38份，均已全部制止或立案查处到位。全年累计立案查处案件151宗，已查处到位141宗。针对2020年7月3日以来仁寿县新增农村乱占耕地建房问题16宗，截至年末，5宗已拆除复耕到位，5宗已完善国有建设用地手续，4宗已组件报进省自然资源厅用地审批系统，2宗位于黑龙滩区域正按照黑龙滩土地专项督察整改要求推进。开展2021年森林督查现地核实，完成核查开展案件查处57件，全面完成森林督查案件查处。

例行督察问题整改。按照上级要求，县自然资源局牵头推进黑龙滩水库区域土地专项督察反馈问题整改，已起草《黑龙滩水库区域土地违法违规问题整改工作方案》，到年末，35.24公顷（耕地30.5公顷）土地已经全部拆除到位。2022年年底前需完善用地手续的8个项目43.38公顷已组件报征，69.23公顷已纳入2022年度耕地流出进出平衡方案予以落实，对1540.77公顷集体土地落实常态化巡查监管，对480.36公顷耕地需要恢复耕种的，已落实责任，有序进行种植。

森林资源保护

【概况】 2022年，仁寿县森林资源保护以全面贯彻落实林长制工作为总抓手，建立林长制组织体系、健全相关配套制度、明确工作运行机制、完成林长公示牌制作、履行林长职责。召开全县林长制全体会议和林业资源保护大会，出台保护措施加强全县森林资源保护工作；完成2021年森林督查整改工作，严厉打击涉林违法行为，完成2022年森林督查图斑（第一批和第二批）和林草湿综合监测图斑调查和成果上报。有效管护森林面积10.14万公顷，其中管护公益林面积1.07万公顷，兑现公益生态效益补偿255.89万元，森林覆盖率稳定在38.43%以上，森林蓄积增长3.5万立方米，审批采伐林木蓄积1.6万立方米。积极做好自然保护地管理工作，开展整合优化工作。按时完成央督通报黑龙滩88件涉林案件查处和整改任务。高质量开展国有林管护，完成向上争取资金2687万元。

【生态修复】 全面开展造林绿化工作，完成营造林1600.8公顷、巩固退耕还生态林成果4095.38公顷。有效管护10.14万公顷森林，其中管护集体公益林1.07万公顷，管护国有林440.22公顷。全县共审批采伐林木蓄积1.05万立方米。全面贯彻落实林长制工作。全面贯彻落实林长制工作。牵头完成《仁寿县林长制运行规则（试行）》《仁寿县林长巡林工作制度（试行）》《仁寿县林长制信息制度（试行）》《仁寿县林长制监督制度（试行）》《仁寿县林长制工作考核办法（试行）》五项制度，实现林业保护责任层层落实的新局面。至年末，全县各级林长开展巡林2.71万次，悬挂全面推行林长制宣传标语共265条，发放林长制工作手册共9000份，上报巡林信息和简报18条，有效推动林长制工作运行。

【森林防火工作】 协调配合相关部门和各镇乡（街道）开展形式多样的宣传教育活动，增强干部群众森林防火意识；坚持全年常态化开展火灾隐患排查整治工作，加大野外火源管控力度，共计排查整治55处火灾隐患，及时有效遏制火灾苗头。强化队伍建设，完善物资装备配置，发挥森林火灾专业扑救队伍力量，重点时段带装巡护、靠前驻防，提高小火打早打小能力；积极推进森林防火信息化建设林区视频监控语音宣传卡口及智慧物联网监测预警项目，提高全县森林防火科技水平。2022年，多措并举实现全年无森林火灾发生。

【野生动植物保护】 大力开展野生动物保护宣传活动，发动民间力量参与保护工作。加强野生动植物及其栖息地及生境保护管理，重点对黑龙滩风景区候鸟集中越冬地重点野生鸟类活动区域进行检查。全年共办理“12345”市民热线平台举报救护线索6起,市民电话举救护线索报7起,收容救护野生动物11次。全年常态化开展野生动物疫源疫病监测防控100余次,未发现异常情况。

【松材线虫病防控】 开展林业有害生物越冬代调查、复查并及时发布预测预报信息,做到精准防治。同时制定松材线虫病重大林业有害生物预防实施方案,组织开展松材线虫病春秋两季普查及疫情集中普查,及时准确上报调查情况。截至年末,全县无松材线虫病等重大林业有害生物发生。

【竹产业发展】 认真贯彻落实全省竹林风景线建设现场会精神,完成在大化、曹家等乡镇打造竹林基地266.67公顷,启动富加产业大道竹林景观带建设。推进竹笋、竹筐、竹加工、竹旅游等产业发展,实现竹产业综合产值8亿元。

矿产资源保护

【概况】 2022年,仁寿县辖区内共有64家矿山企业,全年累计完成7宗矿权注销、5宗矿权延续登记、2宗变更登记,2022年采矿许可证在有效期的35家,采证过期29家。2022年7月,经多轮多方与企业会商,全县机砖厂整合退出工作确定21户保留企业和13户退出企业。至年末,13户退出企业已签订《退出补助协议》,并完成"两断三清"验收,正开展生态修复。2022年,完成仁寿县黑龙滩地热详查探矿权退出实施方案并公示,成功与企业签订退出协议并按程序完成探矿权注销。全县矿山企业严格实行边开采边复垦,做好植物养护,严禁出现大面积裸土区域,全力打造绿色矿山、花园厂区。

【矿产资源管理】 积极推动矿业权出让、矿业权登记和矿山生态修复专项排查整治工作,已完成22宗矿业权出让,成交总价3.06亿元。同时开展全县第四轮矿产资源规划编制工作,已完成《仁寿县矿产资源总体规划(2021—2025)(初稿)》编制。

【地质灾害防治】 地质灾害"除险安居"。坚持排查治理与避险转移并重,在大力开展宣传培训提高群众识灾避灾能力的同时,严格落实隐患排查核实、加密监测预警、提前避险转移、加大科技防灾投入等防灾措施,2022年,共排查核实200处隐患点并落实处置措施,新建19处自动化监测设备,发布蓝色气象预警8次、黄色气象预警1次,累计避险转移安置人员1468户3672人,确保连续17年无因地质灾害造成人员伤亡的情况发生。

水资源保护

【概况】 仁寿县属于国家级水土流失重点治理区,以水力侵蚀为主,截至年末,全县水土流失面积为9.7万公顷,占土地总面积的37.23%,全年土壤侵蚀总量为374.68万吨,平均年侵蚀模数为3500吨。全县的水土流失从侵蚀强度面积分布上看,主要以轻度侵蚀和中度侵蚀为主,分别占60.51%、21.54%,强度侵蚀及以上为17.95%。

【水土保持规划实施】 2022年,水利发展资金水土保持工程仁寿县龙正镇水土流失综合治理项目已完成全部建设任务,治理水土流失面积1286公顷,其中坡改梯6.88平方百米(全部石坎坡改梯),封禁治理385.42平方百米,保土耕作893.7平方百米,修建排灌沟渠5.6米(30厘米×30厘米矩形渠1.81千米,40厘米×40厘米矩形渠3.79千米),蓄水池10口(容积100立方米),沉沙池39口(尺寸为150厘米×100厘米×100厘米),作业道路13.75千米(1.5米作业路1.76千米,2米作业路11.99千米),山平塘整治1座,石河堰整治3座。共完成投资632.1万元,其中,省级补助资金450万元,县级配套资金182.1万元。项目区进行水土流失综合治理后,年均经济效益为44.51万元,20年效益总值为813.71万元。

【水资源利用】 2022年全县供用水总量43655万立方米,比上年减少741万立方米。农田灌溉、林牧渔、工业、城镇公共、居民生活、生态环境用水量分别为27654万立方米、2781万立方米、4049万立方米、1279万立方米、5328万立方米、2564万立方米,人均综合用水量为392.9立方米,万元国内生产总值用水量(按当年价格计算)为83.95立方米/万元,万元工业增加值用水量(按当年价格计算)为30.38立方米/万元;农田亩均灌溉用水量为270.8立方米,城镇人均日生活用水量为115升,农村人均日生活用水量为111.8升。

【水资源管理】 加强取用水监管。严格落实"三条红线",落实水资源论证制度、取水许可制度和有偿使用制度,实行最严格水资源管理制度工作。完成94家取水单位计划管理,完善取水"一户一档"网上平台资料。做好节水型社会达标县建设工作。及时编制《仁寿县节水型社会达标县建设实施方案》并抓紧实施,正在申请验收评估。广泛开展水资源宣传。利用"世界水日"和"中国水周",开展水法律法规、节约用水宣传。通过现场宣传、联合宣传、进学校宣传、线上宣传等活动向广大市民宣传全县水资源现状、节约用水的意义、家庭节水小窍门、水资源保护和相关法律法规等。活动共发放各类宣传资料和宣传手册2500余份，通过手机短信、微信朋友圈、LED显示屏、电视等多种线上宣传方式，累计发送短信10万条、推送微信朋友圈35万人次。

【河(湖)长制体系建设】 2022年，仁寿县河(湖)长制推进取得新提升，历史上首次24条县级河流均达到目标水质。建立健全工作体系。深化巩固由县委、县政府主要负责人共同担任总河长，25位县级领导分别担任县级河长，流经乡镇(街道)党委(党工委)书记、镇乡长(办事处主任)担任乡镇级河长，316名村(社区)干部担任河段长的河长制工作体系，层层压实工作责任，高标准推动河长制工作落地落实。全年县乡级河长共开展巡河问河工作7000余次。完成27条(座)县级河流(水库)2022年"四张清单"(目标清单、问题清单、任务清单、责任清单)编制工作，清单作战、打表推进，各项工作推动有力有序。统筹上下游、干支流、左右岸，辖区内流域乡镇之间建立联防联控体系。建立会商制度，落实联防联控措施，协同抓好治理，共同推进跨区域河流水质持续改善。实行基层河湖"解放模式"。按照《眉山市总河长办公室关于印发〈2022年眉山市基层河湖管护"解放模式"试点推广实施方案〉的通知》要求，选取27个村(社区)作为基层河湖"解放模式"，将河长制向村一级纵深推进。全县27个村(社区)已基本完成基层河湖"解放模式"组织机构及制度建设。纵深开展群众宣传活动。通过悬挂横幅、设置咨询台、节水课堂、发放宣传资料等方式，向广大群众宣传保护环境、爱护河道、爱护水资源等相关知识，共发放河长制宣传资料6000余份，形成全民参与爱河护河工作合力。

【河湖管理保护】 2022年，河道管护工作进一步加强。常态化开展清河行动，累计出动9100余人次，清理各类河渠2800余千米，清理河面漂浮物、河底淤积物、河道行洪障碍物、河岸垃圾等6.4万余吨。常态化开展"清四乱"(乱建、乱采、乱堆、乱占)行动，科学利用河道管理范围划定成果，严格控制水域岸线开发性项目建设，全面遏制违法侵害河湖行为，共查出"四乱"问题11个，已全部完成整改。对县级河流廖白河、白沙河开展健康评价工作，经过现场踏勘、采样、调查走访、技术检测，综合评定廖白河、白沙河整体状态表现为健康状态。推进水电站安全隐患问题整改，对全县水电站安全生产工作开展全面排查，发现问题259个，形成全县水电站排查整治问题隐患清单，要求全县水电站开展停产整改，经验收通过后方可恢复生产。2022年12月，4座退出类电站全面完成退出验收工作，5座整改类电站全面完成整改验收工作。

【小流域污染治理】 2022年，仁寿县国考断面球溪河发轮河口断面、越溪河黄龙桥断面水质稳定达到Ⅲ类，省考断面黑龙滩龙庙断面水质稳定达到Ⅱ类，市级考核断面沙溪河、粤江河水质稳定达到Ⅲ类，其余县级河流水质均有不同程度改善。

【重点水利工程建设】 2022年，结合眉山市委"九拼"攻坚战、仁寿县委"十拼"攻坚战、"拼搏五个月、夺取全年胜"攻坚行动和"决战四季度、大干一百天"冲刺推进会、"2022年第四季度经济运行调度会议"精神，仁寿县强力推进水利基础设施建设，构建现代化高质量水利基础设施体系。越溪河防洪治理项目，综合治理河长8千米，其中新建护岸2.15千米、新建堤防1.24千米、水毁修复158米、清淤疏浚8千米，采取"先建后补"模式，于2022年10月全面完工，12月组织完工验收。球溪河防洪治理工程(一期)，总投资1.09亿元，综合治理河长15.65千米、新建堤防18.85千米、新建护岸1千米，8月底开工建设，到年底，实际完成建设任务的85%，在省市项目投资目标进度考核和县挂图作战考核中均顺利通过。强力推进仁寿县应急备用水源工程(喜鹊寺水库)前期工作，完成移民规划大纲、移民规划编制审查并取得省级批复；开展县级文物保护单位红旗渡槽异地迁移保护实施方案编制相关工作并取得积极成果；向省自然资源厅编制并报送项目用地预审和选址意见。

【水土保持监管】 经仁寿县政府研究，成立仁寿县水土保持委员会，并印发《仁寿县人民政府办公室关于成立仁寿县水土保持委员会的通知》。常态化开展水土保持遥感监管。对2019年以来省委下发的5期480个图斑组织全面清理核查。继续深入开展长江经济带生产建设项目水土保持专项行动，出动30人次严肃查处生产建设水土保持违法违规行为，保持强监管的高压态势，对永兴滨湖一号等违规违法项目挂牌督办。实行水土保持监测三色评价，督促18个编制水土保持方案报告书的生产建设项目开展水土保持监测并及时报送监测季报。加大水土保持宣传力度，印发水土保持宣传手册500份，充分利用中共二十大、"世界水日"、"中国水周"、《中华人民共和国水土保持法》颁布实施日等时间节点结合，推进生态文明建设，紧密聚焦水土保持强监管、水土流失治理成效开展重点宣传。配合长江委员会开展长江流域2022年水土流失动态监测遥感解译成果复核，对仁寿县的植被覆盖度、梯田类型与质量、土地利用现状进行实地调查。配合四川省水利厅开展2022年水土保持重点工程信息化核查工作，全面完成2021年4200公顷水土流失治理任务。开展2022年度生产建设项目水土保持遥感监管工作，对部级下发的58个、省级下发的74个疑似违法图斑经现场核查，全部认定，并对未批先建的7个项目下发限期整改通知书。

【农村饮用水安全保障】 2022年，仁寿县农村饮用水安全监管取得新突破。紧紧围绕乡村水务试点县建设，着力提升村镇供水规范化管理水平，巩固脱贫攻坚成果与乡村振兴有效衔接，实现全县农村自来水普及率达到95%。乡村水务试点工作有序推进。坚决守住"全国农村安全饮水工程示范县"荣誉，深入推进全省首批乡村水务试点县建设，启动仁寿县2022年全域供水基础设施提升工程和黑龙滩水厂改扩建工程。在乡村水务试点县建设省级复核评估中位列全省第三，被四川省水利厅授予"乡村水务试点先进县"称号。进一步提升村镇供水保障能力。持续推进农村供水体制改革。开展村镇供用水情况调查，对全县供水工程能力进行系统梳理，为村镇供水管理提供决策依据。依托县属国有企业，部分镇乡管道老化、渗漏、管径不能满足要求等问题逐渐解决。推进2022年村镇供水工程补短板工程，完成投资5830万元。强化农村供水领域监督管理，全面实现农村供水安全正常运行、管理规范、群众满意。巩固脱贫攻坚成果和乡村振兴有效衔接。250户脱贫户自来水初装费补贴88.6万元。持续监测农户返贫致贫风险线索，51户监测户实行救助，解决脱贫户、监测户自来水安装问题，确保全县脱贫群众喝上安全水、健康水。

【水务综合执法】 2022年，常态化开展水政执法工作。加强水法规宣传，改进工作方式，增进沟通交流，增强服务意识。开展执法巡查检查35次，出动人员120人次，车辆35台次，制止违法行为2起。县水利局联合县农业农村局、县交通运输局、县公安局开展联合执法3次。针对2020年审批的生产建设项目水土保持补偿费未全额征收的问题，开展专项执法活动，共发出限期缴款通知书24份，追缴水土保持补偿费151万元。

【水旱灾害防御】 2022年，仁寿县水利局紧紧围绕"水库不垮坝、堤防不决口、人员不伤亡、重要基础设施不受冲击"目标，扎实开展防汛抗旱减灾救灾工作。统筹安排部署。及早印发《关于做好2022年防汛抗旱准备工作的通知》《2022年防汛抗旱工作要点》，明确重点部位、安排重点工作、落实具体措施、督促工作进展。隐患台账管理。公示公告全县防汛重点部位，加强危险源辨识和风险管控，加强薄弱环节监管，健全风险隐患清单，实行台账管理和销号制度。全年发现隐患435处，整改整治435处。精准预警预报。全面巡查检查各类监测预警设施设备，及时维修维护。严密追踪天气趋势，及时会商研判，多方式多渠道精准发布预警，实行"喊醒""叫应"机制，全年发布各类预警预报短信5万余条次。提前避险转移。严格执行"三避让""三紧急撤离"刚性要求，紧急避险转移2430人，实现人员零伤亡。强化应急保障。多次修订和细化完善各类预案方案，进一步提升其科学性、实用性和可操作性。开展防汛演练700余次，进一步提升全县综合指挥调度和应急处突能力。清理增补防汛物资达90余万台套，健全物资管理机制，组建抢险救灾队伍132支3530人，确保抢险救灾所需。全力保障人饮。调动县供排水公司等供水单位，依托黑龙滩水库集中式饮用水水源和全域安全饮水工程，针对末端用水困难群众及少数分散饮水群众采取分时分段送水，全力保障群众饮水安全。协调电力部门全力保障供水站、加压站用电需求。全县人畜饮水基本正常。抗旱保增收。有效增加水资源储备，合理调度水利工程水源，适时开闸放水补水，7—8月有效补水4700万立方米。全年3次区域性较大降雨过程无较大洪涝灾害发生，无工程出现险情。7—8月，持续高温晴热天气，全县人畜饮水安全，2022年度，粮食生产稳定增产增收。

生态环境管理

【概况】 2022年，仁寿县严格落实生态环境保护"党政同责、一岗双责"，县委常委会会议、县政府常务会带头深入学习贯彻中共二十大精神，坚持每月研究生态环境保护相关工作。县委主要负责人亲自带队调研督导，及时研究解决生态环境保护工作中的痛点难点。重污染预警期间，县领导分片蹲点驻守，深入企业逐一开展现场检查，保障应急减排落地落实。制定《贯彻落实习近平总书记到川视察对生态环境保护工作重要要求的具体措施分工方案》《仁寿县蓝天保卫战宣传发动方案》，组织学习《中华人民共和国环境保护法》《中华人民共和国水污染防治法》《四川省沱江流域水环境保护条例》《中华人民共和国大气污染防治法》《中华人民共和国土壤污染防治法》《眉山市集中式饮用水水源地保护条例》等9部法律法规。

【环境状况】 空气环境质量状况。2022年，全县空气质量优良天数334天（同比多2天），优良率91.5%（全市第二），综合指数3.57（全市排名第三，全省128县级城市排名113，183区县排名134），改善率-3.8%（全市第一），6项参数均达到国家二级标准。

水环境质量状况。2022年，国考断面球溪河发轮河口断面、越溪河于佳乡黄龙桥断面平均水质均为Ⅲ类；省考断面越溪河篓筐坝断面平均水质为Ⅲ类，黑龙滩水库龙庙断面平均水质为Ⅱ类，城市集中式饮用水水源地（民生隧洞取水口）水质稳定达到Ⅲ类及以上，达标率100%。

【环境监测】 水环境质量监测。每周对越溪河出境断面于佳乡黄龙桥、篓筐坝断面开展一次例行监测；每月对球溪河发轮河口、越溪河于佳乡黄龙桥、篓筐坝出境断面，饮用水水源地黑龙滩民生隧洞和饮用水水源地二级保护区炳墙湾，市级"河长制"东干渠、南干渠、河坝子水厂、连心桥、粤江河断面至少开展一次例行监测；每半年对粤江河、通江河（球溪河）、龙水河、越溪河、清水河等境内主要河流开展一次例行监测。出具仁寿县城市集中式饮用水水源地和饮用水水源地二级保护区水质手工监测报告或报告单23份，市、县级"河长制"监测报告11份，生态补偿断面和国考断面（发轮河和黄龙桥）监测报告22份，越溪河出境断面水质调查监测报告65份，2022年，共计出具监测报告和报告单121份。

声环境质量监测。对仁寿县功能区环境噪声监测，监测点位有7个，监测频次为每季度监测一次，监测结果为4个季度达标率均为100%。对仁寿县城市区域声环境质量进行监测，监测点位有101个，监测频次为每年一次，监测结果为一般。对城区道路交通声环境质量进行监测，监测点位有20个，监测频次为每年一次，监测结果为较好。

测管协同与监督性监测。对眉山市水环境重点排污单位四川坤泉食品有限公司、仁寿县天宇食品有限公司、文林工业园区污水处理厂一期一区等进行监督性监测；抽检汪洋镇涂家乡、满井镇兆嘉乡污水处理站等8家农村污水处理设施，共计出具监测报告14份。对涉及大气VOC的企业共计317次监督性监测工作。

开展疫情防控相关监测工作。2022年度，共计派出300余人次对全县在用隔离点、定点医院及相关污水处理厂（站）等开展监督性监测和检查工作，共获得320余个监测数据。其中上报市局周报52份、日报109份；冷链食品（包含进口）及污水监测110份。

【农村生态环境治理】 有序推进农村生活污水治理。争取省级2022年农村生活污水治理"千村示范工程"以奖代补资金708万元，因地制宜选择15个村（社区）实施"千村示范"工程项目建设，项目已完工验收并完成资金拨付。截至年末，全县具备生活污水处理能力的村（社区）达256个，生活污水得到有效治理的行政村比例达96%。

【水生态环境治理】 加快推进污水处理设施建设。建成县城第三生活污水处理厂一期项目；大化第二污水处理厂二期工程已完成土建工程；汪洋镇第二污水处理厂一期项目已完成总工程量的64%；建成城北新城规划区南侧截污干管项目管网10千米；仁寿城镇污水管网收集改造工程主体已完工。科学推进流域生态修复。杨家河和陈家沟河流域生态治理项目已完成立项、测绘、稳评；球溪河增殖放流鱼苗100万尾；通过黑龙滩常态化不少于1.5立方米/秒对球溪河进行生态补水，通过红阳水库、革命水库等向越溪河累计补水150余万方。全面推进"河长制"工作。各级河长扎实开展问河巡河，及时发现、交办、处置问题。2022年，县级河长巡河377次，乡镇级河长巡河7172次，累计出动9600余人次，清理各类河渠3000余千米，清理各类垃圾、杂物等6.5万余吨。严格开展流域水环境治理考核。共完成13次考核，累计奖励乡镇（街道）经费1121.3万元，扣缴乡镇（街道）经费27.9万元。同时，4个乡镇（街道）因流域水环境质量未达标，在县政府常务会上述职。

【饮用水水源地管理】 2022年，完成仁寿县集中式饮用水水源地民生隧洞取水口水质自动站提标改造工作、保护林带建设、一级保护区视频监控以及一、二级保护区矢量图测绘界碑界牌设置工作；每月对集中式饮用水水源地水质监测，城市集中式饮用水水源地（民生隧洞取水口）水质稳定达到Ⅲ类及以上，达标率100%。

【大气环境治理】 建机制严审批。制定《仁寿县大气污染防治攻坚行动方案》《2022年仁寿县臭氧污染防治攻坚方案》《仁寿县2022年秸秆禁烧和综合利用工作方案》，划定重点管控区域，修订重污染天气应急预案；加强招引项目环境准入门槛，将环境容量和污染排放指标作为准入条件，以容量定项目，严禁引入两高项目，并对卓航电子、信利光电、协鑫集团年产36万吨磷酸铁锂等项目上门开展环评服务，一律不批无总量指标项目，从源头上减少污染物排放。推进重点行业绩效分级。对135家重点行业企业全覆盖开展重污染天气绩效分级培训，配合开展“千名专家进万企”大气帮扶工作，指导30余家企业开展绩效评级，建宝、凯丰2家企业重污染天气绩效分级获评B级，正鑫通用、天府河山、人民水泥3家企业重污染天气绩效分级获评C级。开展污染防治攻坚。利用VOCs红外摄像机检查城区及周边乡镇20家加油站油气泄漏情况，督促整改油气回收问题25个；全覆盖督导检查城区60余家喷涂汽修厂，对116家涉VOCs排放单位完成2轮快速检测，发现并移交问题11批共60个，处罚涉VOCs违法行为4起；启动重污染天气预警14轮次，累计减排企业400余家次，落实259个点位和500余名责任人包保责任制。常态治理移动源。全覆盖检查6家机动车环保检测机构；划定中心城区柴油货车绕行路线，实行柴油货车办证入城，联合开展移动源尾气路检，累计抽检柴油货车1476辆，非道路移动机械47台，处罚74辆；指导1599台非道路移动机械完成登记备案；科学运用黑烟抓拍系统，抓拍黑烟车633辆，分42批全部移交公安部门，其中136辆纳入黑名单管理。精细管控扬尘源。实行工地扬尘“红黄绿牌”分类挂牌督战制度；召开建筑工地大气污染防治专题会6次，整治扬尘隐患700余个，对4个责任主体单位和12名责任人进行不良行为信用扣分，下达整改通知书47份，立案调查12起，处罚12起，罚款共26.4万元；强化超载超限和“抛洒滴漏”治理，抽查渣土车3000余辆，行政处罚案件合计13件，收缴罚没款合计50万元。抽查货运汽车3.5万余辆，查处超限超载货车272辆，处罚4起，罚金28万元。集中整治餐饮油烟。每月对餐饮企业、机关食堂油烟净化装置安装使用情况开展专项检查；安装7套高效油烟处理装置，有效解决省控自动监测站点紧邻84户居民油烟散排污染问题。

【土壤生态环境治理】 做好待利用土地源头防控。编制《农用地土壤镉等重金属污染源头防治行动实施方案》《仁寿县土壤污染分区管控方案》，开展全县涉重金属行业企业排查、11家安全利用类耕地周边的矿产企业固体废物堆存情况排查、3条安全利用类耕地所在水系底泥重金属采样检测，指导铁马焦化制定涉镉等重金属重点行业企业污染源整治方案，并督促其按期完成整改事项；完成100块建设用地安全利用审查，20个公共服务、公共管理、住宅用地土壤污染状况初步调查；完成4个疑似污染地块土壤污染状况调查，全部达到建设用地相关标准，有效保障建设用地准入安全。加强在产企业过程控制。督促指导11家土壤重点监管单位制定土壤自行监测方案并开展自行监测；督促指导567家危险废物产生单位、经营单位完成危险废物年度申报和管理计划填报；完成34家危险废物产生、处置单位规范化管理考核；制定《仁寿县应对极端条件下新冠肺炎疫情城市静态管理医废垃圾转运处置实施预案》，做好涉疫医疗废物处置的监督指导工作，2022年累计处置医疗废物1300余吨、涉疫医疗废物700余吨。强化停产企业地块污染管控。针对土壤环境质量检测超标的驰骋油业无主地块，进行封场打围、设立警示标识、完善“三防”设施等风险管控措施，减少了对周边环境的污染。同时，积极对上争取，加快驰骋油业有限公司建设用地污染土壤治理与修复项目列入国家专项资金库。

【生态环境保护督察】 县委常委会会议、县政府常务会议专题学习传达习近平生态文明思想和《中央生态环境保护督察整改工作办法》，审议《仁寿县贯彻落实第二轮生态环境保护督察整改实施方案》《仁寿县黑龙滩生态环境问题整改工作方案》。第一轮中央环保督察和省环保督察以及“回头看”反馈问题、信访交办问题已全部完成整改并持续巩固；第二轮省环保督察信访问题、下沉指出问题、第二轮省环保督察反馈问题、专题片指出问题已完成整改；第二轮中央环保督察信访举报问题41件，整改完成35件；第二轮央督反馈问题均按时限要求推进整改，无逾期。

【环境执法】 开展全县网格化环境监管培训，完善监管机制，实行季度考评，增强敏锐度，让环境问题在基层得到及时解决。制定“喜迎二十大”信访工作、核与辐射安全、废弃危险化学品领域三个“百日攻坚”专项行动方案，开展专项检查，发现问题立即交办，全力保障生态环境安全。

2022年，共受理环保投诉件261件，处理率为100%，结案率为100%；完成384个日常检查和双随机任务，备案37家企业突发环境事件应急预案；加强“两法衔接”，将7家企业纳入监督执法“正面清单”，对部分轻微违法行为及时纠正且未造成环境危害后果的，免予行政处罚。2022年，下达责令改正通知书和监察通知书20余份，责令改正违法行为决定书9份，免予处罚案件1件，从轻处罚案件1件，环境行政处罚决定书8份，移送公安机关2人，累计罚款82.65万元。

【节能减排】 持续开展节约型机关和节水型机关创建工作。2022 年全县 17 个县级部门成功创建为节约型机关；10 个单位（含县级部门和城区学校）顺利通过现场验收复核成功创建为节水型公共机构。指导全县 2022 年各季度公共机构能源资源消费统计网络直报工作，完成年度公共机构节能降耗眉山市定目标任务。

气象服务

【概况】 2022 年，仁寿县气象局认真落实全国气象高质量发展工作会议精神和《气象高质量发展纲要（2022—2035 年）》要求，全面开展气象工作。

【气候状况】 2022 年度平均气温 18.7℃，较多年平均气温 17.8℃偏高 0.9℃；年总降水量 841.5 毫米，较多年平均降水量 881.8 毫米偏少 4.6%。年总日照时数 1192.7 小时，较多年平均日照总时数 1047.6 小时偏多 13.9%。全年气温偏高，降水正常，日照正常。日最低气温出现在 12 月 19 日为 -0.6℃；日最高气温出现在 8 月 15 日和 24 日为 41.5℃；2 月 23 日出现初霜。

【气象监测】 积极谋划仁寿气象高质量发展，完成气象监测能力提升，全年共升级维护六要素站 3 套、四要素站 12 套、两要素站 39 套、单雨量站 20 套。风险普查工作稳步推进，多渠道广范围开展调研，积极推动自然灾害风险普查气象灾害事件、过程、影响和防御措施的本地化修订任务，推进各项风险普查任务，完成一省一市风险普查试点任务。将收集的承灾体数据和灾情数据连同致灾因子数据一起上传，完成数据汇交。完成仁寿县 8 个灾种气象灾害风险评估与区划技术报告。

【气象政务服务】 认真学习贯彻国务院《气象高质量发展纲要（2022—2035 年）》和全国气象高质量发展工作电视电话会议精神要求。仁寿县气象局严密监测，切实开展“梯次化”气象预报预警服务，不断提高预报精准化和预警提前量，为县委、县政府科学决策提供气象依据。通过气象周报、气象信息快报、决策短信等形式积极开展五一、国庆等国家法定节假日和春运、中考、高考等专题气象服务。2022 年，共发布决策短信 180.7 万条次，发布气象信息快报 23 期，气象周报 42 期，发布并确认预警信号 80 次，森林火险专报 179 期，节假日专题预报 74 期，空气污染气象条件预报 335 期，气候影响评价 11 期。

【灾害性天气预警服务】 仁寿县气象局加强贯彻落实，全力以赴做好干旱、暴雨、强对流、雨雪冰冻等灾害性天气监测预报预警服务。其中 2022 年全县汛期共出现 2 次区域性暴雨天气过程（5 月 13—14 日、6 月 22—23 日）。气象成为坚守在暴风雨来临的第一道防线，仁寿气象局通过手机短信、微信群、QQ 群、“大美仁寿”、LED、OA 等渠道提前将暴雨天气预报信息广泛发布，全程“保姆式”跟踪服务，提供本地及上游雨情、强度、落区和后期天气发展趋势，助力防汛调度，确保无人员伤亡，将灾害损失减少到最小，充分体现“三个叫应”所彰显出来的防灾减灾效益。两次过程共发布 2 期气象信息快报，发布强降雨天气消息 1 期，发布各类决策短信 27 次，短信总数 9.15 万条，接收人次达 2.33 万人次；发布大风蓝色预警信号 1 期，暴雨橙色预警信号 1 期；雷电黄色预警信号 1 期，确认雷电黄色预警信号 1 期。同时，带班领导和值班业务员加强对县防汛办、县自规局、县应急办等单位的信息报告，通过微信（防汛抗旱、防灾减灾、地质灾害等工作群）、短信、电话等方式主动向县领导、县防汛办、县应急管理局和各乡镇值班领导报告回波及降雨情况，做好短临跟踪监测服务，监测预测到小时降雨较强乡镇电话提醒做好防范措施。发布雨情、预警信号、预报均及时通过手机短信、微信工作群、QQ 群、“融媒体” App 向社会公众传播。

此外，2022 年汛期受副热带高压和青藏高压的共同影响，仁寿县气象局先后出现 2 段持续性极端高温天气过程，分别为 7 月 4—17 日（持续 14 天）、8 月 6—27 日（持续 22 天），此次高温事件为 1957 年仁寿县气象局有气象记录以来最强。其中 8 月 6 日开始的极端高温天气，气温屡创新高，其中 8 月 15 日和 8 月 24 日均达 41.5℃，为仁寿国家气象观测站有气象记录以来第一位。11 月 28 日至 12 月 1 日，仁寿县出现一次强降温天气过程，气温累计下降 13.4℃。仁寿县气象局提前 4 天发布气象信息快报，预报此次强降温天气过程，提醒农业、交通、电力等行业注意降温和大风天气带来的不利影响，做好相应防范工作。

【深化气象改革】 深刻把握习近平总书记关于全面深化改革重要论述，干在实处。加强部门联动，提升气象“整体智治”水平，进一步优化气象行政审批服务规范流程。加强平安建设，落实安全生产主体责任，严格落实辖区易燃易爆危化场所、防雷检测机构的监管责任，加强升放气球资质单位全覆盖检查和升放气球活动监管。打好人才建设“组合拳”,选送气象台台长到眉山市业务科学习,不断提高气象业务水平和科研能力。完成小微改革项目——以智能网格预报产品为主线的预报流程改造,全面推进现代气象预报业务向“无缝隙—全覆盖、自动—智能、精细—数字”发展,努力提升天气预报准确率和精细化水平。

【人工影响天气】 制定《仁寿县2022年人工影响天气工作计划》,及时调整全县人工影响天气工作领导小组成员。2022年,为缓解1957年仁寿县有气象记录以来最强旱情,同时降低森林火险等级、增加空气湿度、改善土壤墒情,以及重大活动期间、春节等,县人影办强化值守班,密切监视天气,共开展人工影响天气作业22次,发射火箭弹57枚,取得良好效果。

【公共机构节能管理】 2022年1月,拟定全县公共机构节能工作年度计划,加强公共机构节能降耗工作指导和监督管理。5月,组织17个节约型机关创建单位开展备案表填报及创建工作。6月,组织10个节水型公共机构创建单位参加2022年节水型社会达标县建设培训会并开展创建工作;组织全县各级各部门积极开展公共机构节能宣传周、全国低碳日系列活动并取得实效。

全年继续贯彻落实习近平总书记关于对制止餐饮浪费行为作出的重要指示精神和《党政机关厉行节约反对浪费条例》相关要求,组织干部职工时刻践行厉行节约,反对浪费的生活理念,引导全县干部职工合理就餐,养成节约用餐习惯。指导设有机关食堂的县级部门率先开展机关食堂反食品浪费工作成效评估,有效制止餐饮浪费。继续推进公共机构生活垃圾分类工作,明确工作要求,强化宣传力度,不断推进垃圾分类措施落到实处。继续开展“禁塑”工作,多举措推动工作落实,以确保“禁塑”工作成效。

街道和乡镇

文林街道

【概况】 2019年12月，设立文林街道，管辖行政区域原文林镇蜜桔、飞泉、陵阳、先农、书院路、城西、文林路、建设路、陵州路、金马路、嘉南、南坛路、学习、忠实、火箭、城南、石莲、奎星阁共18个社区。2020年5月，村级建制调整改革，原18个社区合并为文林、书院、南坛、陵阳、陵州、奎星阁、金马、火箭、忠实、飞泉、建设、先农共12个社区。文林街道辖区面积4150公顷，户籍人口9.6万人，常住人口14万人，办事处驻金马路一段52号。

【征地拆迁】“两山一河”改造提升。2021年规划两减三增四提升（“两减”即减违章建筑减占道经营，“三增”即增服务设施、网红景点、高端经营，“四提升”即入口形象提升、绿化景观提升、道路功能提升、亮化景观提升）。该项目由仁寿发展公司作为业主，文林街道主要负责征地拆迁、控规控建及协调工作。该项目涉及征地20.12公顷，2021年征地3公顷，2022年征地17.16公顷，安置拆迁人员11户55人。县烈士事迹陈列馆项目完成征地0.12公顷，按时交付县退役军人事务局建设。

【乡村振兴】 持续推进厕污共治。“厕污共治”累计完成1536户，在2021年厕污共治问题摸排整改的基础上，再次“回头看”工作摸排1470户，对摸排出的问题精准整改并全面完成。加快推进交通基础三年提升行动。截至年底，建设村道9条，计划长度45.2千米，实际长度25.149千米。巩固拓展脱贫成果。撂荒地整治促城乡融合发展。以粮食安全为抓手，因地制宜整治撂荒地33.25公顷，扩种复合型大豆种植341.7公顷及果树间种，区域性培育大豆示范片67公顷。以园村一体化发展为抓手，发展粮油基地13.4公顷。乡村旅游品牌促经济发展。以“两山一河提升改造”工程为契机，打造老城区乡村旅游品质，放大春节、元宵节等节庆灯会效应，打造节会品牌。支持农户个体以及相应的企业从事乡村特色产业经营，并在产业规划、信息供给、规模做大、市场做强等方面提供政策支持。完善帮扶防止返贫动态监测。定期会商防返贫。每月定时召开社区“两委”及居民代表大会筛选研判新增监测对象会议，开展防返贫动态监测和帮扶全覆盖摸排2次，新增监测对象9户12人，排查3065户9867人，做到月月排查，确保符合条件的农户应纳尽纳。政策扶持促发展。完成2022年中央财政衔接推进乡村振兴补助资金精准到户产业发展项目资金32.1万元，完成养殖牛1头、羊28只、猪138头、小家禽（鸡鸭鹅兔）4590只。涉及脱贫户103户、监测帮扶对象户3户。通过项目实施，脱贫户（含监测帮扶对象）人均纯收入提高500元以上，实现稳定脱贫致富。

【工业经济】 提高综合实力。街道共有规模以上企业3家，规模以下企业8家，大型商超3家，年末完成总产值5.65亿元。优化企业服务。对98个平台800余个企业、75个平台600多个法人单位完成基本信息的再次核实和录入，全面协助规上企业和第三产业申请不停工不停产补贴150万元。

【重点项目】 抓好老旧小区改造。坚持“街道统筹、居民参与”的原则，实现小区“八化”标准。2022年文林街道老旧小区改造共69个，已全部开工。保障房票安置。2022年拆迁安置197.5人，房票安置194.5人，货币化安置3人，涉及拆迁安置补偿资金8695.91万元。其中，沙子湾幼儿园项目房票安置138人，货币化安置3人；“两山一河”项目房票安置41人；城南广场选择房票安置15.5人。

【疫情防控】 网格摸排到位。截至2022年12月31日，共接收大数据排查市外重点地区回仁数据2万余条，社区排查上报国内重点地区回仁2.86万人，境外返回仁寿67人，管控集中隔离780人，居家隔离3394人，其余管控人员1323人，均严格按照上级疫情指挥部要求落实相关管理服务，做到不漏一人。合理设置便民核酸采样点8个，高效开展全员核酸24次。2022年累计采样285万人次。疫苗接种工作，针对新冠疫苗存疑接种进行核查清理，确保做到“应接尽接”，切实筑牢辖区居民免疫屏障。“11·18”疫情暴发，管控临时区域26个，划定高风险区域16个，封控群众1104户2721人。全体工作人员共同努力与守护，均平安解除管控。设立健康服务站2个，累计发放退热药品5000余包，开展医疗咨询服务1000余人次，发放健康知识宣传资料2万余份。

【社会治理】 创建城市党建模式——“1+4”党建引领小区治理机制，构建以小区联建党支部为引领，统筹联动居民小组、院落小组、小区自治组织、片区邻里中心“1+4”的党建引领小区治理体系。划分居民小组148个，建立小区联建党支部60个。全面实施街道“大工委”和社区“区域党委”，有效整合辖区内组织资源和工作力量，形成“社区呼叫、街道吹哨、部门和驻区单位报到”调度机制。

创新物业管理。依据眉山市物业管理条例，推动小区业委会和自治委的选举，指导欧洲映象二期成立居民自治委；引进物业管理企业13家，加快物业管理进程，采取物业服务外包方式解决小区物业企业不作为的各类问题。完善业委会、自治委人选的推荐和组织把关机制，加强对业委会选举的组织领导，制定负面清单，切实把好业委会筹备组、换届改选小组以及业委会委员候选人的推荐关、审核关和选举组织关。对物业服务企业实行准入报备制度，所有新进物业必须会同上级部门，利用全省物业信用管理平台，先查询审核再予以进场机制。

文林街道办公阵地、奎星阁、书院、建设社区阵地12月底前完成装饰装修并投入使用；金马、南坛、陵州、陵阳社区阵地升级打造已完成前期工作；规范建设12个社区退役军人服务站、新时代文明实践阵地；引进“成都有你”社工运行文林街道社工站，推动“五社”联动纵深发展，共有18支自组织完成备案，参与社区治理；完成文林社区未保点位建设。

2022年，完成上级交办信访案件共计53件，办结53件，办理率100%。领导接待信访群众共80余次。街道治安巡逻大队参加各种安保维稳任务共20件180人次，处置突发事件5件45人次，疫情防控、日间、夜间武装巡逻，出动人员540余人次，出动车辆50台次，参与社区警务、禁毒排查、消防安全、行业场所检查400余人次。联合派出所定期开展大巡防，有力保障文林街道的社会治安平稳、政治大局稳定。开展“百日攻坚”行动，行动期间组织专项巡查5万余人次，排查整治乱点乱象4处，完成重点人员走访300余人次，经过行动，文林街道社会风气及政治大局得到了进一步稳定，群众基础得到进一步夯实。

强化网格管理。坚持党建引领，“街道一社区一网格”三级管理体系井然有序，制定《文林街道网格员长效管理制度》和《网格员考核评分细则》。全年共组织开展4次网格员培训，完成法院协执185件，事件上报4.72万件，特殊人群访9417人次，协助完成司法调查10件。获得市评选的优秀消防网格员奖励70人次，在四川网格化公众号、天府眉州、四川新闻网、《四川日报》上稿40余篇，各项业务完成一直在全县月通报靠前。

【安全生产】 坚持安全隐患常态化治理，“一包一”检查整改安全隐患104处，全面整治燃气、消防、食品安全等领域隐患8000余处，发放宣传册10万余份。坚持防灾减灾、农村道路交通、森防等安全监管工作，延伸消防小细节，未发生一起安全责任事故。全覆盖设置交通文明劝导员，掌握4074辆车辆信息并动态更新；全年出动检查人员778人次检查食品生产经营单位633家，发现并整治问题104个；完成4.12万户居民燃气排查，完成系统录入4.29万户次，为2000余户独居老人安装烟感报警器；开展防灾减灾宣传活动，成立“两辅”队伍，开展森林防火、消防、地震疏散演练。

【生态建设】 加强卫生整治。优化《文林街道环境卫生治理实施方案》，开展爱国卫生运动、控烟活动和春、秋两季病媒生物消杀及滋生地治理，组织各社区联合包保单位开展每周五大扫除；拆除“蓝顶子”等违法建筑12处，对易产生卫生死角的空地进行打围处理4处，开展节前卫生大扫除24次，提升辖区环境卫生整体质量。强化水质管控。对金马河流域水质实行分段每月送检第三方管理方式，同时根据全县水质在线监控平台数据和普宁街道邀约协同，完成额外7次水质自检监测。全年巡河App共上报处理59次河湖问题。2022年年末，文林街道辖区水流域总体水质可控。做好整改落实。按清单制，销号制管理思路，做好涉环保问题处置管理。对44个点位进行专项“回头看”行动，定期跟踪落实问题整改、维稳。持续监测所有环保相关投诉，截至11月，共接到环保投诉件174件（同比下降26件），重复投诉19件（同比下降44件），均已办结。做好各类监测点位现场复核及运维预后工作。对辖区河道界桩、告示牌、大气监测点、噪声投诉点位进行全面复核、恢复、调整。开展创文宣传。以“大美仁寿”App为载体，创建线上志愿服务

2022年6月21日，文林街道“百日攻坚”行动启动仪式（张艳丽/摄）

队伍，先后组织1000余人次志愿者开展疫情防控、文明城市创建等志愿服务。发放宣传手册4万余份，宣传扇1.5万余把，印制公益广告3400余幅，实现广泛动员户户知晓。

【民生事业】 特殊群体保障有力。开展社会救助。动态调整低保对象1659户1857人，城乡特困供养对象109人；对116名困难群众开展临时救助，发放救助金11.63万元。服务弱势群体。帮助190人申办残疾证、5名肢体残疾人适配假肢、17名残疾人申请辅具、14人申请春季残疾学生补贴。做好养老育幼工作。为辖区内1190名老年人提供贴心服务、5户老人申请住房适老化改造项目；打造文林社区未成年人保护点。惠利政策落实到位。开展社保参保工作。2022年，城乡居民医疗保险参保4.04万人；办理失地农民养老保险49人。推进劳动就业工作。重点企业招工，完成信利集团招工任务132人，灿光入职76人；灵活就业登记313人，申办社保就业补贴279.92万元；安置乡村公益性岗位35人，发放补贴21万元；帮助13名大学生创新创业；为脱贫人口办理一次性创业补贴11人次。落实优抚政策。对退役军人、其他优抚对象完成建档立卡；开展走访慰问活动，发放慰问金74.1万元；为31名立功受奖现役军人送喜报，送达"强军奉献"奖励金1.6万元。落实计生政策。完成独生子女父母奖金清理及阳光一卡通平台录入和审核工作，兑现2022年上半年奖励扶助和特别扶助资金合计81.52万元。

【宣传工作】 展示良好服务。开展一月一主题活动。依托新时代文明实践所、实践站阵地开展丰富多彩的主题活动140余场；开展庆祝建团100周年系列活动，拍摄录制"青春梦想"微视频12部；开展庆祝建党101周年活动，录制"微党课"视频12部；积极筹划制作街道成立三周年纪念视频，营造正面形象。每周撰写一篇信息上报《仁寿信息》，每月两篇门户网站信息；撰写外宣稿件33篇。通过多种宣传方式，营造文林街道正面形象。

【自身建设】 加强政治建设。做好分类学习管理，班子成员坚持每月1次中心组学习，全体干部每月1次政治学习。机关干部积极参与2022年度汇贤学堂网络培训共3期。社区开展党员大会42次，街道班子成员到联系社区讲党课36次，各社区党组织、"两新"党组织和机关党组织在年初先后召开组织生活会民主评议会。组织基层党组织书记和党员干部群众采取相对集中方式学习观看"书记龙门阵"主题坝坝会3次，并向县委组织部上报观看反响10篇。全年共发展党员17人，预备党员转正29人，失联党员恢复党籍1人；表彰先进基层党组织3个、优秀党组织书记3人、优秀共产党员42名；为4名困难党员申请县级救助资金。发放"光荣在党50周年"纪念章共51枚。开展"两新三大"工作。压实责任谋统筹。成立街道大学习大实践大提升活动领导小组，党工委会、动员会、工作推进会先后10余次专题研究部署，组织专人负责持续推进。持之以恒深入"大学习"。坚持领导带头学、党员集中学、个人主动学机制，通过理论中心组学习会、"三会一课"、院坝会等方式聚焦学习习近平总书记到川视察重要指示精神、省第十二次党代会等会议精神。召开学习会18次，专题宣讲会12次；发放书籍600余册，宣传单5000余份，制作宣传标语100余条；"大美仁寿"等网络媒体平台宣传报道30余条，发布工作简报17篇，"微党课"优秀作品展播9期，营造浓厚学习宣传氛围。担当尽责开展"大实践"。先后开展文林"青春梦想大实践""党课开讲啦"微视频展播等活动。开展基层党建工作专项检查2次，以"三个走遍"为着力点，开展基层走访慰问、座谈讨论等活动400余次，开展"院坝会"、志愿服务等活动200余次。打造"文邻知音"示范点位，构建"社区党委谋划、小区支部响应、网格精准服务、群众积极参与"的共建共治共享治理新格局。聚力工作能力"大提升"。聚焦岗位专业知识，开办财务、党建业务培训等干部提能培训班6期。组织进行礼仪培训、警示教育学习、矛盾纠纷化解、《中华人民共和国反有组织犯罪法》等业务相关专题学习10余次，聚力提升干部综合能力素质。加强工作监督。创新工作监督机制。制定"基层治理大擂台"工作方案，每季度末，纪工委在干部职工大会上，利用图片、视频等方式展示全街道的各项工作开展情况，通过大会晾晒工作成效，监督各项工作落实情况，并对好的经验展示、学习，促进各项工作更好落实。至年底，文林街道共开展三次"基层治理大擂台"，表扬先进典型60余个，通报问题30余个。加强内部督查问责。参与全县疫情防控督查，前三季度，文林街道参加党风室组织的全县疫情防控工作督查30余次，发现问题60多个，已全部报送县纪委；做好街道内部的督查，文林街道纪工委对街道疫情防控、环保、安全工作等日常监督检查，开展全覆盖督查2次，通报10余次，发现问题共计100余个，已督促相关办所、社区落实整改到位；做好执纪问责，前三季度，文林街道一共立案7件，结案5件，其中自办案件2件，行政案件5件，追缴违纪资金0.5万元，办理片区信访件1件，第一种形态处理5人。

表 26　2022 年文林街道各社区基本情况一览表

序号	社区名	党支部书记	主任	村民小组数（个）	人口数（人）	耕地面积（公顷）
1	飞泉社区	王应全	王应全	14	7535	77.71
2	南坛社区	李金泽	李金泽	8	3216	3.86
3	陵州社区	但丰杉	但丰杉	12	4953	0
4	先农社区	李林育	李林育	15	4521	0
5	建设社区	张永丽	张永丽	11	4184	0
6	奎星阁社区	赖　湘	赖　湘	12	8241	0.7
7	忠实社区	李　杰	李　杰	23	8683	343.5
8	文林社区	汪　晶	汪　晶	9	8326	0
9	陵阳社区	严　桢	严　桢	13	3798	31.8
10	书院社区	黄　丽	黄　丽	12	4309	0
11	金马社区	李　英	李　英	12	3403	0
12	火箭社区	李　莉	李　莉	9	9136	0.5

普宁街道

【概况】 普宁街道位于仁寿县城东南部，北与怀仁街道相连，西与文林街道相接，南与满井镇交界，东北与珠嘉镇毗连，东南与宝马镇结界。2019 年 12 月成立普宁街道，由原县城所在地文林镇和县城周边的宝马镇、满井镇、珠嘉镇划转 16 个社区组成。2020 年村级建制改革，调整为 13 个社区（其中城市社区 8 个，涉农社区 5 个）138 个居民小组，辖区面积 5252 公顷，有户籍人口 6.9 万余人、常住人口 13 万余人。辖区涵盖城北新城大部分区域和大部分城市建设项目，有仁寿经开区 A 区、湿地公园、响水六坊、长平水街和万达广场等城市品质发展的标志性区域。

【党建工作】 组织干部职工深入学习习近平总书记到川视察重要指示精神、中共二十大精神，加强党内法规、规范性文件和中央、省、市、县重要文件的学习宣传，组织党工委会议、理论中心组学习会议、干部职工大会 80 余次、累计“第一议题”学习党中央理论政策 30 余项。建立健全党史学习教育常态化长效化机制，扎实推进“两新三大”活动，践行“三个走遍”工作要求，党员干部全年累计走访 529 次，实际解决问题 52 件，组织党员干部参与志愿服务 1000 余人次。以“普宁课堂”、社区干部全覆盖轮训、鼓励社区干部考取社工证等举措，做实干部队伍教育引导，严格机关、社区干部绩效考核，促进干部能力大提升、作风大转变、结构大优化。圆满完成黎光、坝达社区居委会主任补选工作。坚持党建带团建、促群建的工作基调，新建 29 个“两新”组织中的妇联组织（妇女联合会 3 个、妇女委员会 8 个、妇女微家 18 个），救助贫困母亲 3 人次，救助“两癌”妇女 5 人次；街道团工委依托小区、楼栋建立团支部 33 个，新建少工委 3 个，全年完成“助学成才、圆梦大学”贫困生救助 8 人。

【基层治理】 坚持向中心聚焦、为大局聚力，明确以基层党组织建设为抓手，突出抓好基层党建“七个基本”建设（“七个基本”即落实基本责任、健全基本组织、建强基本队伍、坚持基本制度、开展基本活动、提升基本服务、强化基本保障）。通过“单建 + 联建”的方式，推进党组织向企业、小区、楼栋延伸覆盖，全年建立小区党支部 52 个，小区党支部覆盖率达 90%。探索小区治理“四个一”工作法（“四个一”即坚持一个核心引领，提升小区秩序；打造一站式活动阵地，提升小区宜居感；构建一套自治体系，提升小区活动感；开展一系列志愿活动，提升小区幸福感），打造满足居民需求的“1+4+N”小区综合服务体。黎光社区城市精细治理服务试点于 7 月全面建成投用，陆续完善家长心理辅导、小区文化建设、老人义务体检、老年活动室等软硬件配套建设，群众需求意愿最集中的儿童综合体已建成投用。麓峰棕榈岛小区作为 2022 年度市级城乡基层治理示范项目，成功创建“眉山市 2022 年度高品质美好生活十佳示范单位”。大力探索基层治理新路径，试点实施社联经济发展模式，不断壮大社区经济，2022 年，实现营业收入 200 余万元，利润 60 余万元，被眉山市委组织部列为县域城乡基层治理重点项目。

【疫情防控】 慎始如终抓好疫情防控，坚决筑牢疫情防控屏障。始终坚持“外防输入、内防反弹”总策略，深入贯彻中央、省、市、县疫情防控要求，全年规范建立 10 个便民核酸采样点位，大数据精准排查 2.39 万人，精准管控 1.33 万人，累计完成 15 次全员核酸和 12 次扩面核酸检测，接种疫苗 25.77 万针剂。创新探索静默管控期间每天分色发放居民出入证，着力提升防疫工作温度和成效。创

2022年12月6日，普宁街道新民社区常态化开展“巡警+”治安联防联控夜间巡逻（普宁街道办/供图）

新组建一支由26人组成的消杀和生活垃圾（医疗废弃物）转运专业队伍，提高临时管控区消杀工作专业能力和工作质效。积极适应新形势和要求，科学防治、精准施策，贯彻落实疫情防控“保健康、防重症、保稳定”的重点任务，实现“四有”目标，确保疫情防控转段平稳有序。

【乡村振兴】 坚持党工委统揽，全面贯彻“四个优先”（“四个优先”即在干部配备上优先考虑，在要素配置上优先满足，在资金技术上优先保障，在公共服务上优先安排），将乡村振兴纳入每月党工委会议议程，实干有序激活农村农业发展。补充9名农技专业干部到乡村振兴办公室，极大程度地补齐街道在农业技术方面的短板；大力推行“农户自种+代耕代种”土地承包经营模式盘活农村闲置土地路径，协调解决土地租金纠纷遗留问题，严格管理流转土地，全年投入资金40余万元整治撂荒地69.61公顷守牢耕地红线，确保粮食生产应种尽种。2022年顺利完成粮食生产目标任务播种面积1874.27公顷，大豆种植面积348.57公顷，大豆复合种植面积313.49公顷，实现粮食总产1.06万吨。投入资金1200余万元，用于社区道路硬化、新建蓄水池、整治农渠等项目，进一步便民惠民，规划投入380万元用于粮丰社区军装农渠整治。落实返贫动态监测帮扶，每月组织开展风险线索全面排查和研判分析，全年2次共组织22个工作小组开展防返贫集中摸排，持续巩固脱贫攻坚成果；科学编制村级片区发展规划，力争在粮丰社区、叶桥社区、杜家社区、木门片区实施规模化乡村振兴项目。

【生态建设】 牢固树立绿色发展理念，扎实推进中央、省、市环保督察及“回头看”17项反馈问题整改，全力做好烟花爆竹禁燃禁放、流域生态治理、大气污染防治、河湖长制等重点难点工作，督促辖区10余家涉污水企业完善污水处理设施配套建设，投入资金20余万元清理河道垃圾、河面漂浮物，辖区金马河、宝马河水质稳定达标，生态环境持续改善。创新推进环境网格化管理，街道环境网格化监管工作多次被《中国环境报》、新华社和人民网等主流媒体宣传报道，代表眉山市在全省乡镇（街道）生态环境监管人员及网格员业务培训会上作经验交流发言。

【征拆安置】 高效推进辖区征拆安置，仅用时7小时顺利完成响水新苑821户、1613套住房和66间经营性用房的选房工作，仅用时1天完成响水新苑全部交房工作；顺利推进新民苑安置小区升级整改、722套不动产证办理工作，有序处置房票遗留问题404套，征拆安置工作创造了普宁速度和普宁温度。有序推进新民苑不动产证第四批次信息核实和确认工作、新增人口核实与安置、仁沐新高速连接项目征拆工作、42号地块、龙水河社区市政道路及镇山社区补征地等7.33公顷征地拆迁工作，未发生一起损害群众利益或上访事件，全力保障县重点项目如期交地实施。有序解决原满井杜家社区平安驾校、信利配套周边建设和天府大道等项目遗留问题，有效减少安置信访存量。

【社会事业】 坚持以人为本，为民服务，全年发放临时生活困难救助金8.47万元，惠及66名困难群众。圆满完成2022年市人大民生票决事项白内障手术任务，并超额8例。全面完成涉及18个征地项目3797人失地农民参保登记、待遇发放，清退2018年前不符合参保要求人员5人。推荐92人入职信利、灿光及其他重点企业。建立村级综合文化服务中心，开展“百镇千村·助爱牵手”儿童关爱服务项目和新民、黎光社区未保站试点创建工作。学习打造“枫桥式”退役军人服务站，有序完成退役军人优待证发放工作。

【安全生产】 深入贯彻安全生产十五条硬措施和《中华人民共和国安全生产法》等，以“百日攻坚”“安全生产专项整治三年行动”为抓手，聚焦矿山、危化、建筑施工、道路交通、森林防灭火、燃气、消防安全等重点行业领域，扎实开展“一包一”和第三方专业服务，组织各类安全隐患大检查，共排查经营性自建房1340户196栋，建筑面积约23.37万平方米；排查燃气户3.09万户，查出问题1894个，均已建立台账完成整改销号；引导非居民用户安装燃气报警装置，已完成安装346户。全年未发生一起安全生产责任事故。

表27　2022年普宁街道各社区基本情况一览表

序号	社区名称	党支部书记	主任	村民小组数（个）	人口数（人）	耕地面积（公顷）
1	粮丰社区	汪　敏	汪　敏	8	3082	3556
2	镇山社区	汪　建	汪　建	16	8654	2854
3	杜家社区	姚建辉	姚建辉	10	5289	354.69
4	叶桥社区	徐　义	徐　义	13	6489	112
5	木门社区	伍长安	伍长安	12	5745	361.4
6	高笋社区	吴泽军	吴泽军	8	7680	0
7	钟坝社区	廖凯龙	廖凯龙	12	5217	68
8	黎光社区	廖　强	廖　强	4	4435	0
9	新民社区	陈　勇	陈　勇	31	25412	453.75
10	江家坝社区	但青松	但青松	5	9610	3.6
11	龙水河社区	邓晓林	邓晓林	7	16732	4.1
12	坝达社区	邱　敏	邱　敏	7	20458	0
13	城东社区	黄仕兵	黄仕兵	5	10860	0

怀仁街道

【概况】南朝梁普通年间（520—526年）郡县同治，仁寿时称怀仁郡。2019年，乡镇行政区划调整，撤文林镇设文林街道、普宁街道、怀仁街道办事处。怀仁街道辖社区13个，居民小组84个，行政区域面积5140公顷，户籍人口1.5万户4万人，常住人口3.9万户12万人。2020年5月，村级建制调整，将13个社区调整为9个。2020年10月，将84个居民小组调整为77个。

【党建工作】怀仁街道以持续焕发思政活力为目标，组织各级党组织、街道社区干部扎实开展党的十九届六中全会、四川省委十一届十次全会、眉山市第五次党代会及历次全会精神宣传教育，深入学习习近平总书记到川视察重要指示精神和中共二十大精神，引导党员领导干部自觉践行、忠诚捍卫“两个确立”，增强“四个意识”、坚定“四个自信”、做到“两个维护”。聚焦“两新三大”活动主题，通过坚持业务部门带头学、全体干部自主学、办所（中心）讨论学，将“两新三大”活动要求融入日常业务实践。开展庆祝建党101周年专题党课开讲活动，激励引导各基层党组织和党员为争创一流。开展微党课视频、小区基层治理信息、“五色五治”工作法等10余条工作开展经验材料及视频被人民网、共产党员网、光明网、眉州先锋、仁寿信息、仁寿改革等采用。

怀仁街道先后印发《怀仁街道党建工作要点》《怀仁街道党建工作重点任务清单》《怀仁街道以“奋进新征程、建功新时代”主题开展“大学习大实践大提升”活动方案》系列文件，不断健全党建工作运行规则，为基层党建工作指引正确清晰方向。联合街道辖区24个驻区单位、非公经济组织、社会组织党组织建立街道“大工委”，新建小区党支部1个，两新党支部2个，团组织35个，按程序推进钢铁社区书记主任“一肩挑”工作。开展党员系统检查18次，调整机关党员23人次，发展预备党员18名，转正党员17名。高标准推动党建嘉和未来城小区、居然之家商圈、城北社区阵地提升改造、北城时代二期等党群服务阵地建设工作，党组织建设更加有形有效。

【党风廉政建设】怀仁街道始终把全面从严治党摆在突出位置，突出政治监督主体责任，研究制定《怀仁街道2022年度党风廉政建设和反腐败工作计划》，开展家风教育大会1次，警示教育4次，覆盖干部320余人次。持续整治“四风”，紧盯春节、五一、端午等重要时间节点，制发廉政短信7条覆盖1000余人次。持续抓好省、市、县纪委监委《关于加强县乡基层党风廉政建设的实施方案》等三个文件贯彻落实。印发《怀仁街道关于开展纪律作风整顿月活动的实施方案》，在街道全体干部职工中持续开展纪律作风集中整顿活动，充分运用监督执纪“四种形态”，加强干部监督教育。深入开展农民工工资、年轻干部涉网腐败、乡村振兴“四大强基行动”等专项监督，严肃查办各类案件，2022年完成立案9件，不断营造风清气正的良好政治生态。

【农业发展】怀仁街道培育壮大特色产业，持续深化“一村一品”产业布局，实现柑橘产量400余万斤，销售收入800余万元。充分运用线下传统方式与线上“三微一端”相结合的方式，扩大吊庆社区樱桃宣传广度，吸引游客10万人次，实现旅游收入1000万余元，带动群众人均增收5000元以上。樱桃采摘活动被四川观察以“樱桃与竹”为视频拍摄素材在央广网展播，不断擦亮怀仁樱桃品牌。

坚持“藏粮于地、藏粮于技”，对辖区撂荒地情况进行全面摸排，14.79公顷撂荒地全面复耕复种到位。加大对玉米大豆复合种植技术等新兴技术的推广应用，召开推广培训会议30余次，开展现场培训10次，玉米、大豆复合种植示范片面积完成68.84公顷，核心示范点面积完成14.47公顷。

2022年，怀仁街道累计积注射狂犬疫苗4492针次，猪瘟疫苗1009针次，猪口蹄疫苗1009针次，禽流感疫苗19.21万针次，牛羊口蹄疫疫苗1234针次，动物防疫任务全面完成。

【规划建设】怀仁街道投入资金4万余元，开展仁寿县国道213线文宫至慈航段道路交通暨环境卫生综合整治行动。投入资金30余万元，完成樱桃基地入口等重点区域风貌提升改造。开展农村“厕所革命”“回头看”工作，全覆盖摸排整改厕污共治问题33个。加强控规控建日常巡查，排查出私自修建住房64处，发放整改通知书20份，责令停工64处。全面排查经营性自建房857处，整改问题5处。完成农村土坯房改造指标40户。

【乡村振兴】怀仁街道吊庆社区成功申报市级乡村振兴示范社区。开展文明实践活动90余场，以道德模范创建活动为载体，培育和践行社会主义核心价值观，获评市级文明家庭1户，县级文明家庭1户。6个涉农社区挂牌村级股份经济合作联合社，5个社区已建立具有承揽业务资质的有限责任公司，集体经济逐步增长。

【生态建设】怀仁街道加强水污染防治，对辖区大型餐饮企业、汽修厂、重点企业实行每周2次的不定期巡察。投入100万元，新建污水管网500余米，构建河道防洪工程3千米，清理河道4千米。有序开展秸秆禁烧工作，印发生态宣传单7000余份，出动宣传车300余次，巡查人员2400人次，处理秸秆禁烧5起。开展黄色预警期间臭气、颗粒物行业专项整治，固废堆场大排查360余次，提升生态环境质量。

【民生事业】怀仁街道坚持“应保尽保、应退尽退、进退及时”原则，新增低保62人、调档16人、取消182人，特困人员取消10人。开展临时救助60人次，救助金额7万元。开展残疾人帮助工作，申请护理补贴324人，困难生活补贴456人，新办理残疾证108名，完成医疗救助34人。9个社区全覆盖推广居家养老服务，切实提升居家养老人员的幸福感。坚持“为民服务、为民解困、为民保障”的原则，街道城乡居民养老保险共参保1.59万人，其中新参保752人，到龄373人，生存认证4251人。城乡居民基本医保参保率100%，医保电子凭证推广应用达参保人数的90%以上。

【基层治理】设立3个小区党支部工作示范点，制发小区党支部职责任务清单，充分发挥小区党支部的引领和服务作用。开展讲座、座谈8次，不断提升干部队伍基层治理能力与水平。探索在4个社区、1个小区打造集1个智慧服务平台、1套基础数据库、5类智慧应用场景于一体的“1+1+5”智慧治理体系，形成全街道范围内的系统、整体、协同的治理整体。嘉和未来城小区、中铁仁禾小区成功申报2022年市级基层治理示范小区点位。完成嘉和未来城、嘉和梦想城、锦绣大地、永兴国际等4个小区高空抛物、独居老人报警等智慧小区设施的建设试点。创新微网格工作机制，按照40户100人的标准在辖区原有120个大网格的基础上精

2022年12月13日，怀仁街道黑虎社区易地搬迁居民聚居点开展“党的二十大精神宣讲进农家”活动（怀仁街道办 / 供图）

细划分为1189个小网格，招募1315名志愿者，采取“1+N”即1个网格员带领多名志愿者的方式开展小网格事务治理，实现基层大小事务“一网统揽”。

【安全工作】 怀仁街道组建42人应急队伍，完善应急安全排查处置机制。建立健全分层分级精准防控末端发力终端见效工作机制，发放各类宣传单10万余份，排查整治森林防火、烟花爆竹等各类隐患300余项，排查学校、商超、餐饮等单位1000余家，发现并处置问题各类隐患100余处。

【脱贫攻坚】 怀仁街道严格落实“四个不摘”要求，坚持每月会商和“缺什么补什么”原则，制定针对性帮扶措施。2022年，脱贫户享受低保226户328人，完成24户89人产业扶持项目验收，补助资金6.3万元。2022年春季上报“雨露计划”18人，落实2022年公益性岗位47人。对县级、村级研判的重点对象二次排查991人全面入户走访调查，帮助脱贫户、监测户解决实际困难。

【疫情防控】 怀仁街道始终坚持“人民至上、生命至上”原则，扎实开展常态化疫情防控工作，有条不紊、有质有效开展应急状态下疫情防控“攻坚战”“保卫战”，切实守住怀仁街道居民生命财产安全。2022年，怀仁街道共开展23场次230万余人次核实检测，对5703人次重点人员管控，对1426名集中隔离人员闭环运送，对3060名居家隔离人员和1217名居家健康监测人员落实管控措施。

表28 2022年怀仁街道各社区基本情况一览表

序号	社区名	党支部书记	主任	居民小组数(个)	人口数(人)	耕地面积(公顷)
1	大道社区	杜 刚	杜 刚	9	58775	0
2	八里社区	吴志勇	吴志勇	6	6025	0
3	城北社区	周洪全	周洪全	5	3285	3.6
4	蜂蜜社区	曾 强	曾 强	10	4304	109.8
5	三圣社区	郑海明	郑海明	12	5735	209.7
6	利林社区	刘 兴	刘 兴	10	4252	244.5
7	黑虎社区	罗 君	罗 君	12	6584	338
8	吊庆社区	程义堂	程义堂	8	3805	120.9
9	钢铁社区	董 喜	董 喜	5	1738	284.5

汪洋镇

【概况】 汪洋镇，位于仁寿南部边沿，为眉山、内江、乐山、自贡四市交界处，与威远县、井研县、荣县毗邻。总面积1.75万公顷，历为冶官县县治所在地。1949年，成立汪洋乡。1951年，撤乡建汪洋镇，2020年村级建制调整后，全镇辖10个社区18个行政村，平均辖区面积623公顷，平均户籍人口3858人，村（居）民小组由298个调减为199个。

【工业发展】 2022年C区规模以上工业企业实现产值49.84亿元（包含凯丰、铁马、山立、琅玉四户企业核减4.5亿元），同比增长29.6%；全年新增规模企业4户（华晶鑫盛、星浩宇、杰森诺、欢兴）。2022年，C区在库项目有36个，总投资58亿元，所有项目落实“一包一”联系人员全程跟进服务，重点项目做到周调度，全年共报征项目用地96.92公顷，川威作为省重点项目，其钢结构、焊丝、科研检测中心等板块于12月进场进行强夯作业，正泰晟坤、鑫盛昌二期、华盛福瑞、盛昌禾、星浩宇等项目已顺利建成投产。

【“三农”工作】 汪洋镇地处仁寿南部边沿，总人口14.2万人，其中农业人口7.78万人，常年在外务工人员5余万人；全镇总面积1.7万公顷，其中耕地面积8130公顷。2022年完成撂荒地整治655.29公顷，其中田414.15公顷，土241.14公顷。全年完成粮食生产播种面积6345.7公顷，生产粮食3.63万吨。全年引进新型经营业主5户，共投资560万元，流转土地218.78公顷，进行规模化、机械化种植。建成镇级化肥农药减量示范点2户、26个村级化肥农药减量示范点、示范户39户、种植面积163.92公顷。新建1座提灌站，维修2座提灌站，防险加固水库7座。镇级成立股份经济联合总社，村级成立注册资金400万元的集体经济农业开发公司，26个村（社区）股份经济联合社挂牌，完成185个组级股份经济合作社的开户等相关工作。以民益、五爱、联系为主体的“一镇一园”项目逐步实施。加强农业机械化作业，培训农机操作手157人次，出动农机检查人员98人次，检查农业机械218台次，农业机械综合水平率达69.5%。做好农业补贴，完成惠民惠农补助资金兑现992.75万元，其中，耕地地力补贴2.41万户681.74万元；种粮一次补贴

9972户228.68万元；稻谷补贴3113户53.73万元；2公顷以上种粮大户37户28.6万元，完成农机补贴120户，补贴资金9万元，带动社会投资农业机械购置资金248万元。全镇出栏生猪7.8万头。

【村镇规划建设】 高质量高标准编制乡镇级片区国土空间总体规划，充分衔接各专项规划有关内容，2022年将方案报四川省审核。聚焦区域特色，构建“一镇一园”（“一镇一园”即一个乡镇、一个农业示范园区）粮经融合示范园区，充分利用中心村优势，积极推进产业振兴，带动农户种粮增收。探索抱团发展集体经济，联合五爱村、大洪村联建农业发展公司，注入资金400万元，为农户提供从播种到收购全链条农业生产服务。全年增加村级集体经济收入20余万元。

【乡村振兴】 开展两轮集中大排查，共排查8719户2.69万人，全年新增监测户7户16人，消除风险7户21人，投入900万元推进易地扶贫搬迁安置后续帮扶，配合完成乡村振兴成效显著县交叉检查工作。坚持以增加农民收入为主线，组织召开“春风行动”户外招聘会，帮助脱贫户、监测户63人稳定就业。截至2022年年底，全镇改厕9878户，统一收集集中处理212户，改厕比例达92%；已改污水8873户，统一收集集中处理212户，改污水比例达83%。

【生态建设】 完成污水补短板提升井电源项目及5个污水处理站提升井、管网、提升泵维修维护项目；完成水口庙溢流口应急池建设和水生植物种植和1500立方米一体化湿地池水生植物补种，新增处理能力1000立方米/天的一体化处理设施。启动第二污水处理厂建设及第五批污水管网补短板工作。开展越溪河流域环保问题摸排整改117个，并全部完成整改。建立河长制工作有奖举报制度，鼓励群众监督举报违规现象，越溪河、清水河等6条市、县级河流全部达到地表Ⅲ类水标准。开展清河行动，全年清理河道231.44千米，打捞漂浮物238.325吨，清淤1.579万吨，参与人数1.17万人次。投入资金138.48万元，开展大气污染防治工作，严格落实企业重污染天气管控措施。开展秸秆禁烧工作，张贴宣传海报1420张，悬挂宣传横幅180幅，发放传单1.36万张，出动宣传车920车次，出动巡查人员3260人次。开展道路扬尘治理工作，常态化督促巡查企业车辆冲洗洒水降尘工作，建立富汪路沿线企业分段包干制度，组织联合成立保洁队伍，配备洒水车3台、雾炮车2台、保洁员8名，定期开展洒水降尘工作，确保扬尘不反弹。

【基础设施】 倾力推进基础设施建设，新建提灌站3座、维修提灌站10座；EPC项目乡道联民路工程全面建成投用；185千米村道建设项目、资乐高速先开段已正式开工建设；物流大道改扩建项目已完成设计。投入200万元开展敬老院适老化改造项目，完成610万元综改资金项目，完成大联、永宁、大革三个副场镇街面黑化1.7万平方米。盘活政府闲置土地，修建公厕1处，完善城镇公服设施。汪洋中心医院新大楼投入使用，业务用房增至2万平方米，编制床位增加至298张。

【民生服务】 制定帮办、代办、上门办制度，明确事项范围，完成帮办3万余件，代办4800余件，上门办6000余件。完成人民社区便民服务室亲民化改造，创建人民社区、涂家社区、碧云村“省级示范便民服务室”。全面推动“政务+”服务入驻村级便民服务中心，引进农商行建立金融服务站，提供金融服务8000余人次。扎实开展城乡燃气安全专项整治，排查城乡居民用气17351户，整改隐患170余条，安装商业用气燃气泄漏报警装置327户。坚持以群众需求为导向，突出服务功能，组织开展“爱心助农”“河道巡航”“疫情防控志愿服务”等文明实践活动20场次，参与志愿者580余人次，惠及1000余人，让群众“看得见、听得懂、有认同、愿参与、真点赞”。合并汪洋和涂家卫生院，设汪洋镇中心卫生院为总院，完成县域医疗卫生次中心建设任务。购买第三方服务，对低保人员和困难群众入户走访调查，新增低保463人，取消低保467人。2022年底，全镇低保在册4973人，发放资金1.36亿元；特困供养在册807人，发放资金662.4万元；困难人员临时救助433人、发放资金41.02万元；高龄老人3549名、发放资金149.27万元。医保参保人数7.54万人，参保率96.05%，共收缴养老保险金1107.25万元，涉及1.75万人；2022年公益性岗位280人，全年发放补贴金额163.85万元。新办残疾证531人，发放护理补贴1432人114万元。

【居住环境治理】 依托“村庄清洁行动”，开展环境综合治理，全年各村（社区）共计开展清洁乡村行动348次，清扫乡村道路1044千米，清理乱堆乱放3360处，清运路面、沟渠的白色垃圾、烟头、纸屑、果皮等污物共计2.3万吨，累计清理4.35万处。出动环卫车辆1.68万次，清运生活垃圾4.745万吨，风貌改造4.12万平方米。重要节点开展联合执法行动20次，出动车辆1800余次，规范车辆停放

2000余处。组建专项联合整治队伍，平均每日出动6组50人在重点区域进行督导整治，一年来，累计整治流动商贩1.42万余处，教育劝导3.21万起，取缔违规经营点位145处，处理违规搭建42件，配合交警对无牌无证车辆、非法营运三轮车整治195起，确保道路交通安全。

【基层社会治理】 强化涉毒、社区矫正、精神障碍等特殊人员管控，全年共开展集中禁毒宣传活动6次，共发放禁毒宣传资料6000余份，悬挂禁毒标语38幅。全年累计接收社区矫正人员22人，累计解除社区矫正人员28人，年末在册社区矫正人员30人，无一例脱管、漏管。对全镇536名三级及以上精神障碍患者人员全部落实"六个一"包保责任("六个一"即一个镇干部、一个村干部、一个民警、一个医生、一个监护人、一个网格员包保一个精神障碍患者)。投入专项资金20余万元，统筹124名力量采集全镇基础信息8.24万条。开展"网格化+"，发展普通党员兼任红色网格员，配备专职网格员47人，排查各类治安隐患60余条，参与调解各类矛盾纠纷116起。加强电信反诈工作，下载注册"国家反诈中心"App1.8万余人。有序推进两车防盗安装工作，2022年全年已安装车辆142辆。全年开展法治宣传教育活动35次，悬挂宣传横幅100余条，发放宣传资料3000余份，培养法律明白人84人。

2022年3月1日，汪洋镇冬春清河行动(潘建勇/摄)

【乡风文明】 2022年度开展文明家庭评选活动，推荐上报典型8户，完成文明义仓兑换试点村(社区)6个。2022年度新时代文明实践所组织指导"汪洋镇抬工号子"参与四川省第二届乡村文化振兴魅力乡镇竞演大赛(眉山赛区)，并荣获"优秀奖"。场镇级村(社区)文明实践室面积达标、功能齐全、制度上墙、专人专管、免费开放，广播、村村响、村村通实现100%全覆盖，均达到"五有"标准。汪洋镇中心场镇综合文化站暨四公、涂家、松峰3个综合文化站分站公共服务效能明显，正在积极准备升级申报工作。辖区新时代文明实践所及28个村、社区新时代文明实践站"一月一主题活动"丰富多彩；深入推进新时代乡风文明建设"十大行动"。全镇28个村(社区)"文明积分制"推行率达100%。县级文明村2022年度已完成29%，县级文明镇达到100%，县级文明村建设相关资料已完善，覆盖率能达到80%以上。

表29　2022年汪洋镇各社区(村)基本情况一览表

序号	社区(村)名	党支部书记	主任	村民小组数(个)	人口数(人)	耕地面积(公顷)
1	大勇社区	辜小红	辜小红	6	2729	97
2	洪湖社区	朱秀群	朱秀群	6	4846	15.32
3	人民社区	曾德强	曾德强	7	9586	44.3
4	富民社区	彭建平	彭建平	4	5438	8.73
5	永宁社区	李　丹	李　丹	2	1299	802.6
6	涂家社区	彭宏昌	彭宏昌	8	4130	2.17
7	新华社区	谢玉兰	谢玉兰	4	1587	81
8	广石社区	黄志辉	黄志辉	5	2340	773.24
9	翻身社区	王宏宇	王宏宇	4	2664	172.14

续表 29

序号	社区(村)名	党支部书记	主任	村民小组数(个)	人口数(人)	耕地面积(公顷)
10	四公社区	梁　俊	梁　俊	3	2131	88.93
11	红阳村	石人丞	石人丞	9	4408	432.4
12	尖山村	刘正刚	刘正刚	6	3711	280
13	金泉村	杨　辉	杨　辉	6	3352	342.38
14	劳模村	曾德平	曾德平	8	2236	132
15	联系村	黄从文	黄从文	5	2575	298.8
16	民益村	蓝新政	蓝新政	12	6529	354.67
17	秦湾村	梁昌利	梁昌利	8	3314	230.8
18	永胜村	刘明峰	刘明峰	12	4568	194.11
19	新和村	刘　彬	刘　彬	8	3181	325.4
20	五爱村	张吉友	张吉友	8	4043	188
21	田中村	李秋瑜	李秋瑜	8	3575	339.2
22	田湾村	彭　东	彭　东	8	3012	185
23	上游村	王启富	王启富	7	3843	302
24	群策村	梁建国	梁建国	10	5122	395.87
25	高山村	刘　权	刘　权	9	1043	320
26	大雅村	王丽燕	王丽燕	8	2669	188.06
27	大洪村	廖　强	廖　强	8	3660	349
28	碧云村	蒋再军	蒋再军	10	5038	213.33

龙正镇

【概况】龙正镇位于县城西20千米，省106线上的龙驹场，清宣统元年(1909年)是仁寿9镇8乡之一，名龙驹乡。1949年，仁寿划为六个区，龙驹镇改为龙正乡，仍归第一区管。1992年7月，撤龙正乡和金顺乡，合建龙正镇。2005年，正兴乡并入龙正镇。2007年，原19个村合为11个，原161个组并为88个。2011年，原龙正工业园区改建为龙正三化联动示范园区，与镇机关合署办公。2013年3月，龙正三化联动示范园区与龙正镇人民政府实行镇园合一的办公模式。2019年12月，撤洪峰乡，并入龙正镇，镇辖居委会6个、村委会15个，辖区面积1.16万公顷，人口4.38万人。2020年5月，21个村(社区)调整为13个村(社区)，169个村(居)民小组调整为124个村(居)民小组。

【农业发展】是年，圆满完成粮食生产播种面积和粮食产量、生猪出栏和能繁母猪存栏、大豆扩种面积等目标任务，粮食总产2.77万吨，生猪出栏7万余头，水产养殖1580吨。坚决遏制耕地“非农化”，防止“非粮化”情况发生，全镇共整治撂荒地78.34公顷。明确“一心两带三区”的镇域空间发展布局，积极发展生猪养殖、稻药菜、柑橘、李子、花卉等特色产业，引进仁寿县龙正镇栀子花家庭农场绣花村新型经营主体。高标准推进龙正镇“天府粮仓”丘区示范基地建设，以村(社区)为单位，开展“天府粮仓”6.67公顷以上核心连片区摸底调查，明确28个粮食连片种植点位，并绘制全镇粮食生产成片面积分布图。按照全域规划、应纳尽纳要求，确定以冲天村为核心的“天府粮仓”粮食生产基地，重点发展稻—菜、稻—药产业。依托县政协“小微协商”平台，加快推进冲天村和花龙社区民心桥项目建设，推动产业集中连片发展。

【村镇规划建设】强化交通基础设施建设，完成57.4千米村道的新建或改造提升工程。完成增产村漫水桥梁重建工程的施工、验收。全力配合县交通局推进东高路建设。完成19户危房改造，完成80户农村土坯房改造。完成刀板水库、净土寺水库、乌鱼山水库设施维修养护。完成龙正至洪峰16.2千米供水管网工程项目建设和净土村农村饮水安全工程维修养护项目改造，辖区内饮水工程设施设备管护到位，乡村供水有保障。完成年度农村电网改造升级项目建设任务，农网线路改造总投资853.55万元，切实保障居民生产生活用电。

【乡村振兴】 严格落实“四个不摘”，坚持队伍不撤、力度不减，扎实开展结对走访。组织镇、村、组干部开展防止返贫监测帮扶集中排查工作。1—10月共收集部门推送风险线索2766条，日常摸排风险信息109条，按程序识别认定新增监测对象18户51人，并因户施策开展帮扶，守住返贫致贫风险底线。是年，全镇201名脱贫家庭义务教育阶段适龄学生全部入学接受教育，并享受教育扶持资助政策，完成177户脱贫户新安装自来水，脱贫人口基本医疗保险参保率100%，无因病返贫致贫情况，监测户实施C、D级房屋改造6户，脱贫对象及监测户“两不愁三保障”、安全饮水等方面成效全面巩固。全镇基础设施和公共服务持续改善，实施道路建设53.43千米，供水管网工程项目建设16.2千米。以农村人居环境整治为抓手，修建基座223个，场镇新增垃圾桶240个，切实做好农村生活垃圾分类工作和场镇、农村垃圾收集、转运工作。完成冲天村农村“厕所革命”，整村推进示范村建设。

【生态建设】 抓好流域污染治理，按时完成河（湖）长制各项任务，粤江河达地表水C类及以上目标，阴溪沟河、双灯河、廖白河、花椒溪河、解家河水质达到地表水B类及以上目标。加强辖区污泥、废铅蓄电池、废机油及沾染物等危险废物排查。对12家汽修行业单位开展环境安全大检查，督促其履行好主体责任，规范做好废机油等危废存储，规范设置危废标识，保持环境卫生整洁。化肥农药减量呈负增长。完成第二轮中央、省生态环境保护督察反馈问题整改销号。指定专人负责4个污水处理厂站的日常监管，动态掌握水质情况，确保污水处理厂站正常运转，达标排放。加强对龙正场镇、原洪峰场镇管网的日常巡查，完成对正河街、垃圾中转站2个提升泵的维修维护，完成广场路西段口、千巾幼儿园等11余处污水管网、污水井、排污沟的维护改造。组织专业养护队伍加强龙正镇污水处理厂尾水生态湿地管护，辖区内污水处理高效运转。全镇垃圾收转运处置体系覆盖率100%。

【民生事业】 做好基层民政工作。对困难群众、孤儿、事实无人抚养儿童要做到应保尽保、应养尽养、应救尽救、应兜尽兜，按时发放8名困境儿童按每人每月1200元补助。推进养老服务体系建设项目实施。13个村（社区）“儿童之家”正常运行。成立龙正镇未保站和椰江社区未保点，做好未成年人保护相关法律法规和政策宣传。完成火化区域调整，实施全域火化，全面提高全镇火化率。抓好社会服务工作。做实社会保险相关工作，确保城乡社保综合参保率达100%。建立信息准确的农村劳动力数据台账和农民工返乡创业台账，村（社区）积极为返乡农民工做好创业服务。推广四川省农民工服务平台，2022年，累计实名认证人数达到6340人。落实医疗保障任务，城乡居民基本医保参保率达98%以上。医保电子凭证推广应用达参保人数的40%以上。辖区内无涉及医保领域信访事件。抓好卫生健康工作。超额完成孕前优生健康检查和农村妇女“两癌”检查目标任务。落实艾滋病防治各项工作任务，累计治疗脱失率低于3%，艾滋病防治知识知晓率达90%以上。巩固血防消除达标成果，扎实开展春季、秋季查螺、灭螺工作，查螺任务、灭螺任务完成率100%。完善严重精神障碍患者救治保障制度，建成龙驹社区精神障碍康复站。加大宣传，引导群众做好疫情防控工作，镇级单位发动单位职工、村（社区）发动广大农户清理卫生死角，组织开展群众性爱国卫生运动和病媒生物防制工作，完善“三防”设施，倡导人人讲卫生、人人爱卫生。做优基层便民服务。龙正镇便民服务中心在全县率先进驻公安户政、市场监管窗口，打造集审批服务、信息咨询、投诉监督于一体的镇级综合服务平台，可办理219项审批服务事项，并成功承办全省镇村便民服务“三化”建设现场推进培训会（眉山片区）。

【基层治理】 强化“七无”平安村（社区）创建，落实“有进有出”动态管理制度。建立健全农村社会治安风险隐患信息化排查处置机制，健全联动化解机制，有效推动扫黑除恶工作，实现小事不出村，大事不出镇。建立完善的涉诈等重点群体排查管控、精准劝阻长效机制。广泛开展反诈宣传，普及“国家反诈中心”等App注册，保护人民财产安全。通过购买引进社工服务，龙正社工协助龙驹社区处理龙凤居小区物业费和人居环境整治工作，做好基层自治工作和创新城乡社区治理工作。农村户用卫生厕所普及率达92%以上。农村生活垃圾处理率达97%以上，农村生活污水得到有效处理的行政村占比达

85%以上。聚力自治、法治、德治“三治”融合,加强和创新城乡社区治理,组织城管综合执法队伍、镇村社干部等力量,开展“全面取缔以街代市、规范场镇管理”专项行动,着力解决龙正场镇占道摆摊设点、占道经营和车辆乱停乱放等问题。持续推进法治政府建设,镇政府及各村(社区)均聘请法律顾问。设立法律明白人人才库,为村社区建设提供法律保障服务。

【农业转型升级】 依托党委会、镇村干部大会,开展《四川省农村集体经济组织条例》宣传和培训,年初下达各村(社区)集体经济发展指标任务。10月底集中组织各村(社区)集体经济组织负责人开展集体经济发展工作推进会,专题解读《仁寿县做强农村集体经济组织助推集体经济发展十五条措施》《仁寿县涉农项目推进管理实施意见》《关于村庄建设项目施行简易审批的实施意见》等文件精神,并开展集体经济发展专题培训。全面开展农村集体产权制度改革“回头看”工作,成立龙正镇镇级股份经济合作联合总社,12个建制村(涉农社区)集体经济组织登记赋码发证实现全覆盖,并按照“五个一”要求规范管理。实现1个村集体经济收入突破20万元,2个村集体经济收入突破10万元。对财政资金项目进行集中布局、精准投放推进,形成“一片区一主业一特色”格局,打造冲天村为集体经济发展示范村,新建净土村供销合作社。

【安全生产】 全力以赴打赢“2·24”“7·21”“10·3”“11·18”疫情阻击战,严格落实“乙类乙管”各项措施,扎实做好“保健康、防重症、保稳定”工作,有效保障人民群众生命安全和身体健康。扎实推进安全生产专项整治三年行动计划。是年,开展安全专项检查42次,整治消防隐患20处、道路隐患28处、危化品隐患20处、食品安全隐患13处、非煤矿山安全问题18处、整治企业安全隐患84条。做好森林防灭火工作,落实森林防火包保责任制,建立特殊人群台账,因地制宜设置劝导点21处,加大野外用火的处罚力度,处罚违规野外用火2起,处罚金0.4万元。建立森林防火半专业扑火队1支18人,镇级应急队伍1支32人,村级志愿队伍13支273人,采购森林防火物资10万元,确保春节、清明节、中元节等祭祀火灾事故零发生。积极开展安全宣传教育。利用安全生产月、安全五进、防灾减灾宣传周、消防安全宣传月等活动积极开展安全宣传活动,共发出宣传单页7万多份,横幅300多幅,大型广告牌7处。组织镇村干部、企业单位负责人观看安全警示教育片6次。落实应急预案制度。修订森林防火、暴雨、防汛抗旱、地质灾害、抗震救灾、消防、综合应急等预案,开展应急演练7次,扩建应急物资仓库,并配齐30余万元的应急物资,大幅提升全镇的应急处置能力和救援水平。是年,辖区内未发生安全生产、食品安全事故,未发生环境污染事件。

【工业经济】 是年,规模以上工业企业产值达到16.5亿元,工业固定资产投资达到1.32亿元,工业更新改造投资达到1.32亿元。规模以上工业研发投入达到0.76亿元。新增高新技术企业1户——四川厨丰食品有限公司,新增科技型中小企业2户——仁寿县正鑫通用部件有限公司和四川竹锅锅炉有限公司。新引进1家企业——四川砼飞扬科技有限公司。

【第三产业】 是年,培育2户限额以上商贸单位(阳光百姓超市和厨丰下属商贸公司华惠超市)。改造净土村级电商(物流)服务站点。

【两项改革“后半篇文章”】 是年,全力配合完成片区国土空间总体规划编制工作。开展农村水利供水经营权改革试点,完成原洪峰自来水厂由鑫龙水务收购。全力支持做好集中教育资源、整合医疗资源、健全养老育幼服务体系等工作,建成龙正镇未成年人保护工作站和椰江社区工作站。持续开展“医养结合”服务试点。龙正镇卫生院已与银贝贝、洪峰敬老院养老服务机构签订服务协议,每年度为65岁及以上老年人开展1次健康体检,每季度上门开展1次健康服务。积极组织参加四川省第二届乡村文化振兴魅力竞演大赛,在仁寿县魅力乡镇竞演大赛上获得二等奖。茨竹社区成功创建2022年仁寿县乡村文化振兴样板村。龙正镇综合文化站被县文广旅局推荐参评四川省一级站。龙正综合执法分局已全面运行,作为片区执法分局,经会同黑龙滩综合执法分局和虞丞综合执法分局共同执法10余次,效果良好。

表30 2022年龙正镇各社区(村)基本情况一览表

序号	社区(村)名	党支部书记	主任	村民小组数(个)	人口数(人)	耕地面积(公顷)
1	花龙社区	周吉明	周吉明	8	2653	139
2	冲天村	喻正权	喻正权	12	4056	535
3	石顶社区	张华刚	张华刚	13	4288	357

续表 30

序号	社区名	党支部书记	主任	村民小组数(个)	人口数(人)	耕地面积(公顷)
4	增产村	王先波	王先波	5	2367	274
5	椰江社区	魏　茹	魏　茹	9	2695	48
6	东方红社区	徐延红	徐延红	8	2746	314
7	全新社区	颜　立	颜　立	16	5527	618
8	新建村	周利春	周利春	8	2635	309
9	净土村	周保玉	周保玉	7	3166	337
10	茨竹社区	蒋代祥	蒋代祥	11	3447	490
11	中咀村	周吉勇	周吉勇	9	3465	477
12	西蝉村	黄　伟	黄　伟	11	2920	311
13	龙驹社区	杨　帆	杨　帆	7	4029	0

富加镇

【概况】 富加镇地处仁寿县东南部，东与北斗镇相接，南与藕塘镇毗邻，西与宝马镇相连，北与青岗乡、谢安镇相邻，距仁寿县城18千米。总面积9403公顷。2005年，撤销富加区，五福乡、花房乡整体并入富加镇，由县直管。2019年12月，撤销玉龙镇，并入富加镇。2020年5月，村级建制调整改革后，社区有玉龙、江西、天贵、合作、坳店、马鞍、康乐7个社区；行政村有音堂、金钟、河堰、东风、柳沟、奋斗、桂树、鱼茂、大山、雷鸣、欢家11个村。

【农业发展】 守好耕地红线，完成年初制定1397.33公顷撂荒地整治，全镇粮食生产播种面积5289.31公顷，粮食产量2.83万吨，引进种粮业主20余户，流转土地200.1公顷规模化种植。保障基础配套建设，完成金钟、鱼茂两村高标准农田建设和土地整理200.1公顷、乡村振兴产业路19.31千米、乡道加宽55.64千米，产业路C段路基成形，整治山坪塘5口，渠道水毁工程6处，病危桥整治1处，修建机耕道18余千米，“四好公路”创建有序进行。惠农政策落实到位，全镇发放耕地地力保护补贴741.84万元，粮食一次性补贴224.47万元，投保农业政策保险水稻1420.71公顷。

【村镇规划建设】 以富加三产融合片区为契机，建立由县委常委、组织部部长任书记的片区联合党委，制定片区联席会议制度，开展联席会议10余次，会商协调片区发展事项，积极探索片区产业融合发展道路，聚力打造特色亮点品牌。配套设施建设提速。扎实推进交通基础三年提升行动，加快老旧小区改造，完善场镇污水配套管网建设，围绕优质果品科学规划产业分区发展一产业，围绕食品园区规划做强第二产业，积极引导有条件有实力的农业业主推进一、三产融合发展，全力服务第三产业。稳妥推进拆迁安置工作。华盛兴邦征地拆迁项目完成土地征收18.22公顷、富加中心定点屠宰场项目完成土地征收2.66公顷，共涉及百姓38户154人，均纳入房票安置计划，工程顺利进行。

【乡村振兴】 2022年，积极打造三产融合片区建设，建成川果交易中心，规模化种植晚熟柑橘、葡萄、枇杷等经济作物1734.2公顷，年总产值达4.7亿元。新希望德康种猪场建成生猪代养场28个单元，全年出栏生猪8万头，中德通内斯生猪屠宰场项目按规划顺利推进，投入40亿元资金，流转土地400.2公顷，打造30千米产业环线，强力推进省级种养循环示范园的建设，发展特色现代种养循环农业。充分发挥仁品富稼联合社的作用，打造“仁品富稼”农产品金字招牌，成功实现2022年水果销售价格较市场价高出1.5元每斤，亩均利润达到6000元，同比增长20%，初步具备万亩柑橘示范园形象效果，带动全镇2666.67公顷农业产业健康发展。积极扩宽销售渠道，通过直销、引进客商（电商）平台、直播带货等形式，远销北上广深等地。初步形成晚熟柑橘园、音堂枇杷园、德康养殖、通内斯生猪加工园等种养一体的现代农业循环园区，辐射带动富加三产融合发展片区产业壮大。

【生态建设】 严格落实河长工作责任制，富谢河、清水河、球溪河共开展12次清河行动，共出动人员150人次，清理河道36.7千米，清理垃圾25余吨，无新增河湖“四乱”问题，水质检测均达标，富谢河河道清淤工程顺利完工验收，群众满意度高。持续加大工地扬尘、道路扬尘和工业烟尘等管控力度，全覆盖排查整治涉VOC企业，加强秸秆禁烧巡逻，鼓励村民利用秸秆回收点，减少秸秆禁烧，确保空气质量优良天数达标率85%以上。开展污染源排查行动，全面防范污染风险，对全镇13家“散乱污”企

2022年12月1日，全省乡镇综合行政执法改革现场会在县综合行政执法局富加片区分局召开，与会领导参观指挥调度中心（县综合行政执法局/供图）

业再次进行整治，无新增的“散乱污”企业，每月对全镇山坪塘、鱼塘尾水、畜禽养殖场粪污排放进行抽样监测。开展环保投诉案件办理行动。全年共处理环保投诉案件40件，其中畜禽养殖19件、噪声污染6件、餐饮8件、污水排放5件，大气污染2件，按照“快速接访、快速办理、快速回复”的原则处理，做到处理不超期，投诉不越级。

【民生事业】 持续巩固脱贫攻坚成果同乡村振兴有效衔接，严格落实返贫动态监测和帮扶机制，辖区1225户3650人脱贫户稳定脱贫，脱贫户人均纯收入1.3万余元。落实惠民保障政策，全年富加镇缴纳城乡医保共计5.69万人，参保率98.2%。累计发放低保金650余万元，特困救助金540万余元，发放慈善助学金2.1万元，缓解7名学生就学困难。

【基层治理】 高标准建成占地面积约5100平方米富加片区综合行政执法分局，落地落实“三基地、一中心”强力推进城镇精细化治理，与县综合行政执法局平台、天网工程、“雪亮工程”互联互通，通过网络数据上通下达，极大提升片区执法效能，基本形成横向到边、纵向到底的执法监管体系。编制三项清单，明晰县级部门、片区执法分局和乡镇执法队执法边界，建立人员充足、设备齐全、指挥智慧、办所协同的执法阵地。健全乡镇工作平台，系统搭建党政综合平台、社会事务平台等“七大平台”，将派出机构人员，行政、事业及编外人员打捆使用，实现人员统筹、分类管理，推动机构编制“扁平化”管理。富加镇执法分局城乡基层治理机构编制保障经验得到省、市、县领导充分肯定，多次召开现场会分享推广。

【农业转型升级】 富加镇坚持以产业带动现代农业转型升级，以生猪、柑橘、枇杷为主导产业，坚持大力发展现代农业，推进一、二、三产业融合发展，规模流转土地业主100余户，种植柑橘约1534.1公顷。建有5000头种猪养殖场和44个单元的德康项目代养场。引进天府乐海游乐场，积极探索“农旅+”模式，全力推进中心镇建设。截至2022年年末，全镇GDP12.9亿元，城镇居民、农村居民人均纯收入分别为2.4万元、1.9万元，同比平均增长12%。2022年富加镇被确定为省级百强中心镇培育单位。

【疫情防控】 科学统筹安排，健全工作机制。根据富加镇具体情况制定常态化疫情防控工作方案，从各个部门抽选优秀年轻干部组成防疫工作专班，书记、镇长担任总指挥，分管领导带队，按照分管职责分行业类型管控到位，并将整个场镇划分为五大片区，由副科级领导任片区组长，镇、村（社区）干部包保到街道、门市，做到立体管控，确保一户不漏。做细做实常态化疫情防控工作，精准排查外来人员，对境外来（返）乡人员、省外及高风险地区返乡人员做到应排尽排、应管尽管，协查县大数据中心反馈数据4万余条，均落实管控措施，辖区内未发生管控风险。设立高速路卡口，实行24小时关卡监测，来往车辆分类管控，确保不漏一车一人。疫苗接种全面落实，卫健系统与政府勠力同心，确保群众应种尽种，截至2022年年底，全镇完成接种三剂新冠疫苗人数4万余人，覆盖率超过常住人口95%。

【安全生产】 开展道路交通专项整治，联合综合执法办、交警队现场执法，累计扣押违法三轮车60余辆，印制三轮车违法告知书3000份。牢牢把好食品安全，制定富加镇农村自办群体性宴席申报流程管理方案，完善农村坝坝宴双申报管理制度。筑牢森林防火屏障，发放宣传扇5000把，仿真花1000份，建立森林防灭火观察哨1处。开展安全生产百日提升行动，共排查出安全隐患100处，整改90余处。开展烟花爆竹专项整治，查获非法储存烟花8桶，鞭炮600余盘（件）。提升防汛抗旱能力，镇、村两级重新修订防汛应急预案，全面排查整治滑坡、塌陷、落石等地质灾害风险点。截至2022年年底，全镇未发生一起安全事故。

表 31　2022 年富加镇各社区(村)基本情况一览表

序号	社区(村)名	党支部书记	主任	村民小组数(个)	人口数(人)	耕地面积(公顷)
1	桂树村	刘志均	刘志均	15	5321	332
2	雷鸣村	刘　中	刘　中	15	4524	388
3	大山村	杨　奕	杨　奕	13	4183	345
4	马鞍社区	毛建刚	毛建刚	4	2821	137
5	奋斗村	汪新文	汪新文	17	5637	325
6	康乐社区	黄　刚	黄　刚	5	2250	92
7	江西社区	刘全儒	刘全儒	3	18700	0
8	柳沟村	叶学东	叶学东	14	4873	353
9	东风村	刘越高	刘越高	12	5062	377
10	欢家村	邓文中	邓文中	15	4394	390
11	音堂村	徐　强	徐　强	12	5460	257
12	坳店社区	喻凤英	喻凤英	6	2879	80
13	玉龙社区	李元成	李元成	5	3802	97.5
14	河堰村	李建东	李建东	11	4386	340.2
15	金钟村	廖建军	廖建军	10	4511	301.24
16	鱼茂村	叶玉先	叶玉先	12	4017	494.8
17	天贵社区	杨　勇	杨　勇	3	13365	2
18	合作社区	刘　建	刘　建	6	4350	110

宝飞镇

【概况】 宝飞镇位于仁寿县东南方，距仁寿县城 30 千米，辖区面积 8000 公顷，与禄加镇、汪洋镇、藕塘镇、彰加镇、始建镇毗邻。全镇辖 12 个村(社区)137 个村(居)民小组，约 1.5 万户 4.9 万人，其中农业人口 4.7 万余人，有场镇街道 13 条 7.5 千米，县道富汪路横贯全境，成赤高速公路穿境而过，场镇距成赤高速公路宝飞互通口 2.5 千米。清水河、东风河、观音石河三大水系横贯全镇 12 个自然村，水利、矿产资源丰富，石灰石储量达 5 亿吨，是仁寿县建材工业重镇。

【农业发展】 2022 年，全镇粮食生产播种面积 3881.94 公顷，果树种植面积 1267.3 公顷。粮食总产 2.2 万吨，生猪出栏 2.5 万头以上。全镇发展德康代养项目 12 个单位，共 5 个业主，年平均出栏量达 2.5 万余头。完成土地整理 1334 公顷，撂荒地整治 222.84 公顷，引进种粮大户 11 户，规模流转土地 320.16 公顷。2022 年 5 月，全市春耕生产现场会在宝飞实地参观指导。

【村镇规划建设】 完成危房改造 5 户，土坯房改造 27 户。在场镇新建公共停车场 1 个，维修宝珠市场雨棚。完成斗店子桥修缮项目，第五批污水管网改造工程进入收尾阶段。

【乡村振兴】 以“两区一园”建设为抓手，争取项目资金投入 1600 余万元，交通三年提升改造村道路 17 条、45.9 千米。打造万亩良田高产示范区。依托整理后 1334 公顷高标准农田优势，按照“良田粮用、稳产高产”总体思路，打造“一区三片十基地”仁南粮仓，建成 33.35 公顷观光体验农业示范片、233.45 公顷规模化高粱种植示范片、333.5 公顷粮经统筹发展示范片和稻药、粮蔬、高粱小麦轮作、玉豆带状复合种植示范基地 5 个。打造小三峡文旅融合示范区。建成 8.9 千米旅游环线，争取到县级改革创新资金 1000 万元，开展 8 大主题景点治理升级，完成首期花仙谷户外露营探险基地立项和设计。打造塔罗科血橙特色产业园。实施“一镇一园”项目，依托县内独有的 240.12 公顷塔罗科血橙产业优势，争取产业发展、党建示范项目资金 2540 万元，拓展基础提升、四园提标、品牌提质、电商提效四条路子，加宽 5.6 千米血橙产业大道，打造文化院坝、乡村振兴馆、电商中心、冷链物流中心、直播带货平台“一院一馆两中心一平台”。

【生态建设】 以“五清一改”为重点，每月 28 日开展村庄大清洁行动，评选最美庭院 157 户。推进村级照明工程，新安装路灯 454 盏。辖区企业人民水泥厂连年进行环保技改，县道富汪路扬尘治理进入常态整治、巩固提升阶段。全面落实河长制工作任务，镇级河长累计开展巡河 206 次，村级河长累计开展巡河 795 次，开展清河行动 11 次，常态长效做好河道日常巡护、清理。

【民生事业】 2022年，开展农村劳动力技能培训169人次，成功输送到县内重点企业就业10人。发放高龄补贴8517人次；依托7个日间照料中心和2个养老服务点，提供老年服务800余人次。新增城乡低保人员86人、低保调档27人、新增特困人员28人；临时救助184人，发放救助金21.69万元；落实残疾人困难生活补贴617人、重度残疾人护理补贴620人，实施残疾人家庭无障碍改造项目26户、居家托养12人。

【基层治理】 构建党委总揽、村（社区）主责、包村领导主抓、镇属单位协同的联动治理格局，建立“专班指导＋专责包保”重点工作机制，组建积案包案化解、高标准农田建设、交通三年提升行动、人民水泥厂遗留问题处置4个专班指导组，专班加快重点工作进度、疑难问题处置。深入开展村（社区）“两委”换届“回头看”工作，组建12个工作组逐村实地调研分析，研判班子运行情况。标准化建成“宝飞镇矛盾纠纷多元化解协调中心”，逐村组建人大代表工作站，配备村法律顾问、矛盾纠纷调解员、驻村民警、警务助理和治安巡逻队“四员一队伍”，开展培养“党员法治带头人”“身边法律明白人”双培活动。全面完成镇级文明实践所及12个村级文明实践站“五有”标准化建设，成功打造民权村新时代文明实践示范站1个。组建民逸建设公司、丰旺久农机劳务公司2个村集体公司，吸纳培养20名村民农机手、建筑工，新增集体经济收益50余万元。

【农业转型升级】 高标准农田建设项目工作，项目涉及14个老村（9个新村）、面积2753.33公顷。其中洪涝灾害重建项目涉及柏岭村、永谷村、锦泉村、龙马村、九龙村和文兴村，面积1286.67公顷；中央预算内项目涉及鹤形、龙腾、香楠、松鹤、果园，面积800公顷；财政转移支付666.67公顷涉及民权、象寨、东华，面积666.67公顷。截至年末，三个项目均已完工。2021年高标准农田补建项目工作。涉及11个村（社区），2022年年末，已完成设计工作。

表32　2022年宝飞镇各社区（村）基本情况一览表

序号	社区（村）名	党支部书记	主任	村民小组数（个）	人口数（人）	耕地面积（公顷）
1	宝珠社区	徐红梅	徐红梅	5	2566	1.84
2	香楠社区	黄建文	黄建文	13	4420	252.66
3	永和社区	邓　勇	邓　勇	16	4802	226.83
4	鹤立社区	曾新建	曾新建	13	4195	272.57
5	坪园社区	苏群英	苏群英	13	4147	330.05
6	永固村	罗成华	罗成华	15	5338	269.01
7	民权村	舒世蕾	舒世蕾	10	3988	165.88
8	水晶村	黄崇元	黄崇元	8	2902	140.42
9	红花村	黄　韬	黄　韬	12	4098	243.26
10	东华村	黄世正	黄世正	9	3359	291.04
11	文兴村	但秋容	但秋容	13	3781	378.60
12	尖石村	陈文均	陈文均	10	3943	328.70

满井镇

【概况】 满井镇，古有一井，四季洋溢，成场得名满水井。1990年，满井场镇成立龙泉街居委会、佳泉街居委会。1992年7月，撤满井乡建满井镇，双胜乡、大十乡并入满井镇。1995年，完善区乡建制，双胜乡从满井镇划出恢复其乡建制。2002年，将龙井街居委会、佳泉街居委会合并为龙泉社区居委会。2005年5月，撤区并乡建镇，元正乡和双胜乡划入满井镇，重组满井镇，辖26个村（217个组）和1个龙泉社区，其中26个村分别为金塘、太阳、白甲、李桥、杜家、石碑、石响、双龙、棕树、福桥、胜利、石祠、战斗、石井、皇庙、屏墙、五付、双林、友好、朝阳、向阳、云井、半山、马口、广桥、光荣。2007年合村并组后，满井镇辖12个村、85个社和1个龙泉社区。2015年村改居后，满井镇辖村10个即石碑、福桥、胜利、战斗、五付、友好、朝阳、云井、半山、广桥和社区3个即杜家、金塘、龙泉。2019年12月，乡镇行政区划调整，撤兆嘉乡并入满井镇，镇辖14个村即石碑、福桥、胜利、战斗、五福、友好、朝阳、云井、半山、辉煌、仓田、安乐、努力、高家和4个社区，即龙泉、金塘、广桥、踏桥。2020年合村并组后，满井镇辖3个社区，即龙泉社区、兆嘉社区、云锦社区和6个村，即元正村、胜利村、高家村、福桥村、友好村、安乐村，82个经济社，辖区面积8180公顷，人口4.09万人。

【农业发展】 全年完成全镇撂荒地复耕339.53公顷，实现应播尽播，应种尽种；全年组织3600余人次参加农技工作培训，完成县下达粮食生产播种面积3888.61公顷，粮食产量2.14万吨，出栏生猪5.8万头、家禽21.53万羽、肉兔10.2万只、肉牛162头、肉羊1.02万只。果业种植667公顷，挂果533.6公顷，出售鲜果1万吨。种植蔬菜200.1公顷。

【村镇规划建设】 推进66.7公顷元正村粮食园村一体项目，园区干道建设全部完工；有序推进安乐村、兆嘉社区、友好村、高家村733.7公顷高标准农田建设，夯实乡村产业基础；加快推进满井镇2022年交通基础三年提升行动村道加宽项目，新建、加宽道路27.46千米；全年道路安防工程任务全部建设完成；投入400.48万元，完成仁寿县2021年村（社区）道病危及漫水桥梁重建工程满井镇新桥、两河桥、高家6组桥建设；投入2000万元完成5.07千米胜战路乡道建设，方便福桥村、胜利村、元正村群众出行；完成农村生活污水治理“千村示范工程”，在胜利村、高家村、元正村新建、整改提升厕所污水处理池418座，提升农村污水收集率，改善河水水质。

【乡村振兴】 选派精兵强将强化驻村帮扶力量，持续深化后续扶持，圆满完成各项工作任务，坚持将乡村振兴工作作为党委会常设议题，聚焦“五大工程”推进乡村振兴提质增效，安乐村被评为仁寿县乡村振兴文化样板村。

【生态建设】 不定期组织学习相关政策、法规，专题研究学习习近平总书记到川视察对生态环境工作重要指示精神和中共二十大精神，以此为契机加强部门各行业知识积累，进一步提高部门综合能力，强调落实尊重自然、顺应自然、保护自然。通过流动宣传车、LED显示屏和村村响广播等形式宣传环保知识。发放张贴户外宣传资料500余份，村村响宣传700余次，每周流动宣传执法车、无人机不定时对区域内进行宣传、巡查、督查，通过大力开展环保宣传教育，广大人民群众主动参与环境保护和生态文明建设。秸秆禁止焚烧、“千村示范工程”项目、河长制等工作圆满完成。

【民生事业】 加大医保和养保政策宣传，确保家喻户晓，医疗保险的参保率比上年增长；持续开展低保、特困的动态调整工作，全年按政策共新增低保112户117人，动态取消低保88人，新增特困人员6人，取消特困人员9人；做好社会救助工作，发放医疗救助资金6.4万元，临时救助资金17.46万元；1615名残疾人困难生活补贴和重度护理补贴一个不漏，免费治疗白内障手术13例，脑瘫儿童康复训练2名，三瘫一截康复训练1名，340名残疾人享受家庭医生签约增值服务，为38名残疾人发放辅具。推进民生项目。整合财政资金、项目资金和社会捐款39万元在满井、兆嘉、双胜等场镇和聚居区安装太阳能路灯503盏；进一步完善天网、智慧小区等公共技防设施建设，智慧小区5个，人脸抓拍10个点位，慧眼1629个；完成2021年危房改造任务29户，2022年危房改造任务4户，完成2022年土坯房改造2户，保障群众住房安全；投入资金30万元对满井镇未保站、龙泉社区未保中心进行高标准建设；协调鑫龙水务投入500万元彻底解决满井片区水压低供水不足问题。加快推进满井镇第五批污水管网改造提升工程，实现雨污分流，改善人居环境。

【基层治理】 完善法治建设。投入40万元，完成镇司法阵地标准化建设，积极落实公共法律服务工作，全面整改落实县委巡察组发现的村（社区）法律顾问履职不力问题。全年受理群众法律咨询166人次；人民调解全年共调解各类纠纷108件，调解率达100%，防止矛盾激化率达98%，无因调处不及时或调处不当发生“民转刑”案件发生。守好安全底线。完善应急体系，组建镇级应急队伍1支，人员43人，村级应急小分队9支，人员144人，全年常态开展森林防灭火、防汛地质灾害、地震等应急演练；常态开展交安、消防、森林防灭火、食品等安全大检查，全年检查各类经营单位及场所158家，检查出安全隐患121处，立行立改；开展燃气安全专项整治，对101户非居民用户，安装可燃气体报警装置88户，报停13户，积极开展燃气安全宣传，发放宣传资料1万份。

【农业转型升级】 围绕成片粮食作物种植核心，加快高标准农田建设，完善农田水利等基础设施配套建设，打造以优质大米、玉米、油菜等一批具有区域特色的粮油产品生产基地，形成满井粮油产业群。主要形成三个产业区，粮油复合种植产业区；整合林地打造特色林下经济产业区；利用现有建设用地提质升级打造文化融合区，兼具农商平台，丰富乡村旅游，实现村民增收。按照项目规划，2022年，已完成园区主干道建设工程。

表33 2022年满井镇各社区(村)基本情况一览表

序号	社区(村)名	党支部书记	主任	村民小组数(个)	人口数(人)	耕地面积(公顷)
1	龙泉社区	辜文刚	辜文刚	10	7991	135
2	兆嘉社区	程 忆	程 忆	10	4921	376.86
3	云锦社区	李治均	李治均	10	5392	342.2
4	元正村	王 波	王 波	10	5156	12.61
5	友好村	龙碧辉	龙碧辉	7	3149	207.57
6	胜利村	李伯文	李伯文	10	5171	459
7	安乐村	万 里	万 里	10	3004	330.55
8	高家村	李建如	李建如	8	4243	340.133
9	福桥村	罗淑军	罗淑军	7	2553	212

黑龙滩镇

【概况】 黑龙滩镇位于仁寿县西部，属东坡区、仁寿县交会地带，东与文林镇相邻，南与虞丞乡、龙正镇交界，西与东坡区富牛镇相连，北与清水镇接壤，距仁寿县城16千米、眉山市区20千米，省道106线、华清路、成黑快速通道、三绕环线穿境而过。2022年，全镇辖区面积1.8万公顷，辖4个村，7个居委会，166个经济社，总人口5.2万人。黑龙滩水库水域面积2680公顷，水库最大蓄水量3.6亿立方米，灌溉仁寿、简阳、井研土地8万公顷，也是眉山市区和仁寿县城区的居民饮用水水源和工业用水水源，是160万名仁寿人民的母亲湖。

【农业发展】 2022年，农业产业提质增效。完成粮食生产播种面积3041.52公顷，生猪出栏0.26万头。招引甘蔗种植、玉米和大豆种植等产业6家，总投资370万元。全面完成撂荒地整治28.95公顷，流出耕地恢复29.08公顷。改造提升老果园33.35公顷。一产增加值同比增长6%。

【乡村振兴】 乡村振兴成效显著。纵深推进“三大革命”，全镇农村户用卫生厕所普及率达100%，卫生费收取率100%。生活污水、生活垃圾得到有效处理的村(社区)占比分别达100%。渡槽村“园村一体”初见成效。四海社区美丽乡村项目开工建设，渡槽集体经济扶持项目主体完工，各村(社区)集体经济平均收入超10万元。投入1100余万元，解决分水片区自来水使用及生产灌溉问题。

【巩固脱贫攻坚成果同乡村振兴有效衔接】 持续加强巩固脱贫成果。深入推进巩固脱贫攻坚成效与乡村振兴有效衔接，辖区内无返贫现象。完成集中排查工作，核查农户1.44万户5.06万人，形成重点排查人员名单1345户3856人，对全镇31户“风险已消除”监测对象进行回访。全面排查后，纳入监测对象3户10人。完成7月中央和四川省反馈问题整改工作和百日增收工作，截至年底，全镇脱贫户人均纯收入为1.34万元，增长率达20.15%。完成巩固拓展脱贫成果“回头看”、二轮排查、信息采集工作。

【生态建设】 生态环境持续优化。河(湖)长工作责任制落实到位，每月开展一次集中清河行动，河道水面、河岸无漂浮物、垃圾，河湖岸线新增河湖“四乱”问题，中央和四川省环保督察反馈的河“湖”长制工作问题整改到位，完成1座污水处理厂、6座污水处理站污水收集设施及管网维护，粤江河水质达到地表水Ⅳ类，加强大气污染防治，严控秸秆禁烧和道路工地扬尘，环境空气质量持续改善。

【民生事业】 项目建设快速推进。严格实行领导联系项目制度，长岛安置区维修改造项目、四海社区党群服务中心广场改造项目正在有序施工。大井农贸市场及天桥社区道路黑化项目、天桥社区江山村便桥建设工程项目、大坝社区6组水毁桥重建项目已全面完工。

基础设施全面提升。完成农村危房改造9户，完成70户农村土坯房改造。交通三年基础提升项目有序推进，全年共实施村道改(扩)建48千米。全力推进市域S5线(仁寿段)项目征地拆迁安置。

教体文卫全面提质。落实校园安全“一包一”监管责任，确保校园内安全责任事故零发生。义务教育阶段学生入学率达到100%以上。精准落实艾滋病防治各项工作任务，全面巩固血防消除达标成果。认真开展群众性爱国卫生运动，群众参与率达85%以上。农村红白理事会覆盖率100%。志愿者队伍覆盖率100%。全年火化率达70%以上。扎实开展精神文明建设，常态化安排村(社区)利用端午节、中秋节等节日，组织辖区内居民开展“共度一次佳节”“为父母洗一次脚”等专题活动。全年累计在《人民日报》、四川新闻网等主流媒体刊发黑龙滩镇信息10余篇，黑龙滩镇“流动小黑板宣讲小分队宣讲中共二十大精神”经验做法在《求是》杂志上刊登。

社会保障不断增强。投入财政资金300余万元，启动黑龙滩镇敬老院和49个日间照料中心改造提升。做好重点工业企业招工等稳就业保就业相关工作。做实社会保险相关工作，城乡社保综合参保率达100%，城乡居民基本医保参保率达99%以上、医保电子凭证推广应用达参保人数的50%以上。

服务企业明显回暖。配合县级部门完成中铁、融创等项目复工复产，鼓励和倡导辖区内居民在本地消费，大力支持火车来斯等本地旅游业发展，全年旅游人数同比增长5%，三产增加值增长20%。

【基层治理】 夯实基层治理基础。统筹成立党员先锋队、志愿服务队、治安巡逻队、应急处置队、驻村帮扶队等充实基层治理力量。成立光相、四海、大坝3个片区警务室和11个村（社区）综治中心，警务前移、警力前置、制定《黑龙滩镇警务助理考核办法》。在重大活动期间，动员辖区治安防范力量和志愿者参与治安巡防、街面及重要部位平安守望，全力营造平安、有序、祥和的社会环境。

【疫情防控】 疫情防控精准高效。200余名干部、50余名公安干警和医护人员24小时在岗在位，成功打赢“11·8”“11·18”等本土疫情阻击战，最大限度保护人民群众身体健康和生命安全。第一时间严格执行上级防控措施，最大程度统筹经济社会发展和疫情防控。

【征地拆迁】 全面推进拆迁工作。完成天府大道（二峨山段）、天府大道（眉山段）项目征拆工作。完成黑龙滩镇项目区失地农民养老保险指标数3839人，其中绕坝路项目111人、东风渠改道项目114人、天府大道眉山段项目298人、天府大道下穿三绕项目86人、中铁项目3230人。完成中铁项目区遗留拆迁户6户，安置18人。启动市域S5线（仁寿段）项目征拆工作。

【安全生产】 狠抓重点行业领域安全专项整治和隐患排查治理。全面贯彻落实国务院安委会十五条硬措施的实施意见，继续开展安全生产专项整治三年行动，扎实开展“百日大会战”行动，共排查发现并整改隐患30个。完成“喜迎二十大”安全生产“百日攻坚”工作，开展全覆盖、拉网式的大排查，以大概率思维防范小概率事件，确保隐患见底、措施到底、整治彻底，完成排查并整改各类安全隐患39个。实行“一包一”监管，坚持“党政同责、一岗双责，企业主体、行业监管”原则，对辖区内的敬老院、企业、学校，分别确定人员负责安全监管，“定点定人”“一对一”监管，实行日常监管、隐患排查、跟踪治理，负责到底。全年常态化开展食品、药品、危险化学品、烟花爆竹安全生产专项整治，开展禁泳、地质灾害防控治理、汛期安全专项整治，开展森林防灭火专项整治，完善镇村两级灾害信息员队伍体系，建立应急救援队伍，开展全国自然灾害风险普查工作。

表34 2022年黑龙滩镇各社区（村）基本情况一览表

序号	村（社区）名称	党支部书记	主任	村民小组数（个）	人口数（人）	耕地面积（公顷）
1	四海社区	肖从德	肖从德	22	7601	142.75
2	开元社区	阙兴武	阙兴武	23	8876	382.32
3	光相社区	阙　磊	舒坤林	22	8379	301.79
4	大坝社区	熊志伟	熊志伟	8	8384	195.68
5	白瞿社区	谢　淼	谢　淼	12	4474	149.51
6	天桥社区	孙　红	孙　红	9	4496	210.02
7	大井社区	程　伟	程　伟	14	3114	126.46
8	石田村	李　俊	李　俊	15	3217	236.56
9	渡槽村	阙龙超	阙龙超	11	5359	234.51
10	光明村	黄富强	黄富强	8	2733	100.90
11	望峨村	吴新华	吴新华	7	1472	66.06

钟祥镇

【概况】 钟祥镇位于仁寿县南部国道213线18千米的钟祥场，东与始建镇连界，南与慈航镇毗邻，距乐山市井研县18千米，西与曹家镇接壤，距青神县38千米，北与满井镇相邻。1992年7月，撤明星乡并入钟祥镇。2005年，撤青石乡并入钟祥镇，同时撤区，钟祥镇由县直管。2007年3月，合村并组，将原22个村合为10个，177组并为81个。2019年12月，乡镇行政区划调整，撤合兴乡并入钟祥镇，镇辖居委会6个、村委会10个。2020年5月，村级建制调整，将16

个村(社区)调整为10个(社区5个、村5个);10月,将120个村(居)民小组调整为105个。全镇面积7870公顷,总人口4.41万人。

【农业发展】 2022年,粮食生产播种面积4535.6公顷、粮食产量2.47万吨、大豆种植1067.2公顷、果园腾退复耕种粮面积99.38公顷、玉米大豆带状符合种植推广面积993.83公顷、水稻示范连片种植27.35公顷。经果作物播种面积907.12公顷,年产量1.7万吨。撂荒地复耕复种185.43公顷。2022年,全镇政策性农业保险,水稻参保375.72公顷,玉米参保813.74公顷,柑橘参保278.22公顷,生猪参保3485头。为保障生猪生产和市场供应,建成德康19个单元代养场,生猪年出栏5万头。

【村镇规划建设】 大力实施交通基础三年提升行动。2022年道路加宽总里程31.57千米,其中碾米村11千米、星火社区0.92千米、灯塔村3.41千米、合兴村1.41千米、针鼓社区1.87千米、龙桥社区10.16千米、青石社区0.39千米、中华村2.41千米。完成龙桥社区综改资金“以工代赈”试点项目,建设园区产业大道327.22米,加宽园区产业道路317.19米,修建产业道路边渠287.49米。场镇雨污分离新建雨水沟2.7千米,污水管2.1千米。投资1100余万元实施移民项目,黑化村道路8.8千米、硬化道路1.66千米、渠道6.6千米、安装路灯144盏。投资240万元,在针鼓社区建成1.6公顷沿河公园。

【乡村振兴】 巩固脱贫攻坚成果同乡村振兴有效衔接。强化帮扶力量,县级6个部门对口帮扶钟祥镇10个村。全镇组织开展集中入户排查4次,新增监测户11户、35人,并落实“一户一策”帮扶措施。组织脱贫户、监测户中的劳动力参加劳动技能培训4次,实现有劳动力人员1180人务工,其中省内974人、省外206人。对接县人社局公益性岗位安置和县农业农村局临时公益性岗位安置136人,实现所有劳动力的家庭至少有1人在岗务工,有稳定的收入来源。实施产业直补项目,全镇第一批规划发展养殖267户,发放资金69.9万元;第二批6户,发放资金1.7万元。核实并发放脱贫人口和监测对象2022年跨省务工6个月以上交通补贴49人2.41万元。争取“三变”(“三变”即资源变资产、资金变股金、农民变股东)改革试点项目资金600万元,在龙桥社区建设电商服务中心、农资采购中心、粮食烘干中心,实现增收25万元。

【生态建设】 2022年,对陈家沟河内5类问题进行专题研究和专项治理,聘请四川沐萱环境监测科技有限公司对陈家沟河污染源进行调查并提出整治方案,向县农业农村局争取6处尾水治理,争取1800万元对钟祥镇场镇进行雨污分离整治。常态化排查污染源,排查整治养殖场18家、餐饮企业23家、酒厂8家、企业4家,关停热拌场1处、临时性商品混凝土搅拌站1处。按照“树立典型,示范带动,整村推进”原则,动员党员代表、组干部、人大代表等主动申请、带头改造,完成3741户厕所改造。制定《钟祥镇农村改厕后续长效管护机制》,积极开展“回头看”工作,摸排3105户,发现问题157户,全部整改完毕并通过验收。

【民生事业】 2022年,坚持保民生、促发展,积极探索发展改革新路径,不断增强群众幸福感、获得感。便民服务中心高效运转,累计服务群众1万余人次,办理各类申请、登记、代缴业务6000余条,综合满意度评价达99%以上。全镇农村低保2421人、城镇低保103人;特困户460人,集中供养122人,分散供养338人。强化特殊困难群体关爱帮扶,全年全镇临时救助困难群众154人,发放帮扶资金17.42万元。全镇全年医保参保率达100%,城乡居民养老保险参保2.5万余人,2600余名企业退休人员完成生存认证。高度重视“一老一小”关心关怀,全年开展关怀活动13次,服务周边留守儿童等300余人次。

【基层治理】 常态化开展治安巡逻,组织镇村干部、派出所干警开展严打整治行动,每日常开展“大巡防”行动,每月常态化巡查24次。各村(社区)按经济社配备保洁员,垃圾收转运处置体系覆盖率100%。环境治理方面,制定《钟祥镇人居环境整治长效管护机制》,每月开展村庄清洁日活动。投入50万元对国道213线、仁沐新高速出口连接线等主要路段进行美化绿化,集中整治农村庭院200户。对全镇农村环卫基础设施设备进行提档升级,建有垃圾亭28处,垃圾基座298座。镇内有垃圾压缩站1座,建渣和大件垃圾场1处。

【安全生产】 2022年,完成农村经营性自建房排查561户,完成危房改造11户,土坯房改造50户。组织镇村(社区)干部和燃气工作人员对全镇燃气安全开展排查,向燃气用户宣传安全用气知识,完成117户非居民用户燃气报警器安装。时刻绷紧防火弦,常态化开展林长巡护林工作,累计开展森林防火演练11次,张贴发放省市县森林防火命令5000余份,悬挂警示标牌300余个,排查祭祀用火、农事用火、电力线路等火灾隐患10处,并及时整治到位。严格落实安全生产“一包一”责任制度,指定17

名镇干部对辖区17家“一包一”企业进行全面安全监管；投入8.6万元继续聘请第三方对辖区35家重点企业和重要场所安全情况进行专业检查，对排查出的问题，按照清单对照整改，全年无重大安全事故。

【农业转型升级】 2022年，制定《钟祥镇粮经融合现代农业园区规划》，稳步推进673.67公顷高标准农田建设项目，道路加宽及扩建31.5千米，建成水旱（水稻+油菜、水稻+蔬菜）轮作高效种植示范基地432.22公顷；实施粮药复合高效种植示范33.35公顷、粮菜复合高效种植示范66.7公顷；建设水稻机收作业432.22公顷，实施小麦社会化服务，机耕机播240.12公顷。

表35 2022年钟祥镇各社区（村）基本情况一览表

序号	社区（村）名	党支部书记	主任	村民小组数（个）	人口数（人）	耕地面积（公顷）
1	针鼓社区	李学勤	李学勤	10	6370	38.67
2	红旗社区	卢泳宏	卢泳宏	16	5884	599.67
3	龙桥社区	范　冬	范　冬	5	2697	266.27
4	青石社区	辜文聪	辜文聪	6	3315	341.76
5	星火社区	郭惠均	郭惠均	8	2366	108.02
6	中华村	龙文英	龙文英	9	3255	379.13
7	明星村	蒋小红	蒋小红	11	3764	339
8	合兴村	黄　伟	黄　伟	14	5965	502.67
9	碾米村	徐建伟	徐建伟	13	5537	420.8
10	灯塔村	杨　勇	杨　勇	13	4962	455.8

宝马镇

【概况】 宝马镇位于仁寿县县城东351国道原省道106线仁富路段公路3千米的跑马滩（场）。1992年7月，粮丰乡并入宝马乡，辖15个村。2005年，花瓷乡并入宝马乡，辖24个村。2007年3月，原24个村合并为12个村，164个村民小组并为86个。2013年12月，撤销宝马乡设立宝马镇，镇人民政府驻地决心村，辖原宝马乡所属行政区域。2019年12月，宝马镇行政区划调整，将石联社区、军旗社区、三友社区、镇山社区划归普宁街道办管理，宝马镇辖1个社区和7个行政村，58个村民小组。2020年5月，8个村（社区）调整为5个村（社区），即决心社区；小沟村更名为李家坝社区；军民村和军农村合并，更名为军民村；洪水村和石缸村合并，更名为洪水村；高照村和尖兵村合并，更名为高照村。2020年10月，58个村（居）民小组调整为43个，即村民小组32个，居民小组11个。2022年12月，宝马镇共有决心社区、李家坝社区2个社区和高照、洪水、军民3个村。

【农业发展】 推广大豆玉米带状复合种植总共面积313.49公顷，推广油菜新技术266.8公顷，果树品种改良60.03公顷，果树滴灌新技术13.34公顷，申请农机补贴13份，培训农民人数1000人次。重点养殖户9户，散养户5333户，全年累计出栏肉鸽20万羽，肉牛50头，生猪3万头。

【村镇规划建设】 全镇自建房排查8073户，危房改造4户，土坯房改造8户。决心社区新安路灯140盏。2路公交车宝马线路重新运行，极大满足群众出行需求。

【乡村振兴】 全面完成撂荒地整治116.21公顷。完成大豆玉米复合种植313.49公顷，建立大豆玉米复合种植示范园13.34公顷，实现粮食生产播种面积2641.32公顷，粮食总产1.53万吨。完成农村道路提升32.2千米。2022年完成耕地力补贴220.83万元、种粮一次性补贴及稻谷补贴的申报、审核及发放工作，发放1005户、12.37万元。建立健全防返贫监测和帮扶机制。结合每季度基层大走访开展排查，对439户脱贫户和监测户实施动态追踪，消除返贫隐患。全镇脱贫户稳定脱贫，人均纯收入达到1.3万元，增数13.3%，全镇无易致贫返贫人员。融资10万元购买旋耕机和播种机2台，为高照村集体经济创收创造条件。

【生态建设】 加强村级环境卫生整治，乡村道路全覆盖定期清扫，垃圾池及时清运，狠抓大气污染防治和秸秆禁烧。全面整治“散乱污”企业，每周巡查工业企业厂区环境、排污除尘、废水废气等情况，每月坚持辖区内企业全覆盖，不间断巡查关停企业，提出整改问题5家，劝退1家。压紧压实河长责任，严格落实巡河制度，加强河道巡查，每月开展集中清河行动，确保河道水质达标。坚持每周污水治理巡查检查，确保污水处理厂全面正常运行、达标排放。

【民生事业】 全镇享受低保人数1049

2022 年 7 月 2 日，宝马镇洪水村 1 组撂荒地整治效果图(宝马镇 / 供图)

人，其中 2022 年度新增 58 人；特困人员 155 人，其中 2022 年度新增 9 人。投入 93.28 万元，对养老服务中心的各项设施全面提升改造。临时生活救助 91 人次，救助金额 7.42 万元。残疾人困难生活补贴 3681 人次，重度护理补贴 2721 人次，补贴残疾学生 9 人，为 6 位下肢残疾人员申请三轮车燃油补贴，为 36 名残疾人申请辅具，灵活就业补贴 9 人，残疾人无障碍设施改造 6 人，残疾人居家托养服务 11 人。完成系统申报计划生育家庭奖励扶助 37 人次，计划生育家庭特别扶助 3 人次。安置建档立卡稳定脱贫户和一般贫困户公益性岗位 59 人，全面完成就业和脱贫双目标。推荐信利用工 44 人次，稳岗就业 8 人。持之以恒打好新冠肺炎疫情防控，组织全镇接种疫苗 2.53 万人次，除禁忌证外，适龄接种人群接种率达 100%。

【基层治理】 2022 年，开展安全生产大检查 20 次，开展平安巡逻 50 次，发现问题 32 个，落实整改 32 个。发放各类知识宣传单 1.5 万份，举办安全生产培训班 4 次，建立社工服务室 1 个，培育公益服务类社会组织 5 个。推进社区志愿服务制度化，推广“社工 + 志愿者”联动模式，志愿服务活动 30 次。健全完善村“一约五会”相关制度和人员配置，采取“积分兑换”“以服务换服务”办法，建立邻里互助共同体。全镇登记在册吸毒人员 80 人，全部纳入规范化管理。开展禁毒宣传进学校、社区、场镇、农村、家庭、企业等 12 次。持续深入开展扫黑除恶工作，严厉打击各类违法犯罪活动，确保全镇平安和谐稳定。

【城镇建设】 对场镇内两条主要道路黑化、彩化。规划停车位，进一步规范场镇内交通管理，充分利用行政执法队力量加强场镇卫生环境整治，彻底治理乱停乱放、占道经营等乱象。

【征地拆迁】 克鲁格、金杯化工影响区范围内居住户人员实行搬迁工作，共搬迁 43 户、涉及 122 人。金杯公司技改项目征用土地 1.12 公顷。完成卫生填埋场项目环境影响区外边缘影响户拆迁 8 户 27 人。

表 36　2022 年宝马镇各村社区(村)基本情况一览表

序号	社区(村)名	党支部书记	主任	村民小组数(个)	人口数(人)	耕地面积(公顷)
1	决心社区	刘　杲	刘　杲	5	3964	320.8
2	李家坝社区	刘　田	刘　田	6	2233	583.7
3	洪水村	廖西阳	廖西阳	10	3693	903.0
4	高照村	徐学康	徐学康	12	4369	1066.5
5	军民村	汪　锐	汪　锐	10	3565	976.3
6	合计			43	17824	3850.3

彰加镇

【概况】 彰加镇位于仁寿县南端，地处清水河源头，西接钟祥镇，北临宝飞镇，东靠汪洋镇，南连慈航镇。北距县城 30 千米，西距乐山 65 千米，位于国道 213 线旁 9 千米，仁沐新高速贯穿全境，规划有省道 401 高速、乐资高速在促进社落地互通。

彭加镇由原彭加镇和原促进乡合并而成，辖区面积7206公顷，辖3个社区、10个村、112个村（居）小组，1.46万户4.1万人。彭加属于仁寿南部典型的农业乡镇，在县委“12345”发展战略中属南部农业发展组团。近年来，先后被评为“四川省脱贫攻坚先进集体”“眉山市先进党组织”“眉山市乡村振兴示范镇”，有市级乡村振兴示范村2个（德意村、铁牛村），县级乡村振兴示范村1个（礼周村）。

【农业发展】 彭加镇全力保障粮食生产，全面推行田长制，全力做好撂荒地整治和低效经济林腾退，2022年，完成撂荒耕地整治面积194.21公顷，低质低效核桃树腾退面积127.46公顷，确保全镇3101.55公顷耕地面积只增不减；2022年，全镇粮食生产播种面积约4068.7公顷，产量约2.58万吨；豆玉带状复合种植589.11公顷；晚秋粮食生产播种面积约606.97公顷，全年农业保险水稻投保面积323.86公顷，玉米投保面积720.36公顷。

彭加镇保障畜牧养殖发展，全年育肥猪出栏20132头，肉牛出栏146头，肉羊出栏9812只，其余家禽出栏28.81万只，兔出栏4.58万只，肉鸽110万羽。培育壮大新型经营主体，全年成功申报县级示范农民合作社1个、县级示范家庭农场2个，市级家庭农场1户。

【村镇规划建设】 交通建设。全年“三年提升行动”投资1816万元，村道公路项目新建9.35千米，加宽44.25千米，已落实推进；开展村社道漫水桥及病危桥改善工程，投资472.7万元对跳登河等两座桥实施改善工程，方便群众出行；乐资高速彭加段前期工作已全面完成，协调各方规划10米宽乐资高速连接线共计6千米。

场镇建设。投资25万元建成场镇生态停车场，年底已投入使用。协调20万元综改资金，配套停车场附属设施加紧推进，切实解决场镇“停车难”的问题。全年新建公厕2处，改造升级3处，投资70万元实施村庄亮化工程，安装路灯302盏。

【乡村振兴】 扎实开展巩固拓展脱贫攻坚成果同乡村振兴有效衔接。坚持精准监测，开展“月排查、月报告、常态管、动态帮”防返贫动态监测，2022年共计开展大排查两次，分别组织发动人员216人，组成入户核查组155支，围绕“两不愁三保障”及饮水安全、收入情况等开展全面排查，共计新增监测户4户13人。全年建立风险线索台账5000余条，镇党委会分析研判风险线索12次、村（社区）“两委”进行风险研判200余次，驻村工作组、帮扶责任人对存在返贫致贫风险的农户开展深入核查走访6000次。落实政策帮扶，全镇第一批和第二批中央财政专项扶贫资金精准到户产业发展项目涉及全镇216户脱贫户（含监测户）发展养殖业，发放资金59.8万元，人均纯收入提高500元。开展就业增收行动，招工就业宣传200余次，提供岗位信息40条，提供临时性公益性岗位安置人数32人。全年全镇共发放脱贫（监测）人口跨省务工就业交通补助215人，涉及资金10.26万元。37户脱贫户（含监测户）申请小额信贷144万元，辐射带动150余人实现就业创业。积极落实“三保障”政策，全年脱贫人口和防返贫监测对象城乡居民医疗保险参保人数2428人，参保率近100%。全镇春季雨露计划共资助72人，资助资金10.8万元；栋梁工程资助1人，资助资金3000元；乡村振兴协会资助1人，资助资金3000元；共计资助县外就读学生57人。

大举推进示范引领。积极招引资金雄厚、背景强大的优质企业入驻，不断提升辐射带动周边农户发展产业和实现就地就业能力，与四川天一净现代农业科技有限公司签订投资800万元万亩水稻种植项目战略投资协议；与中粮集团商定投资4000万元万亩高粱种植项目。不断培育壮大新型经营主体，全年成功申报县级示范农民合作社1个、县级示范家庭农场2个，市级家庭农场1户。加快“园村一体”“天府粮仓”建设项目推进进度，实现以点示范，以点成面，推动规模化发展，成功创建2022年度市级实施乡村振兴战略先进乡镇。

【生态建设】 积极响应农村人居环境整治五年提升行动，系统开展厕所、污水、垃圾治理三大攻坚战役。将“厕所革命”项目好事办好，实事办实，持续推进“厕所革命”建设项目，全年完工建设47户，累计建设5207口，农村无害化卫生厕所普及率达94.7%。同时扎实做好问题整改“回头看”，全年共计开展问题厕所“回头看”3次，共计摸排问题169户，已全部完成整改。扎实推进污水治理，全年共计建设农村散户生活污水处理设施47口，累计建设4957口，农村散户生活污水收集设施普及率达92.7%，农村黑灰水得到有效处理的行政村占比达100%，常态化开展清河行动共计216次，压紧压实河长制工作责任，黑臭水源水体已全面清零。深入做好垃圾整治，大力加强环卫基础设施建设，全年新增农村生活垃圾分类基座217处，场镇新设果皮箱62处，新增扫地冲洗车辆1台，新配环卫工人4人。常态化开展“村庄清洁行动”，将每月28日设立为村庄清洁日，共计开展12次，共清扫垃圾死角3000余处，规范农户柴草乱堆2000余处,清理废旧横幅和小广告1000余处,规范圈养散户家禽500余户。

【民生事业】 全年帮助城镇新增人员、失地无业农民及“4050”就业困难对象实现再就业100余人。协助“4050”等就业困难对象23人完成当年保险补贴申报,共申报补贴资金13.97万元。协助做好脱贫人口创业补贴,申请一次性创业补贴4人次,资金共4万元。开发贫困对象乡村公益性岗位78个,岗位资金44.45万元。成立13支农民工专员队伍,建立农民工务工基础信息台账2.22万条。收集自主创业农民工信息156人,优秀农民工信息612人,返乡创业明星信息2人。建成返乡农民工疫情防控台账和返岗就业台账5000余人。为仁寿信利集团等重点工业企业推荐人才100多人。全年城乡居民养老保险综合参保人数达22892人,其中缴费人员14621人,享受居保待遇8266人,完成居保待遇人员生存认证8266人。2022年城乡居民医疗保险参保人数2.94万人,其中补充保险7036人,参保率达96%以上。同时倡导群众防范意外事故,购买小额(老龄)人身意外保险和妇女安康保险,为意外和大病增添一份保障,全年小额意外保险共参保2000余人。全镇持证残疾人共计1672人,新办残疾人证234人,享受重度护理补贴615人,享受困难生活补贴603人,享受三、四级智力、精神补贴76人,残疾人居家灵活就业10人,无障碍改造1人,辅具发放16人,组织13人到眉山做白内障手术,学生救助10人,入户评残19人,集中评残165人。全年完成新增特困7人、临时救助困难群众147人、新增80岁高龄老人239名,1953名高龄老人录入系统,发放补贴55万元。

【基层治理】 加强新增社区戒毒人员、新增社区矫正人员、邪教人员每月走访排查,全年共开展家访人数240人,关爱帮扶18次,开展义务劳动11次121人次,关爱工作站开展集中宣传教育4次10人。做细网格管理工作,全镇共有网格员14人,2022年,网格员办理网格事件3526件,上报治安隐患41起,协助法院办理执行案件9件。设定调解委员会16个96人,专职调解员2人,全年各调委会共受理调解178件,调解成功177件,成功率99%。其中村(社区)调委会调解156件,镇调委会调解22件。做好治安巡逻,成立治安巡逻志愿者队伍14支共115人,全年分别开展规范常规化巡逻工作400余次。加强应急处置,镇级建立1支以镇长毛辉为队长的31人应急抢险队伍,每个村(社区)均建立1支10人的应急队伍,完成应急队伍建设标准、职责任务、训练演练、管理保障、考核奖惩“五张清单”编制任务,全年召开相关应急处置演练共计30余次。强化法治观念,全年共组织开展法治宣传11次,涉及禁毒、反邪教、电信反诈、民法典等内容,其中进学校3次,进机关2次,社会面宣传6次,共发放相关资料1万余份,受众1200人,全面提升干部执法资格证配备率,实现有法可依,2022年,已有11人通过考试获取执法证。

表37 2022年彰加镇各社区(村)基本情况一览表

序号	社区(村)名	党支部书记	主任	村民小组数(个)	人口数(人)	耕地面积(公顷)
1	磨子社区	陈洋	陈洋	5	3727	0
2	朝凤社区	戴广辉	戴广辉	7	2712	2326
3	楼影社区	陈文军	陈文军	7	3045	3573
4	潘家村	雷全文	雷全文	6	1976	2105
5	铁炉村	王恒清	王恒清	6	1939	1772
6	连新村	颜晓春	颜晓春	6	1929	950
7	礼周村	张建文	张建文	10	3761	4013
8	德意村	钟勇刚	钟勇刚	12	4635	7330
9	铁牛村	陈杰	陈杰	13	3296	4795
10	明月村	陈刚	陈刚	11	3175	3937
11	促进村	苏程尹	苏程尹	9	3360	3678
12	徐庙村	陈茂	陈茂	11	3735	5589
13	铧炉村	夏海英	夏海英	9	3670	3302

慈航镇

【概况】 慈航镇地处仁寿县南部,东接彰加镇,南面和西面接井研县集益、周坡等乡镇,北邻钟祥镇,辖区面积6050公顷,辖5个村和3个社区,共有1.08万户3.14万人,有42个村民小组和28个居民小组。辖区耕地面积3561.78公顷,村(社区)“两委”

干部48人。全镇有医院2所、学校2所、敬老院1个、派出所1个。

【农业发展】 粮食生产。2022年,全镇粮食生产播种面积达3335公顷以上,全年整治撂荒地221.24公顷,代表仁寿县迎接省检,整治经验被《四川日报》刊发。畜禽养殖。共有规模户和专业户48户,生猪存栏1.86万头(其中母猪0.62万头)、牛存栏500余头、羊存栏600余只、小家禽(肉鸽)25万余羽,2022年全镇生猪出栏9.6万头(其中仔猪7.8头,育肥猪1.8万头)。招商引资。全镇流转土地220.11公顷,主要用于粮经作物种植。引进仁寿领航家庭农场、幸福威尼斯公司等优质农业业主发展种植养殖。

【村镇规划建设】 编制园区规划。以永勤村园村一体为核心,抓好农业园区规划布局,2022年慈航粮油现代农业园区被县政府认定为县级现代农业园区。抓实道路提升。扎实开展2022年交通基础三年提升行动,完成21千米的道路加宽任务。保障全域饮水。加大全域安全饮水工程宣传力度,全镇实现安全饮水全覆盖,由镇水厂供水;协助做好供水工程建设,协助开展农村地区供水问题动态监测。

【乡村振兴】 慈航镇紧紧围绕县委“12345”发展战略,抢抓“天府粮仓”丘区示范区“一核四基地”的核心区域建设机遇,镇党委确定“三定、三依、三守”的333工作法(“三定”即定发展站位、定奋斗目标、定主攻赛道,“三依”即依托红利、依托园区、依托项目,“三守”即守耕地红线、守环保高线、守稳定底线),全镇上下齐心协力,力争在产业、文化、生态、人才、组织五个方面实现大的突破。

2022年10月20日,慈航镇高质量标准农田建设项目(慈航镇/供图)

产业发展。做好粮油现代农业园区的前期编制规划,重点围绕高速公路出口沿线、国道213、慈彰路,因地制宜抓好产业发展,为农业园区再生稻示范片、麦玉豆高质高效示范基地、标准化红薯基地等粮油生产打下基础。同时抓好粮猪果生产,依托德康祖代场、高标准农田建设、粮油园区等,持续抓好粮食增产扩面,确保生猪出栏稳中有进,扩大牛羊养殖规模,统计好农业生产指标,为农业GDP做贡献。持续做好巩固拓展脱贫攻坚后续帮扶工作,全年新增监测对象12户24人,脱贫户和监测对象“两不愁三保障”、饮水安全等方面成效全面巩固拓展,收入增速高于本地农村居民可支配增速,全镇脱贫人口年人均纯收入1.45万元,同比增长15.77%。

生态环境。抓好陈家沟河断面的规划设计,改善流域断面的水质;做好场镇污水处理站改厂征地拆迁,全面提升场镇污水处理能力;大力推行农村“四小园”建设和“拆收改栽画”工作法,开展“六行动三评选”活动,着力打造一批干净整洁优美的庭院。

组织建设。将乡村振兴工作纳入干部实绩考核和年终目标绩效考核,成立镇、村两级乡村振兴工作领导小组,明确镇党委副书记牵头乡村振兴工作,办公室设在经济发展办公室内,配备2名专职业务员,负责处理日常事务。

精神文明建设。整合现有公共服务阵地资源,持续丰富文明实践活动内容,提升文明实践志愿服务能力,做到“三牢记、八倡议”家喻户晓、深入人心;依托传统节日开展移风易俗行动,选树一批五好老人、十佳孝子、最美家庭等先进典型10户。

人才培养。组织重点帮扶村外出学习考察,赴丹棱县仁美镇学习产业发展、基层治理、乡村振兴等先进经验,取长补短,拓宽发展思路,明确工作方向;定期开展业务培训,利用青年干部夜校,聘请优秀讲师,讲解中共二十大精神、乡村振兴等精品课程,着力培养一支懂农业、爱农村、爱农民的乡村振兴人才队伍。

【生态建设】 深入实施农村人居环境整治提升行动,完成改厕3179户、治污2795户。合理布局垃圾分类设施,共有分类设施共570个,保洁员转运员85名,覆盖率100%。垃圾压缩中心1个，大件垃圾堆放场1个，建筑垃圾堆放场1个，垃圾基座431个、配套垃圾桶904套；持续加大生态环境改善投入，2022年新建勤乐村30立方米污水一体化设施一座。

【民生事业】 切实做好困难群众生活保障工作。经过核查，2022年，全镇低保新增84人，减员130人，特困对象新增13人，减员29人。事实无人抚养儿童新增2人，减员4人。2022年，救助困难群众103人次，救助资金10.4万元。全年共发放救助供养金350万元。全面做好鳏寡孤独重点人群的关心关爱工作，让困难群众感受党委政府的温暖。

【基层治理】 成立矛盾纠纷多元化解工作领导小组，建立健全矛盾纠纷多元化解处置工作机制和农村社会治安风险隐患信息化排查处置机制，定期开展纠纷化解排查工作。建成8个村（社区）法律服务工作站。完成雪亮工程延伸工程点位规划，安装慧眼工程摄像头1500余个。聘请法律顾问2名、镇调解员2名，各村（社区）配备警务助理1名。在园区设立永裕党群服务驿站，融入文明义仓，以“以服务换服务”方式，打造“德治、自治、法治”基层治理示范点。

【信访维稳】 村（社区）公共法律服务室建成率100%，法律援助率100%，人民调解成功率95%以上。处理信访案件26件，化解信访积案3件。

【农业转型升级】 与县属国企铧锐农业投资有限责任公司合作，以永勤村为核心，整合三台社区、庆余村2个村（社区）土地资源，落实高标准农田建设833.75公顷；落实新田村、勤乐村2个村，土地整理项目533.6公顷。积极招引优质业主，发展粮食种植，打造麦玉豆薯示范基地。实施涉农项目壮大村级集体经济，全镇3个社区、5个行政村，均已成立村级股份经济合作联合社；镇级成立集体经济联合总社，于11月3日挂牌运营，进一步发展壮大集体经济。

【疫情防控】 始终把维护全镇人民群众生命健康安全放在第一位，坚持“五包一”“五有一网格”工作方法，重点排查农村地区五类重点人员并进行“红黄绿”（依次为重点、次重点、除重点和次重点以外人员）分类，共计排查管控293人。有序组织“万名党员干部送健康”活动。

表38 2022年慈航镇各社区(村)基本情况一览表

序号	社区(村)名	党支部书记	主任	村民小组数(个)	人口数(人)	耕地面积(公顷)
1	白龙社区	任春兰	任春兰	8	2880	167.73
2	三台社区	李　平	李　平	10	1320	477.53
3	观音社区	廖仲才	廖仲才	9	1745	491.2
4	勤乐村	陈建军	陈建军	9	1120	314.47
5	新田村	周　杰	周　杰	8	1020	277.6
6	月桥村	陈　洪	陈　洪	6	1124	449.87
7	庆余村	万泽华	万泽华	12	1426	395.27
8	永勤村	彭　科	彭　科	7	878	253.87

禄加镇

【概况】 禄加镇位于北纬29°48′26″，东经104°22′29″。地处仁寿县东南端荣威山脉，距县城35千米，东与禾加镇相连，南与汪洋镇、威远县连界镇接壤，西与宝飞镇毗邻，北与藕塘镇交界。辖区面积9590公顷，辖15个村（居）民委员会、233个村（居）小组，辖区总人口5.49万人。

禄加镇自然资源丰富，石灰石储量达4亿多立方米，煤炭储量达4000万吨，全镇规模以上企业6家，均属煤炭矿石企业；其他企业20余家，包括木材加工、石料加工、彩陶、建材等产业。其中彩陶工艺历史悠久，工艺精湛，彩陶工艺品远销各地。禄加镇主要以农业为主，粮食作物以水稻、玉米、小麦为主，主要经济作物有柑橘、蚕桑、梨等。

禄加辖区基础设施比较完善。拥有原102厂区，占地面积20.01公顷。成赤高速公路、成宜高速公司和红星路南延线纵横交错，县乡村道完善，是交通便利之镇、生态宜居之镇、产业富民之镇和未来旅游投资理想之镇。

【农业发展】 “田长制”有效落实，高标准完成32.02公顷耕地找补任务，333.5公顷撂荒地高标准复耕复种到位。生猪产业持续壮大，建成中合村、南阳村、坳塘村6个养殖单元，投入200万元建设德康生猪代养场，进一步壮大生猪养殖。惠农政策落地见效，发放耕地地力保护补贴、稻谷补贴、种粮农民一次性补贴等，推进现代种业发展支持，发放惠农补贴500余万元，发展种粮大户7户，助力粮食安全。

【村镇规划建设】 投入600万元完成禄加中心场镇市政道路黑化、绿化、亮化和停车场建设，规范场镇摆摊设点和卫生管理，场镇秩序全面改善；顺利完成原天峨场镇黑化工程、污水治理第三期工程；全面推行“路长制”，红星社区、光华社区负责辖区内49千米县道、93千米乡村道路标准化养护，城乡形象进一步改善。

【乡村振兴】 聚焦脱贫户“一超六有”“两不愁三保障”，对脱贫户及监测对象因户施策，细化帮扶举措，巩固脱贫攻坚成果。确保所有脱贫户、监测对象无一人致贫返贫。积极组织农户实施规划的产业项目，为628户脱贫户级监测对象规划产业发展，养殖牛18头、羊83只、生猪905头、小家禽2.31万只，补助资金179.2万元。

【生态建设】 全面推动人居环境综合整治。加强农村垃圾治理，新建284个垃圾基座，及时清理农村垃圾、废旧广告牌及牛皮癣，农村生活垃圾处理率达90%，实现“户分类、村收集、镇转运、县处理”。大力开展“五清行动大扫除”“爱国卫生大宣传”两大战役，城乡环境面貌有效改善，荣获“县城乡环境治理优秀乡镇”1次，“四川省级卫生乡镇”荣誉持续巩固。扎实巩固“厕所革命”提质增效。扎实开展“厕所革命”“回头看”，在5月、9月两次对全镇4801户卫生厕所集中排查，对发现问题的54户全面整改到位。持续推进卫生厕所改造，新建标准化卫生厕所133户，全镇卫生厕所占比达90%以上，农村污水治理能力得到显著提升。新建场镇公厕1座，7座场镇公厕移交盈峰中联管护。有效落实生态保护各项举措。持续实施河长制，开展清河整治行动，白沙河、龙结河水质稳定在III类。持续开展土壤环境保护，推行农作物秸秆肥料化还田利用，建成化肥农药减量示范点1个、农业包装废弃物回收点13个、农业废旧农膜回收点4个。强化畜禽养殖综合整治。全面推行“人放天养”，禁止肥水养鱼。

【民生事业】 推进基础建设，改善出行条件。深入实施交通三年提升行动，群众和成功人士捐资约100万元纳入村社公路加宽硬化，完成50千米农村道路加宽至4.5米；完成13.34公顷土地征收和7户拆迁，全力支持建设红星路南延线至禄加场镇连接线、柑橘产业环线等重点交通建设项目。办好民生实事，提升幸福指数。实施村级账务第三方机构代理，全面规范村（社区）账务管理。实施5万元以上项目第三方机构审计，有效提高资金使用效率。开展“春风行动”，帮助500名农民工外出务工，兑现脱贫劳动力创业资金。落实政策保障，提升服务质量。完善低保动态调整机制，新增低保223人，2246人实现应保尽保。安排资金120万元，足额落实特困户、优抚对象、计划生育奖励扶助、医疗救助、临时生活救助等政策。强化医保政策宣传，医保参保率达99%。投入260万元，完成适老化改造、养服务中心改造、金牛日间照料中心和农村公墓建设。国防动员、基层武装、退役军人事务工作不断加强，工会、妇联、残联、共青团、关工委、老龄委等工作有序开展。

【基层治理】 强化平安建设，守牢安全底线。常态化开展治安巡逻，确保辖区稳定。禄加消防站建成投用，加强42名巡山护林员管理，加大焚烧秸秆、违规用火处置力度，全年森林火灾零发生。压实安全生产责任，深化用电、用气、用火隐患治理，化解农村住房、烟花爆竹、城镇燃气等重点领域安全风险，全年未发生重大安全生产事故。精准疫情防控，保障人民健康。压实“四方责任”，抓住人员排查、精准管控两个重点，突出重点场所、重点环节两个关键，筑牢疫情防控防线。开展辖区内常住人口全员核酸检测16次，发放“防疫健康暖心包”，筑牢疫情防控防线。强化应急物资储备，完善应急响应机制，成功处置返乡人员、客运班车等多起疫情，切实保障禄加人民生命健康。

【农业转型升级】 推进“园村一体”，建设农业园区。完成以中合村为核心，辐射茶林、坳塘和红星的“园村一体”规划。投入资金100万元加强园区基础设施建设，投入资金200万元创建农机合作社，“园村一体”建设初见成效。投资300万元着力打造集现代智慧农业融合示范基地、高质量农副产品配送基地和中合·乡土记忆走廊于一体新型发展模式，“爱上·乡土味”电商平台4月正式上线，月销售额稳定在30万元以上，带动100余户农户致富增收。强化招商引资工作，成功引进金豆豆农业公司、秸秆综合利用公司，助力农业生产、农民增收。深挖文化底蕴，促进农旅融合。积极挖掘102厂旅游资源，推动“仁寿陶艺”“盘破门武术”等非物质文化传承发展，红卫社区获评市级文化振兴样板村，“物蕴仁南绿韵禄加”文化宣传片和文化表演荣获全县第一名、全市三等奖。双茶村、大兴村、茶林村成功创建市、县乡村振兴示范村，禄加镇成功创建县级乡村振兴示范镇。“天府茶灵谷”成功创建国家级AAA景区、省级研学基地等，乡村旅游稳步发展。

表 39　2022 年禄加镇各社区(村)基本情况一览表

序号	社区(村)名	党支部书记	主任	村民小组数(个)	人口数(人)	耕地面积(公顷)
1	红星社区	黄　伟	黄　伟	12	4614	341
2	红卫社区	卢　铁	卢　铁	7	5221	42.4
3	光华社区	许长胜	许长胜	13	4568	453
4	光辉社区	李红刚	李红刚	11	4518	308.4
5	天明村	唐忠勇	唐忠勇	13	3876	292.2
6	中合村	黄朝松	黄朝松	15	4276	380
7	桃红村	黄建超	黄建超	10	2816	213.7
8	南阳村	冯正祥	冯正祥	10	3082	351
9	坳塘村	曾祥超	曾祥超	10	2619	191.7
10	双茶村	段正明	段正明	10	2317	225.8
11	大兴村	段礼文	段礼文	14	4424	310
12	永福村	谭建军	谭建军	12	4132	238
13	法轮村	钟永国	钟永国	12	3835	291.3
14	茶林村	黄崇翔	黄崇翔	12	3029	250.5
15	金牛村	朱锦中	朱锦中	9	2036	221.7

大化镇

【概况】 大化镇南邻仁寿县城,北接天府新区,天府大道、国道 213 线纵贯南北,成都经济区环线高速(三绕)横跨东西。大化镇,原名“大花市”,是长安画派创始人石鲁、书法家冯建吴的故乡。1996 年撤大化、松林、府君三个乡合建大化镇,归陵阳区管。2005 年撤区后由县直管,辖居委会 1 个,村委会 28 个。2007 年 1 月,原 28 个村合为 13 个,原 192 个组并为 90 个。2020 年 5 月,将 14 个村(社区)调整为 8 个;10 月,将 95 个村(居)民小组调整为 71 个。辖区面积 6880 公顷,耕地面积 1688.71 公顷,辖 3 个社区 5 个行政村、19 个居民小组、52 个村民小组,共 8902 户 3.6 万人。

【农业发展】 以“长牙齿”硬措施守住耕地保护红线。从严落实田长制,完成 2021 年耕地图斑清理核实和 3.27 公顷耕地补充恢复任务,整治撂荒地 33.75 公顷,腾退园地 26.95 公顷。全力扛稳粮食安全责任。完成示范玉豆复合种植 80.04 公顷,玉米种植 793.73 公顷,大豆种植 800.4 公顷,水稻种植 226.78 公顷,小麦种植 135.4 公顷,出栏生猪 3 万余头。因地制宜发展特色产业,投入 600 万元建成英雄村德康项目 4 个单元建设,引进现代农业“243”产业新型农业经营主体 1 个。

【项目建设】 天府大道二峨山隧道施工建设有序推进,2022 年已完成工程量的 40%;天府国际物流园区产业大道二期项目完成建设,已顺利验收通车;喜鹊寺水库建设项目完成库区红线划定,锁定附着物,确定安置人口和安置方式;基本完成大化镇第二污水厂区建设,管线铺设进入尾期;完成粮食储备库项目征地拆迁 6.53 公顷,已进入房建施工阶段;完成中央厨房工程设计工程。

【乡村振兴】 建立健全防返贫监测和帮扶机制,结合每季度基层大走访开展排查,对 579 户脱贫户和监测户实施动态追踪,消除返贫隐患。截至 2022 年年末,共核实处置预警线索 278 条,按程序新增监测对象 12 户 50 人,发现问题 18 条,已全部整改完毕。新安装太阳能路灯 277 盏;新建雨污分流管网 6 千米;2022 年,道路交通三年提升项目规划畅通 40.5 千米。全镇 8 个村(社区)成立村级集体经济组织 8 个,组级集体经济组织 70 个;成立村级劳务公司 5 个,农业公司 1 个,成立镇级联合总社 1 个,全年村集体经济收入达 120 万元。完成龙门村“园村一体”规划,突出重点打造仁寿县创建省级实施乡村振兴战略成效显著县的迎检点位水利社区和龙门村。

【生态建设】 严格按照“不燃一把火,不冒一处烟”要求,扎实开展秸秆禁烧工作,在水利社区试点秸秆综合利用,收储全镇秸秆 200 余吨。加强源头治理,严控小散乱污,严禁污水直排。加快污水管网的铺设贯通,场镇污水管网建设基本到位,污水管网覆盖率达 80%,处理规模为 0.07 万立方米 / 天。全面落实河长制,持续强化河道日常巡察监管,集中开展杨家河沿岸及水面垃圾清理整治 12 次,清理河道 150 余千米,水质稳定保持在Ⅳ类。

【民生事业】 完成城乡居民医疗保险参保 2.53 万人次,通过财政兜底方式补贴特殊群体 3414 人购买医保,全年参保率达到 97.6%。有序推进物流园区项目被征地农民养老保险参保工作，662人已完成资料审核和保费缴纳程序。积极推行异地就医登记备案业务，6人实现登记备案。全面落实救助政策，孤儿、临困救助143人次，救助金额24.6万元，对37名困境儿童实施定期巡访动态管理。标准化建立镇未成年人保护工作站和水利社区未成年人保护工作点，完成“快乐家”困境儿童宜居改造项目2个和“云守护”项目2个。

【基层治理】 按照“组织规范化、设施标准化、人员专业化、服务精准化、活动常态化”标准建成社会工作服务站1个。镇便民服务中心设立“办不成事”投诉窗口，严格按照《窗口工作人员考核办法》逗硬奖惩，实行“日考勤、周抽查、月考核、季通报”制度，不断提升服务质量。截至年末，镇便民服务中心各类事项办结率100%，群众满意率达100%。开展村(社区)便民服务室“帮代办”政务服务，配齐村(社区)代办员，最大限度减轻群众办事负担。水利社区、华兴社区、龙门村、正义村4个村(社区)被评为省级“示范便民服务室”称号。

【工业经济】 全镇生产总值实现8.9亿元，同比增长9.45%。新增规上企业1个，产值突破5000万元，增速达到200%，上缴税金增长150余万元。储备规模以上企业1个，新增税金20余万元。引进眉山市天蚕渔具有限公司，投资1500万元建设垂钓渔具及饵料生产线，已正式投产，年产值可达3000余万元。

【安全生产】 牢固树立“两个至上”理念，完善安全责任体系，累计出动安监排查力量60余次，开展危化品、森林防火、消防、食品药品、交通、防汛、农业生产等领域安全风险隐患排查130余次，化解安全隐患48个，辖区无重大安全事故发生。完善基层应急救援体系，充实医疗、通信、抢险力量进入应急救援队伍，开展应急演练3次；建立1+8镇村应急物资救援库，形成15分钟物资调配圈，充实应急储备物资15万余元，实现“应急有人，抢险有器”。

表40　2022年大化镇各社区(村)基本情况一览表

序号	社区(村)名	党支部书记	主任	村民小组数(个)	人口数(人)	耕地面积(公顷)
1	水利社区	刘建成	刘建成	3	1026	91.2
2	劳动社区	伍　勇	伍　勇	11	4557	358
3	华兴社区	毛　成	毛　成	5	5809	46
4	正义村		胡　汉	12	6830	345
5	松林村	吴建兵	吴建兵	10	4205	200
6	曹河村	白从军	白从军	6	3760	200
7	龙门村	肖敏勇	肖敏勇	16	7669	600
8	英雄村	张　华	张　华	8	2839	229.5

始建镇

【概况】 始建镇历史悠久。隋开皇十一年(591年)，改始建镇为始建县。1950年1月，称始建乡。1992年，凤鞍乡并入始建乡，合建始建镇。2005年5月，建新乡并入始建镇。始建镇位于仁寿城东南方26千米，东与藕塘镇交界，西与钟祥镇相接，南与宝飞镇相连，北与满井镇、宝马镇毗邻。2007年1月，将25个村调整为10个村3个社区，228个组调整为96个组。2020年5月，将10个村3个社区调整为3个村6个社区，96个组调整为77个组，其中27个村民小组、50个居民小组。

2022年，始建镇有辖区5250公顷，场镇150公顷，户籍人口1.09户3.37万人(其中常住人口3051户1.22万人)。全镇共有耕地2481.24公顷，河流47千米(其中通江河全长10.8千米)。油污水处理厂1个、污水处理站2个、小二型水库1座、斗渠48.3千米、各类农渠123千米。主导产业为水稻、玉米、油菜、柑橘、李子、桃子、水产等。有家庭农场85个，有实际经营果冻的农民专业合作社10个，成员474名。2022年，地方一般公共预算收入2786.65万元，地方一般公共预算支出2786.65万元。

【农业发展】 全年生产粮食5.48万吨，柑橘7000吨，其他水果2500吨，出栏生猪4.08万头，家禽128.69万羽。协调推进高标准农田建设项目，完成整治撂荒地92.72公顷，恢复耕地49公顷，在营山社区、大河村探索集体经济组织参与整治和经营撂荒地试点工作，推广大豆玉米带状复合种植示范片13.34公顷，打造粮食生产示范片66.7公顷，小麦机械化耕种66.7公顷。

【村镇规划建设】 通过推进交通三年提升行动在全县率先完成30.1千米联社入户道路建设任务，完成大凤路、满农路始建段建设项目，按期推

2022 年 12 月 6 日，始建镇杏花社区以工代赈项目县级验收(曾琴 / 摄)

进双马桥、通江桥建设项目，同时做好辖区道路保畅维护，城乡交通加速成网，全镇主干交通路网进一步改善。

【乡村振兴】 持续巩固拓展脱贫攻坚成果同乡村振兴有效衔接，及时分析研判脱贫户、监测户等低收入群体收入情况，通过政策兜底、公益性岗位等措施，有效防范返贫风险。全力推广乡村振兴以工代赈项目，2022 年中央财政衔接资金以工代赈项目改建道路 7661 米，整治排灌渠 660 米，吸引 400 余名群众就近就业，实现增收 5261 元。

【生态建设】 严格河“湖”长制工作要求，全年镇级河长巡河 180 次、村级河长巡河 775 次，组织集中清河 18 轮 144 次，整改问题点位 107 处，51 户养殖户按规定申请尾水排放，实现流域断面达标。常态化开展秸秆禁烧宣传，严格执行烟花爆竹禁放规定，开展暗访督查 700 余次，宣传覆盖率达到 100%，大气环境持续改善。9 月 15 日，民进眉山市主委向东带队至柏山村开展“推动农村改厕、生活污水与垃圾治理协同投入和设施一体化运行管护”课题调研。

【民生事业】 切实做好困难群体帮扶工作，保障弱势群众基本生活，定期摸排辖区内高龄老人、留守儿童、孤儿，全面落实政策兜底保障，及时足额发放各类救助资金 704.43 万元。全面完成年度城乡居民医疗保险和养老保险征缴目标。全年办理行政审批和服务事项 2.1 万件，受理群众网络诉求 191 件，现场办结率、按时办结率 100%。

【基层治理】 扎实开展基层党建，推进“两新三大”学习教育，组织党员干部学好党的百年历史、重大决策部署，系统学习习近平总书记到川视察重要指示精神和中共二十大报告，举办各类学习教育活动 48 场，有效提升党员干部为民服务能力。建成廉情监督哨岗 9 个，开展接访日活动 10 次、接(走)访 245 人次，宣传廉政文化 9 场，开展监督检查 12 次，发出督查通报 10 期，引导镇村干部自觉做到严格依法办事。

【安全生产】 强化统筹协调，落实安全生产十五条硬措施要求，及时督导完成 126 个隐患问题整改落实。做牢做实治安巡防工作，增设“慧眼工程”点位 14 个，高清人脸识别监控 10 个，监控点位 20 个。严抓地质灾害防治、防汛减灾、城镇燃气、森林防灭火、消防安全等工作，实现安全责任事故零发生。

【文化发展】 完成始建镇综合文化服务中心示范点建设，建成数字化标准化图书室、电子阅览室，提升文化服务水平。组织开展孝老敬亲模范、始建榜样表扬大会等主题文化活动，弘扬社会正气，丰富群众文化生活。镇档案室建设达到省三级标准。

【疫情防控】 根据疫情防控政策调整，及时建立完善 9 支联防联控工作队伍，成功应对多轮疫情冲击，组织党员干部下沉一线开展走访调查、发放爱心防疫包 1000 份，全力守护群众生命健康。

表 41 2022 年始建镇各社区(村)基本情况一览表

序号	社区(村)名	党支部书记	村民小组数(个)	人口数(人)	耕地面积(公顷)
1	荣盛社区	余建勇	4	1253	0
2	来凤社区	代会明	12	5530	405.6
3	大河村	陈小东	11	5015	345.3
4	营山社区	郭娇林	9	5090	281.3
5	建新社区	徐 宁	10	4577	360.5
6	太山社区	李永建	8	3112	284.3
7	柏山村	涂 科	9	3743	360.23

续表 41

序号	社区(村)名	党支部书记	村民小组数(个)	人口数(人)	耕地面积(公顷)
8	马湖村	曾　强	7	2631	266
9	杏花社区	李健康	7	2715	178.5

文宫镇

【概况】 文宫镇是抗日名将潘文华、董宋珩的故乡。文宫镇政府位于县城北国道213线18千米的文宫场，因古有文宫庵得名。1992年7月，撤文宫乡建文宫镇，松树、五马乡同时并入文宫镇。2005年，全县撤区，文宫镇由县直管。2007年，按县合村并组方案将原22个村合为12个，169个组并为86个。2019年12月，元通镇、板燕乡、古佛乡与文宫镇合并，形成现有行政区划，有总人口8.5万人，辖区面积1.34万公顷，耕地面积5162.58公顷，辖有30个村(社区)，240个村(居)民小组。2020年5月，进行村(社区)建制调整，合并为4个社区12个村，2020年10月村民小组调整为176个村(居)民小组。全镇产业以水果为主，枇杷种植面积3201.6公顷、桃子种植面积667公顷、柑橘种植面积400.2公顷，其他水果133.4公顷。2021年，GDP实现12.57亿元，人均可支配收入超2.72万元。

【特色产业】 擦亮文宫枇杷金字招牌。采取品种改良、提质增效、大棚管理、直播带货等诸多举措做优做强枇杷产业。2022年，网上直播销售枇杷日均可达3000千克，枇杷产业年产值超5亿元，中央电视台农业农村频道专题报道文宫枇杷产业。2022年5月7日文宫镇首次将仁寿文宫枇杷采摘季开幕式调整为线上直播，在冯建吴·石鲁艺术馆举办中国枇杷之乡“文宫枇杷”地理标志保护产品线上推介会暨第二十二届仁寿文宫枇杷采摘季开幕式，中国网直播超21万人在线观看。不断强化枇杷产业链中端，加大对天府仁品农业发展公司、文宫枇杷协会等企业和组织的扶持，实行精细化采摘，分类定级、统一包装、规模销售，降低以前农户零星销售造成的价格低廉、产品损耗等问题，显著提升枇杷的售出品相和新鲜度，增加消费者的回购率，高峰期全镇枇杷销量可超5万千克。

【农业生产】 复耕复种促进粮食生产。坚决遏制耕地“非农化”“非粮化”“撂荒化”，制定《关于撂荒地整治攻坚行动方案》，组建4支督察检查队伍，出动270人次，深入田间地头，按照撂荒地整治任务分解表定期检查，发出通报5期。在撂荒地整治验收环节，采取驻村工作组+村干部交叉检查的方式，分派16个工作组入村验收，采集影像资料1800余份，对59.36公顷撂荒地进行复耕复种验收，复耕复种率达100%。2022年，文宫镇发放种子18吨，发放生物制剂农药1吨。果树幼苗套种粮食作物，已种植油菜1667.5公顷，洋芋种植面积266.8公顷，发放肥料220吨。

【村镇规划建设】 大力推进村道道路建设。全镇以两横两纵为基本交通骨架(国道213、成赤高速，环天府新区快速通道、成都经济区环线高速)，以上百条村道为基础网络支撑，构建出“内聚外联”的交通网络。从年初开始，文宫镇深入实施县委“交通基础三年提升”行动，其中桂湾村2条路、元通社区3条路已完工。剩余52条路中有3条因占用基本农田取消修建，其余49条路均已开工。完成道路加宽黑化工程。全镇将文元路道路加宽黑化工程和古佛、板燕、元通场镇街道提升项目纳入民生实事项目，其中，文元路道路加宽黑化工程分2期实施，第1期从213桂湾入口至桂湾村阳雀湾段，第2期从桂湾村阳雀湾段至元通社区场镇，全段路面加宽至5.5米，全程黑化7.8

2022年5月7日，中国枇杷之乡“文宫枇杷”地理标志保护产品线上推介会暨第二十二届仁寿文宫枇杷采摘季开幕式(文宫镇/供图)

千米,投入资金769万元,于2022年5月全面竣工。古佛、板燕、元通场镇街道提升项目投入资金446万元,全程黑化4.2千米,于2022年7月全面竣工,加宽黑化后的道路切实改善场镇交通运输条件,提升片区场镇品质,促进文宫镇协同均等发展,达成"高等级通乡、双车道通村"目标。

【乡村振兴】 加强村级阵地建设。投入资金180万元对古佛社区、石家社区、长虹村活动阵地进行提档升级,在完善党群服务中心功能的基础上,增设多功能活动室、村级供销社展厅、文化长廊、群众休息区等设施,展示镇村文化特色,提升亲民、便民功能。开展防止返贫动态监测和帮扶机制集中排查。共组织16个村(社区)264人参与排查,成立16个驻村工作组,组建77支入户排查队,共排查2.46万户7.85万人,入户核查6806户2.35万人。全镇共收到相关部门反馈风险点信息1837条,锁定存在致贫返贫风险线索120条,截至11月,全镇共有监测户98户233人。

【生态建设】 深入开展清洁行动。2022年,共计开展村庄清洁行动12次,卫生大扫除48次,入户宣传动员400余人次,清理死角盲区60余处,推动村庄面上清洁向屋内庭院清洁、村庄周边拓展,一季度清洁乡村荣获"十佳"。严格落实流域治理相关工作。各级河长切实履行河长职责,按相关要求进行巡河、查河、治河、护河,生态环境办定期组织实施清河行动、污染源排查、水质检测、流域治理相关工作,2022年,赤家河平均水质为III类,优于入境水质,优于县环保局下达的水质目标任务,共获得县级奖补资金18万元。推进厕污整改提升。对2021年厕污整改行动中建设的1.15万个三格式化粪池、9651个四格式污水处理池进行"回头看"、再提升,实现粪水无害化处理,村容村貌明显改善。

【民生事业】 扎实推进便民服务工作。打造标准化便民服务中心,承接办理下放便民审批事项216项,月均办件近2000件,被评为全省示范便民服务中心。构建"1+3+16"便民服务全覆盖体系,启用"审批服务专用章",推行"一枚印章管审批",群众不用到镇政府就能就近盖章办事,各便民服务站(室)月均处理便民业务500余件,实现政府和群众"双向减负"目标。以创建省级"示范便民服务中心"为契机,投资58万元完成标准化规范化便利化建设,办事场地达220平方米,增加120%,大厅窗口由4个增长到8个,专职窗口工作人员由5人增长到18人,并配备2名引导员,设置等候区、办事区、填单区、24小时自助区,"一站式"功能完善、群众体验感增强,日均办理130余件,办事满意度评价好评率达100%。推行免费打印复印、上门办、预约办、帮办代办服务,在镇村便民服务站点全覆盖设置"办不成事"反映窗口,及时响应群众诉求,现场解决"堵点""难点"问题。积极整合教育资源。充分按照"幼儿园就近就便、小学向乡镇集中、初中向中心城镇或片区集中、高中向县城集中、资源向寄宿制学校集中"的原则,将辖区内9所学校撤并成8所,整合教育教学资源向中心场镇集中,全面升级辖区学校软硬件实力,文宫高中2022年高考本科上线突破283人,重本上线32人,北京体育大学预录取1人,被评为"市级示范高中"。持续开展就业帮扶。2022年2月召开"春风行动"现场招聘会,10余家县内知名企业参与招工,实现点对点对接,面对面服务,参加求职人员1650名,最终确定意向325人。

【基层治理】 持续推进场镇综合治理。实施城乡面貌治理"大会战"行动,成立联合执法队,将集中整治工作细分为三类二十四项,集中整治期间配合交警整治违规停放车辆600余起,无牌无证、非法营运三轮车126起,规范劝导流动摊点1000余辆,取缔违规经营点位85处,建立文宫镇综合行政执法联席会议制度,对场镇治理内容进行定期看、"回头看",2022年乡镇综合行政执法第二季度联席会议在文宫成功召开。开展安全生产隐患排查。强化安全生产月宣传,以"遵守安全生产法,当好第一责任人"为主题,根据县安委会《关于开展安全生产"守底线、保安全"攻坚月行动》文件,科学划分排查—整改—巩固三个阶段,全面开展安全隐患大排查大整治行动,在防汛救灾宣传中出动上百人次,张贴"两卡一表"2000余份,集中开展安全法制教育4次,排查整改安全隐患15条。

【农业转型升级】 探索新型"供销社+村(社区)+村民"发展模式。由县供销社、古佛社区"两委"及130名自然人股东发起成立眉山市第一家村级供销合作社,积极探索村级供销合作社发展方向,建设100平方米便民生活超市,经营农资、粮油和日杂,同时承接快递业务,全年便民生活超市建成以来,销售额突破16万元,快递接单超2000余单。加快推进"园村一体"建设。按照"规划先行、镇村联动、农旅融合、精品示范"思路,在桂湾村打造集产业发展、农旅融合于一体的枇杷精品示范园区,年初已形成初步规划方案。完善枇杷园区水利设施。投入资金280万元建设提灌站1处、完善管网体系2000余米,新建蓄水池2口,提升改造蓄水池1口,整治山坪塘1口,增添肥水一体化设备,滴灌管网建设实现园区全覆盖。建设约13.33公顷钢构防冻大棚。投入资金180万元，通过科学调控大棚内环境，调剂枇杷成熟期，有效提升枇杷抗冻能力，提高枇杷种植经济效益，提升农户种植信心。建设川西民居风格的新型农村活动中心——“邻里中心”。投入资金250万元，结合党史教育、村风民俗、农耕文化、饮食文化、旅游观光等内容，打造成桂湾村村民活动、枇杷展销、民俗传承、网红打卡的场地，与精品枇杷示范园区相互呼应。

表42 2022年文宫镇各社区(村)基本情况一览表

序号	社区(村)名	党支部书记	主任	村民小组数(个)	人口数(人)	耕地面积(公顷)
1	文华社区	秦建容	秦建容	13	8976	40.42
2	古佛社区	汪小兵	汪小兵	12	6626	270.27
3	元通社区	刘文成	刘文成	19	7537	438.82
4	石家社区	杜　鹏	杜　鹏	8	4204	24
5	池家村	黄贵彬	黄贵彬	10	4750	284.88
6	勇跃村	刘贵均	刘贵均	5	3226	243.25
7	韩家村	王　军	王　军	8	3676	255.53
8	长虹村	张　勇	张　勇	10	4525	100.72
9	永革村	祝　琴	祝　琴	12	5176	439.42
10	油村村	辜益林	辜益林	8	6124	361.85
11	响簧村	辜建全	辜建全	7	3568	220.44
12	岔河村	王安平	王安平	16	5140	189.56
13	桂湾村	曹廉刚	曹廉刚	10	3336	120.99
14	李家沟村	吕建康	吕建康	17	6885	488.58
15	太清村	汤　涛	汤　涛	9	4451	103.92
16	五建村	曹敏东	曹敏东	12	6123	195.03

禾加镇

【概况】 禾加镇位于县城东36千米仁顺路中段的禾加场，北纬339°52'33"，东经104°22'45"。1989年2月，撤禾加乡建禾加镇。1992年7月，安全乡并入禾加镇。2005年，撤区后禾加镇由县直管。2007年1月，将原来的15个村合为8个村，1个社区即黄坡村、共同村、文昌村、长发村、幸福村、回龙村、化石村、楠林村、共和社区；将原123个组并为63个。2019年12月，乡镇行政区划调整，撤识经镇、双堡乡并入禾加镇，镇辖共和、黄坡、中胜3个居民委员会和共同、文昌、长发、幸福、回龙、化石、楠林、殷坝、梁桥、官印、保华、要武、红茶、达摩、鱼箭、中岭、陶然、大柏、一心、龙主、石印、七里22个村民委员会，辖区面积8530公顷，人口5.8万人。2020年5月，按照县村级建制调整改革，禾加镇辖共和、黄坡、中胜3个居民委员会，将原来的22个村合并为11个村，即保留殷坝村，长发与共同合并为共同村，保华与文昌合并为文昌村，幸福与回龙合并为幸福村，要武村、楠林与化石合并为化石村，梁桥与官印合并为官印村，达摩与鱼箭合并为鱼箭村，中岭与红茶合并为红茶村，大柏与陶然合并为陶然村，石印与一心合并为一心村，龙主与七里合并为七里村。将原来的217个村(居)民小组调整为173个村(居)民小组，其中共和社区新增居民小组3个。

【农业发展】 推动粮食生产稳中有进。全年粮食生产播种面积3535.1公顷，产粮2.07万吨。全面完成2022年摸排的97.32公顷撂荒地整治，推广完成玉米大豆带状种植66.7公顷，扩种马铃薯146.74公顷。生猪存栏6.07万头，出栏5.52万头；出栏家禽25.9万羽。

【村镇规划建设】 推动基础建设提质增效。积极围绕乡镇改革创新项目，落实“隐世原乡”文旅综合体已完成财评工作、招投标工作，完善施工入场工作；重点乡镇发展资金项目——禾加镇场镇人行道彩化工程已完成前期工作；场镇雨污分流工程、五龙山至罗泉旅游公路建设、交通基础三年提升行动等一批重大建设项目落地见效，乡镇公益性公墓正式投入运行。推动资源配置不断优化。完成镇村公有资产清理，盘活镇级闲置资产6处、村级闲置资产28处，盘活率100%。干部周转房2478平方米、71套顺利移交使用。

【乡村振兴】 推动乡村振兴再深入。结合禾加镇实际精心规划编制《禾加镇2022年乡村振兴工作计划》，形成分工合作机制，先后召开乡村振兴专题党委(扩大)会议10次，召开专题会议研究乡村振兴工作7次。推动农业园区规划建设。高标准规划“粮

油 + 黑山羊”现代农业园区并顺利通过专家评审，初步构建禾加镇“2+11”的粮食高质高效示范引领新格局目标思路，在“园村一体”规划区发展种粮合作社 2 家，争取 2023 年财政衔接乡村振兴 33.35 公顷高标准农田项目 1 个。积极探索新型发展模式。禾加镇化石村引进职业经理人，带领 22 名村民与村集体合作成立隐世源农业专业合作社，采取“村党委 + 村集体 + 合作社 + 公司 + 农户”的运作模式，整治撂荒地约 20 公顷，托管经营村集体雷竹基地和李子园共 19.34 公顷。培养产业技术带头人 8 名，培养产业技术带头党员 2 名，培养 12 名产业技术带头人成为村“两委”成员，探索“支部 + 公司 + 合作社”模式，通过“村集体经济主导 + 引进职业经理人经营 + 农户入股”模式发展种粮合作社 2 个，引导集体经济组织发展资产收益项目实现收益 35.89 万元。推动脱贫攻坚成果再巩固。对脱贫户监测户 1171 户 3381 人、一般户 1.65 万户进行 3 轮次全覆盖“回头看”，同步对脱贫户、监测户精准制定帮扶计划，杜绝“漏测失帮”，顺利通过省级巩固脱贫攻坚成果“回头看”成效考核。强产业促就业，实施临时公益性 205 人，劳务推荐、农村合作社引荐等多种渠道解决就业 1716 人次，实施 2 批次 611 户产业补助 216 万元，有序推进脱贫人口交通补助项目 106 人 5.05 万元。

2022 年 5 月 8 日，禾加镇党员、干部志愿者在化石村播种秧苗（禾加镇 / 供图）

【生态建设】 强力推动生态环境改善。深入实施人居环境整治提升行动，实施“厕污共治”三格化式粪池建设任务 6667 户，污水池建设任务 6765 户。常态化开展秸秆禁烧、畜禽养殖污染治理宣传巡查工作，关停禁养区内养殖户 3 户。持续开展巡河（湖）、清河（湖）行动，双堡沟、龙结河年度断面水质稳定在 III 类以上。结合“千村示范工程”深入推进农村污水治理工作，累计完成共同、红茶、鱼箭、殷坝等 4 个村 92 口污水池建设。深入开展农户美化行动。扎实开展环卫一体化、美丽庭院创评工作，评选“美丽庭院”60 户，形成示范带动效应，推动由“村村干净”向“家家干净”转变。化石村、官印村正在积极申报创建市级乡村振兴示范村。辖区生活垃圾处理率达 100%，184 个垃圾分类基座竣工投入使用，农村人居环境整治长效管护机制有效运行。

2022 年 4 月 4 日，禾加镇消防站在化石村开展森林防灭火巡护（禾加镇 / 供图）

【民生事业】 积极推动便民服务提质增效。辖区内城乡居民医疗保险缴费 3.89 万人，占比 91%，城乡居民养保参保 2.47 万人，参保率 91.26%，完成代缴 416 人，生存认证超过万人，办理异地就医备案 42 人次，社会救助、临时救助超 400 人，发放救助资金 46.23 万元。城乡低保进退有序，新增低保 52 人，退出低保 135 人，现有农村低保 1909 人，城镇低保 86 人，特困人员 590 人，均已全部纳入系统管理。不断推动文化服务再上台阶。成立文化旅游办公室，组建文艺队伍 13 支，培养骨干 25 人、乡土能人 3 人，成立文化志愿服务队 1 支，先后开展“庆元宵　猜灯谜”主题活动、“播种文化　收获文明”广场舞培训、“迎端午·庆六一”、线上赏桐活动、少儿艺术培训少儿农事体验、“打开心灵之窗”心理团辅活动、文化志愿服务活动等文化服务、主题活动20余场次。

【基层治理】 完善村(社区)矛盾调解员、网格员、一村一辅警考核激励制度,推进共和社区“三治融合”试点,2个小区建立自治委,健全“1+14”公共法律服务体系,成立含20名专兼职人民调解员的队伍。健全重点人员、重点工作、重大项目信访化解机制,全域开展矛盾纠纷排查化解2次,积极推进120件信访问题处置,排查矛盾纠纷303件,调处成功率达98%,处理上级交办信访案件48件、“12345”信件360件、有奖爆料信件45件,未发生进京到省、越级上访情况。

【安全生产】 组建23人专兼职交通劝导专职队伍,对重点路段和存在安全隐患重点路口落实专人负责,录入劝导信息7000余条。排查整改道路安全隐患80余处,开展联合执法4次,专项检查11次,检查各类车辆500余辆,查处非法运营面包车3辆、拆除非法改装三轮车30辆、暂扣三轮车11辆。开展道路交通安全集中宣传活动2次,发放交通安全资料、海报9000余份,开展驾驶员安全教育培训会5次236人次。有序推进食品安全监管。严格落实食品安全属地责任,明确安全责任人87名,实现辖区食品生产经营单位全覆盖包保,开展4次专项督导检查摸排发现问题12个,开展集中宣传1次、专题培训会3次,基本实现食品安全知识宣传全覆盖。有效推进应急安全管理。重新修订综合应急预案、安全生产、森林防灭火等应急预案,加强应急管理能力建设,开展森林防灭火消防应急演练1次,参加人员达100余人。组织地灾监测点、山洪灾害危险区应急救援演练17场。党政班子成员、中层干部带头落实“一包一”监管制度,排查一般安全隐患30处,企业安全25处,整治率100%。严格落实林长制工作要求,对全镇80个山头明确责任人,设立14个防灭火卡点,成立16名劝导员队伍,开展劝导工作。

【政府建设】 政治理论建设进一步提升。通过党委理论中心组、“禾合逸加”课堂、村社干部大讲堂等方式线上线下全覆盖开展习近平总书记系列重要讲话和重要论述、习近平总书记到川视察重要指示精神、中共二十大及省、市、县各级党代会精神学习贯彻,切实用习近平新时代中国特色社会主义思想武装头脑、指导实践、推动工作。严抓政府效能提升,强化行政履职问责,严厉整治行政不作为、乱作为、慢作为等问题,坚决纠正推诿扯皮、效率低下等行为,倡树“说话有人听,办事有人帮,见面有人喊,背后无人骂”干部形象,健全正向激励和容错纠错机制,确保政令畅通、执行高效。严格控制“三公”经费支出,降低行政运行成本,把有限的财力用到发展最需要、群众最受益的地方,让改革发展成果更多、更公平地惠及全镇人民。加强阵地建设。盘活镇村闲置资产,支持集体经济发展1处,用于便民服务提升9处、充实办公场所1处、公益性事业改造9处。推进文明实践。依托新时代文明实践所和14个新时代文明实践站,组建各村(居)理论宣讲、文化活动、科普宣讲、体育健身等志愿服务平台,深入社区、学校、各村(居)党群服务中心开展形式多样的文明实践活动。基层武装建设深入开展。完成民兵整组及规范化建设,民兵战斗力和应急处突能力持续提高。国防动员工作有力,确定15名预定新兵,其中大学生13名,全面完成上级交给禾加镇大学毕业生指标。

表43 2022年禾加镇各社区(村)基本情况一览表

序号	社区(村)名	党支部书记	主任	村民小组数(个)	人口数(人)	耕地面积(公顷)
1	一心村	李　勇	李　勇	15	3518	239.00
2	陶然村	廖建文	廖建文	14	3797	329.33
3	七里村	李　智	李　智	12	3087	239.20
4	红茶村	伍联忠	伍联忠	16	5038	322.60
5	化石村	林　繁	林　繁	18	5746	459.49
6	幸福村	朱建国	朱建国	17	4872	326.60
7	共同村	刘文君	刘文君	11	4802	255.82
8	文昌村	吴仕超	吴仕超	11	3513	262.80
9	鱼箭村	陈　宁	陈　宁	13	3513	292.67
10	官印村	聂强刚	聂强刚	14	4659	380.73
11	殷坝村	钟良燕	钟良燕	10	3325	151.12
12	黄坡社区	聂俊超	聂俊超	8	3543	151.47
13	共和社区	王　强	王　强	6	2879	0.00
14	中胜社区			8	2888	120.67

方家镇

【概况】 方家镇位于仁寿县东16千米的方家场。1992年7月，撤方家乡、曾新乡，合建方家镇。2005年，撤区后，方家镇由县直管。2007年3月，将原18个村合为9个，174个组并为104个。2019年，撤销曲江镇，并入方家镇，镇政府驻地龙方社区。2020年村级建制调整，18个村（社区）合并为10个村（社区），镇辖龙方、曲江2个社区和太平、东升、武通、东岳、哨楼、水池、建国、金鸡8个村。辖区面积8252公顷，1.61万户4.61万人，常住1万户2.4万人。

【农业发展】 方家镇以水池村为“核”，打造以水稻、玉米为主要作物的200公顷高标准农田，建设粮食生产样板区，以核心区为支点带动其他区域共同发展；以“鱼椒”现代农业园区所在村东岳村为“心”，推广玉米、小麦轮作的200公顷现代化良田；其余7个村（社区）重点推进水稻、玉米、小麦、油菜轮作制，连成粮油产业带。抓紧抓牢粮食生产。促进撂荒地整治和经果林腾退，全年累计完成撂荒土地复耕复种49.24公顷、“退经还粮”320.16公顷。稳步推进粮食生产，完成粮食生产播种面积任务5382公顷，全年粮食产量2.4万吨；全面完成生猪出栏、存栏任务，全镇常年存栏生猪2万余头、生猪出栏5万余头。

【特色产业】 仁寿花椒。方家镇气候适宜，土地肥沃，是仁寿县实施“东进”战略重要节点乡镇，素有“渔椒之乡”的美誉，享有“青花椒及林下养殖示范基地”称号。该镇以哨楼、东岳等村为核心，着力打造花椒产业园，大力发展仁寿花椒主导产业，仁寿花椒种植面积达到800.4公顷，并在东岳村规划建设青花椒研究院，建立集生产、研发、销售于一体的生产体系。仁寿县方家“鱼椒”现代农业园区被仁寿县人民政府认定为2021年县级现代农业园区。2022年，方家镇仁寿花椒产量120万千克，销售收入960万元。

方家鱼。方家镇素有“全国健康水产养殖示范基地”“优质水产之乡”等称号。水资源丰富，具有发展水产养殖的先天优势。方家鱼一般重约1千克，大的重约3千克，具有体型适中，鳞片紧密不易脱落，肌肉组织致密有弹性，肉质洁白，体肥肉嫩。清炖之后肉质细嫩鲜美，纹理清晰，洁白如玉，闻之清香扑鼻。经测定与其他鱼相比含有较高的蛋白质和较少的脂肪含量。

方家镇围绕乡村振兴战略部署，以产业兴旺、农民增收为目的，着力推动现代渔业产业化、工厂化项目建设。经多方考察，方家镇将荒山变废为宝，实施玻璃钢圆形高位池健康水产养殖，实现高密度、零排放、无污染等循环水养殖模式，将有效保护环境、提高方家鱼产量、保障方家鱼质量，致富村民，进一步推动方家镇现代渔业产业化建设，示范引领乡村产业高质量发展，助力乡村振兴。2022年，方家镇共产方家鱼300万千克，产值300万元。

【村镇规划建设】 方家镇全年完成道路建设73.5千米，其中完成东岳村黑化路1.08千米、完成哨楼村黑化路2.61千米、武通村黑化路11.8千米。新增4个停车场和150余个停车位，缓解场镇乱停乱放问题；规范场镇秩序，对两个农贸市场进行打围，规范进出口及定点摊位摆放。是年，方家镇建成公益性公墓，并完成配套公路修建。完成曲江敬老院适老化改造，完善太平村、水池村日间照料中心和服务点建设。

【乡村振兴】 方家镇紧抓仁寿花椒、方家鱼水产养殖两大特色产业，以高位池循环绿色水产养殖技术为主要支撑，引入农产品加工企业5家，推进农业产业化与现代化。2022年，方家镇已成功创建仁寿县“渔椒”县级现代农业园区、眉山市实施乡村振兴战略先进乡镇。10个村（社区）分别成功办立专合社、组建经济联合体，村集体通过以资源、资产、资金等要素融资入股，承接项目，实现村（居）民分红增收。巩固脱贫精准施策。建立监测机制，通过全镇4月大排查，10月“回头看”集中排查，11月第二轮排查，入户核查重点户数2798户，采集更新982户脱贫户和监测户信息，完成系统数据录入更新。年末有脱贫户951户2821人，监测户55户131人（其中脱贫户和监测户重叠24户），其中脱贫不稳定户20户51人，边缘易致贫户25户54人，突发严重困难户10户26人。对纳入防贫预警监测对象的，均按照存在的致贫返贫风险，精准制定帮扶措施，落实帮扶责任人，定期跟踪帮扶措施落实情况。深化乡风文明。大力推进移风易俗，深化乡风文明建设，农村红白理事会覆盖率100%。土地管理严格落实。出台方家镇土地管理办法。严格落实“六个一律”和“五个到场”，加强对宅基地的审批程序，严格控规控建。

【生态建设】 方家镇污水整治成效显著，污水处理设施补短板项目完成验收竣工；持续推行“河长制”，压实河长职责，坚持定期巡河，全年累计清河462.5千米、清理河岸垃圾及河面漂浮物320.1吨、清理河道内淤积物和行洪杂物215.8吨。做好水毁水利工程的修复整治，完成渠系1170米、蓄水池9口、山坪塘1口的修复整治工作，保证河流水质。坚决打好治水攻坚战。投入700万元，高标准建成农作物秸秆生物质颗粒燃料公司消化本区域农作物秸秆，避免秸秆焚烧乱象，利用农业废弃物加工的生物质颗粒燃料替代煤炭，年吞吐量2万余吨，推动实现农业清洁生产。以“三园建设”推进人居环境整治，累计完成风貌改造1200余户，“三小园”建设完成800余户。全镇累计已改厕所7152户，卫生厕所普及率达到90%，完成既定目标任务。建立“户分类、社保洁、村收集、镇转运”的农村生活垃圾长效管护机制，配备垃圾桶1401个、垃圾基站623个。

【民生事业】 教育事业蓬勃发展，多次开展“绿色单位进校园”等各类素质教育活动。配齐各村儿童之家设备、人员，做到儿童之家全覆盖。全镇医保缴纳人员3.4万人，参保率达99%。顺利完成曲江与方家卫生院合并。积极开展妇幼保健等优质服务。鼓励企业稳定就业岗位、充分吸纳就业、促进劳动者自主创业，采取多种方式，累计帮助城镇新增就业200余人、享受公益性岗位待遇的就业困难人员142人、享受2022年保险补贴的就业困难人员9人。健全低保信息网络化管理机制，发放重度护理补贴390余万元、困难生活补贴288万元。将高龄老人录入省级系统，实现补助保障按月发放。完成17户危房改造和25户土坯房改造工作，保障群众住房安全。通过悬挂横幅、贴标语、联合公安机关户籍调查、入户调查等形式，加强征兵宣传，累计登记年满18周岁本镇公民兵役210人，登记率达101%。推进整组工作，优化应急民兵连数量1个。高标准完成便民服务中心提标改造，通过“一窗受理，集成服务”简化流程，时限缩短率达90%，即办比例达75%，取消各类证明11项，材料减免率达49%。进一步推行村（社区）干部集中坐班制和代办制度，优化镇村两级联动的便民服务网络。提高便民服务事项标准化、规范化、程序化水平。

【基层治理】 积极探索基层治理新路径。针对村级建制调整后服务群众、接受群众监督有盲区的现状，创新开展“公示、沟通、帮扶”“面对面工作法”，在全镇140个社全覆盖设置社级公开栏，召开群众工作会680余次，帮扶各类特殊群众400余户，实现基层治理有形有效，有声有色。深挖发掘本土文化。打造融入法治广场、红色军旅、社会主义核心价值观等元素的哨楼村村史馆，争创仁寿县爱国主义教育基地。借助传统节日，组织开展多形式的“春节”回家、丰收节、农民运动会、“重阳”敬老等节庆活动，以寻找方家“最美家庭”“敬老孝老模范”等为抓手，树典型，讲故事，强化精神文明建设。全面落实反诈宣传。采取多种形式宣传，通过“警网融合”，逐村到户宣传下载“国家反诈中心”App，已完成App下载7000余人。

【安全生产】 方家镇做实安全生产工作，全面排查烟花爆竹经营点位，发现问题隐患要求现场整改到位。设置道路交通保障，在粮食园区产业大道（方家段）安装减速带11个，共84米，安装安全生命防护栏84个，制作道路安全警示标志6个，有效减少道路安全事故发生。严防森林火灾。设立10个森林防火卡点，严格落实进山登记，不带火进山的规定。护林员每天巡山护林，严防死守森林火灾。

【农业转型升级】 方家镇解锁粮区与景区的农旅融合密码，着力开展实现农旅融合的“三变”战略，重点开发“曲水流香”“武通桃花源”等重点景区项目，孵化一三产业发展新区域。进行道路修建、品种培育、观景吊桥修建、灯光亮化等打造具有影响力旅游品牌，以举办3月樱花节为抓手，吸纳配套产业，延长农业产业链条；引进一诚宣明农业科技有限公司，打造建集“生猪养殖、饲料加工、有机肥生产”为一体的现代化生猪养殖基地，培育建设规模化、智控化、标准化为一体的生猪养殖场，全年存栏生猪36121万头，出栏生猪62863头，实现生猪出栏量全县第一。招引圣浩肉牛养殖合作社，打造仁寿最大规模的肉牛养殖基地，通过“公司＋农户代养”的模式，实现经济增长、农民增收。全年肉牛存栏690头，出栏肉牛690头。同时通过发酵青储，高效回收利用作物秸秆，实现农业清洁生产；继续拓展花椒精深加工合作途径，以“稻椒鱼”现代农业园区建设为核心，深度对接四川麻香美农业公司和四川幺麻子有限公司等，增改扩建花椒油深加工项目。

【疫情防控】 方家镇严格落实四级包保责任制，做到责任到人、守土有责、守土尽责，坚决筑牢疫情防控防线，实行属地包保原则，分类处置，管控责任具体落实到人。本年度累计完成一针疫苗接种1.89万人、二针接种1.8万人、加强针1.39万人，累计排查数据1.69万条、报备人员1.27万人次，安排居家隔离882人、集中隔离284人。11月21日，方家镇发生本土疫情，全镇上下迎难而上、主动作为，发动全体300余名镇村社干部、网格员，就地转化志愿者100余名,结合外来支援的医护人员150人左右,总计550余人,全力投入疫情防控,成立15个疫情工作小组,通过专班统筹推进、分圈精准防控、分级扩面核酸、精准追阳断链、有序转运消杀、全力强化保障、营造宣传氛围等方式多措并举,从11月21日至30日,累计采样14.47万人次,用4天时间实现社会面清零,用10天时间成功打赢这场疫情遭遇战。

表44 2022年方家镇各社区(村)基本情况一览表

序号	社区(村)名	党支部书记	主任	村民小组数(个)	人口数(人)	耕地面积(公顷)
1	龙方社区	刘清华	刘清华	8	3023	93.07
2	曲江社区	刘建忠	刘建忠	14	5126	343.5
3	东升村	周敏兰	周敏兰	10	2685	266.7
4	武通村	杨　琴	杨　琴	13	4945	331.3
5	哨楼村	张国君	张国君	17	5646	510.7
6	东岳村	叶沆波	叶沆波	18	5560	438
7	太平村	熊文忠	熊文忠	19	5320	500
8	金鸡村	张　翔	张　翔	14	5017	331
9	建国村	魏学清	魏学清	15	5048	393.7
10	水池村	潘俊贤	潘俊贤	12	4176	804

珠嘉镇

【概况】 珠嘉镇沿自珠嘉桥,一条小溪环绕,溪上有一座石平桥得名。1992年,花园乡并入珠嘉乡。2005年,三溪乡并入珠嘉乡。2007年,将原25个村合并为11个村。2013年12月更名为珠嘉乡,2015年5月,更名为珠嘉镇。2019年12月,珠嘉镇调整为6个行政村和1个经济社区,其中,原黑虎社区、苗园社区并入怀仁街道办;原响水社区、木门村并入普林街道办。2020年6月,珠嘉镇由原6个行政村和1个经济社区合并为2个行政村和2个经济社区,即笔水社区、国和村并为三溪社区,踏水村、园山村并为花园社区,金光村、志气村并为顺龙村,棚村村没有变化。

【农业发展】 2022年,全镇GDP达3.5亿元,同比增长10%;完成固定资产投资2.3亿元,同比增长5%。2022年,粮食生产播种面积4002公顷。生猪1.5万余头。开展撂荒耕地清理整治6.67公顷,低质低效耕地腾退14公顷。引导支持家庭农场21家,合作社9家,农业公司3家,社会化服务组织3家,种粮大户18户。

【乡村振兴】 持续巩固脱贫成果,实现与乡村振兴有效衔接。2022年度累计投入乡村振兴专项资金3215.4万元,其中乡村振兴补助资金精准到户产业发展项目涉及212户、以工代赈项目430万元、中央和省级财政衔接推进乡村振兴补助资金粮油生产发展道路建设项目2693万元,县乡村振兴局临时性公益性岗位安置脱贫人口25人,雨露计划春季学期补助44人,县社保局公益性岗位安置脱贫人口64人,脱贫劳动力外出务工682人。花园社区被评为四川省乡村振兴示范社区,顺龙村被评为四川省、眉山市重点帮扶优秀村、仁寿县乡村振兴样板村。协助粮油园区成功创建为"四川省五星级现代农业园区",作为"四好农村路"省级示范县创建迎检点首创即成,作为省级文明城市创建迎检点顺利通过检查验收。

成立1家镇集体经济企业和4家村级集体经济企业,整合时有项目资源,三溪社区集体经济23.06万元,完成率115%。顺龙村16.2万元,完成率108%。棚村17.52万元,完成率116.8%。花园社区20万元,完成率100%。完成鳌仁路、截污干管和仁寿县第三污水处理厂二期项目的征地拆迁工作。完成24.9千米村道提升和大佛寺桥和青龙嘴桥重建工程。规模以上工业实现产值2.38亿元,同比增长10.8%。

【生态建设】 狠抓大气污染防治。检查企业280余家次;持续开展秸秆禁烧和综合利用知识宣传,出动宣传车246次,发放宣传单3000余份,悬挂宣传横幅120条,竖立宣传牌20个,开展巡查620余次。对辖区企业轮停制度开展专项督查24次。

严格落实河长巡河工作,常态化落实河长制工作,全年共计巡河550余次、排查单位146家次、开展水质检测176次、开展集中清河行动12次、清理垃圾约12.4吨。持续推进人居环境整治。开展"清洁乡村"行动12次,清理垃圾13.2吨,评选出"最美庭院"8户并表彰授牌,完成人居环境整治588户。建设(维修)污水管网30余千米。开展保洁"微改革",配强保洁队伍,平均每人每月收入增加500元。

企业污染整治不断提质。全面

排查辖区企业环保问题，督促2家规上企业完成环保整治工作。完成2家“散乱污”企业环保问题整治工作。

【民生事业】 疫情防控态势良好。压紧压实疫情防控责任，严格落实主要领导负总责、分管领导直接负责、各办所分工负责的疫情防控工作责任制，进一步完善疫情防控工作专班组方案，强化防控措施，坚决扛起疫情防控重大政治责任，围绕“外防输入、内防反弹”总策略和“动态清零”总方针，从严从紧落实落细。2022年共排查6000多人次，大数据排查4000余条，开展新冠疫苗接种6174剂次。

民生福祉切实增强，认真开展低保政策宣传，全年发放城乡低保金260万元，发放特困补助金154.7万元，临时生活救助3.87万元。排查留守儿童64人，困境儿童10人。残疾人重度护理补贴21.11万元。社会服务体系建设试点稳步推进。

社会保障有序推进，城乡居民养老保险有5948人缴费，参保率97.6%。城乡居民医疗保险有1.6万人缴费，参保率96.5%。对违规领取问题及时整改，养老保险死亡冒领待遇追回人员8人，共计追回资金1.34万元。

【基层治理】 高度重视安全生产。牢固树立“人民至上，生命至上”理念，以安全生产集中整治、安全生产三年行动等专项行动为抓手，聚焦危险化学品、道路交通、建筑施工、消防安全、森林防灭火、食品安全等行业领域，全年共开展检查30余次、制作宣传标语10幅、发放宣传单1000份。

全面做好防骗反诈宣传。“国家反诈中心”App安装3663人，完成率105%。

【意识形态】 扎实开展习近平到川视察重要讲话精神和中共二十大会议精神专题宣讲15场，党史学习教育24次，开展党委理论中心组学习15次，专题研究意识形态工作4次。组织党员干部到三苏祠博物馆学习，弘扬中华优秀传统文化，推动党员干部不断增强历史自觉、坚定文化自信，学习传承“三苏”清白做人、勤俭齐家、干净做事、廉洁从政的优秀传统文化。把习近平总书记的殷切嘱托和深切关怀转化为做好珠嘉工作的实际行动，自觉做“两个确立”的忠诚拥护者和“两个维护”的坚定践行者。

积极做好舆论信息宣传，全年在人民网、《川报观察》《眉山日报》《农民日报》、四川电视台新闻联播、《四川农村日报》、中国新闻网、四川党建网、《经济日报》、仁寿电视台、“大美仁寿”等媒体发表新闻稿件143篇。公益性电影在辖区内4个村（社区）共放映24场。开展家风家教建设志愿服务活动1场，评选最美家庭12户。珠嘉镇“大美仁寿”账号被评为仁寿新闻奖。

表45 2022年珠嘉镇各社区（村）基本情况一览表

序号	社区（村）名	党支部书记	主任	村民小组数（个）	人口数（人）	耕地面积（公顷）
1	棚村	吴莉英	吴莉英	8	3738	304.7
2	花园社区	郭菊英	郭菊英	13	6330	348.4
3	三溪社区	幸志勇	幸志勇	14	7216	372
4	顺龙村	梁　琼	梁　琼	11	5840	365.6

曹家镇

【概况】 曹家镇位于仁寿县城以南距县城21千米的曹家场，是四川“梨树王”故乡，是远近闻名的百年梨乡。1992年7月，清泉乡并入曹家乡，属钟祥区管辖。1995年，从曹家乡划出清泉乡恢复其原建制。2005年5月，全县撤区并乡，清泉乡、谢山乡（原名谢加）并入曹家乡，由县直管。2007年，22个村合并为梨树、梨园、水星、高河、东联、勤劳、李庙、共峨、井沟、清泉、红艳11个村，168个组并为83个组。2014年，曹家乡更名为曹家镇。2015年，梨树村更名为梨树社区，辖6个居民小组，全镇居民小组增加到84个。2016年，勤劳村更名为勤劳社区，辖9个居民小组，全镇居民小组84个。2020年5月，原9个村合并为水星、东联、共峨、井沟、清泉5个村和梨树、勤劳2个社区。同年10月，84个村（居）民小组调整为66个组。

2022年，按照省、市关于做好乡镇行政区划和村级建制调整改革“后半篇文章”的部署要求，曹家镇政府探索推动乡镇机构“平台化”运行，设置党政综合平台（纪检监察办公室、党政综合办公室、党建办公室、基层治理办、新时代文明实践所、文化站）、社会治理工作平台（社会治理办）、财政工作平台（财政所）、经济发展工作平台（经济发展办、乡村振兴办）、镇村建设管理工作平台（综合行政执法办、应急办）、社会事务工作平台（社会事务管理办、便民服务中心、农民工服务中心）、农业综合服务工作平台（农业综合服务中心、生态环境办、畜牧兽医站）等7个工作平台。

【农业发展】 深入贯彻落实中共二十大精神和习近平总书记到川视察重要指示精神，始终牢记耕地保护和粮食安全是“国之大者”，认真落实“一把手”首要负责、直接谋划、定期督办机制，坚决守牢耕地和基本农田保护红线。纵向到村全面推行“田长制”，把耕地保护和粮食生产任务落实到每一个村社、每一块田地。坚持倒排工期、挂图作战、现场办公，加快推进86.06公顷撂荒地整治、967.15公顷高标准农田建设、22.01公顷低质低效型土地整治、469.57公顷大豆玉米带状复合种植、20公顷粮经复合种植年度目标任务。粮食生产播种面积1043.19公顷，实现稳粮增收。以打造更高水平“天府粮仓”丘区示范区建设为突破，坚持示范带动，加快推进66.7公顷大豆玉米带状复合种植示范片、8.67公顷秋马铃薯示范片、1.33公顷秋红薯示范片、1.33公顷玉米示范片、1.33公顷秋菜示范片、1.33公顷秋大豆示范片种植。生猪出栏达2.5万头。强化专业培训，提高技术水平，通过“请进来”和“走出去”的方式，培训农业专业技术人才3000人。

【乡村振兴】 构建乡村振兴五大体系，完善防止返贫动态监测和帮扶机制，加强政策解读和宣传，进一步规范监测对象识别、退出等程序。全镇帮扶责任人221名，共有脱贫户423户1313人，监测户68户194人。开展防返贫监测集中大排查，实现全覆盖宣传、走访排查，落实常态化“回头看”机制。持续巩固“两不愁三保障”和饮水安全成果，深入开展脱贫攻坚后评估工作。全年累计新增脱贫监测对象16户，坚决守住不发生规模性返贫底线。2022年，脱贫人口和监测对象的医保参保工作做到应保尽保。曹家镇全面做好国家“两稳一保”工作得到国务院第十一督查组充分肯定。利用四川省委组织部扶持壮大井沟村集体经济100万元项目资金，高品质建设荷花基地4公顷，建设井沟村供销分社，组建粮食生产劳务服务公司，每年增加集体经济收益10万元。积极开展共峨村省级乡村振兴重点帮扶村项目建设，成立共峨村供销分社并带动集体经济增收10万元。

【生态建设】 牢固树立“绿水青山就是金山银山”理念，紧扣“天府曹家、百年梨乡”品牌定位，全力做好“厕所革命”“污水革命”“垃圾革命”，持续推进城乡环境综合治理，积极推广“拆收改栽画”五字工作法，全年建成蓄水池17口、新建垃圾基座194座，新购买垃圾桶280个。全域开展美丽乡村建设，建立健全农村生活垃圾治理长效机制，常态化运行镇、村垃圾清运转运体系，加大督查考核整改力度。常态化推进河长制工作，投入资金15.4万元大力推动球溪河、沙溪河等河流、渠道治理，确保实现镇域水质持续向好。坚决做好大气、土壤污染防治工作，从源头上强化土地综合整治。全面推行“河长制”责任落实，强化生态环境保护，健全生态考核、补偿和惩处机制，实行最严格的环保执法，永葆曹家镇绿色基地风采。

2022年6月8日，曹家镇金梨广场（潘建勇/摄）

【民生事业】 抓好民生改善，加强低保、特困供养动态管理，切实做到应保尽保，全年累计新增低保特困86人。曹家镇便民服务中心设立医保服务窗口，配备1名兼职医保工作人员，7个村（社区）配备1名专（兼）职医保工作人员，为群众提供医保办理或帮办代办服务。强化基层公共文化服务，完成7个村（社区）新时代文明实践站建设，每月积极开展“向阳花开 永远爱‘梨’”文明实践志愿服务，邀请仁寿大舞台到镇开展文化惠民巡演，现场观看人数超500人次，曹家镇东联村被评为2022年度上半年仁寿县优秀志愿服务活动策划单位。弘扬文明新风，以身边事影响身边人，分别评选表扬“老有所为”“好婆婆”“好儿媳”“最美庭院”“产业标兵”共计35名。整合交通三年提升行动、文旅项目，黑化道路20千米，完成道路安防工程建设497米，方便群众出行。

【基层治理】 积极开展“奋进新征程、建功新时代”大学习大实践大提升活动，巩固拓展党史学习教育成果。着力增强乡村治理效能，健全多元共治体系，在全镇开展党委班子成员“三个走遍”活动，11名党政班子成员累计走访天数达到266天，走访全镇66个村（社区）居民小组、12个合作社，发现并协调解决问题65个。坚持以高质量党建引领基层治理，以“组织共建、资源共享、产业共育、优势互补”为思路，将曹家镇5个行政村和2个社区划分为梨树社区片区和勤劳社区片区，成立片区联合党委，由镇党委委员担任片区党委书记，形成镇党委“一线指挥”领导体系、片区“协同配合”工作机制。扎实做好两项改革“后半篇文章”，探索“闲置资产4+”模式，整合415万元项目资金新建梨树社区党群服务中心，改建水星村党群服务中心、井沟村党群服务中心、曹家镇未成年人保护站、梨树社区未成年人保护点、曹家镇社工服务站、东联村微型消防站，完善“15分钟便民生活圈”。

【农业转型升级】 按照仁寿县“243”现代农业体系建设，整合5800余万元项目资金提档市级现代梨产业园区，加宽园区道路10千米、黑化旅游环线10千米，改造老梨园66.7公顷，精心打造梨博园、金梨堂、梨文化广场、镇史馆等标志性文化景观载体。高品质提升曹家梨和曹家梨膏生产技术水平，建立标准化的六月雪梨生产基地，配套完善400吨冻库。2022年，年产曹家梨4650万千克，年产值达到2.4亿元，用活用好“六月雪梨”品牌，采摘节期间曹家梨销售火爆。积极开展“云赏梨花”、“曹家梨文化推广活动”、中国农民丰收节、“大红灯笼高高挂”欢度重阳等重要时间节点文创活动，持续放大“曹家梨”文化品牌溢出效应，提升辖区群众认同感。曹家梨膏成功申报省级非物质文化遗产。《多措并举　助推乡村振兴》做法被国家发改委官网全国推广。《农民忙作　笑疏梨花》工作动态被中共四川省委主办的《乡村振兴》杂志第6期刊载。

【疫情防控】 认真贯彻执行国家和省、市、县关于疫情防控安排和工作要求，坚持“动态清零”“外防输入，内防反弹”总方针不动摇，从严从实抓好疫情防控工作。落实镇、村社干部包保责任制，成立10个工作专班，党政班子成员牵头开展疫情防控工作。强化责任落实，制定《曹家镇疫情防控督查方案》，紧盯重要单位、重点岗位以及关键领域、薄弱环节开展督查，层层压实责任。聚焦反馈问题整改，堵塞防控工作漏洞，对上级督查发现问题建立台账，逐一销号。疫情管控期间，全体镇干部常驻政府、勇战疫情，结合党员“双报到”“向阳花开　永远爱‘梨’”文明实践志愿服务活动，组织发动志愿者213名参与到高速公路卡点值守、农村交通卡点值守、居家隔离人员管控、全员核酸检测、数据核查、社会面防疫劝导等工作中，共计服务群众4万余人次。

【安全生产】 坚持“人民至上、生命至上”理念和“安全第一、预防为主、综合治理”方针，围绕“两个根本”，深入贯彻落实安全生产十五条硬措施，制定《曹家镇安全生产百日提升行动工作方案》，积极争创全国防灾减灾示范社区、省级安全社区建设，深入开展安全生产大检查，切实强化重点行业领域安全专项整治和监管执法，健全完善风险分级管控和隐患排查治理“双重预防”机制，精准管控安全风险，切实消除事故隐患，坚决遏制重大及以上生产安全事故、防范较大事故、减少一般事故，千方百计确保人民生命财产安全，全镇未发生一起安全责任事故。坚持“一支队伍管执法”建设，加强基层治安管理，常态化开展安全生产大排查、夜间治安巡逻，突出抓好疫情防控、防汛减灾、森林防火、食品安全和传染病防治等工作。

表46　2022年曹家镇各社区（村）基本情况一览表

序号	社区（村）名	党支部书记	主任	村民小组数（个）	人口数（人）	耕地面积（公顷）
1	梨树社区	陈　军	陈　军	5	1378	211
2	勤劳社区	陈　林	陈　林	8	1498	379
3	东联村	刘飞碟	刘飞碟	9	3230	381
4	水星村	丁光辉	丁光辉	10	3575	487
5	井沟村	唐华军	唐华军	12	4376	874
6	清泉村	邹　胜	邹　胜	11	5878	1027
7	共峨村	陈　勇	陈　勇	11	2748	617

谢安镇

【概况】 谢安镇位于仁寿县东部，由原来的鸭池乡与谢安乡合并而成。全镇共8个村（社区），96个经济社，总户数9055户3.13万人。有农业人口2.84万人，劳动力人口1.89万人。辖14个党组织，其中机关党委1个，退休支部1个，基层党支部1个，

"两新"党组织1个，拥有党员961名。全镇总面积5400公顷，耕地面积2694.68公顷。

【农业发展】 2022年，全镇共整理各类撂荒地204.3公顷，增产粮食62吨，完成大豆扩种面积433.55公顷目标任务，在扎林村、三顾村、新民村分别建立玉米大豆带状复合种植示范片合计66.7公顷，大豆增产1000余吨；谢安镇油菜种植面积保持在800公顷左右，2022年在全镇实施天府油菜项目，并在扎林村建立66.7公顷高产示范片和13.34公顷新品种展示片。在保持现有晚熟杂柑种植的基础上推广柑橘新品种明日见、黄美人53.36公顷，亩产鲜食柑橘1吨以上，产值1万元左右，晚熟柑橘高标准建设保持在533.6公顷以上，年产值0.48亿元。积极推进全镇800公顷高标准农田建设，规划16.32千米斗农毛渠改造建设，有效提升全镇粮食种植水平与产量，粮食种植面积保持在2501.25公顷以上，总产稳定在1250吨。培育省级家庭农场2家，市级家庭农场4家，县级示范家庭农场12个，新培育6家新型农业经营主体，以专业合作社的带动逐步实现第一、二、三产业融合发展。

【村镇规划建设】 2022年，完成民生实事人大代表票决制候选项目；完成新建设3座漫水桥，并交付使用。对2021年撤并建制村5.55千米加宽道路项目进行审计验收，对2022年30.2千米三年交通基础提升加宽公路完成外部施工作业，全面完成2.04千米安防工程设备安装。推进小型农田水利和农户水利等项目建设，利用公共项目运行维护资金维修、维护原有蓄水池、山坪塘，提高供水保障能力，打通农业灌溉"最后一公里"，并铺设管网，连接本辖区内德康养殖企业化粪池，实现自动灌溉，节约生产成本。

【乡村振兴】 2022年，深入开展巩固拓展脱贫攻坚成果防止返贫监测集中排查及帮扶工作。在县、镇、村三级开展培训5次，组织镇村干部、驻村工作队队员、帮扶责任人，动员村民小组长、乡村网格员等203人参加，对全镇农村户籍4577户开展巩固拓展脱贫攻坚成果防止返贫监测集中排查及帮扶工作；申报两批精准到户产业，第一批123户，涉及奖补资金31.4万元。其中，第一批申报精准到户产业115户，计划奖补资金29.8万元；第二批申报精准到户产业8户，计划奖补资金1.6万元；共发放省外务工交通补助4.91万元，涉及100人，6个村(社区)，临时性公益岗位49人，较2021年新增2人，工资均按时下发、多措并举，切实帮助贫困人口保收入、稳增长；申报春季雨露计划学生47人，补助资金为7.05万元；将光伏推广应用与扶贫相结合，实现"输血式扶贫"向"造血式扶贫"的转变，共建有光伏电站5座，受益脱贫户64户、受益村1个(鸭池)，不断落地的扶贫电站给全镇贫困居民们带来明显收益。

【生态建设】 2022年实施生态修复工程，对村组主要干道两旁进行绿化升级，沿路种植花草30千米，打造谢富路4.5千米花卉长廊，不断增加镇、村绿地面积。严格落实河长制，健全工作考核和兑现机制，不断提升球溪河、龙水河、富谢河等断面水质。强化大气污染防治，全域禁止焚烧秸秆、垃圾，农作物秸秆综合利用333.5公顷以上。积极推进禽畜粪污综合利用、综合利用率达86%以上，农药包装废弃物综合利用率90%以上，农田废旧农膜回收率85%以上。引导有机肥替代化肥施用，化肥施用实物量在1200吨的基础上逐年减少，农药施用量在29吨的基础上采取多施用生物农药的方式，减少化学农药施用。全面开展"厕污改造"，加快推进垃圾、污水、厕所"三大革命"，全镇共完成3182户改厕任务，完成率为93%；生活污水治理完成2395户，完成率为80%，其中2022年完成改厕87户、污水治理67户。

【民生事业】 2022年建立农村留守老年人关爱服务工作机制，特殊困难老年人月探访率达100%，开展农村留守儿童和困境儿童关爱服务活动，全面落实孤儿、事实无人抚养儿童等特殊困难儿童基本生活、教育、医疗等政策；每个村至少建有一个未成年人保护点或"儿童之家"等儿童活动阵地；通过走访群众、建立农民工台账，实地摸排等方式，及时掌控全镇农民工服务第一手资料，及时解决处理工资纠纷，全面落实帮扶措施，并通过"大排查""交叉督战"安排公益性岗位165人，通过建立农民工工资专用账户，未出现拖欠农民工工资情况。

【基层治理】 2022年，全镇加强村级组织规范化建设，依法健全完善村规民约，健全和完善村务公开民主管理制度，完善村民会议制度、村务公开制度、村务监督制度、民主理财制度、民主理财制度等规章制度；健全机制，推进"阳光村务"，各村都设立公示栏和公示板，定期公开政务、村务和财务。

【意识形态】 2022年，深刻领会学习中共二十大和近平总书记重要指示的丰富内涵和核心要义，制定《中共仁寿县谢安镇委员会关于贯彻落实习近平总书记在四川考察时重要指示精神的举措》和《中共仁寿县谢安镇委员会关于学习宣传贯彻中共二十大精神方案》，通过自主学习，提升理论水平；召开专题学习，进一步学懂弄通，让全体党员干部树立正确党史观。全镇将中共二十大和习近平系列讲话精神等纳入学习任务，依托“中心组学习”“三会一课”“主题党日”等，持续深入学习贯彻中共二十大精神。2022 年，召开党委中心组集中学习 30 次，各党支部开展集中学习 28 余次。结合“奋斗新征程，建功新时代，大学习大实践大提升”主题教育活动，全镇领导干部共计走访 325 天，走遍全镇 79 个村（居民）小组，解决 64 个问题，协调项目 7 个，将学习成果有效地转化成为民服务的工作动力和成效。

【精神文明】 2022 年，大力弘扬谢安感恩文化，通过评选“好婆婆”“好儿媳”“环境优美户”等榜样，引领群众思想，带动群众感恩奋进；大力弘扬中华优秀传统文化，通过文化院坝加大对传统文化的宣传，增强其影响力和感召力，让中华民族最基本的文化基因与当代文化相适应；出台文明镇村创建工作领导小组和创建方案、规划制度；组织开展新时代乡风文明建设，成立红白理事会，对农村天价彩礼、薄养厚葬、铺张浪费等陈规陋习工作整治有力。大力弘扬社会主义先进文化，弘扬社会主义核心价值观，通过文化下村、文化大讲堂等不断提升群众文化意识。

表 47　2022 年谢安镇各社区（村）基本情况一览表

序号	社区（村）名	党支部书记	主任	村民小组数（个）	人口数（人）	耕地面积（公顷）
1	灵芝社区	廖惠英	廖惠英	7	3504	153.54
2	新民村	刘崇刚	刘崇刚	13	4430	507.65
3	扎林村	张大志	张大志	7	2336	242.52
4	华阳村	何李力	何李力	14	4291	292.28
5	三顾村	陈建如	陈建如	11	5023	438.65
6	鸭池村	刘雪梅	刘雪梅	8	3973	281.74
7	白沙村	刘　洋	刘　洋	9	3562	213.92
8	红英村	陈　飞	陈　飞	10	3874	270.8

新店镇

【概况】 新店镇由原中农镇与原新店乡合并而成，位于仁寿县东部边陲荣威山脉尾端，距县城 48 千米，与内江市资中县龙结镇、法伦镇相邻，国道 351 和红星路南延线贯穿全镇，与板桥镇、禾加镇相邻，属典型的丘陵农业镇，辖区面积 6822 公顷，辖 10 个村（社区），1.42 万户 3.85 万人。

【农业产业发展】 以 2454.56 公顷柑橘产业为抓手，坚持“标准化生产、专业化服务、品牌化经营”发展理念，壮大柑橘优势产业，进一步提高“中国清见之乡”美誉，增强清见知名度和品牌效应。寻途径、畅销路，积极招商引资。成立集体经济股份合作联社，与县乡村振兴服务公司合作，通过采用“保底价 + 利润分成”“市场价收购”的合作模式，与水发盈果冷链物流中心和专业销售渠道签订合作协议，对新店镇爱媛、“清见”等果品进行统一收购销售，促进农民稳增收的同时壮大村集体经济。

【生态建设】 加大城乡环境治理投入，完善垃圾收运处置体系，规范维护垃圾转运，新建垃圾压缩站 1 个、垃圾基座 466 个，新建小型集中式污水处理池 2 个、垃圾收集站 27 个。严格执行河长制并开展清河行动，完成清水河、小清河、千佛桥河等辖区流域河道清理整治。完成“千村示范工程”验收，并落实专人负责后期管护，顺利迎接四川省生态环保厅关于“千村示范工程”检查。

【民生事业】 民政工作。动态管理城乡低保和特困人员。2022 年新增低保 89 人，低保提标 51 人，在全镇范围内实现应保尽保。关心关爱特殊困难群体，完善社会救助体系。救助困难群众 169 人次，发放救助资金 15.6 万余元；完善老年人服务，为 60 岁以上特殊人群、80 岁以上老人 2778 人购买老年人意外保险；发放 80 岁以上高龄补贴 1523 人，发放资金 62.97 万元；在 5 个村（社区）建立日间照料中心，为 1196 名老人购买居家养老服务，为老年人提供更好更方便服务。

社会保障。积极组织群众参加养老保险和城乡居民基本医疗保险，城乡居民养老保险参保人数 2.83 万人，完成率 96.04%，各类惠农资金通过“一卡通”及时足额发放到群众手中。

计生。全年免费孕前健康检查 133 对，农村计划生育奖励扶助家庭 298 人，农村计划生育特别扶助家庭 20 人（国家特扶 19 人，市特扶 1 人），并为国家特扶人员出资购买住院护理补贴保险。发放农村独生子女父母奖励金 329 人，发放金额 1.97 万元。开展集中计生宣传和咨询工作 4 次。集中开展艾滋病宣传 5 次。

文化。进一步完善文化站、文化室等文化硬件设施建设，定期修缮各村广播音响设备；积极培育乡村文化干部队伍，鼓励各村开展坝坝舞等全民健身活动；通过健康的文娱活动改善乡风，引领百姓精神生活，为乡村振兴提供精神支持。

【乡村振兴】 切实抓好项目建设。完成县道新店至红星路南延线连接线征地拆迁工作。全力推进村道提升建设项目 24.8 千米和三双路乡道建设 5.6 千米。加强水利设施建设。完成新建提灌站 2 座。全力推进综改资金项目建设，含双埝村 50 万元渠系河亮化和中农社区 21 万元道路提升建设。做实涉农储备项目规划，进一步推进农业现代化。完成三星村、双河村、黄祠村的涉农项目规划设计。加大环境改善力度，完善垃圾收运处置体系，新建垃圾压缩站 1 个、垃圾基座 466 个，新建小型集中式污水处理池 2 个、垃圾收集站 27 个。

表 48　2022 年新店镇各社区(村)基本情况一览表

序号	社区(村)名	党支部书记	主任	村民小组数(个)	人口数(人)	耕地面积(公顷)
1	中农社区	朱红梅	朱红梅	14	2710	144.47
2	新店社区	段永彬	段永彬	13	2619	100.79
3	能仁村	李　真	李　真	10	980	133.29
4	三星村	叶　才	叶　才	10	2612	130.67
5	黄祠村	魏良中	魏良中	9	1164	100.72
6	高星村	黄丹丽	黄丹丽	9	1733	90.91
7	双河村	李　刚	李　刚	10	1705	80.24
8	双埝村	张平英	张平英	13	2719	113.72
9	解放村	刘建均	刘建均	12	1908	219.84
10	福堂村	李　攀	李　攀	16	1973	240.65

藕塘镇

【概况】 藕塘镇原名五皇乡，镇址距县城东 32 千米的五皇场，是南宋名相虞允文和抗日名将、国军 23 集团军总司令、第三战区副总司令长官唐式遵的故乡。藕塘镇地处仁寿中部，东与鹤立乡交界，南与凤陵乡相邻，西接始建，北联石嘴。1992 年 7 月，石咀乡并入藕塘乡。1995 年优化区乡建制，又划出石咀乡恢复其原建制。2005 年，撤销富加区，藕塘乡由县直管。2007 年 3 月，全县合村并组，将原 12 个村合为 6 个，110 个组并为 59 个。2019 年 12 月，乡镇行政区划调整，撤藕塘乡、农旺镇、石咀乡，设藕塘镇，镇辖居委会 3 个、村委会 20 个，行政区划面积 7960 公顷，人口 5.3 万人。2020 年 5 月，村级建制调整，将 23 个村(社区)调整为 12 个，即豆缝、农旺、代寺 3 个社区，飞龙、新庙、八井、云华、前卫、赤卫、明珠、白坝、齐心 9 个村；10 月，将 255 个村(居)民小组调整为 164 个。

【农业产业】 2022 年，全镇晚熟柑橘种植已达 2534.6 公顷，达全镇耕地的 70%，挂果 1800.9 公顷，已被纳入全省柑橘特色产业小镇。2022 年 11 月，全省川果产业高质量发展现场推进会分别在位于藕塘镇齐心村的喜安农业发展有限公司柑橘基地和位于该镇新庙村的四川晚熟柑橘研究院创新研发基地现场参观。2022 年，藕塘镇油橄榄种植 66.7 公顷，玫瑰花种植 66.7 公顷，粮食生产播种面积 2414.54 公顷，另有鱼塘 220.11 公顷。全年复耕复种撂荒地 535.94 公顷。全面完成 5 万头生猪出栏任务。

【村镇规划建设】 2022 年，全镇对上争取资金 1500 万元，完成巩固脱贫攻坚成果产业发展道路黑化；争取到中央财政专项资金 7500 万元，实施并完成高标准农田建设；争取到中央财政专项资金 1200 万元实施并完成水毁农田恢复性建设；争取到 500 万元，实施 6.06 千米道路加宽路和 54 千米黑化路建设。

【乡村振兴】 2022 年，按照“以人为本、多规合一、绿色生态、彰显特色、因地制宜”原则，完成全镇乡村振兴发展规划编制工作；完成全镇 12 个村(社区)村庄发展规划初稿。统筹县、镇、村三级力量，全镇脱贫户 1116 户 3274 人，监测户 81 户 183 人，均一一落实结对联系责任人，有效杜绝巩固脱贫成果盲区漏洞。全镇脱贫劳动力外出务工 1750 人，较上一年增加 43 人；脱贫户家庭人均纯收入 1.65 万元，较上一年增长 31.6%；脱贫户家庭经营性收入户均 4592 元，较上一年增长 56.8%。

【生态建设】 重点针对环境治理、流

域治理、大气污染3个方面开展治理行动。新增垃圾基座建设392座，完成农村“厕污共治”问题整改116户，已完成6个村社区生活污水治理工作，建设1处污水处理设施。辖区内164个经济社，保洁员配备率100%。开展集中清河行动10次，日常清理行动35次，清理河面垃圾、河岸垃圾52吨。组织900人次开展秸秆禁烧巡查和宣传工作。在前卫村试点推广河(湖)管护“解放模式”，建设村级河(湖)长制体系，落实河(湖)管护措施。

2022年11月21日，四川晚熟柑橘研究院创新研发基地(藕塘镇/供图)

【民生事业】 便民服务。镇便民服务中心2022年共接待群众1.28万人次，受理各类项目1.67万件，办结1.5万件；各村级代办点共接待群众2200人次，受理各类项目1960件，办结1600件。

社会保障。全镇低保对象2563人，城乡特困对象631人，救助临时困难人员204人，重度残疾人860人。2022年共发放低保资金512.43万元、特困资金382.57万元、临时救助资金12.86万元，发放重度残疾人(1、2级)护理补贴60余万元、困难残疾人生活补贴130余万元、为肢体残疾人发放机动车燃油补贴1.02万元。医保参保3.93万元人，城乡居民养老保险参保2.69万人，领取城乡居民养老保险1.01万人。

卫生健康。全镇已婚育龄妇女8691人，2022年全镇共计出生人口251人，人口出生率4.63‰，死亡率7.06‰，人口自然增长率-0.24%。

【农业转型升级】 依托仁寿铧锐公司、四川香橘农业公司、喜安公司、山东水发民生等公司农业产业规模大、技术先进的优势，成功改良柑橘新品种3个。积极配合“三中心一基地建设”，高标准建设晚熟柑橘产业园。圆满完成2022年科技入户工作，完成15个水稻、玉米、油菜新品种推广；完成秸秆综合利用技术推广工作。探索发展农业适度规模经营，全镇推广农机具，改善农村劳动力水平、效率低下问题。2022年水稻、玉米、小麦、油菜、马铃薯、大豆等作物机耕机播机收面积5436.05公顷。

农业招商。2022年累计招引农业产业投资8200万元。成功招引四川天基中药材种植有限公司、四川希望花舞草香猪有限公司、田夫农业3家农业公司落户；四川晓钟农牧科技有限公司100万只蛋鸡养殖项目在规划设计中。

【安全生产】 进一步完善安全生产工作长效机制和防控体系，每周研究分析1次，每月召开1次安委会，每月1次常规检查。实施“一村(社区)一警务助理”模式，成立镇村级治安巡逻志愿队伍；联合富加派出所常态化开展治安巡逻防控。开展“扫黑除恶”专项斗争，全年累计发放扫黑除恶、反邪教、电信反诈、平安建设等资料2万余份，设置户外大型广告牌6处，悬挂横幅120余条。开展安全生产隐患大排查大整治专项行动，累计排查上报各类隐患89起，均已得到妥善整治。全镇163名吸毒在册人员，管控率达到100%，231名在册精神障碍患者管理规范，政策落实到位，未出现特殊人群肇事肇祸行为。

表49 藕塘镇各社区(村)基本情况一览表

序号	社区(村)名	党支部书记	主任	村民小组数(个)	人口数(人)	耕地面积(公顷)
1	赤卫村	黄　云	黄　云	11	3516	232
2	代寺社区	官尧敏	暂　无	18	5432	470.79
3	白坝村	杨学军	杨学军	14	4638	320.8
4	齐心村	赵　玥	赵　玥	15	5150	44.8
5	飞龙村	陈发均	陈发均	15	4279	307
6	云华村	袁文岗	袁文岗	16	4050	710

续表 49

序号	社区(村)名	党支部书记	主任	村民小组数(个)	人口数(人)	耕地面积(公顷)
7	豆缝社区	但艳容	但艳容	15	5228	680
8	明珠村	黄　建	黄　建	18	6024	376.93
9	八井村	魏　刚	魏　刚	14	5272	342.6
10	农旺社区	李　强	李　强	10	2852	149.87
11	前卫村	辜小兵	辜小兵	10	3275	273.34
12	新庙村	杨持宇	杨持宇	8	3250	374.4

板桥镇

【概况】 板桥镇是1962年中印反击战时国防部授予"英雄阳廷安班"班长阳廷安烈士的故乡。镇政府位于县城东27千米仁顺公路上的板桥场。1987年10月,辖青龙、群力、棬子、礼仁、福寿、民富、民强、瓦窑、硝厂、朱家10个村。2005年,全县撤区,县直管板桥乡。2007年,将原10个村合为6个,将原107个组并为66个。2019年12月,撤销河口乡、板桥乡,设立板桥镇,镇辖居委会2个、村委会12个,行政区划面积5220公顷,人口2.7万人。2020年5月,将14个村(社区)调整为7个(村4个、社区3个);10月,将139个村(居)民小组调整为104个。

【农业发展】 扎实推进撂荒地大整治,坚决遏制耕地"非农化"、防止"非粮化",创新撂荒地治理模式,探索"1+7+N+N"的撂荒地治理模式,落实"四个一批"治理措施,全镇排查撂荒地116公顷,全面完成复耕复种。严格落实粮食安全党政同责,坚决扛起粮食安全责任,奋力建设新时代更高水平"天府粮仓"丘区示范区,着力构建板桥镇"两业三区"现代农业产业和"1+3+4"粮食产业绿色高产高质高效发展新格局,全年粮食生产播种面积304.15公顷,粮食产量1.7万吨,完成生产目标。严格落实惠农补贴政策,全年发放耕地地力保护补贴、大春农作物一次性补贴等各类补贴约425.36万元。农业产值稳步增长,农民收入稳步增收,农村社会稳定安宁。

畜牧产业持续稳步发展。全年投产德康项目14个单元、正大2个单元,全镇生猪存栏2万头、出栏3万头,实现畜牧业产值约1.55亿元,完成全年生猪生产任务。加强非洲猪瘟防控,推进畜禽疫苗注射社会化服务试点工作,重大动物疫病防控春防免疫全部合格。

【乡村振兴】 完善防止返贫动态监测和帮扶机制,规范监测对象识别、退出等程序,新增监测对象13户37人。"春季雨露计划"资助学生56名,2022年脱贫人口和监测对象的医保参保工作应保尽保,完成2022年两批次脱贫户和监测户共计166户39.3万元产业验收和资金拨付工作。设立临时性公益岗位,吸纳安置就业人口57人。

【村镇规划建设】 新彰路板桥段、板新路项目顺利推进;柏树村高桥重建项目竣工;村道加宽建设项目抓紧推进。完成团圆社区新店渡槽垮塌重建工程,修建便民停车场2个,垃圾亭6个,安装路灯218盏,公路硬化1.2千米,完成团圆社区广场风貌建设,院坝硬化450平方米,村道路建设1750米,完成团圆水库维修项目。修建板桥镇公益性公墓进场道路长476米、宽5.5米。完成黑龙滩渠道春灌清渠和渠道冬修工作,河道清淤16千米,渠道维修4千米。

【生态建设】 全面开展城乡环境综合治理,提升群众环保意识,深入整治"脏、乱、差"顽疾,持续改善环境卫生,第三季度板桥镇被评为城乡环境综合治理优秀乡镇,第四季度青龙社区被评为城乡环境综合治理优秀村(社区)。强化农村河(湖、渠)水环境治理,严格落实河(湖、渠)长制。强化大气污染防治管理,压实秸秆焚烧主体和监管责任。加快污水管网补短板工程,提升污水处理能力。加强农业面源污染治理,开展畜禽养殖、农药化肥减量增效、农药包装废弃物及农膜回收三大行动。持续改善人居环境。

【民生事业】 强化就业帮扶政策,开展就业培训2场110人次,组织参加就业招聘会4场600余人次。重点解决好脱贫户、退役军人等重点群体就业创业,创设长期公益性岗位82个,加大援企稳岗力度,推荐72人到信利、灿光等县重点企业务工。发放独生子女父母奖励金272人,奖励扶助323人,开展困难群众临时救助62人次,救助金额5.36万元,新增特困人员9人、城乡低保25人。购买居家养老服务913人,救助困难在校残疾学生8人,为2户残疾人家庭进行无障碍改造,发放残疾人机动轮椅车补贴2190元。申请困难军人关爱基金8人次,救助金额1.75万元。严格落实控辍保学主体责任，义务教育阶段入学率达到100%。

【安全生产】 贯彻落实“安全生产十五条硬措施”，扎实开展安全生产专项整治三年行动、岁末年初百日安全大会战、守底线保安全、百日安全生产提升行动，排查出各类隐患130余处，全部整治到位。组织开展各类应急演练3次，提升队伍应急能力。结合“防灾减灾日”“安全生产月”开展宣传活动4场，营造良好安全舆论氛围。全年全镇安全生产实现零事故。

【基层治理】 加快推进市域社会治理现代化试点工作，申报市级平安社区1个，县级平安村2个。充分发挥一村一法律顾问、一村（社区）一警务助理职能作用，助力基层法治建设和治安管理。强化优化网格服务管理，不断提升末梢治理服务水平。积极推广注册“国家反诈中心”App，筑牢反诈防线，维护群众利益。

【农业转型升级】 引导柑橘大户带动产业发展，促进柑橘产业规模经营。财政资金和群众自筹共投入207万元，实施老果园提档升级项目。配齐、配强农业技术人员，开展柑橘种管技术培训8次。鼓励本土电商，开拓销售渠道，全年板桥柑橘产业实现产值1.6亿元。

表50　2022年板桥镇各社区（村）基本情况一览表

序号	社区（村）名	党支部书记	主任	村民小组数（个）	人口数（人）	耕地面积（公顷）
1	青龙社区	欧阳运清	欧阳运清	14	3741	211
2	团圆社区	伍　帅	伍　帅	22	5462	237.7
3	河口社区	冷建超	冷建超	12	3280	187
4	朱家村	林建军	林建军	19	4201	205
5	民福村	谢　辉	谢　辉	16	4528	825
6	柏树村	彭远洪	彭远洪	11	3023	204.188
7	乐园村	邱晓琳	邱晓琳	10	2432	156.2

青岗乡

【概况】 青岗乡政府位于县城东9千米（直线距离）的青岗垭，是眉山市唯一享受民族乡待遇的乡。清成场赶市，民国初是仁寿72正场之一，为回族聚居乡。2005年，全县撤区，青岗乡由县直管。2007年，全县合村并组，将14个村合并为9个村，85个经济社并为56个。2020年5月，村级建制调整，将9个村调整为5个村即青年、双店、汤家、瑞云、盘龙；10月，将88个村民小组调整为重点人42个。

【乡村振兴】 聚焦产业发展高质高效。完成撂荒地整治41.93公顷，打造高标准农田200公顷，精心布局打造青岗“一心五片”粮油生产基地，青岗粮油现代农业园区成功创建“县级现代农业园区”。全乡村级集体经济总量突破2000万元，现金收益超200万元，其中盘龙村集体经济年收入112.5万元，瑞云村集体经济年收入51.7万元，村均47.9万元。聚力基础设施提档升级。持续对村社道路进行硬化、加宽、黑化，辖区4.5米以上道路57千米，黑化路30千米，新建桥梁4座，全域横纵交通网络基本形成。持续推动“点亮乡村”工程，在村干道安装路灯1200余盏。完成汤家村、双店村党群服务中心升级改造，盘龙村党群活动中心示范点开工建设，升级改造养老服务中心3个，竭力打通服务群众“最后一公里”。

【村镇规划建设】 始终坚持打造生态美丽宜居的乡村品位，投入620余万元实施场镇黑化、亮化、美化。投入20余万元实施休闲广场及周边美化、绿化，场镇面貌焕然一新。实施美丽乡村建设，完成珠赵路黑化，完成5个村加宽公路项目18千米，整治危病桥2座。全乡境内共有公路65条，里程达180余千米，基本实现组组通，通组率为95%，群众出行更加方便。关心关爱农村老人，建成盘龙村养老服务分中心和青年村养老服务分中心。

【农业发展】 坚持以农业发展为主线，农民增收为核心，以新农村建设为抓手，以发展现代农业、培育新型农民、构建和谐农村为目标，加强农业基础设施建设，调动农民发展生产和依靠科技增产增收的积极性和主动性。全乡形成以粮食种植为主，肉牛养殖，枇杷、柑橘、李子、花椒、桃子等经济作物种植为辅的农业发展布局，农民收入稳步增长，发展现代农业意识不断增强。以稳产增产为目标，大力推广农业机械化作业，粮食生产工作稳步推进。全乡机耕机播2274.47公顷，机电灌溉33.35公顷，机械植保400.2公顷，机收800.4公顷。顺利完成夏秋两季秸秆综合利用工作。

【基层治理】 深化“一核引领”，凝聚

2022 年 3 月 20 日，青岗乡菜花坞全景图（青岗乡 / 供图）

治理合力。充分发挥各村党组织的核心引领作用，成立村民议事会、道德评议会、红白理事会、禁毒禁赌会等自治组织，开展村级事务监督、村规民约修订、"最美家庭"评选、矛盾纠纷调解等活动，发挥新乡贤在移风易俗、倡导文明乡风的模范带头作用，凝聚人心、淳化民风；壮大集体经济，夯实治理基础。全乡将集体经济收益反哺基层治理，用于慰问特殊困难群体，表彰新录取优秀大学生、重点高中学生、"好公婆好儿媳"、星级文明户等群众身边典型，全面提升治理水平；加强志愿服务，提升治理效能。依托新时代文明实践所（站），组建 30 支志愿服务队伍，聚焦群众最关心、最直接、最现实的需求，开展文明实践活动 80 余次。打造"回汉融合，共建青岗"的民族特色治理方式，营造共建共治共享局面。

【人居环境】 大力推进"厕所革命"，全面改善农村人居环境。2022 年完成农户改厕验收 166 户，全乡已改厕所 2343 户，在家农户改厕率达 93%。生活污水治理 1839 户，农村生活污水收集率达 73%。大力整治环境卫生，开展"美丽乡村"清洁日活动 11 次，配备村保洁员 43 名，全乡垃圾转运处理 800 余吨，行政村生活垃圾收转运处置体系覆盖率达到 100%。加大城乡环境基础设施建设，投入资金 100 万元，开展城乡环境整治提升工程，绿化青岗大道 5.5 千米、新建 114 盏路灯、绿化文化广场草坪约 5000 平方米，栽培木春菊、海棠花等约 20 万株。

【民生事业】 着力构建"一门受理、协同办理"的社会救助工作机制，扎实开展"救急难"工作，发放各类救助补贴资金 298.5 万元，救助困难群众 787 人次。推荐信利和灿光光电就业 150 余人，帮助申请灵活就业人员社保补贴 3 人，落实公益性岗位 91 人，教育帮扶学生 25 名，发放补助资金 3.75 万元。投入 178 万元升级改造养老服务中心 3 个，完成城乡居民基本医疗保险参保缴费 1.08 万人，养老保险参保缴费 8120 人，实现低保应保尽保。

【平安建设】 持续推进基层平安建设。通过"人防 + 技防"加强治安防控体系建设。组建 5 支治安巡逻队，进行巡防 130 余次，组织人员 3000 余人次，出动车辆 100 余次，排查 1000 人次和百余辆次，发现问题 5 次，并及时处理到位。扎实开展平安创建活动，汤家村被评为四川省"六无"平安村，瑞云村被评为"七无"平安村；认真开展平安法治宣传，全年请法律顾问开展 2 次专题法治讲座，集中宣传 12 次，发放宣传资料 1 万余份，受益群众 5000 余人次；深入开展打击治理电信网络诈骗，发放宣传单 2 万余份，反诈小程序及"国家反诈中心" App 注册率达 101%。群众的财产得到保护。

【安全生产】 以安全生产专项整治三年行动为着力点，认真落实"党政同责、一岗双责"和"三管三必须"要求，形成齐抓共管的安全生产格局，全年未发生重大、特大安全事故。严格落实食品安全"两个责任"。落实包保责任人 33 人，实现辖区食品经营和流通单位 92 家监管全覆盖，办理各类从业人员健康证 128 本，未发生食品安全事故。着力应急能力。修订各类应急预案 7 次，开展森林防火、防汛减灾、防震减灾、消防安全等应急演练 15 次，全乡应急处置能力进一步提升。严格落实"两站两员"责任制。定期和不定期开展交通文明劝导，全年未发生重特大交通事故。强化隐患排查。2022 年累计出动检查人员 300 余人次，排查安全隐患 79 处，均已高标准整改完成。积极开展宣传培训。常态化开展安全知识"五进"活动，组织安全讲座 7 场次，辖区居民安全意识大幅提升，安全生产形势持续向好。

【农业转型升级】 认真落实藏粮于技、藏粮于地的战略，不断完善"高标准农田建设 + 现代农业技术 + 规模化种植"模式，建成 146.74 公顷机械化粮食种植基地及水稻、玉米、小麦、大豆等高产核心区，建成 1 个育秧中心、1 个农事服务中心、1 个烘干中心等，促进全乡现代化农业发展。引进新型经营主体及村集体经济组织完成撂荒地整治及复耕复种面积 52.37 公顷，完成渠道整治和维护 950 米，完成耕地地力保护补贴 3783 户 880.44 公顷、实际种粮农民一次性补贴 1896 户 733.7 公顷、稻谷补贴 1896 户 177.57 公顷、种粮大户 5 户 191.8 公顷的登记、核实、申报工作。完成生态林森林抚育补助 1013 户 77.24 公顷的登记、核实、申报工作。大力发展都市近郊乡村休闲旅游，以菜花坞农旅综合体为抓手，利用菜花坞稻田艺术展示、民宿美食休闲活动、农耕体验等田间娱乐，实现一、三产融合发展。

表 51　2022 年青岗乡各（社区）村基本情况一览表

序号	社区（村）名	党支部书记	主任	村民小组（个）	人口（人）	耕地面积（公顷）
1	双店村	唐成均	唐成均	9	3047	220
2	汤家村	童安兵	童安兵	10	4087	227
3	青年村	王雪刚	王雪刚	5	1953	141.3
4	瑞云村	余　彬	余　彬	10	2899	180.6
5	盘龙村	蔡　兵	蔡　兵	8	3172	311

虞丞乡

【概况】 虞丞乡地处龙泉山脉南麓，乡政府距仁寿县城 17 千米，眉山市区 33 千米，东与满井镇交界，北与黑龙滩镇接壤，西与龙正镇毗邻，因南宋抗金名将虞允文安葬在玉屏山得名虞丞乡。1992 年 7 月，虞丞乡从满井区划归城关区（原陵阳区与文林镇合）。1995 年，城关区划出文林镇，恢复陵阳区建制，虞丞乡属之。2005 年撤区，虞丞乡由县直管。2019 年 12 月，撤景贤乡并入虞丞乡，乡辖 12 个村，辖区面积 8224 公顷，1.68 万人。2020 年 5 月，将 12 个村调整为 7 个（同意、乐群、前锋、柏柳、丞相、冒水、反封）；10 月，将 75 个村民小组调整为 52 个。

【农业发展】 2022 年，按照习近平总书记到川视察工作精神和 2022 年中央一号文件（《中共中央　国务院关于做好 2022 年全面推进乡村振兴重点工作的意见》）精神，精准摸排全乡撂荒地 71.45 公顷，并全面清零复耕。进一步强化耕地保护红线，分级设立乡、村、社三级田长，落实各项规章制度，有序开展耕地恢复补充和耕地年度进出平衡工作。开展晚秋补种粮食作物生产面积 213.44 公顷。开展技术培训 20 余次，参加人员 1400 人次。推广玉米大豆带状复合种植 66.7 公顷，打造示范片 14.67 公顷。全乡培育种粮大户 15 户，带动引领周边 180 余户群众增收 2000 元。统一全乡 1200.6 公顷柑橘管理标准，提升品质。2022 年全乡柑橘产量达到 2000 万千克，销售收入 1.2 亿元，人均增收 1000 元以上。招引龙头企业德康养殖建设育肥场 2 座，存栏生猪 3 万头以上，2022 年生猪出栏 9 万头，位居全县第一。

【意识形态】 强化责任落实。明确党组织的主体责任，党组织书记的第一责任人责任，分管领导的具体责任。坚持常态化工作。乡党委每季度开展一次意识形态专题研究，半年召开一次意识形态工作会。2022 年，通报意识形态问题 1 次，向县委专题汇报意识形态工作 1 次，年终接受县委专项检查，整改问题 2 个。全乡有志愿者 2200 余人。全年依托党建大院建成新时代文明实践点 146 个，开展文明实践志愿服务活动超 100 场次，活动涉及党的理论、政策的宣传宣讲、关心关爱群众、倡导文明新风、文化惠民等多个方面，建成家风家教走廊，群众的认可度较高。

【村镇规划建设】 2022 年，积极争取上级资金推进危房改造，完成农村危房改造 39 户，争取补助资金 92.5 万元；完成土坯房改造 55 户，争取补助资金 12.32 万元。对全乡自建房进行三轮排查，发现问题并全部整改销号。推进用气规范化，对全乡 1638 户燃气用户全部排查建档鼓励安装报警器。完成中心村、同意村规划初稿编制，并配合完成《仁寿县龙正东彭仁新融合发展片区国土空间总体规划》初稿编制。

【乡村振兴】 推动乡村基础设施改善。完成总投资 1000 多万元长度 34 千米的 13 条村道建设，投资 300 余万元提升 2.8 千米乡道。投资 110 万元改造吴家坝漫水桥，另投入近 80 万元安装道路安防设施 2 千米，养护道路 20 千米，极大提升全乡交通基础条件。以党建大院打造细化治理单元。按照"党建 + 院落 + 治理"的理念，全乡细分 146 个治理单元，选好"院长"带领群众参与治理，赋能乡村治理"最后一米"，升级基层治理新模式，被市委"两新三大"办公室单条印发推广经验。坚持党建引领促乡村振兴发展，多举措发展壮大集

2022 年 11 月 11 日，仁寿县文化惠民巡演活动虞丞乡会场（王建英 / 摄）

体经济，7 个村成立劳务公司，实现一个村集体经济收入超 20 万元，2 个村集体经济收入超 10 万元，村集体经济收入平均 8.7 万元。新建丞相村村级电商（物流）服务站点 1 个。调整驻村帮扶队伍，选优配强帮扶力量。

【基层治理】 以智慧乡村建设强化治理能力，建立线上智慧大网格。以虞丞乡精细化综合指挥中心为平台，创设“党建公开一键广播”功能，利用线上智能派单、在线视频喊话、现场视频调度等方式，实现治理力量统一协调、统一指挥、统一调度。发挥人员效能，建立线下自治微网格。按照地域相近、人员集中的原则，依托 146 个湾、片区及大院设立四级微网格，实现基层治理末端发力。巧用大院管理，畅通基层治理毛细血管。充分发挥党建大院桥梁作用，选举优秀村民为“院长”，带头引领，引导群众积极参与农村自治，组织群众开展家风评比、卫生评比、最美家庭评选等文明乡村建设活动，积极参与矛盾纠纷调解，对群众参加集体活动、公益劳动等进行积分考核，“院长”及时向村党组织反馈群众意见建议，及时解决困难问题。以阵地改造升级提升治理水平。52 个经济社设立便民服务代办点或代办员，完成 5 个村级党群服务中心亲民化改造，丞相村党群服务中心成为眉山市基层诉源治理示范阵地，虞丞乡被评为“仁寿县平安乡镇”。

【农业转型升级】 2022 年，引入新型农业主体，扎实推进园区建设，完成 6 个村级示范基地的选址和种植规划，完成柏柳村乡级农业园区总体规划。完成园区渠系整治 1.5 千米，宜机化改造 13.34 公顷农田，规模种植玉米大豆 73.37 公顷。引入虞尚锦田农业公司，投入 400 余万元与川农大开展智慧农业试点和旱稻种植试点，探索深丘区粮食生产长效机制。

【生态建设】 高度重视“清洁乡村”工作，全乡配备 54 名保洁员日常保洁，场镇由盈峰中联部署保洁人员全天候保洁，实现乡域保洁全覆盖。全年新建 230 个农村垃圾收集基座，场镇由盈峰中联按需配置垃圾收集桶，实现垃圾收集全覆盖。按照相关工作要求，农村垃圾清运转运实行外包服务，由专业保洁公司全天候流动清运至压缩站集中处理，场镇垃圾由盈峰中联压缩车日产日清，实现垃圾清运全覆盖。完善河长制工作机制，建立乡、村、社三级河长制制度，定期开展巡河工作，形成有力的河（湖）保护管理机制。林业资源保护有力，建立健全乡村两级林长体系，全年累计巡林 724 次，发现处理问题 40 余件。深入开展春季林业越冬生物调查普查，松材线虫病防控率达到 100%。义务完成植树 3 万余株，成片造林 40 公顷，全乡森林覆盖率稳定在 62% 以上。认真开展爱国卫生运动和病媒生物防治工作，接受市县爱卫办验收工作，反封村、乐群村、同意村、柏柳村成功创建省级卫生村。

【安全生产和信访维稳】 2022 年，全

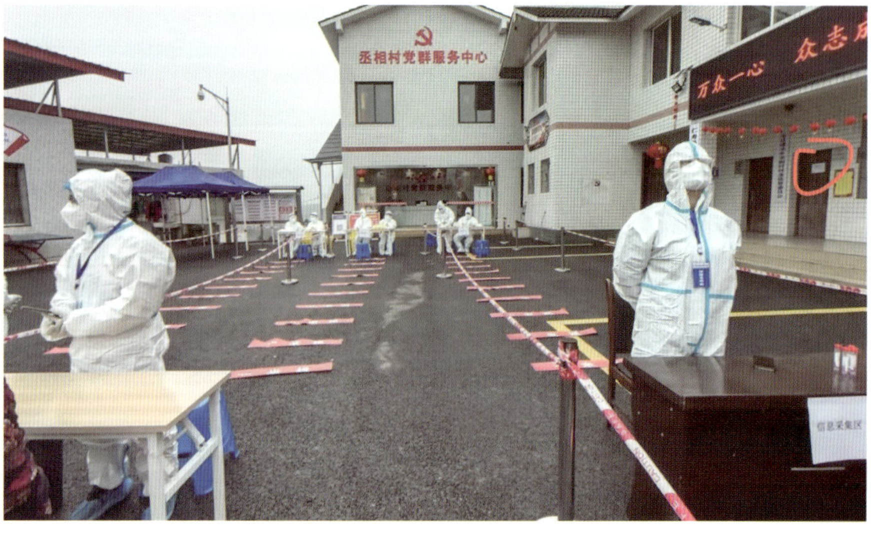

2022 年 6 月 17 日，全县疫情防控应急演练在虞丞乡开展（陈婵钰 / 摄）

力以赴"防风险、守底线、保安全"。扎实开展宣传引领，大力整治道路交通安全、场镇秩序，应急队伍持续壮大，全年无一起重特大恶性群体性事件发生，无刑事治安案件发生，无地质灾害事故发生。2022年11月，成功通过"四川省安全社区"建设复评会验收工作。全年"12345"热线工单238条，均圆满处理。推进法治政府建设，全乡中华人民共和国执法证持证率超过30%，组织开展片区联合执法3次，参与抱团执法6次。

【民生事业】 2022年，虞丞乡供养农村特困对象227人，共发放特困供养金185万元；全乡在册低保794人（城镇低保22人，农村低保772人），发放低保救助金193万元。及时排查各类困难群众，并开展救助，共救助61人，发放救助资金7.57万元。托稳"一老一小"，发放高龄补贴42万元。积极做好残疾人事业，分类登记，虞丞乡现有残疾人794人，全年共发放补贴62.44万元。全乡自愿参与参加2023年城乡居民基本医疗保险的居民1.22万人。

【文旅教育】 全面完成虞丞乡乡史馆的建设、验收工作，并正式对外开放。结合新时代文明实践所，开展传统节日等主题文化活动40余场，丰富群众精神文化生活。抓好教育体育工作。加强对校园周边环境治理，确保校园内安全责任事故零发生。提升虞允文爱国主义教育基地接待能力和水平。全年虞允文爱国主义教育基地接待省、市、县领导、党员干部以及群众5000余人参观学习。

【疫情防控】 2022年，虞丞乡深入贯彻落实中央、省、市、县疫情防控各项政策和决策部署。全乡未发生一起本土疫情，全力保障辖区群众的身体健康和生命安全。严格风险人员排查管控，成立大数据排查专班，做到日清日结。严格落实入川即检政策，设立遂资眉虞丞高速卡口，做到不漏一车不漏一人。有序组织辖区群众接种新冠疫苗加强针，累计接种加强针4200余人次，实现应种尽种，各村组织辖区群众开展19次全员（扩面）核酸检测。

表52 2022年虞丞乡各村社区（村）基本情况一览表

序号	村名	党支部书记	主任	村民小组（个）	常住人口数（人）	耕地面积（公顷）
1	丞相村	甘　泉	甘　泉	11	1368	4498.95
2	冒水村	王建均	王建均	5	678	1488
3	反封村	刘小兵	刘小兵	6	1356	1699
4	前峰村	刘汉军	刘汉军	7	892	2636.7
5	柏柳村	石建忠	石建忠	8	788	5841.45
6	同意村	张　兵	张　兵	10	1439	4813.95
7	乐群村	张建军	张建军	5	367	1769
合计				52	6888	22747.05

人　物

2022年仁寿县党政群团机关及其工作部门和乡（镇）领导人名录

备注：2022年内变动的人员，用“月”备注变动时间，往年漏统计人员用“年、月”备注变动时间。

中国共产党仁寿县委员会

书　记　王　岳
副书记　明　宇
　　　　唐　余
常　委　张晓红
　　　　徐　国
　　　　陈双成
　　　　冷劲涛（2月任职）
　　　　柳　强
　　　　何禹衡
　　　　缪可言
　　　　张殷智（9月任职）
　　　　罗　琦
　　　　胡　刚（2月离任）
　　　　毛自林（9月离任）

仁寿县人民代表大会常务委员会

主　任　　杨　建
党组书记　杨　建
副书记　　毛超英
副主任　　毛超英
　　　　　徐　燕
　　　　　王继伟
　　　　　赵宗权
党组成员　王继伟
　　　　　赵宗权

县人大常委会办公室

主　任　唐国良
副主任　谢忠奕
　　　　廖晓慧

县人大法制委员会

主　任　蒋中涵
副主任　辜良英

县人大监察和司法委员会

主　任　汪芙莉
副主任　吴永壮

县人大经济委员会

主　任　陈　健
副主任　李建忠

县人大教科文卫民族宗教委员会

主　任　廖　毅

县人大农业与农村委员会

主　任　汪雁翔
副主任　黎　明（7月任职）

县人大城乡建设环境资源保护委员会

主　任　魏正良
副主任　吴　君
　　　　贺志辉（1月任职）

县人大预算委员会

主　任　杨　斌
副主任　周忠彬

县人大社会建设委员会

主　任　曹雪峰
副主任　余晓兰

县人大常委会法制工作委员会

主　任　刘　阳
副主任　邹智勇
　　　　余娅莉（5月任职）

县人大常委会人事代表工作委员会

主　任　白先锋
副主任　王美庆
　　　　陈三军（7月任职）

县人大常委会信访办公室

主　任　李文清

县人大常委会机关党委

书　记　李　芳（6月任职）

仁寿县人民政府

县　长　明　宇
副县长　柳　强
　　　　缪可言
　　　　潘　峰
　　　　孟　强
　　　　王　果
　　　　梁永霞
　　　　伍秋军

中国人民政治协商会议仁寿县委员会

主　席　　何文华
党组书记　　何文华
党组副书记　陈双成
副主席　　钟　文
　　　　　张　誉
　　　　　辜文超
　　　　　陈　颖
党组成员　　张　誉
　　　　　钟超文
县政协秘书长　　钟超文
县政协副秘书长　李　彬

县政协办公室

主　任　李　彬
副主任　王　明
　　　　朱　峰
县政协机关党委书记　陈　玲(6月任职)
　　　　　　　　　　廖　静(1月离任)

县政协文史宣传联谊委员会

主　任　王红军
副主任　肖碧容
　　　　李　玲(10月任职)

县政协经济科技委员会

主　任　陈永红
副主任　宋艳萍

县政协教体医卫委员会

主　任　邹　宏
副主任　潘晓辉
　　　　曾小林(8月任职)
　　　　王　毅(10月任职)

县政协资源环境保护监督委员会

主　任　刘新培
副主任　彭　波
　　　　陈　阚(8月任职)
　　　　姚　跃(10月任职)

县政协法制群团和民族宗教委员会

主　任　何　睿
副主任　王　俞
　　　　吕勇志(10月任职)

县政协农业和农村委员会

主　任　张　林
副主任　廖　静(1月任职)
　　　　杨荐超(8月任职)

县政协提案委员会

主　任　汪　涛
副主任　刘　伟
　　　　余沁玲(10月任职)

县政协管理委员会

主　任　刘子才
副主任　梁　英

中国共产党仁寿县纪律检查委员会

书　记　徐　国
副书记　吴永泉
　　　　黄永峰

仁寿县监察委员会

主　任　　徐　国
副主任　　吴永泉
　　　　　黄永峰
纪委常委　徐洪云(1月任职)
　　　　　唐丽莉(2020年12月任职)
　　　　　王　博(2021年10月任职)
　　　　　王久位(2021年10月任职)
　　　　　梁丽蕖(2月离任)
监委委员　王　博(2021年1月任职)
　　　　　王久位(2020年9月)
　　　　　邓　超(5月任职)
　　　　　李　君(5月任职)
　　　　　梁丽蕖(2月离任)
机关党委书记　蔡娴熹(2021年5月任职)
办公室主任　李　鑫(5月任职)
党建办主任　张会英(2021年6月任职)

组织部部长　周俊东（9月离任）
宣传部部长　付川洲（9月任职）
党政室主任　赵世军（2021年6月任职）
案管室主任　潘　珍（2021年3月任职）
监察室主任　付　皓（11月任职）
秦　波（2021年5月任职）
刘　艳（2019年7月任职）
李林桀（5月任职）
肖智纲（2019年12月任职）
曾爱学（2019年10月任职）
马孝飞（2021年5月任职）
徐孝睿（6月任职）
黄　曦（5月离任）
陈　玉（5月离任）
案件审理室主任　李玉娇（6月任职）
冷泽琼（6月离任）

黑龙滩风景区

党工委书记　李智勇
副书记　廖　锦（3月任职）
李　巍
纪工委书记　唐学刚
管委会主任　廖　锦（3月任职）
管委会副主任　张　亮
龚　睿
宋　明

办公室

主　任　卢孝芳（2019年7月任职）
副主任　廖眉凯（2021年6月任职）

国土资源和规划建设局

局　长　余娅莉（3月离任）
张　亮（6月任职）
副局长　李果立（2021年7月任职）

社会事业局

局　长　余　皎（11月离任）
卢华琼（11月任职）
副局长　陈　涛（2019年12月任职）

旅游发展和投资服务局

局　长　吴泽勇（2018年3月任职）
副局长　毛　颖（1月离任）

监察审计局

局　长　杨　丁（2017年1月任职）

工商质监和食品药品监督局

局　长　郭水君（11月离任）
胡志超（11月任职）
副局长　周晓刚（2018年3月任职）

财政局

局　长　张力刚（1月任职）
副局长　费　毅（2018年3月任职）

党群工作局

局　长　宋福泰（2020年5月任职）
副局长　廖顺昌（1月任职）

环境保护和安全生产监管局

局　长　田述豪（2021年5月任职）
副局长　刘　恒（2019年12月任职）

综合执法大队

副大队长　吴盖奇（2021年7月任职）
魏冬梅（3月任职）

党务政务中心

副主任　杨　勇（2018年3月任职）
谢　伟（2月任职）
代小波（2月离任）

四川仁寿经济开发区

党工委副书记　邓光友（4月任职）
程　伟（6月任职）
管委会副主任　邓光友（11月任职）
颜俊康（1月任职）

办公室（党群工作部）

主任（部长）　杨彧颖（6月任职）

经济发展局

局　长　易晓燕（9月任职）

财政局

局　长　吴海艳（11月任职）
企业运行服务中心主任　毛　媚（6月任职）
项目服务中心副主任　胡科颖（6月任职）

文林园区管委会

主　任　程　立
党群工作部部长　丁向阳
财政审计局局长　叶　萍
经济发展局局长　熊华颖
规划建设和国土管理局局长　李嘉渝
环安局局长　刘　健

汪洋园区管委会

主　任　蒋新文（2017年1月任职）

副主任　吴崇蓝(2018年8月任职)

仁寿县现代农业产业园区

党工委书记　王　果
管委会主任　黄　辉
副主任　余霞英(12月任职)
李文兵(12月任职)
雷　全(11月离任)
纪工委书记　张进明(11月离任)
刘文彬(11月任职)
项目服务中心主任　韩　洪(1月任职)

县委办公室

主　任　邓光友(1月任职)
周泽轩(1月离任)
副主任　吴林峰
黄　鹂　(6月任职)
谢　潇　(1月任职)
彭德忠(1月离任)
王荣铎(1月离任)
派驻纪检监察组组长　廖文才
机关党委书记　陈　猛(4月离任)
曾　程(5月任职)
目标绩效服务中心副主任
曾　杰(2021年7月任职)
李柄良(9月任职)
县人民对外友好协会副会长
王　刚(2021年12月任职)
曹正东(2021年12月任职)
县电子政务内网服务中心主任
丁　茂(2021年7月任职)
总工程师　许祥磊(2019年3月任职)
密码督察员　李剑青(2019年3月任职)

县委组织部

部　长　何禹衡
副部长　彭德忠(1月任职)
胡　润(1月任职)
杨　昕
伍杰梅
程　宇
王荣铎(1月任职)
兰浩洋(2020年5月任职)
部务委员　杨　放(2021年5月任职)
吴　虹(2021年1月任职)
叶　辛(9月任职)
派驻纪检监察组组长　王梦婕(6月任职)
黄　鹂(6月离任)
机关党委书记　杜炳圳(6月任职)
刘　梅(4月离任)
党员教育中心主任　王涵昱(9月任职)

县委编办

主　任　伍杰梅
副主任　刘勇刚
刘　涛(9月任职)
李　祥(6月离任)
登记服务中心主任　闵　新(1月任职)

县委老干部局

局　长　杨　昕
副局长　刘云光
金　炜
老干部活动中心主任　陈妍利

县委宣传部

部　长　毛自林(12月离任)
张殷智(12月任职)
副部长　李志明
李永建
徐　琳
部务委员　李金秀(2016年6月任职)
夏一丹(2016年6月任职)
思想政治工作研究会副会长　徐　涛(3月任职)
文联专职副主席　朱菊珍(9月任职)
社科联专职副主席　谭　杰(11月任职)

县委政法委员会

书　记　胡　刚(2月离任)
冷劲涛(2月任职)
副书记　周建芳
王贤友
黄明霞

派驻纪检监察组组长　杨思云
政治部主任　罗胜桃（2021 年 3 月任职）
专职委员　罗凌云（2019 年 3 月任职）
柴靖魁（2019 年 5 月任职）

县委统战部

部　长　陈双成
副部长　徐　庄
李明峰
周俊东（9 月任职）
民宗局局长　李明峰
副局长　杨智勇
部务委员　袁　峰（2019 年 12 月任职）
彭　洁（2021 年 5 月任职）

县委巡察办

主　任　徐洪云
副主任　帅力稚
巡察组组长　段　勇
郭　勇（1 月任职）
谢婵娟（1 月任职）
夏建成（1 月离任）
李小兵
梁明忠（1 月离任）
巡察组副组长　王清华
刁　瑜
胡玉英
叶世强
周丽萍
邱波静
杨　庆
韩　军
熊永述
秦红梅（3 月任职）

县信访局

局　长　彭绍华
党组书记
副局长　石　文（1 月离任）
黄　英
郭　劲
县信访群众疏导调解中心主任　杨琳芝

县政府办公室

主　任　彭杰文
副主任　廖　毅（3 月离任）
杨　健（4 月离任）
谢雨罡（3 月任职）
文　成（3 月任职）
陈雪娇（6 月任职）
彭绍华
机关党委书记　向庆梅（2019 年 12 月任职）
派驻纪检监察组组长
陈雪娇（6 月离任）
陈　辰（6 月任职）

县民生项目办协调服务中心

主　任　陈　进（2019 年 6 月任职）
副主任　吕永龙（2021 年 6 月任职）
王运国（2019 年 2 月任职）
周　璐（10 月任职）

县大数据中心

主　任　王佳伟（2021 年 5 月任职）
副主任　曾永波（10 月任职）
县政府督查室主任　陈　波（2017 年 5 月任职）

县发展改革局

局　长　王锡权（1 月任职）
邓光友（1 月离任）
党组成员　郭富一
副局长　彭少勋
魏绍辉
杨　翼
派驻纪检监察组组长　陈　娟
机关党委书记　唐贤明
总经济师　王仁杰（3 月任职）
总规划师　彭　涛（3 月任职）
县双圈同城发展促进中心副主任
焦文俊（3 月任职）
县项目工作服务中心副主任　刘　羲（6 月任职）

县经济和科技信息化局

局　长　贺志辉（1 月离任）

　　　　刘　刚(1月任职)
党组书记　贺志辉(1月离任)
　　　　刘　刚(1月任职)
副局长　唐　杨
　　　　彭　刚
　　　　余正兵

县科技信息化服务中心

主　任　王连军(2021年6月任职)
副主任　秦志强(2021年5月)
机关党委书记　黄西倩(2021年7月任职)
总经济师　杨　叶(2021年5月任职)

县经济合作局

局　长　毛　颖(1月任职)
党组书记　毛　颖(1月任职)
　　　　高　洁(1月离任)
副局长　彭骁艺
　　　　王玉明

县教育和体育局

局　长　宋全富
党委书记　宋全富
副局长　舒　江
　　　　陈云峰(9月离任)
　　　　张利军
机关党委书记　王泽琴(9月任职)
　　　　黄建华(9月离任)

县政府教育督导室

主　任　魏永安(2019年6月任职)
副主任　苏兵清(2017年5月任职)

县教育考试研究中心

主　任　王晓东(县大学中专招生委员会办公室主任2017年8月任职;县教育科学研究中心主任2023年2月任职)
副主任　李平平(3月任职)
　　　　李凯文(3月任职)
总督学　汪　勤(2021年8月任职)
派驻纪检监察组组长　彭小亮

县商务局

局　长　温晓燕
副局长　蒋旭东(11月离任)
　　　　林于绢
　　　　李双全(12月任职)

县第三产业发展中心

主　任　梁又文(2021年5月任职)
副主任　冷帝颖(2021年5月任职)

县民政局

局　长　王大章
副局长　李　娟
　　　　熊卓军
机关党委书记　曾　琴(2021年6月)

县财政局

局　长　张　峰
党组书记　张　峰
副局长　刘　军(10月任职)
　　　　吴　瑞
　　　　张力刚(1月离职)
　　　　骆德君(3月离职)
机关党委书记　唐　惠(10月任职)
　　　　刘　军(9月离职)

经济风险防控中心

主　任　胡曹林(2021年5月任职)
副主任　吴勇刚(10月任职)
县政府和社会资本合作中心主任
　　　　梁　栋(2021年5月任职)
县财政投资评审中心副主任　朱红丽(3月任职)
　　　　代　翔(3月离任)
国库集中支付中心主任　罗文俊(3月任职)
　　　　黄　强(3月离任)

县国有资产和金融工作局

局　长　朱章付(3月离任)
　　　　吴茂军(3月任职)
副局长　杨艳梅
　　　　郭国富
　　　　杜金松
　　　　彭　丽(3月任职)
机关党委书记　潘　勇(2017年11月任职)

国资金融管理服务中心副主任　代　翔（3月任职）
派驻纪检监察组组长　陈　玉（5月任职）

县公共资源交易中心

主　任　汤勇根（5月任职）
党组书记　汤勇根（5月任职）
副主任　张　瑜（1月任职）
　　田　勇（1月离任）

县行政审批局

局　长　吴茂军（3月离任）
　　朱章付（3月任职）
副局长　刘文举
　　黄艳慧
　　殷谷雨
机关党委书记　王　伟
总工程师　余泽文

县党政服务中心

副主任　宋勇刚
　　徐艳梅
　　辜春丽

县机关事务服务中心

主　任　罗　莉（1月任职）
副主任　包诗铭
　　邓　雄（1月任职）

县人力资源和社会保障局

局　长　张　誉（1月离任）
　　胡　润（2月任职）
副局长　王阳兵
　　梁丽蕖（2月任职）
　　吴　怡
　　周盛洪（2月离任）
机关党委书记　郭海东（2019年12月）
县纪委派驻纪检监察组组长　郭桂英

县就业服务中心

主　任　王阳兵
副主任　蔡志勇（4月离任）
　　冷志彬（4月任职）
　　邹　铭

县社会保险事业管理中心

主　任　张　建
副主任　王　政
　　仇九博

县医疗保障局

局　长　陈友岚
书　记　陈友岚
副局长　刘　刚
　　孟建坤

县医疗保障事务中心

主　任　向　欣
副主任　宋孟英
　　王　燕

县交通运输局

局　长　杨　鸣（1月离任）
　　蒋　竞（1月任职）
副局长　肖华平
　　王　勇（1月任职）
　　赖　燔（10月任职）
机关党委书记　罗露萍（2019年12月）
总工程师　彭　亮（3月任职）
交通运输综合行政执法服务中心主任
　　彭剑平（10月任职）
邮政业服务中心主任　唐　鉴（4月离任）
　　刘建祥（4月任职）

县住房和城乡建设局

局　长　夏永彬

副局长　陈　斌
陈玉梅
黄　亮
机关党委书记　方永刚(2021年6月任职)
总工程师　王佳雄(2015年1月任职)
派驻纪检监察组组长　张建军
县住房保障信息中心主任　黄　胜(2020年3月)
县市政园林管理综合服务中心主任
李　明(2019年2月)
县规划建设执法监察大队大队长
吴　亮(10月任职)

县综合行政执法局

局　长　段真龙
副局长　张　涛
严　科
叶安君
机关党委书记　余龙卿(6月任职)
骆建明(6月离任)
派驻纪检监察组组长　彭　轲

县规划和自然资源局

局　长　辜文超(4月离任)
毛洪宁(4月任职)
党委书记　汪芙莉(12月离任)
毛洪宁(4月任职)
副局长　程先勇
杨　琳(10月任职)
机关党委书记　辜智勇(2020年1月)
开发利用中心主任　杜　璟(12月任职)
不动产登记中心主任　刘　博(2021年7月任职)
国土资源执法大队大队长　毛向阳(7月任职)

县城乡土地征收补偿安置服务中心

主　任　叶　胜(9月离任)
副主任　吴　毅
彭双富
李林峰(1月任职)
黄　菲(10月任职)

县水利局

局　长　夏林茂
党委书记　夏林茂
副局长　辜旭丹
刘　阳
机关党委书记　苏　逸(2021年6月任职)
总工程师　谢　累(2021年5月任职)

县农业农村局

局　长　赖利军
党委书记　赖利军
副书记　余　倩
副局长　范　敏
刘泽文
郑建良
王　丹(3月任职)
王元根(1月离任)
章小红(1月离任)
机关党委书记　肖　伟(10月离任)
派驻纪检监察组组长　黄健康
县委农办专职副主任　何建普(1月任职)
总农艺师　杜　艳(1月任职)
总经济师　曾文军(2021年8月任职)
总畜牧师　张敏红(1月任职)

农业开发综合服务中心

主　任　余　倩(2021年4月)
副主任　秦红英(2019年8月)
高贤明(1月任职)
张子兵(1月任职)
农产品质量检验检测中心主任
马　兰(1月任职)
现代农业融合发展服务中心主任
万　琴(12月任职)

县文化广播电视和旅游局

局　长　谢艳华
党组书记　谢艳华
副局长　高　群
辜海燕(3月离任)
李　强
周彦玲

机关党委书记　刘国强（2019 年 12 月任职）

中国广电四川网股份有限公司仁寿县分公司

总经理　卢　忠

副总经理　吴小刚

刘　涛

李　萍（8 月任职）

总经理助理　廖真勇

县卫健局

局　长　吴　垚

县爱卫办主任　姜　楠（11 月离任）

副局长　郑　颖

曾艳东

派驻纪检监察组组长　向　海

机关党委书记　尹　琴（2021 年 3 月任职）

县城乡医疗发展中心主任　马　列（12 月任职）

县城乡医疗发展中心副主任　刘燕妮（6 月任职）

县统计局

局　长　张学军

副局长　邓　强

吴淑华

总统计师　吕　智

县审计局

局　长　罗　涔

党组书记　罗　涔

副局长　徐　强

王　平

刘玉芩

总审计师　钟金容（2021 年 7 月任职）

县应急管理局

局　长　杨　鸣（1 月任职）

王锡权（1 月离任）

党委书记　杨　鸣（1 月任职）

副局长　冷鹏程

杨勇军

夏小东

机关党委书记　何天禹（2019 年 12 月任职）

总工程师　周　惠（3 月任职）

应急指挥中心主任　韩子睿（2021 年 1 月任职）

县市场监督管理局

局　长　鲜　兵

副局长　曾小林（4 月离任）

熊　刚（4 月离任）

毛晓峰

刘俊超（4 月任职）

派驻纪检监察组组长　陈伟利（5 月任职）

张龙刚（3 月离任）

总工程师　刘忠旭（4 月离任）

金　鹏（6 月任职）

食品安全总监　陈　洁（4 月上任）

药品安全总监　杨裕人（2021 年 8 月任职）

县退役军人事务局

局　长　唐建彬

副局长　刘龙军

黄　达

陈　渝（1 月任职）

退役军人服务中心主任

朱永红（2021 年 5 月任职）

武警仁寿中队

中队长　杜崇华

指导员　何凯凯

副中队长　邓明佳（4 月离任）

李　葛（4 月任职）

县消防救援大队

大队长　王　乔

教导员　熊燕翔

县公安局

局　长　潘　峰

党委书记　潘　峰

政　委　黄　乔

副政委　李海辉

彭嘉毅（12 月离任）
刘　建
杨　波（12 月任职）
副局长　刘　强
吴建忠（10 月离任）
宋八一
政治处主任　王　力（2019 年 10 月任职）
机关党委书记　李学良（2018 年 3 月任职）
派驻纪检监察组组长　陈伟利（5 月离任）
黄　曦（5 月任职）

县人民检察院

检察长　樊正祥
党组书记　樊正祥
副书记　李建兵（5 月任职）
吕智勇（5 月离任）
副检察长　李建兵
吕智勇
李向东（9 月离任）
辜玉刚
唐　斌（12 月任职）
政治部主任　陈晓红（2017 年 5 月任职）
专职检察委员会委员　李小强（3 月任职）
胡小玉（3 月任职）

县人民法院

院　长　颜　毅
党组书记　颜　毅
副书记　刘健超
副院长　刘健超
张巍耀
李　瑾
李　乐（10 月离任）
陈　勇
政治部主任　王霞英

县司法局

局　长　李学辉
副局长　刘　健
唐　强
政治部主任　彭　娟
机关委员会书记　王　力（12 月任职）
李学明（12 月离任）
文林司法所所长　唐　莉（2021 年 8 月任职）
富加司法所所长　徐小丽（2021 年 8 月任职）
汪洋司法所所长　曾德根（2021 年 8 月任职）
文宫司法所所长　胡安华（2021 年 8 月任职）
慈航司法所所长　许　刚（2021 年 8 月任职）
大化司法所所长　曾仲磊（2021 年 8 月任职）
钟祥司法所所长　许　多（10 月任职）
满井司法所所长　王珊珊（2022 年 10 月任职）

县总工会

主　席　张晓红
副主席　杜　健
唐菊英
王春燕

县科协

主　席　胡永生
副主席　李双全（11 月离任）
蒋旭东（11 月任职）

共青团仁寿县委

书　记　雍　俊
副书记　陈　莹
黄俊杰（6 月任职）

县妇联

主　席　姚海英
副主席　廖　玉
蒋彦亭

县工商联合会（商会）

主席（会长）　辜文超（7 月选任）
党组书记　高　洁（1 月任职）
副主席（副会长）　高　洁（7 月选任）
李　玲
徐兴有

县残联

理事长　田　泳
党组书记　田　泳
副理事长　李志刚（11 月任职）
　何　卫（11 月任职）
　毛　方（11 月离任）
　邓赋生（11 月离任）

县红十字会

副会长　刘　艳
　李　帅
副监事长　邓　群

县农民工服务中心

主　任　刘　刚（2021 年 7 月离任）
　汪本高（10 月任职）
副主任　汪本高（9 月离任）
　马　列（11 月离任）

县供销合作社

党委书记　梁煦东
理事会主任　梁煦东
副主任　宋　彬（5 月离任）
　徐建新
　冯　希
监事会主任　蒋再明（3 月离任）
　袁　东（3 月任职）

县委党校

校　长　何禹衡
副校长　程　宇
　王勇华
　何良慧

县委党史研究室

主　任　周国如
副主任　肖　芳

县融媒体中心

主　任　毛自林（11 月离任）
　张殷智（11 月任职）
党组书记　毛自林（11 月离任）
　张殷智（11 月任职）
副主任　熊小华（9 月离任）
　徐　静（4 月任职）
总工程师　黄获瑾
机关委员会书记　刘　江
总编辑　张　佳（4 月任职）

县档案馆

馆　长　祝刚贵
副馆长　王冬梅（6 月任职）
　肖　伟（10 月任职）
　李竹均（3 月离任）
　李　玲（9 月离任）

国家税务总局仁寿县税务局

局　长　刘应军（11 月离任）
　吴　涯（11 月任职）
党组书记　刘应军（11 月离任）
　吴　涯（11 月任职）
副局长　廖建忠（8 月离任）
　骆　勇（8 月离任）
　李文学
　李博飞
　李　腾（11 月任职）
纪检组组长　马肖军

县气象局

局　长　程　盛
副局长　肖艳琴
　刘　勇

仁寿供电公司

总经理　刘　阳（8 月离任）
　张　凌（8 月任职）
党委书记　张　凌（8 月离任）

刘　勇(8月任职)
副总经理　赵富明(9月离任)
周　然
张　潇
马正林
曾一峰
工会主席　吴三琼(2020年7月任职)

中国邮政集团有限公司仁寿县分公司

总经理　陈　翔
副总经理　谢　文
杨　益
吴润郎

县供排水有限责任公司

董事长　王庆利
副董事长　苏　立
总经理　王阳根
副总经理　王　勇
财务总监　杨　刚(10月离任)
何小舟(11月任职)

仁寿县恒烨燃气有限公司

总经理　柯　杰(2021年11月任职)
副总经理　胡　浩(2021年11月任职)
曹梦芩(2021年11月任职)
曹　龙(2021年11月任职)
廖兴良(2021年11月任职)
财务总监　王　彪(2021年11月任职)

县电信公司

总经理　彭国锋
副总经理　李　琰
杨骥飞
肖　睿
孙荧秋

中国移动仁寿分公司

经　理　夏　冬
副经理　李燕军
徐勇波
何　勇(7月任职)

四川省都江堰黑龙滩灌区管理处

处　长　曾　理(4月离任)
党委委员　张乃禄
李　超
陈德宽
张茂华
钟　陵(5月任职)
程　越(5月任职)
副处长　张乃禄
李　超(12月离任)
陈德宽
张茂华
钟　陵(5月任职)

县银保监管组

组　长　肖自力(2月离任)
周常清(2月任职)

人民银行仁寿支行

行　长　言　波(12月任职)
党组书记　言　波(12月任职)
副行长　言　波(12月离任)
贾　智
宋建新(8月任职)

人寿保险仁寿县支公司

经　理　祝燕波
副经理　张萍英
肖　琴(5月任职)

财产保险仁寿支公司

经　理　宋　彬
副经理　郭　健
田建伟(9月任职)

县烟草专卖局(分公司)

局长(经理) 司东强
副局长 王 庆
副经理 梁鸿英

眉山市仁寿生态环境局

局 长 吴建华
副局长 陈义强
卢华琼(11月离任)
总工程师 彭建国(2019年8月任职)
机关党委书记 刘 宏(2019年10月任职)

关工委

主 任 何禹衡
执行主任 彭森茂
名誉主任 叶德明
彭自如
副主任 梁永霞
杨克能
张新国
郭火儒
朱文良
何建松
梁茂森
秘书长 杨 昕

文林街道

党工委书记 宋 萍
人大工委主任 李汐涛
办事处主任 辜皓玮(5月任职)
胡 润(1月离任)
副书记 辜皓玮(1月任职)
胡 润(1月离任)
段 薇(12月离任)
唐 琦(5月任职)
谢 丹
纪工委书记 李 勇
组织宣传委员 王丽娜
政法统战委员 周贤军
办事处副主任 张超文
李良云(3月离任)
夏淑红
姜道学
李 豪(3月任职)
便民服务中心主任 韩 博

普宁街道

党工委书记 徐 刚
人大工委主任 秦学超(10月离任)
黄 耀(10月任职)
办事处主任 沈 永
副书记 沈 永
刘 宏(9月任职)
杜金松(3月任职)
纪工委书记 干 磊
组织宣传委员 刘 宏(9月离任)
政法统战委员 黄 健
办事处副主任 李少军
黄 旭
郑岚心
杨 曾
便民服务中心主任 黄 菲(9月离任)

怀仁街道

党工委书记 李 超
人大工委主任 舒学文
办事处主任 黄 胜
副书记 黄 胜
王 鑫
纪工委书记 杨升才
组织宣传委员 朱彦赟(9月任职)
唐 惠(9月离任)
政法统战委员 李泽彬
办事处副主任 万 勇
徐 静
吴锦华
张春明
便民服务中心主任 魏滋力(4月任职)

汪洋镇

书　记　朱　刚
人大主席　甘　柯(4月离任)
　杨　健(5月任职)
镇　长　李　讯
人大副主席　李联贵(11月退任)
　祝崇杰(12月任职)
副书记　李　讯
　牟利梅
纪委书记　黄志强
组织宣传委员　曾　霞
政法统战委员　但雅琴
副镇长　简　兵
　刘文兵(4月离任)
　吴勇军
　夏毓廷
　王　坤
　陈江沙
　袁煜松(5月任职)
便民服务中心主任　王　伟

文宫镇

书　记　汪仲文
人大主席　宋　平
副主席　李　群
镇　长　唐　思
副书记　唐　思
　朱　陈
纪委书记　宋小龙
组织宣传委员　高　原
政法统战委员　董晓琴
副镇长　杨一龙
　曹晓军
　骆　旭
　张　钊
　郑　伟
便民服务中心主任　高贤明(1月离任)
人大副主席　李　群

富加镇

书　记　赵宗权(4月离任)
　阙　红(4月任职)
人大主席　童　翔
镇　长　阙　红(4月离任)
　甘　柯(5月任职)
人大副主席　陈　亮
副书记　阙　红(4月离任)
　甘　柯(4月任职)
　周仁勇(4月离任)
　刘香芝(9月任职)
纪委书记　刘香芝(9月离任)
　伍　帅(9月任职)
组织宣传委员　黄　伟
政法统战委员　汪智勇
副镇长　方永明
　李文兵(11月离任)
　李　强
　贾　雨
　郑元伟
　李　波(12月任职)
便民服务中心主任　张　晋

黑龙滩镇

书　记　向煊锋(1月离任)
　杨　力(1月任职)
人大主席　胡志超(11月离任)
　王良武(12月任职)
镇　长　龙　强(5月任职)
人大副主席　邱　娇
副书记　龙　强
　荀　琦(9月离任)
　王良武(11月离任)
　徐诗雨(11月任职)
纪委书记　杨　东
组织宣传委员　徐诗雨(11月离任)
政法统战委员　陈珏西
副镇长　王万平
　任碧刚
　徐治华
便民服务中心主任　魏冬梅(3月离任)

禾加镇

书　记　闵　聪

人大主席　　高晓玲
镇　长　　梁相东
人大副主席　　毛智敏
副书记　　梁相东
谢　伟（4月任职）
宋伦平（4月离任）
纪委书记　　李雪涛
组织宣传委员　　黄　慧
政法统战委员　　吕小刚
副镇长　　刘　勇
王　琴
胡　波
便民服务中心主任　　冯志强（12月离任）
张　平（12月任职）

禄加镇

书　记　　张学彬
人大主席　　黄路惠
镇　长　　余正辉
人大副主席　　王　超
副书记　　余正辉
黄俊文
纪委书记　　贺　杰
组织宣传委员　　李　勇
政法统战委员　　周萍莉
副镇长　　曾　勇
陈　澜
郑秀梅
便民服务中心主任　　冯　朋

藕塘镇

书　记　　高晓东
人大主席　　刘　翔
镇　长　　熊志鹏
人大副主席　　何　媛
副书记　　熊志鹏
王泽琴（9月离任）
宋全富（9月任职）
纪委书记　　余洪彬
组织宣传委员　　高海涛
政法统战委员　　张　涛
副镇长　　但　勇
李　鑫（6月离任）
夏正林（6月任职）
叶柃江
便民服务中心主任　　杨锦茏

宝飞镇

书　记　　杨　力（1月离任）
张　俊（1月任职）
人大主席　　黄尚军
镇　长　　郑体薇
副书记　　郑体薇
辜　奎
纪委书记　　石利萍
组织宣传委员　　许　丹
政法统战委员　　廖　进
副镇长　　张文兵
罗教员
朱焕哲
秦　琴
便民服务中心主任　　杨　梨

方家镇

书　记　　邱华文
人大主席　　吕勇志（9月离任）
王　栋（12月任职）
镇　长　　宋　伟
副书记　　宋　伟
何江涛
纪委书记　　叶建何
组织宣传委员　　李　卓
政法统战委员　　刘木金
副镇长　　王浩宇
陈淑君
苏世军
王　桃
便民服务中心副主任　　刘燕妮（6月离任）

钟祥镇

书　记　　贺　勇

人大主席　黄　鲲(6月离任)
　　陈　波(8月任职)
镇　长　邓鸿中
副书记　邓鸿中
　　王　栋(9月离任)
纪委书记　余学军
组织宣传委员　朱彦赟(9月离任)
　　宋　群(9月任职)
政法统战委员　黄　旸
副镇长　唐建军
　　廖廷锋
　　吴建容
　　熊　威

龙正镇

书　记　谌再斌
人大主席　杨　锋(4月离任)
　　宋伦平(5月任职)
镇　长　杨　勇
副书记　杨　勇
　　刘　刚
　　王　玲(9月离任)
纪委书记　张晓飞
组织宣传委员　罗　霄(1月离任)
　　姚　琴(11月任职)
政法统战委员　葛维佳
副镇长　代小东
　　张明莉
　　周　伟(2021年10月任职)
　　文越来(9月离任)
　　徐珑芸(10月任职)
便民服务中心主任　黄玉珊(7月任职)

彰加镇

书　记　雷　宇
人大主席　张雪梅
镇　长　毛　辉
副书记　毛　辉
　　朱鑫源
纪委书记　吴慧立
组织宣传委员　佘冬琴
政法统战委员　朱雪琴
副镇长　杜　潇
　　蒋　静
　　吴　亮
　　张　欢
便民服务中心主任　唐　瑶

满井镇

书　记　李凤凰
人大主席　陈　虹
镇　长　杨　锋(6月任职)
　　辜皓玮(1月离任)
副书记　杨　锋(4月任职)
　　辜皓玮(5月离任)
　　陈　波(6月离任)
　　兰浩洋(9月任职)
纪委书记　王　俊
组织宣传委员　余沁玲(9月离任)
　　王　绪(9月任职)
政法统战委员　李小兵
副镇长　陈传奎
　　廖春梅
　　雷　旭
　　罗平一
便民服务中心主任　徐　颖(6月离任)

新店镇

书　记　曹雪峰(4月离任)
　　王　科(4月任职)
人大主席　李维毅
镇　长　黄　梅
副书记　黄　梅
　　吴　涛(11月任职)
　　杜　艳(1月离任)
纪委书记　王　帅(2021年6月任职)
组织宣传委员　姚　琴(11月离任)
政法统战委员　黄　飞
副镇长　郭祥军
　　朱　艳
　　段运榆
　　贺　星
便民服务中心主任　冯志强(12月任职)

始建镇

书　记　　　叶　欣
人大主席　　骆恒宇
镇　长　　　叶家胜
副书记　　　叶家胜
　　　　　　刘洋汐
纪委书记　　蔡　勇
组织宣传委员　李巾杰
政法统战委员　郭　洁
副镇长　　　刘立春
　　　　　　黄秀兰
　　　　　　唐裕伟
　　　　　　张文青
便民服务中心主任　罗　燕

大化镇

书　记　　　杨　斌
人大主席　　辜栋良
镇　长　　　李　杰
副书记　　　李　杰
　　　　　　李明智
纪委书记　　黄　磊
组织宣传委员　何俊男
政法统战委员　汪永龙（11月任职）
　　　　　　刘　永（11月离任）
副镇长　　　李　平（11月任职）
　　　　　　张晓刚
　　　　　　毛　进
　　　　　　曹国生
便民服务中心主任　郭　旭

慈航镇

书　记　　　尹小双
人大主席　　徐　颖
镇　长　　　陈　猛（5月任职）
　　　　　　王　科（4月离任）
副书记　　　陈　猛（4月任职）
　　　　　　李小兵
纪委书记　　刘佳升（9月任职）
　　　　　　李林桀（5月离任）
组织宣传委员　吴利君
政法统战委员　张　华
副镇长　　　辜文涛（9月离任）
　　　　　　付　兰
　　　　　　刘晓萍
　　　　　　徐福杰
　　　　　　庞海波（10月任职）
便民服务中心主任　黄丛辉（12月任职）

谢安镇

书　记　　　王小宁
人大主席　　邓　涛
镇　长　　　李　勇
副书记　　　尹　刚
纪委书记　　郭　杰
组宣委员　　徐名霞
政法统战委员　刘　烨
副镇长　　　王　郝
　　　　　　向伟杰
　　　　　　朱红军
　　　　　　赵力娇
便民服务中心主任　周　艳（12月离任）

珠嘉镇

书　记　　　杨志勇
人大主席　　蒋九宏（10月离任）
　　　　　　陈云峰（10月任职）
镇　长　　　沈世祥
副书记　　　朱　敏
纪委书记　　李鹃池
组织宣传委员　高岭岚
政法统战委员　黎高勇
副镇长　　　吴雄翼
　　　　　　吴　博
　　　　　　方　艳
便民服务中心主任　黄　娥

曹家镇

书　记　　　黄小芮
人大主席　　彭九林（5月离任）

周仁勇（5 月任职）
镇　长　伍　逊
副书记　伍　逊
王郁华
纪委书记　黄莉君
组织宣传委员　陈　波
政法统战委员　李晓燕
副镇长　唐勇建
邓　雨
袁海杰
陈　勇
便民服务中心主任　刘　羲（6 月离任）
郑　丹（10 月任职）

板桥镇

书　记　陈卓然
人大主席　肖　刚
镇　长　钟泽栋
副书记　钟泽栋
朱万军
纪委书记　王　曦
组织宣传委员　曾　雨
政法统战委员　胡华云
副镇长　曾旭东
颜克军
雷　洋
徐　弘（11 月任职）
便民服务中心主任　李国龙

宝马镇

书　记　蒋中涵（4 月离任）
邓志强（4 月任职）
人大主席　陈　刚
镇　长　邓志强（4 月离任）
刘　梅（5 月任职）
副书记　李羿锋
纪委书记　刘　涛（9 月离任）
彭　浩（9 月任职）
组织宣传委员　何　卫（11 月离任）
政法统战委员　张　鹏
副镇长　刘　杰
刘　然
罗　敏
便民服务中心主任　周　艳（12 月任职）

青岗乡

书　记　熊　宇
人大主席　许　斌（6 月离任）
李　祥（8 月任职）
乡　长　张　蓓
副书记　张　蓓
王　波
纪委书记　刘　冬
组织宣传委员　张　萍
政法统战委员　田碧华
副乡长　汪　倩
闵　力
便民服务中心主任　毛　娟

虞丞乡

书　记　凌　涌
乡　长　罗　芹
人大主席　严月苑
副书记　罗　芹
李志刚（11 月离任）
纪委书记　孟建华
组织宣传委员　黄群先
政法统战委员　余　勇
副乡长　张　维
李　玲
伍　杰
便民服务中心主任　刘天文

荣誉榜

一、2022 年获得国家级表彰先进个人事略

阙隆盛，男，1973 年 9 月出生，四川仁寿人，大学本科学历，中共党员，仁寿县急救指挥中心主任。2013 年，成为红十字会会员。2021 年，经仁寿县红十字会第一届会员代表大会选举为县红十字会常务理事。阙隆盛加入红十字会后，以实际行动弘扬“人道、博爱、奉献”的红十字精神，积极主动组织会员及本系统职工广泛参加各项志愿服务活动。在取得红十字应急救护师资证后，将红十字“救”放在身边作为首要任务，常常利用休息时间，为群众普及应急救护知识。作为红十字会师资参与了仁寿县近年来几乎所有普及培训和救护员培训的计划与实施，普及培训人数已达 8 万余人，培训救护员逾万人。还受邀到成都市、金川县、眉山天府新区等地宣传和普及红十字知识。在工作之余致力于宣传造血干细胞捐献、关爱青少年、关心伤残人员等爱心事业，以实际行动传承人道精神。疫情期间，作为红十字会会员，阙隆盛充分发挥自身工作优势，在不分昼夜全力开展重点人员转运调度的同时，主动申请担任隔离点负责人，将红十字人的奉献精神深深烙印在心中。在“5·8 世界红十字日”“世界急救日”“世界献血日”等重要节点，身着红十字志愿者红衣，向广大群众宣讲疫情防控知识，身影活跃在大街小巷，用初心和行动践行一名中国红十字会会员的铮铮誓言。2022 年 11 月，阙隆盛被中国红十字会评为“会员之星”。

刘建，男，1974 年 1 月出生，中共党员，大学文化，1996 年 9 月参加公安工作，一级警长，现任仁寿县公安局党委委员、副政委。工作以来，该同志先后被评为全县“人民满意政法干警”、全市“办案能手”、全市“综治工作先进个人”和“三大主题先进个人”，2010 年被眉山市委、市政府记个人二等功，2013 年被四川省公安厅授予“十佳法制民警”称号，2014 年被四川省公安厅授予“业务能手”称号，2019 年被眉山市委政法委、市人社局评为“二十佳政法干警”。“七五”普法工作开展以来，刘建紧紧围绕“七五”普法规划要求，牵头将普法工作融入公安执法工作全过程，不断优化工作思路、完善工作机制、创新方式方法，强力推进仁寿县公安局普法工作深入开展。在县公安局领导的大力支持下，县公安局先后印发《仁寿县公安局受案立案登记管理规定》《仁寿县公安局执法质量考评实施办法》等执法制度，共培育法制宣传民警 70 余人，解答基层民警法制疑问 900 余人次，牵头组织各类法治宣传活动 80 余场次，解答群众法律咨询 300 余人次，全警尊法学法守法用法意识明显增强，公安机关执法环境不断改善，社会各界安全感、满意度持续提高。刘建被中宣部、司法部和全国普法办评为“全国普法工作先进个人”。

蔡卫宇，男，回族，1982 年 12 月生，中共党员，2008 年 1 月参加工作，现任仁寿县公安局党委委员、政治处主任。参加工作十多年，他扎根基层，默默奉献，把公安工作当成奋斗一生的事业，先后荣立个人二等功 1 次，三等功 2 次，嘉奖 1 次，2016 年被四川省公安厅纳入法制专家人才库。在刑侦战线上，蔡卫宇因侦办 2010 年“3·29”公安部部督目标案件崭露头角，而后十年间多次参加侦办四川省公安厅、眉山市公安局和县公安局多起有影响案件，用过硬的证据链条构建和法律素养将每一个案件办成铁案，是同事眼中的“专案首选”人才。在法制工作岗位上，他虚心好学、苦练本领、善于将理论与实践结合起来，服务于基层实战，审批的 2000 余件刑事、行政案件无一错案。他曾多次代表四川省公安厅、眉山市公安局到其他市、州开展专项督查、检查。在基层派出所工作中，他立足辖区实际，对人民群众反映比较强烈的涉黑恶、涉

黄、涉赌、涉毒等线索逐一梳理核查，精心组织，团结带领民警重拳出击，打掉涉赌团伙2个、涉赌窝点1个、涉黄窝点2个，切实维护了辖区社会稳定。近三年，蔡卫宇带领龙正派出所全警积极推进辖区平安建设，争创“枫桥式公安派出所”，先后细心调处各类纠纷300余起，查处行政案件200余件，破获刑事案件100余起，起诉60余人，有效地维护了当地社会治安秩序，赢得党委政府和人民群众的一致好评。2022年，蔡卫宇荣获公安部“全国优秀人民警察”称号。

汪晶，女，1984年3月出生，四川仁寿人，本科学历，中共党员，仁寿县文林街道文林社区党委书记、居委会主任、团总支书记。汪晶紧紧围绕党建带团建、团建促党建工作，充分发挥文林社区7个团组织联系青年的桥梁纽带作用，团结带领社区团员青年投身团建工作，推动社区治理精细化，扎实做好社区建制调整“后半篇文章”。2022年，突出思想政治引领，开展“学习中共二十大精神”“厉行节约，反对浪费”“电信反诈宣传教育”等主题团日活动，第一时间组织社区青年宣讲团深入辖区开展中央、省、市、县重要会议精神宣讲，覆盖1000余人次。自2020年初，新冠疫情发生以后，组织300余名年轻人成立疫情防控青年突击队，参与下沉一线摸底排查，完成社区内3389户8326名常住人口及681间门市的全覆盖信息采集、防疫宣传、居民疫苗接种等重难点工作，为疫情防控阻击战贡献青春力量。2021年汛期高峰，她带领社区年轻干部日夜坚守，监测辖区两处涉及90户人的地质灾害点，组织团员青年提前转移受灾群众10余人，下好预防预备“先手棋”。成立青年党史政策宣讲队，通过向群众宣讲旧城改造政策，做通老年人思想工作，化解矛盾纠纷，顺利完成59个老旧小区改造任务，糖酒小区、供销社小区被评为全市“示范小区”。分层分类开展青年就业培训，组织辖区青年30余人参加为期15天的健康管理、裁缝技术、家政服务等创业技能集中培训，推荐社区100名青年到信利集团、灿光光电有限公司面试，其中52人成功入职。扶持关爱辖区老人和儿童，联合辖区医院定期为60岁以上老人开展健康知识讲座和免费体检20余场，服务1000余人。开展“六一儿童邻里节”以及常态化开展“快乐小东坡——家庭童乐”心理建设、自我保护安全教育、手工绘画艺术等留守儿童主题关爱活动20场，总覆盖2000余人次，为儿童健康成长助力。春节前开展“暖冬行、爱传递”文明实践志愿服务活动，为辖区7名困境儿童和60名困难人群送去心愿物资和福袋。充分发挥传统节日的载体作用，联合辖区29个单位开展“端午粽飘香、社区睦友邻”“岁月无声，真爱永恒”“文明创城、青春同行”五四青年节大型文艺会演等主题活动，弘扬传统文化的同时为青年交友联系搭建平台，惠及1200人。作为社区书记积极带领社区党员群众打造党建引领、青年参与、共建共享、朝气蓬勃的社区共同体。2022年5月，汪晶被共青团中央评为“全国优秀共青团干部”。

丁子心，女，2009年10月出生，现就读于仁寿实验中学。丁子心出生在一个军人家庭，她的爷爷、外公、爸爸都曾是光荣的军人，也是共产党员。她从小在长辈的教育熏陶下，喜爱听革命故事，唱红歌，参观红色博物馆，逐渐树立起正确的爱国观和民族观。丁子心自从加入中国少年先锋队以后，更是以高标准要求自己，时刻牢记一名光荣队员的职责和使命；她热爱少先队工作，认真负责，主持和参与各项少先队活动，出色地完成任务。2021年7月9日，她代表学校参加在眉山召开的中国少年先锋队眉山市第二次代表大会，被推选为光荣的主席团成员。丁子心从一年级开始就担任班级班委、中队长，又担任学校小红帽工作等。在参与小红帽工作时，她主动帮助低年级的弟弟、妹妹解决困难，维护校园卫生，帮助老师维护学校秩序，积极参与校园广播等。丁子心总是主动为老师分忧，热诚为同学服务，受到老师的肯定和同学们的喜欢，多次被评为学校三好学生、优秀学生干部、最美小红帽等。在家里，她关心亲人冷暖，经常帮助爸爸妈妈做一些力所能及的家务活，还喜欢讲笑话给他们听，给家人带来欢声笑语。她还经常跟着妈妈参加志愿者活动：参与湿地公园清理垃圾、学校运动会服务活动等。通过这些志愿者活动和社会活动，她更能体会生活的不易，体恤父母的辛苦。丁子心成绩优异，全面发展，是一个有志向、有梦想、爱国家、爱家庭、爱生活的好孩子。2022年12月，丁子心被团中央、教育部和中国少年先锋队全国工作委员会评为“2022年度全国优秀少先队员”。

表53　2022年度荣获市委、市政府及以上表彰先进个人

表彰时间	姓名	工作单位	荣誉称号	表彰机关
2022年7月11日	明　宇	县委副书记、县政府县长	2021年度重点项目工作先进个人	眉山市委、市政府
2022年9月1日	明　宇	县委副书记、县政府县长	2021年度财政工作先进个人	眉山市政府办
2022年10月2日	明　宇	县委副书记、县政府县长	2021年度生态环境党政同责先进个人	眉山市委办、市政府办
2022年7月11日	唐　余	县委副书记	2021年度巩固拓展脱贫攻坚成果同乡村振兴有效衔接工作先进个人	眉山市委、市政府
2022年7月11日	陈双成	县委常委、统战部部长	2021年度全市退役军人事务工作先进个人	眉山市委、市政府
2022年7月11日	罗　琦	县委常委、县人武部政委	2021年度双拥工作拥政爱民先进个人	眉山市委、市政府 眉山军分区
2022年7月11日	张晓红	县委常委、县总工会主席	2021年度开放发展工作先进个人	眉山市委、市政府
2022年10月2日	张晓红	县委常委、县总工会主席	2021年度食品安全党政工作先进个人	眉山市委办、市政府办
2022年6月24日	何禹衡	县委常委、组织部部长	眉山市年轻干部“兴眉优培计划”培训班(第1期)优秀学员	眉山市委党校
2022年10月2日	孟　强	仁寿县人民政府	2021年度统计调查工作先进个人	眉山市委办、市政府办
2022年10月	吴林峰	仁寿县委办公室	2021年度全市办公室工作先进个人	眉山市委办、市政府办
2022年7月14日	李　茜	仁寿县委办公室	2021年度全市档案工作先进个人	眉山市委办、市政府办
	曾媛莉	仁寿县委办公室	2021年度保密机要工作先进个人	眉山市委办、市政府办
2022年12月9日	陈妍颖	仁寿县委组织部	2021年度创业就业工作先进个人	眉山市政府办
2022年10月2日	刘中水	仁寿县委组织部	2021年度走基层直接联系服务群众工作先进个人	眉山市委办、市政府办
2022年10月2日	毛自林	仁寿县委宣传部	第七次全国人口普查先进个人	眉山市委、眉山市政府
2022年7月11日	徐　琳	仁寿县委宣传部	2021年度宣传工作先进个人	眉山市委、市政府
2022年7月11日	朱菊珍	仁寿县委宣传部	2021年度双拥工作先进个人	眉山市委、市政府 眉山军分区
2022年7月20日	杨　昕	仁寿县委老干局	四川省老干部工作先进个人	四川省委老干部局、省委组织部、省人力资源和社会保障厅
2022年7月29日	彭杰文	仁寿县政府办公室	全省征兵工作表现突出个人	四川省政府、省军区
2022年10月2日	杨　健	仁寿县政府办公室	第七次全国人口普查工作先进个人	眉山市委办、市政府办
2022年10月2日	周　璐	仁寿县政府办公室	2021年度办公室工作先进个人	眉山市委办、市政府办
2022年10月2日	潘小梅	仁寿县政府办公室	2021年度保密机要工作先进个人	眉山市委办、市政府办
2022年10月2日	杨　峰	仁寿县政府办公室	2021年度安全生产党政同责工作先进个人	眉山市委办、市政府办
2022年11月4日	朱　峰	仁寿县政协办公室	全省政协宣传思想工作先进个人	政协四川省委员会办公厅
2022年11月4日	肖钰涵	仁寿县政协办公室	全省政协优秀通讯员	政协四川省委员会办公厅
2022年11月7日	肖钰涵	仁寿县政协办公室	全省政协“有事来协商”工作先进个人	政协四川省委员会办公厅
2022年11月11日	张　林	仁寿县政协农业和农村委员会	“助力巩固脱贫、助推乡村振兴”专项活动先进个人	政协四川省委员会办公厅

续表 53

表彰时间	姓名	工作单位	荣誉称号	表彰机关
2022 年 9 月	周盛洪	县人社局	四川省农民工工作先进个人	四川省农民工工作领导小组办公室
2022 年 7 月 14 日	陈　勇	仁寿县群众工作中心	2021 年度全市信访工作先进个人	眉山市委、市政府
2022 年 7 月 11 日	唐建彬	仁寿县退役军人事务局	2021 年度退役军人事务工作先进个人	眉山市委、市政府
2022 年 7 月 11 日	荣小瑶	仁寿县退役军人事务局	2021 年度退役军人事务工作先进个人	眉山市委、市政府
2022 年 7 月 11 日	唐智勇	仁寿县退役军人事务局	2021 年度双拥工作先进个人	眉山市委、市政府
2022 年 12 月 9 日	陈　忠	仁寿县退役军人事务局	2021 年度创业就业工作先进个人	眉山市政府
2022 年 10 月 2 日	吴永泉	仁寿县纪委监委	“十三五”期间公共机构节能工作先进个人	眉山市委办、市政府办
2022 年 4 月 13 日	汪　晶	仁寿县文林社区服务党委书记	全国优秀共青团干部	共青团中央
2022 年 4 月 15 日	罗艺鑫	仁寿县城北初中副校长	全省优秀共青团干部	共青团四川省委
2022 年 10 月 12 日	周奕秀	仁寿县青少年宫教师	四川省优秀少先队辅导员	共青团四川省委
2022 年 12 月 27 日	丁子心	仁寿县实验中学学生	全国优秀少先队员	共青团中央
2022 年 2 月	蒋彦亭	仁寿县妇联	四川省基层妇联组织建设先进个人	四川省妇联
2022 年 5 月	廖　玉	仁寿县妇联	四川省家庭工作先进个人	四川省妇联、省文明办
2022 年 8 月	杨秀恋	仁寿县妇联	2016—2020 年度妇女儿童工作先进个人	眉山市政府
2022 年 7 月 11 日	徐兴有	县工商联	2021 年度“百企联百村助力乡村振兴”工作先进个人	中共眉山市委、市政府
2022 年 7 月 11 日	童国军	县工商联	2021 年度统战工作先进个人	中共眉山市委
2022 年 11 月 1 日	阙隆盛	县急救指挥中心主任、县红十字会常务理事	中国红十字会“会员之星”	中国红十字会
2022 年 7 月 14 日	阙隆盛	仁寿县急救指挥中心	中国红十字会“会员之星”	中国红十字总会
2022 年 7 月 11 日	周建芳	县委政法委	2021 年度政法先进个人	眉山市委、市政府
2022 年 10 月 2 日	郑永飞	县委政法委	2021 年度信访工作先进个人	眉山市委办、市政府办
2022 年 1 月 1 日	刘菊香	出入境	全省公安出入境“三星”民警	四川省公安厅
2022 年 1 月 10 日	王　翔	合成作战中心	“110”工作成绩突出个人	四川省公安厅
2022 年 12 月 9 日	胡向松	合成作战中心	疫情防控先进个人	四川省公安厅
2022 年 10 月 2 日	熊蓝剑	警务保障室	“十三五”期间公共机构节能工作先进个人	眉山市委办、市政府办
2022 年 1 月 14 日	杜　权	拘留所	2021 年度监管工作成绩突出所领导	四川省公安厅
2022 年 1 月 14 日	李　蕴	拘留所	2021 年度监管业务能力突出民警	四川省公安厅
2022 年 5 月 8 日	蔡卫宇	龙正派出所	全国优秀人民警察	公安部
2022 年 10 月 2 日	刘　飞	富加派出所	信访工作先进个人	眉山市委办、市政府办
2022 年 11 月 17 日	邹治全	网安大队	个人二等功	四川省公安厅
2022 年 1 月 5 日	汪　伦	文林派出所	成绩突出个人	四川省公安厅

续表 53

表彰时间	姓名	工作单位	荣誉称号	表彰机关
2022 年 7 月 11 日	刘　强	县公安局	2021 年度政法工作先进个人	眉山市委、市政府
2022 年 7 月 11 日	宋八一	县公安局	2021 年度征兵工作先进个人	眉山市委、市政府
2022 年 7 月 11 日	彭嘉毅	县公安局	2021 年度双拥工	眉山市委、市政府、眉山军分区
2022 年 1 月 5 日	刘　建	县公安局	全国普法工作先进个人	中央宣传部、司法部、全国普法办
2022 年 5 月 20 日	吴建忠	县公安局	个人一等功	四川省公安厅
2022 年 4 月 27 日	王俊辉	巡警大队	全省公安机关成绩突出青年民警	四川省公安厅
2022 年 10 月 2 日	刘珊珊	指挥中心	保密机要工作先进个人	眉山市委办、市政府办
2022 年 1 月 21 日	龚　正	治安大队	四川银行业金融机构第七轮安全评估工作先进个人	四川省公安厅、中共银保监会四川监管局
2022 年 10 月 2 日	李佳伟	治安大队	生态环境、食品安全、安全生产党政同责工作先进个人	眉山市委办、市政府办
2022 年 12 月 23 日	刘菊香	治安大队	“三非”外国人突出问题专项行动成绩突出个人	四川省公安厅
2022 年 4 月 27 日	郑　爽	普宁派出所	全省公安机关成绩突出个人	四川省公安厅
2022 年 9 月 23 日	魏前峰	普宁派出所	压降电信网络诈骗发案成绩突出个人	四川省公安厅
2022 年 9 月 8 日	张　智	特警大队	通报表扬	四川省公安厅
2022 年 7 月	李建兵	仁寿县人民检察院	2021 年度政法工作先进个人	眉山市委、市政府
2022 年 7 月	贺海峰	仁寿县人民检察院	2016—2020 年眉山市法治宣传教育（“七五”普法）先进个人	眉山市委、市政府
2022 年 8 月	王　红	仁寿县人民检察院	2021 年度未成年人保护工作先进个人	眉山市人民政府
2022 年 1 月 10 日	曾　毅	仁寿县人民法院	2021 年度全省司法技术工作先进个人	四川省高级人民法院
2022 年 1 月 14 日	田新军	仁寿县人民法院	全省司法警察“实战化训练推进年”活动先进个人	四川省高级人民法院
2022 年 1 月 19 日	杨雨丹	仁寿县人民法院	全省法院督察工作先进个人	四川省高级人民法院
2022 年 2 月 28 日	杨利花	仁寿县人民法院	全省法院开展民商事司法参考性案例库建设工作先进个人	四川省高级人民法院
2022 年 7 月 18 日	李　琴	仁寿县人民法院	全省法院“办案标兵”	四川省高级人民法院
2022 年 7 月 11 日	颜　毅	仁寿县人民法院	2021 年度政法工作先进个人	眉山市委、市政府
2022 年 7 月 11 日	温戈华	仁寿县人民法院	2016—2020 年眉山市法治宣传教育（“七五”普法）先进个人	眉山市委、市政府
2022 年 7 月 11 日	王珊珊	仁寿县司法局	2021 年度党风廉政建设等先进个人	眉山市委、市政府
2022 年 7 月 11 日	李　娜	仁寿县司法局	2021 年度党风廉政建设等先进个人	眉山市委、市政府
2022 年 7 月 11 日	刘　健	仁寿县司法局	2021 年度党风廉政建设等先进个人	眉山市委、市政府
2022 年 7 月 11 日	田精梅	仁寿县司法局	2021 年度党风廉政建设等先进个人	眉山市委、市政府
2022 年 10 月 2 日	李　雁	仁寿县消防救援大队	2021 年度安全生产党政同责工作先进个人	眉山市委、市政府

续表 53

表彰时间	姓名	工作单位	荣誉称号	表彰机关
2022 年 7 月 11 日	李　雁	仁寿县消防救援大队	2021 年度 30 件民生实事工作先进个人	眉山市委、市政府
2022 年 7 月 11 日	唐　秀	仁寿县消防救援大队	2021 年度 30 件民生实事工作先进个人	眉山市委、市政府
2022 年 2 月 22 日	王锡权	仁寿县发展和改革局	2021 年防汛抗旱先进个人	四川省防汛抗旱指挥部
2022 年 10 月 2 日	王锡权	仁寿县发展和改革局	2021 年度安全生产党政同责先进个人	眉山市委办、市政府办
2022 年 7 月 11 日	郭富一	仁寿县发展和改革局	2021 年度重点项目工作先进个人	眉山市委、市政府
2022 年 10 月 2 日	吴晓辉	仁寿县发展和改革局	“十三五”期间公共机构节能先进个人	眉山市委办、市政府办
2022 年 4 月 19 日	张　峰	仁寿县财政局	全省“七五”普法先进个人	四川省财政厅
2022 年 7 月 1 日	韩　华	仁寿县财政局	2021 年度统战工作先进个人	眉山市委
2022 年 7 月 11 日	陈　波	仁寿县财政局	2021 年度党风廉政建设先进个人	眉山市委、市政府
2022 年 10 月 2 日	吴　瑞	仁寿县财政局	2021 年度全市审计工作先进个人	眉山市委、市政府办
2022 年 6 月 28 日	邓　强	仁寿县统计局	四川省第七次全国人口普查先进个人	四川省统计局、省人力资源和社会保障厅
2022 年 10 月 2 日	黄雪英	仁寿县统计局	2021 年度第七次全国人口普查先进个人	眉山市委、市政府
2022 年 10 月 2 日	赵　敏	仁寿县审计局	2021 年度审计工作先进个人	眉山市委办、市政府办
2022 年 10 月 2 日	蒋　妍	仁寿县审计局	2021 年度审计工作先进个人	眉山市委办、市政府办
2022 年 2 月 22 日	江　龙	仁寿县市场监督管理局	“全省市场监管卫士”先进个人	四川省市场监督管理局
2022 年 12 月 31 日	刘　刚	县经济和科技信息化局	2022 年应对极端灾害天气能源电力保供工作突出个人	四川省委、四川省政府
2022 年 10 月 2 日	谢佳益	仁寿县现代农业产业园区管理委员会	2021 年度统计调查工作先进个人	眉山市委办、市政府办
2022 年 12 月 1 日	汪本高	仁寿县农民工服务中心	2021 年度创业就业工作先进个人	眉山市政府
2022 年 11 月 18 日	王　沫	都发中心黑龙滩管理处	第十届“书香三八”读书活动正文作品优秀奖	红旗出版社
2022 年 3 月 1 日	任斌彬	都发中心黑龙滩管理处	四川省五一劳动奖章	四川省总工会
2022 年 3 月 11 日	任斌彬	都发中心黑龙滩管理处	2021 年度四川省技术能手	四川省人力资源和社会保障厅
2022 年度	毛　瑞	国网仁寿县供电分公司	2022 年 QC 活动初级诊断师	中国质量协会
2022 年度	赵　芳	国网仁寿县供电分公司安全监察部	国网四川省电力公司安全生产业绩优秀个人	国网四川省电力公司
2022 年度	张　伟	国网仁寿县供电分公司安全满井供电所	国网四川省电力公司安全生产业绩优秀个人	国网四川省电力公司
2022 年度	李　蓉	国网仁寿县供电分公司电力国家电网有限公司调度控制中心	国家电网有限公司第四期新学员工集中培训班“优秀学员干部”	国家电网四川省公司
2022 年度	张　伟	国网仁寿县供电分公司满井供电所	四川省五一劳动奖章	四川省政府
2022 年度	张　伟	国网仁寿县供电分公司满井供电所	四川省技术能手	四川省政府

续表 53

表彰时间	姓名	工作单位	荣誉称号	表彰机关
2022 年度	徐朝磊	国网仁寿县供电分公司运维检修部	眉山市征地拆迁“征而未安”问题整治先进个人	国网四川省电力公司
2022 年 7 月 11 日	林于绢	县商务局	2021 年度开放发展工作先进个人	眉山市委、市政府
2022 年 7 月 11 日	邓　菲	县商务局	2021 年度开放发展工作先进个人	眉山市委、市政府
2022 年 3 月 8 日	李慧莲	县商务局	先进个人	四川省商务厅
2022 年 11 月	魏光明	县司法局	四川省青少年普法教育先进工作者	四川省关心下一代工作委员会、省司法厅
2022 年 7 月 1 日	周　杨	仁寿县交通运输局	2021 年度 30 件民生实事工作先进个人	眉山市委、市政府
2022 年 10 月 2 日	陈　斌	仁寿县住房和城乡建设局	2021 年度信访工作先进个人	眉山市委
2022 年 12 月 29 日	宋全富	仁寿县教体局	四川省实施妇女儿童发展纲要优秀个人	四川省政府妇女儿童工作委员会
2022 年 4 月 8 日	杜其超	仁寿县教体局	2021 年四川省基础教育教学成果省级一等奖	四川省政府
2022 年 4 月 8 日	李平平	仁寿县教体局	2021 年四川省基础教育教学成果省级一等奖	四川省政府
2022 年 6 月 24 日	杜其超	仁寿县教体局	眉山市第六届教学成果特等奖	眉山市政府
2022 年 7 月 11 日	谢欣怡	仁寿县教体局	2021 年度征兵工作先进个人	眉山市委办、市政府办
2022 年 7 月 11 日	黄建华	仁寿县教体局	2021 年度统战工作先进个人	眉山市委
2022 年 10 月 2 日	苏兵清	仁寿县教体局	2021 年度食品安全党政同责工作先进个人	眉山市委办、市政府办
2022 年 10 月 2 日	杨知宇	仁寿县教体局	“十三五”期间公共机构节能工作先进个人	眉山市委办、市政府办
2022 年 10 月 2 日	周建兵	仁寿县教体局	2021 年度“12345”政务服务便民热线工作先进个人	眉山市委办、市政府办
2022 年 7 月 1 日	汪俊灵	仁寿县融媒体中心	全国优秀区域融媒创新发展年度人物	中广联盟(北京)信息技术研究院有限公司，中国广播电视艺术协会，优秀区域融媒作品展播组委会
2022 年 10 月 2 日	梁虞婷	仁寿县档案馆	2021 年度全市档案工作先进个人	眉山市委办、市政府办
2022 年 7 月	尹　琴	仁寿县卫生健康局	2021 年度双拥工作先进个人	眉山市委、市政府 眉山军分区
2022 年 8 月 29 日	张美玲	仁寿县民政局	2021 年度未成年人保护先进个人	眉山市政府
2022 年 7 月 11 日	向　欣	仁寿县医疗保障事务中心	2021 年度拥军优属先进个人	眉山市委
2022 年 1 月 1 日	刘　巍	眉山市仁寿生态环境局	因参加生态环境部重点区域空气质量改善监督帮扶工作并表现突出，被表扬	四川省生态环境保护综合行政执法总队
2022 年 10 月 1 日	吴建华	眉山市仁寿生态环境局	2021 年度生态环境党政同政工作先进个人	眉山市委、市政府
2022 年 12 月 13 日	王雪龙	仁寿县规划和自然资源局	2022 年度四川省第一次森林和草原火险风险普查工作先进个人	四川省林业和草原局

续表 53

表彰时间	姓名	工作单位	荣誉称号	表彰机关
2022年10月2日	郭　叶	仁寿县土地征补安置服务中心	2021年度全市征地拆迁“征而未安”问题整治工作先进个人	眉山市委办
2022年5月1日	汪　晶	文林街道文林社区	全国优秀共青团干部	中国共青团
2022年10月2日	张　蓉	文林街道	2021年度统计调查工作先进个人	眉山市委办
2022年7月11日	张　凯	文林街道	先进工作个人	眉山市委
2022年8月29日	徐豪昆	怀仁街道办	2021年度未成年人保护工作先进个人	眉山市政府
2022年10月2日	舒学文	怀仁街道办	2021年度全市征地拆迁“征而未安”问题整治工作先进个人	眉山市委、市政府
2021年12月31日	安国清	中共普宁街道关工委	眉山市关心下一代先进工作者	眉山市委、市政府
2022年7月11日	徐　刚	中共普宁街道工委	2021年度党管武装工作先进个人	眉山市委、市政府
2022年2月23日	郑岚心	普宁街道办事处	2021年度全省军人服务中心(站)“百名优秀主任(站长)”	四川省退役军人事务厅
2022年7月11日	黄　旭	中共普宁街道工委、普宁街道办事处	2021年度征兵工作先进个人	眉山市委、市政府
2022年8月29日	陈小燕	普宁街道黎光社区	2021年未保先进个人	眉山市政府办
2022年10月2日	徐　刚	普宁街道	2021年度全市征地拆迁“征而未安”问题整治工作先进个人	眉山市委办、市政府办
2022年10月2日	黄　旭	普宁街道	2021年度全市征地拆迁“征而未安”问题整治工作先进个人	眉山市委办、市政府办
2022年10月2日	谭小娟	普宁街道	2021年度第七次全国人口普查先进个人	眉山市委办、市政府办
2022年10月2日	杨　健	汪洋镇人民政府	民营经济发展先进个人	眉山市政府
2022年7月11日	李　讯	汪洋镇人民政府	统战工作先进个人	眉山市委
2022年8月29日	邓杰英	汪洋镇富民社区	未成年保护先进个人	眉山市政府办
2022年10月2日	王　坤	汪洋镇人民政府	第七次全国人口普查先进个人	眉山市委办
2022年10月2日	杨　健	汪洋镇人民政府	第七次全国人口普查先进个人	眉山市委办
2022年7月11日	杨　勇	龙正镇人民政府	2016—2020年眉山市法治宣传教育(“七五”普法)先进个人	眉山市委
2022年7月11日	文越来	龙正镇人民政府	2021年度河湖长制工作、防汛减灾工作先进个人	眉山市委
2022年10月2日	谌再斌	中共龙正镇委员会	2021年度全市征地拆迁“征而未安”问题整治工作先进个人	眉山市委
2022年7月1日	阙　红	富加镇人民政府	2021年度优秀河长	四川省总河长办公室
2022年7月1日	张　晋	富加镇人民政府	2021年度退役军人事务先进个人	眉山市委、市政府
2022年8月1日	阙　红	富加镇人民政府	2021年度未成年人保护先进个人	眉山市政府
2022年8月29日	龙　强	黑龙滩镇人民政府	2021年度未成年人保护工作先进个人	眉山市政府办
2022年8月29日	李　影	黑龙滩镇四海社区妇联主席	2021年度未成年人保护工作先进个人	眉山市政府办
2022年10月2日	刘　梅	宝马镇人民政府	2021年度保密机要先进个人	眉山市委、市政府

续表 53

表彰时间	姓名	工作单位	荣誉称号	表彰机关
2022 年 10 月 2 日	陈　蔺	禄加镇人民政府	第七次全国人口普查先进个人	眉山市委办
2022 年 9 月 23 日	贺贤成	禾加镇人民政府	2021 年度加快推进竹产业高质量发展建设美丽乡村竹林风景线工作先进个人	眉山市政府
2022 年 7 月 11 日	黄　娥	珠嘉镇政府	2021 年度眉山市退役军人事务工作先进个人	眉山市委、市政府
2022 年 9 月 22 日	曾文元	珠嘉镇棚村村	2022 年眉山市优秀种粮大户	眉山市委、市政府
	杨立翊	珠嘉镇花园社区	2022 年眉山市优秀种粮大户	眉山市委、市政府
	李　棚	珠嘉镇花园社区	2022 年眉山市优秀种粮大户	眉山市委、市政府
2022 年 3 月 4 日	黄小芮	中共曹家镇委员会	四川省三八红旗手	四川省妇女联合会、省人力资源和社会保障厅
2022 年 11 月 8 日	黄小芮	中共曹家镇委员会	四川省“金熊猫”奖先进个人	四川省政府
2022 年 7 月 11 日	黄小芮	中共曹家镇委员会	2021 年度党管武装工作先进个人	眉山市委、市政府
2022 年 9 月 23 日	王丽芳	曹家镇人民政府	2021 年度加快推进竹产业高质量发展建设美丽乡村竹林风景线工作先进个人	眉山市政府
2022 年 10 月 2 日	王　科	新店镇	获表扬 2021 年度生态环境党政同责工作先进个人	眉山市委办、市政府办

表 54　仁寿县荣立二等功及以上奖励的退役军人和现役军人

序号	姓名	单位（服役部队番代号）	荣誉称号	授奖机关
1	王中一	中国人民解放军某某部队	因公二等功	
2	王　辉	中国人民解放军某某部队	因公二等功	
3	熊　涛	中国人民解放军某某部队	因公二等功	
4	刘　宇	中国人民解放军某某部队	因公二等功	

附　录

表 55 2022 年度获眉山市委、市政府以上表彰的先进集体

表彰时间	获奖单位名称	荣誉称号	表彰机关
2022 年 7 月 11 日	仁寿县	2021 年度党风廉政先进集体	眉山市委、市政府
2022 年 7 月 11 日	仁寿县	2021 年度 30 件民生实事工作先进集体	眉山市委、市政府
2022 年 7 月 11 日	仁寿县	2021 年度政法工作先进集体	眉山市委、市政府
2022 年 7 月 11 日	仁寿县	2021 年度重点项目工作先进集体	眉山市委、市政府
2022 年 7 月 11 日	仁寿县	2021 年度开放发展工作先进集体	眉山市委、市政府
2022 年 7 月 11 日	仁寿县	2021 年度全市退役军人事务工作先进集体	眉山市委、市政府
2022 年 7 月 11 日	仁寿县	2021 年度征兵工作先进集体	眉山市委、市政府
2022 年 10 月 2 日	仁寿县	2021 年度全市征地拆迁“征而未安”问题整治工作先进集体	眉山市委办、市政府办
2022 年 10 月 2 日	仁寿县	2021 年度食品安全党政同责工作先进集体	眉山市委办、市政府办
2022 年 10 月 2 日	仁寿县	2021 年度安全生产党政同责工作先进集体	眉山市委办、市政府办
2022 年 10 月 2 日	仁寿县	“十三五”期间公共机构节能工作先进集体	眉山市委办、市政府办
2022 年 10 月 2 日	仁寿县	2021 年度全市优化营商环境先进集体	眉山市委办、市政府办
2022 年 11 月 9 日	仁寿县	2021—2022 年度畜牧业统计监测工作综合评估优秀生产监测县	农业农村部畜牧兽医局
2022 年 10 月 2 日	仁寿县	2021 年度食品安全党政同责工作先进集体	眉山市委、市政府
2022 年 4 月 1 日	仁寿县	四川省去冬今春农民工服务保障工作先进单位	省委办公厅、省政府办公厅
2022 年 1 月 12 日	仁寿县	科学施肥工作	四川省耕地质量与肥料工作总站
2022 年 1 月 18 日	仁寿县	2021 年产粮大县监测调查工作先进县	国家统计局四川调查总队
2022 年 1 月 18 日	仁寿县	2021 年生猪调出大县监测调查工作先进县	国家统计局四川调查总队
2022 年 2 月 9 日	仁寿县	2021 年度“三品一标”农产品工作成效突出单位	四川省农业农村厅
2022 年 4 月 12 日	仁寿县	一季度全国防返贫监测对象数据质量位列全省第一	四川省乡村振兴局
2022 年 12 月 6 日	仁寿县	绩效评价优秀县第二名	四川省农业农村厅
2022 年 1 月 18 日	仁寿县	2021—2022 年度畜牧业统计监测工作综合评估优秀生产监测县	农业农村部畜牧兽医局
2022 年 12 月 26 日	仁寿县	2022 年度动物卫生监督工作成效显著的县	四川省农业农村厅
2022 年 12 月 28 日	仁寿县	科学施肥工作先进单位	四川省耕地质量与肥料工作总站
2021 年 11 月 26 日	仁寿县	第一批现代农业全产业链标准化试点生猪全产业链标准化试点基地，试点项目为全国首批试点	农业农村部食品安全监管司
2022 年 5 月 30 日	仁寿县	第四批农民合作社质量提升整县推进省级试点县	四川省农业农村厅
2022 年 4 月 27 日	仁寿县	全省去冬今春农民工服务保障工作先进单位	四川省委办公厅、省政府办公厅
2022 年 7 月 11 日	仁寿县	2021 年度党风廉政先进集体	眉山市委、市政府
2022 年 7 月 11 日	仁寿县	2021 年度 30 件民生实事工作先进集体	眉山市委、市政府

续表 55

表彰时间	获奖单位名称	荣誉称号	表彰机关
2022 年 7 月 11 日	仁寿县	2021 年度政法工作先进集体	眉山市委、市政府
2022 年 7 月 11 日	仁寿县	2021 年度重点项目工作先进集体	眉山市委、市政府
2022 年 7 月 11 日	仁寿县	2021 年度开放发展工作先进集体	眉山市委、市政府
2022 年 7 月 11 日	仁寿县	2021 年度全市退役军人事务工作先进集体	眉山市委、市政府
2022 年 7 月 11 日	仁寿县	2021 年度征兵工作先进集体	眉山市委、市政府
2022 年 10 月 2 日	仁寿县	2021 年度全市征地拆迁"征而未安"问题整治工作先进集体	眉山市委办、市政府办
2022 年 10 月 2 日	仁寿县	2021 年度食品安全党政同责工作先进集体	眉山市委办、市政府办
2022 年 10 月 2 日	仁寿县	2021 年度安全生产党政同责工作先进集体	眉山市委办、市政府办
2022 年 10 月 2 日	仁寿县	"十三五"期间公共机构节能工作先进集体	眉山市委办、市政府办
2022 年 10 月 2 日	仁寿县	2021 年度全市优化营商环境先进集体	眉山市委办、市政府办
2022 年 11 月 9 日	仁寿县	2021—2022 年度畜牧业统计监测工作综合评估优秀生产监测县	农业农村部畜牧兽医局
2022 年 7 月 6 日	仁寿县人民政府	2021 年度工业发展先进集体	眉山市政府
2022 年 8 月 29 日	仁寿县人民政府	2021 年度未成年人保护工作先进集体	眉山市政府办
2022 年 9 月 1 日	仁寿县人民政府	2021 年度财政工作先进集体	眉山市政府办
2022 年 9 月 1 日	仁寿县人民政府	2022 年教育体育工作先进集体	眉山市政府
2022 年 9 月 9 日	仁寿县人民政府	2021 年度卫生健康工作先进集体	眉山市政府办
2022 年 11 月 4 日	仁寿县政协	全省政协宣传思想工作先进单位	政协四川省委员会办公厅
2022 年 10 月 2 日	仁寿县纪委监委	2021 年度全市档案工作先进集体	眉山市委办、市政府办
2022 年 10 月 2 日	仁寿县纪委监委	2021 年度全市优化营商环境工作先进集体	眉山市委办、市政府办
2022 年 8 月 1 日	四川仁寿经开区	2022 年度四川省"十四五"循环化改造园区	四川省发改委、省经济和信息化厅
2022 年 12 月 1 日	四川仁寿经开区	2022 年度"亩均论英雄"工业主导型开发区排名由 31 位上升到 28 位	四川省自然资源厅
2022 年 3 月 15 日	县曹家梨现代农业园区	"仁寿县曹家梨现代农业园区"成功创建 2021 年度市级现代农业园区	眉山市政府
2022 年 1 月 21 日	县粮油现代农业园区	仁寿县粮油现代农业园区被评为四川省四星级现代农业园区	四川省政府
2022 年 2 月 17 日	仁寿县人民法院	先进集体	四川省高级人民法院
2022 年 2 月 28 日	仁寿县人民法院	均衡结案工作先进集体	四川省高级人民法院
2022 年 12 月 15 日	仁寿县人民法院	中共二十大信访维稳安保工作先进集体	四川省高级人民法院
2022 年 4 月 22 日	仁寿县人民法院视高人民法庭	思想政治建设先进集体	四川省高级人民法院
2022 年 1 月 14 日	仁寿县人民法院司法警察大队	全省司法警察"实战化训练推进年"活动先进集体	四川省高级人民法院
2022 年 1 月 1 日	仁寿县人民检察院	第十届全国检察机关"文明接待室"	最高人民检察院
2022 年 9 月 1 日	仁寿县人民检察院	2022 年度"全国检察宣传先进单位"	最高人民检察院检察日报社

续表 55

表彰时间	获奖单位名称	荣誉称号	表彰机关
2022 年 7 月 11 日	仁寿县委办公室	2021 年度双拥工作先进集体	眉山市委、市政府 眉山军分区
2022 年 10 月 2 日	仁寿县委办公室	2021 年度保密机要工作先进集体	眉山市委办、市政府办
2022 年 7 月 7 日	仁寿县人民政府办公室	2021 年度民营经济发展先进集体	眉山市政府
2022 年 7 月 11 日	仁寿县人民政府办公室	2021 年度双拥工作先进集体	眉山市委、市政府 眉山军分区
2022 年 10 月 2 日	仁寿县人民政府办公室	“十三五”期间公共机构节能工作先进集体	眉山市委办、市政府办
2022 年 7 月 1 日	中共仁寿县委组织部	2021 年度全面深化改革工作先进集体	眉山市委、市政府
2022 年 1 月 28 日	中共仁寿县委组织部	四川省无烟单位	四川省爱国卫生运动委员会
2022 年 11 月 1 日	仁寿县关心下一代工作委员会	2022 年度四川省关心下一代宣传工作先进集体	四川省关心下一代工作委员会
2022 年 2 月 1 日	仁寿县信访局	2021 年度“《社情民意》优秀通联单位”	四川省信访局
2022 年 11 月 16 日	仁寿县发展和改革局	2019—2021 年度全省农产品成本调查工作先进集体	四川省发展和改革委员会
2022 年 7 月 11 日	仁寿县教体局	2021 年度全面深化改革工作先进集体	眉山市委、市政府
2022 年 7 月 11 日	仁寿县教体局	2016—2020 年眉山市法治宣传教育“七五”普法先进集体	眉山市委、市政府
2022 年 8 月 29 日	仁寿县教体局	2021 年度未成年人保护工作先进集体	眉山市政府办
2022 年 9 月 1 日	仁寿县教体局	2022 年教育体育工作先进集体	眉山市政府
2022 年 10 月 2 日	仁寿县教体局	2021 年度食品安全党政同责工作先进集体	眉山市委办、市政府办
2022 年 4 月 8 日	仁寿县教体局	2021 年四川省基础教育教学成果省级一等奖	四川省政府
2022 年 6 月 24 日	仁寿县教体局	眉山市第六届教学成果特等奖	眉山市政府
2022 年 9 月 21 日	仁寿县教体局	2022 年全省防灾减灾科普宣传竞答活动优秀组织奖	四川省减灾委员会办公室、四川省教育厅、四川省应急管理厅
2022 年 1 月 7 日	仁寿县民政局	全省乡镇行政区划和村级建制调整改革先进集体	四川省民政厅、省人力资源和社会保障厅
2022 年 12 月 19 日	仁寿县农技站	农业技术推广合作奖	农业农村部
2022 年 12 月 15 日	仁寿县财政局	2021 年度行政事业性国有资产年报编报工作受通报表扬	四川省财政厅
2022 年 4 月 19 日	仁寿县财政局	全省“七五”普法先进单位(集体)	四川省财政厅
2022 年 7 月 11 日	仁寿县财政局	2021 年度党风廉政建设先进集体	眉山市委、市政府
2022 年 6 月 24 日	仁寿县住房和城乡建设局	仁寿县汪洋镇被命名为首批“省级百强中心镇”	四川省住房和城乡建设厅
2022 年 12 月 30 日	仁寿县住房和城乡建设局	仁寿县住房和城乡建设局网上群众工作获得人民网正面宣传报道	人民网
2022 年 2 月 22 日	仁寿县水利局	2021 年防汛抗旱先进集体	四川省防汛抗旱指挥部
2022 年 7 月 11 日	仁寿县水利局	2021 年度河(湖)长制工作、防汛减灾工作先进集体	眉山市委、市政府
2022 年 1 月 26 日	仁寿县农业农村局	四川省无烟单位	四川省爱国卫生运动委员会

续表 55

表彰时间	获奖单位名称	荣誉称号	表彰机关
2022 年 9 月 21 日	仁寿县农业农村局	四川省农业丰收奖先进集体	四川省委、省政府
2022 年 11 月 23 日	仁寿县农业农村局	仁寿县农业农村局非法占用土地建住宅案 [仁农（农宅）罚〔2021〕1 号] 被评为优秀案卷	四川省农业农村厅
2022 年 12 月 27 日	四川农业广播电视学校仁寿分校	先进集体	四川省职业农民培训知道事务中心、四川省农业广播电视学校
2022 年 4 月 1 日	仁寿县计划生育协会	2021 年度中国老年健康和家庭幸福影响因素跟踪调查中表现突出	中国计划生育协会
2022 年 6 月 28 日	仁寿县统计局	四川省第七次全国人口普查先进集体	四川省统计局、省人力资源和社会保障厅
2022 年 10 月 2 日	仁寿县统计局	2021 年度统计调查工作先进集体	市委、市政府办
2022 年 10 月 2 日	仁寿县审计局	2021 年度审计工作先进集体	眉山市委办、市政府
2022 年	仁寿县应急管理局	2022 年“安全生产月”和“安全生产天府行”活动先进单位	四川省安全生产委员会办公室
2022 年 1 月 10 日	仁寿县退役军人事务局	2021 年度退役军人工作先进单位	四川省退役军人事务厅
2022 年 7 月 11 日	仁寿县退役军人事务局	2021 年度退役军人事务工作先进集体	眉山市委、市政府
2022 年 6 月 15 日	普宁派出所	全省公安机关 2021 年度“最强支部”	四川省公安厅
2022 年 11 月 17 日	普宁派出所	集体二等功	四川省公安厅
2022 年 4 月 21 日	文宫派出所	成绩突出集体	四川省公安厅
2022 年 1 月 26 日	县公安局	四川省无烟单位	四川省爱国卫生运动委员会
2022 年 7 月 11 日	县公安局	2016—2020 年眉山市法治宣传教育（“七五”普法）先进集体	眉山市委、市政府
2022 年 9 月 23 日	县公安局	压降电信网络诈骗发案成绩突出集体	四川省公安厅
2022 年 11 月 11 日	县公安局保密工作领导小组办公室	四川省保密工作先进集体	四川省委保密委员会办公室、四川省国家保密局、四川省人力资源和社会保障厅
2022 年 1 月 14 日	刑侦大队	集体二等功	四川省公安厅
2022 年 12 月 28 日	政保大队	成绩突出县级政保大队	四川省公安厅
2022 年 5 月 12 日	网络安全保卫大队	2021 年度全国公安机关网络安全保卫部门情报工作突出集体	公安部网安局
2022 年 6 月 15 日	仁寿县大化派出所	全省公安机关 2021 年度“最强支部”	四川省公安厅
2022 年 1 月 1 日	出入境接待大厅	全省公安出入境“二星”窗口单位	四川省公安厅
2022 年 1 月 14 日	仁寿县司法局	党史学习教育和队伍教育整顿工作先进集体	四川省司法厅
2022 年 1 月 25 日	仁寿县司法局	获得四川省司法厅表扬为选派监狱、戒毒警察参与社区矫正工作先进集体	四川省司法厅
2022 年 5 月 1 日	仁寿县司法局	2016—2022 年四川省普法先进单位	四川省委、省政府
2022 年 10 月 30 日	仁寿县司法局	获得四川省司法厅“奋进新时代　法援惠民生”主题征文活动优秀奖	四川省司法厅
2022 年 12 月 26 日	仁寿县司法局	省级“枫桥式司法所”	四川省司法厅

续表 55

表彰时间	获奖单位名称	荣誉称号	表彰机关
2022 年 4 月 15 日	仁寿第一中学南校区团委	全省五四红旗团委	共青团四川省委
2022 年 5 月 1 日	仁寿县妇联	四川省家庭工作先进集体	四川省妇联、省文明办
2021 年 12 月 1 日	仁寿县残疾人联合会	第五届全国残联专职委员知识竞赛组织奖	中国残疾人联合会办公厅
2022 年 9 月 1 日	仁寿县农民工服务中心	四川省农民工工作先进集体	四川省农民工工作领导小组
2022 年 12 月 1 日	仁寿县农民工服务中心	眉山市仁寿县农民工服务平台设计方案被评为“优秀解决方案”	中共四川省网信办
2022 年 10 月 2 日	仁寿县档案馆	2021 年度全市档案工作先进集体	眉山市委办、市政府办
2022 年 12 月 1 日	仁寿县档案馆	《仁寿年鉴(2021)》获得四川省第二十次地方志优秀成果年鉴类二等奖	四川省地方志办公室、省地方志学会
2022 年度	国网仁寿县供电分公司	四川省电力公司安全生产先进县级供电企业	国网四川省电力公司
2022 年度	国网仁寿县供电分公司安全监察部	《一种锚桩组件》新型实用专利	国家知识产权局
2022 年度	国网仁寿县供电分公司电力调度控制分中心	《输电线路风速监测预警装置的研制》QC 成果一等奖	中国水利电力质量管理协会
2022 年度	国网仁寿县供电分公司电力调度控制分中心	《输电线路风速监测预警装置的研制》交流评价一等奖	电力行业质量管理协会
2022 年度	国网仁寿县供电分公司营销部	《基于大数据的计量装置异常智能诊断与应用开发》“五小”活动优秀成果	四川省电力公司
2022 年 4 月 25 日	都发中心黑龙滩管理处	园林式单位	四川省住房和城乡建设厅
2022 年 1 月 7 日	文林街道	示范便民中心	四川政府政务服务和公共资源交易中心
2022 年 10 月 2 日	文林街道	第七次全国人口普查先进集体	眉山市委办
2022 年 12 月 30 日	文林街道金马社区	民族团结进步示范社区	四川民宗委
2022 年 7 月 11 日	仁寿县普宁街道	2021 年度全市退役军人事务工作先进集体	眉山市委、市政府
2022 年 8 月 29 日	仁寿县普宁街道办事处	2021 年度未保先进集体	眉山市政府办
2022 年 10 月 2 日	仁寿县普宁街道办事处	2021 年度全市征地拆迁“征而未安”问题整治工作先进集体	眉山市政府办
2022 年 10 月 2 日	仁寿县普宁街道	2021 年度生态环境党政同责工作先进集体	眉山市委办、市政府办
2022 年 10 月 2 日	仁寿县普宁街道	2021 年度食品安全党政同责工作先进集体	眉山市委办、市政府办
2022 年 10 月 2 日	仁寿县普宁街道	2021 年度统计调查工作先进集体	眉山市委办、市政府办
2022 年 10 月 2 日	仁寿县普宁街道	2021 年度第七次全国人口普查先进集体	眉山市委办、市政府办
2022 年 1 月 17 日	汪洋镇	首批省级“示范便民服务中心”	四川省政府政务服务和公共资源交易服务中心
2022 年 1 月 27 日	汪洋镇人民政府	四川省无烟单位	四川省爱卫会
2022 年 6 月 24 日	汪洋镇	四川省首批“省级百强中心镇”	四川省推进中心镇改革发展厅际联席会议办

续表55

表彰时间	获奖单位名称	荣誉称号	表彰机关
2022年12月26日	仁寿县司法局汪洋司法所	第三批省级“枫桥式司法所”	四川省司法厅
2022年1月17日	龙正镇便民服务中心	首批省级示范便民服务中心	四川省政府政务服务和公共资源交易服务中心
2022年1月28日	宝飞镇	2021年度无烟单位	四川省爱卫会
2022年1月17日	慈航镇便民服务中心	首批省级示范便民服务中心	四川省政府政务服务中心
2022年3月1日	大化镇正义村	眉山市2021年度实施乡村振兴战略示范村	眉山市委
2022年9月1日	大化镇水利社区	省级民主法治示范村(社区)	四川省司法厅
2022年11月1日	大化镇水利社区	国家级民主法治示范村(社区)	司法部
2022年1月17日	文宫镇便民服务中心	2022年首批省级“示范便民服务中心”	四川省政府政务服务和公共资源交易服务中心
2022年10月2日	仁寿县禾加镇	第七次全国人口普查先进集体	眉山市委办、市政府办
2023年1月29日	花园社区	四川省2022年度乡村振兴示范村	四川省委、省政府
2023年1月29日	珠嘉镇	2022年协助粮油园区成功创建为四川省五星级现代农业园区	四川省委、省政府
2023年1月29日	顺龙村	2022年度四川省、眉山市重点帮扶优秀村	四川省委、省政府
2022年11月13日	珠嘉镇	2022年度代表仁寿县通过四川省第六批“四好农村路”省级检查验收成功	四川省政府办公厅
2022年1月24日	曹家镇东联村	2021年省级“六无”平安村	平安四川建设领导小组
2022年4月2日	曹家镇梨树社区	四川省园林村	四川省住房和城乡建设厅
2022年11月3日	仁寿县曹家镇水果专业合作社	省级第六批非物质文化遗产	四川省文化和旅游厅
2022年12月27日	中共曹家镇委员会	平安四川建设先进集体	平安四川建设领导小组 四川省人力资源和社会保障厅
2022年3月15日	曹家梨现代农业园区	眉山市2021年度市级现代农业园区	眉山市政府
2022年9月23日	曹家镇	2021年度加快推进竹产业高质量发展建设美丽乡村竹林风景线工作先进集体	眉山市政府
2022年11月29日	曹家镇共峨村	眉山市实施乡村振兴战略先进村	眉山市政府
2022年1月23日	仁寿县青岗乡盘龙村	2021年度四川省乡村振兴重点帮扶优秀村	四川省委、省政府
2022年4月8日	仁寿县青岗乡瑞云村	四川省合并村集体经济融合发展试点先进村	四川省农业农村厅
2023年1月6日	仁寿县青岗乡	四川省民族团结进步示范乡镇	四川省委宣传部、省委统战部、省民宗委

重要文献

县委常委会工作报告

（2023年1月9日，在县委十四届五次全会第一次全体会议上）

四川天府新区管委会副主任、仁寿县委书记　王　岳

受县委常委会委托，现在我向全会作工作报告。

2022年是党的二十大胜利召开之年，是党和国家事业发展十分重要的一年，也是仁寿发展极为不易、极不平凡的一年，多重困难叠加、多种风险交织、多条战线作战，挑战之大、任务之重，实属罕见。在中央、省委、市委的坚强领导下，县委常委会坚定以习近平新时代中国特色社会主义思想为指导，把迎接和学习宣传贯彻党的二十大作为首要政治任务和工作主题主线，深入学习贯彻习近平总书记来川视察重要指示精神，省第十二次党代会、省委十二届一次、二次全会，市委五届二次、三次、四次、五次、六次全会精神，坚持稳中求进工作总基调，统筹疫情防控和经济社会发展，统筹发展和安全，在建设高质量发展示范县征程中，团结带领全县党员干部群众，踔厉奋发、勇毅前行，克服一重重困难、战胜一种种挑战，推动各项事业取得新的重大进展。

一年来，县委常委会以非常之举应非常之势，以非常之力尽非常之责，重点抓好了四件大事。

第一，坚定推动党的二十大和习近平总书记来川视察重要指示精神落地落实，掀起了学习贯彻的新高潮。县委常委会忠诚拥护“两个确立”、坚决做到“两个维护”，习近平总书记来川视察和党的二十大胜利召开后，第一时间召开扩大会议、县委工作会议、理论中心组会议，专题传达学习，深入贯彻落实。赓即出台“天府粮仓”丘区示范区和文化强县建设的两个决定，自觉用感恩之情催动事业发展，仁寿的工作始终沿着总书记指引的方向前进。聚焦在新征程上开创社会主义现代化仁寿新局面等重大问题，认真筹备县委全会，用党的二十大精神统一思想、凝聚力量。在县委常委会的示范引领下，2833个党组织、4.9万名党员、162万名人民群众，深刻领悟“两个确立”的决定性意义，“听党话、跟党走”成为仁寿大地的最强音。

第二，锚定高质量发展示范县目标不动摇不松劲，凝聚了团结拼搏的强合力。县第十四次党代会吹响了奋进新征程的时代号角，县委常委会围绕示范县建设，想一切为了仁寿好的招、做一切为了仁寿好的事。广大党员干部聚焦“六破六立”，比学赶超、争创一流，在疫情一线向组织报到、向人民报到，在经济战线全力以赴拼经济、铆足干劲搞建设，在惠民前线精耕细作办实事、用心用情惠民生。全县人民万众一心、人心思齐，不但承受压力、渡过难关，而且办成了许多打基础利长远的实事。优良的党风政风引领着社风民风，全县上下加快发展的热情始终饱满，团结拼搏的劲头更加富足。

第三，以五大提升为抓手全力以赴拼经济搞建设，荣获了“双百强”的金名片。面对交汇叠加的“双圈”“同城”机遇，县委常委会想大事、干大事，坚定扛起挺进全国百强的政治责任和历史使命，“不讲条件、不打折扣”成为工作标准，“支持创建、参与创建”成为全县共识。第二年的“五大提升行动”全面发力，发展短板得以加快补齐，发展动能得以充分释放，仁寿实现了弯道超车、突出重围。2022年，成功登榜全国综合实力百强县、全国县域高质量发展百强县，分别排名93位、98位，“12345”发展战略中的“双强县”目标提前实现，圆了仁寿儿女的全国百强梦想，更加赢得了发展主动，争取了发展未来。

第四，面对大战大考始终坚持稳字当头稳中求进，守

牢了安全稳定的硬底线。县委常委会知重负重、自我加压，树牢底线思维，驾驭复杂局面，始终当好群众的引领者。坚持把问题化解在基层、矛盾解决在萌芽，治重化积成效明显，圆满完成习近平总书记莅眉视察、党的二十大等重大安保维稳任务20余次。坚持“人民至上、生命至上”，开展万名党员“送健康”活动，群众始终理解、配合、支持防疫工作，有力改变疫情传播的危险进程，最大限度保护了人民生命安全和身体健康。首次开展能源保供一级响应，平稳度过有完整气象记录以来，最强的极端高温干旱天气。安全生产、生态环保、防灾减灾、扫黑除恶、食品药品安全常抓不懈，在政治大年，大县的大局始终平稳有序。

在抓好四件大事的同时，县委常委会坚持一张蓝图绘到底，深入落实“制造强县攻坚年”部署，坚定不移推进“12345”发展战略，各方面工作取得了新的成效。

这一年，我们聚焦聚力稳住经济大盘，综合实力稳步提升。县委常委会始终牢记发展是第一要务，直面宏观经济下行压力，精准精细、锻长补短，尽最大努力争取到了最好结果。整体稳中有进。按照“讲政治拼执行、抓发展拼干劲、惠民生拼服务、保安全拼担当”的工作思路，全力实施“十拼攻坚行动”，真抓实干、大干快上，主要经济指标保持稳定增长。全年，GDP增长3%，地方一般公共预算收入实现51亿元，18项主要经济指标排位全市前三。产业提质增效。粮食丰产丰收，耕地红线守紧守牢，“一核三带四基地”的压舱石作用初显，荣获省级农业丰收奖，央视全国直播仁寿丰收画卷，“四有”种粮模式全国推广。制造稳挑大梁，“五大百亿企业”初具雏形，国家级高新技术企业达10户，仁寿经开区成功创建省级经开区、循环经济园区。三产回暖升温，栖西里、长平水街等消费热点成功解锁，夜间经济、周末经济重新点燃城市烟火气。支撑稳固稳定。协鑫、川威、华赐等一批标志性项目高效推进，固定资产投资每月保持两位数增长，经济发展新的增长点加速形成。创新对上争取“六步法”，中省预算内到位资金同比增长4倍，连续4个季度进入全市“红榜”，对上争取稳居全省前三、全市第一，实现历史性突破。

这一年，我们全面深化改革扩大开放，发展活力持续迸发。县委常委会准确识变、科学应变、主动求变，在新形势下探索好招实招，为发展注入持续动能。改革破除壁垒。新增省级以上改革试点6项，70项市级任务、54项县级任务全面完成。基层治理机构编制保障、川果产业高质量发展等3个全省性现场会在仁召开，仁寿经验全省复制推广。仁寿城投、鑫龙环境分别获批AA+、AA主体信用评级，成功发行全省首笔县域级别境外高级固息债券。县属国有粮食购销企业第三轮改革全面部署、一体推进。“大美仁寿”客户端被中宣部定位“全国更具示范意义”。开放拓展空间。三年起步期建设初见成效，8个同城化省级重点项目进展顺利，全域公交“一卡通刷”，医联体、校联体深入推进，“进城入圈”持续走深走实。市域铁路S5线、成都外环铁路、天眉乐高速等“大通道”建设稳步推进，“5678”综合交通格局加速形成，《人民日报》刊载报道。全员招商、专业招商成效显著，新签约制造业项目23个，制造业项目新签约金额154.97亿元，同比提升68.3%，招商引资到位资金156亿元，经济合作迈上更高台阶。服务优化环境。“放管服”改革持续深化，社会信用体系建设深入推进，“亲”“清”政商关系显著优化，政务服务运行标准化、供给规范化、企业和群众办事便利化成为全省样板，6个乡镇获评首批省级示范。创新“一件事一次办”集成改革，推行项目审批“管家式”服务，“仁易办”政务服务品牌更加响亮，连续三年被评为全市优化营商环境先进集体。

这一年，我们坚持农业农村优先发展，美丽乡村加速振兴。县委常委会始终坚持把乡村振兴作为高质量发展的着力重点，扎实做好两项改革“后半篇文章”，加快农业农村现代化。农业高质高效。特色产业质效显著提升，德康项目被农业农村部评为全省唯一的全产业链基地，晚熟柑橘产业纳入全国集群规划。园区建设多点开花，粮油园区高分通过省五星级农业园区现场考评，储备“园村一体”园区22个，省市县乡四级梯度体系初步构建。中粮集团、水发民生等龙头企业成功入驻，整县纳入省级农民合作社质量提升试点。农村宜居宜业。交通基础提升行动受到广泛赞誉，建制村水泥路(油路)通达率达100%，“四好农村路”省级示范县创建首创即成。坚持颜值与内涵兼具，乡风文明全面提升，乡村群众见贤思齐，获评中国好人7人、省级道德模范4人。示范创建成效显著，顺利通过省级乡村振兴交叉考评，累计创成市级以上先进乡镇10个、先进村58个。农民富裕富足。持续巩固脱贫攻坚成果，常态化开展动态监测和动态帮扶，致贫风险、返贫风险得以及时消除。扎实推进村级集体经济攻坚三年提升行动，收入薄弱村实现全面消除，10万元以上的村超过四分之一。农村居民人均可支配收入实现20916元，同比增长6.3%。

这一年，我们一心一意办实事惠民生，人民生活更加幸福。县委常委会始终把最大的责任、最深的情感放在民生上，用心用情办好民生实事，持续增强群众获得感幸福感安全感。共促环境品质。精诚团结、共担使命，中央环保督察反馈问题整改扎实推进，全域生态环境品质得到显著提升，受到生态环境部西南督察局充分肯定。坚定不移尊重自然、顺应自然、保护自然，污染防治“三大保卫战”深入推进，空气质量改善率保持全市第一，球溪河、越溪河国考断面稳定达标III类水质。共建魅力城镇。历史文化巷“百步梯”全面改造提升，形塑了文化自信的“仁寿载体”，唤醒了老仁寿人的美好记忆。“两山一河”项目加快建设，玻璃栈道、天仁广场、两山亮化等景点完美呈现，第一时间“点靓”春节万家灯火。顺利通过省级文明城市测评，成功入围天府旅游名县候选县，汪洋镇命名第一批“省级百强中心镇”，以人为核心的新型城镇化迈出坚实步伐。共享社会保障。坚持教育优先发展，把最好的环境放进校园，新建成投用校园6所，优质教育资源覆盖面进一步拓宽，2022年高考，仁寿学子斩获全市“两状元、两榜眼”。健康仁寿扎实推进，“两核七极多点”医疗服务体系全面构建，县人民医院入围全国“千县工程”，县妇幼保健院成功创成三级乙等。医保、低保、养老等各项保障持续提标扩面，保障体系更加健全。

一年来，县委常委会充分发挥把方向、管大局、作决策、保落实的重要作用，以身作则、以上率下，实现了党的领导、党的建设全面加强。

一是聚焦全面从严管党治党，巩固风清气正政治生态。县委常委会坚决扛牢管党治党政治责任，以党的政治建设为统领，统筹推进党的各项建设。战斗堡垒全面夯实筑牢。全市唯一“独立办学县级党校”建成投用，分类改革经验全省推广，办学条件跻身全省一流。投入5000万元改造亲民化村级阵地33个，“1+3+2”的精品示范区初具雏形。基层党建标准化规范化建设深入推进，市级（4A）先进村党组织占到全市40%。严把党员入口关，高标准发展党员520名，战斗堡垒根基持续稳固。干部队伍建设坚强有力。坚持看学历不唯学历、看年龄不唯年龄，调优班子结构，科级领导班子平均年龄下降至40.95岁，全日制大学本科及以上学历占比提升至38.61%，优选170余名优秀年轻干部到“八个一线”、省市对口部门历练成长。分层分类举办“仁寿大讲堂”“兴仁优培”等培训104期、培训干部3.15万人次。全面从严治党纵深推进。着力整治“七个有之”等问题，查处违反政治纪律问题7件7人，党风廉政意见否决1人。常态开展阳光下访、专项整治漠视群众利益问题，查处群众身边不正之风和腐败问题52件110人。管党治党走向“严紧实”新高度，党风政风发生“正清纯”新转变。意识形态阵地守好守牢。坚守意识形态高地，牢牢把握正确舆论导向，教育引导干部群众弘扬主旋律、传播正能量，积极践行社会主义核心价值观，被确定为全省县级融媒体中心和新时代文明实践中心融合发展试点县。在党的二十大期间，县融媒体中心作为全国县级融媒体唯一代表，参与“奋进新时代”主题成就展。基层精细治理有形有效。深入推进城乡基层精细治理，划小划细城市网格圈，“小微网格”激活城市单元治理新局面。建成县级矛盾纠纷多元化解协调中心，健全受理交办、多元解纷、考核问效等联动机制，实现矛盾纠纷只进一扇门、化解全流程。

二是持续加强民主法治建设，更好凝聚各方智慧力量。县委常委会坚持党的领导、人民当家作主、全面依法治国有机统一，充分发挥党总揽全局、协调各方作用，全力画出最大同心圆。全力支持县人大及其常委会依法履行职责，促进“一府一委两院”工作更加规范有序高效，有力推动民生实事人大代表票决制项目顺利完成。全力支持县政协履行政治协商、民主监督、参政议政、凝聚共识职能，“有事来协商”平台作用充分发挥，“双助”活动经验在全省政协系统交流推广，乡贤共谋发展的合力更足。全力巩固和发展最广泛的爱国统一战线，支持工会、妇联、共青团等群团组织工作，积极推进老干部、民族宗教、关心下一代工作。扎实推进国防后备力量建设，双拥共建的良好局面持续巩固。扎实推进社会主义法治建设，全面推广应用“1+8”示范试点成果，人民群众法治获得感不断提升。

三是对标对表加强自身建设，充分发挥示范引领作用。县委常委会对标省委常委班子自身建设的“五个作表率”要求，以“五心五者”以身作则、以上率下。首先抓实理论武装。坚定以习近平新时代中国特色社会主义思想为指导，把迎接和学习宣传贯彻党的二十大作为首要政治任务和工作主题主线，召开县委理论学习中心组专题学习会10次，不断用党的创新理论武装头脑、指导实践、推动工作。其次坚决贯彻落实。严格落实“第一议题”学习制度，全年召开40次县委常委会会议，第一时间传达学习习近平总书记最新重要指示批示和党中央、省委、市委重大会议精神，坚决确保党中央大政方针和省委市委决策部署在仁寿落地生根、开花结果。最后强化作风建设。严格执行重大问题请示报告制度，认真贯彻执行民主集中制，着力营造舒心共事、合力干事的良好氛围。县委常委班子成员带头履行“一岗双责”和遵守执行党内法规制度，在推动决策落实、持续改进作风、保持廉洁自律等方面作出表率，以身作则带动全县政治生态持续巩固向好。

负重前行取得的成绩来之不易，大战大考积累的经验弥足珍贵。这些工作的推进和成绩的取得，是以习近平同志为核心的党中央和省委、市委坚强领导、亲切关怀的结果，是全县各级党组织和广大党员干部齐心协力、团结奋斗的结果，是社会各界积极参与、大力支持的结果。同时，我们也深刻感悟到，团结奋战才能战胜挑战，无论是面对经济的下行压力、极端的高温炙烤，还是前所未有的疫情冲击，我们一仗接着一仗打、一关接着一关闯，县四大班子精诚团结、齐上一线，全县上下万众一心、众志成城，在一场场大战大考中逢战必胜、越战越勇，充分彰显了仁寿力量、仁寿速度、仁寿担当。在此，我代表县委常委会，向各位委员和候补委员，向奋战在各条战线上的党员干部和离退休老同志，向 162 万名仁寿儿女，向所有关心支持仁寿发展的朋友们，表示衷心的感谢，致以崇高的敬意！

在总结工作的同时，县委常委会也清醒地认识到工作中还存在不少短板和问题，主要是：经济企稳回升的基础还不牢固，推进高质量发展压力较大，发展不足、开放不深、质效不高、区域不平衡的状况尚未根本改变；增进民生福祉仍需加强，生态环境保护任务依然繁重，防风险保安全面临新的挑战，回应群众对美好生活的向往仍有差距；党的建设还有薄弱环节，干部队伍能力素质与现代化建设要求还有差距，部分干部“官本位”思想尚未破除，党风廉政建设和反腐败斗争形势依然严峻复杂。对此，县委常委会高度重视，在今后工作中将采取有力举措加以解决。

以上报告的是县委十四届二次全会以来县委常委会的主要工作，请同志们提出意见建议。

仁寿县人民政府工作报告

（2023年1月15日，在仁寿县第十九届人民代表大会第三次会议上）

仁寿县人民政府县长　明　宇

一、知重负重　迎难而上的2022

2022年极不寻常、极不平凡。百年变局加速演进，宏观经济持续下行。仁寿面对疫情反复冲击、高温限电等多重困难叠加，央督、土督、林督整改攻坚等多重压力并存，房地产下行、财税金融等多重风险交织的严峻复杂局面，全县上下在市委、市政府和县委的坚强领导下，在县人大和县政协的监督支持下，始终坚持以习近平新时代中国特色社会主义思想为指导，认真学习贯彻党的二十大精神和习近平总书记来川视察重要指示精神，顶住压力，共克时艰，落实系列稳增长政策措施，实施“十拼”攻坚、强力“锻长补短”，全力以赴，一拼到底，稳住了经济大盘，多项主要经济指标位列全市第一方阵。全县地区生产总值实现520亿元，增长3%，地方一般公共预算收入突破50亿元。成功上榜全国县域高质量发展百强县、全国综合实力百强县。

一年来，我们坚持把稳增长摆在突出位置，采取超常举措、付出超常努力，顶住了经济下行严峻考验。

项目建设如火如荼。坚持“一项目一专班”，争分夺秒拼经济搞建设，全社会固定资产投资增长12.4%。川威装配式产业园、“一县一业”富民产业园等116个项目开工建设，华赐半导体、卓航电子等106个项目竣工投产。紧盯中省预算内资金、专项债券、政策性开发性金融工具等政策投向，系统谋划包装储备项目83个，保持库存投资800亿元以上，发展动能更加强劲。

工业经济转型升级。实施制造强县攻坚行动，县属规上工业总产值实现230亿元，增长12.2%，其中，先进制造业产值134亿元、占规上工业比重达58.4%。完成工业投资66.1亿元，全年新增规上工业企业15户，达108户。仁寿经开区成功创建正县级园区。信利（仁寿）项目产值达112亿元，实现本土百亿级企业零突破。信利光电入选省“贡嘎培优”企业[1]名单，新培育高新技术企业5家、创新型企业5家。

现代农业加快推进。坚持农业农村优先发展，一产增加值增长4.5%。全面推进“天府粮仓”丘区示范区建设，粮食播种面积、产量分别达177.1万亩、64万吨。“四有”种粮模式[2]全国推广，荣获省级农业丰收奖。落实“长牙齿”的耕地保护硬措施，补充恢复耕地9553亩，整治撂荒地5.39万亩。出栏生猪105.7万头，德康全产业链项目被农业农村部评为全省唯一的生猪全产业链标准化试点基地。粮油园区顺利晋升为省五星级农业园区。成功举办全省川果产业高质量发展现场会。

服务业企暖回升。出台服务业高质量发展和提振消费支持政策17条，三产增加值增长3.3%，社会消费品零售总额增长1.6%。成功打造栖西里、长平水街等网红消费新场景，开展促销活动65次，发放消费券1100万元，拉动消费2.8亿元。精准助力“两稳一保”，新增市场主体9000余户。保持房地产业平稳健康发展，实现销售面积200万平方米。成功入选天府旅游名县候选县。

一年来，我们坚定走高质量发展道路，聚焦聚力、赋能未来，转型发展步履铿锵。

制度支撑更加有力。坚持以制度创新破解难题，推进各项事业高效发展。出台《政府投资项目管理办法》《对上争取工作考评管理办法》《重大项目用地保障若干措施》等系列制度办法，加大考核奖惩力度，干部干事创业积极性、项目推进高效性、要素资源使用科学性得到全面提升。

对上争取成绩斐然。坚持把对上争取作为“一把手工程”来抓，创新实施“六步法”[3]，连续四个季度进入全市对上争取工作“红榜”。全年争取到位资金85亿元，同比增长52.2%，创历史新高，稳居全省前列、全市第一，有力支撑起仁寿经济社会高速发展。

招商引资成果丰硕。深入开展制造强县攻坚年招商引资“春季攻势”和专项攻坚行动，推行产业链招商、精准招商，新签约项目23个，其中“1+3”工业项目[4]15个，招商引资到位资金156亿元。总投资50亿元的协鑫项目从招引到开工仅用56天，刷新投资项目落地纪录。

重点改革稳步推进。坚持向改革要活力要动力要效率。县属国有企业资产总额实现605亿元，同比增长30.8%，仁寿城投集团、鑫龙环境集团分别成功获批AA+、AA主体信用评级，综合实力稳步增强。处置工业低效用地560亩，新建标准厂房34万平方米，工业亩均产出提高10%，迈入“亩均论英雄”省级园区评比第一方阵。金融支持实体经济能力明显提升，县内金融机构贷款余额716亿元，同比增长18.7%。粮企改革全面完成。

一年来，我们深入推进城乡融合发展，保持定力、系统提升，“大美仁寿”建设呈现崭新局面。

城乡交通加速成网。4个“半小时交通圈”建设成效初显，跑出“进城入圈”加速度。天府大道二峨山段、仁沐新连接线、市域铁路S5线等重大项目顺利推进。建成通车粮食园区产业大道、汪促路等5条县内交通干道，新（扩）建农村公路约1600公里。省级“四好农村路”示范县首创即成。

城市品质全面提升。建成党建文化公园等3个城市公园，新增城市绿地面积10万平方米。“两山一河”玻璃栈道等9个景点完美呈现。开工改造老旧小区127个，既有小区增设电梯65部。“智慧仁寿”一期项目全面建成，“一网统管”智慧城市建设体系初具雏形。

乡村振兴成效显著。纵深推进“三大革命”[5]，全县农村户用卫生厕所普及率达90%，生活污水、生活垃圾得到有效处理的村（社区）占比分别达90%、100%。实施集体经济攻坚三年提升行动，79个村集体经济收入达到10万元以上，改革经验全省推广。成功创建省级实施乡村振兴战略成效显著县，脱贫攻坚成果持续巩固。农村自来水普及率达95%，乡村水务试点县考核位列全省第三。汪洋镇获评首批“省级百强中心镇”。

生态环境持续优化。中央、省环保督察整改进度全面达标。县城三污一期、大化二污等污水处理厂（站）建成投用，新增生活污水日处理能力3.5万吨。环境空气质量优良率达91.5%，全市第二，改善率全市第一。深入推进河长制工作，球溪河、越溪河国省断面平均水质达III类，城市集中式饮用水水源地水质达标率100%。农药、化肥施用量连续6年零增长，土壤污染防治源头管控取得实效，危废安全处置率达100%。

一年来，我们树牢以人民为中心的发展思想，用心用力、践诺守诺，高质量发展更富民生温度。

疫情防控精准高效。打赢“2·24”“11·18”等本土疫情阻击战，最大限度保护人民群众身体健康和生命安全。适时调整优化防控措施，最大程度统筹经济社会发展和疫情防控。坚持防控“一盘棋”，800余名医务人员、公安干警逆行出征，驰援上海、成都、阿坝等地，贡献仁寿力量。

教体文卫全面提质。建成投用长平初中、城北一幼等6所学校，新增学位7980个。勇夺2022年高考全市文理双魁。仁寿职教中心获评省三星级职业学校。全面实施全民体育健身工程，新（扩）建体育公园2个，建成公共球场11片。成功申报曹家梨膏传统制作技艺等3个省级“非遗”项目。“大美仁寿”被中宣部列为全国7个更具示范意义的县级融媒客户端之一。县人民医院纳入全国“千县工程”医院名单，县妇幼保健院成功创建“三乙”，县第二、第三人民医院建成投用，医疗服务能力持续提升。

社会保障不断增强。发放稳岗返还资金1062万元，开发公益性岗位3000余个，城镇新增就业约1.1万人，城镇登记失业率降低至2.7%。发放救助资金2.3亿元，救助困难群众105万人次。建成投用社区养老综合体1个、智慧养老院1个、农村养老服务分中心7个，完成困难家庭适老化改造1070户，城乡养老服务体系日趋完善。建成8个托育机构，新增托位780个，“1+1+N”婴幼儿照护服务发展体系[6]逐步形成。

社会大局持续稳定。开展“治重化积”等集中攻坚行动，化解“久购无证”4023户、“久拆未安”4659人、重访事项和信访积案145件。深入开展经济领域风险防范。常态化开展扫黑除恶斗争，强力打击电信网络诈骗违法犯罪。全面防范化解各类安全风险，安全事故综合发生率为近年最低位，顺利通过国务院安全生产考核巡查。

一年来，我们旗帜鲜明坚持党建统领，坚守初心、勇担使命，政府自身建设全面加强。

始终把学习宣传贯彻党的二十大精神和习近平总书记来川视察重要指示精神作为首要政治任务，抓实抓细党史学习教育常态化，扎实推进“两新三大”活动[7]，切实把学习成果转化为推动仁寿各项事业发展的生动实践。自觉接受人大法律监督、政协民主监督，办结人大代表建议169件、政协委员提案235件，见面率、办结率、满意率均达100%。不断完善行政复议工作体系，行政机关负责人出庭应诉率和按期审结率实现100%。健全完善行政权力事项清单，推动297项民生事项审批权限下沉，140项行政权力下放，群众获得感和满意度进一步提升。

国防动员、民兵预备役、基层武装、人民防空、退役军人事务工作不断加强，支持工会、共青团、妇联、工商联、残联、科协、红十字会等群团组织开展工作，审计、统计、供销、档案、保密、住房公积金、消防、食品药品、地方志、民族宗教、广播电视、公益慈善、关心下一代、机关事务管理等工作取得新成效。

各位代表，事非经过不知难，成如容易却艰辛。这一年，我们坚持“宁可政府过紧日子，也要让老百姓过好日子”，压减“三公”经费8.1%，全年减税降费19亿元，兑现各类奖补5.3亿元，政银企携手共克时艰，经受住了经济下行“凛冬”考验。这一年，我们怀初心以力行，倾情兑现为民承诺，20件民生实事、113项民生项目全部或超额完成，用看得见的变化回应群众新期待。这一年，我们永远铭记在抗击疫情反复侵扰、持续高温干旱、电力供应紧张等斗争中，各级领导的关心支持、社会各界的驰援帮助、党员干部的“逆风”前行、广大群众的守望相助，每个人都不容易。实践证明，仁寿的干部群众特别能吃苦、特别能战斗、特别能奉献，这就是我们无惧任何困难的“硬核”力量，必将推动仁寿大踏步迈向高质量发展的“春天”！

各位代表，去年以来，我们遇到的困难超出预期，面对的挑战前所未有，取得的成绩弥足珍贵！这是市委、市政府和县委坚强领导的结果，是县人大、县政协和社会各界大力支持、有效监督的结果，是广大党员干部勇担使命、倾情付出的结果，是全县人民砥砺奋斗、奔跑逐梦的结果。在此，我谨代表县人民政府，向各位人大代表、政协委员，向为仁寿发展付出心血和汗水的广大干部群众，向各民主党派、工商联、人民团体，向驻仁部队和武警官兵，向老领导、老同志，向在我县创业发展的投资者、建设者，向热忱关心支持仁寿发展的社会各界人士，致以衷心的感谢和崇高的敬意！

在看到成绩的同时，我们也清醒地认识到，我县经济社会发展还存在不少问题。主要是：重大项目支撑作用不够；产业链条还不完善；民生事业还有短板弱项；防风险保安全面临新的挑战；政府自身建设还有差距。对此，我们将发扬斗争精神，下足苦功夫、硬功夫，着力加以解决。

二、抢抓机遇　拼搏进取的2023

今年是全面贯彻落实党的二十大精神的开局之年，我们正处在国省机遇交汇期、经济结构转型期、制造强县攻坚期，做好今年工作意义重大，任务艰巨。我们要坚决贯彻落实习近平总书记对四川工作系列重要指示精神，坚持稳中求进工作总基调，完整、准确、全面贯彻新发展理念，主动融入新发展格局，更好统筹疫情防控和经济社会发展，更好统筹发展和安全。按照省委十二届二次全会确定的总牵引、总抓手、工作总思路和市委五届六次全会确定的奋斗目标、战略牵引、发展路径、主攻方向，在县委的坚强领导下，锚定建设高质量全国百强县奋斗目标，以全面“进城入圈”为总牵引，深入落实“12345”发展战略，坚定“四化同步、城乡融合、全域协同、品质强县”发展路径，突出做好稳增长、稳就业、稳物价工作，大力提振市场信心，推动经济运行整体好转，力争全年GDP增速高于全国全省全市平均水平。重点做好以下十个方面的工作。

（一）全力以赴抓项目促投资，奋力建设高质量全国百强县

坚持以项目为中心组织经济工作，把扩大有效投资作为稳增长的重要支撑和产业转型升级的重要载体，推动百强县建设争先进位。

全力以赴抓争取。把对上争取作为首要任务，抢抓中央“优化组合赤字、专项债、贴息”等政策机遇，围绕“双碳”“双城”等国家重大战略、市场风口、仁寿实际，精准把握上级政策投向，不断提高中省预算内资金、专项债券资金、政策性开发性金融工具争取力度，确保全年争取到位资金增长10%以上。切块管理前期工作经费，推动项目建设提质增效，确保资金到位迅速开工建设，避免“资金等项目”，保持在库投资额800亿元以上。

精准调度抓推进。实施项目建设攻坚行动，压实专人专班责任，定期“赛成绩”，逗硬“红黑榜”，全力做好资金、土地等要素保障。确保新开工华盛兴邦食品产业园、物联网智能终端产业园等82个项目，加快推进喜鹊寺水库、城市会客厅等100个项目，竣工投产川果智慧冷链物流中心等110个项目，完成省市重点项目投资91.3亿元，推动全社会固定资产投资增长10.5%以上。

聚焦先进制造抓招引。用好48亿元创新产业投资基金，聚焦新能源新材料、电子信息等重点赛道，通过以商招商、资本招商等模式，重点引进产业链、价值链、创新链上的高端项目，提高产业关联度，不断延链补链强链。力争引进新能源新材料领域10亿元企业2户，新型显示领域10亿元企业2户，总部经济2户，招商引资到位资金160亿元以上。

（二）坚定制造强县不动摇，奋力建设成都都市圈先进制造基地

坚持新型工业化主导，瞄准先进制造业发展赛道，迅速建成龙头项目，加快形成产业集群，构建起支撑全国百强县的“四梁八柱”，增强县域经济核心竞争力。

狠抓百亿项目建设。全面落实产业链专班和链长负责制，动员一切力量、整合一切资源，加快推动重大工业项目建设,确保协鑫一期、华赐半导体二期项目建成投产,分别新增工业产值30亿元、13亿元以上。德康通内斯、川威装配式建筑产业园一期项目推进实现重大突破。信利(仁寿)项目产值稳定在110亿元以上。初步建成五大百亿项目。全年实施工业项目50个,完成工业投资75亿元以上。

狠抓工业企业培育。实施四大工业企业培育计划,鼓励企业引进高新技术,实施技改投资,提高技术含量,加快制造业优势产业高端化、传统产业新型化、新兴产业规模化发展。宏量基筑、杭加坤正等3户企业创建省级以上专精特新"小巨人"企业,新增规模工业企业15户。新培育年产值30亿元企业1户、20亿元企业1户、10亿元企业1户,县属规上工业总产值实现285亿元,增长20%以上。

狠抓园区平台优化。深化"亩均论英雄"和"标准地"改革,确保低效工业用地处置率40%以上。优先支持链上项目入驻标准厂房,园区标准化厂房入驻率85%以上。加快园区物流大道、协鑫110千伏变电站、B区污水处理厂等项目建设,进一步提升园区形象和水电气要素保障能力。探索建立"飞地园区""共享园区"[8],推进仁寿经开区创建省级高新技术产业园区。着力提高园区平台公司服务企业精准度。

(三)全面推进乡村振兴,奋力打造更高水平的"天府粮仓"丘区示范区

以乡村振兴为重心抓好"三农"工作,全力推进农业农村现代化固本,进一步擦亮农业大县金字招牌。

守牢耕地保护红线。落实耕地保护党政同责,健全三级"田长制"责任体系。实施耕地恢复行动,严格落实耕地进出平衡,新增耕地6000亩、垦造水田3500亩以上。建设高标准农田10万亩。严厉查处违法违规占用耕地行为,牢牢守住93.59万亩耕地和85.45万亩永久基本农田保护红线。

夯实粮食安全基础。全面推进"一核三带四基地"建设,完成核心区粮油产业大环线打造,启动国家级农业园区培育和储备库建设,确保"有粮有仓"。各乡镇分层分级因地制宜打造粮油示范片,确保粮食播种面积达181.15万亩以上、产量稳定在66.78万吨以上。大力实施种业振兴行动,初步建成龙正水稻制种基地,全县良种覆盖率达95%以上。强化农田水利设施建设,完成渠系整治50公里。

做强现代特色农业。持续落实稳定生猪生产支持政策,确保全年出栏110万头,依托德康通内斯项目,提升生猪全产业链发展水平。着力打造"东坡大米·仁寿粮油"公共品牌,重点打造仁寿橘乡、莱花坞菜籽油等特色品牌。依托川果智慧物流中心和交易所,拓展"水果订单+组团采销"模式,提高销售收入。围绕打造成都都市圈中央厨房[9]供给体系,整合县内小而散的农副产品销售,实现组团发展。

建设美丽宜居乡村。持续推动巩固拓展脱贫攻坚成果同乡村振兴有效衔接,守住不发生规模性返贫底线。持续做大集体经济,力争2023年行政村集体收入平均实现10万元以上。大力实施乡村建设行动,持续开展乡村环境综合治理,建设"美丽仁寿·宜居乡村"23个。完成乡村公路黑化153公里,实施农村公路照明工程1500组。创建市级及以上先进乡镇2个、先进村10个。

(四)千方百计提振消费信心,奋力建设成渝地区重要的消费新业态基地

把恢复和扩大消费摆在优先位置,打造仁寿特色商圈,变人气为商气,增添城市"烟火气",释放大县消费潜力。

激发消费热情。持续开展消费券惠民活动,激活夜间经济、周末经济和假日经济。积极开展家电下乡、汽车下乡,刺激大宗消费。鼓励景区景点开展促销活动,带动促进旅游、餐饮、住宿等行业快速回升。启动奥特莱斯购物公园建设,加快打造乐高乐园、长平水街,不断形成消费爆点。引进一批商贸总部企业,全年新增限上商贸单位33户。

挖掘服务业潜力。实施服务业补短提能,依托栖西里、"智慧仁寿"等项目,大力引进培育生产型服务业企业,填补发展空白。围绕养老、家政等生活性服务业领域,加快打造仁寿本土服务业明星品牌。加快发展现代物流服务业,打造成都都市圈南部物流集散中心。鼓励支持本地工业企业开展主辅分离。全年新增规上服务业企业7户。

保持房地产业平稳健康发展。进一步优化房票安置和购房补贴,督促在建项目加快建设、按期交付,提振市场信心。鼓励金融机构加大对房地产业金融支持。构建多渠道住房保障体系,满足多元化购房需求。做好城市营销,提升仁寿知名度、吸引力。

(五)支持市场主体发展壮大,奋力打造全省一流发展环境新高地

坚持把市场主体倍增作为一项基础性、全局性、关键性工作来抓,深化重点改革,优化营商环境,激发各类市场主体活力。

做大做强国资国企。稳步推动县属国有企业深度参与市场化竞争,力争2023年县属国有企业规模增长至

650亿元，营收突破50亿元。鼓励县属国有企业牵头组建产业发展基金，发挥基金的放大作用，撬动更多社会资本支持优势产业高质量发展。

支持壮大民营经济。持续落实好减税降费政策，以“真金白银”换市场主体轻装上阵、专注前行，推动新增市场主体8000户，实现个转企112户。坚持兑现比承诺更重要，全面梳理整合现有奖补政策，足额保障到位。搭建投融资对接平台，强化对实体经济的信贷支持，持续提升制造业贷款占比，力争新增贷款157亿元，增长22%以上。

打造更优营商环境。推动四川省工程建设项目审批管理系统(2.0版)运用，提升审批效率、质量和水平。深化“一窗受理、一网通办、一次办结”改革，做好综合窗口建设，优化办事流程。以“审慎包容”的态度整合优化涉企检查，最大限度减少生产干扰。深化统计改革，扎实做好第五次全国经济普查工作。

(六)加快推进“进城入圈”，奋力建设成都都市圈高质量发展卫星县城

深度融入“双圈”“同城”国家战略，加强与成都城建、交通、产业规划衔接，拉近时空距离，加快将区位优势全面转化为发展胜势。

打通“双城”“同城”大通道。紧扣4个“半小时交通圈”总体布局，着力破解规划、土地、资金等关键要素瓶颈，加快推进仁简快速通道、市域铁路S5线、天府大道二峨山段建设，积极推动乐资高速、天眉乐高速建设，谋划国道213线城区段改线工程，建成天府仁寿大道城区段至仁沐新高速连接段，全面接轨成都，打造成都都市圈南向交通桥头堡。

推进产业深度协作。抢抓建设成眉先进制造产业集群发展高地、天府大道科创走廊等机遇，加快推进《成眉高新技术产业带眉山片区建设三年行动方案》落地，打造成都都市圈重要的电子信息产业基地、新型装配式建筑产业基地、农副产品加工集散基地和乡村近郊游聚集地，推动形成“成都研发仁寿制造”“成都消费仁寿供给”产业升级发展路径。

加大科技研发投入。全面落实“科创6条”，支持企业加大科研投入。依托华赐半导体、信利高端显示、德康通内斯和川威项目，加快推进国家级高纯金属分析检测中心、有机食品检测研发基地和四川信仁光电显示技术研究院建设。深入“优才兴仁”行动，推行“人才+项目”引育模式，鼓励创新人才来仁寿县领办企业、与企业合作开发、进行科技成果转化。力争全年新增高新技术企业3户，全社会研发投入增长30%以上。

(七)推进以县城为重要载体的新型城镇化建设，奋力打造成都都市圈高品质宜居城市

坚持以城镇化带动现代化，构建县城牵引、中心镇带动、城乡融合发展的新型城镇化格局，打造产城一体的绿色、人文、活力之城。

壮大城市发展能级。高质量编制《仁寿县国土空间总体规划》，拉开中心城区80平方公里、80万人的现代化中等城市建设框架。推进县城和5个中心镇新型城镇化体系建设。推动66个中心村特色发展，示范带动全域293个村(社区)协同发展。支持富加镇创建第二批“省级百强中心镇”。

提档市政基础设施。建成普宁大道南段、城市会客厅周边市政道路，织密新城交通路网。持续推进旧城有机更新，完成69个老旧小区改造提升，既有小区增设电梯35部，新建停车场4个、新增停车位252个，新建公共充电桩800个，完成80公里燃气管道、16公里供水管网提升改造。

提升县城宜居水平。加快推进城市会客厅、党建公园、城南湿地公园等生态绿地建设，县城绿化覆盖率达到41%以上。加快智慧环卫中心项目建设，完成城南垃圾压缩站提升改造，进一步完善垃圾收集处理体系。建成投用县城三污二期，推进生活污泥处置项目建设，县城污水集中处理率达95.3%以上。巩固创文阶段性成果，实施爱国卫生“七大工程”[10]，争创国家卫生县。

(八)大力传承和弘扬仁寿优秀传统文化，奋力建设新时代文化强县

以传承弘扬优秀传统文化为主线，锚定“一品牌四强县”目标，推动文化自信自强。

传承文化根脉。深入挖掘提炼仁义文化、民俗文化和黑龙滩文化精神符号，讲好仁寿故事，树立仁寿文化品牌。依托“两山一河”公园，打造百步梯、天河绿道、玻璃栈道等网红景点，营造打动心灵的乡愁新场景。完成仁寿博物馆主体建设，加快博物馆周边道路、景观等配套设施建设进度。完成全省“两个中心”[11]融合发展试点任务。

繁荣文化事业。实施公共文化设施“补短板”“提品质”工程，提升群众身边的文化服务效能，拓展县城10分钟、农村20分钟公共文化服务圈，高标准开展“送文化下乡”等惠民活动。构建“书香仁寿”全民阅读服务体系，县图书馆力争通过国家一级馆复核，乡镇综合文化站评估定级达省级标准。争创省级文明城市。

深化文旅融合。增强文化对旅游、城市形象等辐射带动作用。加快推进黑龙滩中铁文旅、铂尔曼酒店、黑龙滩博物馆等重点文旅项目建设。抢抓成渝双城经济圈发展机遇，推动仁寿文旅项目及旅游线路不断融入巴蜀文化旅游走廊。高标准规划有特色的民宿发展示范区。争创天府旅游名县和省级全域旅游示范区。

（九）持之以恒改善民生，不断提升群众获得感、幸福感

始终把满足人民对美好生活的向往作为出发点和落脚点，提升公共服务水平。

全力促进稳定就业。落实落细就业优先政策，积极搭建服务平台，落实灵活就业社保补贴和援企稳岗政策，鼓励本地企业本地用工，让群众在家门口就业。做好高校毕业生、脱贫人口、就业困难人员等重点群体就业帮扶，实现城镇新增就业9500人以上。深入开展“春风行动”，实现村（社区）农民工综合服务站全覆盖，新建3个驻外农民工服务工作站，更好保护外出务工人员合法权益。加大创业扶持力度，落实奖补和担保贷款政策。

提升教体医卫水平。深入开展教育质量提升综合改革，稳步推广学段融通办学体系[12]，全力打造仁寿实验中学，重塑仁寿教育辉煌。加快建设德培初中、高笋幼儿园等9所学校（园），新增优质学位6120个。组织好全民健身活动，积极筹备2023年全国半程马拉松锦标赛（仁寿站）。严格“乙类乙管”和“保健康、防重症、保稳定”要求，实现“有处看病、有人看病、得病有药、吃药有效”四有目标。加快推进县人民医院提标扩能、健康管理中心和文宫、钟祥、禾加3个区域卫生服务中心建设，改（扩）建400张重症救治床位，完善分级诊疗体系。推动县疾控中心创建“三乙”。积极创建全国健康促进县，全国中医药工作示范县。

做实民生兜底保障。坚持80%以上财政支出用于民生领域，确保民生工程干一件成一件。加快推进分层分类救助体系建设，及时调整城乡低保对象救助标准。关注关爱“一老一小”，高标准建设眉山市老年养护院仁寿分院、县未成年人保护中心。完成县残疾人综合服务中心升级改造。新建6个托幼机构，全县普惠托位占比达30%以上。统筹做好重要民生商品保供稳价和煤电油气保障供应，确保社会大局平稳有序。

改善生态环境质量。按时序推进中央环保督察反馈问题整改，系统整治黑龙滩生态环境问题。打好污染治理攻坚战，全年$PM_{2.5}$平均浓度控制在32微克/立方米，空气质量优良天数比例达90.4%以上。持续推进河（湖）长制，基本完成入河排污口整治工作，推动杨家河、陈家沟河等小流域生态治理。国、省断面及集中式饮用水水源地水质稳定达III类及以上。

（十）有效防范化解重大风险，奋力建设安宁祥和平安仁寿

树牢底线思维、极限思维，以新安全格局保障新发展格局，确保社会安定、人民安宁。

防范化解重大风险。实施更严格的政府债务管理和限额管理制度，有效防范政府债务风险。加强县属国有企业债务风险动态管理，严格规范债务融资和担保行为，防止发生逾期和过度负债。扎实做好“保交楼、保民生、保稳定”工作，有序化解房地产领域历史遗留问题，加强现有开发楼盘监管，严控新增问题楼盘。

巩固基层治理基础。推动城乡基层治理和市域社会治理“双线融合”，健全“五社联动”[13]治理机制，充分发挥“小微网格”作用，切实提高城乡基层治理水平。坚决推动安全生产十五条硬措施落地生根，坚决遏制重特大生产安全事故发生。统筹抓好道路交通、城镇燃气、在建工地、消防安全、森林防灭火、食品药品、特种设备安全等重点工作，提高防灾减灾能力和应急救援能力。夯实武装工作根基，全面提升国防动员质效。

深化平安仁寿建设。持续推进“两队一室”[14]改革，完善立体化社会治安防控体系，常态化推进扫黑除恶斗争，重拳打击整治网络违法犯罪，加大突出违法犯罪案件查处力度，全力保障人民群众生命财产安全。深入推进“平安仁寿”三期工程建设。持续深化“两所一庭”改革，加快推进乡镇矛调中心实战化建设，深化信访代理机制，积极构建多元解纷新格局。

三、全面加强政府自身建设 奋力打造人民满意政府

始终心怀“国之大者”，牢记“民之盼者”，拿出每一个仁寿人都是主角，每一位党员干部都有责任的主动精神，在高质量发展中勇挑重担。

（一）坚持落实是最有力的维护

深学笃用习近平新时代中国特色社会主义思想，争当“两个确立”忠诚拥护者、“两个维护”示范引领者，做到“总书记有号令、党中央有部署，仁寿见行动”“县委有部署，政府抓落实”。以实绩实效诠释忠诚担当、回应群众期盼。

（二）坚持为民造福是最大政绩

重视解决群众“急难愁盼”问题，能快则快、能早则早、能多则多，办好民生实事，全面完成人大代表票决项目，切实把好事实事做到群众心坎上。

（三）坚持高效是最核心的竞争力

增强“没有冲在前列也是一种风险”的意识，健全“红黑榜工作机制”，重奖“快牛”、鞭打“慢牛”、清扫“蜗牛”，让“躺平”不可取，“躺赢”不可能，做到夙夜在公、只争朝夕，打造勇于竞争、敢于胜利的政府铁军。

（四）坚持担当是最重要的保证

政府勇于担当，百姓才能幸福，政府系统党员领导干部要大力发扬斗争精神，知难而进、迎难而上，关键时刻豁得出、顶得上、靠得住，不断在高质量发展中抢先机、开新局。

（五）坚持廉洁是最坚实的底线

锲而不舍落实中央八项规定精神，大力整治形式主义、官僚主义。全面压减一般性支出、非刚性非重点支出5%以上，以政府的紧日子换取群众的好日子。聚焦重点领域，推动审计监督与人大监督、政协民主监督、司法监督、统计监督、群众监督、舆论监督等有机贯通，提升监督成效。大力传承弘扬三苏优秀家风家教，清白做人、勤俭齐家、干净做事、廉洁从政。

各位代表、同志们！路虽远，行则将至；事虽难，做则必成。让我们更加紧密地团结在以习近平同志为核心的党中央周围，在县委的坚强领导下，不忘初心、牢记使命，踔厉奋发、勇毅前行，在新征程上开创全面建设社会主义现代化仁寿新局面，为全面建设社会主义现代化国家贡献仁寿力量！

名词解释：

[1] “贡嘎培优”企业：2022年2月，省政府办公厅印发《四川省制造业企业“贡嘎培优”行动计划》，支持全省100户“贡嘎培优”企业到2025年实现营收翻倍。

[2]“四有”种粮模式：有地种粮、有人种粮、有技种粮、有利种粮。

[3] 创新实施“六步法”：组建专班、政策研判、谋划项目、做实前期、申报跟踪、加快推进六步。

[4] “1+3”工业项目：“1”即突出发展新能源新材料产业；“3”即重点发展电子信息、机械及高端制造装备、生物医药产业。

[5] 三大革命：农村垃圾、污水、厕所革命。

[6] “1+1+N”婴幼儿照护服务发展体系：即“一中心（县妇保院示范性托育服务中心）+一体化托幼（幼儿园开设托班）+N个托育机构”具有仁寿特色的婴幼儿照护服务发展政策支持体系、规范管理体系和服务供给体系。

[7] “两新三大”活动：“奋进新征程、建功新时代”大学习大实践大提升活动。

[8] “飞地园区”“共享园区”：飞地园区是指发达地区与欠发达地区双方政府打破行政区划限制，把“飞出地方”的资金和项目放到行政上互不隶属的“飞入地方”的工业基地，通过规划、建设、管理和税收分配等合作机制，从而实现互利共赢的持续或跨越发展的经济模式。共享园区是指在单一的地理区域内，将不同的园区、企业、科研机构、社会服务机构等有机地整合在一起，形成集科研、技术开发、生产、管理、服务为一体的基地。它不仅提升了企业自身经济效益，还有利于激发创新活力，促进企业间的协同合作，同时也可以改善社会环境，促进社会经济发展。

[9] 中央厨房：指在一个大型的车间式的厨房内，用大型及自动化程度高的设备生产食物半成品或成品，供自用、其他厨房或用户配送的生产地。

[10] 爱国卫生“七大工程”：爱国卫生组织管理、健康教育和健康促进、市容环境卫生建设与管理、生态环境、重点场所卫生、食品和生活饮用水安全、疾病防控与医疗卫生服务。

[11] 两个中心：县融媒体中心和县新时代文明实践中心。

[12] 学段融通办学体系：以新时代教育教学需求为导向，打破学段壁垒，推进学段之间在课程教学、教师培训、学科教研、教学管理、考核评价等方面的统筹衔接，形成育人目标、理念、方法、管理相对统一办学格局。

[13] 五社联动：社区、社会组织、社工、社会资源及社区自治组织的联动。

[14] 两队一室：一室即综合指挥室，两队即社区警务队、执法办案队。

仁寿县2022年国民经济和社会发展统计公报

2022年，面对复杂严峻的外部环境和多重超预期因素的冲击影响，全县上下坚持以习近平新时代中国特色社会主义思想为指导，深入学习贯彻党的二十大精神，精准施策，统筹部署，全力拼经济、搞建设，全县经济运行稳中向好、稳中提质，交出一份难能可贵、来之不易的年终答卷。

一、综合

根据眉山市地区生产总值统一核算初步结果，2022年仁寿县地区生产总值(GDP)519.98亿元，按可比价计算，比上年增长3%。其中，第一产业增加值103.66亿元，增长4.5%；第二产业增加值195.67亿元，增长1.7%；第三产业增加值220.65亿元，增长3.3%。三次产业对经济增长的贡献率分别为31.6∶21.7∶46.7。三次产业结构由上年的19.6∶37.4∶43调整为19.9∶37.7∶42.4，第一产业比重提高0.3个百分点，第二产业比重提高0.3个百分点，第三产业比重下降0.6个百分点。人均地区生产总值46825元，比上年增长3%。

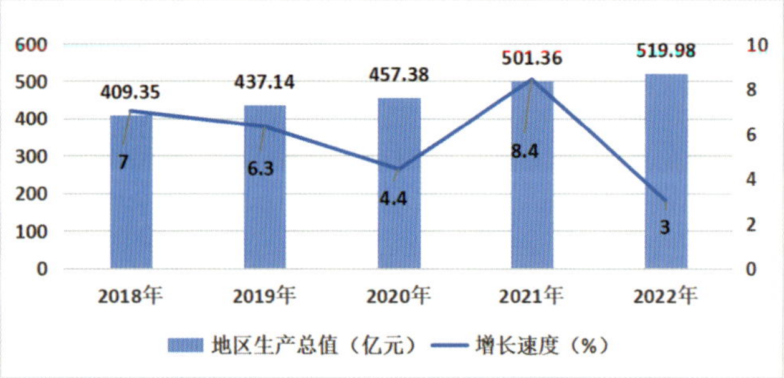

图1　2018—2022年地区生产总值和增长速度

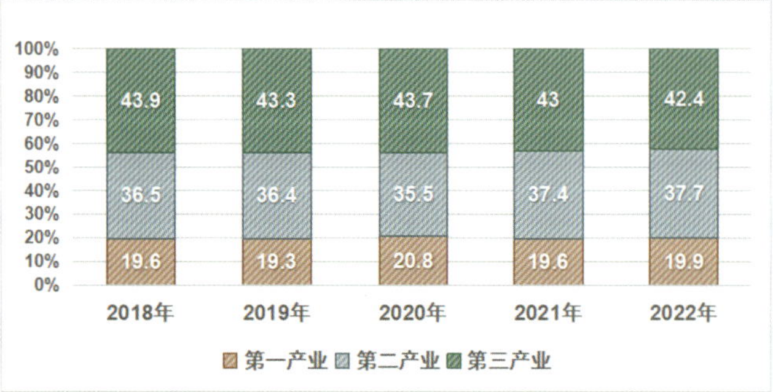

图2　2018—2022年三类产业增加值占GDP的比重

全年民营经济增加值299.79亿元，比上年增长3.1%，比GDP增速高0.1个百分点，占GDP比重57.7%。其中，第一产业增加值23.49亿元，比上年增长4.1%；第二产业增加值134.21亿元，比上年增长2%；第三产业增加值142.09亿元，比上年增长4%。民营经济三次产业结构由上年的8∶45.7∶46.9调整为7.8∶44.8∶47.4。

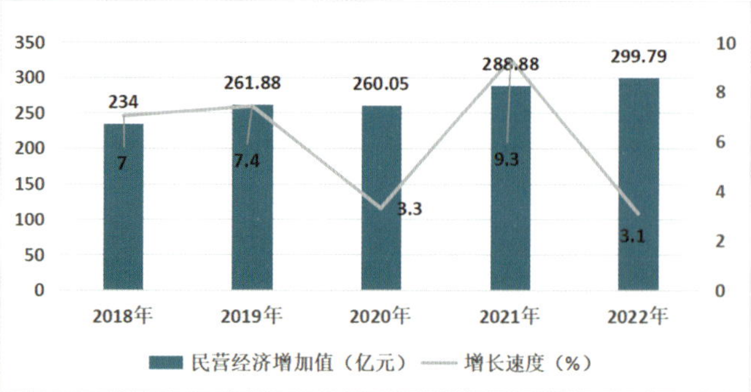

图3　2018—2022年民营经济增加值和增长速度

二、农业

农林牧渔业总产值(现价)179.29亿元，全年实现农业总产值(现价)114.46亿元。主要农副产品产量如下：

表1　2021—2022年主要农副产品情况表

种类	单位	2022年	2021年	比上年增减%
粮食产量	吨	640470	654156.1	-2.1
棉花产量	吨	0	0	0
油料产量	吨	55351	51150	8.2
蔬菜及食用菌产量	吨	516858	501614	3.0
水果产量	吨	761412	691062	10.2
糖料产量	吨	7400	7700	-3.9

林业生产平稳发展，全年造林面积894.7亩，林业现价产值3.34亿元。

畜牧业积极发展规模化养殖。畜牧业现价产值46.33亿元，主要产品产量和牲畜存栏情况如下：

表 2　2021—2022 年畜牧业存栏情况表

种类	单位	2022 年	2021 年	比上年增减 %
牛存栏数	头	12898	12228	5.5
生猪存栏数	头	672225	680029	-1.1
猪出肥数	头	1057477	1012470	4.4
山羊出栏	万只	30.7	29.7	3.4
兔出栏数	万只	180.73	179.2	0.9
家禽出栏数	万只	1385.5	1346.8	2.9
猪、牛、羊肉产量	吨	83411	76979	8.4
其中，猪肉	吨	77967	71710	8.7
禽蛋产量	吨	25510	25168	1.4
禽肉产量	吨	21679	20320	6.7

渔业生产继续发展，全年水产养殖面积 10.25 万亩，水产品产量 55230 吨，比上年增长 2.6%。渔业现价产值 9.75 亿元。

三、工业和建筑业

2022 年，全年规模以上工业企业总数 208 户，比上年增加 18 户，规模以上工业企业总产值 461.69 亿元，比上年下降 0.65%，规模以上工业增加值增速比上年下降 0.7%。全年规上工业产品营业收入 416.71 亿元，利润总额 16.93 亿元，产销率 97.4%，工业主要产品产量如下：

图 4　2018—2022 年规模以上工业增加值增速

表 3　2021—2022 年规上工业主要产品产量情况表

名称	单位	2022 年	2021 年	比上年增减 %
电力电缆	万千米	2.6	2.20	18.18
电动自行车	万辆	50.51	49.68	1.67
服装	万件	18.11	16.65	8.77

续表 3

名称	单位	2022 年	2021 年	比上年增减 %
液晶显示屏	万片	13504	8844.00	52.69
液晶显示模组	万套	11345	8733.64	29.90
移动通信手持机（手机）	万台	79.87	0.00	—
硅酸盐水泥熟料	万吨	96.66	117.56	-17.78
铜材	万吨	0.63	0.00	—
沥青和改性沥青防水卷材	万平方米	329.15	348.93	-5.67
卫生陶瓷制品	万平方米	37.97	48.71	-22.05
家具	万件	36.32	69.03	-47.39

建筑业稳步发展。全县资质以上建筑业企业 109 户，建筑企业总产值 183.4 亿元，比上年增长 8.3%。

四、固定资产投资

固定资产投资总额 522.45 亿元，比上年增长 15%。其中，工业固定资产投资 91.38 亿元，比上年增长 22.9%；基础设施投资 102.81 亿元，比上年增长 20.9%；技改投资 41.72 亿元，比上年增长 54.6%。分产业看，第一产业投资 9.78 亿元，比上年增长 29.8%；第二产业投资 92.13 亿元，比上年增长 22.8%；第三产业投资 420.54 亿元，比上年增长 13.2%。

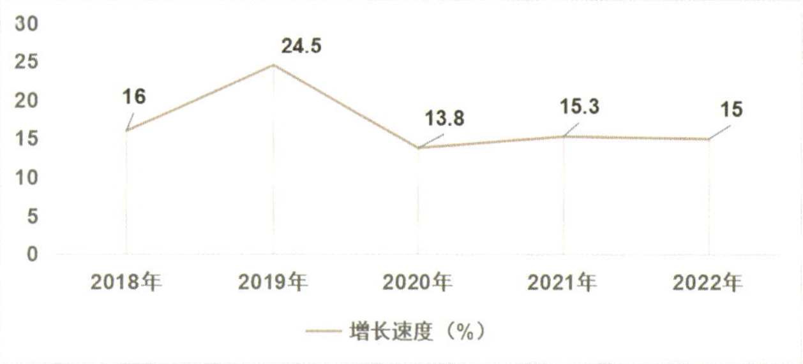

图 5　2018—2022 年全社会固定资产投资增速

五、交通邮电业和旅游业

2022 年，全县深度融入“双圈”“同城”国家战略，打通“双城”“同城”大通道。紧扣 4 个“半小时交通圈”总体布局，加强与成都交通规划衔接，加快将区位优势全面转化为发展胜势。打造成都都市圈南向交通桥头堡。

2022 年，全县现有通车公路总里程 4276 公里，其中高速公路245.3公里（成赤高速68.5公里，遂资眉高速53.7公里，仁沐新高速27.1公里，成都经济区环线高速39.3公里，成宜高速56.7公里）。2022年公路货运周转量256787.2万吨公里，公路客运周转量103684.4万人公里。

2022年固定电话用户254416户，移动电话用户1409211户，互联网宽带接入用户551988户。

旅游业继续繁荣。全年接待旅游人数达到931万人次，旅游收入86.2亿元。

六、商贸服务业

电子商务、高端商贸、现代旅游等新型服务业繁荣发展。全社会消费品零售总额220.25亿元，比上年增长1.6%。批发业零售额46.99亿元，比上年增长2.4%；零售业零售额142.42亿元，比上年增长1.3%；住宿业餐费收入4.7亿元，比上年增长0.8%；餐饮业餐费收入26.13亿元，比上年增长2.5%；城镇零售额116.37亿元，比上年增长9.8%；乡村零售额103.88亿元，比上年下降6.2%。

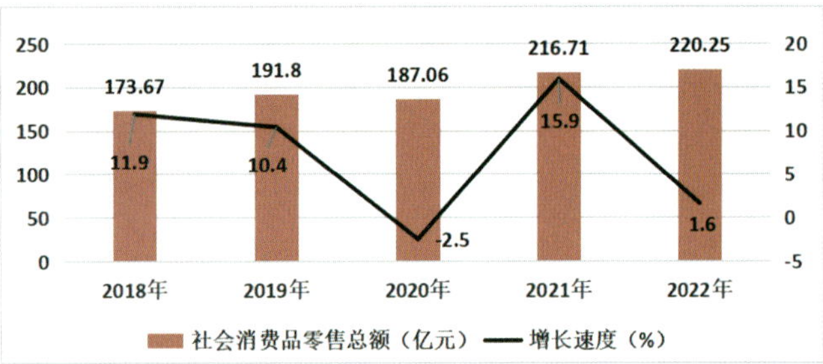

图6　2018—2022年社会消费品零售总额和增速

进出口总额42.1亿元，比上年下降6.8%，其中进口总额10.66亿元，比上年下降37.1%；出口总额31.44亿元，比上年增长11.2%

七、财政、金融和保险业

全年地方一般公共预算收入实现50.27亿元，比上年增长10.6%；其中税收性收入28.84亿元。地方一般公共预算支出97.46亿元，比上年增长9%。

年末金融机构本外币存款余额人民币983.09亿元，比年初增长9.6%；境内住户存款余额800.2亿元，比年初增长12.7%；金融机构本外币贷款余额716亿元，比年初增长18.7%。

表4　2022年金融机构存贷款情况表

指标	单位	金融机构本月余额	比年初增长(%)
金融机构本外币存款	亿元	983.09	9.59
#金融机构人民币存款	亿元	983.01	9.59
1. 境内住户存款	亿元	800.22	12.74
2. 境内非金融企业存款	亿元	93.35	13.09
3. 境内广义政府存款	亿元	89.44	-14.57
4. 境内非银行业金融机构存放	万元	64	166.67
金融机构本外币贷款	亿元	716.02	18.71
#金融机构人民币贷款	亿元	716.02	18.71
1. 境内住户贷款	亿元	416.31	12.88
（1）短期贷款	亿元	384.97	44.79
（2）中长期贷款	亿元	377.82	10.4
2. 境内非金融企业及机关团体贷款	亿元	299.71	27.89
（1）短期贷款	亿元	47.33	60.64
（2）中长期贷款	亿元	26.89	25

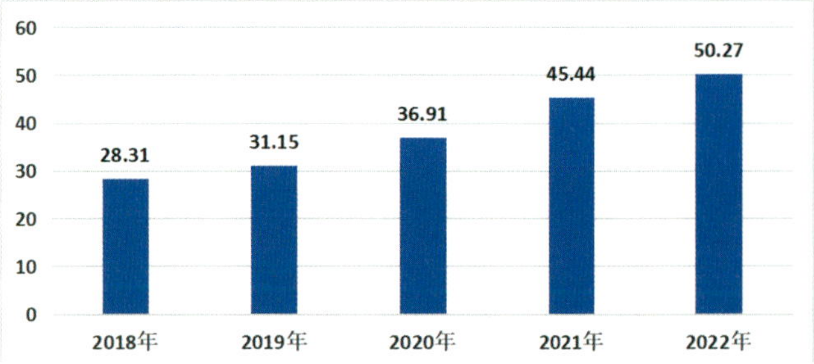

图7　2018—2022年地方一般公共预算收入（亿元）

八、教育和科学技术

2022年，全县有幼儿园129所；其中，公办幼儿园22所，民办普惠性幼儿园69所，幼儿入园率99.9%以上。全县小学58所，九年制学校48所，初中34所，普通高中11所，小学在校生总数67542人，小学专任教师数5067人；初中在校生数36916人，初中专任教师数3606人；普通高中在校生数22683人，普通高中专任教师2037人；中等职业教育学校7所，在校生总数13526人。

全年有高新技术企业67家，省级以上“专精特新”企业数38家。2022年年末，有效发明专利拥有量126件，新增发明专利授权数29件。

九、文化、卫生和体育

2022 年，全县共有图书馆 1 个，文化馆 1 个，文化站 49 个，剧场、影剧院 8 个。体育场馆 2 个，单项体育协会 15 个，全民健身体育场地 4448 个。

年末，全县有医疗卫生机构 849 个，医疗卫生机构床位数 6539 张，医院卫生院技术人员 7073 人，其中执业医师（助理）3348 人，注册护士 2756 人。其中乡镇卫生院 29 个，执业医师（助理）1068 人，注册护士 899 人。

十、城市建设和环境保护

2022 年，全县城区建成面积 86.2 平方公里。全县林地面积 57146 公顷，森林面积 100418 公顷，森林覆盖率 38.5%。累计建成垃圾处理站 2 个，城区转运站 6 个，累计建成污水处理厂 90 个（不含天府新区）。全年空气质量优良天数 334 天，空气达标率 91.5%。

十一、人口和人民生活

2022 年，全县户籍人口总户数 50.3 万户，总人口 150.1 万人。其中，男性 77.1 万人，女性 73 万人，男女性别比为 105.6。户籍人口城镇化率 32.5%，较上年增长 0.2 个百分点。全年出生人口 15631 人，出生率 10.4‰，死亡人口 21921 人，死亡率 14.6‰。全县常住人口 111.1 万人，常住人口城镇化率 43.94%，比 2021 年提升 0.51 个百分点。

2022 年全年实现城镇新增就业 10948 人，城镇失业人员再就业 1633 人，就业困难人员实现再就业 817 人，城镇登记失业率为 2.7%，控制在 4.3% 以内。

2022 年居民人均可支配收入 27939 元，比上年增长 5%。城镇居民人均可支配收入 42646 元，比上年增长 4.2%。其中工资性纯收入 21340 元，比上年增长 3.7%；经营性收入 8745 元，比上年增长 4%；财产性纯收入 2662 元，比上年增长 4.9%；转移性纯收入 9899 元，比上年增长 5.2%。

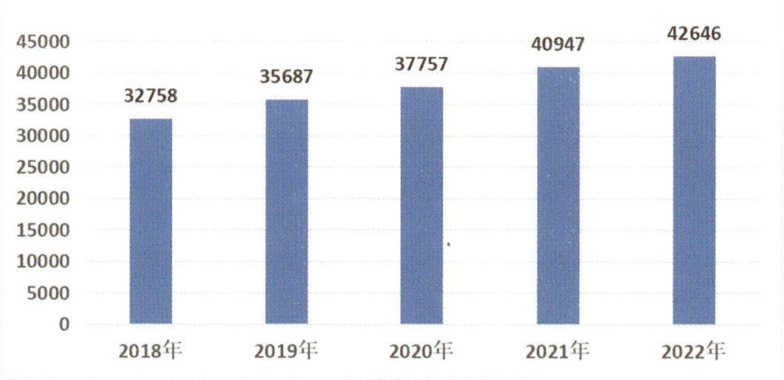

图 8　2018—2022 年城镇居民人均可支配收入（元）

农村居民人均可支配收入 20916 元，比上年增长 6.3%。其中工资性纯收入 6112 元，比上年增长 6.7%；经营性收入 5966 元，比上年增长 6.3%；财产性纯收入 483 元，比上年增长 4.4%；转移性纯收入 8355 元；比上年增长 6%。

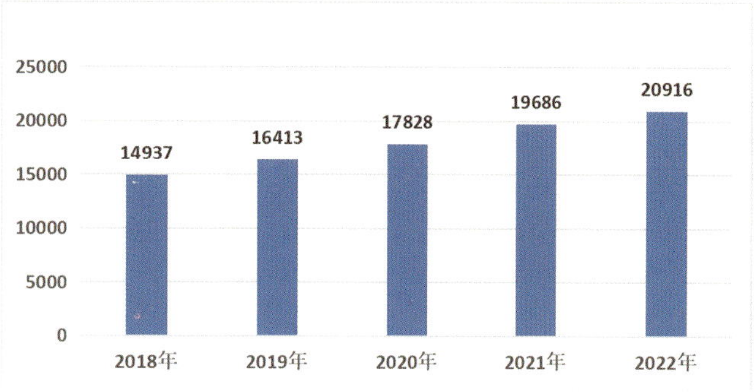

图 9　2018—2022 年农村居民人均可支配收入（元）

始终把满足人民对美好生活的向往作为出发点和落脚点，持之以恒改善民生，不断提升群众获得感、幸福感。2022 年全县城镇居民最低生活保障人数 3933 人，农村民居最低生活保障人数 50283 人。城乡居民养老保险参保人数 67.92 万人，城镇职工养老保险参保人数 29.8 万人。

注：

1. 公报中部分数据四舍五入的原因，存在总计与分项合计不等的情况。

2. 公报中地区生产总值、各产业及相关行业增加值绝对数按当年价格计算，增长速度按可比价格计算。

3. 公报中 2018—2020 年地区生产总值绝对数、增长速度及三次产业结构为依据第四次全国经济普查结果修订后的数据。

4. 公报中林业、渔业、交通运输、邮政、电信、金融、旅游、财政、教育、科技、文化、卫生、体育、环境保护、人民生活和社会保障等数据来源于相关部门。

5. 公报中涉及的人口、城镇化率，依据第七次全国人口普查公报数据。

6. 由于数据逐年由上级统计机构进行修正，公报中涉及的地区生产总值数据与以往发布数据有差异的按照当前公报发布数据为准。

索　引

编制说明

一、本索引为《仁寿年鉴(2023)》的内容分析索引。通过本索引所选的主题词条，可以对具有独立检索意义的完整资料进行检索。

二、本索引按汉语拼音字母(同音字按声调)顺序排列。索引词条用宋体字标明。数字表示该词条内容所在页码，后面的英文字母(a、b、c)表示栏别(从左到右)。

三、内文中的“专记”“大事记”“人物”“附录”以及随文照片和彩色图片未做索引。

四、同一主题的内容在文中多处出现的，在其后用不同的页码标明。

A

B

C

D

F

G

H

J

K

L

M

N

P

Q

R

S

X

Y

Z